二战图文史

THE SECOND WORLD WAR

THE DEFINITIVE VISUAL HISTORY

VOLUME 1

Richard Overy

战争历程完整实录

上

[英] 理查德·奥弗里 著

朱鸿飞 孟林 译

金城出版社 GOLD WALL PRESS

西苑出版社 XIYUAN PUBLISHING HOUSE

图书在版编目（CIP）数据

二战图文史：战争历程完整实录：彩色平装修订版 / (英) 理查德 · 奥弗里 (Richard Overy) 著；朱鸿飞，孟林译. —北京：金城出版社有限公司，2025.10
(二战文史眼丛书 / 朱策英主编)
书名原文：The Second World War：The Definitive Visual History Volume 1-2
ISBN 978–7–5155–2060–5

Ⅰ. ①二… Ⅱ. ①理… ②朱… ③孟… Ⅲ. ①第二次世界大战－史料 Ⅳ. ① K152

中国版本图书馆 CIP 数据核字 (2020) 第 182776 号

二 战 图 文 史
ERZHAN TUWENSHI

作　　者　[英]理查德 · 奥弗里（Richard Overy）
译　　者　朱鸿飞　孟　林
责任编辑　李凯丽
责任校对　郝俊伟
责任印制　李仕杰
开　　本　710毫米×1000毫米　1/16
印　　张　61.25
字　　数　996千字
版　　次　2025 年 10 月第 1 版
印　　次　2025 年 10 月第 1 次印刷
印　　刷　小森印刷（北京）有限公司
书　　号　ISBN 978–7–5155–2060–5
定　　价　218.00元（全2册）

出版发行　**金城出版社有限公司　西苑出版社有限公司**
　　　　　北京市朝阳区利泽东二路3号　邮编：100102
发 行 部　(010) 84254364
编 辑 部　(010) 64398339
总 编 室　(010) 64228516
网　　址　http://www.jccb.com.cn
电子邮箱　jinchengchuban@163.com
法律顾问　北京同清律师事务所　(电话)13001187977

第二次世界大战，是人类历史上规模最大、代价最高昂的战争。其范围遍及全球，几乎没有留下一个不受波及的角落。二战的结束完全改变了世界政治版图，为现代国家体系的出现搭好了舞台。虽然 1945 年胜利所代表的转折意义有可能被夸大，但从战前充斥经济危机、欧洲帝国主义和激进民族主义的世界，到战后经济繁荣、殖民地独立和冷战意识形态对立的世界，这才是根本的改变。

目录 CONTENTS

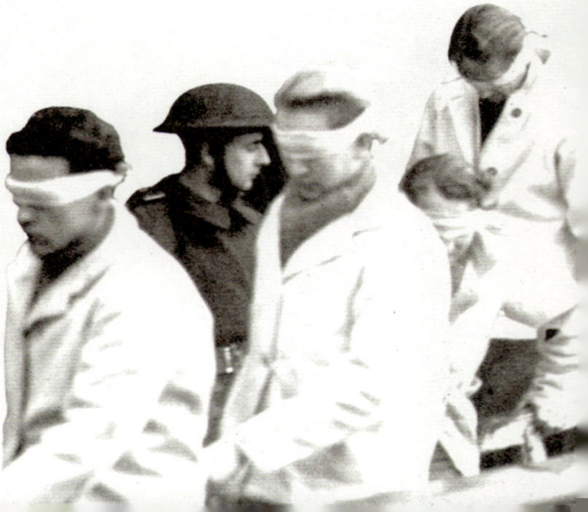

编者语

第二次世界大战（1939—1945），是人类迄今为止涉及面最广、死亡人数最多、经济消耗最大的一场战争。它深刻改写了世界政治格局，影响了人类文明进程。

2025年，是二战胜利80周年。在世界局势日益复杂的当下，追思历史、缅怀牺牲、凝聚共识，正是我们重温二战的价值所在。和平从来不是天赐，而需代代珍守；正义从不自然生长，而需持续捍卫。

本书分为上下两册，收录了大量首次曝光的珍贵史料，全景式讲述了二战的起因、经过与结局。全书文字由英国二战史学权威理查德·奥弗里担纲主编，图片由帝国战争博物馆独家提供，兼具宏大的时代视野和可触摸的历史细节。奥弗里是欧洲文理科学院院士、英国人文科学院院士，其代表作《第三帝国图文史》广受好评；帝国战争博物馆是世界最大的主题博物馆之一，以丰富的战争藏品著称。

本书中文版2015年首次面世，当时虽对译稿做了不少编校工作，但现在看来仍有诸多不足之处。本次修订既勘校了一些文字错讹，也优化了一些排版布局，还增补了数十份信件、日记、手稿、档案等。然而受才识所限，疏漏舛误在所难免，尚祈方家不吝赐教。

谨以此书献给所有为正义与和平而战的人们。铭记，是为了更好地前行；纪念，是为了悲剧不再重演。

编　者

2025 年 8 月

前　言

第二次世界大战，是人类历史上规模最大、代价最高昂的战争。其范围遍及全球，几乎没有留下一个不受波及的角落。二战的结束完全改变了世界政治版图，为现代国家体系的出现搭好了舞台。虽然 1945 年胜利所代表的转折意义有可能被夸大，但从战前充斥经济危机、欧洲帝国主义和激进民族主义的世界，到战后经济繁荣、殖民地独立和冷战意识形态对立的世界，这才是根本的改变。

别忘了，没人在战争之初就能确定战争将走向何方，预计到战争造成的损失和暴力的程度。多个不同区域的冲突汇合成一场大战，如同星星之火连成一片火海：在欧洲，德国要冲破一战失败强加给它的桎梏；在意大利，法西斯扩张主义野心勃勃，领导人贝尼托·墨索里尼梦想着重建罗马帝国；在东亚，日本帝国主义发动战争，决心争取非白人民族以分享殖民地的权利；在西亚，1941 年以希特勒德国为中心的反共国家同盟发动了对新生苏维埃制度的讨伐。

随着战争范围扩大，所有大国纷纷卷入。经常有人坚持认为，1941 年 12 月美国的参战，使同盟国纯粹依靠经济力量获取胜利成为一种必然。但是，这个结果并非预先就已注定。德国及其盟友拥有大量资源，夺取的资源更多；德国和日本军队也具有很强的战斗力。要赢得战争，同盟国需要增强战斗力，协调他们的行动，在困难时期激励人民夺取胜利的士气。同盟国必须学会更有效地战斗，必须学会充分利用他们自己的科技和情报资源；而由于轴心国，尤其是德国自己的愚蠢输掉战争，这样的观点扭曲了同盟国自身努力的程度。战争并非简单地作为人们维持自身生存的手段，而是作为建立此种或彼种世界秩序的途径，正是对战争意义的这个认识促使他们前赴后继。人们强烈感觉到，这确实是一场

改变历史的战争。

本书讲述了从 1919 年《凡尔赛条约》引发新战争的根源，到同盟国最终胜利，重新建立一个更稳定世界秩序的故事。它始于战争初期的小范围战争，德国军队以较小的伤亡快速征服了欧洲大部。仅仅 19 个月，德国占领了从挪威到克里特岛，从法国大西洋沿岸到华沙的大片地区。希特勒和德国领导层信心满满，理所当然地认为可以在旧秩序的废墟上建立一个“新秩序”（New Order）。

战争继续，轴心国入侵苏联、东南亚和太平洋，几乎打到了苏伊士运河。苏联使出浑身解数才暂时避免了失败，但也遭受了惊人的损失，若换作其他国家早就缴械求和了。斯大林激励人民继续战斗的能力成为 1941 年和 1942 年的关键因素，这时的西方盟国正竭力避免太平洋和大西洋败局，对德军的推进束手无策。对同盟国而言，这几年打的是一场努力避免更坏情况发生的持久战。

对他们的轴心国敌人来说，新的世界秩序的诱人奖赏似乎在向他们招手——德国士兵登上高加索山脉，日本士兵离澳大利亚近在咫尺，德国和意大利军队深入埃及。

然而，形势远非如此。在陆地，在海洋，在空中，缓慢而踏实地，战争风向开始转向同盟国。人们终于看到，一度似乎势不可当的轴心国军队也会在大规模战役中被打败。沙漠战争的胜利，铺平了重新征服地中海的道路；所罗门群岛（Solomons）的胜利在日本帝国防线前沿撕开一道口子，通过它，同盟国投入了压倒性的陆海空力量；斯大林格勒的胜利向全世界宣告苏联红军已经壮大，德军想要轻易取胜的时代结束了。

结束战争的战斗，在整个战争之中代价是最高昂的。西方盟国、德国和日本的大部分伤亡均发生在最后 18 个月的战斗中。遥远前方的胜利不会让战争变得更容易，而是要求投入最大努力。惨败的前景要求轴心国军队做出孤注一掷的防守。战争于 1945 年 8 月最终结束时，世界不得不接受战争留下的一片废墟。这一次，战争带来的改变比 1918 年那次更持久。二战结束后的 80 年中，没有一件可与二战相提并论的事件发生，二战的影响一直持续至今。

理查德·奥弗里
欧洲文理科学院院士
英国皇家历史学会会士
英国人文社科院院士

缔造和平
1919—1929

大事表

1919 年 6 月 28 日
德国代表团在巴黎签署《凡尔赛条约》。
1920 年 1 月 10 日
国际联盟宣告成立。
1925 年 12 月 1 日
《洛加诺条约》(Locarno Treaty)签署，确认了西欧战后秩序。
1926 年 9 月 10 日
国际联盟接纳德国。
1929 年 10 月 29 日
华尔街股市崩溃引发全球经济萧条。
1932 年 7 月 9 日
洛桑会议暂停了德国赔款的支付。

1918 年 11 月 11 日，第一次世界大战战事正式结束，有史以来最血腥的 4 年战争留下一个满目疮痍的欧洲：超过 800 万人丧生；伤残者是前一数字的两倍；成百上千万人饱受战争之苦，受到饥饿、疾病的折磨。随着一战结束，人们普遍希望这真的是一场“结束战争的战争”。

1919 年和 1920 年，战胜方协约国（Allies）在凡尔赛达成的条约（《凡尔赛条约》）被寄予厚望，人们期待它将打造持久和平的基础。这一条约背后的原则是，1918 年 1 月美国总统伍德罗 · 威尔逊（Woodrow Wilson）首次以“十四点”形式做出的声明。其中最重要一点是协约国承诺，允许德国、奥匈帝国和俄国等战前王朝帝国控制的欧洲民族建立独立民族国家。威尔逊希望所有欧洲国家都将采用民主治理形式。各国还有义务通过国际组织进行国际合作，这就是后来的国际联盟（League of Nations，简称国联）。该组织的成员承诺将遵循不诉诸战争的原则，今后所有成员国间的冲突将通过谈判而不是战争解决。

战胜国的理想很丰满，然而实际情况远远称不上理想。因为中东欧大范围的民族杂居，民族自决在实践中很难实施。许多欧洲人最后生活在另一个完全不同的多数民族统治下，比如：在捷克斯洛伐克和波兰的日耳曼人，在罗马尼亚的匈牙利人，在波兰的乌克兰人。英国、法国和意大利拒绝给予其殖民地“民族自决权”。英法以国联托管权名义接管前德国和土耳其殖民地，直接把它们当成自己的殖民地。由于《凡尔赛条约》，战败国德国、奥地利和保加利亚都割让了国土，对自己的遭遇一直满怀愤怒和仇恨。德国受到苛刻对待：东普鲁士和西里西亚地区割让给波兰；萨尔工业区国际化；莱茵兰地区非军事化；德国只许保留 10 万人的军事力量以维持国内安全；还有一项最终确定为 1320 亿金马克的赔偿条款，德国需要到 1980 年才能向协约国还清全部债务。一旦有了机会，被解除武装、割地赔款的德国推翻凡尔赛体系的理由比其他国家都充足。

德国政治家古斯塔夫·斯特莱斯曼（Gustav Stresemann）。作为 1924 年到 1929 年间的德国外长，他寻求采取“履行”《凡尔赛条约》条款的政策。

国联也有先天不足。1920 年，美国参议院否决了《凡尔赛条约》。在世界上最富有、潜在实力最强国家缺席的情况下，国联召开了它在 1920 年的会议，而俄国和德国被排除在国联之外。该组织被英法两国把持，但参与国联的一群小国如何切实防止未来战争的问题却从未被明确过，并且对战争的普遍厌倦意味着这个问题在 20 世纪 20 年代也从未受到检验。1926 年，德国最终被国联接受，然而由于其他国家根据国联盟约条款承诺的裁军未能实现，德国对此依然愤愤不平。战后经济复苏问题加深了这些怨气。20 年代中期美国主导的短暂经济繁荣又掩盖了深层次的经济隐患。1923—1924 年，德国、奥地利和东欧国家的恶性通胀登峰造极，留下一个存款被洗劫一空、愤恨、一贫如洗的中产阶级。贸易没能恢复到战前水平，即使欧洲战胜国也背负着沉重的战争债务。经济危机引发社会动荡和政治两极分化，使得维持民主更为艰难。在意大利，1922 年，一个激进民族主义法西斯新政党领导人贝尼托·墨索里尼当上

英国资深和平主义者乔治·兰斯伯里（George Lansbury），摄于 1929 年。20 世纪二三十年代，他协助领导了遍及英国的反战运动。

“和平缔造者”

1919 年上半年，战胜国在巴黎开会，决定德国、奥匈帝国、保加利亚和土耳其等战败国的命运。美、英、法三国主导了会议讨论。虽然在战争期间被德国造成重大损失，但俄国正深陷革命之中，所以没有受到邀请。意大利和日本也是战胜国，但它们认为大会的结果对它们不公。意大利没有得到 1915 年参战时作为对价承诺给它的土地。日本强烈不满作为非白人国家的二等地位。1919 年 6 月 28 日，在凡尔赛宫签署的最终协议为未来可能出现的危机播下了种子。

劳埃德·乔治（Lloyd George）、乔治·克列孟梭（Georges Clemenceau）和伍德罗·威尔逊在 1919 年凡尔赛和会（Versailles Conference）上。

总理，到 1926 年建立起一党独裁统治。1923 年，一次政变给西班牙带来了军事独裁者普里莫 · 德 · 里维拉（Primo de Rivera）将军；3 年后，毕苏斯基（Pilsudski）元帅在波兰领导了一场军事政变。新成立的苏联几乎从一开始就是一党国家。

1929 年 10 月，华尔街股市崩溃，随后的经济萧条加速了向独裁统治的转变。空前的资本主义制度危机，在世界范围内制造出 4000 万失业大军。在德国，阿道夫 · 希特勒领导的大众民族主义运动主张停止赔款，推翻凡尔

赛体系；4 年之内，他的政党成为德国国会最大党。在日本，萧条激起另一种民族主义反应：1931 年，为掠夺经济资源帮助发展日本经济，日本军阀在中国华北发动战争。国联没有采取任何行动，阻止经济下滑或暴力民族主义涌现。到了 20 世纪 30 年代，战争苗头再次显现。

位于日内瓦的国联大楼。1920 年，国联大会转移到瑞士，38 个成员国在此开会。

1920 年，俄国内战期间，一队红军士兵正列队通过哈尔科夫（Kharkov）接受检阅。一年后，共产党取得内战胜利。

德国被解除武装

凡尔赛体系的设想是实行全面裁军，战胜国也不例外。作为主要战败国，德国被迫裁军，主要武器和战机工厂及海军船厂被摧毁或转为民用生产。1919 年留下的大量战机被销毁（见下图）；德国边境防御工事被炸毁。甚至早在条约签署前，德国舰队就已经被迫转交给英国。英法虽然确实减少了军力和预算，但没有履行全面裁军的承诺，引发了德国对不平等待遇的强烈愤慨，助长了德国民族主义大潮。

1922 年 9 月，争夺土耳其西部控制权的希（腊）土战争（Graeco-Turkish War）高潮期间，土耳其部队在士麦那（Smyrna）附近扎营。土耳其最终赢得战争。1923 年 8 月，《洛桑条约》（Treaty of Lausanne）确立了土耳其的独立地位。

1928 年 8 月 27 日，巴黎，规定战争为非法行为的《凯洛格—白里安公约》(Kellogg-Briand Pact) 被签署。虽然德国、意大利、日本和苏联签署了该公约，但它们都在 20 世纪 30 年代诉诸了战争手段。

1929 年 10 月 24 日，焦急的投资者站在纽约证交所门外。几天后，灾难性的华尔街股市大崩溃发生了，引发全世界的经济大萧条。

日本侵华战争

1931—1945

大 事 表

1926 年 12 月 25 日
裕仁成为日本天皇，年号“昭和”。

1931 年 9 月 18 日
日军入侵中国东北，中国开始了长达 14 年的抗日战争。

1933 年 2 月
李顿男爵（Lord Lytton）领导的国联调查团调查报告发布后，国联谴责日本占领中国东北。

1936 年 2 月
“二二六事件”——日本青年军官在东京刺杀好战的民族主义政治对手。

1936 年 11 月 25 日
德国和日本签署《反共产国际协定》（Anti-Comintern Pact），联合对付以莫斯科为基地的共产国际。

1937 年 7 月 29 日
日军侵占中国北平。

1937 年 12 月 13 日
日军在长江攻击美国“班乃岛”号（Panay）炮艇，引发一次短暂的美日关系危机。

1939 年 8 月 20 日
苏军在诺门罕（Nomanhan）进攻日军。

1940 年 10 月 12 日
日本“大政翼赞会”成立，强推各政党合并为一个单一民族主义集团。

1945 年 8 月 15 日
日本宣布无条件投降。

1935 年的一张伪满洲国邮票，头像是溥仪，最后一个清朝皇帝，日本新占领区的傀儡皇帝。

从 1931 年到 1945 年二战结束，日军在中国土地上发动了一场断断续续的残暴战争。前后 14 年的战争造成中国军民伤亡人数达 3500 万。日本侵占亚洲是暴力帝国主义时代最后和最残忍的一幕。避开世界媒体的关注，日本占领者放纵暴行，对他们控制下的人民实施了系统性的持续迫害。

日本自 19 世纪起成为帝国主义国家，1895 年占领中国台湾，1910 年吞并朝鲜。随着中国

蒋介石（1887—1975）

一战结束时，中国一片混乱。清王朝已于1912年被推翻，中国大部由盘踞一方的军阀统治着。1924年，主要民族主义政党国民党在广州建立政权，但控制着很小的地盘。到1926年，年轻军官蒋介石跃居为国民党的领导人物，开始了10年的统一进程。1927年，他破坏了华东各城市的共产党组织，第一次国共合作破裂。他把新首都定在南京，一步步迫使各地军阀接受国民党的统治。到1936年，他控制了约三分之二的中国。

陷入政治动荡，军阀混战，日本自1915年5月开始侵蚀中国主权。20世纪20年代，日本关东军驻扎在中国东北以保护日本经济利益。日本军队在很大程度上独立于东京政府，军队领导层渴望增强日本帝国主义在中国的影响力，而中华民族的觉醒——矛头指向日本占领中国领土——和1929世界大萧条对日本经济前景的灾难性影响，都被当成他们在亚洲实施军事扩张的借口。

1931年9月18日，关东军导演了一场拙劣的假袭击，炸毁奉天（沈阳的旧称）附近日本人控制的铁路。日军以此事件为借口，快速占领了东北大部。“不抵抗将军”张学良被赶跑，一个新的伪满洲傀儡国于1932年成立，名义上由“末代皇帝”溥仪统治，而日本人则控制了东北富饶的矿产和粮食供应。虽为国联成员，日本的侵略行径并没有遭受其他大国的阻止。1933年，日本退出国联。接下来3年里，日军继续侵占华北，占领了热河、察哈尔、河北诸省，在旧京城北京驻扎了守军。

中国的抵抗力量不断增强，日军继续侵略：1937年7月7日卢沟桥事

南京大屠杀

1937年12月13日，日军占领蒋介石政府的首都南京。随后发生的是漫长中日战争中最可怕的一幕。日军放纵暴力，残害手无寸铁的平民，时间长达数周，而他们的司令官松井石根没有阻止。战后估计，有26万到35万中国人遇难，其中大部分被非常残忍地杀害。9万被俘的中国士兵全部被杀害，其中一些在砍头比赛中被杀。成千上万妇女，不分老幼，被强奸，被杀害。

1937年12月占领南京后，日本士兵脱光中国人的衣服，将其绑起来充作练习刺杀的活靶子。

变迅速升级。7 月 27 日，日本首相近卫亲王宣布将在亚洲建立“新秩序”。几周之内，中国国民政府和共产党军队与日本占领军的战争全面爆发，直到 8 年后日本投降才结束。日军利用铁路和河谷迅速扩张到华中，1937 年 10 月占领上海；12 月占领国民政府首都南京——蒋介石随后撤退到陪都重庆；1938 年 10 月占领南部沿海的广州。毛泽东领导的共产党游击队控制了偏僻的中国西北，当时并未对日本侵略者构成太大威胁。到 1939 年，日本控制了从长江下游到内蒙古的大部分大城市和交通干线。

日本帝国主义势力的突然扩张，打破了蒋介石统一中国的美梦，也让日本陷入与西方大国的冲突之中。西方之所以容忍日本的侵略，仅仅是因为没有有效方法驱逐日本军队，除非付出一场大战的代价，而他们既不愿意，也没有资源发动这样的战争。日本的扩张直接威胁到苏联的利益，引发了两次短暂冲突：1938 年在张鼓峰，1939 年在诺门罕，苏军取得两场战争的胜利。然后，日本政府和军队选择转向南方旧欧洲殖民地富饶的油田和矿产，建设下一阶段的亚洲“新秩序”。

1931 年 12 月，两个日本士兵在火车车厢顶站岗，防止中国武装民众靠近。当年 9 月，日军占领中国东北。

1937 年秋，继海岸线大型两栖攻击之后，日军开始进攻上海，中国士兵躲在沙袋工事后进行阻击。

1937 年，日军进攻上海期间被炸毁的火车站。日军在中国不加区别地狂轰滥炸，包括使用毒气。

意大利的侵略战争

1935—1939

大事表

1933 年 7 月 15 日
意大利、英国、法国和德国签署的《四国公约》(Four-Power Pact) 未能发挥消除欧洲紧张局势的作用。

1934 年 6 月 14—15 日
希特勒和墨索里尼在威尼斯首次会面。

1935 年 4 月 11 日
意、英、法三国同意建立“斯特雷萨阵线”(Stresa Front)，维护和平。

1936 年 3 月
国联同意对意大利实施石油制裁，在意大利引发大规模抗议。

1936 年 10 月
罗马—柏林“轴心”建立。

1938 年 11 月 6 日
墨索里尼在意大利施行反犹法律。

1939 年 5 月 22 日
墨索里尼和希特勒签署《钢铁条约》(Pact of Steel)，承诺在受到第三方攻击时互相协助。

20 世纪 30 年代，意大利是破坏国联的和平与“集体安全”承诺的第二个成员国。意大利法西斯独裁者贝尼托·墨索里尼梦想在地中海和非洲建立“新罗马帝国”，以作为法西斯运动革命力量的一个标志。30 年代初，法西斯政权巩固后，墨索里尼企图实现这些抱负。在墨索里尼眼中，意大利被西方富有“财阀”大国剥夺了经济资源和殖民地，成为“一穷二白”的国家之一。

意大利向参加埃塞俄比亚战争的部队颁发的奖章。

1934 年，他开始计划入侵独立的东非国家阿比西尼亚（即埃塞俄比亚）。在墨索里尼认为已得到非洲殖民大国英法默许之后，1935 年 10 月 3 日，他投入 3 个集团军群近 50 万人，在埃米利奥·德·博诺（Emilio De Bono）将军的指挥下发动侵略战争。但是，对武器落后的埃塞俄比亚军队的战斗却进展缓慢。11月，接替德·博诺的佩特罗·巴多利奥（Pietro Badoglio）元帅加快了作战步伐。为消除抵抗，意大利战机对埃塞俄比亚村庄和士兵投下芥子毒气弹。梅修镇（Mai Ceu）位于通往埃塞俄比亚首都亚的斯亚贝巴（Addis Ababa）的路上。1936年3月31日，决定性战役在此打响，3万到3.5万埃塞俄比亚士兵遭遇4万意大利及其殖民地部队的混合军队。重炮和机枪火力留下了8000具埃塞俄比亚人的尸体，而意大利总伤亡只有1273人。

1935年10月，亚的斯亚贝巴，一个埃塞俄比亚士兵在练习佩戴防毒面具，以应对意军的毒气攻击。

梅修战役后，埃塞俄比亚首都门户洞开。1936年5月5日，巴多利奥率领的意大利军队进入亚的斯亚贝巴。4天后，墨索里尼在罗马向狂热的人群宣布，意大利在非洲建立了新殖民地。但是，此战造成意大利被国际社会孤立，国联表决通过对意大利的贸易和石油制裁。然而，美国不是国联成员，依然给他们提供石油；罗马尼亚不顾禁令也在提供。现在，墨索里尼与希特勒越走越近，1936年10月，意德两国签署一项非正式协定，通称“罗马—柏林轴心”。1937年11月，意大利还加入了德日《反共产国际协定》，奉行扩张主义的三国集团至此形成。这个集团被称作“轴心国”，将成为参与二战的一方。

1936年7月，西班牙叛军实施了推翻马德里共和政权的政变图谋。起初，墨索里尼同情叛军领导人弗朗西斯科·佛朗哥（Francisco Franco）上校，只提供了一些有限援助。但从1936年12月起，一支配备坦克、大炮和飞机的完整军队被派来帮助西班牙的民族主义事业。意大利大肆宣称在西班牙取得的胜利，实际上，1937年2月征服马拉加（Malaga）时，意军的对手只是一支涣散无力的西班牙共和军。然而，次月在瓜达拉哈拉（Guadalajara），

1936 年 2 月 1 日，意大利第 13 摩步团获授新团旗后接受王妃玛丽·何塞（Princess Maria José of Savoy）检阅。墨索里尼希望意大利军队表现出适应新法西斯独裁统治的全面现代化。

意大利在西班牙内战中

意大利人在西班牙内战中分成两派。墨索里尼派出马里奥·罗阿塔将军，7.5 万陆军、空军和民兵支援佛朗哥的民族主义叛军。到 1938 年，在西班牙的意大利战机超过 300 架。作为法西斯主义、共产主义和民主力量间更大范围内的欧洲内战的一部分，一群支持西班牙共和军的意大利人组成反法西斯纵队，对抗自己的同胞。其中最著名的是以意大利传奇游击队战士朱塞佩·加里波第（Giuseppe Garibaldi）名字命名的“加里波第纵队”（Garibaldi Brigade）。在历史上，加里波第曾于 1860—1861 年帮助创建了近代意大利国家。

1937 年 3 月，加里波第纵队向瓜达拉哈拉进发。

通往马德里的路上，意大利军队却遭到一场耻辱的失败。3 月 8 日，意大利指挥官罗阿塔（Mario Roatta）用 3.6 万名士兵、81 辆坦克和 160 门大炮进攻一条薄弱的共和军防线。战斗中，意大利战线崩溃，到 3 月 18 日撤退时已经溃不成军。这次失败给意军名誉造成了毁灭性打击，自此再没恢复过。墨索里尼继续支持佛朗哥——超过 7.5 万名意大利人在西班牙作战，但 1939

年 3 月西班牙民族主义的胜利更多归因于佛朗哥的新西班牙军队，而不是意大利的援助。

墨索里尼认为，佛朗哥在西班牙的胜利对实现他自己的野心不可或缺。1939 年 2 月，他告诉其他法西斯领导人，意大利必须控制地中海，这意味着他要打败或赶走英国人和法国人。4 月 7 日，意大利军队入侵占领了巴尔干国家阿尔巴尼亚，迈出控制地中海的第一步。几周后，墨索里尼要求与希特勒签署更具体的协议。1939 年 5 月 22 日签署的《钢铁条约》最终把意大利与德国拴在一条绳上，使前者将在与西方大国的最后摊牌中同德国并肩作战。

伊塔洛·巴尔博（1896—1940）

意大利法西斯主义喜欢强调它的现代性，而空军是一个理想的工具，可以展示法西斯主义革命宣传的力量、速度和英雄主义。法西斯领导人中，没人比个性张扬的伊塔洛·巴尔博（Italo Balbo）更能体现出对空军的这种认同。1929 年到 1933 年间，他作为意大利城市费拉拉（Ferrara）的法西斯领导人担任该国空军部长，后于 1934 年成为意大利北非殖民地利比亚总督，1937 年成为意大利北非军队总司令。他是一名技术娴熟的飞行员，进行过多次著名的长途飞行，最出名的是 1933 年从罗马飞到芝加哥和纽约。1940 年 6 月 28 日，意大利对英国宣战两周后，他驾驶的飞机在利比亚港口图卜鲁格（Tobruk）上空竟然被己方的高射炮火击落。

一幅西班牙内战海报，呼吁共和政府的支持者“起来反抗意大利对西班牙的侵略”。

1935年11月，被占领的提格雷（Tigre）地区的埃塞俄比亚人被迫表示支持“白人统治者”墨索里尼。

一位妇女捐出首饰，响应墨索里尼“为祖国献黄金”的倡议。这些黄金被熔化成金条存入银行。

1939 年 4 月 7 日，骑自行车的意大利部队占领巴尔干国家阿尔巴尼亚，推翻国王索古一世（King Zog）的统治。索古一世逃到巴黎，后转到伦敦。

意大利独裁者贝尼托·墨索里尼在罗马威尼斯宫（Palazzo Venezia）阳台向人群发表讲话。这里成为他最中意的向意大利公众宣布取得重大胜利的地方。

德国破坏凡尔赛体系

1933—1938

大事表

1933 年 1 月 30 日
德国总统兴登堡（Paul von Hindenburg）任命希特勒为总理。

1933 年 2 月 27 日
德国国会大厦（Reichstag）的一场大火被诬为“共产党的阴谋”。

1933 年 3 月 24 日
《授权法案》（Enabling Bill）允许希特勒及其内阁绕过国会统治国家。

1933 年 10 月 16 日
以他国没履行裁军承诺为借口，德国退出国联。

1935 年 6 月 18 日
《英德海军协定》（Anglo-German Naval Agreement）允许德国海军进行有限的重新武装。

1936 年 8 月 2 日
希特勒合并总统和总理职位，自称“元首”（Führer）。

1936 年 10 月 18 日
德国实施“四年计划”，为战争做准备。

1938 年 2 月 4 日
希特勒成为德国武装部队的最高统帅。

1938 年 11 月 9 日
“水晶之夜”，对德国犹太人进行集体迫害。

1933 年 1 月 30 日，希特勒被任命为德国总理，这是民族主义联合政府的首脑。那时，还没有一点他将长期占据那个位置的迹象。但不到一年，他就进行了个人独裁统治下的民族革命：建立了一党国家，公民权利被中止，创建秘密警察盖世太保，设立首批集中营。所有反对其政权的人都被关进监狱，或被迫流亡国外。1933—1935 年，第一批种族法律被批准通过，德国犹太人被赶出政府，犹太人和所谓德国“雅利安人”（Aryan）间的婚姻或性关系被禁止。

希特勒的初期野心之一是公然反抗凡尔赛体系，重新武装德国。1933 年，他还没有明确的战争或征服计划，但他希望撕毁《凡尔赛条约》，吸纳周边国家的日耳曼少数民族进入新的德意志国家，择机在东欧创立所谓的“生存空间”，安置德国殖民者，攫取当地自然资源。和日本、意大利一样，德国把自己看成国际经济和政治体系的受害者。希特勒秉持这样一种观点——“优等民族”雅利安德国人应通过征服赢得应有的地位。“帝国要用刀剑开辟。”希特勒在1928年写道。

希特勒是个精明的政客，不会冒失妄动，因此，在巩固国内地位期间，他精心掩盖了重整军备活动。到1935年，希特勒才有了足够信心宣布德国正式拒绝凡尔赛体系：3月16日，德国重启征兵，新的德国空军正式成立。1936年3月，意大利入侵埃塞俄比亚危机高潮期间，希特勒决定在法国边境一线的莱茵兰地区重新设防，此举为1919年《凡尔赛条约》所禁止。3月7日，德国军队未受国际阻碍，重新进入上述非军事区。对这一成功飘飘然的希特勒开始把目光转向德意志“帝国”（Reich）边境以外。1936年7月，西班牙叛军首脑佛朗哥需要用飞机把他的军队从摩洛哥运回国内，希特勒提供了援助。一小队德国

阿道夫·希特勒（1889—1945）

希特勒生于奥地利一个名叫布劳瑙的小镇（德文为Braunau am Inn，意为“因河畔的布劳瑙”。编者），那里位于历史上的哈布斯堡王朝（Habsburg Empire）境内。1913年，为逃避奥地利征兵，希特勒搬到了慕尼黑，此前他也曾想进入维也纳艺术学院（Vienna Academy of Art）学习，但没有成功。1914年，他自愿加入德国陆军，获得一级铁十字勋章。对1918年的德国战败，他满心愤懑，把罪过归在共产主义者和犹太人头上。1921年，他成为小党派德国国家社会主义工人党（简称国家社会党、国社党，常音译为纳粹党。编者）领导人。两年后，他在慕尼黑发动一次针对巴伐利亚政府的政变，被监禁1年。他在狱中写下《我的奋斗》（*Mein Kampf*）一书，出狱后夺回纳粹党的领导权。1933年，尽管他的政党只赢得1932年11月选举的三分之一选票，希特勒还是被任命为德国总理。1934年，他成为德国最高领导人“元首”，1938年成为武装部队的最高统帅。

战机和飞行员组成“秃鹰军团”，向西班牙民族主义者提供支援。1937 年 4 月 26 日，德国战机轰炸摧毁了巴斯克地区（Basque）的格尔尼卡镇（Guernica）。此举成为后来不分兵民对象的所谓“总体战”（Total War）的恐怖象征。

1937 年 11 月 5 日，希特勒召集军事领导人，告诉他们两个计划：在不久的将来要把他的出生国奥地利并入德国，对捷克斯洛伐克采取行动。捷克是东欧仅存的民主国家，反对希特勒政权的流亡者的避难所。1938 年 3 月，经过奥地利纳粹分子几个月的煽动破坏，奥地利总理库尔特 · 冯 · 许士尼格（Kurt von Schuschnigg）迫于形势，为避免流血，接受德国军队进入奥地利。3 月 13 日，奥地利与德国完成“合并”，统一称作“大德意志”。反对合并的奥地利人被谋杀、监禁，奥地利犹太人的职业生涯和商业权利被剥夺。

在希特勒大肆破坏凡尔赛体系期间，其他大国从头到尾都无所作为。1933 年 10 月，希特勒将德国撤出国联。随后 4 年里，欧洲民主国家惊恐地注视着德国的经济和军事实力不断增强。虽然他们做出了一些努力，通过承认德国的不公待遇，试图找到某种削弱德国威胁的方法，但没有做出满足希特勒胃口的真正让步。到 1938 年，希特勒的一系列“不流血胜利”在国内赢得广泛认可。现在，希特勒需要的是一场小胜仗，让他的军队接受血的洗礼，为争取“生存空间”的斗争做准备。

维尔纳·冯·布隆贝格（1878—1946）

在希特勒获得总理职位的同时，维尔纳 · 冯 · 布隆贝格（Werner von Blomberg）将军被兴登堡总统任命为国防部长。1933 年后，希特勒继续留任他。1935 年，他改任战争部长（Minister of War）。在凡尔赛体系长期限制德国武装之后，他在该国重整军备的进程中扮演了重要角色。1937 年，他代表希特勒德国参加了英王乔治六世的加冕典礼。由于嫉妒布隆贝格的权势，一些纳粹党党魁图谋把他拉下马。1938 年 2 月，在新婚妻子被爆出曾做过色情模特之后，他被迫辞职。

1936 年 3 月 7 日，德国军队通过位于科隆的莱茵河大桥。由于《凡尔赛条约》规定德国莱茵兰为非军事区，因此，德军的行为属于公然违约。

1934 年纽伦堡纳粹党大会期间，希特勒走上讲台。冲锋队（SA）队员守卫在他的两侧。

1939 年 1 月 6 日，臭名昭著的萨克森豪森集中营内的犯人。到 20 世纪 30 年代末，该集中营共关押了 2.15 万人。

“4 月 10 日，全民说‘是’！”1938 年，一份德国海报鼓动人们支持奥地利并入德国。据称，99% 的民众投票表示“同意”。

1938 年 4 月 1 日，奥地利格拉茨市的一次选举动员会。在希特勒的右边，分别坐着后来成为德占荷兰统治者的阿图尔 · 赛斯 – 英夸特（Arthur Seyss-Inquart），以及党卫军（SS）、集中营头子海因里希 · 希姆莱。

武装备战

1930—1939

大事表

1932 年 2 月
裁军会议在日内瓦举行，但未能达成任何普遍认可的协议。
1935 年 3 月 16 日
希特勒宣布德国重整军备，启动征兵计划。
1936 年 3 月
德国政府启动重整军备“四年计划”。
1938—1939 年
德国沿德法边境建设“西壁”（West Wall，亦称“齐格菲防线”[Siegfried Line]）工事。
1939 年 1 月
希特勒启动“Z 计划”，大规模重新武装海军。

如果 20 世纪 20 年代是裁军和削减军事预算的时代，那么，30 年代就是令一战前的军备竞赛相形见绌的大规模重新武装的时代。发达国家都经历了这一过程，它甚至早在日本、意大利和德国成为严重威胁之前就已经开始。到 1934 年，世界军费开支几乎达到 20 年代中期的两倍；1932 年到 1937 年间，军火贸易额几乎翻番。新的军力增长是世界经济崩溃和国联瓦解的结果。作为集体安全保障的国联瓦解后，拥有军事力量再次被看成政治生存的关键。

身处这场军备竞赛核心的德国和苏联军力大规模增长。到 30 年代末，这两个国家都接近成为超级军事大国。1938 年，德国国民收入的 17% 投向军事开支，而英法只花费了 8%。1939 年，所有大国中，苏联拥有的战机和坦克数量最多。德国甚至早在希特勒上台前就开始了重整军备，陆军偷偷进行了所谓的“秘密重新武装”，但直到 1933 年以后，真正的扩张才成为可能。经过 3 年精心准备和重建，1936 年，希特勒命令加速军事备战。1936 年 10 月，空军司令赫尔曼 · 戈林负责制订了“四年计划”。该计划目的是在

1936 年 9 月，法国社会党总理莱昂 · 勃鲁姆（Leon Blum）在一次呼吁和平的巴黎群众集会上。实际上，就在同月，勃鲁姆的政府批准了一项价值 140 亿法郎的军备计划。

米哈伊尔·图哈切夫斯基元帅（1893—1937）

1917 年俄国革命后，为建设新成立的共产主义军队，大量沙俄前年轻军官获得快速提拔。20 世纪 20 年代，米哈伊尔 · 图哈切夫斯基（Mikhail Tukhachevsky）因提出用数千辆坦克和装甲车进行快速机动作战的新观点而名声大噪。1932 年，他被任命为装备部长，管理苏联的重整军备活动；1936 年，他又被任命为副国防人民委员。1937 年 6 月，他被逮捕并被审判。6 月 11 日，他和另外 7 名高级军事指挥官一起被处决。

一幅 1935 年的苏联海报，表现了斯大林正急切地从苏联工厂动员战机。早在 1932 年前，斯大林就已支持开展一项庞大的重整军备计划。

国内积累战备原料资源，避免遭到封锁威胁。到 1939 年，德国三分之二的工业投资进入与战争有关的项目；四分之一工业劳动力在为军方工作。

早在希特勒上台前的 1932 年，斯大林就在苏联启动了重整军备计划，因为苏联领导人相信，根据马克思主义理论，经济危机将开创新的资本主义战争时代。和德国一样，苏联集中建造武器生产所需的原料和机械设施。在第三个“五年计划”（始于 1938 年）中，苏联的军费开支每年增长 40%，三分之二的工业投资用于新军事装备。希特勒和斯大林都在考虑大规模、远距离战争。1939 年，希特勒批准了“Z 计划”，建立一支新的远洋战列舰队。早在 4 年前，斯大林已经批准成立一支类似的苏联舰队，计划到 1939 年拥有 15 艘战列舰的规模。与之相比，德国海军舰队仅有 6 艘战列舰。

英法两国军力建设稍显保守，虽在重整军备开始前，它们就已经拥有雄厚的军事基础。英国 1934 年开始扩军，1936 年加速扩军计划。它着力建立一支庞大的新型现代空军，而英国皇家空军的支出占了差不多 40% 的军费，因此到 1939 年，英国的飞机产量几乎与德国不相上下。整个 20 世纪 30 年代，法国在重点建设一条针对德国的牢固防线——“马其诺防线”，作为抵挡对方进攻的安全保障。1936 年，法国政府批准了一项庞大的 3 年重新武装计划，开始制造当时最好的坦克和战机。虽然政治问题及与劳方的争议阻碍了进展，但和英国一样，法国 1939 年在军备上的情况比传言的“太少、太迟”要好。只有美国对军备建设无动于衷。地理位置的安全加上院外强大的和平主义游说势力，军备压力在 30 年代并不存在，因此，美国士兵还在用坦克模型演习。

1936 年 3 月，德国的一个装配车间内景。这是位于埃森市克虏伯（Krupp）兵工厂的一部分，德国军队的大量重炮和装甲车就是在这里生产的。

1936 年，超级马林（Supermarine）公司设计的“喷火”（Spitfire）单座战斗机原型。这种飞机后来成为英国皇家空军的标准战斗机，在不列颠空战中立下大功。

1939年11月，英军通过一座吊桥进入法国“马其诺防线”的一处堡垒。这道法国防线始建于20世纪20年代后期，到二战爆发时才完工。

英国军队现代化

对敌方战线的大规模攻击中使用坦克作为装甲打击力量的思想，是两次大战之间由两个英国军事理论家提出的。他们就是巴兹尔·利德尔·哈特（Basil Liddell Hart）上尉和约翰·富勒（John Fuller）少将。两人提出英国应发展一种高速的现代坦克，并组成装甲师，但这一思想遭到不少保守派反对。到1939年，英国只有一个装甲师能投入欧洲战场，其坦克规模也无法达到其他陆军大国的标准。如图所示，1937年第9女王枪骑兵团（9th Queen's Royal Lancers）的V型和VIA型轻型坦克在演习中。

1941年，战争来临前，苏联摩托车部队正在列宁格勒参加阅兵。到20世纪40年代，苏联已拥有世界上最庞大的武装部队。

慕尼黑危机

1938.9.28—30

大事表

1938 年 3 月 13 日
奥地利与德国合并成一个大德意志帝国。

1938 年 5 月 20—21 日
“周末危机”中，捷克发起动员以应对可能到来的德国入侵。

1938 年 5 月 28 日
希特勒命令武装部队拟订入侵捷克斯洛伐克的“绿色方案”（Case Green）。

1938 年 7 月 11 日
日本和苏联军队在中国张鼓峰爆发冲突。

1938 年 8 月 28 日
朗西曼代表团（Runciman Mission）起草了苏台德自治计划。

1938 年 11 月 9 日
“水晶之夜”，德国启动迫害犹太人的计划。

希特勒在 1938 年 3 月吞并故乡奥地利后，借口帮助受捷克人压迫的捷克北部苏台德地区的德国同胞，开始为占领捷克斯洛伐克做准备。5 月 20—21 日，捷克政府担心即将到来的德国入侵，命令军队进行总动员，史称“周末危机”。随后的 5 月 28 日，希特勒嘱咐军事指挥官，要准备在 1938 年秋对捷克打一场速战速决的战争。“我已经下定决心，”他说，“捷克斯洛伐克应该从地图上消失。”

庆祝张伯伦在 1938 年慕尼黑会议上斡旋成功的纪念章。

希特勒认为他可以孤立捷克，在其他大国干涉前迅速完成军事解决计划。紧锣密鼓的军事计划反映了希特勒急于打一场小胜仗的心情。早在当年 2 月，他就撤销了战争部（War Ministry），自任武装部队最高统帅。对捷克开战，既可展现他作为军事领导人的能力，也能借机提高德国在中欧的经济和军事地位。

危机不会是孤立的。被要求对苏台德地区日耳曼少数民族做出让步，这种压力对捷克政府来说越来越大。为此，英法两国都行动起来，力求找到一条通过谈判解决问题的政治途径。根据已有条约，法国有援助捷克的义务。苏联也承诺只要法国干涉，它将效行。但两国都对战争前景不抱多大热情。虽然英国在条约上没有履行的义务，但首相尼维尔·张伯伦（Neville Chamberlain）对德国采取“绥靖政策”，希望凭借他的影响力通过谈判解决问题。1938 年 8 月，英国政治家朗西曼子爵（Lord Runciman）率一支国联代表团到达苏台德地区，返回后主张捷克政府应该对日耳曼群体做出重大让步。

然而，希特勒坚持武力解决。德国领导人在媒体和政治宣言中攻击捷克。到 9 月初，希特勒将在不久的未来发起军事行动似乎成为可能。为避免

战事，9 月 15 日，张伯伦做出惊人之举，亲自飞到希特勒的贝希特斯加登（Berchtesgaden）山庄商谈。张伯伦承认了民族自决的必要性，希特勒则承诺不对捷克人动武，但他一点也不想遵守诺言。9 月 22 日，张伯伦再次飞到巴特戈德斯贝格（Bad Godesberg）会见希特勒。这一次，商谈的气氛完全变了，希特勒坚持要在 10 月 1 日前占领苏台德地区。张伯伦回国后，英国内阁决心不再让步。英法都准备开战。9 月 26 日，张伯伦派出私人特使霍勒斯·威尔逊（Horace Wilson）爵士会见希特勒，并于次日传达出绝对明确的信息：德国对捷克主权的侵犯将意味着战争。

9 月 28 日，希特勒极不情愿地做出让步。在党内领导人的压力下，他意识到德国民意强烈反对进行一场欧洲战争，便接受了墨索里尼在慕尼黑召开一次峰会的提议，但苏联没收到参会邀请。整个慕尼黑会议期间，希特勒局促不安，阴沉着脸。1938 年 9 月 30 日结束的会议达成协议，将苏台德地区割让给德国，设置了德国占领该区的时间表。不同于日本在中国东北和意大利在埃塞俄比亚，希特勒希望打一场短期征服战争的计划受挫。慕尼黑会议通常被看成英法两国耻辱的让步，但它实际上也是希特勒战争计划的一次失败。后者的失意将使得 1939 年在但泽市的下一场危机不可能通过谈判解决。

爱德华·贝奈斯（1884—1948）

身处慕尼黑危机中心的爱德华·贝奈斯（Eduard Beneš），是一位经验丰富的捷克政治家。一战期间，他活跃于捷克独立运动，1918 年被新成立的捷克斯洛伐克共和国任命为外交部长。到 1935 年他成为捷克总统时，捷克斯洛伐克是中东欧唯一的真正民主国家。1938 年，他认识到，他的国家很容易遭受德国的压制，他对盟友的支持也没多少信心。1938 年 10 月，他流亡国外；1945 年再次回国担任总统，直到 3 年后去世。

1938 年 10 月，一位妇女含泪欢迎德国对苏台德日耳曼人居住区的占领。对许多苏台德人来说，占领意味着解放；对犹太人和社会主义者则意味着压迫。

1938 年 9 月 30 日凌晨，经过十几个小时的谈判，希特勒签署《慕尼黑协定》。他身后是张伯伦和墨索里尼，他左边是法国总理达拉第（Edouard Daladier）。

1938 年 9 月 29 日，参加慕尼黑会议途中，在一群纳粹党官员陪同下，张伯伦在欧伯维森菲尔德（Oberwiesenfeld）机场检阅一支党卫军仪仗队。

ZOLL
CUSTOM-DOUANE

ARRIVEE

1938 年 9 月 30 日，法国总理爱德华·达拉第返回巴黎，受到人群的热烈欢迎。“这群没头脑的傻瓜”，是他对人们的欢迎的反应。

康拉德·亨莱因（1898—1945）

住在捷克斯洛伐克所谓“苏台德”地区的日耳曼人，是前哈布斯堡王朝的德国子民。这里的许多人希望生活在一个更大的德意志国家，他们成立了苏台德日耳曼党，为争取自治活动，煽动与德国统一。其领导人是前银行职员康拉德·亨莱因（Konrad Henlein）。到1938年，这一政党在只有300万人口中拥有130万名党员。1938年，亨莱因与希特勒政府秘密合作，拒绝接受捷克政府做出的让步，加剧了该地的紧张局势。1939年，他成为苏台德地区的首位地方长官（Gauleiter），二战结束时自杀身亡。

1938年10月1日，匈牙利骑兵和轻型坦克向别列戈萨斯拉（Beregozasr）镇开进。慕尼黑会议后，匈牙利占领并吞并了捷克斯洛伐克南部的一些地区。

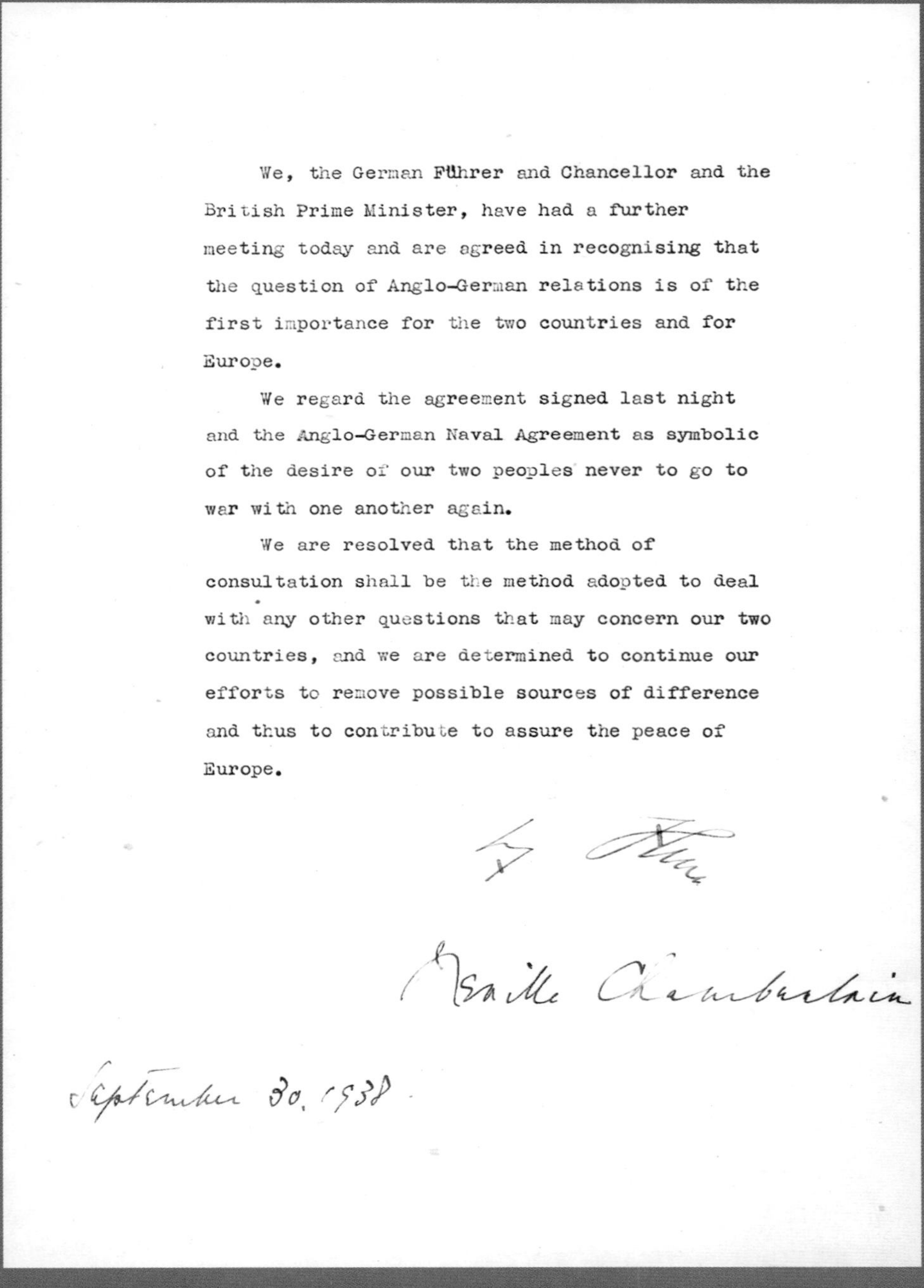

We, the German Führer and Chancellor and the British Prime Minister, have had a further meeting today and are agreed in recognising that the question of Anglo-German relations is of the first importance for the two countries and for Europe.

We regard the agreement signed last night and the Anglo-German Naval Agreement as symbolic of the desire of our two peoples never to go to war with one another again.

We are resolved that the method of consultation shall be the method adopted to deal with any other questions that may concern our two countries, and we are determined to continue our efforts to remove possible sources of difference and thus to contribute to assure the peace of Europe.

Neville Chamberlain

September 30, 1938

《慕尼黑协定》签字原件

1938 年 9 月 30 日，希特勒和张伯伦分别代表德、英两国签字，宣布缔结《慕尼黑协定》。

占领和分割捷克斯洛伐克

1939.3.15

1938 年 10 月 30 日

波兰占领了捷克斯洛伐克北部的特申地区。

1938 年 11 月

第一次“维也纳仲裁裁决”（Vienna Awards）将斯洛伐克和罗塞尼亚（Ruthenia）的土地出让给匈牙利。

1939 年 10 月

捷克大学生在布拉格街头示威，抗议被德国占领。

《慕尼黑协定》墨迹未干，希特勒就告诉外长约阿西姆·冯·里宾特洛甫，一有机会他将进军布拉格，粉碎“捷克残余势力”。德国向捷克施压，要求签订对德国有利的贸易协定，帮助德国重整军备，并出让在捷克领土建造一条公路的权利。在斯洛伐克地区，德国与斯洛伐克分离运动合作，向布拉格政府施压，要求斯洛伐克独立。就这样一点点地，捷克的土地被德国慢慢蚕食。

德国纪念勋章，最上面有一个代表布拉格的金属块，颁发给所有重新占领苏台德地区的参加者。

捷克斯洛伐克在慕尼黑会议后被孤立起来，这鼓励了更多邻国加入对它的分赃行动。1938 年 10 月 30 日，波兰要求割让特申（Teschen）地区，捷克政府被迫同意；11 月 2 日，斯洛伐克南部领土割让给匈牙利。然后，德国要求布拉格政府将捷克斯洛伐克变成事实上的德国附庸。现在，捷克斯洛伐克剩余地区的分裂只是时间问题。1939 年 1 月 12 日，虽然最终决议尚未做出，但德国军队接到准备占领捷克领土的命令。实际入侵的直接导火索是捷克和斯洛伐克关系的破裂：3 月，布拉迪斯拉发（Bratislava）的斯洛伐克政府拒绝放弃它的独立要求，激怒布拉格政府宣布戒严，派兵进驻斯洛伐克。斯洛伐克分离主义领导人约瑟夫·季索（Jozef Tiso）先逃到维也纳，后来又躲到柏林。希特勒鼓动季索召集斯洛伐克代表大会，在 3 月 14 日宣布斯洛伐克独立。

捷克总统埃米尔·哈赫在打电话。1939 年 3 月，他被迫邀请德国“保护”捷克。

1939 年 3 月 15 日占领捷克期间，德国军队正开进布拉格。德国接管后，捷克军队被解散。

捷克总统埃米尔·哈赫（Emil Hácha）乘火车赶到柏林，寻求希特勒的建议。3月15日凌晨，赫尔曼·戈林描绘了德国轰炸机轰炸布拉格的情景后，哈赫邀请德国占领和“保护”捷克斯洛伐克。早上6时，德军占领了捷克的波希米亚（Bohemia）和摩拉维亚（Moravia）地区，匈牙利军队则控制了斯洛伐克的一些地区。次日，捷克被宣布为德国保护国，德国前外长康斯坦丁·冯·诺伊拉特（Constantin von Neurath）被任命为首任“帝国保护者”。捷克重要的工商业，包括著名的斯柯达军火联合公司，被置于德国的直接控制之下。为应对即将到来的战事，德国用捷克的军事物资给德军装备了15个步兵师和4个装甲师。斯洛伐克成为以季索为首的亲德的独立国家，这种

兴高采烈的德国人正在拆除德捷边境界桩。捷克成为德意志帝国的保护国，斯洛伐克则获得“独立”。

捷克人在二战中

许多1938—1939年间逃离德国占领区的捷克人最终到达法国和英国。战争到来时，技术熟练的捷克工人从事制造业，或在英国部队中担任机械师。不少人加入英国皇家空军，参加了不列颠空战。捷克飞行员组成了4个中队，即1个轰炸机中队和3个战斗机中队。一个由5000人组成的捷克装甲旅后来参加了西北欧的战斗。到达英国的捷克军事情报官还在英国反情报活动中发挥了重要作用。

24式标准版捷克手枪。

德占区的犹太人

1938 年 3 月对奥地利和 1939 年 3 月对捷克的占领后，德国控制的犹太居民数量大增。为获取重新武装所需要的工业，德国在奥地利和捷克没收了犹太人的大型企业和股权。成千上万犹太小企业也被关闭或卖给“雅利安”业主；犹太专业人士被解雇，并且在他们寻求逃亡国外时被迫放弃他们的财产。其他国家不愿意给这些逃亡者发放签证，因为寻求逃避纳粹迫害的难民已经源源不断了。战争爆发前，约 13 万奥地利犹太人和 3.5 万捷克犹太人得以移民。而留下的犹太人几乎全部被灭绝。

1939 年 3 月 14 日，德国占领捷克斯洛伐克的捷克地区前一天，斯洛伐克首府布拉迪斯拉发的犹太商店被捣毁。

亲密盟友关系一直维持到 1944 年。

对捷克斯洛伐克剩余地区的占领撕毁了短命的《慕尼黑协定》。英法两国政府对拯救捷克斯洛伐克无能为力，因为它没有遭受实际侵略，而是被迫“邀请”了德国占领。但非德意志民族被并入新德意志帝国的决定，促使张伯伦于 3 月 17 日发表强硬的讲话，谴责了德国的行径。对布拉格的占领，最终让张伯伦相信没有任何谈判的余地。他警告说，如果任何国家企图支配欧洲，英国将“不遗余力”抵抗到底。3 月 31 日，英国情报机构得到关于德国即将占领波兰的情报，这促使张伯伦在下院做出针对波兰主权的历史性保证。捷克危机启动了最后的战争倒计时。

1939 年 3 月 15 日，德国占领捷克后，希特勒在布拉格的赫拉德恰尼城堡（Hradcany Castle）接见德国各级领导人。他右边站着希姆莱和帝国安全机构的头子莱因哈德 · 海德里希（Reinhard Heydrich）。

规模庞大的斯柯达军火厂鸟瞰图。1939 年，该工厂被德国接收，整个战争期间一直为德国军队生产军火。

德国前外长康斯坦丁 · 冯 · 诺伊拉特，1939 年 3 月 18 日被任命为波希米亚和摩拉维亚的“帝国保护者”。

苏德互不侵犯条约

1939.8.23

大事表

1939 年 4 月 13 日
英法两国为罗马尼亚和希腊的安全做出保证。

1939 年 5 月 30 日
德国驻莫斯科大使提议苏德两国开始初步谈判。

1939 年 8 月 2 日
里宾特洛甫直接接触苏联官员。

1939 年 8 月 12 日
英法代表团抵达莫斯科，开始与克利缅特 · 伏罗希洛夫（Kliment Voroshilov）元帅谈判。

1939 年 9 月 28 日
《苏德友好与边界条约》签署。

1939 年，西方大国和德国都开始寄望在动荡的国际形势下，苏联能够支持自己。英法开始尝试利用苏联迫使希特勒收敛武力行动的可能性。4 月 17 日，苏联提议建立一个保证东欧余国安全的三国同盟，承诺三国任何一方受到德国侵犯时互相提供军事协助。起初，西方大国犹豫不决。但 5 月 25 日，张伯伦最终同意开始谈判。

波兰分界谈判期间，斯大林接见里宾特洛甫。

约阿西姆·冯·里宾特洛甫（1893—1946）

1933 年后，前香槟酒销售员里宾特洛甫成为纳粹党外交事务专家。1936 年，他被任命为驻伦敦大使，但经常受到冷落和嘲笑，因此非常讨厌英国。1938 年 2 月，希特勒任命他为外长。选他是因为希特勒希望用一个自己能够控制的人。里宾特洛甫个性自大但办事无能，大部分重要决定都留给了希特勒。1945—1946 年，他在纽伦堡国际军事法庭受审，被判处死刑。

西方大国还不知道，虽然希特勒政权强烈反对马克思主义，但希特勒还是决定与苏联建立联系。试探达成贸易协定的可能性之后，5 月 30 日，德国授权驻莫斯科大使开始政治联盟的谈判。在这些同时进行的谈判中，苏联对西方大国和纳粹德国都不信任。8 月，西方大国最终派代表团到苏联，但达成协议的前景渺茫。8 月 12—21 日，双方讨论了军事合作，但在允许苏军通过波兰领土方面，英法没有争取到波兰的合作，这成为无法逾越的障碍。那时斯大林已经决定，苏联通过与他的意识形态死对头希特勒达成协议，能更容易避免战争。

两国领导人有避免互相冲突的共同愿望：希特勒已经确定 1939 年 8 月下旬征服他的下一个受害者波兰，而要确保孤立波兰，需要苏联保持中立；斯大林想要一个关于苏联不被卷入欧洲战争的保证。8 月初，德国外长里宾特洛甫发出可能达成协议的信号。8 月 11 日，苏联外长莫洛托夫表达了类似意愿；8 月 17 日，一份互不侵犯条约草案就绪。离计划中的入侵波兰仅一周，希特勒在一封亲笔信中吁请斯大林允许里宾特洛甫到莫斯科签署条约。斯大林同意了。里宾特洛甫飞到莫斯科，经过几小时讨论，双方确定了条约的内容；8 月 23 日深夜，在面带微笑的斯大林的注视下，条约签署（这就是《莫洛托

1939 年 8 月 15 日，英国军事代表团从伦敦景隆街（Cannon Street）车站出发前往莫斯科。画面中央是苏联大使伊万 · 迈斯基（Ivan Maisky），他左边是英国代表团团长、海军上将雷金纳德 · 德拉克斯（Reginald Plunket-Ernle-Drax）爵士。

1939 年 8 月 23 日深夜，莫斯科，苏联外长莫洛托夫签署《苏德互不侵犯条约》。

夫—里宾特洛甫条约》，官方称作《苏德互不侵犯条约》）。双方还达成一项秘密协议，划分了东欧势力范围：芬兰、爱沙尼亚和拉脱维亚，以及波兰与罗马尼亚的一部分属于苏联；立陶宛和波兰余部属于德国。

对于互不侵犯条约的签署，希特勒表现得兴高采烈。因为他相信，没有苏联协助，英法不敢保卫波兰。与苏联签署的另一项贸易协定，为德国保证了充足的石油、食品和原料供应。希特勒现在需要排除西方国家干涉的一切风险。“敌人都是些小可怜虫，”8 月 22 日，他告诉他的指挥官们，“我在慕尼黑领教过了。”斯大林同样心满意足，因为苏联避免了卷入战争。他还希望能在欧洲战争后坐收渔人之利，在欧洲推行共产主义。对斯大林而言，互不侵犯条约是外交现实主义的必要之举；对希特勒来说，它是两面派的一种老谋深算。几周后，希特勒便告诉其他纳粹领导人，他将在合适的时候进攻东方。正如他后来告诉自己的宣传头子约瑟夫·戈培尔，共产主义是“头号敌人”。

维亚切斯拉夫·莫洛托夫（1890—1986）

苏共政治家莫洛托夫是斯大林的亲密小圈子成员。他是个不苟言笑的工作狂，因热衷于不懈地向他人灌输自己的观点，他把名字改成有革命含义的“莫洛托夫”（意为“铁锤”）。1930 年，他成为人民委员会主席。1939 年 3 月他任外长，努力保持苏联置身欧洲战争之外。他是伴随斯大林时间最长的人物之一，1949 年被斯大林解除职务，但在斯大林死后复出，于 1962 年退休。

一辆苏联列车满载着供应给德国的食物和物资等待卸货。根据 1939 年 8 月、1940 年 2 月和 1941 年 1 月签订的系列贸易协议，苏联要向德国提供石油、谷物和各种其他原料。

美国共产党领袖白劳德（Earl Browder）在《苏德互不侵犯条约》签订后的一次集会上。和世界各地的共产主义者一样，他支持这项与法西斯敌人签订的条约，把战争归因于英国的帝国主义政策。

1940 年 11 月 12 日，莫洛托夫抵达柏林，为延长 1939 年协议的可能性进行谈判。里宾特洛甫（画面中最右者）迎接了他。但是，这次会谈无果而终。

埃及漫画家凯姆（Kem）的大幅海报，讽刺希特勒和斯大林在笨拙地进行三腿赛跑。双方签署的《苏德互不侵犯条约》震惊了世界。

德国入侵波兰

1939.9.1

大事表

1939 年 1 月 5 日
波兰外长访问柏林，希特勒要求归还但泽。
1939 年 3 月
波兰军队为波德战争制订了计划。
1939 年 3 月 22 日
立陶宛割让梅梅尔市（Memel）给德国。
1939 年 4 月 28 日
希特勒废除《英德海军协定》。
1939 年 4 月 28 日
希特勒宣布废除 1934 年的《德波互不侵犯条约》。
1939 年 5 月 13 日
法波两国军队参谋部门开始军援会谈。
1939 年 8 月 25 日
英国和波兰签订军事互助协定。
1939 年 8 月 26 日
德国入侵波兰的计划被推迟 5 天。

德国 1939 年 9 月 1 日对波兰的入侵，最终实现了代号“白色方案”（Case White）的计划。是年 4 月，德国武装部队根据希特勒的命令开始起草这项计划。对波兰的战争，原本不是希特勒的最初设想。但慕尼黑会议后，他开始理所当然地想到波兰应该被纳入德国的势力范围。他要求波兰改变但泽的地位，让它成为一座德国城市，回到 1919 年前的状态。但泽为波兰提供了出海通道，当时正由国联管理。希特勒还要求波兰归还富裕的工业区西里西亚，该地区在 1919 年的一次公民投票后被割让给波兰。

波兰人拒绝做出任何让步。希特勒正为没打成 1938 年对捷克的小规模战争懊恼，便决定武力夺取波兰领土，以惩罚波兰人。他在柏林对怀疑者说，英法会抗议，但不会干涉。与苏联签署条约后，希特勒确信风险已大为降低。8 月最后几天，德国做出一副最后谈判的姿态，意在让德国看起来有合法的战争理由。实际上，党卫军——纳粹的精英安全部队——策划实施了一起边境事件，反而让波兰人看上去像是侵略者。8 月 31 日—9 月 1 日夜，穿着波兰制服的德国人攻击了位于格莱维茨（Gleiwitz）边境的电台，这成为进攻波兰的信号。在超过 1500 架战机的掩护下，150 万德国陆军奉命向波兰推进。这就是对后来所谓“闪电战”的第一次检验。

德国计划分两路进攻波兰——从波兰北面的东普鲁士和南面的西里西亚，直扑波兰首都华沙。俯冲轰炸机和战斗机提供空中支援，5 个装甲师担任先头部队，每师以 300 辆坦克为主力组成快速机动部队。这是使用现代武器的新形式发起快速进攻的首次实战尝试。近百万波兰军队英勇抵抗，但根本经不起德军的强力打击。虽然德军损毁了 564 架战机，但全歼了只有约 400 架飞机的波兰空军。战争开始仅一周，德军就收紧了对波兰军队的包围圈，离华沙只有 40—65 公里。波兰的最后抵抗发生在华沙及其以北的莫德林（Modlin）要塞。但首都遭到狂轰滥炸后，波兰军队于 9 月 27 日投降。约 10 万名波兰士兵通过邻国边境逃脱，还有 69.4 万成为俘虏。德军有约 1.3 万人战死，波兰军队则有高达 7 万人丧生。重整军备后，德军在首次

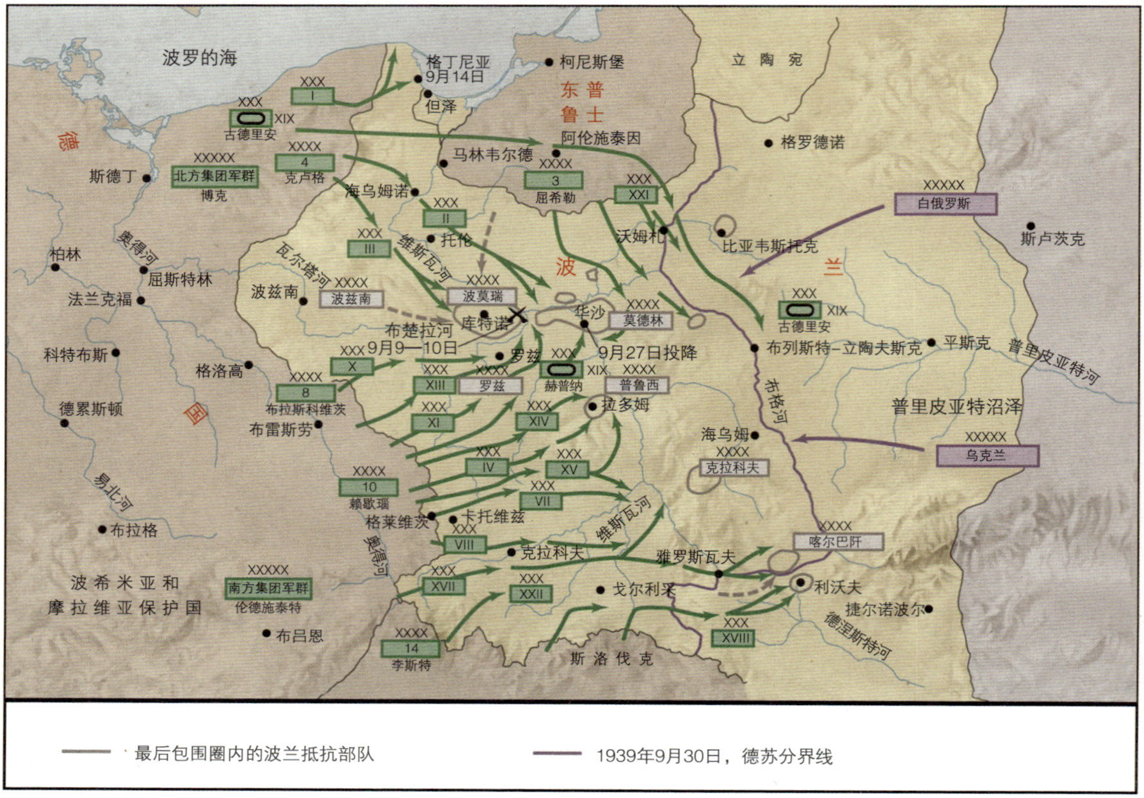

1939 年 9 月 13 日，一队德国 Ju 87B 俯冲轰炸机飞过波兰上空。空军在德国夺取快速胜利的进程中发挥了重要作用。

1939 年，一支波兰骑兵旅。波兰依然使用配备长矛和马刀的骑兵，在德军现代装备面前不堪一击。

轰炸华沙

随着德军收紧包围圈，德国空军得到命令，开始轰炸华沙。空军指挥官沃尔弗拉姆·冯·里希特霍芬（Wolfram von Richthofen），一战著名王牌飞行员“红男爵”的堂弟，希望“完全摧毁”这座波兰都城。9 月 22 日，7000 颗燃烧弹将犹太居住区烧成一片火海；3 天后，400 架轰炸机实施的大规模空袭摧毁或破坏了一半华沙建筑，但只损失了 3 架飞机。大火浓烟造成轰炸机瞄准困难，一些炸弹落到城市以北的德军头上。

苏军入侵波兰

1939 年 9 月 17 日，苏联大军越过苏波边境，夺取了波兰东部地区。根据《莫洛托夫—里宾特洛甫条约》，这一地区被划定为苏联的势力范围。斯大林曾对是否采取行动犹豫不决，但在德国人的压力下最终同意。100 万的苏联部队占领了波兰东部，而后者抵抗到 9 月 28 日就全部结束。23 万名波兰士兵成为苏军俘虏，包括一半以上的波兰军官团。1940 年 4 月，5000 名俘虏被带到卡廷森林，遭脑后开枪杀害。11 月 29 日，波兰人正式成为苏联公民。

1939 年 9 月，苏军装甲车和一支德国步枪队行进在波兰布列斯特－立陶夫斯克（Brest Litovsk）的大街上。

1939年9月6日，德国坦克和装甲车通过一座桥，向波兰进犯。

检验中取得彻底胜利。

9 月 28 日，德国和苏联指挥官会面，一起确定两国分界线。新达成的《苏德友好与边界条约》对波兰进行了分割，将华沙归入德占区。犹太人从一开始就成为受害者，1940 年 11 月，他们被赶入华沙城内的一个犹太隔离区。在德军后方，希特勒派出由安全特工和党卫军人员组成的“特别行动队”，开始有组织地屠杀波兰知识分子、爱国政治家和政府精英。在德国占领的残酷年代，这种模式将在整个欧洲不断重复。到战争结束，包括 300 万犹太人在内的 600 多万波兰人被杀害。

德军在但泽市韦斯特普莱特（Westerplatte）的废墟上插起一面德国国旗。但泽于 1939 年 9 月 7 日投降。

波兰 7.92 毫米（指口径尺寸，后同。编者）WZ 29 步枪，以德国毛瑟 98 K 步枪为基础设计。

占领波兰期间，德军处死波兰平民。根据希特勒的命令，成千上万波兰知识分子、牧师和政治家被谋杀。

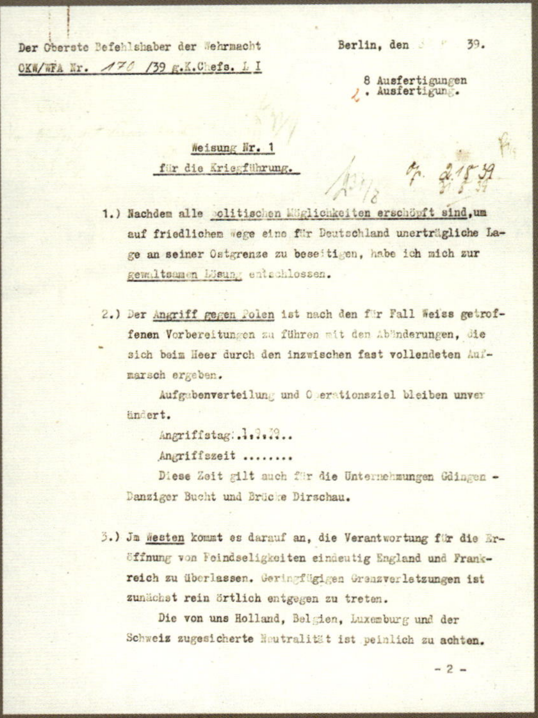
Der Oberste Befehlshaber der Wehrmacht   Berlin, den   39.
OKW/WFA Nr. 170 /39 g.K.Chefs. L I

8 Ausfertigungen
2. Ausfertigung.

Weisung Nr. 1
für die Kriegführung.

1.) Nachdem alle politischen Möglichkeiten erschöpft sind, um auf friedlichem Wege eine für Deutschland unerträgliche Lage an seiner Ostgrenze zu beseitigen, habe ich mich zur gewaltsamen Lösung entschlossen.

2.) Der Angriff gegen Polen ist nach den für Fall Weiss getroffenen Vorbereitungen zu führen mit den Abänderungen, die sich beim Heer durch den inzwischen fast vollendeten Aufmarsch ergeben.

Aufgabenverteilung und Operationsziel bleiben unverändert.

Angriffstag: 1.9.39..

Angriffszeit ....

Diese Zeit gilt auch für die Unternehmungen Gdingen - Danziger Bucht und Brücke Dirschau.

3.) Jm Westen kommt es darauf an, die Verantwortung für die Eröffnung von Feindseligkeiten eindeutig England und Frankreich zu überlassen. Geringfügigen Grenzverletzungen ist zunächst rein örtlich entgegen zu treten.

Die von uns Holland, Belgien, Luxemburg und der Schweiz zugesicherte Neutralität ist peinlich zu achten.

- 2 -

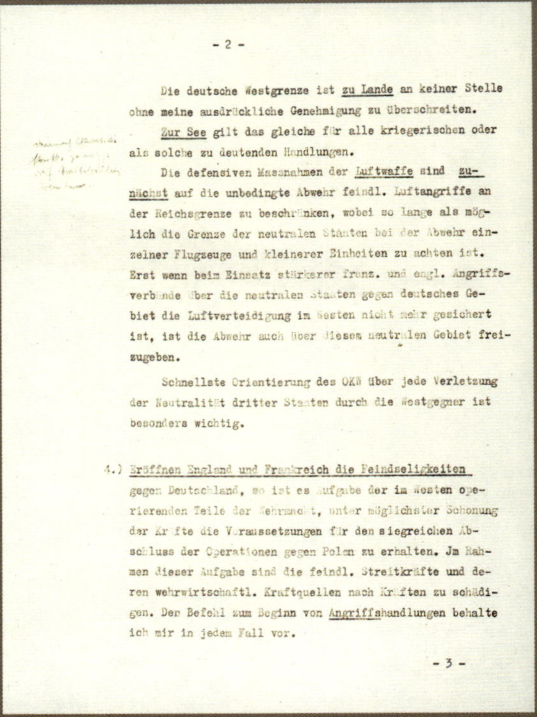
- 2 -

Die deutsche Westgrenze ist zu Lande an keiner Stelle ohne meine ausdrückliche Genehmigung zu überschreiten.

Zur See gilt das gleiche für alle kriegerischen oder als solche zu deutenden Handlungen.

Die defensiven Massnahmen der Luftwaffe sind zunächst auf die unbedingte Abwehr feindl. Luftangriffe an der Reichsgrenze zu beschränken, wobei so lange als möglich die Grenze der neutralen Staaten bei der Abwehr einzelner Flugzeuge und kleinerer Einheiten zu achten ist. Erst wenn beim Einsatz stärkerer franz. und engl. Angriffsverbände über die neutralen Staaten gegen deutsches Gebiet die Luftverteidigung im Westen nicht mehr gesichert ist, ist die Abwehr auch über diesem neutralen Gebiet freizugeben.

Schnellste Orientierung des OKW über jede Verletzung der Neutralität dritter Staaten durch die Westgegner ist besonders wichtig.

4.) Eröffnen England und Frankreich die Feindseligkeiten gegen Deutschland, so ist es Aufgabe der im Westen operierenden Teile der Wehrmacht, unter möglichster Schonung der Kräfte die Voraussetzungen für den siegreichen Abschluss der Operationen gegen Polen zu erhalten. Jm Rahmen dieser Aufgabe sind die feindl. Streitkräfte und deren wehrwirtschaftl. Kraftquellen nach Kräften zu schädigen. Der Befehl zum Beginn von Angriffshandlungen behalte ich mir in jedem Fall vor.

- 3 -

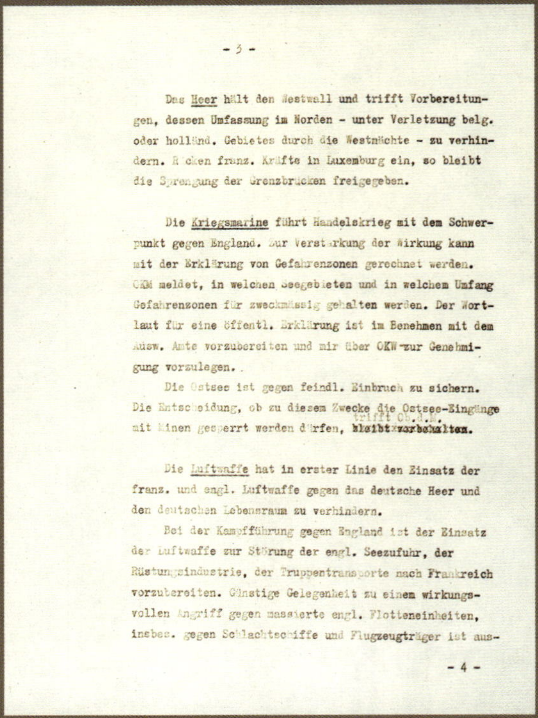
- 3 -

Das Heer hält den Westwall und trifft Vorbereitungen, dessen Umfassung im Norden - unter Verletzung belg. oder holländ. Gebietes durch die Westmächte - zu verhindern. Rücken franz. Kräfte in Luxemburg ein, so bleibt die Sprengung der Grenzbrücken freigegeben.

Die Kriegsmarine führt Handelskrieg mit dem Schwerpunkt gegen England. Zur Verstärkung der Wirkung kann mit der Erklärung von Gefahrenzonen gerechnet werden. OKM meldet, in welchen Seegebieten und in welchem Umfang Gefahrenzonen für zweckmässig gehalten werden. Der Wortlaut für eine öffentl. Erklärung ist im Benehmen mit dem Ausw. Amte vorzubereiten und mir über OKW zur Genehmigung vorzulegen.

Die Ostsee ist gegen feindl. Einbruch zu sichern. Die Entscheidung, ob zu diesem Zwecke die Ostsee-Eingänge mit Minen gesperrt werden dürfen, ~~bleibt vorbehalten~~ trifft Ob.d.M.

Die Luftwaffe hat in erster Linie den Einsatz der franz. und engl. Luftwaffe gegen das deutsche Heer und den deutschen Lebensraum zu verhindern.

Bei der Kampfführung gegen England ist der Einsatz der Luftwaffe zur Störung der engl. Seezufuhr, der Rüstungsindustrie, der Truppentransporte nach Frankreich vorzubereiten. Günstige Gelegenheit zu einem wirkungsvollen Angriff gegen massierte engl. Flotteneinheiten, insbes. gegen Schlachtschiffe und Flugzeugträger ist aus-

- 4 -

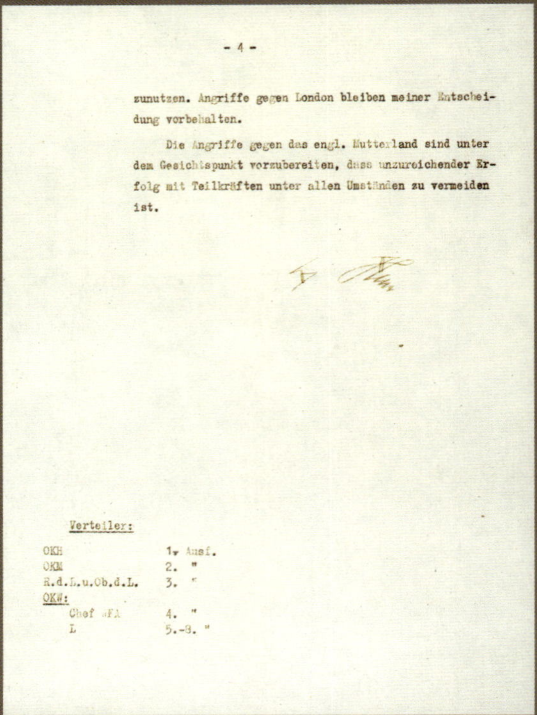
- 4 -

zunutzen. Angriffe gegen London bleiben meiner Entscheidung vorbehalten.

Die Angriffe gegen das engl. Mutterland sind unter dem Gesichtspunkt vorzubereiten, dass unzureichender Erfolg mit Teilkräften unter allen Umständen zu vermeiden ist.

Verteiler:

OKH	1. Ausf.
OKM	2. "
R.d.L.u.Ob.d.L.	3. "
OKW:	
Chef WFA	4. "
L	5.-8. "

希特勒1号令原件

1939年8月31日，希特勒发布1号作战令，下令入侵波兰。

英法对德宣战

1939.9.3

大事表

1939 年 2 月 6 日
张伯伦在英国下院承诺将在军事上支持法国。

1939 年 2 月 13 日
英法两国联合参谋部会谈开始。

1939 年 8 月 14 日
英法代表团抵达莫斯科，商谈可能达成的三国条约。

1939 年 9 月 5 日
罗斯福宣布对交战国实行武器禁运。

1939 年 9 月 3 日，星期日，上午 11 时 15 分，英国首相在唐宁街 10 号通过无线电广播宣布，英国再次与德国进入交战状态。话音刚落，设在伦敦的空袭警报发出了悲哀的号喻声。在整个英格兰南部，人们纷纷躲进地堡、地窖或门道。张伯伦不愿离开办公室，但最终被说服进入为他准备的掩体。警报只是一场虚惊，但这最初的恐慌反映了人们最深切的恐惧：这场战争，不管输赢，将伴随着毒气、细菌战和大火。

一旦德军越过波兰边境，英国开战的决定就几乎无法避免。早在当年 2 月，张伯伦便已承诺英国将协防法国。3 月起，英法两国就开始研究战争计划，便于事先准备。他们预计将会面临 3 年消耗战，重复第一次世界大战的过程——由于经济封锁、食物短缺和遭受空袭，德国的抵抗会逐渐削弱。在法国，虽然左翼团体在巴黎墙头张贴海报，追问："谁愿为但泽而死？"公众的意见普遍支持抗击法西斯主义的观点。到 1939 年 8 月，英法两国开始全民动员，给地方政府分发配给簿，准备将数百万儿童和母亲撤离受威胁的城市。英国公众坚定了应对即将到来的战争的决心，"就像飓风到来时的平静海面"，记者马尔科姆 · 马格里奇这样写道。情报机构得到的消息证实，德军正在抓紧部署就位。虽然英法政府

1938年9月7日，英国驻德大使尼维尔·亨德森爵士（中）在纳粹党大会上与赫尔曼·戈林交谈。一年后，他向德国转交了最后通牒，英国就此宣战。

承诺战争来临时会帮助波兰，但他们私下里一致认为协助起不到作用，也没有打算这么做。他们希望在战后恢复波兰的自由，计划现在坚守西线。

战前最后几天，各方都在加紧活动。赫尔曼·戈林的朋友，瑞典商人比耶·达勒鲁斯（Birger Dahlerus）被派到伦敦，看能否通过谈判使英国断绝与法国的关系。但他的使命只是个幌子，目的是在德国进攻波兰时迷惑英国。德军发动进攻的最后一刻，墨索里尼也曾尝试像慕尼黑危机时那样从中斡旋，然而，英法愿意考虑合理的提议，却无法允许德国占领波兰。1939年9月3日上午9时，英国大使尼维尔·亨德森（Nevile Henderson）爵士向德国发出最后通牒，但根本找不到德国外交部的人，只得把这份重要文件交给希特勒的翻译保罗·施密特（Paul Schmidt）。施密特赶到元首府，为希特勒宣读英国的最后通牒。希特勒一声不吭，听完后转向他的外长里宾特洛甫，尖声问道："现在怎么办？"战争再也无法避免，张伯伦和法国总理达拉第虽然都愿意维持和平，但又不能放弃对波兰和英法相互所做的承诺。英国的最后通牒于当天上午11时到期，法国的通牒截至下午5时，印度、澳大利亚和新西兰也于同一天宣战。不久后，南非和加拿大分别于9月6日和10日宣战。在法国，600万人被动员起来。美国大使注视着法国部队离开巴黎，"他们静静地离开，没有乐队，没有歌声"，表现出的只有"自制力和无声的勇气"。

1939 年 9 月 3 日，巴黎街头的报贩拿着英国向德国宣战新闻的报纸。法国的最后通牒比英国晚 6 小时，于同日下午 5 时截止。

20 世纪 30 年代，“绝对”和平主义者不接受任何正义战争的观点。作家薇拉 · 布里顿（Vera Brittain）即属此类。1939 年，她参加了和平誓言联盟（Peace Pledge Union）的反战运动，战争期间一直在写作《致和平爱好者的信》（*Letter to Peace Lovers*）。

疏散计划

战争爆发前，英、法、德就开始准备从脆弱的大城市里大规模疏散儿童和母亲。在英国，政府规划的疏散居民达到 175 万，另有 200 万人员预计会自行疏散。超过 10 万志愿者帮助组织了撤离和对撤离者的接收工作。疏散计划于 1939 年 9 月 1 日启动，但有资格参加官方疏散的人中仅有 40% 利用了这次机会，到 1940 年 1 月这些疏散者中又有 60% 回到家中。在德国，成千上万人在 9 月 3 日后离开了前线地区，但同样，大部分在 1940 年初又返回家中。

1939 年 1 月，法国东部边境的一个炮兵指挥部。这一年，英法部队在为一场越来越不可避免的战争做准备。

英国宣战这天，人群围观内阁部长们在唐宁街10号外接受媒体拍照。

尼维尔·张伯伦（1869—1940）

尼维尔·张伯伦对全国发表广播讲话。他是最早的广播和新闻短片的狂热推动者。1939年9月3日，他通过无线电广播宣布了战争状态。

张伯伦生于伯明翰一个螺钉制造商家庭。他工作努力，在国内事务方面是个成功的政治家，但他被世人记住的却是其外交政策的失败，因为他在20世纪30年代曾对独裁者实行“绥靖政策”。作为一名保守党政治家，他曾在20年代担任卫生部长并致力改革，在1931—1937年财政大臣任上成功使英国经济摆脱萧条状况，因而声名鹊起。他1937年5月出任首相，试图达成欧洲事务的“大解决”，避免遭受第二次世界大战的威胁。1939年，他逐渐认识到让步不可能满足希特勒的胃口，开始为战争做准备。虽然因为没有及早对抗希特勒损害了他的名声，但他追求和平的愿望一直是真诚的。

1939 年 9 月 3 日，英国宣战未久，第一次（假）空袭警报拉响，伦敦人纷纷奔向藏身处。

苏芬战争

1939.11.30—1940.3.12

大 事 表

1939 年 8 月 18 日
苏联谈判代表提出向芬兰提供经济和军事“援助”，被芬兰拒绝。
1939 年 9 月 17 日
莫洛托夫向芬兰人保证将尊重他们的中立立场。
1939 年 10 月 29 日
苏军命令开始策划对芬兰的战争。
1940 年 3 月 13 日
苏芬停火协议生效。
1940 年 5 月 7 日
伏罗希洛夫被解除苏联国防人民委员职务。

苏联对邻国芬兰发动的“冬季战争”（苏芬战争），是 20 世纪 20 年代俄国内战后对庞大的苏联军队的第一次大检验。这场战争的直接原因是，苏联要在波罗的海地区寻求更牢固的军事地位。根据 1939 年苏德系列协议的最终条款，波罗的海各国处于苏联的势力范围。1939 年 9 月 28 日，爱沙尼亚被迫签订条约，允许苏联驻军；拉脱维亚和立陶宛也分别于 10 月 5 日和 11 日签订条约。至此，这三国已成为实际上的苏联保护国。10 月 5 日，苏联要求芬兰割让邻近列宁格勒的领土，让苏联建立新的军事基地，加强苏联第二大城市的安全防务。芬兰政府予以拒绝。11 月 9 日的最后商谈结束后，斯大林下达进攻芬兰的最终命令。和德国入侵波兰一样，“冬季战争”也始于一场虚假的袭击。苏联声称，芬兰“炮击”苏方边境的一个名叫迈尼拉（Mainila）的村庄是一种挑衅。实际上，这些炮弹是苏联炮兵发射的。

以此事件为借口，斯大林投入第 7、第 8、第 9 和第 14（后改名为第 4）等 4 个集团军，加上 1000 辆坦克，进攻芬兰防线。11 月 30 日，芬兰首都赫

丹麦志愿军徽章。丹麦人与包括英国人和美国人在内的众多外国志愿者一起，同芬兰人并肩抵抗苏军侵略。

在苏芬战争中，协助芬兰的英国志愿军徽章。

尔辛基遭轰炸。苏联政府自信打败芬兰就像德国人打败波兰一样轻而易举，但结果，他们将为这个错误的判断付出沉重代价。芬兰最多只能动员 13 个师保卫国家，没有坦克，飞机很少，几乎没有反坦克武器。然而，他们具有在冬季天气条件下作战的经验优势。芬兰士兵穿着一身白衣，蹬着滑雪板，带着装满弹药和补给的船形快速雪橇，配着极具杀伤力的“索米”（Suomi）冲锋枪。面对人数远超自己的敌人，芬兰士兵用实际行动证明他们能够以少胜多。对付坦克，芬兰人想出用原木和撬棍破坏坦克履带的办法。他们还发明了装满致命化学品和汽油混合物的自制燃烧瓶，名为“莫洛托夫鸡尾酒”。被投向坦克和装甲车后，这些燃烧瓶可以造成足够的杀伤力，减缓车辆前进的速度，甚至可致其瘫痪。

苏军通过卡累利阿地峡（Karelian Isthmus）进攻“曼纳林防线”，长达一个月。由于苏军的战术太原始，芬兰守军得以整团整团地杀死苏联步兵，而准确发射的炮火则打得苏军坦克动弹不得。苏联士兵没有任何掩护，没有白色伪装服，直接冲向阵地，导致芬兰机枪手经受不住成排杀死敌人的压力，几近神经崩溃。在芬兰东部边境，庞大的苏联部队被无声无息快速移动的芬兰人骚扰、伏击。1939 年 12 月—1940 年 1 月初，在苏奥穆斯萨尔

曼纳林陆军元帅（1867—1951）

在芬兰还是沙俄一部分时，曼纳林（Carl Gustav Mannerheim）出生于一个芬兰贵族家庭。后来，他加入俄国军队，成为一名成功的步兵军官。1917 年列宁革命后，曼纳林领导芬兰的反共军队，在芬兰独立建国后对芬兰共产党人施行了残酷的白色恐怖。他从 1931 年起担任芬兰国防委员会主席。1939 年，他与政府争论，认为"战斗不如屈服"，后来领导了芬兰对苏军的防守。1944 年，他成为芬兰总统，成功让芬兰置身战后的铁幕集团之外。

米（Suomussalmi）的战斗中，苏军被全歼。在这场战斗中，芬兰军队只牺牲了 900 人，苏军则死亡了 27500 人。

然而，芬兰人的优势毕竟十分有限。1940 年 2 月，苏军得到大量增援，并且努力改进战术。一支只有 32 人的芬兰部队依然英勇地挡住了 4000 名苏军，但最终还是被具有压倒性人数的敌军打败。到 3 月初，苏联进攻部队拥有 30 个师、1200 辆装甲车和 2000 架飞机。面临即将到来的失败，芬兰人寻求停火，停火协议于 3 月 13 日生效。到战斗停止时，苏军依然没能冲破芬兰军队的最后防线。也许震惊于芬兰人的英勇善战，斯大林只占领了他一开始要求得到的地区，没有提出更多要求。在卡累利阿地峡和波罗的海的几个岛屿上，苏军的死亡人数估计在 12.5 万到 27 万之间。在这场战争中，芬兰军队总共死亡 24923 人，伤 43000 余人。苏军的国际声誉降至谷底，并因赤裸裸的侵略行径被逐出国联。

克利缅特·伏罗希洛夫元帅（1881—1969）

俄国内战期间，俄国布尔什维克早期成员，金属制造工人出身的伏罗希洛夫在斯大林的军事参谋部工作。1925 年，军事经验很少的他被任命为苏联陆海军事务人民委员（1934 年起任国防人民委员）。许多将领不喜欢他，认为他对军事一窍不通，但他非常接近斯大林的内部圈子，所以没人敢冒险挑战他。经过芬兰战事后，斯大林终于相信了伏罗希洛夫的无能。此战后不久他被解职，被谢苗·铁木辛哥（Semyon Timoshenko）接替。1953 年伏罗希洛夫成为苏维埃主席团主席，1960 年被迫辞职。

1939 年，一群戴着毒气面具、蹬着滑雪板的芬兰士兵。他们通常被称为“幽灵部队”，悄无声息地在林地出没，随后消失在白雪皑皑的原野。

1940 年，一群支持芬兰军队的瑞典和美国志愿军开赴前线。成千上万的志愿者自愿参战，抵抗苏联对斯堪的纳维亚造成的威胁。

“冬季战争”期间，苏联空军轰炸后的芬兰房屋。交战双方的空中实力显著不对等。

苏芬战争期间，一辆瘫痪的苏联坦克和一堆苏军尸体。苏军伤亡的准确数字没有公论，其官方公布的数字是 48745 人。

拉普拉塔河口海战

1939.12.13

大 事 表

1939 年 8 月 21 日
“施佩伯爵”号和“德意志”号驶向大西洋。

1939 年 9 月 30 日
“施佩伯爵”号击沉第一条船。

1939 年 12 月 2 日
“施佩伯爵”号击沉“多利克星”号（*Doric Star*），后者沉没前设法发出了求救信号。

德国战列舰“施佩伯爵”号上的水兵所戴帽子。

1939 年 9 月 26 日，希特勒命令两艘德国袖珍战列舰“德意志”号（*Deutschland*）和“施佩伯爵海军上将”号（*Admiral Graf Spee*，下称“施佩伯爵”号），开始拦截和击沉大西洋上的英国商船。这两艘战列舰建于 20 世纪 30 年代早期，那时德国依然受到军舰吨位不可大于 1 万吨的限制，但它们都被设计成在有限吨位下实现有效火力最大化，比如“施佩伯爵”号装备了 6 门 280 毫米舰炮。袖珍战列舰的任务是通过“袭击商船”破坏英国的贸易，而不是与英国皇家海军交战。“施佩伯爵”号舰长汉斯 · 朗斯多夫（Hans Langsdorff）接到勿与敌舰交战的严格命令。朗斯多夫的军舰以冯 · 施佩伯爵海军上将的名字命名。一战中，冯 · 施佩伯爵率领的一个中队在马尔维纳斯群岛（英国称福克兰群岛）外战败。纳粹德国海军统帅部不希望重蹈覆辙。从 9 月到 12 月 9 日，“施佩伯爵”号击沉或俘获了 9 艘英国商船，但效率低下的柴油发动机的磨损意味着返回德国修理的长途跋涉成为必要。返航前，朗斯多夫决定违抗命令，寻找并摧毁一个力量较弱的英国海军目标。驶到蒙得维的亚（Montevideo，乌拉圭首都）后，他得知一小股英国护航部队将于12月10日起航。这将为他带来一场轻而易举的胜利，保证其凯旋归国。

然而，朗斯多夫还不知道，英国已成立以亨利·哈伍德（Henry Harwood）准将为首的海军G部队，以猎杀袭击商船的敌舰。虽然一艘即将沉没的商船曾发出船位信号，但要在广袤如南大西洋的一片区域里，追踪“施佩伯爵”号的下落谈何容易。12月9日，哈伍德凭直觉决定驶向拉普拉塔河（英文称作River Plate, 西文称作Rio de la Plata，位于阿根廷）河口。12月13日凌晨，德国军舰发现了英国舰队。朗斯多夫命令全速前进，却发现他面对的是1艘重型巡洋舰和2艘轻型巡洋舰，并非他期待的小型护航舰，但为时已晚。虽然对方火力占优势，但是哈伍德立即决定与“施

埃里希·雷德尔海军元帅（1876—1960）

埃里希·雷德尔（Erich Raeder）是二战开始时的德国海军总司令，他从1928年起就一直担任这个职位。雷德尔生于港口城市汉堡，1894年加入海军，在军中得以快速晋升。他不是希特勒的狂热追随者，但认识到在第三帝国统治下，可以实现他重建一支强大德国海军的梦想。1939年，他认识到面对英法舰队时，他的部队多么弱小。盟军共有22艘战列舰和83艘巡洋舰，而德国仅有3艘袖珍战列舰和8艘巡洋舰。雷德尔告诉他的指挥员，在危险时刻来临时，他们应该知道“如何英勇献身”。1943年，在德国海军遭受系列失败后他辞去了职务。战后他在纽伦堡受审，被判终身监禁，但只在狱中待了9年就获释。

佩伯爵”号交战。重型巡洋舰“埃克塞特”号（*Exeter*）向西行驶，吸引德舰火力，哈伍德则带轻型巡洋舰“埃阿斯”号（*Ajax*）和“阿喀琉斯”号（*Achilles*）——后者的舰员主要是新西兰人——驶向东北方向，从另一面进攻。经过 1 个多小时的交火，德国舰炮用巨大的 280 毫米炮弹重创“埃克塞特”号，两艘轻型巡洋舰也伤痕累累。但英舰坚决回击，“施佩伯爵”号中弹 20 次，既无力追击敌舰，也无法给“埃克塞特”号致命一击。朗斯多夫只得不情愿地退出战斗，匆匆驶向中立国乌拉圭蒙得维的亚。

朗斯多夫担心会有实力更强的英国皇家海军赶来，同时又被乌拉圭政府催促离开。面临这样的双重压力，他意识到自己已深陷绝境之中。于是，他命令船员弃舰。1939 年 12 月 17 日晚 8 时 45 分，“施佩伯爵”号爆炸，快速沉没。在确保船员被扣押在同情轴心国处境的阿根廷后，朗斯多夫写下一封遗书，承担了这场灾难的全部责任。随后，他举起“施佩伯爵”号的舰旗，开枪自杀了。

哈伍德成为凯旋的英雄，被封爵士，升为海军少将，手下指挥官全部获

1939 年 12 月 17 日，在拉普拉塔河口自沉时“施佩伯爵”号燃起熊熊大火。

得嘉奖。温斯顿·丘吉尔亲往普利茅斯迎接受损的“埃克塞特”号。后来，这艘巡洋舰在 1942 年被日本人击沉。拉普拉塔河口海战是英国打的第一场胜仗。从 1939 年 9 月持续到 1940 年 4 月，在希特勒入侵丹麦和挪威为止的所谓“静坐战”（Phoney War，亦称“假战”。编者）中，这是为数不多的战斗之一。

海军上将达德利·庞德爵士（1877—1943）

战争爆发时，达德利·庞德（Dudley Pound）是英国第一海务大臣，相当于皇家海军总司令。他 1891 年加入海军，1916 年日德兰海战时任舰长，1936 年成为地中海舰队司令，1939 年被擢升为第一海务大臣。虽然他健康状况不佳，脑中的肿瘤日渐生长，且常常与海军将领争吵，但同丘吉尔合作良好。1943 年，健康状况迫使他辞职，不久后去世。

1939 年 12 月 13 日，英舰“阿喀琉斯”号被“施佩伯爵”号 280 毫米口径炮弹的弹片击中，指挥塔受损。

1939 年 12 月 13 日，与“施佩伯爵”号交战 80 分钟后，重型巡洋舰“埃克塞特”号遭受重创，几近报废。

1940 年 2 月 23 日，在伦敦市政厅，海军大臣温斯顿 · 丘吉尔为拉普拉塔河口海战摆庆功午宴。

汉斯 · 朗斯多夫舰长与“施佩伯爵”号船员在阿根廷布宜诺斯艾利斯的一艘拖船上。1939 年 12 月 18 日，他们被扣留在阿根廷，朗斯多夫在抵达后开枪自杀。

1939年12月，乌拉圭蒙得维的亚港，德国“施佩伯爵”号死亡将士葬礼现场。

德国入侵挪威

1940.4.9—6.9

大事表

1940 年 2 月 28 日

英国情报部门从一艘沉没的德国潜艇上缴获一台"恩尼格玛"（Enigma）密码机。

1940 年 3 月 13 日

《莫斯科条约》结束了苏芬战争。

1940 年 3 月 20 日

法国总理达拉第辞职，保罗·雷诺（Paul Reynaud）接任。

1940 年 4 月 2 日

根据当年 2 月的计划，希特勒签署入侵挪威的最后命令。

1940 年 4 月 5 日

苏联安全特工在卡廷森林杀害大批波兰军官。

1940 年 4 月 9 日

挪威法西斯头子维德昆·吉斯林（Vidkun Quisling）在奥斯陆发动政变。

1940 年 4 月 18 日

盟军占领法罗群岛（Faroe Islands）。

1940 年 6 月 9 日

挪威军队投降。

1940 年前几个月，交战双方都把军事行动的目光瞄向斯堪的纳维亚。同盟国研究了有没有可能在挪威水域布雷，切断瑞典优质铁矿石对德国的供应。法国政府支持采取军事手段占领铁矿石产区的行动。德国海军开始探讨占领挪威，保护矿产资源，并获得攻击同盟国北大西洋运输线跳板的可能。1940 年 2 月 5 日，希特勒命令着手规划占领丹麦和挪威的"冬季演习行动"。

英国驱逐舰"哥萨克"号（*Cossack*）舰长菲利普·维安（Philip Vian）发现，德国油轮"阿尔特马克"号（*Altmark*）停泊在挪威海域。于是，该地区的局势突然变得紧张起来。这艘德国油轮载着 299 名英国俘虏，他们来自被"施佩伯爵"号击沉的舰船。为避免冒犯挪威政府，维安接到勿介入事态的命令，但他违令登上德国油轮，救出英国水手。这次行动获得了英国公众的广泛赞扬，但也警告了希特勒英国介入的现实危险，而英国与挪威的关系降到了冰点。4月初，时任海军大臣温斯顿·丘吉尔命令在挪威沿海水域布雷，行动于4月8日开始，但希特勒已于4月2日决定在德军北翼先发制人。4月9日，“冬季演习行动”开始，德国两个师几乎兵不血刃进入丹麦。一支大型船队驶向挪威首都奥斯陆和挪威漫长海岸线的各个小港口城市，由特别组织的第10航空军提供支援。同时，这支航空部队的任务是将空降兵运到挪威，防止英国皇家海军干涉。

德军授予参加挪威北部纳尔维克战斗的士兵的盾形徽章。

德军的行动打了盟军一个措手不及，他们几天之内就占领了挪威大部。但德国水面舰队也遭受了很大损失，包括新下水的重型巡洋舰“布吕歇尔”号（*Blücher*）。这艘巡洋舰载有准备统治挪威的德国行政人员和盖世太保官员，在接近奥斯陆时被挪威海岸炮台击沉。崭新的快速战列巡

伯纳德·阿米塔加·沃伯顿–李

沃伯顿–李（Bernard Armitage Warburton-Lee），是一支拥有5艘驱逐舰的英国小舰队指挥官。1940年4月9日，他奉命开往挪威阻止德军在纳尔维克登陆，他的舰队到达时却为时已晚。但第二天上午，他在大雪中指挥舰队进攻港口，击沉德国的2艘驱逐舰，击坏1艘驱逐舰，并摧毁6艘商船。此时，5艘德国驱逐舰赶来增援，在港口外向英舰开火。沃伯顿–李牺牲，他的军舰“哈代”号（*Hardy*）搁浅。他被追授“维多利亚铁十字勋章”。

洋舰“沙恩霍斯特”号（*Scharnhorst*）和“格奈森瑙”号（*Gneisenau*）也在与英国皇家海军的战斗中受损。4 月 8 日，英国驱逐舰“萤火虫”号（*Glowworm*）撞上并洞穿比自己大得多的德国巡洋舰“希佩尔”号（*Hipper*），最终爆炸沉没。4 月 14 日，一支盟军远征部队在纳尔维克登陆，18 日在特隆赫姆附近登陆，虽然摧毁了大部分德国海军的掩护力量，但仍遭到德军压制，被迫于 5 月 3 日撤出特隆赫姆地区。德国战机对英国运输线连续不断攻击，阻碍了盟军在纳尔维克一带的战斗。到 6 月 8 日，随着法国战役达到高潮，盟军与挪威王室和政府撤出。两天后，挪威投降，德国完成对挪威的控制。然而，在伦敦流亡的挪威哈康国王坚持维持交战状态。德军损失 3700 人，盟军的损失也大体相当。德国海军损失了很大一部分水面舰艇，包括 3 艘巡洋舰和 10 艘驱逐舰，再也没有能力发起大型行动。虽然英国皇家海军损失 1 艘航母、2 艘巡洋舰和 9 艘驱逐舰，但依然是一支令人生畏的部队。希特勒保证了瑞典铁矿石的供应，命令把特隆赫姆变成一座大型德国海军基地。至今，人们还能在那里的水下看到巨大的混凝土掩体。

1940 年 4 月 9 日，德国士兵在挪威西海岸一处海滩集合。入侵首日，他们占领了 5 座主要沿海城市。

1940 年 4 月 9 日，挪威遭入侵的新闻出现在伦敦街头。入侵首日，挪威港口城市克利斯蒂安桑（Kristiansand）受到猛烈轰炸。

1940 年 6 月 7 日，挪威王室被迫乘一艘英国军舰逃亡。图为 5 年后，1945 年 6 月 7 日，哈康国王乘英国皇家海军军舰“诺福克”号（*Norfolk*）凯旋回到挪威。

德国空降兵

1940年4月9日，德军第一次使用空降兵入侵，由容克 Ju 52 运输机空投到奥斯陆和斯塔万格机场。德军迅速占领机场后，通过运输机运来重要装备，加强对挪威南部的控制，并占领挪威首都。几周后，在德国对比利时的入侵中，德军再次尝试了部署空降兵，取得巨大成功。

1940年5月，在纳尔维克附近，德国士兵部署重炮轰炸盟军。5月28日，盟军占领了这座城市，11天后放弃。

挪威北部特隆赫姆市附近的英军。1940 年 5 月，他们试图从德国占领者手中夺取挪威控制权。

1940 年 4 月 13 日，英国皇家海军战列舰“厌战”号（*Warspite*）和 9 艘驱逐舰成功袭击德国驱逐舰部队后的纳尔维克港。图中为沉没的德国补给舰，8 艘德国驱逐舰全部被击沉。

挪威北部的英国部队和一辆法国霍奇基斯（Hotchkiss）H 39 轻型坦克。盟军装备运输过于缓慢，无力阻止德军推进。5 月 10 日后，同盟国将战争重心转到法国。

丘吉尔掌权

1940.5.10

大 事 表

1939 年 9 月 3 日
丘吉尔被任命为英国海军大臣。

1939 年 10 月 5 日
丘吉尔与美国总统罗斯福开始了持续5年的私人通信。

1940 年 4 月 7 日
丘吉尔下令在挪威沿海水域布雷。

1940 年 5 月 15 日
丘吉尔和战时内阁批准轰炸德国城市。

1940 年 5 月 22 日
英国通过《紧急权力法案》(Emergency Powers Act)，授予丘吉尔特别战时权力。

1940 年 5 月 26 日
拯救被困敦刻尔克的英国部队的“发电机行动”开始。

1940 年 6 月 4 日
丘吉尔在下院宣布：“我们决不投降！”

1940 年 11 月 9 日
尼维尔 · 张伯伦去世。

丘吉尔在二战早期历史中的地位无人可及。他象征着英国对希特勒的抵抗，他不顾前途渺茫继续战斗的决心，使他在世时就成为传奇人物。他一向怀有抱负，想成为一位伟大的战争领导者。然而，一战后 20 年的时间里，他在政坛却一直处于低谷和被孤立状态。他接替张伯伦出任英国战时首相的选择，是一种运气，更是自己雄心壮志的结果。终于，通过这一职务其领导才能获得了全面展现。

英国议会的同仁对丘吉尔满怀狐疑，这有多方面的原因。做事张扬，性格偏激，喜怒无常，这种不同常人的性格使丘吉尔在政界树敌众多。1900 年，他作为保守党人首次入选议会，1904 年转入自由党，1924 年又重回保守党。丘吉尔持有强烈的殖民观点，仇视共产主义。他一向强势，只按政治常识和自己的本能行事。1924—1929 年，他被看成一个不成功的财政大臣。20 世纪 30 年代，他远离政坛，写作了大量文字，绝大部分是自传和历史，

克莱芒蒂娜·丘吉尔（1885—1977）

1908 年，丘吉尔在一番狂热追求后迎娶了克莱芒蒂娜·霍齐尔（Clementine Hozier）。克莱芒蒂娜的爷爷是贵族，她是个坚定忠实的伴侣，一直支持着这个政治活动繁忙、少有时间陪伴家庭的男人。一战期间，她为军火工人提供餐饮服务，二战中领导了红十字会援俄项目。虽然常处在丘吉尔的“阴影”下，但她在激励他的雄心壮志、支持他的战时领导人角色中发挥了重要作用。1940 年 6 月 7 日，她对丘吉尔说的一番话成为美谈。她告诉他，他的粗鲁和敌意举止正在疏远同事，“你没有以前和善了”，敦促他要更宽容，更平易近人。

包括著名的《马尔伯勒传》（*Life of Marlborough*），还从事一些远离公众的活动。他反对向甘地的印度民族独立运动让步，要求英国尽最大能力全面武装，应对来自希特勒的可能威胁。其战争贩子和反动派的名声，与慕尼黑会议前后的和平主义和绥靖政策氛围格格不入。

然而，丘吉尔依然是一个强有力的政治人物。1939 年 9 月，张伯伦邀请他作为海军大臣重返内阁。虽然丘吉尔指挥了灾难性的挪威战役，但当战争出现问题时，张伯伦承担了责任。此时，公众情绪转而强烈反对张伯伦对战争的处理，这意味着一个继任首相的出现成为必要。丘吉尔不是议会多数党保守党的第一人选，但他是可以与反对党工党和工会合作共事的人物。1940 年 5 月 9 日，德军进攻西线的前一天，丘吉尔与外交大臣哈利法克斯（Edward Halifax）伯爵一起被召到张伯伦的办公室。张伯伦原本倾向于让后者继任首相。丘吉尔在他的战后描述中回忆，他没有说什么，等着哈利法克

被任命为海军大臣两周后，1939年9月17日，丘吉尔站在伦敦白厅（Whitehall，英国政府所在地。编者）海军部大楼外。这也是他在一战初期担任的职务。

斯开口。最后，沉默被打破，哈利法克斯声称自己无法作为一个战时领导人。此时，已没人再反对丘吉尔成为首相了！他后来写道，那一刻，“我感觉自己与命运同行，我过去的生命都是在为这一刻，为这次考验做准备……”

1940 年 5 月 13 日，丘吉尔走进下院，只听到一阵稀稀落落的掌声；上院则以沉默迎接他的任命。几周之后，丘吉尔成为一个兵败法国、面临入侵威胁的国家领导人。自丘吉尔被任命为首相起，一些英国政治家就赞同与希特勒妥协，但前者鼓舞英国社会抗战到底，打败希特勒的决心从没动摇过。正是丘吉尔在战争的关键时刻勇往直前，才塑造了他的传奇。公众忘记了他波折起伏的过去，开始团结在他的召唤下。

丘吉尔在一战中

和二战开始时一样，丘吉尔在一战开始时也是担任英国海军大臣。与土耳其在达达尼尔海峡（Dardanelles）交火的这一灾难性战役后，丘吉尔不得不屈辱地接受降职。1915 年，大部分时间无所事事的丘吉尔开始学绘画，这成为他一生中最大的爱好。后来，他来到西线，本指望成为将军，但被迫接受皇家苏格兰燧发枪团（Royal Scots Fusiliers）上校的职务。从 1916 年 1 月起，到 6 月被召回伦敦时，他每日都在战火纷飞的前线。1917 年 7 月，丘吉尔成为军火部长。那是他最后一次担任现役军职。

丘吉尔（右二）在比利时泥乌波特（Nieuport）与法国第 29 师军官站在一起。

1940 年，丘吉尔坐在唐宁街 10 号的办公桌前。这是他最著名的照片之一，由塞西尔·比顿（Cecil Beaton）所摄。

1941 年 11 月，谢菲尔德（Sheffield，英格兰北部城市）市政厅外，丘吉尔对群众做出他著名的 V 字胜利手势。这个手势最初被中世纪的英国弓箭手用来羞辱法国对手，因为法国人通常会割断英国俘虏的中指，防止他们拉弓射箭。

1940年5月10日，在辞去首相这天，张伯伦与妻子一起走过伦敦市中心的圣詹姆斯公园（St. James' Park）。1940年11月去世前，张伯伦一直是丘吉尔的坚定支持者。

丘吉尔与英国外交大臣爱德华·哈利法克斯伯爵在一起。两人在 1940 年 5 月都是继任尼维尔·张伯伦职位的竞争者。

德国进攻西线

1940.5.10—27

大事表

1940 年 1 月 15 日
比利时政府拒绝盟军进入比利时领土。
1940 年 5 月 10 日
丘吉尔在张伯伦辞职后成为英国首相。
1940 年 5 月 10 日
英军占领冰岛，防止德军利用它作为攻击同盟国船队的基地。
1940 年 5 月 11 日
德军占领卢森堡。
1940 年 5 月 27 日
德军在挪威沿海空袭，击沉英国巡洋舰“鹬鸟”号（*Curlew*）。

1940 年 5 月 10 日，德军对荷兰、比利时和法国军队发动了一系列快速作战。希特勒曾希望在 1939 年 11 月入侵西线，但恶劣天气阻止了行动。翌年春，德国军事策划人员准备了一个作战方案，筹划经法国“马其诺防线”上林木茂盛但也是最薄弱的位置——阿登一线，从正面用装甲车和战斗机快速打败盟军。西线的盟军在数量上较德军更占优势，双方的兵力对比为：陆军师的个数是 144 对 141，大炮的门数为 13974 对 7378，坦克的辆数则是 3384 对 2445；而飞机（包括战斗机和轰炸机）的架数为 3562 对 3254，虽然理论上同盟国的数量也多于德国，但为防守法国余部和英国本土，英法两国都选择把大部分空军力量置于战场外。

西线行动中德国使用的陆军行军指南针。

德军能够快速推进，凭借的是一系列大胆的战略攻击，也与同盟国的失算有关。西线盟军原计划将部队快速运动到比利时和荷兰，反击意料中的德

莫里斯–古斯塔夫·甘末林将军（1872—1958）

甘末林将军（Maurice-Gustave Gamelin）通常被看作1940年输掉法国战役的指挥官，实际上，他是一位有改革精神的成功战士。他在20世纪30年代帮助建立了现代化法国陆军，做好与德国冲突的准备。1940年5月德国入侵时，他任法国军队总司令。他调动法国机动部队快速进入荷兰以阻止德军进攻，极大削弱了抵挡德军进攻主力的法国防线。5月19日，随着同盟国防线崩溃，他被撤职。

容克 Ju 87B“斯图卡”俯冲轰炸机是最著名的德国俯冲轰炸机，在德国对西线发动“闪电战”期间发挥了巨大作用。但根据不列颠空战期间得到的教训，它需要绝对制空权才能发挥效果，因为它太慢太笨重。

军进攻。德军进攻荷兰，5 月 10 日通过首次空降兵成功突击占领比利时要塞埃本埃马尔（Eben Emael）。随后，盟军试图调动部队到低地国家（Low Countries，指荷兰、比利时和卢森堡三国。编者），阻止德军推进。但荷兰的抵抗很快崩溃，仅仅几天之内，比利时、英国和法国部队就开始撤退。西方盟国还不知道，在战机的重重保护下，到 5 月 12 日，德国装甲师组成庞大编队，已在法国统帅部认为不可穿越的阿登森林集结，准备进行一次历史性突破。

5 月 13 日，在冯·克莱斯特（Ewald von Kleist）将军指挥下，德国装甲师突破默兹河（Meuse River）。在容克 Ju 87 俯冲轰炸机和一大群中型轰炸机的大力掩护下，他们在两支法国集团军——夏尔·安齐热（Charles Huntziger）将军的第 2 集团军和科拉（Corap）将军的第 9 集团军之间打进一支强力的“楔子”，撼动了整个法国战线。“色当出了相当严重的故障。”第 2 集团军参谋长拉卡耶（Lacaille）上校报告说。可是，这种“故障”却变成了大溃败。法国防线崩溃后，德军指挥官开始乘胜向法国沿海冲击，企图在一个狭小地带围歼盟军余部。到 5 月 19 日，古德里安（Heinz Guderian）的坦克已打到英吉利海峡沿岸的阿布维尔（Abbeville）。英法部队做出零星反击，维持着几近失败的局势。5 月 28 日，比利时在其西部进行英勇抵抗后，他们的国王投降。荷兰在港口城市鹿特丹遭到猛烈空袭后，也早于

1940 年 5 月 16 日，防守“马其诺防线”期间，一门法国大炮向进攻中的德军开火。

1940 年 1 月 3 日，圣弗朗索瓦－拉克鲁瓦（Saint-Francois-Lacroix）附近的战线上，英国皇家燧发枪团士兵持布朗式轻机枪守在阵地上。到 1940 年 5 月，法国—比利时边境共有 394165 名英国远征军士兵，其中 237319 人在前线执行任务。

“马其诺防线”的坦克障碍。法国花费 9 年时间和 30 亿法郎建设这条防线，却被纳粹德军通过进攻低地国家和阿登森林而几乎完全绕过。

1940 年 5 月，比利时。被德军摧毁了家园后，一位母亲带着孩子寻找安全之所。

5 月 14 日投降。

德军的快速推进，在法国领导层中引发了恐慌。英国对法国的增援迟缓，空军主力依然放在英国本土，防备可能发生的德军空袭。5 月 16 日，丘吉尔飞抵巴黎，被告知法国已没有后备力量可以阻止德军推进。同一天，法国总理保罗 · 雷诺告诉法国议会，只有奇迹才能拯救法国于危亡。随着英法部队在法国北部逐渐被包围，盟军制订了扼守索姆河（River Somme）防线的计划。20 多年前，一战中一些最惨烈的战斗就曾发生在这条战线上。5 月 23 日，英军参谋部确定法国战争已经失败，准备放弃盟友。5 月 27 日，英军开始从法国北部港口敦刻尔克撤退。法国被迫孤军奋战。

虽然荷兰即将投降，地面的德军也发射了红色表示“中止轰炸行动”的信号弹，鹿特丹还是在 1940 年 5 月 14 日遭到地毯式轰炸，800 人丧生，7.8 万人无家可归。

1940 年 5 月，德国摩托车部队驶过一座已被夺取的比利时城镇。

海因茨·古德里安将军（1888—1954）

海因茨·古德里安是德国名将，20世纪30年代开创了用装甲部队作为前锋的快速机动作战战略，即著名的“闪电战”。30年代后期，他是机动部队司令官。入侵波兰和法国期间，他指挥第19装甲军，在突破色当中发挥了关键作用，打开了法国防线。1941年，他在苏联战场上取得惊人胜利，但因与希特勒争吵，于12月被解职。1943年，他被任命为装甲部队总督察（Inspector-General），后任陆军参谋长，但到1945年又被希特勒撤职。

1940年5月，德军第7装甲师师长隆美尔将军正和参谋策划他们在法国的进军路线。因为进攻神速，他们被称为“幽灵师”。

敦刻尔克大撤退

1940.5.27—6.4

大事表

1940 年 5 月 20 日
德军到达英吉利海峡法国沿岸。

1940 年 5 月 26 日
英国士兵撤出法国的“发电机行动”正式开始。

1940 年 5 月 27 日
加来陷落。

1940 年 6 月 3 日
德国空军轰炸巴黎，炸死 250 人。

1940 年 6 月 4 日
最后一批英法军队撤离敦刻尔克。

1940 年 6 月 19 日
法国和波兰士兵从法国西南部撤出。

随着德军向法国推进，法国北部的英国远征军与在南部的法国陆军主力被远远隔开。到 5 月第四周，德军切断了英国远征军和溃不成军的比利时军队间的联系，3 天后，比利时军队投降。英军面临被整体包围、俘虏的急迫危险，但 5 月 23 日，冯 · 伦德施泰特（Gerd von Rundstedt）让装甲部队停止进攻。次日，希特勒因对南部的法国兵力不确定，便批准了伦德施泰特的决定。德军坦克停在一片水网交错的地带前，围住里尔和敦刻尔克两地，英国远征军和大量法军此时被困其中。这次暂停使盟军得以建立一条并不坚固的外围防线。5 月 26 日，英国政府命令英国远征军司令戈特子爵（Viscount Gort）尽可能多地从法国撤出部队。撤退行动的策划者是伯特伦 · 拉姆齐（Bertram Ramsay）海军中将，他后来作为英国海军司令组织了诺曼底登陆（亦称 D 日）行动的运输。拯救英国远征军的行动，代号“发电机”，以多佛峭壁上的小发电机房名字命名，并将行动基地设在那里。这次大撤退，成为英国在二战中最伟大的传奇之一。

其他撤退行动

即使在“发电机行动”结束后，依然还有超过 10 万英军滞留在法国北部。随着法国的抵抗被粉碎，滞留英军退守到一些港口。6 月 13 日，11200 人从法国北部沿海的勒阿弗尔（Le Havre）撤出；17—18 日，2.7 万人从圣纳泽尔（St. Nazaire）撤出。6 月 13—25 日，总计约 27.3 万英国、法国和波兰士兵和空军撤到英国，这个数字比敦刻尔克撤退所挽救的人数少不了多少。6 月 17 日，一架德国战机在圣纳泽尔港外击中严重超载的“兰开斯特里亚”号（*Lancastria*）邮轮。轮船倾覆，估计超过 6000 名的船员和撤离人员中，仅 2477 人幸存。这是英国航海史上最大的灾难。

1940 年 6 月 13 日，撤离期间，瑟堡（Cherbourg）码头周围停满机动车。

陆军元帅戈特子爵（1886—1946）

戈特子爵生于爱尔兰一个贵族家庭。他在皇家近卫步兵第1团（Grenadier Guards）服役，1917年成为营长。结束长期陆军生涯后，1937年，他被任命为帝国陆军总参谋长。他保持这个职位直到1939年被派到法国指挥英国远征军。他在法国负责组织了敦刻尔克撤退。后来在马耳他岛被围困期间成为马耳他总督，1943年被授予陆军元帅军衔。

始于5月21日前后的战斗，在整个行动中是最惨烈的。在阿拉斯（Arras）防守英国阵地的部队被命令“打到最后一人，战至最后一弹”。当德军于5月26日恢复攻击时，每英里土地都留下了激烈争夺的痕迹。在德国战机的密集弹雨下，850—950艘大小军舰和商船穿梭往来，在敦刻尔克和英国南部港口间运输英国部队。除皇家海军舰艇外，救生艇和拖网渔船也加入救援行动。伦敦港务局派出9艘拖轮，后面拖着驳船。幸运的是，英国战机得以从英国基地赶到敦刻尔克，虽然损失了177架战机，但还能维持对德国空军的常规攻击。然而随着天气转晴，德国战机给盟军造成了惨重损失。6月1日，3艘驱逐舰被击沉后，拉姆齐不得不下令只在夜间航行。

8天的撤离时间里，估计有33.8万部队被救出，包括11万法国军人。最后两天，拉姆齐命令派出大型船只救援英国与非英国部队，大部分法国军人就是在这两天被救出的。英法混合部队继续防守在包围圈外围，他们没有任何撤离的希望，6月中旬被迫投降的第51高地师就在其中，约8000名英国士兵成为战俘。在撤退的海滩上很难保持纪律，有时为维持秩序，一些恐慌的士兵不得不被杀死或遭到殴打，英军也射杀了有间谍或背叛嫌疑的法国士兵。5月27日，一群皇家诺福克步兵团士兵被党卫军“骷髅师”俘虏，其中97人被残忍杀害。这个“骷髅师”由达豪集中营前指挥官特奥多尔·艾克（Theodor Eicke）将军率领。

敦刻尔克大撤退既是一场胜利，也是一场失败。它显示了英国海军力量的重要性，是后来在 1940 年夏秋大显身手的两国空军较量的前奏。法国战役期间德国战机的损失，超过了后来的不列颠空战。然而，这场大撤退也的确意味着盟军在陆上打败德国的努力完全失败。几乎所有的英国陆军装备被丢弃或摧毁，一支新陆军不得不在随后几年被重建。“战争，”丘吉尔在 1940 年 6 月 4 日评论说，“并不能通过撤退来赢得胜利。”

英国部队在敦刻尔克海滩列队，等待撤离。

1940 年 6 月 4 日，英军撤离后，德军进入敦刻尔克，俘虏了法国士兵。

1940 年 5 月 31 日，从法国敦刻尔克回到英国多佛的部队。9 天时间内总计撤出约 22.8 万英国士兵。

皇家爱尔兰步枪团（Royal Ulster Rifles）军官在离敦刻尔克约 8 公里的布赖迪讷（Bray Dunes）等待撤离。

1940 年 6 月，一门英国高射炮被丢弃在敦刻尔克。英国远征军的大部分装备不得不丢在法国。

船只是德国空军的活靶子。图为装满撤离人员的法国驱逐舰“狂风”号（*Bourrasque*）在敦刻尔克外沉没。

法国沦陷

1940.6.4—17

大事表

1940年6月10日
意大利对英法宣战。
1940年6月14日
德军占领巴黎。
1940年6月16日
法国总理保罗·雷诺辞职。
1940年6月19日
德军到达大西洋沿岸布雷斯特。
1940年6月20日
日本迫使法国同意日本海军舰艇进入中南半岛。
1940年7月1日
法国议会投票赋予贝当（Henri Philippe Pétain）元帅特别权力，结束了法兰西第三共和国。

比利时投降，英军从敦刻尔克撤离，留下法国几乎孤军抵抗德军的进攻。1940年5月19日，马克西姆·魏刚（Maxime Weygand）将军接替了甘末林的职务，沿索姆河和埃纳河（Aisne）匆匆组织起一条临时防线。早在一战中，这两条河流就已见证过多场战役。德军重新组织了两支装甲先头部队，分别由冯·克莱斯特和古德里安指挥，于6月5日和9日进攻魏刚的防线。经过几天激战，德军打到巴黎东部边缘。法国宣布首都为不设防城市，6月14日，德军进入几乎成为空城的巴黎街头。法国政府先逃到图尔（Tours），后逃到波尔多（Bordeaux）。丘吉尔曾于6月11日飞到图尔，试图鼓励法国进行抵抗。德军到达前

一枚法国反坦克地雷。

几天，在被称作“出埃及记”的撤离中，成千上万巴黎人或乘汽车、火车，或步行逃离。

巴黎被德军占领后，法国虽有大量陆军和数目可观的战机尚未被打垮，但抵抗力量却开始土崩瓦解。德国装甲部队快速推进，6 月 19 日抵达大西洋沿岸的布雷斯特（Brest），20 日至南特（Nantes），到 25 日停火协议最终生效时已打到波尔多。6 月 17 日，法国政府寻求停火，5 天后签署停火协议。法国东部，“马其诺防线”数处被突破后，德军掉头向南，意图包围普雷拉特（Prételat）将军的法国第 2 集团军群余部。法军被分割，一小批一小批渐次投降，到 6 月 22 日，法国对德军的抵抗结束。

但在南方的意法边境，敌对状态仍在继续。6 月 10 日，墨索里尼不想错过在和平协议中分得一杯羹的机会，向英法宣战。11 天后，意大利将在意法边境的 22 个师兵力共 30 万人投入战斗，攻击法国南部防线，但被法国 6 个师仅 8.5 万人阻挡；随着奥尔里（Olry）将军的部队被重新部署到北方

菲利普·贝当元帅（1856—1951）

在许多法国人眼中，贝当元帅既是英雄，又是国贼。一战中，他指挥部队防守法国凡尔登要塞，1918 年成为战胜德国的英雄之一，为此获得“法国元帅”的称号。20 世纪 30 年代，他曾任驻西班牙大使，1940 年起为副总理，法国指望借助这位老迈英雄的号召力，在 1940 年 6 月的关键时刻鼓舞法国士气。6 月 16 日，随着法国抵抗力量的瓦解，他当上总理并且寻求停火。他在法国中部小城维希建立了一个极权政府，其政权的名字（维希政府）就来自该小城。他被迫与德国人合作，包括参与迫害犹太人的行动。战争结束时，他被捕，后被判处死刑，在约岛（Île d'Yeu）死于狱中。

应对德国威胁，法军兵力已经大大削弱。经 4 天战斗，意大利人面对法军凭借复杂地形进行的战壕防守，几乎寸土未得。意军在战斗中死 1258 人，伤 2631 人；法国只死了 20 人，伤 84 人。6 月 24 日，停火协议签订，意大利结束了一场短暂无益的不光彩战斗。北部战役中，法国估计有 9 万人丧生，190 万人被俘；德军共有 29640 人死亡，16.3 万人受伤。

对另一些法国人而言，停火后，战争还在继续。6 月 6 日，法国总理保罗 · 雷诺任命年轻的戴高乐将军为战争部副部长。戴高乐希望继续战斗，6 月 16 日，他鼓动丘吉尔向法国提出两国联盟。丘吉尔在内阁支持下向法国提出，被法国政府拒绝。戴高乐乘一架英国皇家空军飞机潜逃出法国，6 月 18 日，他在伦敦发出历史性呼吁，号召“自由法国”继续与德国敌人战斗。8 月 7 日，戴高乐在英国召集起人数不多的支持者，正式组建自由法国军队，总共只有 2240 名官兵。贝当元帅新成立的维希政府宣布他们是叛徒，但正是这支力量成为战争后期法国强大战斗部队的核心。

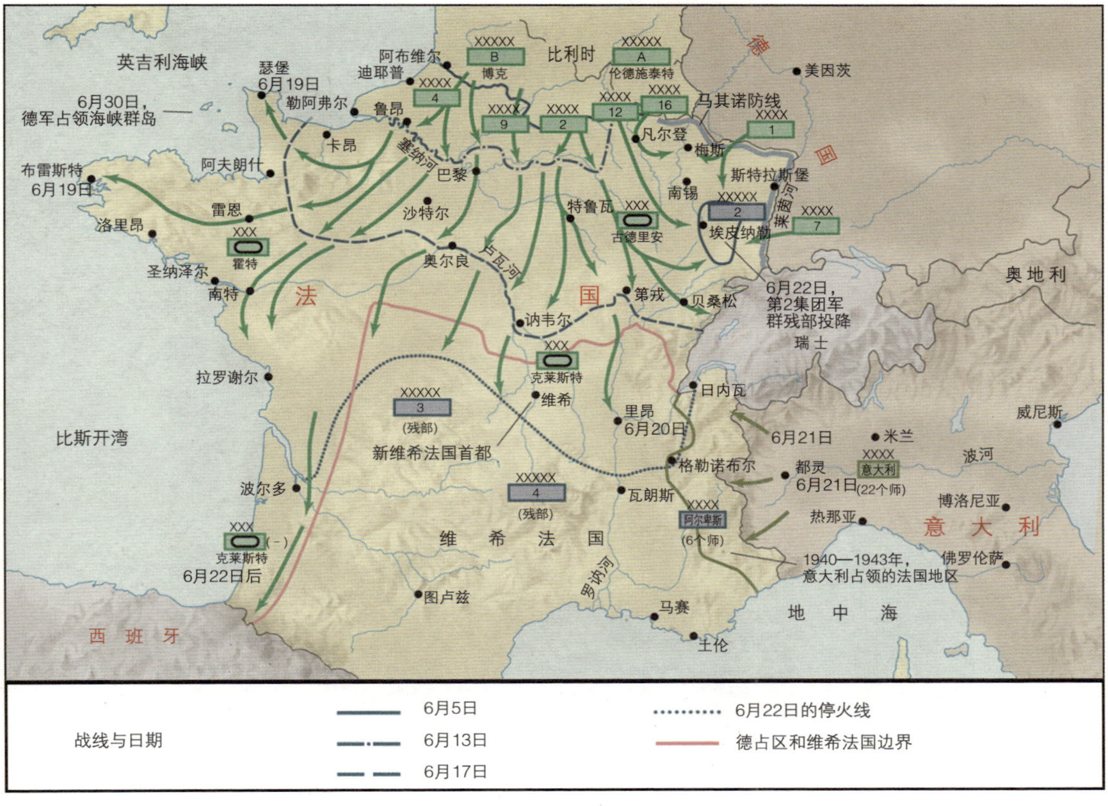

贡比涅的火车车厢

一战结束时德国耻辱的最大象征，非法国小镇贡比涅（Compiègne）的那节火车车厢莫属。1918 年 11 月 11 日，德国代表团被迫在那里签署了结束敌对状态的停火协议。1940 年 6 月 17 日，贝当元帅向德国人要求停火时，希特勒坚持应在 1918 年签署协议的同一个地方签字。6 月 21 日，法国夏尔·安齐热将军率代表团迎接希特勒，停火协议次日在那节车厢内签字。协议的 24 项内容，均由德方做主而非谈判达成。另一份结束意法敌对状态的停火协议在罗马签字后，德法协议于 6 月 25 日生效。

1940年6月28日，希特勒站在埃菲尔铁塔前的特罗卡迪罗广场（Trocadero）上。这是他平生唯一一次访问德国占领下的巴黎。据说，他对巴黎主动投降，而它的建筑没有被炸毁感到欣慰。

约 1940 年，伦敦，戴高乐将军坐在办公桌前。他在撤离期间逃出法国。1940 年 6 月 28 日，英国政府承认他是自由法国军队的领导人。1940 年，他参加了从维希政权手中夺取西非达喀尔（Dakar）的行动。

1940 年 6 月，法国步兵向进攻的德军投降。几十万法国战俘后来为德国的战争活动卖力。

1940 年 5 月，法国战役期间，一辆法国 B1 重型坦克（Char B）在战斗中。

法国“SE-MAS 1935”冲锋枪。1935 年设计，1940 年大规模生产，到停火协议时只有少量法军配备此枪。它后来为德军和维希政权部队所用。

占领巴黎后，德军在法国首都举行阅兵。1940 年 6 月 13 日，为避免遭到轰炸破坏，巴黎被宣布为不设防城市。

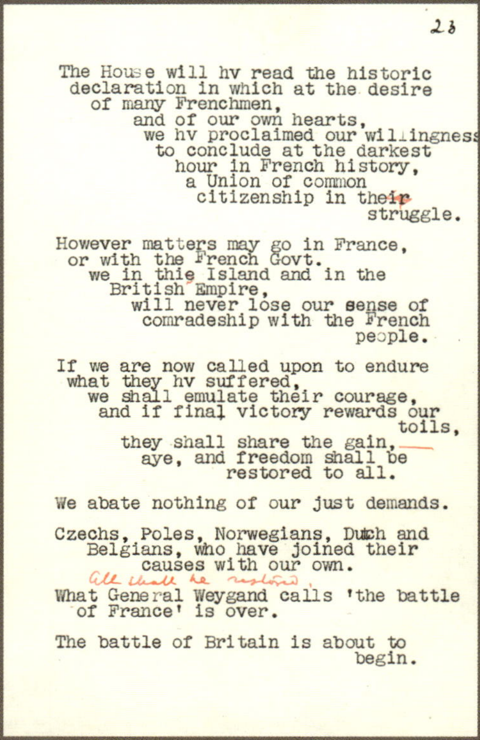

23

The House will hv read the historic
declaration in which at the desire
of many Frenchmen,
and of our own hearts,
we hv proclaimed our willingness
to conclude at the darkest
hour in French history,
a Union of common
citizenship in their
struggle.

However matters may go in France,
or with the French Govt.
we in this Island and in the
British Empire,
will never lose our sense of
comradeship with the French
people.

If we are now called upon to endure
what they hv suffered,
we shall emulate their courage,
and if final victory rewards our
toils,
they shall share the gain,
aye, and freedom shall be
restored to all.

We abate nothing of our just demands.

Czechs, Poles, Norwegians, Dutch and
Belgians, who have joined their
causes with our own.
All shall be restored.

What General Weygand calls 'the battle
of France' is over.

The battle of Britain is about to
begin.

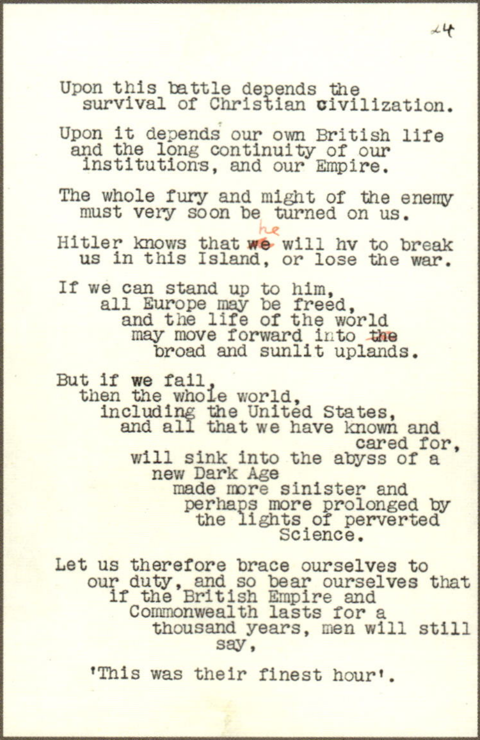

24

Upon this battle depends the
survival of Christian civilization.

Upon it depends our own British life
and the long continuity of our
institutions, and our Empire.

The whole fury and might of the enemy
must very soon be turned on us.

Hitler knows that we (he) will hv to break
us in this Island, or lose the war.

If we can stand up to him,
all Europe may be freed,
and the life of the world
may move forward into the
broad and sunlit uplands.

But if we fail,
then the whole world,
including the United States,
and all that we have known and
cared for,
will sink into the abyss of a
new Dark Age
made more sinister and
perhaps more prolonged by
the lights of perverted
Science.

Let us therefore brace ourselves to
our duty, and so bear ourselves that
if the British Empire and
Commonwealth lasts for a
thousand years, men will still
say,

'This was their finest hour'.

丘吉尔“最后时刻”演讲稿原件

温斯特·丘吉尔于1940年6月18日发表的历史性演讲笔记，宣布法国战役结束，英国战役开始。红色注释是丘吉尔特有的风格，他经常用红色蜡笔批注文稿。

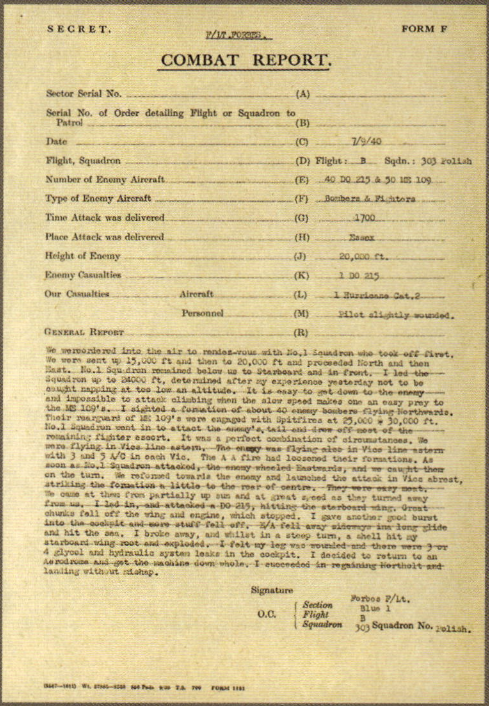

SECRET. F/LT. FORBES. FORM F

COMBAT REPORT.

Sector Serial No.	(A)	
Serial No. of Order detailing Flight or Squadron to Patrol	(B)	
Date	(C)	7/9/40
Flight, Squadron	(D)	Flight: B Sqdn.: 303 Polish
Number of Enemy Aircraft	(E)	40 DO 215 & 50 ME 109
Type of Enemy Aircraft	(F)	Bombers & Fighters
Time Attack was delivered	(G)	1700
Place Attack was delivered	(H)	Essex
Height of Enemy	(J)	20,000 ft.
Enemy Casualties	(K)	1 DO 215
Our Casualties — Aircraft	(L)	1 Hurricane Cat.2
Our Casualties — Personnel	(M)	Pilot slightly wounded.
General Report	(R)	

We wereordered into the air to rendez-vous with No.1 Squadron who took off first. We were sent up 15,000 ft and then to 20,000 ft and proceeded North and then East. No.1 Squadron remained below us to Starboard and in front. I led the Squadron up to 24000 ft, determined after my experience yesterday not to be caught napping at too low an altitude. It is easy to get down to the enemy and impossible to attack climbing when the slow speed makes one an easy prey to the ME 109's. I sighted a formation of about 40 enemy bombers flying Northwards. Their rearguard of ME 109's were engaged with Spitfires at 25,000 - 30,000 ft. No.1 Squadron went in to attact the enemy's tail and drew off most of the remaining fighter escort. It was a perfect combination of circumstances. We were flying in Vics line astern. The enemy was flying also in Vics line astern with 3 and 5 A/C in each Vic. The A A fire had loosened their formations. As soon as No.1 Squadron attacked, the enemy wheeled Eastwards, and we caught them on the turn. We reformed towards the enemy and launched the attack in Vics abrest, striking the formation a little to the rear of centre. They were easy meat. We came at them from partially up sun and at great speed as they turned away from us. I led in, and attacked a DO 215, hitting the starboard wing. Great chunks fell off the wing and engine, which stopped. I gave another good burst into the cockpit and more stuff fell off. E/A fell away sideways ina long glide and hit the sea. I broke away, and whilst in a steep turn, a shell hit my starboard wing root and exploded. I felt my leg was wounded and there were 3 or 4 glycol and hydraulic system leaks in the cockpit. I decided to return to an Aerodrome and get the machine down whole. I succeeded in regaining Northolt and landing without mishap.

Signature Forbes F/Lt.

O.C. Section Blue 1
Flight B
Squadron 303 Squadron No. Polish.

不列颠空战作战报告

1940年9月7日，不列颠空战最激烈时期，波兰第303中队提交的作战报告。

德国“新秩序”

1940—1945

大事表

1940 年 10 月 3 日
华沙犹太人被迫迁入犹太居住区，与城市其他地方隔离。

1940 年 10 月 23 日
与希特勒会谈后，西班牙领导人佛朗哥拒绝加入轴心国联盟。

1941 年 7 月 16 日
希特勒命令残酷镇压欧洲的抵抗运动。

1941 年 10 月 3 日
希特勒在柏林宣布建立“新秩序”。

1942 年 6 月 10 日
为报复海德里希遇刺，340 名捷克人在利迪策（Lidice）被杀害。

1942 年 11 月 11 日
德军占领维希法国。

1943 年 10 月 5 日
德国把意大利阿尔卑斯地区和的里雅斯特（Trieste）港并入第三帝国。

1944 年 3 月 19 日
德军占领匈牙利。

德国对欧洲广大地区的征服，打开了建设所谓“新秩序”的大门。1939 年以前，对于这样一个秩序该是什么样子，德国还没有明确计划。“新秩序”存在的短短 5 年中，一直是由各种形式的政治联合或占领区管理组成的混乱的大杂烩。最终，1941 年 10 月 3 日，希特勒相信苏联行将毁灭，在柏林宣布了建立德国“新秩序”的计划。整个计划，和拿破仑的欧洲帝国一样，取决于军事势力的扩张。

欧洲德国控制区的重组没有清晰的准则，但三类地区间依然存在一定差异：与德国结盟或联合的地区（匈牙利、罗马尼亚、保加利亚和新的傀儡国家斯洛伐克和克罗地亚）；在德国管理下得到某种程度自治的战败国（比利时、荷兰、挪威、丹麦和法国）；其余直接由德国政治或军事当局统治的地区（波兰、波罗的海诸国、苏联西部地区、塞尔维亚和希腊）。在南部欧洲，

1938 年 2 月，瓦尔特 · 丰克（Walter Funk，1890—1960）被戈林选中作为经济部长。1939 年 1 月，他成为德意志银行行长。战争期间，借助这两个角色，他在建设以德国为中心的欧洲经济的活动中发挥了关键作用。

德国不得不与意大利分享对南斯拉夫和希腊的统治，但到 1943 年 9 月意大利投降时，这些地区也开始被置于德国直接控制下。

“新秩序”的目标，是重新确定柏林为欧洲大陆的政治中心。作为媲美古罗马的新帝国首都，柏林将由希特勒最喜爱的建筑师阿尔贝特 · 施佩尔（Albert Speer）重新设计。计划中的凯旋大道将穿过柏林市中心，直达一个能容纳 20 万人的巨大人民宫，它的穹顶比梵蒂冈的圣彼得大教堂还要大 7 倍。他们计划还将在东方建立一个殖民体系，德国的卫戍城市将统治广袤的苏联乡村，大批劳动者则为日耳曼优等民族生产食物和原料。这个帝国的建设过程始于 1940 年德国分割波兰，开始从这一地区驱逐波兰人。对苏联西部的占领，为所谓的“东方总计划”在该地区大规模重启创造了条件。剩余的人口将被驱赶到东方，在饥饿和疾病中消亡，幸存者将给德国人做牛做马。这些德国人则作为管理者、工程师和专家治理这个帝国。“苏俄，”据称希特勒如是说，“将是我们的印度。”

“新秩序”的核心，是一个经济剥削体系。早在 1940 年 7 月，德国经济部长瓦尔特 · 丰克就宣布建立一个新的欧洲经济体系——以德国马克为共同货币，把柏林和维也纳当作欧洲大陆的商业与金融双中心。德国当局和企业接管了占领区多数的大型工业。其中，首屈一指的当属德国控股公司巨头“赫尔曼 · 戈林帝国工厂”，它收购或没收了奥地利、捷克斯洛伐克、波兰和苏联的重工业。该企业在高峰时期拥有超百万的劳动力，资产是任何一家德国企业的 4 倍以上。整个战争期间，欧洲国家贡献了德国战争开支的约三分之一；到 1944 年末，有 700 万外国工人在为德国工作，另外估计还有 2000 万人在德占区和盟友的土地上为德国人劳作。

德国把他们的种族政策延用到所有地区。金发碧眼的儿童从家中被夺走，寄养在德国养父母家，或送到专门设立的培养模范“雅利安”孩子的儿童之家。欧洲犹太居民被集中驱赶到东方的灭绝中心，有的被安全人员和士兵杀害。与此同时，德国种族官员访遍东方占领区，寻找有日耳曼种族血统的民族，将其中 60 多万人运回德国。德国强制推行种族等级制度，以北欧人作为高贵“雅利安”种族，把拉丁民族和斯拉夫民族当作更低级别的种族。到战争结束前，约 500 万欧洲人的种族档案受到审查，许多人被认为适合“日耳曼化”。

“新秩序”代表了非同一般的勃勃野心。德国的这一胜利将产生一个与 1945 年的真实欧洲在种族上完全不同的世界。虽然人们有时把“新秩序”与欧盟的早期实验联系起来，但德国的控制依靠的是军事力量、经济剥削和灭绝人性的种族政策。随着纳粹德国在 1945 年的崩溃，“新秩序”也烟消云散了。

欧洲的党卫军

1942 年，德国武装党卫军在荷兰的招募海报。战争期间，超过 20 万欧洲人加入武装党卫军。

德国在欧洲占领区和盟友地区发起征召宣传活动，鼓励当地志愿者加入纳粹精英党卫军组织的军事分支——“武装党卫军”（Waffen-SS）。到战争结束，据估计有 15.2 万来自西欧和北欧的欧洲人加入了武装党卫军，包括来自中立国瑞士的 800 人。德国在东欧的盟友中，匈牙利有 2.2 万人，罗马尼亚为 5.4 万人，保加利亚则有 2.1 万人。许多人被吸引是因为他们觉得自己参加了获胜一方的战斗，但对共产主义的仇恨或者对犹太人的敌意也起了作用。

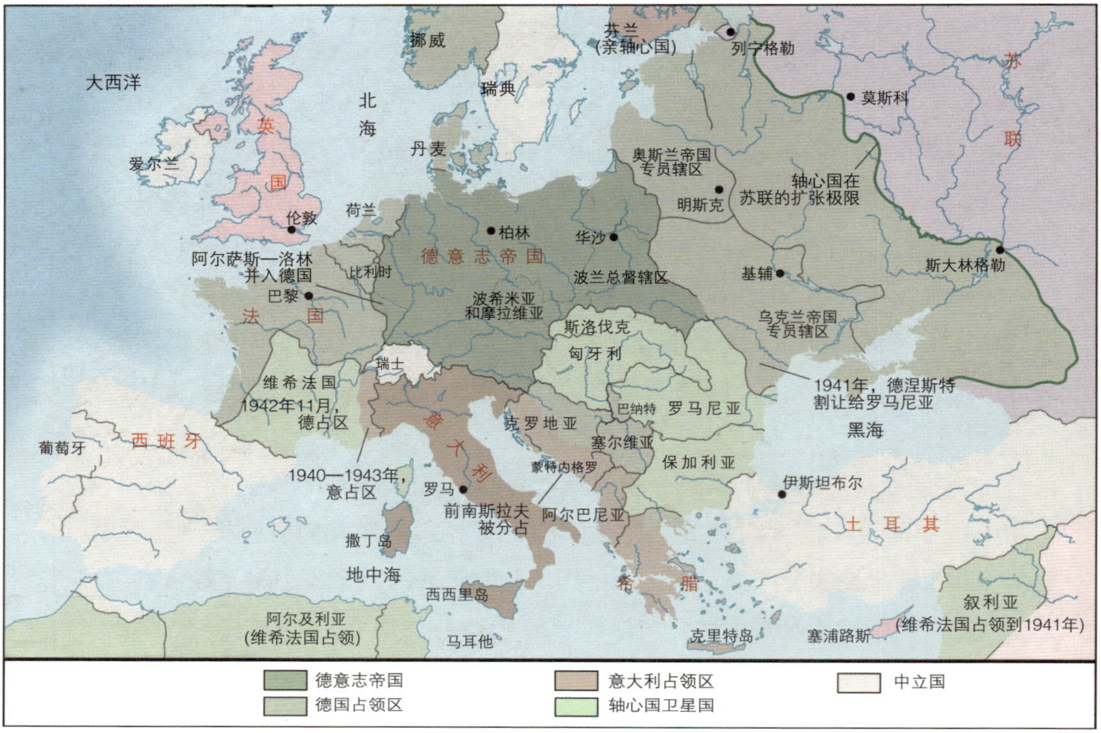

维德昆·吉斯林少校（1887—1945）

吉斯林少校（真名亚伯拉罕·荣松 [Abraham Jonsson]），是挪威法西斯政党国民联盟党创始人。虽然他的政党只获得很有限的支持，但他于德国入侵当天在奥斯陆发动政变，后被德国统治者培植为首相。德国驻挪威专员约瑟夫·特博文（Josef Terboven）时刻戒备他的野心，但1942年2月1日，他最终成为挪威总理，开始了一项把挪威改造成符合法西斯标准的计划。他遭到许多挪威人痛恨，战争结束时被捕，被作为叛徒处决。他的名字成为卖国贼的同义词。

1942 年 8 月，华沙犹太居住区的一个驾车人和“死亡马车”。自 1940 年起，犹太人被赶进犹太居住区和转运营。1942 年春，在“新秩序”下的欧洲，一项大规模灭绝全部犹太人的计划开始。

1942 年的一幅法国反犹海报，声称：“够了！”维希政府是众多鼓励反犹政策的“新秩序”政权之一，这些反犹政策建立在之前对犹太人的歧视基础上。

希特勒内阁的宣传与大众教育部长约瑟夫·戈培尔（1897—1945）在欧洲德占区传播纳粹思想方面发挥了重要作用。他力图通过宣传显示德国正在抵抗“犹太布尔什维克主义”和“犹太国际资本主义”。

南斯拉夫德占区的一次绞刑。成千上万欧洲人因为破坏和抵抗行动被德国占领者杀害。另有成千上万人因臭名昭著的“夜雾法令”（Night and Fog Decree）被关进集中营。

不列颠空战

1940.7—10

大 事 表

1940 年 7 月 10 日
德国空军开始攻击英吉利海峡的船队。

1940 年 7 月 17 日
英国为安抚日本，关闭了滇缅公路补给线。

1940 年 8 月 3 日
意大利军队入侵英属索马里。

1940 年 8 月 13 日
“鹰日”，德军开始攻击英国机场。

1940 年 8 月 25—26 日
英国皇家空军轰炸柏林。

1940 年 8 月 27 日
美国国会仅以一票的优势批准征兵。

1940 年 9 月 2 日
英国与美国签署“基地换驱逐舰”协议。

1940 年 9 月 4 日
希特勒宣布开始轰炸英国城市。

1940 年 9 月 7 日
德国开始对英国实施大空袭。

1940 年 9 月 15 日
德国对伦敦的大轰炸造成大量平民伤亡。

1940 年 6 月 18 日，丘吉尔告诉下院：“法国战役结束了。我预计英国战役即将开始。”随后 4 个月里，德国空军试图摧毁英国皇家空军，削弱英国军事能力，最终达到德军能够入侵英格兰南部的程度。不列颠南部郡县上空的这场空中争夺，就是伟大的“不列颠空战”。

这场战役没有明确的起止日期，战役结束后，一份官方的空军手册确定它始于 8 月 8 日，即空袭强度开始加大之日；终于 10 月 31 日，即德国战机的空中攻击逐渐消失之时。德军的空袭最早始于法国最终战败前的 6 月 5—6 日，6—7 月间一直断断续续在进行。这些试探性攻击意在摧毁英方的港口和交通，引诱英国皇家空军战机司令部交战。直到 8 月 1 日，希特勒颁布“击败英国空中力量”的命令后，德国空军司令戈林才命令加大作战力度。阿尔贝特 · 凯塞林（Albert Kesselring）将军指挥的第 2 航空队和胡戈 · 施佩

参加不列颠空战的英联邦及大英帝国属地飞行员肩章。到 1940 年 9 月，战机司令部已变成一支多国部队。

授予合格的捷克斯洛伐克飞行员的徽章。310 和 312 中队是捷克战斗机中队，但不列颠空战中，击落敌机最多的捷克王牌飞行员约瑟夫 · 弗朗齐歇克（Josef František）中士则在波兰 303 中队。他在 28 天时间内赢得 17 次“胜利”。

勒（Hugo Sperrle）将军的第3航空队，开始持续空袭英格兰南部的机场、补给仓库和雷达站。到8月中，戈林确信英国皇家空军战机司令部快要屈膝投降了，便下令发起最后一击。主攻计划定在8月13日“鹰日”，但当天的恶劣天气降低了攻击规模。8月12日到9月6日间，对英国机场的攻击共53次，除两次外，其余都是针对基思·帕克（Keith Park）空军少将的第11防区（由皇家空军第11战斗机大队防守，其他防区同理。编者）基地。对雷达站的攻击没有持续进行，帕克的机场中仅3座遭轰炸后无法使用，并且只是暂时无法使用。

德方料想皇家空军已到毁灭边缘，但现实却大相径庭。8月23日，英国皇家空军战机司令部有672架可以作战的“喷火”和“飓风”战斗机；到9月初，这一数字达到738架，超过了战役开始时的数量。8月6日—9月2日，战机司令部损失战机共计444架，当月德国损失战机（包括轰炸机在内）超过900架。战机司令部司令休·道丁（Hugh Dowding）中将尽最大努力保存皇家空军实力，训练飞行员，建设后备力量。8月和9月，虽然战机司令部处境艰难，但从未接近崩溃。随着战争进行，最后反倒是德国再也无法承受战机和飞行员的损失。8月20日，丘吉尔在下院讲了那句著名的话，“在人类战争中，从没有如此少的人对如此多的人做出如此大的贡献”，此时他有意掩盖一个事实——英国战机和飞行员的供应量正不断增加。

1940年9月初，德国的战术突变。他们对皇家空军的攻击大大减少，而德国轰炸机大队在大量“梅塞施密特”Me 109战斗机的护航下，转而攻击伦敦和其他城市的中心。经常有人把这种转变的原因归结于希特勒的报复，因为8月25—26日夜皇家空军对柏林进行了轰炸。实际上，这是德国

超级马林“喷火”战斗机成为英国空战的象征。如图，1940 年 7 月，以肯特郡比金山（Biggin Hill）为基地的 610 中队的 1A 型“喷火”战斗机在编队飞行。

空军少将基思·帕克爵士（1892—1975）

不列颠空战的关键人物之一，是在英格兰东南部指挥战机司令部第 11 防区（第 11 战斗机大队）的新西兰人基思 · 帕克空军少将。他作为炮兵军官参加了一战，在索姆河战役中负伤后加入英国皇家飞行队（Royal Flying Corps）。1918 年后，他成为英国皇家空军职业军官，1940 年受委派指挥第 11 防区。他的中队组织了敦刻尔克包围圈的空中防守，1940 年秋承受了德军空袭的主要压力。帕克是精明的战术家，他仔细研究德军行动，调整己方战术，给来袭敌机造成了最大损失。他的机动灵活和战术想象力成为赢得空战的关键。1942 年，他被任命为马耳他岛空军司令，组织了该岛的防空事务。他的最后职务是 1945 年东南亚盟军空军司令。

接到敌机接近报告时，英国皇家空军中队将紧急起飞进行拦截。图为战斗最紧张时刻，剑桥郡福尔米尔（Fowlmere）基地的皇家空军第 19 中队飞行员乘卡车赶往正在等待的飞机旁。

早就做出的决定，而做出决定的依据就是英国皇家空军战机司令部已被摧毁的假设。9 月 2 日，戈林下令进行第二阶段攻击，摧毁英国的军事和经济实力，在入侵前打击英国士气。希特勒 9 月 4 日发誓报复的讲话，只是个宣传的花招，其用意是要世人觉得德国对英国的轰炸似乎是由英国人引起的。德国战略重心的转变，正中英国皇家空军战机司令部的下怀。现在，英国能够在德国轰炸机大量接近伦敦和返航时攻击它们，而德国战斗机需要保护运行缓慢而脆弱的轰炸机，与英国战斗机格斗时难免缩手缩脚。空袭第一周，德国空军损失了 298 架飞机。仅 9 月 15 日一天，德军就损失了 60 架飞机，自此，这一天就被定为“不列颠空战日”。因为雷达网在空袭中幸存，所以英国人总能得到空袭预警。英国的战术目标是给来袭敌机造成最大损害。到 9 月末，德国指挥官明白，他们无法维持像目前水平一样的巨大损耗。英国战机司令部以 443 名飞行员、915 架飞机的代价，给德国空军造成 1733 架飞机的损失。作为英国军事史的传奇一瞬，这场战役与 1588 年战胜西班牙“无敌舰队”的战役一起被载入史册。

帝国元帅赫尔曼·戈林（1893—1946）

德国空军司令戈林是一战时的著名飞行员，在“红男爵”死后短暂指挥了著名的里希特霍芬（Richthofen）中队。20 世纪 20 年代早期，他成为希特勒纳粹党的狂热支持者及该党准军事组织冲锋队头子，直到希特勒 1923 年的流产政变后被迫逃亡国外。回国后，他于 1928 年担任纳粹党在德国国会的代表，成为希特勒的左膀右臂。1935 年，他被任命为新成立的空军总司令。1940 年，他向希特勒保证将在德国入侵英国前歼灭皇家空军。他的失败成为德国军队的第一个转折点，也导致他政治地位的衰落。1945 年，他作为战犯受审；1946 年 9 月 15 日，他在行将被处决的前夜自杀。

1940 年 9 月 26 日，一架超级马林 I 型“喷火”战斗机摄像头拍摄的一幅画面显示，它正在攻击一队亨克尔（Heinkel）He 111 轰炸机。这队轰炸机刚刚轰炸了南安普敦伍尔斯顿（Woolston）的超级马林飞机厂。

1940 年 9 月，剑桥郡达克斯福德（Duxford）皇家空军基地“G”区作战室内景。左起第三个话务员身后墙上可见以达克斯福德为基地的中队的呼号。最右边的是直接与战机联系的话务员。

东非战场

1940.8.5—1941.5.16

大事表

1940 年 9 月 13 日
意大利 5 个师入侵埃及，但被阻止在边境附近。
1940 年 10 月 28 日
意大利军队从阿尔巴尼亚入侵希腊。
1941 年 2 月 3—13 日
埃塞俄比亚北部克伦（Keren）发生第一次战役。
1941 年 2 月 11 日
英军从肯尼亚进攻意属东非。
1941 年 3 月 28 日
意大利海军在马塔潘角海战（Battle of Cape Matapan）中被打败。
1941 年 5 月 19 日
东非意大利军队投降。

1940 年 6 月 10 日意大利对英国宣战时，墨索里尼希望能够利用英国身陷欧洲战场的机会，吞并北非和东非的英国殖民地，建立一个大意大利帝国。1940 年 6 月，意大利在埃塞俄比亚有 32.6 万兵力（其中 20 万为东非士兵）、244 架过时的战机和 866 门大炮。与他们对峙的英联邦部队则是一支 4 万人的杂牌军，主要由招收的非洲士兵组成，还有以老旧战机为主的 100 架飞机。英意战争初期，意军占领了苏丹和肯尼亚边境的一些城镇，并有一支 2.5 万人的部队进入英属索马里。到 8 月 19 日，英联邦军队被迫撤至阿拉伯沿海的英属亚丁（Aden）。

这时，意大利军队的进攻暂停了。英

奥斯塔公爵（1898—1942）

作为意大利国王维克托·伊曼纽尔三世（Victor Emmanuel III）的堂侄，萨瓦阿梅迪奥·翁贝托（Amedeo Umberto of Savoy）亲王，第三任奥斯塔公爵（Duke of Aosta），自1937年起任意属东非总督、总司令，直到1941年意属东非被英联邦占领。他毕业于伊顿公学（Eton）和牛津大学，喜欢猎狐，说一口无可挑剔的带上层社会口音的英语。一战期间，他成为炮兵军官。20世纪20年代，他加入意大利空军，参加了对意大利殖民地利比亚的塞努西教派（Senussi）部落成员的镇压。他父亲是著名的一战将军，1931年，他在父亲去世后继承了奥斯塔公爵头衔，1937年掌管意大利的新埃塞俄比亚殖民地。他在东非的战争中负责指挥全部意大利军队，但意识到自己的作为很有限。他和一些部队撤到安巴阿拉吉（Amba Alagi）一座山地要塞，于1941年5月19日投降。1942年，他在肯尼亚的一所英国战俘营死于肺结核。

国指挥官获得了喘息的机会，从印度、尼日利亚、黄金海岸（加纳）和南非调来增援兵力。其中包括一支宝贵的南非战斗机中队，由最先进的“飓风”战斗机组成。到1940年年底，英国在苏丹有9万部队；而肯尼亚作为进攻意属东非的基地，艾伦·坎宁安（Alan Cunningham）将军在那里有7.7万人，包括6000名欧洲士兵，并有6个南非空军中队提供空中支援。1940年11月，英国已破译了意大利的密码，几乎能够立即了解意军的计划和部署。10月，威廉·斯利姆（William Slim）准将所部打响战斗，进攻苏丹城镇卡萨拉（Kassala）和加拉巴特（Gallabat），11月6日夺取加拉巴特。1941 年 1 月 19 日，在两个印度师和基甸部队（Gideon Force）的支援下，苏丹英军总司令威廉 · 普拉特（William Platt）中将对埃塞俄比亚北部发动全面进攻。基甸部队是一支由埃塞俄比亚抵抗战士组成的特别部队，领导人是奥德 · 温盖特（Orde Wingate）少校，他后来像斯利姆一样成为缅甸战场的著名人物。通过这场战争中最激烈的卡伦山地的战斗——意大利部队在那里坚守了 53 天——普拉特的军队突破防线，于 4 月 8 日抵达厄立特里亚沿海的马萨瓦（Massawa）。

在南线，坎宁安将军从肯尼亚发动两路进攻。一支以鼓动埃塞俄比亚人反叛意大利为目的的小股部队夺取了莫亚莱（Moyale）。2 月 11 日，英联邦部队主力沿非洲海岸线攻入意属索马里，虽然数量远少于对手，进攻却取得惊人的成功。2 月 25 日，尼日利亚第 23 旅占领摩加迪沙。占领这座港口后，东非第 11 师连通北上进入埃塞俄比亚的部队。至此，英国非洲殖民地各不同部分的军队汇在一起，形成一个整体力量。内陆城市哈勒尔于 3 月下旬被攻下；2 月 25 日，一支来自亚丁的部队经海上在沿海登陆，加入坎

1941 年 2 月 13 日，英国进军意属索马里期间的英王非洲步枪团（King's African Rifles）士兵。这场战争动员了东非和西非地区英国殖民地的非洲部队。

宁安的部队，于4月6日抵达埃塞俄比亚首都亚的斯亚贝巴；5月5日海尔·塞拉西（Haile Selassie）一世胜利进入首都，恢复了5年前失去的王位。到1941年11月，意大利在埃塞俄比亚山区的大量被围残部不得不渐次投降。意大利指挥官奥斯塔公爵撤到北部山城安巴阿拉吉一带，弹尽粮绝，增援无望，于5月19日投降。

英联邦取得惊人胜利。盟军以伤亡3100人的代价，俘虏了敌军42万人，击毙约1.2万人。意军遭受众多不利条件，不仅情报密码被破译，而且补给或增援也被强大的英国海军完全阻断。意大利的军械陈旧低效，许多炮弹甚至还是一战时留下的，没法引爆。在一片差不多有西欧面积大小的地区，意大利人只有6200辆车辆，以及少量燃油和5万头骡马。最重要的是，面对一个高度机动、拥有高效补给线和绝对制海制空权的对手，意军并没有足够的勇气应对这场战争。对英国指挥官来说，这里是必争之地，可以防止来自南方的对苏伊士运河地区的一切威胁，保证到达远东的漫长补给线不会受到任何东非敌方的威胁。

1940年7月20日，英国皇家空军5架维克斯“韦尔斯利”（Vickers Wellesley）轰炸机轰炸阿斯马拉（Asmara）的意大利基地，炸弹在机库和建筑物间炸开。

全副武装的埃塞俄比亚人扛着缴获的意大利武器，聚集在亚的斯亚贝巴聆听公告。公告宣布了 1941 年 5 月 5 日海尔 · 塞拉西一世重返首都的消息。

1940 年 8 月 9 日，意属阿拉伯骑兵占领英属索马里，不久后英联邦部队撤到亚丁。

艾伦·坎宁安将军（1887—1983）

与意大利的战争爆发时，坎宁安将军是东非殖民地肯尼亚的英联邦军队总司令。他是英国舰队司令安德鲁·坎宁安（Andrew Cunninham）海军上将的弟弟，因在不到8周时间的战斗中率部成功突进2300公里，长途奔袭突入索马里和埃塞俄比亚而名噪一时。在此期间，他以区区500人伤亡的代价，抓获5万俘虏。1941年8月，他被派到北非指挥新成立的第8集团军。但1941年11月“十字军行动”（Operation Crusader）后，艰难的战局和恶劣的健康状况导致他被解职，在二战剩下的日子里一直在国内指挥部任职。以色列1948年建国前的3年时间里，他担任驻巴勒斯坦总司令。

1941 年 9 月 28 日，埃塞俄比亚，被包围的意大利残部覆灭后，沃尔凯菲特（Wolchefit）山口的英王非洲步枪团士兵在收集意大利士兵交出的武器。而另有小股意大利士兵继续战斗到 11 月。

1941 年春，苏丹卡萨拉，进攻意大利占领的埃塞俄比亚期间，英国皇家空军 47 中队机组人员在茅屋外换上飞行服。

“海狮行动”

1940.7.16—9.19

大事表

1940 年 6 月 27 日
德国空军提议在英格兰着陆。
1940 年 7 月 16 日
希特勒签署“海狮行动”命令。
1940 年 8 月 9 日
英国守军撤出中国上海，部署到其他战线。
1940 年 9 月 13 日
意大利军队进入埃及。
1940 年 10 月 7 日
德军占领罗马尼亚，保护本国的石油利益。
1940 年 10 月 12 日
希特勒无限期推迟“海狮行动”。

法国战败，英军被逼退出欧洲大陆，这为希特勒带来了意想不到的机遇。德国领导人断定，英国人会识相地寻求终止一场无望取胜的战争。“我们离战争结束很近了。”1940 年 6 月 23 日，希特勒的宣传部长约瑟夫·戈培尔告诉下属。希特勒倾向于政治解决，认为入侵英国的想法“非常危险”，但到 7 月初他又决定对两种可能性都进行探讨。7 月 7 日，武装部队得到指示，开始为可能发起的入侵计划未雨绸缪。7 月 16 日，希特勒最终批准 16 号作战命令，即入侵英格兰东南沿海的“海狮行动”。这将是无法找到政治解决办法时的最后手段。7 月 19 日，希特

英国小说家弗吉尼亚·伍尔芙（Virginia Woolf）和丈夫伦纳德计划在德军登陆后用汽车尾气自杀。1941 年 3 月 28 日，弗吉尼亚在抑郁病发作期间自杀。

埃德蒙·艾恩赛德元帅（1880—1959）

威廉·埃德蒙·艾恩赛德（William Edmund Ironside）是个旧派士兵，参加了布尔战争（Boer War）以来英国军队涉及的每一场战争，包括1918—1919年俄国内战中，英国在阿尔汉格尔斯克进行的不成功干涉行动。20世纪30年代，他已临近退休，但在二战爆发时被选中，接替戈特担任英军总参谋长。在这个位子上，他试图对政府施压，促使其开始军事行动。1939年，他误判了波兰的实力，1940年又误判了德军的实力。他于5月27日法国战役高峰期间被替换。他被任命指挥本土部队，准备抵抗对英格兰的入侵，但其与丘吉尔的工作关系糟糕。就在他为改革本土部队、打退即将来临的入侵做大规模准备之际，他最终被要求退休。

1940年8月24日，怀特岛卡尔弗角炮台（Culver Point Battery），一次射击练习期间，皇家炮兵炮手奔向一门235毫米口径的大炮。

勒在德国国会抛出一项和平提议。这次讲话是对德国胜利的庆祝。希特勒还借此阐明，他将“作为征服者”讨论和平条款，并向英国保证他无意摧毁大英帝国。如果战争继续，希特勒总结说，它将是英国人的选择。

在英国，自5月下旬以来，一些政治圈子就在主张通过妥协达到和平的目的。但是，丘吉尔决意继续战斗，这个决定也最终成为英国的官方立场。希特勒的讲话几乎没人理睬，只博得英国外交大臣哈利法克斯伯爵7月22日的一篇简短驳斥。德国领导人觉得英国的立场令人费解，但7月23日，德国媒体得到政府正式通知，战争将继续。在希特勒大本营，“海狮行动”

现在成了一个需要认真考虑的选择，因为形势很快表明，切实的行动还有许多障碍。德国海军总司令雷德尔海军上将，是6月份最早向希特勒建议入侵英国的人。但与英国皇家空军和皇家海军进行较量，横渡英吉利海峡，这一危险行动令德国海军犹豫不决。因此，摧毁皇家空军成为当务之急，如果做不到，入侵英国就会过于冒险。

初定的登陆日期为9月15日，德国第9和第16集团军计划用6个师，从肯特郡海斯到苏塞克斯郡纽黑文和罗廷丁的广阔战线上发动进攻。陆军将在空军掩护下快速向内陆移动，抵达从格雷夫森德到朴次茅斯的预备战线，

1940年8月16日，利物浦布特尔（Bootle），南威尔士边防团（South Wales Borderers）的一支作战分队在训练演习。英国各地士兵都在积极准备应对德军的入侵威胁。

格尔德·冯·伦德施泰特元帅是计划入侵英格兰的西线总司令。他指挥了入侵波兰和法国的集团军群，后来在诺曼底抵抗盟军登陆。

并在占领伦敦后推进到埃塞克斯沿海和塞文河口间的第二条战线。从欧洲占领区各地征集的驳船和小艇聚集在法国、比利时和荷兰沿海，滩头攻击训练也在这个夏季紧张进行。皇家空军轰炸机指挥部持续不断攻击用于入侵英国的港口，让本已困难重重的大规模海上进攻的组织工作雪上加霜。因为在挪威的登陆战斗中德军虽然只遭到轻微抵抗，但在运输船只上却遭受了巨大损失。到8月30日，德军依然看不到皇家空军被打败的明显迹象，只得把入侵日期改成9月20日。在整个9月，英国一直在防备着德国入侵。9月7日，表示全面戒备的口令“克伦威尔”（Cromwell）被下达到所有部队。9月14—15日，这个周末被广泛看成德国最有可能入侵的日期，英国各部队进入沿海阵地时接到穿着靴子睡觉的命令。但德国的入侵没有如期而至，全面戒备被取消，9月22日再次恢复。直到10月下旬，“不可能入侵”的信号才传达到各个部队。

1940年9月，法国圣马洛（St. Malo）港，德国步兵和水兵在为“海狮行动”做准备。

德方对入侵风险的看法不一而足。失败不会是灾难性的，但将会是政治上的不幸。9 月 14 日的一次会议上，因为英军正全面戒备，皇家空军也没有被打败，希特勒宣称虽然准备就绪，但入侵英国过于冒险。他提议两天后重新评估 9 月 27 日或 10 月 8 日登陆的可能性，但形势依然没有改观。9 月 19 日，根据命令，准备工作的规模缩小，入侵船只从易受攻击的北海港口疏散。1940 年 10 月 12 日，希特勒最终命令取消“海狮行动”。对皇家海军的恐惧和在削弱英国皇家空军方面的失败，使德国入侵英国成为泡影。然而，希特勒命令继续空袭英国的城市，妄图吓倒英国政府。

英国皇家海军在斯卡帕湾

斯卡帕湾（Scapa Flow），位于苏格兰北部海岸外的奥克尼群岛（Orkney Islands）。这一荒凉的停泊港是皇家海军的大型基地，对德国的入侵计划构成了长期威胁。1939 年 10 月 14 日，一艘德国潜艇躲过防守，攻击了基地。英国战列舰“皇家橡树”号被击沉，833 人丧生。这次事件后，英国人采取措施，加强了基地安全，后来这样的攻击再未发生过。斯卡帕湾在德国轰炸机和俯冲轰炸机的有效攻击范围外，因此成为一个理想的舰队主力集结地。在将要遭到入侵的危急关头，皇家海军做好了大规模阻截的准备。这一事实促使雷德尔海军上将于 1940 年 9 月 14 日告诉希特勒，实施“海狮行动”的风险太高。

火车车厢里装满德国用于入侵英格兰的水雷。后来，它们被英国人侦察到，遭到皇家空军轰炸机的攻击。

1940 年，英国民防部队在一个高尔夫球场挖坦克陷阱。

英国皇家工兵部队 211 野战连工兵在约克郡某基地用啤酒瓶制作“莫洛托夫鸡尾酒”，准备在德军入侵时使用。

“海狮行动”登陆示意图

1940 年 9 月，德军拟定对英格兰南部登陆作战的行动地图。

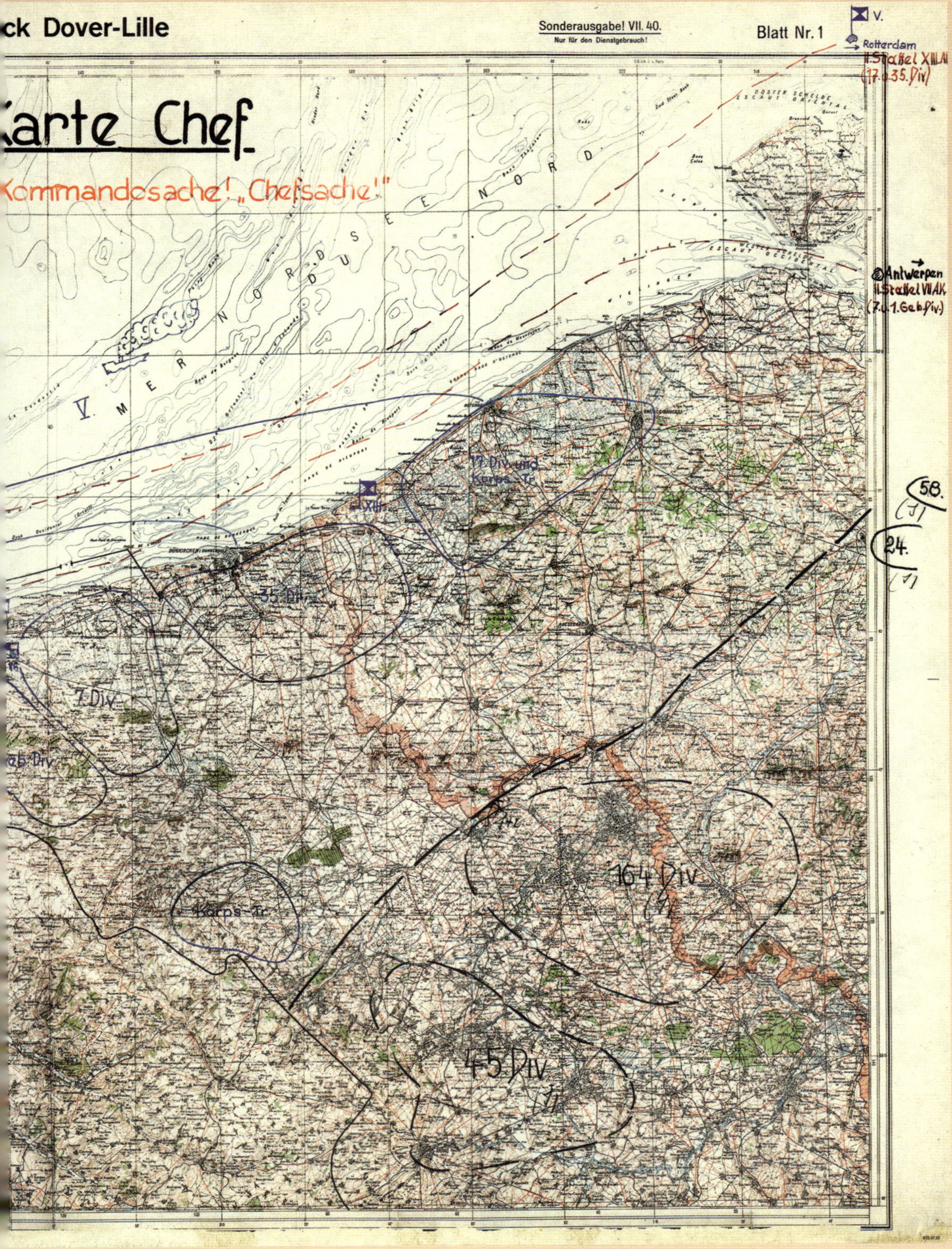

ck Dover-Lille
Sonderausgabe! VII. 40.
Nur für den Dienstgebrauch!
Blatt Nr. 1
V.
Rotterdam
II. Staffel XIII. A.
(17. u. 35. Div)
Karte Chef
Kommandosache! „Chefsache!"
MER NORD
NORDSEE
V.
Antwerpen
II. Staffel VII AK.
(7. u. 1. Geb. Div.)
17. Div. und Korps-Tr.
XIII
35. Div
7. Div.
26. Div
58.
24.
164 Div
Korps-Tr
45 Div

德国空袭英国

1940.9.7—1941.5.16

大事表

1940 年 8 月 22—23 日
第一波炸弹落在伦敦市中心。
1940 年 8 月 28 日
利物浦遭猛烈空袭。
1940 年 9 月 7 日
伦敦遭遇首次大型空袭。
1940 年 9 月 21 日
伦敦人获准躲入地下铁路交通网。
1940 年 11 月 16 日
皇家空军轰炸机袭击德国城市汉堡。
1940 年 12 月 29—30 日
德国轰炸机摧毁伦敦城大片地区。
1941 年 2 月 6 日
希特勒命令攻击英国港口。
1941 年 2 月 20 日
英德部队在沙漠战中发生首次冲突。
1941 年 5 月 10—11 日
最后一次大空袭造成伦敦 1400 人死亡。

1940 年 9 月 7 日，德国飞机突袭伦敦，拉开了猛烈轰炸英国城市的序幕。自 6 月以来，德军对英国港口和其他经济与军事设施的轰炸，一直断断续续进行着。7 月，258 名平民被杀死；8 月，又有 1075 个平民被轰炸致死。伦敦地区遭受的首次轰炸发生于 8 月 18—19 日，而伦敦市中心的轰炸则在 8 月 22—23 日夜间。利物浦面临的一次密集轰炸，发生在 8 月 28—29 日。但 9 月 7 日对伦敦的轰炸，是执行希特勒 9 月 5 日发布命令后的首次行动，该命令要求摧毁英国首都的工业、军事和物资供应系统。两天后，350 架德国轰炸机袭击了伦敦东部的码头，被英国称作“大空袭”（the Blitz，亦称“空中闪电战”。编者）。

德国人企图打击英国的战争能力，削弱英国人民的战争意志，但地面入侵计划于 9 月中旬中止后，空袭就承载了更直接的政治意图。德国领导人希望，通过对英国城市的空袭将迫使对方同意谈判，而根本不必要采取地面入侵行动。9 月 16 日，戈林命令开始着力实施第二阶段的城市轰炸。到 10 月 5 日，德军已发动了 35 次大型空袭，其中 18 次针对伦敦，全部于白天进行。然而，过大的损失迫使德国空军逐渐转向夜间轰炸。从 1940 年 10 月初—1941 年 5 月 16 日，在天气条件允许的情况下，德国战机袭击了英国众多大城市。德国空军小队被要求攻击特定目标，为此它们借助了一种名为“弯腿”（Knickebein）的无线电导航系统。这一系统很奏效，直到 1940 年 11—12 月间，英国科学家才找到干扰它的办法。空袭期间，德国还使用了被称作“X-Gerät”和“Y-Gerät”的导航系统，但它们也受到日益严重的干扰。

大空袭的目标主要在伦敦。1940 年 9 月 7 日—11 月 2 日间，伦敦遭到连续 57 天的大轰炸。随后，空袭转成常规性轰炸，直到次年 5 月 10 日。大空袭中最令人无法忘却的是 1940 年 12 月 29 日夜，136 架德国轰炸机摧毁了伦敦城大片地区。矗立在浓烟大火中的圣保罗大教堂的那张象征性照片，就摄于这一夜。大空袭还把目标对准了大部分英国港口和工业中心，从北爱

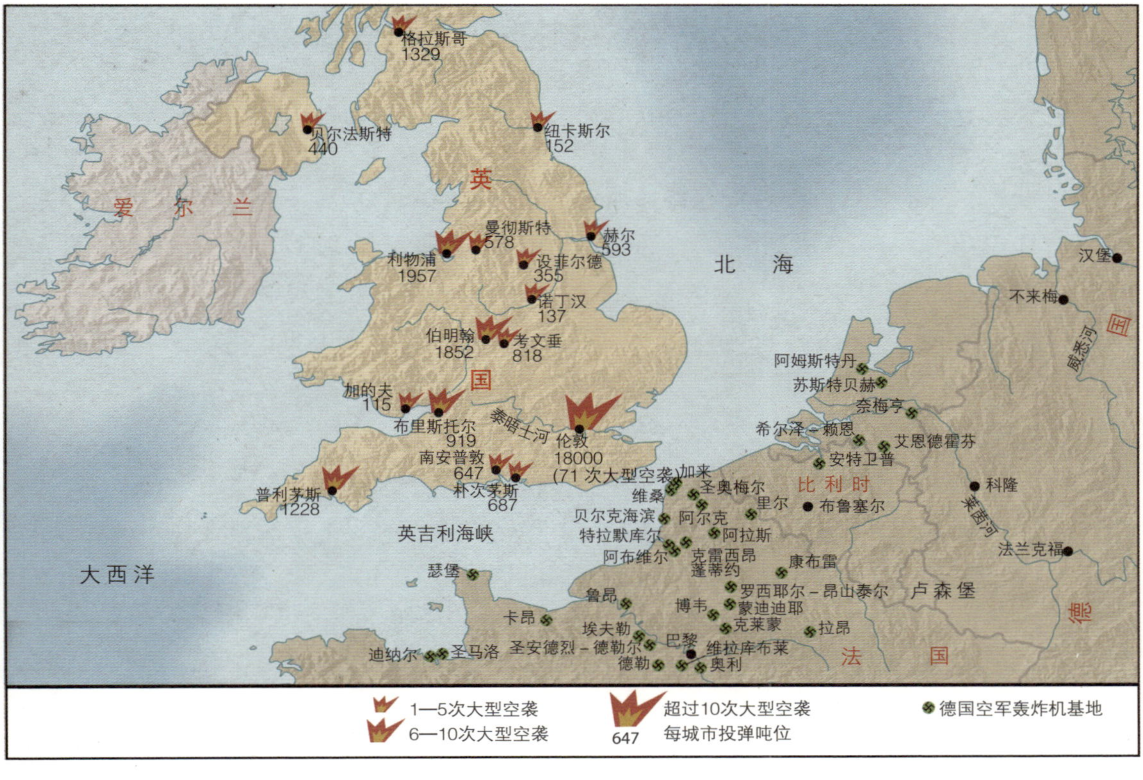

汉斯·耶顺内克将军（1899—1943）

汉斯·耶顺内克（Hans Jeschonnek）在一步步发展起来的德国空军内飞黄腾达，1939 年 2 月 1 日被戈林任命为空军参谋长。一战爆发时，15 岁的耶顺内克加入德国陆军，1917 年加入空军，升为中尉。随后他又回到陆军，1933 年 9 月加入还处于秘密重建状态的德国空军。1938 年 2 月，他成为作战部长，一年后任参谋长。他倾向于使用战术空军支援陆军。1940 年 9 月，不列颠空战失败后，他赞成对英国城市实施恐怖空袭。位于佩讷明德（Peenemünde）的火箭研究所遭到猛烈轰炸后，1943 年 8 月 18 日，奋力阻止敌方轰炸机的耶顺内克难以承受日益激烈的批评，在东普鲁士的希特勒司令部自杀。

尔兰的贝尔法斯特到苏格兰格拉斯哥，以及到南部的普利茅斯（1941 年 4 月 21 和 23 日受到猛烈轰炸）、南安普敦和朴次茅斯。最受谴责的是 1940 年 11 月 14—15 日夜对考文垂的轰炸，致使 554 人死亡。德国对伦敦的大规模轰炸投下的炸弹高达 18800 吨，对其他城市的投弹量也有 11800 吨。空袭致使 4.3 万人死亡，毁损上百万间房屋，但没有对英国经济或军事活动造成严重或长期损害。

英国的反应集中在主动和被动防御两方面。到 1941 年 5 月，英国有 16 个夜间战斗机中队，随着战争的磨炼增多，它们的攻击越来越有效，但因无精密侦测设备，很难确定敌方轰炸机的位置。1940 年夏，英国有 1785 门轻重高射炮，超过 4500 支探照灯，但它们的效果也很有限。大空袭期间，德国战机的损失主要归于恶劣天气下长途飞行造成的事故。被动防御

弗雷德里克·派尔将军（1884—1976）

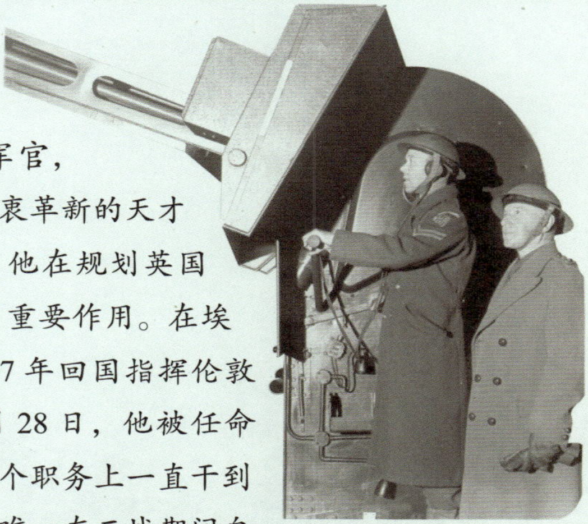

1944 年，派尔爵士（右）在西南沿海观察英国“火箭炮”（rocket gun）的发射。

弗雷德里克·派尔（Frederick Pile）爵士在一战中是一名职业炮兵军官，军衔升至少校。他是个热衷革新的天才组织者。1928—1932 年，他在规划英国军队的现代化方面发挥了重要作用。在埃及短暂服役后，他于 1937 年回国指挥伦敦第 1 防空师。1939 年 7 月 28 日，他被任命为防空司令部司令，在这个职务上一直干到战争结束，成为英国陆军唯一在二战期间自始至终保持一个职务的高级军官。他重组了英国防空力量，扩充了火炮和弹药供应，在男性劳力短缺时招收了 7.4 万名妇女进入防空部队。战后，他开始从商。

则主要靠空袭预防机构的全国 200 多万名志愿者，具体措施包括疏散人员和分发毒气面具。到 1940 年，约 250 万个简易的“安德森防空掩体”——以负责民防措施的约翰·安德森（John Anderson）爵士的名字命名——被建成并分配给各家各户。每个城市都建设了深层水泥地堡，或改造了地窖和地下设施。虽然如此，但平民伤亡率依然很高。在遭到猛烈轰炸的许多城市，人们纷纷逃离危险地区，也有士气低落和犯罪率上升的苗头出现。政府做出许多让步，包括使用部分伦敦地铁网作为临时防空掩体。整体而言，民众的士气随着空袭而持续高涨，到 1941 年 5 月，英国人继续抗战的决心不仅没有削弱，反而变得更强大。

1940 年，密集轰炸后的利物浦城市景象。照片左边可看到默西河（Mersey），中间远处的是皇家利物大厦（Liver Building）。

EWK
240

1940年11月14—15日夜，考文垂遭到猛烈轰炸。如图，一辆被炸毁的公共汽车立在废墟中。该市成为大空袭受害者的代表，战后与1945年2月被摧毁的德国城市德累斯顿结成姊妹城市。

1940 年 10 月 8 日，伦敦市民躲在奥德乌奇（Aldwych）地铁站，这是用作地下深层掩体的 79 座地铁站之一。大轰炸期间，有几座地铁站被击中，造成巨大伤亡。

伦敦消防队在伦敦城东市场路（Eastcheap）灭火。到 1940 年末，已有约 2 万枚燃烧弹投在英国首都。

三国同盟

1940.9.27

大事表

1940年9月22日
日军开始攻占中南半岛北部。
1940年9月25日
美国情报机构破译日本“紫色”外交密码。
1940年9月29日
卢森堡并入大德意志帝国。
1940年11月5日
罗斯福史无前例地第三次当选美国总统。
1940年11月23日
罗马尼亚签署《三国同盟条约》
1940年11月25日
日本和德国签署《反共产国际协定》。
1941年1月7日
日本筹划攻击英美的“Z行动”。
1941年3月1日
保加利亚加入“三国同盟”。
1941年6月15日
克罗地亚正式加入“三国同盟”。

1939年战争爆发前，德国、日本和意大利通过《反共产国际协定》联合起来。该协定由日本和德国于1936年11月先签署，一年后意大利也加入了。他们不仅都对共产主义怀有仇恨，还互相承诺以对他们有利的方式改变现有国际体系。1939年8月的《苏德互不侵犯条约》使三国关系高度紧张，但时隔一年，在意大利于1940年6月10日对同盟国宣战后，三国又达成一项新协议并确立了“轴心国”关系，以共同目标把三个国家联在一起。协议在东京谈判，于1940年9月27日在柏林签署，是谓《三国同盟条约》。该条约确认欧洲是德国和意大利建立“新秩序”的势力范围，日本则放手在东亚建立“新秩序”。三国承诺在一国受到非交战国的第三方攻击时互相协助。加进这一条款是作为对美国的威胁，而非为适用于与苏联的关系。日本希望能够以此作为与美国谈判的筹码，但该条款仅仅证实了西方的一个观点，即这三个国家居心叵测地意图改变世界秩序。

米克洛什·霍尔蒂·德纳吉巴纳海军上将（1868—1957）

一战期间，霍尔蒂·德纳吉巴纳（Miklós Horthy de Nagybána）是奥匈帝国海军上将。1919年，他领导匈牙利和罗马尼亚部队推翻了短暂存在的贝拉·库恩（Bela Kun）的匈牙利共产主义政权。1920年1月，霍尔蒂自称匈牙利"摄政王"，取代流亡的哈布斯堡王室，在匈牙利施行独裁统治，直到1944年10月17日被德军干涉推翻，囚禁在德国。霍尔蒂从未真正热心与希特勒开展紧密合作，但1940年，他出于对共产主义的恐惧选择与德国联盟。

这一条约意在达成更紧密的合作，三国也做出一些努力，将稀缺原料从亚洲送到欧洲，再把军事装备和工业产品运回日本。事实证明这是一项艰难的贸易，因为在日本和欧洲间运输军事货物的所谓"柳树行动"需要经过漫长而危险的航程。日本希望得到德国先进的科技秘密，但其中一些最重要的技术如将煤转化成燃油的工艺，只在战争最后几个月才交给日本。三国间几乎没有军事或战略合作，也没有像西方联合参谋部那样的高级别参谋委员会。希特勒满足于允许墨索里尼在地中海和非洲扩张及日本在远东牵制英美，但在大部分主要战略或军事决定中，三国各行其是。

在其后几个月里，条约扩张到包括了德国在欧洲的盟友。匈牙利于1940年加入，已通过贸易和军事协议与德国绑在一起的罗马尼亚和斯洛伐克也分别于11月23和24日加入。德国谈判者还保留了苏联作为欧洲修正主义国家之一加入条约的可能性。1940年11月12日，莫洛托夫访问柏林时，双方心不在焉地讨论了苏联对继续合作的要价。当莫洛托夫指出，苏方寻求控制土耳其海峡和保加利亚的军事基地，以及可能的在伊朗行动的

1940年7月27日，在东京的一次招待会上，日本、德国和意大利外交官为《三国同盟条约》的签署祝酒。中为坚定支持该条约的陆军大臣东条英机。

《三国同盟条约》签署仪式期间的一次非正式讨论。从左往右是日本大使来栖三郎（Saburo Kurusu），意大利外长加莱亚佐·齐亚诺（Galeazzo Ciano）伯爵，德国外长约阿西姆·冯·里宾特洛甫和不久将成为西班牙外长的塞拉诺·苏涅尔（Serrano Suner）。

自由，德方没有表态。莫洛托夫回到莫斯科。不久后，希特勒确定了他已经成型的计划，准备于 1941 年晚春入侵苏联。希特勒认识到，对世界的三方分割不可能轻易把苏联容纳进来。保加利亚担心遭到苏联的威胁，也于 1941 年 3 月 1 日加入条约。南斯拉夫和罗马尼亚一样与德国有贸易条约联系，最终于同年 3 月 25 日签署加入，但两天后，摄政王保罗被军队推翻，年轻的彼得二世登上王位。

1941 年，建设欧洲和亚洲“新秩序”的实践真正开始。是年 6 月，德国及其盟友入侵苏联；12 月，日本决定与美国开战。虽然日本率先攻击了美国，不是受侵略一方，但德国和意大利都在日本发动攻击后向美国宣战。三国把赌注押在己方的胜利上：日本将促使美国远离欧洲；德国拖住苏联，不让它干涉日本；三国则全部开辟新殖民地，重绘世界政治版图。

1940 年 9 月 27 日，《三国同盟条约》在柏林正式签署，希特勒、齐亚诺和来栖三郎聚坐一起。条约确定了后来战时轴心国的同盟关系。

1940 年 11 月 24 日，日军正途经越南北部港口城市海防（Haiphong)。维希法国当局被迫同意日军驻扎在这个法国殖民地，部署在中国云南至越南海防铁路沿线。这条铁路是与日军作战的中国军队的补给线。

大岛浩（1886—1975）

大岛浩是日本陆军军官，后成为与德国有密切联系的外交官。他在1936年协助进行了《反共产国际协定》的谈判，是1938—1939和1941—1945年间的日本驻柏林大使。他还在1940年达成《三国同盟条约》的过程中发挥了重要作用。他发回东京的外交信息被同盟国情报机构拦截，成为解读德国政策非常有用的信息来源。战后，他在远东国际军事法庭受审，被判终身监禁，但于1955年获释。

希特勒和墨索里尼的峰会确立了德国和意大利的同盟关系。图为 1940 年 10 月，在布伦纳山口（Brenner Pass）的一次会议上，希特勒正与墨索里尼和齐亚诺坐在一起。墨索里尼没有告诉盟友他要入侵希腊。

1940 年 10 月 6 日，罗马尼亚法西斯“铁卫团”（Iron Guard）列队通过布加勒斯特，接受罗马尼亚总理扬·安东内斯库（Ion Antonescu）的检阅。11 月 23 日，罗马尼亚加入《三国同盟条约》，后与德国一起入侵苏联。

地中海海战

1940.6—1941.3

大事表

1940年7月9日
英国战列舰“厌战”号击伤意大利战列舰“朱利奥·恺撒”号。
1940年9月13日
意大利军队入侵埃及。
1940年10月28日
意大利陆军从阿尔巴尼亚入侵希腊。
1940年11月11日
英国战机摧毁在塔兰托港的意大利军舰。
1940年11月20日
希特勒在地中海向墨索里尼提供空军支援。
1941年3月30日
马塔潘角海战后，坎宁安的舰队毫发无损地返回亚历山大港。

1940年6月，地中海战役打响时，意大利海军和英国皇家海军的力量对比对意大利极为有利。意大利需要维持对地中海的控制，以便将补给和军事资源运输到它的北非殖民地，那里将作为攻击苏伊士运河的起点。皇家海军需要切断意大利补给线，同时让自己的补给线保持畅通。英国的补给线从西方的直布罗陀，经马耳他和塞浦路斯，直到亚历山大海军基地和东方的苏伊士运河。

英国皇家海军地中海舰队总司令，海军上将安德鲁·坎宁安爵士。他是代理海军上将，直到塔兰托海战后获得正式军衔。

潜艇和飞机的使用极大地影响了水面舰艇的效率。战争期间，潜艇和飞机可以给海军舰艇和商船造成巨大损失。在地中海，传统的重型舰队常年暴露在危险中，除非它们能够得到

米尔斯克比尔海军基地

1940年6月法国战败后，实力强大的法国舰队的最终命运令英国人寝食难安，他们不希望法国军舰落入德国或意大利之手。根据法德停火协议，法国舰队将在双方的监督下解除武装。但是，有一些法国舰艇仍然停在英国水域。于是，英国先发制人，以排除维希法国将其军舰交给轴心国的任何可能性。1940年7月3日，在英国港口的所有法国军舰都被缴获。同时，詹姆斯·萨默维尔（James Somerville）海军上将指挥的皇家海军H部队前往米尔斯克比尔（Mers-el-Kébir）的法国海军基地，与法国指挥官谈判，要求对驻扎在那里的法国海军，或摧毁，或移交，或解除武装。当英国人的要求被拒绝时，萨默维尔开炮摧毁了战列舰"布列塔尼"号（*Bretagne*），并毁坏了大量其他舰只。维希法国中断了与英国的外交关系，对直布罗陀发动短暂的报复攻击，但法国舰队的威胁实际上已被消除。

有效的空中掩护。在英国舰队1940年11月和1941年3月的两次行动中，这样的教训极其深刻。两次行动有效消除了意大利大型水面舰队的威胁。在代号“审判”的第一次行动中，皇家海军飞机攻击了意大利半岛南部沿海的塔兰托大型海军基地。这次行动是地中海舰队航母指挥官拉姆利·利斯特（Lumley Lyster）少将策划的。1938年，当他还在地中海担任海军上校时，就准备了这类攻击的应急预案。1940年9月，他随英国航母“光辉”号（*Illustrious*）抵达亚历山大。舰队司令安德鲁·坎宁安海军上将对这份重新启动的计划响应热烈。计划一开始定于特拉法尔加海战纪念日——10月21日实施，但因为航母失火，推迟到11月11日。在此期间，墨索里尼向希腊开战，让英国的攻击显得更为迫切。

在两艘可用航母中，因为“飞鹰”号（*Eagle*）被炸坏，只有“光辉”号参加了行动。攻击由菲尔利“剑鱼”（*Fairey Swordfish*）鱼雷轰炸机实施。这是一种老式开放座舱的双翼飞机，但在防空力量

意大利最强大的战列舰“维托里奥·威尼托”号在马塔潘角海战中扮演了重要角色。

菲尔利“剑鱼”1型鱼雷轰炸机在苏格兰克雷尔（Crail）进行飞行训练。在不具备有效空中掩护的地方，这种慢速双翼飞机是一种有效的打击力量。

不足的地方非常有效。12 架和 9 架的两批飞机先后被派出，每次先有两架飞机按指示投下燃烧弹照亮攻击区域后，再一起集中攻击港口设施。由于准确的侦察情报预先给予警告，轰炸机成功避过了阻塞气球和防护网。英国的两波攻击以只损失两架飞机的代价，重创了 3 艘战列舰。意大利海军只得立即命令所有单位撤到西部沿海港口，那里距离作战地点更远也更安全。大型新战列舰“维托里奥 · 威尼托”号（*Vittorio Veneto*）躲过一劫，但在 4 个月后，即 1941 年 3 月英军对意大利舰队的第二次行动中受损。

地中海战役的第二次交火，被称作马塔潘角海战，是希腊战争的直接结

皇家海军“光辉”号航母在地中海。上图显示航母正受到德国空军的攻击。德国空军 1941 年在地中海的部署导致英国商船的损失大增。

果。在德国催促要切断英国的补给和增援的压力下，不情愿的意大利海军统帅部计划以“维托里奥·威尼托”号战列舰为主力，突袭并摧毁一支驶往希腊的英国护航船队。但英国皇家海军破译了意大利的密码，事先得到意大利行动的情报。所以，英国船队暂停了护航，与一支由航母和战列舰组成的混合舰队一起扑向意大利海军。战役再次凸现了海上空中力量的重要性。在“金枪鱼”（*Albacore*）鱼雷轰炸机的第二波攻击中，“维托里奥·威尼托”号被一枚鱼雷击中，但得以艰难地航行到安全水域。由于情况不明，坎宁安上将不愿派战列舰与空军协同追击，英军没能给意大利海军造成更大的损失。虽然如此，意大利“波拉”号（*Pola*）巡洋舰和大量小型舰艇被击沉，拦截英国船队的行动失败。意大利舰队自此再也无法寻求舰队决战，对英国皇家海军的战斗只能完全依靠战机和潜艇。这是一个令日本海军印象深刻的教训。对塔兰托海军基地的这次袭击，成为后来对珍珠港的致命攻击的一场预演。

1940 年 11 月 12 日，英国海军航空兵舰队攻击塔兰托海军基地后的上午，一幅空中侦察照片显示了港内军舰受损的情况。

肖特“桑德兰”1 型（Short Sunderland Mk 1）水上飞机。1941 年 3 月 27—28 日，从希腊斯加拉马加斯（Scaramanga）出发的航行中，正是这种飞机发现了意大利舰队，这才有了马塔潘角海战。

“罗盘行动”：意大利在北非的失败

1940.12.7—1941.2.9

大事表

1940 年 9 月 23—25 日
英国海军试图夺取达喀尔。
1941 年 1 月 6 日
罗斯福向国会宣布了他的《租借法案》。
1941 年 1 月 19 日
希特勒同意向驻守在利比亚的意大利军队派遣空军。
1941 年 1 月 19—20 日
英国开始东非攻势。
1941 年 1 月 22 日
英联邦军队占领图卜鲁格。
1941 年 2 月 7 日
班加西陷落。
1941 年 3 月 28 日
意大利舰队在马塔潘角海战中落败。

当英国和意大利的战争于 1940 年 6 月 10 日爆发时，意大利在殖民地利比亚的 23.6 万大军很可能会威胁英国在埃及的地位。根据 1936 年英埃两国签署的条约，英国在埃及部署了陆海空部队。控制苏伊士运河是意大利的最终目标，如果实现，通向东非被困意大利军队的补给线将会贯通。但直到 9 月 13 日，墨索里尼才下令意大利军队进攻。马里奥·贝尔蒂（Mario Berti）将军带领的意大利第 10 集团军 5 个师，人数远远多于理查德·奥康纳（Richard O’Connor）少将指挥的英国防守埃及的两个装备不良的机动师。意大利军队向埃及境内推进了 95 公里后，就开始沿西迪拜拉尼（Sidi Barrani）等海滨一线构筑工事。

意军未能向埃及更深入推进，使得英联邦军队有时间巩固阵地，并获得从英国运来的“马蒂尔达”（Matilda）坦克和其他补充装备。奥康纳得到中东总司令阿奇博尔德·韦弗尔（Archibald Wavell）将军的许可，发动了一次冒险的大规模攻击——代号“罗盘行动”——试图逼迫意大利后撤防线。12

月 8 日，印度第 4 师悄悄越过守备松散的意大利防线，而第 7 装甲师则绕过意军防线，从其背后发动进攻。意军大败，超过 3.8 万人被俘。此次攻击的快速成功鼓舞奥康纳继续进军，进入利比亚东部省份昔兰尼加。澳大利亚第 6 师沿海岸线追击意军，第 7 装甲师再次向图卜鲁格港大幅度迂回。经过一番苦战，英联邦军队于 1941 年 1 月 4 日夺取利比亚港口拜尔迪耶（Bardia），22 日占领图卜鲁格，还缴获了敌军的一个重要补给基地。

格拉齐亚尼（Rodolfo Graziani）元帅指挥的意大利军队撤退到利比亚西部，准备防守的黎波里塔尼亚（Tripolitania）。第一批德军也增援到这里，帮助意军一起抵抗。英联邦军队继续快速推进，到 2 月初几乎已占领昔兰尼加全境。英军第 7 装甲师穿越沙漠长途行军，于 2 月 5 日到达苏尔特湾附近的贝达富姆（Beda Fomm），仅比撤退的意大利军队早半小时，成功切断了他们的逃跑路线。经过短暂交火，意大利军队于 2 月 7 日投降。英联邦军队继续向阿盖拉（El Agheila）挺进，到达那里后停止了进攻。因为英国需要分兵增援巴尔干战场，阻止轴心国对希腊的攻击，所以只在北非留下一支小部队。但是，北非一役中，约 3 万盟军以英联邦只伤亡 2000 人的代价，打垮了一支 8 倍于己的敌军。超过 13 万意大利人被俘，逃回的黎波里塔尼亚的部队也丢盔弃甲，需要进行大规模重新装备。半年时间里，意大利帝国在非洲连续遭遇惨败，元气再也没有恢复过。

1941 年 1 月 24 日，英联邦军队占领图卜鲁格两天后，港口设施正在燃烧。最前面的是意大利坦克，白色的袋鼠符号表明它们是澳大利亚部队缴获的。

1941 年 1 月 4 日，进攻拜尔迪耶期间，中东总司令阿奇博尔德·韦弗尔爵士（右）与利比亚沙漠部队（Western Desert Forces）指挥官理查德·奥康纳少将在商议问题。

远距离沙漠突击组

1940 年 6 月，意大利在北非的战争开始时，远距离沙漠突击组（LRDG）由拉尔夫·巴格诺尔德（Ralph Bagnold）上尉组建。他们乘坐特别改装的卡车，渗透到轴心国战线后方搜集情报，破坏敌军补给线和机场。突击组一开始由新西兰人组成，后来又有英国和罗德西亚（Rhodesian）志愿者加入。它也参与了敌后特种部队（相当于营级单位，由丘吉尔于 1940 年夏支持成立，后称突击队）的行动，是这种大规模敌后运动的一部分。除突击组外，中东地区还组建了三支突击队和一支登陆别动队（Special Boat Section），全部从事各种形式的非传统和隐蔽作战。1943 年 9 月，突击组转战多德卡尼斯群岛（Dodecanese Islands），损失惨重，后转移到意大利战场。

1941 年 1 月 6 日，进攻拜尔迪耶期间，英军俘虏的一队意大利战俘正走向一处陆军基地。这次行动期间有超过 4 万人被俘。

在埃及塞卢姆（Sollum）附近的一个着落场，澳大利亚皇家空军的“角斗士”（Gloster Gladiator）战斗机正飞越一座移动作战室。“罗盘行动”期间，英军使用了这样的移动作战室。

鲁道夫·格拉齐亚尼元帅（1882—1955）

鲁道夫·格拉齐亚尼开始军事生涯时，是在意大利东非殖民地厄立特里亚服役。1912 年意大利—土耳其战争时，他还是个年轻军官。他在一战中多次负伤，因为作战英勇获得勋章，1918 年成为意大利陆军最年轻的上校。20 世纪 20 年代，他在平定利比亚叛乱期间指挥意大利军队，这一事件致使成千上万塞努西俘虏死于意大利集中营。入侵埃塞俄比亚时，他指挥驻索马里的意大利军队，1936—1937 年被任命为埃塞俄比亚第一任总督。1937 年 2 月 19 日，他躲过一次刺杀，随后实施了残酷镇压。1940 年 6 月伊塔洛·巴尔博死后，他指挥驻利比亚意大利军队。他不愿用一支极其落后的部队与英国人作战，在“罗盘行动”中被打败，之后辞职。1943 年 9 月意大利政府倒台后，他依然忠于墨索里尼，是 1944—1945 年墨索里尼“社会共和国”的国防部长。他 1945 年被捕，1948 年受审，因为与德国人合作，被判 19 年徒刑，但只坐了几个月牢就获释了。

1941 年 1 月 6 日，沿利比亚沿海快速推进期间，澳大利亚第 7 师向拜尔迪耶进军。

1940 年 12 月 19 日，在居民疑惑地注视下，英联邦部队进入利比亚小镇班加西。

德国入侵南斯拉夫和希腊

1941.4.6—27

大事表

1940 年 10 月 28 日
意大利以希腊侵略为借口入侵希腊。
1941 年 1 月 29 日
希腊首相梅塔克萨斯（Ioannis Metaxas）去世。
1941 年 3 月 27 日
希特勒决定入侵南斯拉夫。
1941 年 4 月 10 日
隆美尔开始围攻在图卜鲁格的盟军。
1941 年 4 月 13 日
《苏日互不侵犯条约》签署。
1941 年 4 月 18 日
南斯拉夫在贝尔格莱德签署投降书。
1941 年 4 月 23 日
希腊国王和政府撤到克里特岛。

二战初期，巴尔干地区还无关痛痒，但苏联不惜损害罗马尼亚和保加利亚的利益，扩大自己影响力的兴趣不断增长，迫使希特勒不得不加强德国在该地区的政治和军事存在。匈牙利和罗马尼亚于 1940 年 11 月加入《三国同盟条约》。1940 年 9 月起，德军进驻罗马尼亚，保护普洛耶什蒂（Ploesti）油田对德国的石油供应，而对保加利亚和南斯拉夫则施加外交压力，确保他们留在轴心国的势力范围之内。异想天开的墨索里尼决定用入侵希腊的胜利“回馈”他的独裁伙伴。他没有告诉任何轴心国同伙自己的意图，便无端对希腊发动入侵。10 月 28 日，意大利

隶属英国空军特勤队（Special Air Service [SAS]）的希腊神圣中队（Greek Sacred Squadron）徽章。该中队于 1942 年成立，任务是对德占希腊发动袭击。

部队越过阿尔巴尼亚与希腊的边境，投入 6 个师对希腊的 4 个师发动进攻。在英国空军的支援下，希腊军队英勇抵抗。1940 年 12 月，他们驱赶意大利军队在阿尔巴尼亚境内后退了 80 公里，到 1941 年年 1 月初控制了阿尔巴尼亚南部大部分地区。

对正在准备 1941 年晚春入侵苏联的希特勒而言，意大利的危机是一段不受欢迎的插曲。1940 年 11 月 4 日，他命令德国军队为入侵希腊的“马里他行动”（Operation Marita）做好准备。保加利亚同意德军过境，而迫于压力，南斯拉夫最终于 1941 年 3 月 25 日同意加入《三国同盟条约》。2 月 23 日，希腊与英国约定，由一支英联邦远征军帮助希腊抵抗意大利的进攻。自 1940 年 10 月以来，英国就已在希腊的克里特岛和利姆诺斯岛（Lemnos）驻军。1941 年 3 月 7 日，主要由来自澳大利亚和新西兰的英联邦军队组成的 W 部队到达希腊。在英国的帮助下，希腊人再次挡住了意大利 28 个师于 3

威廉·李斯特元帅（1880—1971）

威廉·李斯特（Wilhelm List），是希特勒的新德国陆军中最成功的指挥官之一。吞并奥地利后，他指挥德国驻奥部队，1939 年 4 月升为上将。波兰战役期间，他指挥德国的第 14 集团军；入侵法国时指挥第 12 集团军；1940 年 7 月获得封赏，升为元帅。1941 年 4 月，他的第 12 集团军占领南斯拉夫和希腊，开始担任东南方面军总司令，直到 1941 年 10 月。在此期间，他批准了为每一名被杀的德国士兵杀害 100 个人质的命令。他后来调到东线，指挥了 1942 年夏对高加索地区的进攻。高加索的失败导致他于 1942 年被撤职，从军中退休。因指挥德军在巴尔干地区犯下的罪行，1948 年，他作为战犯受审，被判终身监禁，但只坐了 4 年牢。

扬尼斯·梅塔克萨斯将军（1871—1941）

1936 年 4 月，经过长期的共和统治后，刚刚结束流亡回到国内的希腊国王乔治二世（George II）选择梅塔克萨斯将军为首相。一战中，梅塔克萨斯是成功的参谋军官；20 世纪 20 年代转向政坛，领导一个反对议会统治的希腊民族主义小政党。面临 1936 年夏末的总罢工，梅塔克萨斯宣布戒严法令，终止议会，于 8 月 4 日开始所谓“第三次希腊文明”（Third Hellenic Civilization）的独裁统治。虽然他效仿法西斯主义的做法，但在战争爆发后，他决定让希腊保持中立，同情英国的反法西斯路线。1940 年 10 月 28 日，墨索里尼发出最后通牒，被梅塔克萨斯拒绝。战后，希腊宣布这一天为国家节日，“说‘不’纪念日”（Okhi Day）。梅塔克萨斯死于 1941 年 1 月，但他在活着时看到了希腊军队羞辱意大利军队。

月 9 日发动的新一轮攻势。“超级情报”（ULTRA）破译了德国使用“恩尼格玛”密码机发送的信息，警告英国人来自德国的新威胁。但希腊人没有遵照英国指挥官的要求，将驻守在保加利亚北部边境的部队撤到一个更利于防守的位置。就在德军向前推进，开始进攻希腊之际，贝尔格莱德的一次政变产生了新的南斯拉夫政府，新政府废除了与德国签署的三国盟约。希特勒命令扩大行动，同时进攻南斯拉夫和希腊。4 月 6 日，德军对贝尔格莱德发动了一场毁灭性空袭，杀死 1.7 万人，而李斯特元帅的第 12 集团军则进攻希腊和南斯拉夫南部。

虽然南斯拉夫战役是在极短时间内草草准备的，但取得了巨大胜利。4 月 8 日和 10 日，德国、匈牙利和意大利三国军队进攻南斯拉夫北部和中部，4 月 12 日就进抵贝尔格莱德。4 月 18 日，继克罗地亚部队兵变后，南斯拉夫投降，其超百万大军击毙的德军只有区区 151 人。南斯拉夫的迅速失败决定了希腊的命运。德军一部从南斯拉夫南部，另一部越过希腊与保加利亚边境的“梅塔克萨斯防线”，倾泻而出。希腊和英联邦部队顽强抵抗，但两支力量被分割。虽然英国皇家空军向希腊派出大量战机，但远不是德国空军的对手，很快，后备军力有限的英国中东司令部就损失了 209 架飞机。4 月 23 日，索拉科鲁（Tsolakoglu）将军签署了希腊的投降书。与此同时，在皇家海军的协助下，英联邦和希腊的 5 万军队从希腊南部沿海撤出，一部到达克里特岛，一部到达埃及。这是不到一年时间内，英军第二次在德军进攻下被迫放弃欧洲大陆。对希特勒而言，这段插曲为他入侵苏联巩固了右翼，保护了罗马尼亚的石油供应，羞辱了他的意大利盟友和英国敌人。

巴尼亚卢卡市（Banya Luka）一支新成立的克罗地亚民兵分队，在招收法西斯主义的乌斯塔沙（Ustaša）运动的人员。1941 年 4 月 19 日，希特勒同意克罗地亚可以在乌斯塔沙的统治下独立。

希特勒迎接来到贝希特斯加登的南斯拉夫首相西莫维奇。在 1941 年 2 月的会谈中，德国元首希望南斯拉夫支持德国在巴尔干地区的军事行动，南斯拉夫签署了《三国同盟条约》。

由于两名德国人被杀，德国士兵在潘切沃（Pancevo）处死了 18 名南斯拉夫人。杀害塞尔维亚平民为当年晚些时候在苏联实施暴行开了先河。

中东新西兰远征军司令伯纳德·弗赖伯格（Bernard Freyberg）少将指挥在希腊的 W 部队。因为身材魁梧，人们亲切地称他“小巨人”（Tiny）；他以面对枪林弹雨毫无惧色而出名。

1941 年，意大利部队正与希腊军队交火。虽然意大利企图快速取胜，但却不敌抵抗坚决的希腊军队。

1941年4月，德军在快速占领南斯拉夫期间进入一个塞尔维亚村庄。后来，塞尔维亚游击队在该国山区根据地组织了大规模的抵抗。

德国占领克里特岛

1941.5.20—6.3

大事表

1941 年 4 月 27 日
德军占领希腊雅典。
1941 年 4 月 30 日
英军撤离伯罗奔尼撒半岛。
1941 年 5 月 2 日
亲轴心国的伊拉克政府要求获得军事援助。
1941 年 5 月 10 日
鲁道夫 · 赫斯（Rudolf Hess）飞往英国执行“和平使命”。
1941 年 5 月 20 日
德国空降兵在克里特岛登陆。
1941 年 5 月 31 日
斯图登特将军命令“杀鸡儆猴”，打击游击队。
1941 年 6 月 2 日
希特勒把他入侵苏联的计划告诉了墨索里尼。

英军被逐出希腊大陆后，希特勒急于占领希腊的克里特岛，结束巴尔干战事，否则该岛将成为空袭德军侧翼和罗马尼亚石油目标的潜在基地。他命令德军迅速占领这一岛屿，于是“水星行动”的准备工作以极快的速度完成。该行动的重点是，在德国空军的重重掩护下，快速部署了精英空降部队第 11 航空军。5 月 20 日，英联邦部队被逐出希腊南部 3 周后，“水星行动”正式开始。

德国空降兵徽章。

克里特岛的守军是一支由英国、澳大利亚、新西兰和希腊部队组成的混合力量，人数约 3.5 万，大大多于进攻方。这支军队的指挥官伯纳德 · 弗赖伯格中将是出生在英国的新西兰人，以大胆无畏闻名。虽然他们人数众多，但缺乏足够的大炮、坦克和通信设备。弗赖伯格拥有的优势是“超级情报”提供的信息。他是得到这一秘密情报的第一个战地指挥官，情报指出了德军进攻的准确日期。他把部队布置在北部海滨马莱迈（Maleme）、雷西姆农（Rethymonon）和伊拉克利翁（Heraklion）等 3 座关键机场周围，但部队分布得很散。5 月 20 日，库尔特 · 斯图登特（Kurt Student）的德国空降兵降落时遇到激烈抵抗，损失惨重。但 5 月 21 日上午，伯纳德 · 拉姆克（Bernard Ramcke）上校指挥一个空降营降落在马莱迈机场两侧，拼死进攻并最终占领机场。于是，德军运输机得以运来尤利乌斯 · 林格尔（Julius Ringel）将军的第 5 山地师。由于希特勒对初期空降兵进攻期间遭受的巨大损失非常失望，斯图登特被迫将占领克里特岛剩余地方的指挥权交给林格尔。

战役僵持了几天。5 月 21—22 日，一支从米洛斯运送援军的德国船队被英国皇家海军歼灭，损失约 5000 人。但德军逐渐夺得制空权，皇家海军损失了 3 艘巡洋舰和 6 艘驱逐舰，另有 17 艘舰艇受损。这些损失几乎全部

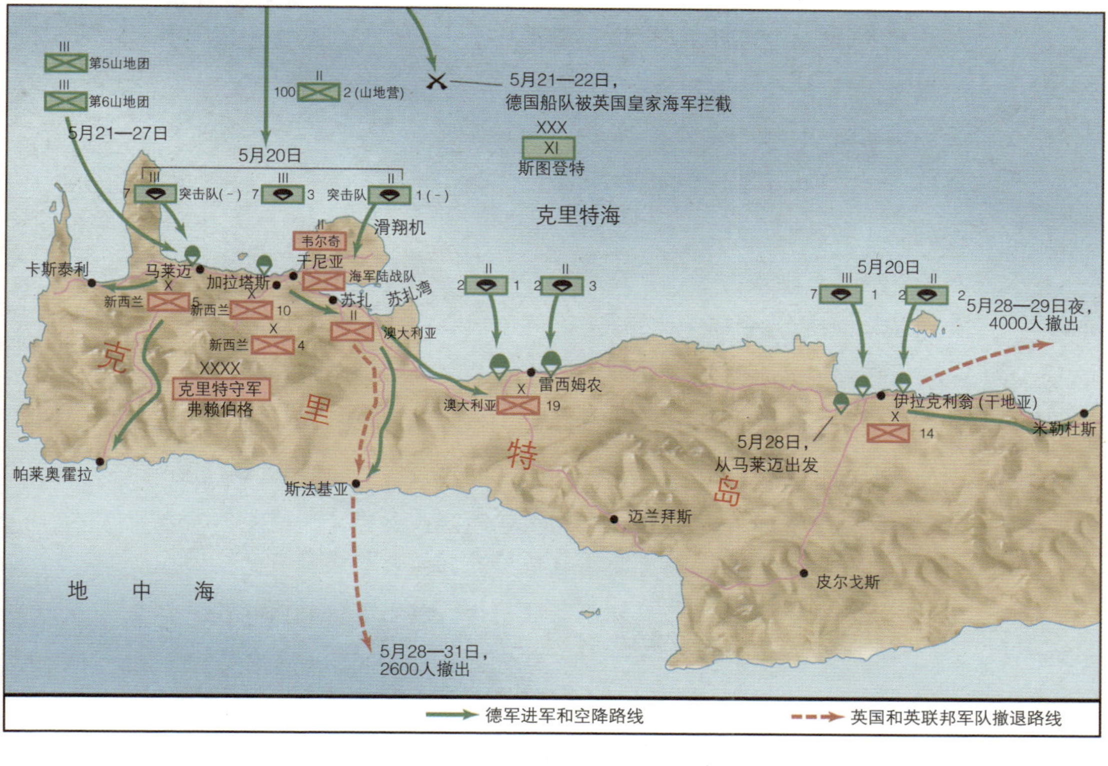

来自德国的空袭。到 5 月 23 日，在克里特岛的德军从战斗开始的 9500 人增加到 17500 人，弗赖伯格的部队被打退到岛的南端。英联邦小股被包围的部队得到克里特游击队的帮助，在雷西姆农和伊拉克利翁坚守。游击队的攻击引发了一系列针对平民的残酷报复行动。5 月 26 日，弗赖伯格向上级报告说，他再也没有能力守住该岛。随后 4 天里，皇家海军撤出了大部分守军，最后一条船于 5 月 31 日凌晨离开。但仍有约 5000 人没能撤出，大部分成为德军战俘，少数与克里特游击队逃进山区，或在主力部队离开后坐小船逃到埃及。往来亚历山大和克里特岛间的船只不断受到炸弹攻击，英联邦军队战死的 3700 人中有 2000 人来自皇家海军。

库尔特·斯图登特将军（1890—1978）

库尔特·斯图登特被公认为现代空降部队的缔造者。一战中，他参加了空军。20 世纪 20 年代，他对滑翔产生兴趣，1938 年把它用于发展德国第一支空降部队——第 7 航空师。1938 年后期，他被提拔为空降部队督察。1940 年，他的部队在对挪威和比利时的进攻中立下头功。他入侵希腊的计划事与愿违，造成了重大损失。此后，希特勒拒绝再让他使用大规模空降兵攻击，他的部队主要局限在地面作战。1945 年 5 月，战争结束时，斯图登特是维斯瓦（Vistula）河集团军群司令。战后，1947 年 5 月，他因为战争罪受到英国人审判，虽然被判有 3 项罪行，但判决没有得到支持。斯图登特曾下令迫害希腊平民作为对游击队袭击的报复，希方要求将他引渡到希腊受审，被英国人拒绝。后来，斯图登特因为健康原因被释放，但他活到了 88 岁。

对德军而言，攻占克里特岛是一场代价高昂的胜利。德军死亡 3352 人，其中 1653 人全部来自斯图登特的第 11 航空军。德军一共伤亡 6698 人，超过了 4 月份整个巴尔干行动的损失总和。近 200 架运输机在行动期间被摧毁，消耗了即将到来的入侵苏联所急需的宝贵资源。克里特岛战役后，弗赖伯格将军再未被委以独立指挥权，但他在意大利战场领导了新西兰军，后来成为新西兰总督。尽管克里特战役完成了德国对欧洲的控制，是一场重大胜利，但库尔特·斯图登特却再也没有获得希特勒的信任。

驻克里特岛英联邦军队司令伯纳德·弗赖伯格中将在掩体内观察德军进攻。1937 年，他因为健康原因退伍，但 1939 年又回到地中海战场指挥新西兰远征军。

1941 年 5 月，克里特岛上空的德国空降兵和容克 Ju 52 运输机。德国空降兵损失惨重，此后再也没有参与其他入侵行动。

1941 年 5 月 31 日，撤出克里特岛后，英联邦部队的伤兵正在埃及一个港口下船。这是英国 1 年时间内的第 4 次大撤退。

1941 年 5 月，遭到驻守希腊的德国第 11 航空军轰炸机的攻击后，两条英国船正在苏扎湾（Suda Bay）燃烧。

1941 年 5 月 20 日，德国第 5 山地师的空降兵在希腊一机场登上容克 Ju 52 运输机，准备飞往克里特岛。当天上午，3000 名士兵降落在马莱迈、雷西姆农、干尼亚（Chania）和伊拉克利翁。

1941 年 5 月 22 日，一个德国飞行员拍摄的英国巡洋舰“格洛斯特”号（*Gloucester*）在克里特岛外沉没的 3 幅连续照片。驻守在希腊的德国飞机给英国舰艇造成了重大损失。

击沉“俾斯麦”号

1941.5.24—27

大事表

1940 年 4 月 15 日
英国情报机关破译了部分“恩尼格玛”密码。
1941 年 5 月 10—11 日
伦敦遭到二战中最大的一次空袭，1500 人丧生。
1941 年 5 月 15 日
美国接管在美国港口的维希法国船只。
1941 年 5 月 18 日
德国“俾斯麦”号和“欧根亲王”号驶向大西洋。
1941 年 5 月 27 日
“俾斯麦”号被英国皇家海军驱逐舰击沉。

战争最初 18 个月的所有证据表明，空中力量的出现颠覆了海军舰艇的传统角色。然而，德国海军依然坚持拥有一支大型战列舰队的计划，却没能建造出有效保护水面舰艇的必要航母。最先进、最庞大的德国战列舰是 1939 年 2 月 14 日下水，1940 年 8 月 24 日服役的 4.1 万吨的“俾斯麦”号。这艘军舰的目的就是用来袭击大西洋船队，其设计也反映了这一点——宽大的横梁用于对抗海上风浪，还有巨大的燃料舱。出击大西洋的行动代号为“莱茵河演习”，本来也包括战列巡洋舰“格奈森瑙”号和“沙恩霍斯特”号以及新战列舰“提尔皮茨”号。可是，前两舰或受损或正在修理，而后一舰还在进行正式服役前的测试。这原本是一支令人生畏的舰队，但 1941 年 5 月 18 日“俾斯麦”号最终离港时，身边只有重型巡洋舰“欧根亲王”号。

行动指挥官海军中将吕特晏斯（Günther Lütjens）对行动的可行性持保留意见，但还是严格执行了命令。他不想像前任威廉·马沙尔（Wilhelm Marschall）海军中将那样因为抗命被解职。对德国发起的大西洋行动，英国人提前从“超级情报”以及瑞典与挪威的线人那里得到了预警。虽然“俾斯

1941 年 5 月 19—23 日出击大西洋期间，从重型巡洋舰“欧根亲王”号甲板上拍摄的“俾斯麦”号。

京特·吕特晏斯海军中将（1889—1941）

1907 年，吕特晏斯加入德意志帝国海军，一战中成为佛兰德沿海鱼雷艇部队的年轻指挥官，袭击了敦刻尔克一带协约国的运输船。战后，他在一家运输公司工作，直到 1921 年重新加入精简的德国海军，再次指挥鱼雷艇。1933 年，他被任命指挥轻型巡洋舰“卡尔斯鲁厄”号（*Karlsruhe*），1937 年升任海军少将和鱼雷艇部队司令。1940 年 6 月，他又升至德国战列巡洋舰舰队司令。1941 年初，他指挥“格奈森瑙”号和“沙恩霍斯特”号袭击大西洋运输线，共击沉了 11.5 万吨的盟军商船。1941 年 5 月，他指挥那支由“俾斯麦”号等组成的小型舰队，5 月 27 日在“俾斯麦”号上丧生。他不是希特勒的狂热追随者，从没人看见他行希特勒式礼或佩戴卐字标志。他是反对 1938 年 11 月“水晶之夜”迫害的 3 名高级军官之一。

麦”号在卑尔根港附近就被一架“喷火”侦察机发现，但直到5月23日，当这支德国舰队进入冰岛和格陵兰岛间的丹麦海峡时，被英国重型巡洋舰“诺福克”号的雷达侦测到后，双方才发生接触。于是，英国人开始边尾随德舰，边等待更大型的英舰赶到。1941年5月24日晨，英国新战列舰“威尔士亲王”号到达，同行的还有朗瑟洛·霍兰（Lancelot Holland）海军中将指挥的战列巡洋舰“胡德”号。没几分钟，“胡德”号就被德国炮火准确命中，发生爆炸，3分钟后沉没，1418名船员中仅3人幸存。“俾斯麦”号舰长林德曼打算追击并摧毁已严重受损的“威尔士亲王”号，但吕特晏斯遵守不与敌军重型舰交火的指示，坚持继续前进。此时，“俾斯麦”号也已受损，前雷达无法工作，燃料舱漏油，被迫减速至20节。“欧根亲王”号匆匆逃往大西洋，而“俾斯麦”号则向法国海港圣纳泽尔驶去，以进行必要的维修。

然而，英舰仍然一路跟踪。可

1939年2月14日，希特勒出席汉堡布洛姆伏斯（Blohm & Voss）船厂的“俾斯麦”号下水仪式。它以1871年德国统一的缔造者奥托·冯·俾斯麦亲王的名字命名。

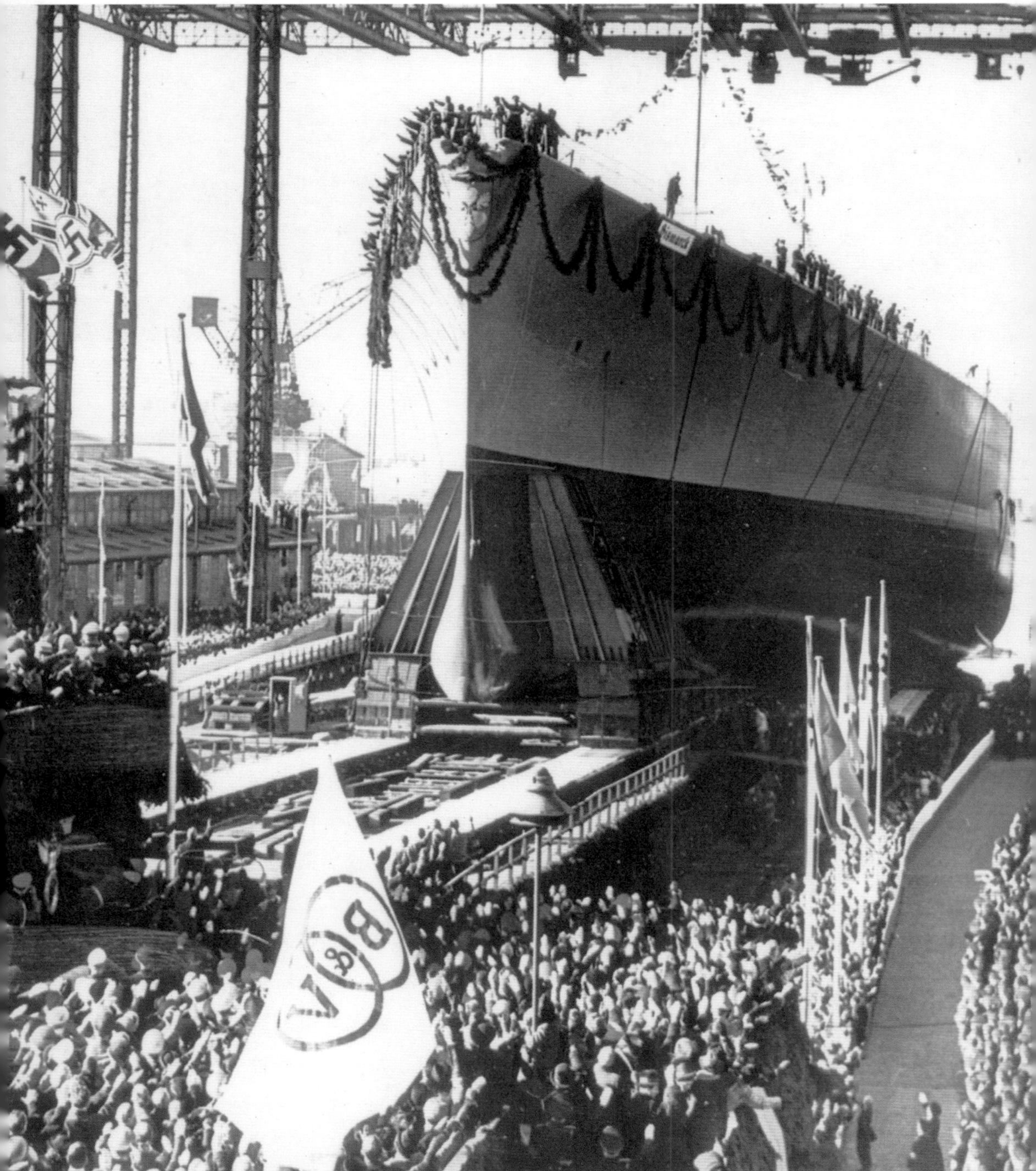

1941 年 5 月 24 日，英国战列巡洋舰“胡德”号沉没。在英国皇家海军于丹麦海峡拦截“俾斯麦”号的战斗中，“胡德”号被后者的炮火准确击中，储存的弹药爆炸，当即沉没。

“俾斯麦”号突然变向，迷惑并甩开了跟踪者。吕特晏斯不顾林德曼的劝阻，坚持发出一封长达半小时的电报。英国人及时截获电报，这才获得“俾斯麦”号的位置线索。但负责追踪的“乔治五世国王”号战列舰却误算了方位，让德军从法国赶来增援的飞机和驱逐舰离“俾斯麦”号更近了。5月 26 日，英国海岸司令部的一架“卡塔琳娜”水上飞机发现了“俾斯麦”号。当晚 9 时，“皇家方舟”号航母的一架“剑鱼”鱼雷轰炸机击中“俾斯麦”号，使其船舵和转向设备发生故障。5 月 27 日上午，英国战列舰“罗德尼”号和“乔治五世国王”号赶来围歼，一齐轰炸这个行驶缓慢且已发生侧倾的目标。9 时稍过，英舰摧毁了“俾斯麦”号的驾驶台，破坏了它的指挥系统。最终，英国驱逐舰“多塞特郡”号发射了 3 枚鱼雷，这被认为是最后的致命打击——很快，上午 10 时 39 分，“俾斯麦”号沉没，2000 多名船员中仅 100 人幸存。近年对其残骸的研究以及幸存者的回忆表明，这艘德国战列舰是凿沉而非敌军击沉的。“俾斯麦”号的覆灭，使雷德尔海军元帅在战争爆发时的悲观想法变成了现实。他一直认为，德国与英国皇家海军进行的是一场不对等的战争，他的士兵将在此中明白“如何英勇牺牲”。实际上，致使“俾斯麦”号减速、操控失灵的正是一架飞机。这进一步证明，传统的舰队交战方式已成明日黄花。

一张空中侦察照片显示，出击大西洋之前，“俾斯麦”号和“欧根亲王”号曾停靠挪威峡湾。

1941 年 5 月 27 日，着火中的“俾斯麦”号。照片由一艘监视“俾斯麦”号最后时刻的皇家海军舰艇拍摄。

英国航母“皇家方舟”号

它是名为“皇家方舟”号的第三艘军舰、第二艘航母。1937 年 4 月下水的这艘 2.2 万吨军舰，是英国第一艘拥有全通飞行甲板的航母。“皇家方舟”号参加了挪威海域的行动，击沉了位于米尔斯克比尔的法国舰队，以及 1940 年对意大利的海上战斗。1941 年 5 月，它作为 H 部队的一部分在地中海行动，提前获得“俾斯麦”号将现身的情报，参与了对后者的追击。“皇家方舟”号上的飞机击坏了这艘德国战列舰的操控系统。1941 年剩下的日子里，它保护驶往马耳他岛的地中海船队，直到 1941 年 11 月 13 日被德国潜艇 U–81 号击伤，第二天在被拖往直布罗陀的途中沉没。

一架菲尔利“剑鱼”飞机返回“皇家方舟”号航母。它发射的鱼雷破坏了“俾斯麦”号的船舵和转向系统，决定了后者被毁灭的命运。

一等水兵阿尔弗雷德·纽瓦尔（Alfred Newall）在英国巡洋舰“萨福克”号（*Suffolk*）上。他第一个发现了进入丹麦海峡的“俾斯麦”号。

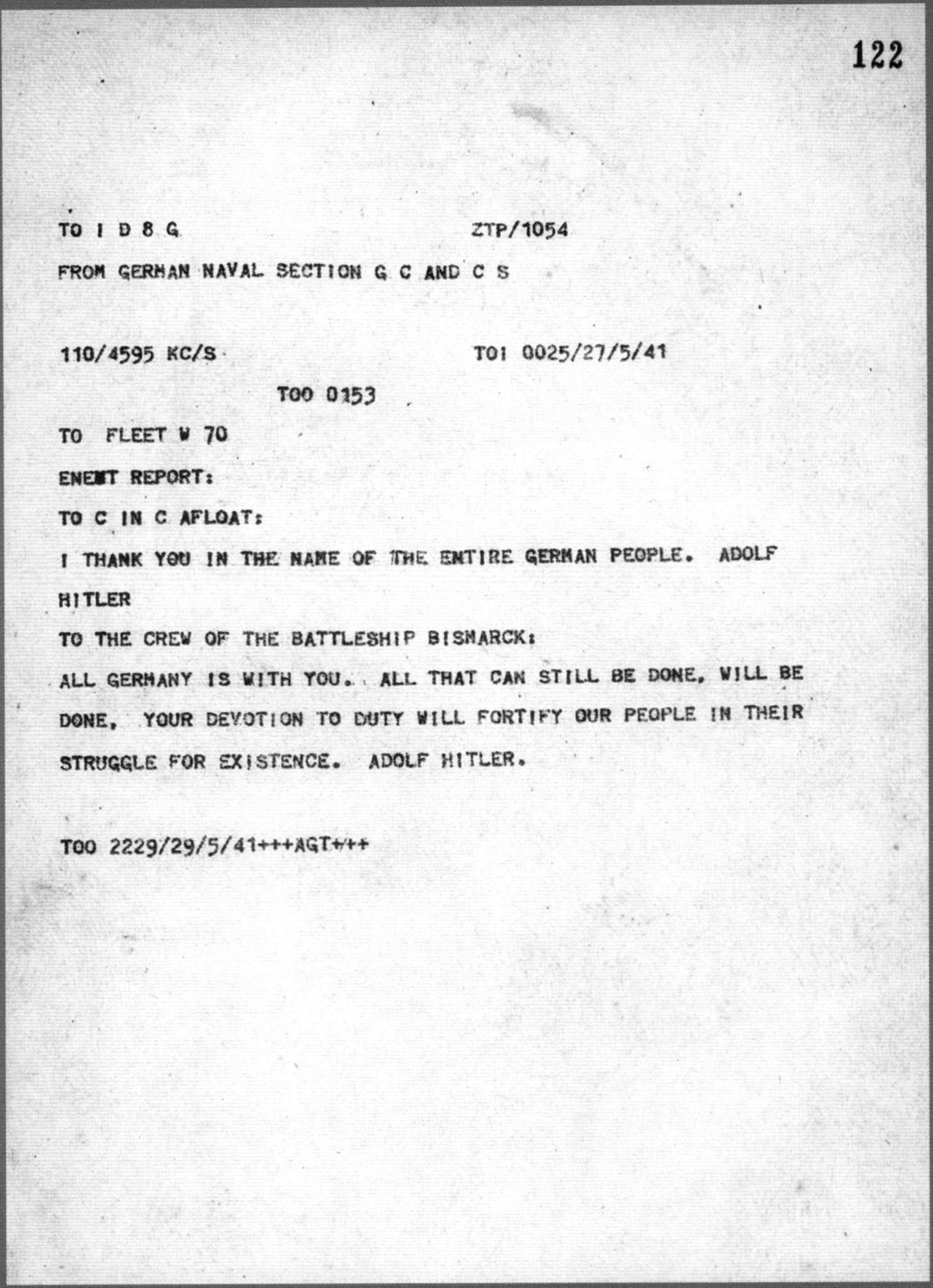

122

TO I D 8 G　　　　　　　　　　ZTP/1054

FROM GERMAN NAVAL SECTION G C AND C S

110/4595 KC/S　　　　　　　　TOI 0025/27/5/41

TOO 0153

TO FLEET W 70

ENEMY REPORT:

TO C IN C AFLOAT:

I THANK YOU IN THE NAME OF THE ENTIRE GERMAN PEOPLE. ADOLF HITLER

TO THE CREW OF THE BATTLESHIP BISMARCK:

ALL GERMANY IS WITH YOU. ALL THAT CAN STILL BE DONE, WILL BE DONE, YOUR DEVOTION TO DUTY WILL FORTIFY OUR PEOPLE IN THEIR STRUGGLE FOR EXISTENCE. ADOLF HITLER.

TOO 2229/29/5/41+++AGT+++

希特勒的电报

希特勒致电“俾斯麦”号全体船员，鼓励他们继续抵抗。此为截获电文。

希特勒转向东方

1940.12.18—1941.6.22

大事表

1940 年 12 月 9 日

英国在利比亚沙漠发动第一轮攻势。

1940 年 12 月 29 日

罗斯福承诺美国将成为"民主国家的大兵工厂"。

1941 年 1 月 30 日

德国威胁说将攻击所有向英国运输物资的中立国船只。

1941 年 3 月 27 日

贝尔格莱德政变——南斯拉夫退出《三国同盟条约》。

1941 年 5 月 27 日

罗斯福宣布全国进入紧急状态。

1941 年 6 月 14 日

德国和意大利在美国的财产被冻结。

早在 20 世纪 20 年代，希特勒就认为，土地肥沃、资源丰富的苏联西部地区天然适合于德意志帝国的扩张，这一地区正是分配给日耳曼高等民族的"生存空间"。"苏俄，"希特勒曾评论说，"将是我们的印度。"他还表现出对"犹太布尔什维克主义"发自内心的仇恨，认为它威胁着欧洲文明，将造成日耳曼民族退化。这些想法，就是促使他决定与苏联进行总清算的背后原因。这个野心就写在 1940 年 12 月 18 日签署发动"巴巴罗萨行动"的 21 号作战令中。

德国步兵突击银质奖章。设立于 1939 年 12 月 20 日，颁发给步兵部队，表彰各种形式的战斗行动，包括攻击中的肉搏战。

德苏战争的更直接根源，在于希特勒对 1940 年国际形势的看法。希特勒没能打败英联邦，又担心美国开始构成威胁。1940 年 7 月 31 日，他召集军方首脑开会，宣布他将在来年春天发动对苏联的毁灭性进攻，“用一记重击摧毁这个国家”。希特勒认为，此举将铲除英国最后一个可能的盟友，把美国对欧洲的干涉化为泡影。是年秋，后来在斯大林格勒投降的保卢斯（Friedrich Paulus）将军领导了进攻计划的制订工作。

苏联利用希特勒在西方的战争，借机扩大了它在东欧的影响力，先于1940年6月占领波罗的海诸国，后又迫使罗马尼亚让出比萨拉比亚（Bessarabia）和布科维纳（Bukovina）北部地区。1940年11月，德国人邀请莫洛托夫到柏林，试图从他口中试探苏联野心的大小。莫洛托夫提出，苏联要在保加利亚和土耳其建立基地。这一要求证实了希特勒的观点——苏联对德国构成了直接的战略和军事威胁。于是，他命令开始为入侵苏联做积极准备。12月5日，他批准了分三路大规模进攻苏联西部边境全线的军事计划，把进攻时间设在1941年5月。希特勒认为德军准备充足——“明显处于巅峰状态”，苏军则在“不容置疑的低点”。所有的军事策划者都认为，这一战争将在几周内取胜。

苏联领导层对德国构成的威胁意见不一。直到德军入侵之际，斯大林还坚持认为希特勒深陷西方战场，不会冒险在两线作战。因此，苏联根本没有做好迎接德军猛攻的充分准备。一条新的边境防御工事——沿波兰和波罗的海国家的新边境修建的“斯大林防线”，到1941年都尚未完工。苏联的战略计划基于这样的观点：如果敌军来攻，少量边境部队将阻挡入侵者数周时间，同时他们在后方动员苏联大军，准备一次重击以把敌人赶回去。在战机的大力支援下，快速机动的装甲师能发挥多大威力——这些在1939年和1940年就已被人们吸取的教训，他们很少考虑到。

斯大林认为，德国人可能会在一个更晚的时间冒险发动战争，但他需要时间完成国防准备，对苏联军队进行现代化改造。希特勒发出命令，要求所有准备活动严格保密，并且假装入侵英国的计划依然是重中之重。但在被入侵前的几个月里，苏联领导层不断收到要警惕德国不轨图谋的情报，包括于5月入侵的最初计划和更改推迟到6月22日的决定。斯大林忽略了这些情报，认为这是英国人企图怂恿苏联为他们当炮灰。直到5月，新上任的陆军参谋长格奥尔基·朱可夫将军才开始命令秘密进行动员备战。但到德军入侵时，计划部署到西部地区的33个师中只有四五个就绪。直到6月19日，苏联才开始发出对机场进行伪装的命令。德国开始发起空中攻击时，大部分机场都还没有被隐蔽。

约瑟夫·斯大林（1878—1953）

约瑟夫·朱加什维利（Joseph Dzhugashvili）生于格鲁吉亚小镇哥里（Gori），父亲是一名鞋匠。因为学业优秀，他在当地一所神学院获得一个位置，在那里首次接触到地下马克思主义组织。他加入了俄国社会民主工党，1904 年站在列宁和布尔什维克派一边。1912 年，他采用政治笔名斯大林，意为“钢铁”。他被流放西伯利亚时，俄国革命爆发，于是返回列宁格勒，在 1917 年 10 月革命前发挥了一些作用。他成为民族事务人民委员，1922 年 4 月被任命为共产党中央委员会总书记。20 世纪 30 年代，他运用政治势力在党内实行非正式独裁统治。到 1941 年，斯大林才成为人民委员会主席（总理）。德国入侵后，他领导国防委员会，主导了苏联的战争活动。1953 年死于脑溢血。

“巴巴罗萨行动”的准备期间，希特勒成功动员芬兰、匈牙利、罗马尼亚和斯洛伐克成为对苏战争的联合交战国。最初计划 5 月进攻的日期被改成 6 月 22 日，是为巴尔干干涉行动之后留出最后的准备时间。“巴巴罗萨行动”前夜，由约 330 万德军和 65 万盟友部队组成的 153 个轴心国师整装待发，成为有史以来集结的最大规模的入侵部队。他们的对手是共 300 万人的 186 个苏联师。理论上，苏联的战机和坦克在数量上超过了轴心国——双方坦克的辆数是 11000 对 4000，战机的架数为 9100 对 4400。但是，苏军的坦克和飞机分散在所有的部队单位，组织糟糕，不足以应对轴心国军的集中攻击。6 月 22 日凌晨，当轴心国军冲过苏联边境时，完全实现了突袭的目的，达到了毁灭性的效果。

俄国出生的德国记者理查德·佐尔格（Richard Sorge）。他是坚定的共产党人，从东京基地向莫斯科提供了有关德国即将进攻苏联的绝密情报，但他的警告被忽视。

1941 年 6 月 22 日发动“巴巴罗萨行动”前几周，德国坦克向苏联与波兰的边境接近。德国陆军的 4 个装甲集群在早期胜利中发挥了决定性作用。

弗朗茨·哈尔德将军（1884—1972）

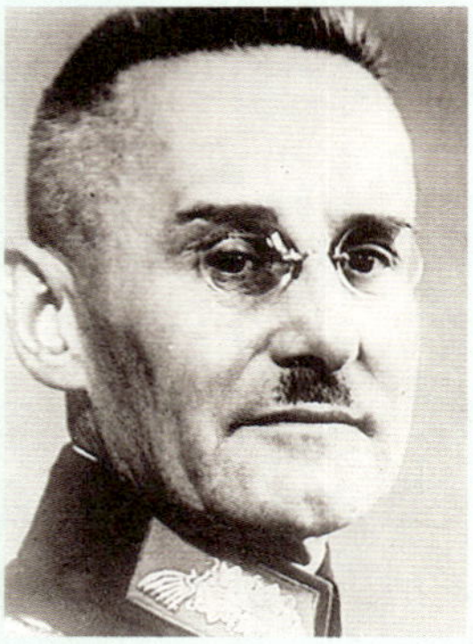

1938 年 9 月，一战时的天才参谋弗朗茨·哈尔德（Franz Halder）被任命为陆军参谋长。他是 1938—1939 年间企图推翻希特勒的高级军官之一。他难以调和作为军官的职责和对希特勒的敌意二者间的关系，这一点导致他在 1939 年秋精神崩溃。他在入侵法国、巴尔干地区和苏联过程中一直保留着自己的职务，但常常不同意希特勒的战略判断。1942 年，他被希特勒撤职，退出军队生活。1944 年 7 月，他在希特勒差点遇刺后被捕，战争结束时被关在达豪集中营。战后他在美军历史研究部工作，协助研究德国的战争活动。

1941 年 6 月 12 日，希特勒和罗马尼亚领导人扬 · 安东内斯库将军在慕尼黑确定罗马尼亚将参加 10 天后的入侵苏联行动。罗马尼亚为南方战线提供了两个大型集团军。

1940 年 7 月，希特勒正在与高级将领开会。陆军参谋长弗朗茨·哈尔德站在希特勒右边，统帅部参谋长威廉·凯特尔（Wilhelm Keitel）元帅站在他身后。希特勒主导了作战计划和准备工作。

乌克兰基辅市的一次防毒面具演练。防化训练是苏联的例行活动，苏联有超过 1300 万人加入了航空化学工业促进会的各种民防协会。

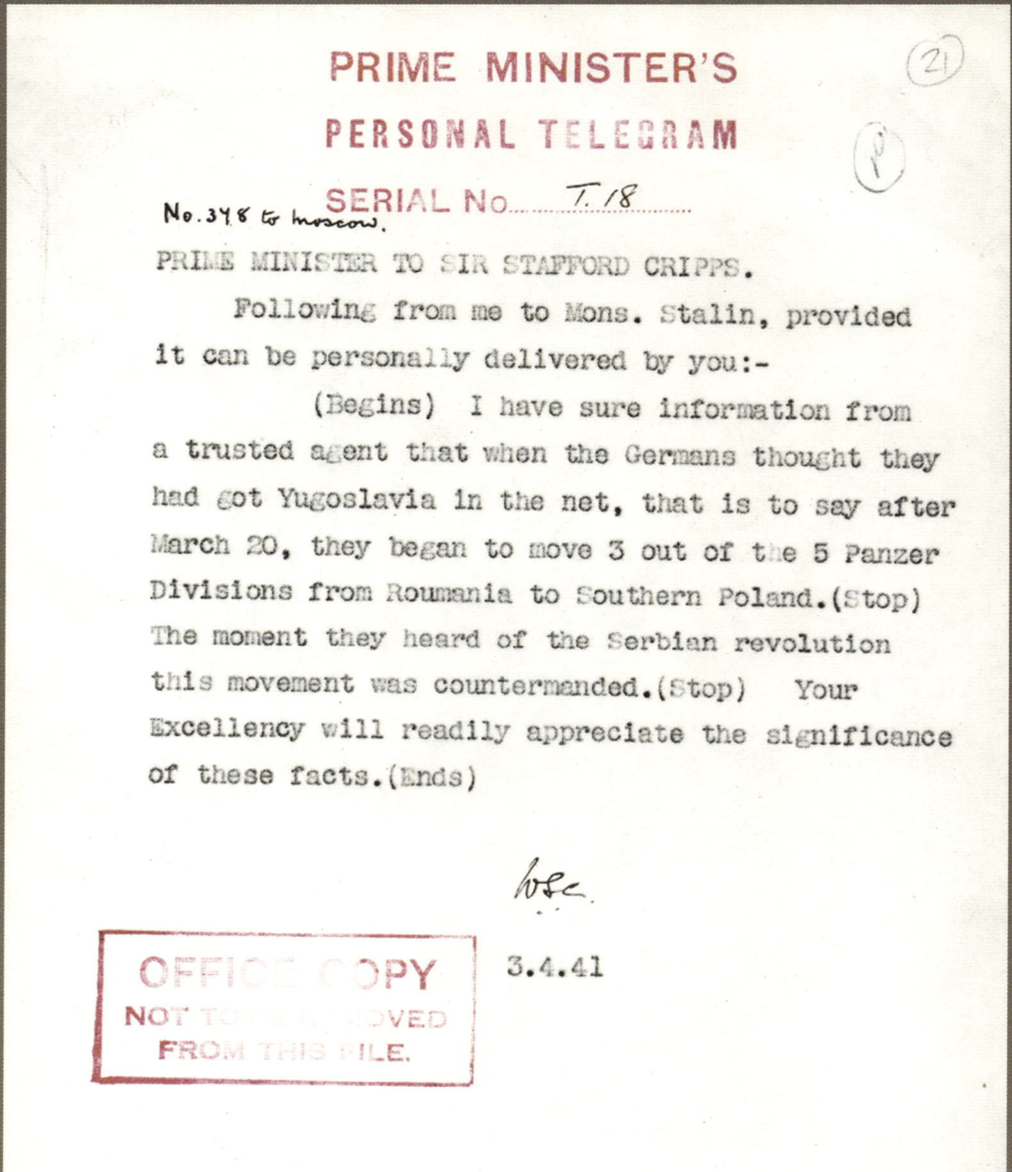

PRIME MINISTER'S

PERSONAL TELEGRAM

SERIAL No. T.18

No. 348 to Moscow.

PRIME MINISTER TO SIR STAFFORD CRIPPS.

Following from me to Mons. Stalin, provided it can be personally delivered by you:-

(Begins) I have sure information from a trusted agent that when the Germans thought they had got Yugoslavia in the net, that is to say after March 20, they began to move 3 out of the 5 Panzer Divisions from Roumania to Southern Poland. (Stop) The moment they heard of the Serbian revolution this movement was countermanded. (Stop) Your Excellency will readily appreciate the significance of these facts. (Ends)

WSC.

OFFICE COPY
NOT TO BE REMOVED
FROM THIS FILE.

3.4.41

丘吉尔给斯大林的电报

温斯顿·丘吉尔发给莫斯科驻英国大使馆的电报，向斯大林友善预警德国入侵苏联的可能性。他措辞谨慎，担心暴露英国可以破译恩尼格玛密码的事实。

“巴巴罗萨行动”

1941.6.22—9.30

大 事 表

1941 年 6 月 27 日
匈牙利对苏联宣战。
1941 年 7 月 12 日
《英苏互助条约》在莫斯科签署。
1941 年 7 月 27 日
日本部队开始占领中南半岛。
1941 年 8 月 12 日
《大西洋宪章》在纽芬兰普拉森舍湾签署。
1941 年 8 月 25 日
英苏联合占领伊朗。
1941 年 10 月 18 日
东条英机成为日本首相。

1941 年 6 月 22 日，轴心国军队对苏联西部边境全线发动进攻，取得了巨大成功。几小时之内，苏联在边境堵住进攻者的计划就被粉碎了，根本来不及按军事条例动员大部队将敌人赶出边境。苏军虽然经常带着自杀般的决心战斗，但从一开始，他们的军事准备工作就被德军完全打乱，暴露在毁灭的边缘。

德军组成了 3 个主要集团军群——北方、中央和南方集团军群。每个军群按照不同的重心进攻，先由 4 个装甲集群强行突破苏军防线，而大量步兵紧随其后。最北端，芬兰军队协助德军发动进攻；南方，大量罗马尼亚部队在一个德军总司令的指挥下向敖德萨和克里米亚进军。坦克快速推进，有时一天前进 30 公里。到 6 月末，北方集团军群已越过立陶宛，深入拉脱维亚；7 月 1 日，拉脱维亚首都失守。到 8 月 19 日，赫普纳（Hoeppner）将军的第 4 装甲集群已经到达列宁格勒郊外，几周后，完成合围，开始展开围攻。南线进展稍缓，但到 8 月 5 日，敖德萨也受到罗马尼亚部队的围攻，最终于 10 月中旬失守。

冯 · 博克（Fedor von Bock）元帅的中央集团军群的进展最为惊人。到 6 月 28 日，第 2 和第 3 装甲集群已包围了白俄罗斯首都明斯克，28 万苏联士兵落入包围圈。快速移动的德国装甲部队对苏军防线展开钳形攻击，突破后再从两边包抄，形成一个又一个包围圈。虽然苏军战斗英勇，在区域性小战役中挡住了德军，但几天之内德军的进攻几乎完全摧毁了苏联的空中力量。在德军的速度和毁灭性力量面前，苏军的通信和补给完全崩溃，士气一落千丈。到秋季，苏军坦克力量的 90% 左右被摧毁，伤亡或被俘的人员损失高达 500 万。当然，战争的极大规模和极其残酷也给入侵者带来了巨大伤亡。到 9 月末，德军报告的伤亡人数约 55 万，这令德军遭受了前所未有的损失。

虽然损失惨重，面临苏军激烈的抵抗，但希特勒依然信心满满，相信可以打败苏联。9 月初，苏军在斯摩棱斯克的一次反击中最终被德国中央集团军群打退，致使莫斯科暴露在德军面前。然而，希特勒丢下莫斯科，坚持要求冯 · 博克协助打破围攻列宁格勒的僵局，并帮助南方集团军群进攻苏联基尔波诺斯将军的西南方面军。于是，在北线的德军完成了对列宁格勒的合

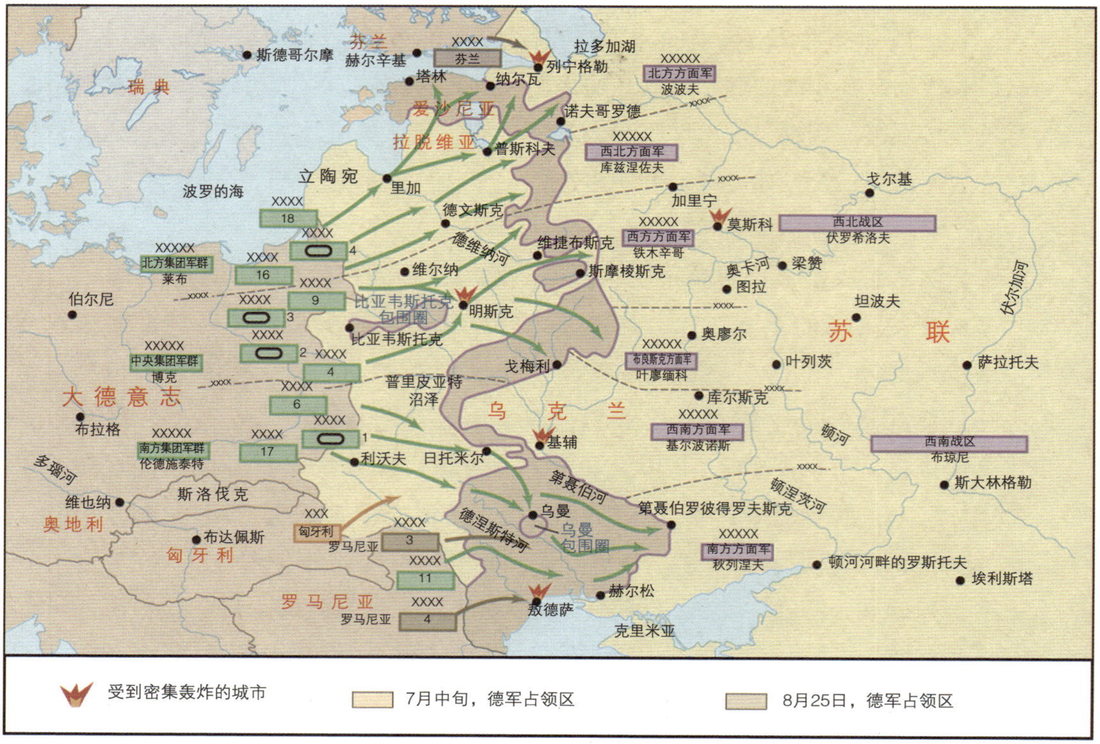

围。而在南线的德军也取得了一场惊人的胜利——9月15日，第1和第2装甲集群包围了乌克兰首都基辅，65万名苏联士兵被困（另有约15万奋战突围）。这场胜利为德军占领苏联南方其余的富饶工业区开辟了道路。1941年9月6日，希特勒的35号作战令最终命令中央集团军群进军莫斯科。

从苏方来看，轴心国的进攻势如排山倒海。苏军动员了一支支新组建的军队，但刚被送到前线，就很快消失了。斯大林7月10日亲任武装部队最高统帅，7月19日又担任国防人民委员。他命令毫不留情地镇压一切不死战到底的士兵。8月，苏联颁布270号令，宣判所有投降士兵为叛国者。高级指挥官因未能阻止德国进攻而被逮捕枪毙。尽管铁木辛哥和朱可夫在斯摩棱斯克成功阻止了德军，9月6日又短暂夺回叶里尼亚市，但苏联抵抗力量的崩溃是无法掩盖的事实。到9月末，苏军抵抗德军进攻的大部队多数已被摧毁或俘虏。此时，希特勒大本营内洋溢着兴高采烈的情绪。

一个德国士兵在看守战俘。这些是1941年9月10—16日间在基辅包围圈内俘获的65万苏联俘虏中的一部分。大部分战俘在1941—1942年冬病死或饿死。

1941 年 7 月 21 日，深入苏联领土的德国坦克准备发起进攻。虽然数量不及苏联坦克，但德国坦克的实际战斗力更强，因为它们携带无线电且有密集的空中支援。

在东线使用的一支7.92毫米的德国41（W）型步枪。

费多尔·冯·博克元帅（1880—1945）

冯·博克来自一个著名的普鲁士军人家庭，一战中任营长，两次大战之间得到快速升迁。1938年3月，他在指挥部队占领奥地利前几天获上将军衔。他在波兰战场指挥北方集团军群，法国战役中指挥B集团军群；入侵苏联的战争中，他指挥中央集团军群，1941年12月打到离莫斯科市中心只有几公里。1942年，他指挥南方集团军群进攻苏联南部，但7月因未按照希特勒的期望采取行动而被撤职，此后再也没有承担指挥任务。他是一位典型的普鲁士将军，倔强、工作努力、自大，但他不支持纳粹主义。1945年5月4日，他在汽车里被一架英国飞机炸死。

1941年6到7月，在布列斯特－立陶夫斯克边境要塞，顽强防守而战死的苏联士兵。3500名守军几乎战至最后一人，此时德军早已攻入苏联境内几百公里。

谢苗·铁木辛哥元帅（1895—1970）

俄国内战期间，沙俄骑兵军士铁木辛哥成为斯大林领导的第1骑兵军的一名指挥官，到1939年已是占领波兰东部的乌克兰方面军司令。苏芬战争初期，苏方遭受灾难性失败后，他奉命指挥苏联军队，1940年3月迫使芬兰人签订停火协议。1940年5月，他成为苏联元帅和国防人民委员。德军入侵时，他被派去组织西部战线，在斯摩棱斯克一带拖住德军。虽然他被视作卓越的苏联指挥官，但在1942年春对哈尔科夫的攻势中失败，失去大型行动指挥权；直到1944年8月，他又在向布达佩斯和维也纳的远距离进军中领导乌克兰第1、第2和第3方面军。斯大林偏爱曾在第1骑兵军中与他一起战斗过的军官。所以，铁木辛哥犯错后能东山再起，其他军官则没有这样的机会。

燃烧中的基辅房屋。1941年9月初，德军占领了乌克兰首都。基辅有大量犹太居民，其中大部分在9月29—30日的巴比谷（Babi-Yar）大屠杀中被杀害。

1940年10月初，苏联士兵等待黑海舰队把他们撤出敖德萨港。罗马尼亚部队占领该市前，约8万士兵和1.5万平民被救出。

一位面露苦色的敖德萨妇女。1941年10月16日，这个乌克兰港口城市被罗马尼亚军队占领。据估计，5万犹太人在该市陷落后被杀害。

围困列宁格勒

1941.9.8—1944.1.27

大事表

1941年8月30日
与列宁格勒的最后铁路联系被德军切断。

1941年9月19日
基辅被德军占领。

1941年9月29日
希特勒命令将列宁格勒夷为平地。

1941年10月19日
莫斯科宣布进入戒严状态。

1941年12月11日
德国和意大利对美国宣战。

1942年8月12日
丘吉尔和斯大林在莫斯科会面，讨论战争进程。

1943年11月6日
苏军收复基辅。

“巴巴罗萨行动”中，列宁格勒市（俄国旧都，今圣彼得堡）是冯·莱布（von Leeb）元帅北方集团军群的主要目标。1941年8月，德军从南，芬兰军队自北，开始逐渐包围并孤立列宁格勒。希特勒决定围而不攻，避免遭受在其他城市巷战中出现的重大伤亡。列宁格勒周围的防线接连失守。通向该市的最后一条铁路线也于8月30日在姆加（Mga）被切断。到9月初，德军离市中心仅11公里。第一枚炮弹于9月4日落在市中心，两天后第一次空袭发生。9月8日，最后一条陆路连接线被切断，列宁格勒被完全封锁了。斯大林派朱可夫将军到该市组织最后防御，后者成功阻止了敌军的推进。9月25日，德军构筑深沟高垒，开始了对列宁格勒的围困。

苏联步兵帽徽。

8月间，63.6万人——其中许多是妇女儿童——通过仅存的狭窄陆路通

冰　路

1941 年 9 月，对列宁格勒的合围完成时，能将补给运送到这座被困城市的道路只剩下一条：越过拉多加湖和依然在苏联手中的地峡到达列宁格勒东部。补给起初由小艇运送，冬季来临时，列宁格勒军事委员会决定开辟一条穿过冰封湖面的道路。11 月 20 日，第一批用马拉来的补给送到；11 月 22 日，第一批卡车启程踏上“冰路”，或后来所称的“生命线”。最终，从冰面和陆地上开辟出一条 381 公里长的道路，连接到季赫温（Tikhvin）镇东的铁路终点。1942 年间，平均每月到达的补给有 15 万吨，为居民的生存和军队的抵抗提供了保证。

1941 年 11 月，一辆“冰路”上的苏联卡车。在拉多加湖冰面上开辟的这条道路，成为列宁格勒人民的生命线。打开的车门方便驾驶员在卡车开始沉入薄冰时跳出来。

道撤出，但到围困开始时，依然有 330 万人困在列宁格勒城里及城市以北和以东的陆地包围圈内。苏联波罗的海舰队也困在包围圈内，但能给列宁格勒被围攻的守军提供增援火力。希特勒的目的是，用饥饿和轰炸迫使列宁格勒屈服。食物供应只够维持几周，到 11 月 1 日只剩下少得可怜的 7 天配给量。8 月到 10 月间，城市以东的苏军发动了一次救援行动——“西尼亚维诺行动”，但未能打破包围圈。一条穿过拉多加湖冰面的艰险漫长通道的开辟，最终挽救了市内居民。借助这条通道，食物供应涓涓细流般源源流入，虽不足以阻止营养不良和疾病带来的大量死亡，但足够维持大部分居民的生存。为切断这条残余的脆弱补给线，11 月 9 日德军向东进攻，占领季赫温的苏联铁路终点。但苏军又于 12 月 9 日夺回该镇，列宁格勒继续获得补给。

德军开始定时炮击和轰炸列宁格勒。整个包围期间，德军共发射了 15 万发炮弹。整个城市处于一种极原始的状态：木头房子被拆掉生火；除满足最急迫生产所需电力，其他均被切断；医疗体系彻底瘫痪；战争设备的生产只能勉力维持。1942 年间，苏军数次尝试为列宁格勒解围：1942 年 1—4 月，“卢比扬卡行动”；1942 年 8 月 19 日—10 月 10 日，“西尼亚维诺行动”。后一次进攻打乱了德军猛攻城市的计划，但未能赶走敌军。1943 年 1 月 18 日，

1941 年夏末，苏联妇女正在通往列宁格勒的通道上挖坦克陷阱。一切有劳动能力的公民，无论男女，都必须参加义务劳动。

肖斯塔科维奇和《列宁格勒交响曲》

列宁格勒被围时，年轻的苏联作曲家德米特里·肖斯塔科维奇（Dmitri Shostakovich，1906—1975）正在市内。身处这座时刻面临危险的城市，他开始创作《第七交响曲》。图为他穿着消防官员制服拍摄的宣传照。10月，他和家人撤到古比雪夫，在那里完成了这部交响曲。肖斯塔科维奇把它献给列宁格勒，此后它即以《列宁格勒交响曲》闻名。它于1942年3月首演，乐声响彻苏俄内外，成为苏联卫国战争的一种象征。

一支苏联部队在拉多加湖以南成功开辟出一条8公里宽的走廊（“火花行动”），最终解除了列宁格勒的封锁。一条公路和铁路混用的连接线被建立，虽然不断受到攻击，但终于能够勉强供应这座城市。对它的围困，经过一年后才被彻底解除。1944年1月27日，作为苏军对战线北段发动的总攻的一部分，苏联沃尔霍夫方面军（Volkhov Front）将德国北方集团军群赶出了列宁格勒。

列宁格勒被围困期间，死亡的总人数从未有过确切的数字，因为大量逃避德军进攻的难民就住在该市。苏联的官方统计是共有632253名平民死亡，但实际数字很有可能超过100万。在围困中，列宁格勒前后坚守了900天。在解放该城的最后战斗中，约有7.7万名苏军士兵丧生。

列宁格勒被围期间的一个常见场景。一对苏联夫妇用雪橇拉着一具尸体去市公墓。在寒冷的冬季，尸体就堆在地面，因为土地很难被挖动。

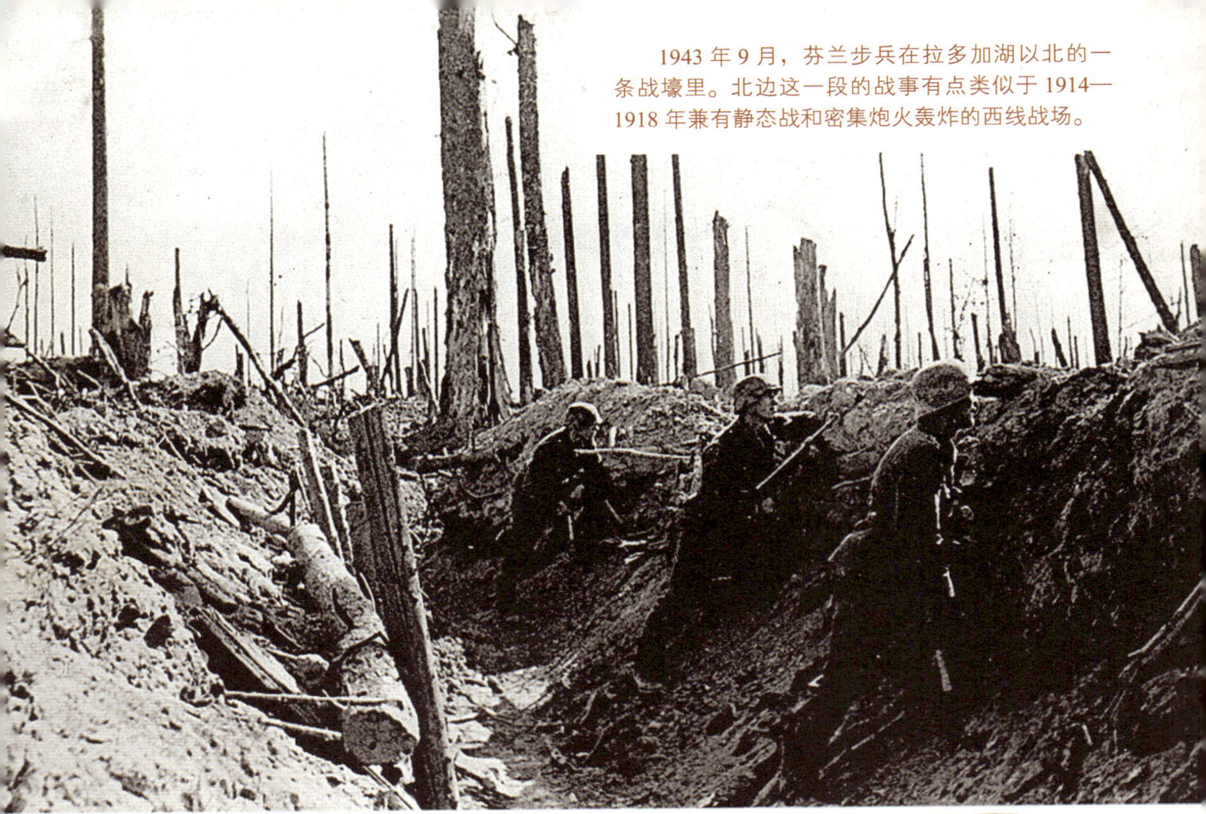

1943 年 9 月，芬兰步兵在拉多加湖以北的一条战壕里。北边这一段的战事有点类似于 1914—1918 年兼有静态战和密集炮火轰炸的西线战场。

遭德军轰炸损坏的木屋被拆作柴火。因为食物短缺，居民抗寒能力下降，到围困的第一个冬末，在列宁格勒几乎所有能烧的东西都被居民烧掉了。

1942 下半年，谢罗夫（V. P. Serov）创作的一幅苏联海报。大写字母写着："我们保卫了列宁格勒！我们还将重建它！"因为战争期间男性居民的伤亡，妇女在建筑劳力中占了很大比例。

“台风行动”

1941.9.30—12.14

大事表

1941 年 9 月 28—30 日
基辅犹太人在巴比谷遭到大屠杀。
1941 年 10 月 3 日
希特勒在柏林宣布苏联被打败。
1941 年 10 月 30 日
罗斯福援助苏联 10 亿美元。
1941 年 10 月 31 日
德国空军对莫斯科发动一系列猛烈空袭。
1941 年 11 月 17 日
日军大本营批准轰炸珍珠港的计划。
1941 年 11 月 27 日
在埃塞俄比亚的最后一支意大利部队投降。
1941 年 12 月 10 日
英国战列舰“威尔士亲王”号和战列巡洋舰“反击”号在马来亚海域沉没。

1941 年 9 月 6 日，希特勒最终决定占领莫斯科，以实现当年打败苏军的野心。“台风行动”计划先从莫斯科南北两侧以装甲部队大规模推进，会合后再包围苏军余部。9 月份的大部分时间里，德国都在为这项行动做准备，可直到 9 月 30 日中央集团军群才开始发起攻击。10 月 17 日，大量苏军在布良斯克和维亚济马（Vyazma）被包围消灭，超过 70 万人成为俘虏。德军指挥官认为苏军已经没有多少后备力量，于是挥军继续推进。但到 10 月中，秋雨带来一年一度的“无路可通时

德国空军的地面攻击奖章。

节”，德军的进展放缓。即便如此，在 10 月 18 日前，德军就已攻下莫斯科以北的加里宁和以南的卡卢加，如铁钳般无情地扼住了苏联的首都。

苏军再次面临灭顶之灾。到 10 月初，上个月还在坚守战线的 80 万部队只剩下 9 万。斯大林从列宁格勒前线召回朱可夫，力图挽救莫斯科。仅存的防御工事“莫扎伊斯克防线”（Mozhaisk Line）获得 6 个实力不强的苏联集团军的增援，朱可夫则又临时拼凑了一条距首都市中心 16 公里的最后防线。首都一片恐慌，到 10 月中，大部分政府机构已经撤到古比雪夫。10 月 19 日，斯大林做出一项历史性决定，他将继续留在敌人炮口下的莫斯科，同时宣布进入紧急状态。趁火打劫和制造恐慌者被枪毙，居民被动员起来开挖防坦克沟，构筑简易路障。朱可夫当时只有防守前线的 24 万人和约 500 辆坦克。他命令部队死守，否则面对的将是己方的行刑队。当 10 月末的严寒到来，部队又能再次前进时，德军指挥官认为他们现在可以占领莫斯科了。11 月 28 日，第 3 和第 4 装甲集团军到达莫斯科至伏尔加运河一线，距莫斯科市中心仅 19 公里。但在南线，第 2 装甲集团军在图拉受阻，进攻缓慢。

此时，苏军统帅部借助从远东调回的部队，计划进行一次反攻。斯大林

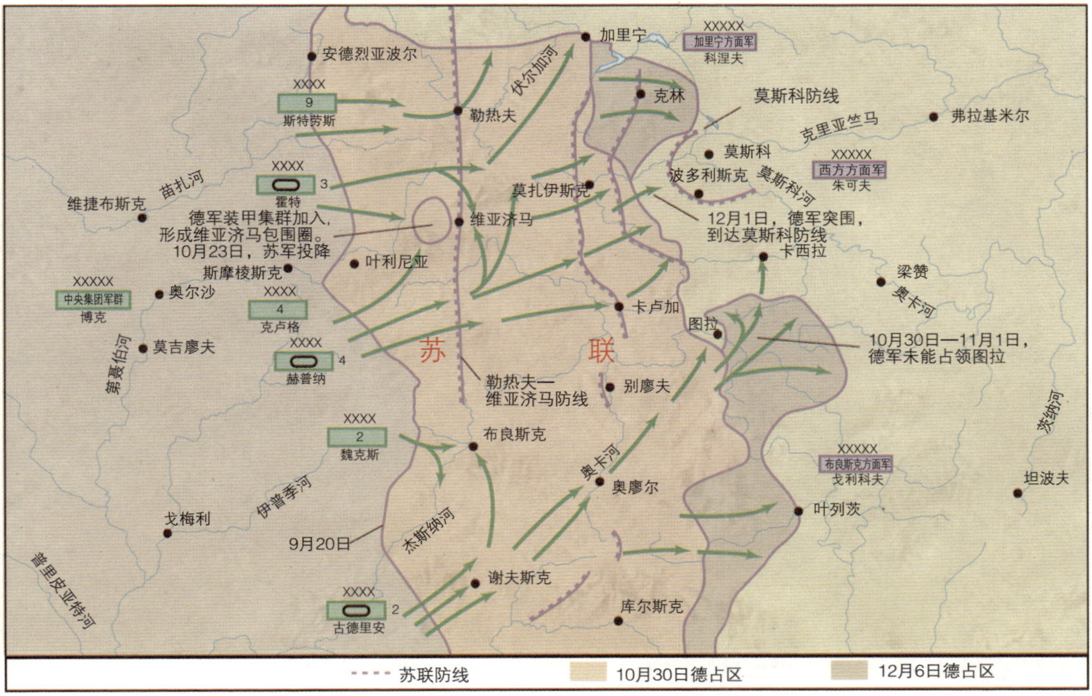

得到情报，日本正准备南进以对付美国，因此苏联能够冒险削弱东部防线的力量。当德军的进攻受阻时，他们自己的后备力量却按兵不动。漫长的补给线和严寒天气削弱了德军的战斗力，13.3 万人冻伤加上其他损失，德军兵力只剩下 6 月战役开始时的 75%。虽然德军先头部队已能遥望莫斯科，但苏军的顽强抵抗阻止了它被占领。12 月初，苏军后备力量进入阵地，虽然德军情报部队侦察到这一情况，但德国统帅部没有理会苏军有能力发动真正攻势的想法。12 月 5 日上午，苏军开始反击，德军钳形攻势的两翼被赶回他们 11 月份的位置。到月底，苏军夺回加里宁，解除图拉的包围，收复卡卢加。

在零度以下的严寒中，德军战线瓦解，但还没有完全崩溃。苏军的反攻挽救了莫斯科，12 月 13 日官方宣布了这一捷报。但苏军被数月战斗损耗严重削弱，没有能力再夺取一场决定性胜利。尽管斯大林催促进军，但在莫斯科周边的战斗中，德军的防守又给苏方造成 44.4 万人的阵亡。12 月 19 日，希特勒对德军撤退恼怒不已，撤销了冯·布劳希奇（von Brauchitsch）的元帅之职，自任陆军总司令，决心“把它教育成国家社会主义军队”。到 1942 年春，苏德双方已陷入僵持阶段。

争夺莫斯科的冬季战斗期间，莫斯科郊外的德军坦克和步兵。到 1941 年 11 月 28 日，德军离苏联首都中心仅几公里，但缺乏完成占领所需的物资。

1941—1942 年冬，莫斯科一带的战斗期间，著名的“喀秋莎”火箭炮在齐射中。这种火箭装填 4 吨炸药，从卡车后车厢发射，可以覆盖一片广阔的区域。它的苏联名字来自一首流行歌曲，但德军戏称它为“斯大林管风琴”。

莫斯科会战期间，身着冬季伪装服的苏军在攻击德军阵地。由于德军原计划这场战斗在 10 月份就能结束，导致他们所有的冬季装备都严重短缺。

通往莫斯科的路上，精疲力竭的德军士兵在苏联城市维捷布斯克（Vitebsk）小憩。该市被撤退的苏军烧成一片火海，因为他们得到命令，不给敌人留下一草一木。

莫斯科对面，撤退的德军士兵在泥泞中挣扎。德军不得不依赖 75 多万匹马，因为它们更适用于崎岖的苏联地形。

格奥尔基·朱可夫元帅（1896—1974）

朱可夫从莫斯科郊外村庄的一个鞋匠之子，成长为领导苏军取得1945年胜利的众多元帅中最大名鼎鼎者。他在一战中成为骑兵团军士，1917年后的内战中为红军作战，成为忠实的布尔什维克主义者。他作为西班牙内战的苏联观察员到过西班牙，1939年在诺门罕的小规模冲突中打败了日军。1941年1月，他成为总参谋长，7月因与斯大林争论被免，被派去稳定一条又一条战线，先列宁格勒，次莫斯科，后斯大林格勒。1942年8月27日，斯大林任他为副统帅，1943年1月，他成为第一个战时元帅。他是一名坚强勇敢、直言不讳的军官，具有卓越的战场指挥才能。战争结束时，他指挥白俄罗斯第1方面军进攻柏林。1945年8月1日，作为柏林苏占区最高军事长官，他成为设在德国的盟国管制理事会成员。1946年，他被贬职，1953年官复原职，1957年最终从公职退休。

1941 年 10 月 4 日，希特勒在柏林体育宫“冬赈”年度庆祝集会上讲话，宣布苏联已经被打败，“再也站不起来了”。

Mit dem Führer

北非败局

1941.3.24—6.17

大事表

1941 年 3 月 28 日
意大利与英国海军发生马塔潘角海战。
1941 年 3 月 30 日
美国"保护性扣留"美国港口的意大利船只。
1941 年 4 月 22 日
德军两个师抵达的黎波里，增援非洲军团。
1941 年 5 月 9—10 日
英国皇家海军从德国潜艇 U–110 号上缴获一台"恩尼格玛"密码机。
1941 年 5 月 16 日
埃塞俄比亚的意大利主力在安巴阿拉吉投降。
1941 年 6 月 22 日
意大利和罗马尼亚对苏联宣战。

1941 年 1 月 12 日，隆美尔将军抵达利比亚港口的黎波里，指挥非洲军团。希特勒此前已派出这支德国远征军，以支撑意大利摇摇欲坠的北非局势。尽管隆美尔得到要谨慎行动的命令，但他立即抓住英联邦因分兵增援希腊战场而被削弱的有利形势。3 月 24 日，他联合意大利艾里特装甲师和布雷西亚师，对阿盖拉的薄弱防线发动攻击。到 3 月 31 日，他已经准备不顾柏林命令，越过昔兰尼加。他把轴心国的机动部队组织成 3 条进攻线路：意大利装甲部队沿海岸线向班加西推进，两支德军纵队穿越沙漠分割盟军阵地。

澳大利亚第 7（上）和第 9 师徽章，这两支部队构成英联邦和大英帝国北非军队的一部分。

隆美尔的战术大获成功。4 月 6 日，英军放弃在昔兰尼加中部的防线。4 月 7 日，尼姆将军和奥康纳将军被一支德军巡逻队俘虏。4 月 8 日，德意两国部队在沿海会师，继续向图卜鲁格推进，此前澳大利亚第 9 师已撤到那里。4 月 11 日，图卜鲁格被围，但德意两军的所有攻击都被打退。图卜鲁格一直被围到 12 月，英军为防止它投降，派出船队增援。此时，德军统帅部担心隆美尔力量投入过多，派来保卢斯将军，亲自命令隆美尔在图卜鲁格以西的加查拉坚守一条防线。可当这一命令抄送柏林时，被英国情报机关截获并破译。丘吉尔急于利用此情报发动一次反击，命令韦弗尔将军使用“老虎”船队新运去的坦克和战机回敬隆美尔。这时，德国非洲军团不顾保卢斯的命令，已抵达拜尔迪耶和塞卢姆，接近埃及边境。

1941 年 5 月 15 日，英联邦反击位于塞卢姆德军的“简洁行动”（Operation Brevity）打响。然而，这一行动却进展甚微，到 5 月 27 日，又被德军重新夺回他们短暂失去的阵地。韦弗尔受到要求他采取行动的压力，于 6 月 15 日发动第二次反击——“战斧行动”（Operation Battleaxe）。这次行动中，穿透拜尔迪耶轴心国防线的战果甚至更不如前。德国非洲军团用 88 毫米高射炮作为反坦克炮，达到毁灭性打击效果。隆美尔削弱盟军的攻势后，率部向

“苏格兰佬”坎贝尔中校（1894—1942）

炮兵军官坎贝尔（“Jock” Campbell）中校一战时是炮兵军官，在 1940—1941 年北非战场对轴心国军队的战役中指挥英国皇家骑炮兵团（Royal Horse Artillery），以指挥一支机动部队袭扰意大利军队而闻名。因他指挥多军种联合部队在沙漠地带奔袭敌军获得巨大成功，这些部队得到“苏格兰佬”纵队的绰号。1941—1942 年，他指挥第 7 火力支援旅（7th Support Group），1942 年初被提拔为少将。1942 年 2 月 26 日，他死于一次吉普车交通事故。

埃及的国土推进，意图一举消除士气低落的敌军造成的威胁。6 月 17 日，英军撤回埃及，据守苏伊士运河。在短短两个月的战斗中，隆美尔重新夺回几乎整个昔兰尼加，随后在塞卢姆构筑防御工事。

7 月 1 日，韦弗尔被丘吉尔撤职，换上克劳德·奥金莱克（Claude Auchinleck）将军任中东总司令。这时，中东战区的英联邦及其支援部队人数已过百万，包括 49 个空军中队和超过 700 架飞机，成为当时最大的战区司令部。奥金莱克顶住了丘吉尔要求尽早发动攻势的压力，宁愿先储备充足的后备力量和装备，不愿再冒险遭受像“简洁行动”和“战斧行动”那样的第三次失败。整个沙漠行动期间，埃及实际上成了英国人的后院：建立大型转运和训练中心，建设输油管道，铺设水管将尼罗河河水引入沙漠，建造新道路和空军基地。这些工作大部分使用了埃及劳动力。许多埃及人不喜欢英国势力的存在。英国指挥官知道，他们不仅面对一个强大的军事对手，还面临着后院政治动荡的可能性。

埃尔温·隆美尔元帅（1891—1944）

隆美尔是希特勒最著名的将领。他是一位专注、高效的指挥官，战士中的战士，勇敢、顽强，乐于与手下出生入死。作为职业军人，一战中他在西线和意大利战场作战，战功卓著。他是快速机动作战的大师，二战时法国战役中指挥一个装甲师。1941 年 1 月升为中将，被派去指挥非洲军团，一支为支援在利比亚沙漠中的意大利部队而组建的队伍。1942 年 6 月，他成为德国最年轻的元帅，但 1943 年 5 月，他的部队在北非战败。他帮助组织了法国北部的防守，在 1944 年 7 月 17 日的一次空袭中受伤。他被控参与 7 月 20 日刺杀希特勒的炸弹阴谋，最终选择了自杀而不是接受叛国罪审判。

德国非洲军团臂章。

澳大利亚第 9 步兵师的士兵在看守图卜鲁格的德国和意大利士兵。这些是北非战场俘虏的第一批德军的一部分。

一门德国36型88毫米高射炮在北非沙漠与英国坦克进行战斗。这种高射炮放低后成为一种高效的“坦克克星”，所有德军战线都用上了它的这一功能。

为建立一支小型高效打击力量，渗透和破坏轴心国设施，英国空军特勤队于1941年8月应运而生。图为特勤队士兵在训练如何跳伞。他们与1941年全年作战的远距离沙漠突击组紧密合作。

1941 年战斗期间，德军在昔兰尼加的空军基地。容克 Ju 52 运输机（在地上和空中）是隆美尔空运补给系统的中坚力量。图中最前 面的是 Me 110 双发（指发动机，下同。编者）战斗轰炸机。

1941 年，利比亚港口图卜鲁格争夺战期间，英国皇家骑炮兵团的一门大炮正在轰炸城市外围的德军。

盟军进攻伊拉克和叙利亚

1941.6.8—7.14

大事表

1941 年 5 月 2 日
英军占领巴士拉和伊拉克南部油田。
1941 年 5 月 10 日
伦敦遭受了最猛烈的一次大空袭。
1941 年 5 月 20 日
德军空降兵开始入侵克里特岛。
1941 年 6 月 3 日
巴格达反犹暴徒杀害犹太人，捣毁犹太商店。
1941 年 6 月 11 日
罗斯福同意美军进驻冰岛，换下英国守军。

德军占领巴尔干地区，同时在利比亚沙漠推进。英国领导人开始担心，轴心国军事上的成功以及中东穆斯林对轴心国的支持，这两者的结合可能威胁英国在中东的利益，尤其是对整个地中海战争至关重要的石油。在伊拉克，反对英国占领的伊拉克民族主义运动成为对摩苏尔油田的威胁。早在 1940 年 3 月，英国就把在伊拉克可能采取行动的计划提上日程，也对从印度调军队到巴士拉的“萨宾行动”做了准备。1941 年 4 月初，伊拉克摄政王政府被一场军事政变推翻。英国大使基纳汉 · 康沃利斯（Kinahan Cornwallis）爵士刚好在政变期间到达了巴格达。他催促英国政府在可预见的德国飞机和军队到达前，对伊拉克采取军事干预。

4 月 17 日，第一支印度部队到达巴士拉。两天后，第 1 国王私人皇家团（1st King’s Own Royal Regiment）400 名士兵飞来增援巴格达附近的哈巴尼亚机场。叛军领导人拉希德 · 阿里决定摧毁英国的军事存在。5 月 1 日，伊拉克军队开始在哈巴尼亚空军基地周围修筑工事，准备占领这一基地。他们希望这一行动将争取到德国的支持。基地英军司令斯马特空军少将决心一

英国国王私人皇家团（皇家兰开斯特团）的帽徽。

英国第 6 步兵师军徽。1941 年 6 月，该师调到叙利亚，参加了从维希法国部队手中夺取大马士革的战役。

战。5 月 2 日，他在伊拉克部队做好准备前，对其发动了猛烈空袭。伊拉克空军的 56 架飞机大部分为过时机型，很快只剩下一半。英军的狂轰滥炸迫使伊拉克军队从英国空军基地外围撤出。约翰 · 克拉克（John Clark）少将指挥的代号“哈伯军”（Habforce）的解救部队在外约旦（Trans-Jordan）组建。这支快速机动纵队由从近 6000 人的部队中抽出 2000 人组成，迅速赶往哈巴尼亚空军基地。此时，伊拉克和叙利亚机场有约 25 架德国飞机可协助叛军。“哈伯军”的先头部队遭到德军轰炸机的攻击，但还是于 5 月 18 日赶到哈巴尼亚。

现在，伊拉克的抵抗力量正在瓦解。5 月 19 日，英国哈巴尼亚空军基地抽出部队，占领费卢杰镇，进军巴格达。德国空军在数量上已落下风，还有 21 架飞机被毁。5 月 30 日，拥有 5 个师的伊拉克陆军放弃了战斗，签订停火协议。1941 年 10 月，伊拉克摄政王复辟。1943 年 1 月 17 日，伊拉克对轴心国宣战。法国托管地叙利亚忠于维希政府，所以，拉希德 · 阿里得到来自叙利亚基地的帮助。这促使丘吉尔批准了为同盟国占领中东地区的进一步行动。6 月 23 日，在梅特兰 · 威尔逊（Maitland Wilson）中将的指挥下，“哈伯军”和 5 月在巴士拉登陆的印度第 10 师以及澳大利亚第 7 师，从南面的巴勒斯坦和东面的伊拉克进军，攻击黎巴嫩和叙利亚的维希法国军队。盟军对法国守军的进攻，取得缓慢进展。继澳大利亚第 7 师 6 月 21 日占领大马士革后，7 月 6 日开始攻打贝鲁特。7 月 10 日，维希法国军队在贝鲁特的指挥官投降。7 月 14 日，维希当局签订了停火协议（《阿卡协定》[Acre Convention]），约 32300 名法国士兵被遣返。叙利亚开始被置于英国的军事控制之下，直到 1946 年独立。威尔逊将军留在该地区，指挥现称第 9 集团军的部队，防范德军经苏联高加索地区从北部进犯的风险。因上述两次战役而夺得的一块重要区域，把英国在欧洲和亚洲的战争行动连成了一片，阻止了轴心国的继续扩张。

1941 年 5 月 30 日，伊拉克军队投降。英军随后占领巴格达。图中可见他们正隔着底格里斯河注视着这座城市。

1941 年 7 月 6—10 日，进攻黎巴嫩首都的战役中，一门 152 毫米榴弹炮在向贝鲁特的维希法国部队开火。澳大利亚第 7 师到达该市郊外，但遭到法军指挥官顿茨（Henri Dentz）将军的顽强抵抗。

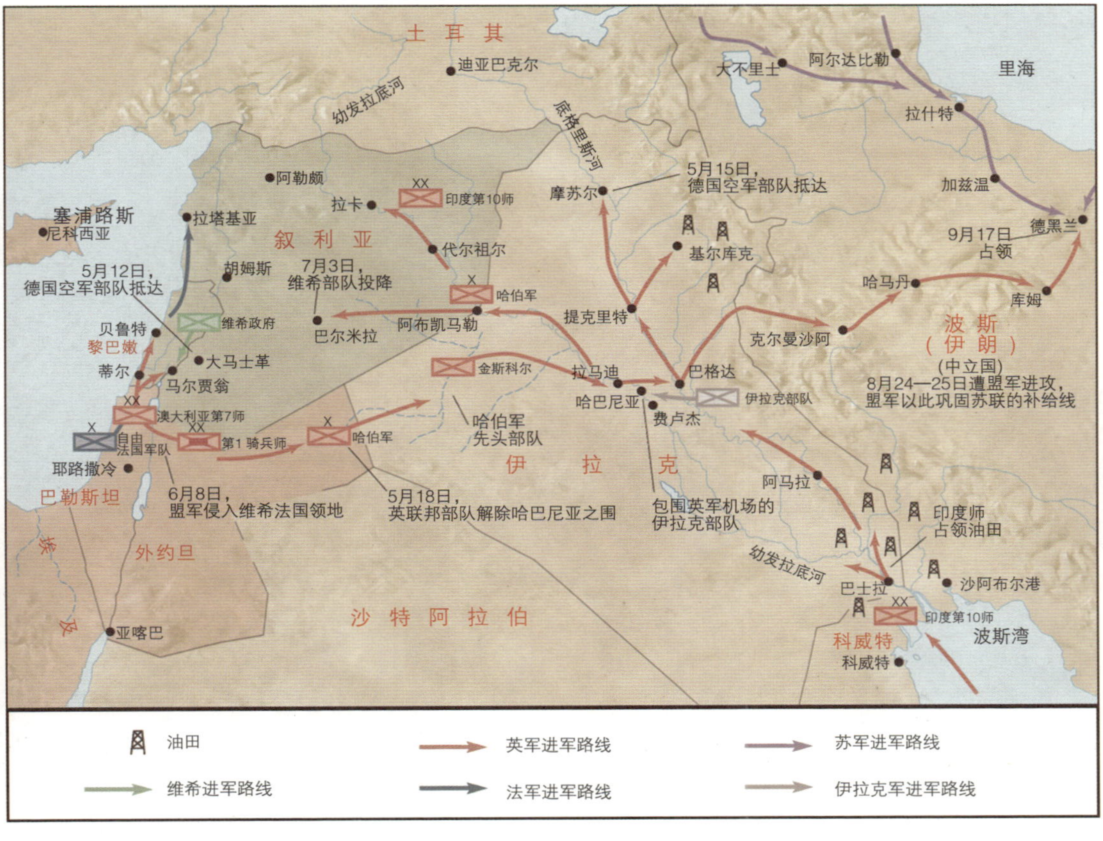

伊拉克政变

伊拉克曾是国联时的英国托管地，1932 年获独立。1930 年的《英伊条约》向英国做出经济和军事让步，包括英国有权在伊拉克驻军和在巴士拉及哈巴尼亚建立两个永久的空军基地。1941 年 4 月初，以军事指挥官、前首相拉希德·阿里·盖拉尼（1892—1965）为首，一群被称作“四大金刚”的伊拉克反英军官发动了一场推翻亲英摄政王埃米尔·阿卜杜拉（Emir Abdullah）的政变。4 月 3 日，拉希德·阿里成为首相，摄政王撤到巴士拉。1941 年 5 月伊拉克军队战败后，拉希德逃到伊朗，最终流亡德国，在那里待到 1958 年。

1941 年 5 月，聚集在一个伊拉克村庄的部落武装士兵。他们参加了反对在该国设立英军基地的叛乱。

自由法国军队

自由法国军队由戴高乐担任总指挥，但在作战中实际受英国军官指挥。他们在中东战场上发挥了作用，但他们的存在给英国在该地区计划的实施带来了麻烦。戴高乐希望叙利亚和黎巴嫩由自由法国管理，希望能够为自由法国事业在维希守军中招收士兵。戴高乐的前一个要求没得到满足，不得不同意叙利亚和黎巴嫩独立；但第二个要求却被同意，6000 名士兵加入了他的部队。

1941 年 6 月，盟军进攻叙利亚和黎巴嫩期间，来自法国殖民地乍得的一名自由法国士兵在街道上架起机枪。

1941 年 6—7 月，与英联邦军队的短暂冲突期间，在叙利亚和巴勒斯坦边境附近行军的法国骑兵。驻叙利亚的法国守军依然忠于维希法国，与盟军那一方的自由法国士兵作战。

1941 年 7 月 12 日，在叙利亚巴尔米拉（Palmyra）附近贝勒神庙（Temple of Ball）的废墟中，英国士兵在搜寻维希法军雇来阻止英军推进的阿拉伯狙击手。

阿拉伯士兵守卫着外约旦伊拉克输油管旁的飞机跑道，一群“角斗士”战斗机正在加油。这些飞机在从埃及赶往被围攻的伊拉克哈巴尼亚机场的途中休整。

1941 年 6 月 11 日，英联邦军队进军叙利亚期间，一辆配备澳大利亚士兵的维克斯 VI 型轻型坦克（Vickers Light Tank Mk VI）正在行进中。

《大西洋宪章》

1941.8.9—8.12

大事表

1941年8月2日
罗斯福将美国的援助计划扩至苏联。

1941年8月10日
阿根廷、古巴和智利揭露了亲德政变图谋。

1941年8月10日
英国和苏联承诺在土耳其受到轴心国攻击时提供支援。

1941年8月12日
希特勒发布命令，暂停向莫斯科进军，以便夺取北线的列宁格勒和南线的乌克兰。

1941年8月12日
贝当终止了独立政党的活动，禁止一切政治集会，在维希法国建立准法西斯主义独裁国家。

1941年8月13日
日本轰炸机摧毁了中国陪都重庆的大片区域。

1941年8月9—12日，二战第一次重要峰会由美国总统罗斯福和英国首相丘吉尔召开，会址选在加拿大沿海的纽芬兰。丘吉尔乘一艘战列舰，罗斯福乘美国“奥古斯塔”号巡洋舰抵达，大部分会面就在这艘巡洋舰上。在普拉森舍湾，两人在这场战争中第一次面对面讨论了战争前景，以及美国不参战的情况下，罗斯福能够提供多大援助。对两人来说，这都是激动人心的时刻。但这次会议对丘吉尔更具特别意义，因为没有美国的援助，英国的战备能力根本不足以打败轴心国。在会议上，丘吉尔着手为两国确立不久后所称的“特殊关系”。

1941年，费雯丽（Vivien Leigh）在电影《汉密尔顿夫人》（*That Hamilton Woman*）中饰汉密尔顿夫人。这是丘吉尔最喜欢的一部电影。据说，在前往加拿大沿海纽芬兰普拉森舍湾与罗斯福会谈的路上，他反复观看了这部电影。

会议第一天，罗斯福就告诉丘吉尔，希望

罗斯福连任

1940 年 11 月，富兰克林·罗斯福总统史无前例地再次当选，连任第三届。在英国人看来，要赢得美国对他们战争活动的更大支持，罗斯福是一位关键盟友。然而，罗斯福为了打消公众疑虑，说他无意把美国拖入与希特勒的战争，不得不提出“美国男儿不会死在任何外国战争中”的竞选口号。他战胜共和党候选人温德尔·威尔基（Wendell Wilkie）的票数差额比 1936 年小了很多，但这次胜利为 1941 年的积极干涉政策铺平了道路。

两人共同达成一个能够公开的长期政治目标。当晚，丘吉尔回到来时乘坐的军舰上，起草了一项“五点声明”。这项声明成为后来被称作《大西洋宪章》(Atlantic Charter) 的文件的核心。随后两天，双方代表团对文件的措词和丘吉尔声明中缺乏的内容进行了争论。美国要求英国对开放战后经济做出更多承诺，丘吉尔则不想损害大英帝国贸易的未来。丘吉尔想到罗斯福可能会损害英国的利益，不由得心烦意乱，有一次甚至指着罗斯福的鼻子谴责他想摧

罗斯福挽着儿子艾略特的胳膊，在美国巡洋舰“奥古斯塔”号上欢迎丘吉尔。图为英国首相正把英王乔治六世的一封亲笔信交给美国总统。

毁大英帝国。

终于，双方大体达成一致意见。最后一天，一个“八点宪章”被签署，两国承诺战后世界将以民族自决和自由选举政府为中心原则。这一宪章中还包含自由获得世界原料供应和维持海上自由的模糊承诺，以及最后一项条款提议放弃武力作为解决争议的手段，降低军备水平。这些原则措辞松散，对双方都没有明确的约束力。《大西洋宪章》于8月14日宣布，其条款很快传遍世界。1941年9月，主要的同盟国都在伦敦签署了这项约定，1942年1月1日，《联合国宣言》(United Nations Declaration) 的26个签字国同时签署了《大西洋宪章》。3年后，联合国在《联合国宣言》的基础上成立。虽然制定《大西洋宪章》不是罗斯福的初衷，因为美国尚未参战，但它成为同盟国战争目标的一致宣言。因此，宪章的原则成为后来建设以国际正义为目标的战后持久秩序的基础。

柏林和莫斯科对宪章各有不同看法。斯大林不愿苏联受“应尊重其他民族自治权”的约束，也不愿对自由选举政府做出承诺。苏联虽然公开支持宪章，但从未正式签字。战后，没人努力保护苏联控制下的小国，自由选举政府也得等到1990年之后。柏林则把宪章看成威胁。希特勒认为宪章表明美国意图在某个时刻与德国开战，明确将美国归入德国的敌人之列。他把宪章看成英美犹太人的阴谋；在宪章公布一天后，他命令希姆莱开始在德国和德占区加紧进行迫害活动。在希特勒扭曲的世界观中，《大西洋宪章》就是世界犹太民族对德意志民族的战争宣言。

1941 年，希特勒和希姆莱在开会。希特勒把《大西洋宪章》看成世界犹太民族对德意志民族的战争宣言。宪章公布几天后，他命令希姆莱加紧实施迫害犹太人的活动。

1945 年，布痕瓦尔德（Buchenwald）集中营的犯人。《大西洋宪章》及后来的《联合国宪章》（Charter of the United Nations）寻求建立新的民主秩序，不让类似恐怖事件再次发生。

“威尔士亲王”号战列舰

丘吉尔参加普拉森舍湾会议乘坐的“威尔士亲王”号战列舰，是英国皇家海军舰队新增力量之一，拥有10门356毫米巨炮。它参加了击沉德国“俾斯麦”号战列舰的作战，并为这次大西洋航程及时完成了整修。穿越潜艇出没的大西洋有一定的危险，但这艘战列舰波澜不惊地完成了这5天的越洋航程。几个月后，1941年12月，“威尔士亲王”号被派到东亚保护英国殖民地，防范日军的攻击。他们相信战列舰面对空袭时足以自保，但它在公海被日本飞机截击，12月9日被击沉。“整个战争中，”丘吉尔写道，“我从未受到比这更直接的打击。”

签署历史性的英美合作协定（《大西洋宪章》）几天后，回到各自国家的丘吉尔和罗斯福。

1945 年 5 月 29 日，美、英、法、中、苏“五大国”的代表在召开会议，继续讨论联合国的问题。这次讨论的最终结果，就是 1945 年 6 月 26 日签署《联合国宪章》。1941 年的《大西洋宪章》为 4 年后联合国的成立打下了基础。

1944 年，苏军解放波兰卢布林（Lublin）郊外的马伊达内克（Majdanek）死亡集中营。这是他们发现的一堆人骨。一些人声称，希特勒对《大西洋宪章》的愤怒加速了灭绝犹太人的行动。

“十字军行动”

1941.11.18—1942.1.21

大事表

1941 年 11 月 20 日
日本警告美国，要求其勿干涉中国。
1941 年 12 月 1 日
日本领导层批准了对美开战的决定。
1941 年 12 月 5 日
朱可夫将军领导苏军在莫斯科发动反击。
1941 年 12 月 22 日
“阿卡迪亚会议”（Arcadia Conference）在华盛顿开幕，英美一致赞同打败德国是重中之重。

1941 年夏，盟军没能将隆美尔的非洲军团赶出埃及边境，这场沙漠战争进入少有的静态战时期。隆美尔及其意大利盟友围绕塞卢姆和拜尔迪耶一带建立了一条防线。英军新任命的奥金莱克将军顶住了要他进攻轴心国军的压力，直到确定自己的兵力占有优势。就在英国陆军积累力量之际，皇家空军利比亚沙漠部队在阿瑟 · 特德（Arthur Tedder）空军上将的统一指挥下，连续不断地轰炸了德军阵地，对班加西港空袭了 100 次，对的黎波里袭击了 70 次。特德组织实施了向陆军提供密切支援的新战术，一种从德军“偷”学来的打法——通过无线电将常备巡逻战斗机与陆军各单位联系起来，保证战场的快速响应。英国陆军利比亚沙漠部队（后于 1941 年 9 月 18 日改成第 8 集团军）获得增援，到 1941 年 11 月，人数达到 11.8 万，增加的人员来自英国、新西兰、南非和印度部队。在数量上，英军的坦克超越了轴心国（辆数为 680 对 390），飞机更是远远超过对方（架数为 1000 对 320）。于是，此时奥金莱克策划了一次大型战役——“十字军行动”，意在夺回昔兰尼加，解除德军对图卜鲁格的围困。英军开始进攻时，德军还在准备再次攻击图卜鲁格，

英联邦南非第 2 师徽章。

喀尔巴阡（波兰）第 3 师徽章。该部构成北非英国第 8 集团军的一部分。

1941 年 11 月 1 日，图卜鲁格的一个指挥所里，英国皇家骑炮兵团军官在工作中。一个军官在观察弹着点，另一个在用喇叭筒命令开火。到 12 月 10 日，图卜鲁格之围被解。

消除对轴心国侧翼的威胁。

“十字军行动”开局时胜负交织。11 月 18 日，盟军进军，遭遇顽强抵抗。英国在图卜鲁格的守军意图突围，与穿越沙漠西进的第 30 军会师。但隆美尔一旦看清奥金莱克行动的规模，便开始向图卜鲁格回撤，打破了英国守军的突围企图。拜尔迪耶和塞卢姆两地的意大利部队被抛弃，经过激烈抵抗，分别于 1 月 2 日和 12 日投降。图卜鲁格以南，在西迪雷泽格（Sidi Rezegh）一带德军的反击给盟军造成了混乱。隆美尔曾一度认为敌军坦克差不多被全歼，命令自己余下的坦克向尼罗河三角洲推进。盟军指挥官、东非胜利者艾伦·坎宁安中将对自己的处境没有把握，要求允许自己撤退。奥金莱克以他的副参谋长、代理少将尼尔·里奇（Neil Ritchie）接替坎宁安。最终，里奇稳定了盟军的战场。第 30 军与图卜鲁格守军会师，轴心国军面临被分割的危险。12 月 8 日，隆美尔有序西撤，盟军则于 12 月 10 日进入图卜鲁格，最终解除了 240 天的围困。这时，防守该镇的已不再是当年春天占领它的澳大利亚部队，而是一支由英国、印度、南非和波兰军队组成的混合部队，包括波兰喀尔巴阡旅（Polish Carpathian Brigade）。

1941 年 12 月起，代理少将尼尔·里奇出任英国第 8 集团军司令。1942 年夏，隆美尔把第 8 集团军赶出“十字军行动”所占的地区后，里奇被解职。

隆美尔在他当年早期打下的地区被一路追击。加查拉、班加西和卜雷加港（Mersa Brega）全被盟军收复；到 1941 年末，盟军推进 475 公里，收复了整个昔兰尼加。在苏联遭遇失败和日本开始在太平洋快速取胜之后，利比亚的胜利大大鼓舞了面临四面楚歌的同盟国士气。然而，这场胜利却是一座空中楼阁。隆美尔带着他未被打垮的非洲军团撤到阿盖拉。在那里，他重新集结部队，用上 1942 年 1 月到达的黎波里的新补给。一旦前线条件具备，他立即准备打退已到强弩之末、补给缺乏的英联邦部队。奥金莱克未能认识到对手的真实情况，又筹划了一次新的“杂技行动”（Operation Acrobat），准备占领利比亚西部的黎波里塔尼亚地区。1 月 21 日，隆美尔先发制人，狠狠回敬了盟军在“十字军行动”中取得的一场表面辉煌。

“十字军行动”期间，英国皇家空军布里斯托尔“布伦海姆”（Bristol Blenheim）轻型轰炸机空袭过后，在利比亚胡姆斯（Homs）至米苏拉塔（Misurata）间的路上燃烧着的轴心国油罐和拖车。

“十字军行动”期间，一辆英国“马蒂尔达”坦克和一辆汽车在沙漠中行进。战役开始时，英国及英联邦部队在数量上拥有两倍于对手的坦克优势。

克劳德·奥金莱克元帅（1884—1981）

除了 1940 年在挪威待过一小段时间及随后作为英格兰南方司令部司令外，奥金莱克的整个军事生涯几乎都是在欧洲以外度过的。作为职业军人，一战期间他在中东服役，后进入驻印英军。他作为少将被召回欧洲，先指挥在挪威的英国部队，后回到英国领导第 5 军，并参与组织国民卫队（Home Guard）。1940 年 11 月，他被任命为驻印总司令；到 1941 年 7 月 5 日任中东总司令时，他已升为上将。他在 1941—1942 年对阵隆美尔时的表现优劣参半，致使丘吉尔在 1942 年 8 月撤了他的职。1943 年 6 月，他作为总司令回到印度，一直保持这个职位到 1947 年。1946 年，他被晋升为元帅。

南非空军的一架美制马丁“马里兰”（Martin Maryland）轻型轰炸机正飞越德军第 15 和第 21 装甲师。后者刚刚在试图突破西迪雷泽格以东的英军阵地时遭到轰炸。

在一个更像伦敦空袭的画面中，英国探照灯和高射炮火点亮了埃及亚历山大港口英国海军基地的夜空。背景中可看到轴心国战机投下的炸弹在爆炸。

德军正在图卜鲁格和西迪欧麦尔（Sidi Omar）之间的地区进军。“十字军行动”期间，双方在沙漠中展开拉锯战，直到隆美尔认清对方兵力超过自己，于 1941 年 12 月 8 日撤退。

偷袭珍珠港

1941.12.7

大事表

1941 年 11 月 10 日
丘吉尔向罗斯福承诺，如果日本进攻美国，英国将在“一个小时内”宣战。
1941 年 11 月 13 日
美国国会废除 1939 年《中立法案》的部分内容，允许武装商船。
1941 年 11 月 26 日
科德尔·赫尔（Cordell Hull）要求日本从中国撤军。
1941 年 12 月 5 日
希特勒暂停在莫斯科前线的德军攻势。
1941 年 12 月 11 日
德国和意大利对美国宣战。
1942 年 1 月 19 日
罗斯福批准拨款研制原子弹。

1941 年 12 月 7 日（日本时间 8 日）晨，一批批日本海军战机携带炸弹和鱼雷袭击了夏威夷群岛瓦胡岛的美国海军主要基地珍珠港。没有警告，没有宣战，日军突然袭击，发动了导致日本帝国最终灭亡的 4 年太平洋战争。

追授给列兵杰克·费尔德曼（Jack H. Feldman）的紫心勋章。他在日军对珍珠港发动的偷袭中牺牲时，年仅 19 岁。

珍珠港袭击，发生在日美关系长期恶化的最后时刻。美国政府在日本侵华战争中偏向中方，但没采取任何引发对日战争的举动。美国认为日本绝对不会冒全面战争的危险，希望最终通过外交途径解决危机。1940 年 7 月，第一批日军获准进入中南半岛北部时，罗斯福批准限制对日出口废钢和石油。日本海军的策划者担心遭受全面石油禁运的威胁，开始采取先发制人进攻美国和英国殖民地的“南进”行动，占领石油资源丰富的荷属东印度群岛地区，在太平洋外围建立一道铜墙铁壁。

德国对苏联的入侵在日本引发了震动。势力强大的日本陆军企图乘机消除苏联的威胁，与德军合力摧毁苏联。日本海军则继续推行南进战略，认为苏德战争消除了北方的一切危险，而占领南方的丰富资源将为最终打败中国和苏联创造条件。1941 年 7 月 26 日，日本进一步侵犯中南半岛地区之后，美国冻结了日本在美的所有资产，加紧了石油禁运的步伐。1941 年 9 月初，日本海军提议，如果外交努力无法推动美国外交政策改弦易辙，则日本应与美国摊牌。行动的最后日期定为 11 月 30 日，这一日期之后，战争将自动爆发。美国政府破译了日本的密码，知道日本的想法越来越坚定。11 月 26 日，罗斯福的国务卿科德尔 · 赫尔提出日本从中南半岛和中国撤军的新条件，被日本政府直接拒绝。12 月 1 日，裕仁天皇批准开战。

1941 年 12 月初，一支由日本 5 艘航母及其 460 架飞机组成的庞大舰队，保持绝对的无线电静默，驶向夏威夷以北的海域。虽然也有相关情报最

终传到了美军位于夏威夷群岛的监听站，但被淹没在大量琐碎的无线电通信中。美国人截获一封 12 月 6 日从东京发往日本驻华盛顿使馆的电报，但破译不全，没有注意到中断外交关系的指示暗示着即将开战的信号。12 月 7 日早上 7 时 49 分，第一波 183 架日本轰炸机、俯冲轰炸机和战斗机袭击了珍珠港和美国空军基地。第二波攻击在 8 时 50 分到来。岛上 394 架美国飞机中，347 架被摧毁或受损，日本战机只损失了 29 架。日军完全做到了偷袭，造成了毁灭性的后果。一队训练有素的日本海军飞行员成功击沉或击伤了美军的 18 艘舰艇，包括 8 艘战列舰。76 艘舰艇未受损失，其中包括潜艇，美军航母也碰巧不在港内。袭击虽然在美国引发极大愤慨，但其损失并没有达到日军的预期，珍珠港依然是美军后续行动的一个中心基地。

次日，罗斯福在国会谴责说前一天是“一个钉在耻辱柱上的日子”，并正式向日本帝国宣战。日本政客希望珍珠港偷袭将打击美国士气，限制它的战争能力。实际上，它激起了美国人的极大愤慨和与日本战争到底的决心。

1941 年 12 月 7 日，日军袭击珍珠港后，在空中对夏威夷福特岛拍摄的照片。从中可见，有两架日机还在不依不饶地对美国舰队发动进一步攻击。

东条英机（1884—1948）

东条英机，一个日本陆军将军的儿子，1940年被任命为陆军大臣，1941年10月16日出任首相。他没有多少战斗经验，却是一个狂热的民族主义者，是支持强硬对华军事政策和反对与西方大国妥协一派的中坚代表。1944年，他因日本的军事失败面临日益严厉的批评，被迫于7月辞职。1945年，美国宪兵来逮捕他时，他企图自杀，但没有成功。1948年12月，他作为战犯被绞死。

1941年12月7日上午，进攻珍珠港美国海军基地的行动中，一架日本海军三菱“零式”战斗机正从“赤诚”号航母的飞行甲板上起飞。日本海军有一支约600人的精英飞行员队伍，他们为攻击前的长途海上飞行进行了针对性训练。

1941年12月8日，美国总统罗斯福在签署对日宣战文件。

日军轰炸珍珠港港口设施后，解体的油罐燃起熊熊大火。烟幕后隐约可见一艘受损的战列舰。

日军轰炸珍珠港期间，美国驱逐舰“肖”号（*Shaw*）正发生爆炸。它在日本轰炸期间被击中三次，直到1942年6月才能再次参战。

日裔美国人

1942年，约11万日裔美国人，其中许多为美国公民，从他们主要位于西海岸的家中被“迁移”到深入内陆的10处收容所。1942年2月19日签署的罗斯福总统9066号行政令授权战争部长划定法定军事区，区内人员可以合法地被强制驱逐。大部分日裔美国人被关在收容所内长达3年，尽管没有一起间谍或破坏案被查获。同样的规则没有适用于德国和意大利裔美国公民，只适用于德国和意大利侨民（指暂居美国的德国和意大利公民。编者）。约22500名年轻日裔美国人志愿参战，其中1.8万人在实行种族隔离的部队服役。

1941年12月10日，在美国控制的巴拿马运河区，一群日本人被拘留。日军偷袭珍珠港之后，区内日本、德国和意大利公民被强制迁入一个收容所，美国大陆各地都设置了类似的收容所。

一艘海军汽艇正在靠近美国战列舰“西弗吉尼亚”号（*West Virginia*）。日本战机袭击珍珠港基地期间，它被6枚鱼雷击中。这次袭击共造成军民2403人丧生。

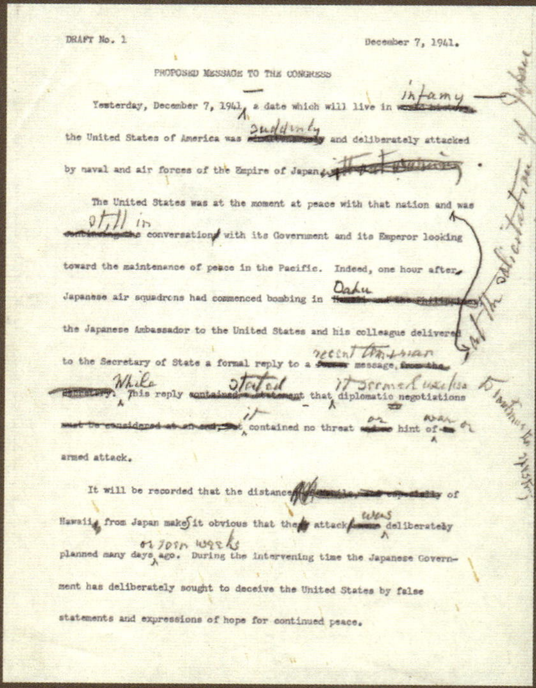

DRAFT No. 1 December 7, 1941.

PROPOSED MESSAGE TO THE CONGRESS

Yesterday, December 7, 1941, a date which will live in ~~world history~~ infamy the United States of America was ~~simultaneously~~ suddenly and deliberately attacked by naval and air forces of the Empire of Japan. ~~without warning~~

The United States was at the moment at peace with that nation and was ~~continuing the~~ still in conversations with its Government and its Emperor looking toward the maintenance of peace in the Pacific. Indeed, one hour after Japanese air squadrons had commenced bombing in ~~Hawaii and the Philippines~~ Oahu the Japanese Ambassador to the United States and his colleague delivered to the Secretary of State a formal reply to a ~~former~~ recent American message, ~~from the Secretary~~. While this reply ~~contained a statement~~ stated that diplomatic negotiations ~~must be considered at an end~~ it seemed useless to continue it contained no threat ~~and~~ or hint of war or armed attack.

It will be recorded that the distance ~~of Hawaii and especially~~ of Hawaii from Japan makes it obvious that the attack was deliberately planned many days or even weeks ago. During the intervening time the Japanese Government has deliberately sought to deceive the United States by false statements and expressions of hope for continued peace.

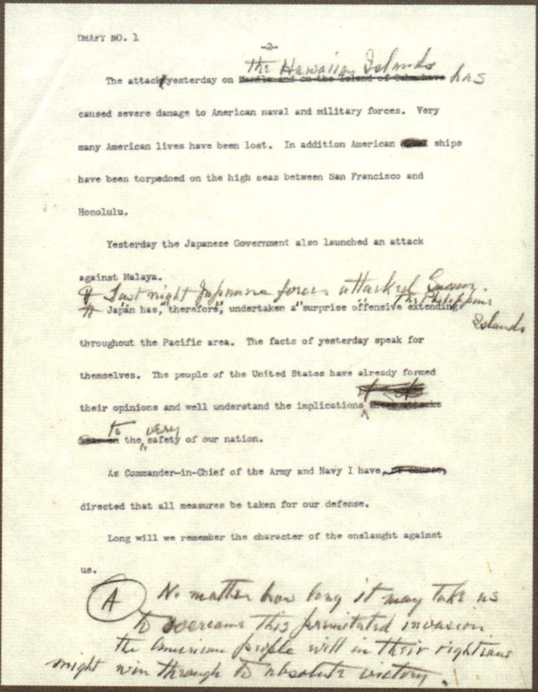

DRAFT NO. 1 -2-

The attack yesterday on ~~Manila and on the Island of Oahu have~~ the Hawaiian Islands has caused severe damage to American naval and military forces. Very many American lives have been lost. In addition American ~~cargo~~ ships have been torpedoed on the high seas between San Francisco and Honolulu.

Yesterday the Japanese Government also launched an attack against Malaya.

Last night Japanese forces attacked Guam.

Japan has, therefore, undertaken a surprise offensive extending throughout the Pacific area. The facts of yesterday speak for themselves. The people of the United States have already formed their opinions and well understand the implications ~~these attacks~~ to the very ~~mean~~ safety of our nation.

As Commander-in-Chief of the Army and Navy I have ~~of course~~ directed that all measures be taken for our defense.

Long will we remember the character of the onslaught against us.

(A) No matter how long it may take us to overcome this premeditated invasion the American people will in their righteous might win through to absolute victory.

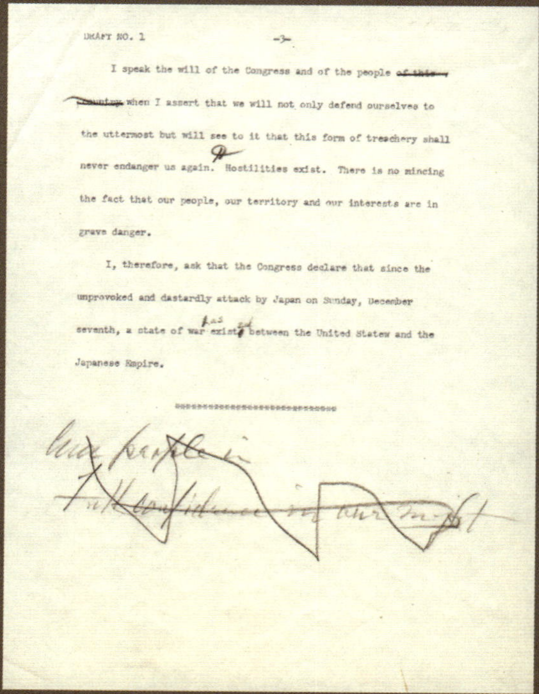

DRAFT NO. 1 -3-

I speak the will of the Congress and of the people ~~of this country~~ when I assert that we will not only defend ourselves to the uttermost but will see to it that this form of treachery shall never endanger us again. Hostilities exist. There is no mincing the fact that our people, our territory and our interests are in grave danger.

I, therefore, ask that the Congress declare that since the unprovoked and dastardly attack by Japan on Sunday, December seventh, a state of war has existed between the United States and the Japanese Empire.

==========================

~~With confidence in our might~~

罗斯福“耻辱日”演讲稿原件

这是珍珠港事件后，罗斯福总统致美国国会的演讲草稿，其中有他亲笔作的修改。他将原文中“将在世界历史上留名的日子”改为“将在耻辱中永存的日子”。正是这一措辞，使演讲稿成为历史名篇。

亚洲"闪电战"

1941.12.8—1942.5.11

大事表

1941年12月12日
罗马尼亚对美宣战，次日保加利亚也对美宣战。

1942年1月1日
英美中苏和另外22国签署《联合国宣言》。

1942年1月13日
德国潜艇开始实施"鼓点行动"，攻击美国大西洋沿岸的商船。

1942年2月14日
英国皇家空军轰炸机司令部接到获准对城市发动区域轰炸的命令。

1942年4月4日
希特勒命令对英国城市发动报复性空袭。

1942年5月5日
盟军在马达加斯加北部登陆，阻止日军占领。

根据已制订的计划，日军袭击珍珠港的同时还发动了一系列复杂大胆的联合作战，意在占领南亚、东印度群岛和西太平洋诸小岛，保证石油、橡胶、锡和其他矿产的供应，并吓阻英美政府：夺回日本帝国的新南部区域将付出高昂代价，你们就别妄想了！ 4个月之内，欧洲大国在远东的庞大殖民地已处于日本统治之下。

第11印度步兵师徽章。该师最终在1942年2月15日新加坡失守时向日军投降。

1941年12月7日，山下奉文将军指挥一支进攻部队，乘船到暹罗（泰国旧称。编者）湾集结，计划于次日占领泰国南部的克拉地峡（Kra Isthmus），进攻英国在马来半岛北部的机场。其他打击力量计划占领中国香港，进攻菲律宾，征服英国和荷兰的东印度属地。日军的行动取得了惊人的成功。在马来半岛，山下奉文指挥约 6 万人击败了一支于己两倍多的大英帝国部队。盟军未尽全力阻止日军推进。到 1942 年 1 月 9 日，日军逼近马来亚首都吉隆坡。一支准备不足、空中支援有限的部队，根本抵挡不住善于丛林作战和渗透战术的日军。1 月 31 日，马来亚被放弃，英军撤到新加坡岛。

然而，日军在菲律宾群岛的进展并不显著。1941 年 12 月 8 日，菲律宾最北端的巴坦岛（Batan）被占领，两天后，主要岛屿吕宋则遭受海上部队的进攻。太平洋深处，日军占领众多小岛，防止来自大洋中部的威胁。12 月 10 日，关岛美军基地被占领。威克岛守军打退日军 12 月 11 日的第一次攻击，12 天后却屈服于日军的另一次大型海空袭击。一周后的 12 月 15 日，日军在婆罗洲（Borneo）登陆，开始进攻荷兰、英国、澳大利亚和殖民地部队防守的东印度群岛。在一系列大胆的联合作战中，日军以机场和石油设施为目标，横扫了这一群岛。日军的一支攻击部队向东南运动，入侵所罗门群岛。高桥伊望海军中将率领特遣舰队集中攻击中部区域，于 1942 年 1 月 19 日占领巴厘岛，次日占领帝汶岛（Timor）。3 月 5 日，荷属东印度群岛首都巴达维亚（Batavia，雅加达）被占领。日本军舰和战机追击并摧毁了同盟国的船队残部，但一些盟军还是在日军战机的不断袭扰下从爪哇岛成功撤到澳大利亚。2 月 19 日，为了炫耀武力，日本轰炸机摧毁了澳大利亚北部港口达尔文大部。3 月 9 日，荷兰部队投降；3 天后盟军余部也缴械了。

日军的计划进展顺利。但他们无意开拓有限军力无法防守的更大战区，让澳大利亚暂以得保。1941 年 12 月 10 日，“威尔士亲王”号和“反击”号（*Repulse*）战列舰被击沉，英国在印度洋的海军势力被削弱。南云忠一海军中将发动了一次大胆袭击，向英国皇家海军发起挑战。1942 年 4 月 5 日，他的特遣舰队先进攻锡兰的科伦坡，再进攻亭可马里（Trincomalee）的英国海军基地，击沉 4 艘军舰，包括第一艘被舰载机击沉的“赫耳墨斯”号航母。日军依然无意将帝国势力扩展到印度洋，只想动摇英国在东南亚的脆弱政治地位，同时警告英国远离日本新帝国。建立这个横跨数千英里的新帝国，日本只用了 4 个月多一点的时间。

道格拉斯·麦克阿瑟将军（1880—1964）

麦克阿瑟生于美国一个上层社会家庭，父亲是军人。他是优秀的军校学员，获得过西点军校史上最好的成绩。一战结束时，他已经是准将军衔。1930 年，他任陆军参谋长，1935 年作为军事顾问到达菲律宾，在那里从美国陆军中退伍，成为菲律宾陆军元帅。1941 年 7 月，罗斯福任命他为美国远东军总司令；他组织了抵抗日军进攻的菲律宾防务。1942 年 4 月，他出任西南太平洋战区司令，虽然个性张扬，喜欢自我标榜，但他还是成为能鼓舞人心的领导人。1945 年夺回菲律宾后，他成为太平洋地区美军总司令。他成为战后占领日本的盟军统帅，在日本民主重建中发挥了关键作用。1951 年 4 月，就朝鲜战争政策与杜鲁门总统发生争论后，他最终被解除指挥权。

1942年2月19日，澳大利亚北部的达尔文港遭日军空袭后的景象。以舰载机为主的242架轰炸机和战斗机实施的袭击，意在切断盟军的交通。据悉，超过200名澳大利亚人在袭击中丧生。

3个月的群岛海区作战期间，遭日军空袭后，荷属东印度群岛的荷兰基地油库正在燃烧。该地区的石油是促使日本进攻的主要因素之一。

南云忠一海军中将（1887—1944）

南云忠一是珍珠港行动的司令，是个特别好战的快速舰队指挥官。20世纪30年代，他作为鱼雷专家升上要职，属于主张与美国正面冲突的日本高级海军军官圈子。偷袭珍珠港后，他指挥了对澳大利亚北部、印度和锡兰（斯里兰卡）的攻击及中途岛海战。中途岛的失败暴露出他对海军航空力量理解的欠缺，他被解除指挥权，回到日本任职，后于1944年被派到马里亚纳群岛。1944年7月，他在美军进攻塞班岛时自杀。

快速占领马来半岛期间，山下奉文所部士兵正在猛攻英军防守的一个村庄。日本士兵被西方看成劣等种族，然而仅仅7周之内，庞大的大英帝国和英联邦部队却被日军打得节节败退。

日军是率先掌握高效联合作战的国家之一。在 1942 年初期的一次类似行动期间，日本士兵从登陆艇中把一门大炮拖上岸。

1941 年 12 月，短暂抵抗之后，原驻守在英国殖民地中国香港的英军战俘正被日军押走。战争期间，成千上万英国及其殖民地战俘死于日本战俘营和苦役劳动。

1942 年 4 月 18 日，美国海空军联合发动了一次报复空袭，从美国航母“大黄蜂”号（*Hornet*）上起飞的 16 架 B 25 轰炸机轰炸了东京和日本的其他城市。图为轰炸机正离开航母。这些轰炸机仅造成很小的实际破坏，但振奋了美国公众的精神。

英国皇家空军的美制布鲁斯特“水牛”（Brewster Buffalo）战斗机正飞行在马来半岛上空。

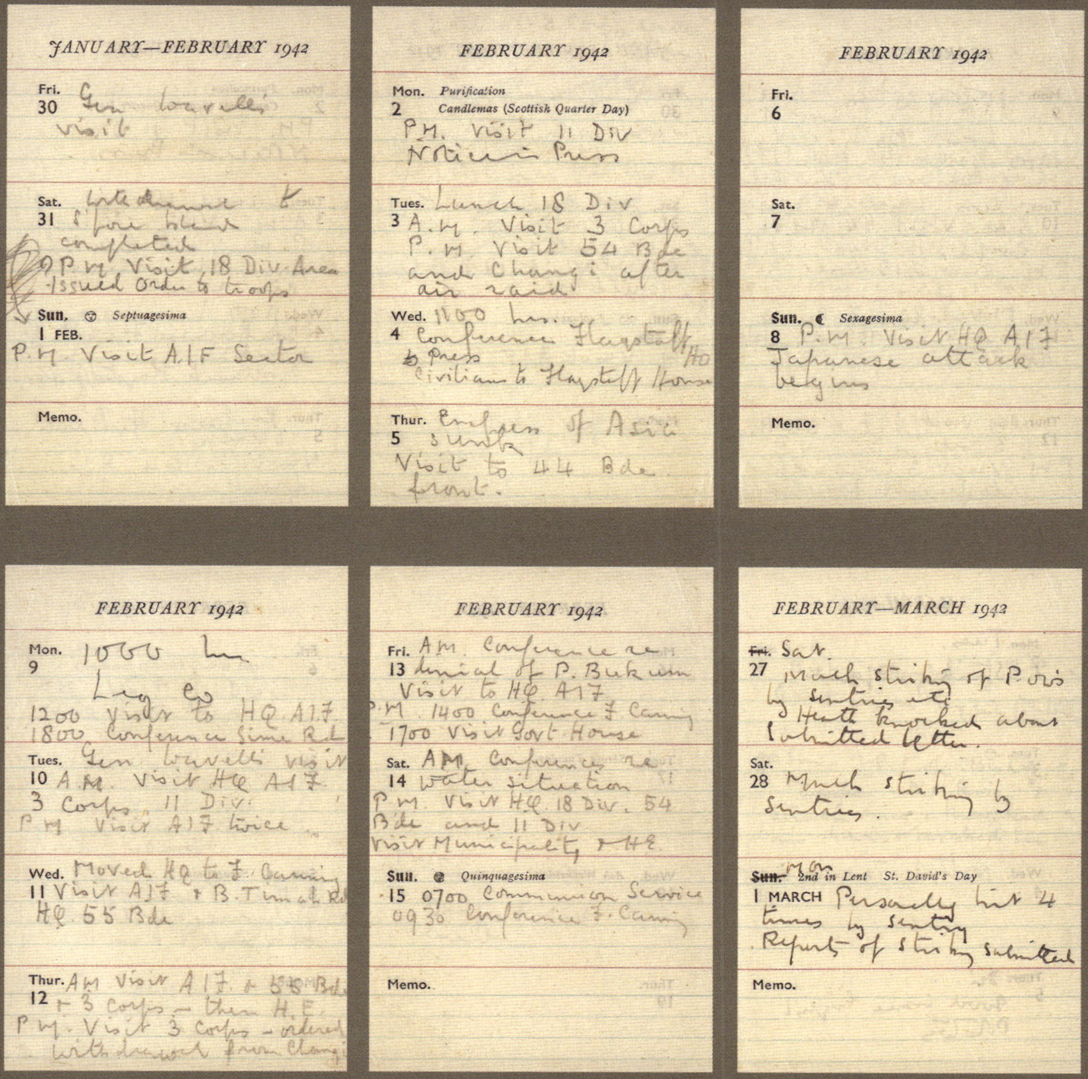

新加坡的陷落

亚瑟·珀西瓦尔中将的日记。2 月 15 日之前的条目记录了日军对新加坡的进攻；从 2 月 26 日开始的部分，则是一年多后他作为战俘期间所写。

《租借法案》

1940—1945

大事表

1942 年 5 月 2 日
对伊拉克和伊朗的租借援助获得授权。
1942 年 6 月 11 日
美国与苏联签署新的《租借协议》。
1942 年 7 月 5 日
英国经由危险的“北极船队”（Arctic Convoy）航线援助苏联。遭遇重大损失后，援助暂停。
1942 年 8 月 12 日
丘吉尔在莫斯科与斯大林会晤，承诺提供更多的援助。
1943 年 3 月 1 日
协调各方行动，保持大西洋航线畅通的护航会议在华盛顿召开。

1940 年 12 月 29 日，罗斯福总统在一次全国性广播中宣布他的决心：美国应成为“民主国家的大兵工厂”。3 周前，丘吉尔发来一项紧急请求，为 1941 年的战争要求经济和财政援助。罗斯福知道，美国反对援助英国的声音异常强大。但 1 月 2 日，他要求财政部起草一项法案，允许总统出售、转让、交换或租借战争物资给那些保护美国安全的交战国。这就是后来所称的《租借法案》的由来。根据这一法案，美国向几乎所有与轴心国作战的国家提供了大量经济援助。

1941 年 1 月，罗斯福在国会推出这项计划，引来如潮抗议。但他坚持自己的观点，认为通过提供资源来结束德国的威胁，可以最好地保护美国的利益。3 月 11 日，国会批准法案。丘吉尔形容它是“最高尚的法案”。毫无疑问，慷慨的租借援助使英国人民得以继续进行他们的战争活动。但资源的转让绝对不是单方的。根据 1942 年 9 月签署的《互惠援助协定》（Reciprocal Aid Agreements），英国承诺协助驻欧美军。美军诺曼底登陆的补给三分之一来自

美国出口的脱水鸡蛋，包装上写着“联合国家之一”。这类产品成为英国战时食谱的主粮。

根据租借计划提供给英国部队的手枪，上面刻着“美国财产”字样。

英国，包括1600万盒火柴和3700万块肥皂。当苏联于1941年6月加入战争时，英美两国都承诺会提供大规模援助，帮助这个新交战国。到1943年，美国已经在向35个国家提供物资。

美国援助的很大一部分以武器、原料、石油和食品的形式提供给英国，包括被称为“午餐肉”（Spam）的著名压缩肉罐头。因为对共产主义的不信任，对苏援助遇到了麻烦。1941年8月2日，罗斯福宣布，苏联没有接受租借援助的正式资格，但将在美国能够承受的范围内获得资源。两周后，驻华盛顿的苏联大使提供了一份29页清单，列出苏联需要的所有物资。丘吉尔的警惕性不高，承诺一旦苏德战争打响就援助苏联。物资通过危险重重的北方航线运送，绕过斯堪的纳维亚北部，到达摩尔曼斯克和阿尔汉格尔斯克。战争期间，这条航线共运行商船739艘次，由英国皇家海军护航，其中677次安全到达。第二条航线起自波斯（今伊朗）。为保证这条道路畅通，1941年9月17日，英苏联合占领了德黑兰。次年美国接管德黑兰。第三条补给线经东部港口海参崴（符拉迪沃斯托克），再从那里经铁路横穿西伯利亚。

补给起初到达缓慢，直到1942年后期，这些物资才对苏联发挥了重要作用。成品武器只占总数的一小部分，最有价值的援助以食品、原料、铁路物资及通信设备的形式提供，包括 38 万台战地电话，5899 部电台和超过 100 万英里的电话线。虽然苏方不断抱怨物资质量不佳、数量不足，但斯大林私下里也承认，没有这些援助，苏联“将无以为继”。美国给予英国的援助则可观得多，5 年时间内总计达 299 亿美元。大部分援助采用军火、战机和车辆等形式。1943 年，这一类型占到所有物资总数的 70%，1944 年则占 68%。1943 年，随着轴心国潜艇威胁减弱，成功穿越大西洋的船只数量继续增加。

到最后，租借变成了徒有其名，对此罗斯福一直心知肚明。几乎没有援助物资获得返还，除了以互惠援助的形式，它也很少得到直接支付。美国战争活动的约 17% 被用于援助项目。在维护英国和苏联战斗力方面，毫无疑问，它的影响对同盟国夺取最后胜利发挥了十分重要的作用。

马克西姆·李维诺夫（1876—1951）

李维诺夫（Maxim Litvinov）生于俄控波兰的一个富有犹太家庭。他加入了列宁的布尔什维克派，1917 年后成为这个新苏维埃国家的重要外交家。1930 年，他出任外交事务人民委员，帮助苏联重返国际舞台。1939 年 5 月，他被解职，1941 年复出任外交事务副人民委员。1941 年到 1943 年任驻华盛顿大使，在获得美国援助与为苏联争取高水平经济和军事协助方面发挥了重要作用。

1941 年 10 月 14 日，一个英国码头工人正在卸载来自美国的奶酪。食物占到美国提供给同盟国所有援助的 12.1%。

1941 年秋，斯塔福德郡一所英国学校里的孩子在吃根据《租借协议》提供的鸡蛋。据说，提供给苏联的食物足够在战争期间养活全部苏联士兵。

并不是所有美国人都欢迎《租借法案》。1941 年 2 月 26 日，马萨诸塞州妇女政治俱乐部（Women's Political Club）代表在圣诞老人带领下，在华盛顿财政部大楼前示威。

哈里·霍普金斯（1890—1946）

霍普金斯（Harry Hopkins）是罗斯福总统的亲密顾问之一。他最初的职业生涯是在纽约为福利组织工作，受到当时纽约州长罗斯福的注意。1933年，罗斯福招募霍普金斯管理“新政”时的联邦援助项目。战争期间，他成为罗斯福与丘吉尔和斯大林联络的非官方使者，在白宫办公。在1940—1941年提出租借计划的设想，及1941年夏援助苏联方面，他发挥了重大作用。虽然健康状况不佳，霍普金斯仍持续充当罗斯福的心腹，直到1945年2月的雅尔塔会议。次年，长期与疾病斗争的霍普金斯去世。

苏联和美国技术人员在检查一架道格拉斯A–20中型轰炸机。这是根据1941年8月美苏协议提供的一批货物中的部分。这些途经伊朗援助给苏联的飞机在战争期间高达14203架。

早在欧洲战争爆发前，美国就已经开始了援助。照片为 1939 年 1 月，中国士兵和工人扛着一辆美国车辆的部件准备在滇缅公路上重新组装。这条路是帮助中国抵抗日本侵略的主要补给线。

小爱德华 · 斯退丁纽斯（Edward R. Stettinius Jr.，左）在一幅世界地图前演示美国货物的目的地。他管理租借计划的组织工作，后来成为罗斯福的国务卿。

POUR IT ON!
WPB
PRODUCTION

万塞会议

1942.1.20

大事表

1940 年 10 月 3 日

纳粹占领下的华沙，犹太人被赶入犹太居住区。

1941 年 5 月 19 日

希特勒签发在苏部队的行动准则，允许杀害共产主义犹太人。

1941 年 7 月 31 日

赫尔曼·戈林授权莱因哈德·海德里希找到犹太问题的“最终解决方案”。

1941 年 8 月 18 日

希特勒命令驱赶柏林的残余犹太人到东方。

1942 年 3 月 13 日

大规模屠杀犹太人的贝乌热茨死亡集中营启用。

1942 年 1 月 20 日，在柏林郊区风景优美的万塞（Wannsee）湖畔一幢大别墅内，14 名德国官员、警察头子与海德里希开会。海德里希是帝国中央保安局（RSHA，也译作帝国安全总部、帝国保安总局、帝国安全总局等。编者）的头子，负责第三帝国大部分的安全和监视工作。因为他的这一身份，1941 年 7 月 31 日，戈林把执行犹太问题“最终解决方案”的工作正式交给他。1941 年 7 月中，解决方案意味着将犹太人转移到德国新占领的东欧地区，但到海德里希与官员在万塞开会时，“转移”一词已经意味着毁灭。

罗莎·达尔贝格（Rosa Dalberg）佩戴的黄色“大卫王星”。她是荷兰犹太人，后使用伪造文件躲在荷兰。所有欧洲德占区和德国的犹太人都被强制佩戴这种星形标志，不佩戴就是犯罪行为。黄星可以区分出犹太人，使他们成为容易识别的加害目标。

在 1 月 20 日会议上，海德里希列出欧洲犹太人口的数量——超过 1100 万。这个数字是他的助手、盖世太保官员阿道夫·艾希曼（Adolf Eichmann）算出来的。海德里希的直接上级，党卫军头子海因里希·希姆莱授权他组织实施了大规模驱逐全部欧洲犹太人的行动。几乎可以肯定，希姆莱是根据希特勒的授权行事的，但希特勒具体何时发出大规模屠杀欧洲犹太人的命令，这点尚不清楚。大部分史学家认为，做出这个决定的时间在 1941 年 11 月或 12 月初。但在苏联德占区，对特定犹太人的谋杀 1941 年 6 月就已开始。1941 年 8 月，希特勒批准杀害苏联犹太妇女和儿童；9 月，塞尔维亚的男性犹太人被屠杀，原波兰瓦尔特兰行政区（Warthegau）和加利西亚（Galicia）地区的犹太人被灭绝；10 月 15 日，首次大规模驱逐德国犹太人到东方的行动开始。灭绝犹太人的决定就是这样在 1941 年下半年逐步做出的。万塞会议给海德里希提供了一个机会，把所有这些零散行动合成一个总体大屠杀计划。

为执行这项新政策，许多特设灭绝营在波兰德占区建立：海乌姆诺、索比堡、贝乌热茨、特雷布林卡、马伊达内克和奥斯维辛－比克瑙（Auschwitz-Birkenau，常简称奥斯维辛。编者）。带毒气室的集中营，从 1941 年开始建设。毒气室使用一氧化碳或灭虱剂齐克隆 B（Zyklon-B，奥斯维辛使用），可以一次性杀死大量受害者。1942 年 3 月，第一座有特制毒气室的集中营开始运行。但在此之前，据估计 140 万犹太人已经遇害，大部分发生在苏联境内的行动中。在那里，跟随陆军行动的特别行动队负责杀害犹太人，把他们看成对德军战争的威胁。希姆莱担心这些所谓的“野外杀害”需要太多党卫军人员来执行枪决，赞同转到灭绝营进行工厂式屠杀。从 1942 年 3 月到 1944 年 10 月毒杀结束，约 370 万犹太人在灭绝营中被杀害，大部分来自波兰、波罗的海国家和捷克斯洛伐克。

对欧洲犹太人的大屠杀，是根据德国领导人的指示组织实施的。但这项计划的执行，也得到许多德国以外的帮凶的协助。罗马尼亚有长期的反犹传统，对苏战争被当成驱逐或谋杀大量罗马尼亚犹太人的借口。在乌克兰南部，罗马尼亚侵略军一路上实施了对犹太人口的大屠杀。在波罗的海国家和乌克兰，德国侵略者找到了愿意搜寻或谋杀犹太人的地方武装或警察。在其他欧洲德占区，当地协作者或法西斯分子帮助德国官员甄别、搜集和驱逐犹太居民。只有在丹麦，犹太人被偷运到瑞典，几乎所有人都获救了。匈牙利政权拒绝了驱逐犹太人的要求，直到1944年德军占领该国。1944年最后几个月里，半数匈牙利犹太人在奥斯维辛－比克瑙被屠杀。大屠杀既是德国人，也是欧洲人犯下的罪行。

阿道夫·艾希曼（1906—1962）

作为盖世太保“犹太事务”办公室的头子，阿道夫·艾希曼负责登记、接收和向设在波兰的死亡集中营驱逐欧洲犹太人口。他生于德国，在奥地利长大，20世纪20年代在奥地利从事多种销售工作。1932年，他加入奥地利纳粹党和党卫军，一年后搬到德国，加入德国党卫军和安全警察。德奥合并后，他负责奥地利的犹太事务，1939年被提拔为帝国中央保安局IV B4办公室（犹太事务）的负责人。中央保安局是盖世太保的上级单位。在这个位子上，他监督实施了“犹太问题的最终解决方案”，先组织移民和驱逐，后管理犹太人向东方的转移。1950年，他逃到阿根廷。1960年5月，他被以色列特工抓获，带至以色列受审，1962年被绞死。

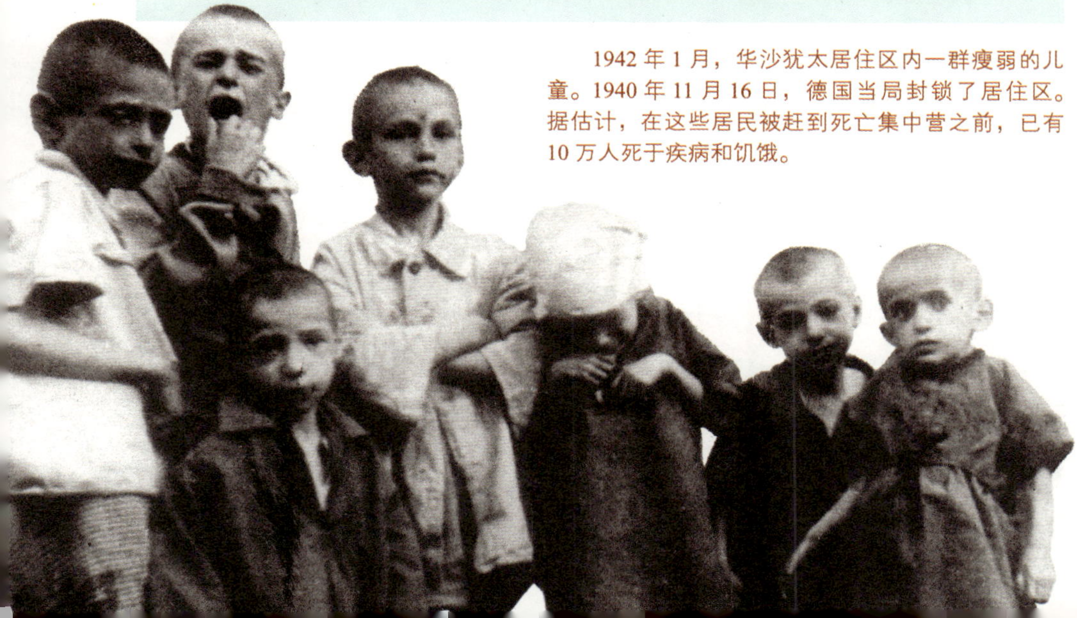

1942年1月，华沙犹太居住区内一群瘦弱的儿童。1940年11月16日，德国当局封锁了居住区。据估计，在这些居民被赶到死亡集中营之前，已有10万人死于疾病和饥饿。

大屠杀中的犹太人抵抗行动

在东欧德占区，成千上万波兰、白俄罗斯和乌克兰犹太人逃入森林沼泽，与占领者展开游击战，或建立村庄和营地保护从犹太居住区逃出的人。在乌克兰和俄罗斯等反犹偏见强烈的地区，犹太游击队面临着乌克兰民族主义和俄罗斯游击队组织的敌意。犹太游击队的生活异常艰难。女游击队员生下的孩子不得不被抛弃或杀死，防止他们的哭声引来敌军。被俘意味着死亡，受伤的同伴通常都被自己人杀死。

1942 或 1943 年某个时期，一群犹太游击队员在波兰新格鲁多克（Novogrudok）附近的纳利伯基（Naliboki）森林合影。

二战前，犹太制鞋工联合会在希腊城市萨洛尼卡游行。萨洛尼卡拥有历史悠久、文化丰富的欧洲犹太社区之一，但它的犹太人口在 1942—1944 年间被灭绝。

柏林万塞湖畔的别墅，战争期间用作党卫军招待所。1942 年 1 月 20 日，臭名昭著的万塞会议就在这里召开，会议决定了欧洲犹太人的命运。

德占欧洲再熟悉不过的一个画面：德国军官穿过犹太人群。犹太人拿着允许他们在拥挤肮脏的火车上随身携带的物品，乘这些火车穿越欧洲。

100多万犹太人被驱逐的目的地就是奥斯维辛－比克瑙劳动和灭绝营。从这幅1944年拍摄的照片上，可看到前景中的劳役犯在帮助组织刚到达的犹太人。不久后，这些到达者中的大部分将被迫走向死亡。

荷兰城市阿姆斯特丹的一家犹太人正走在去转运营的路上，他们最终将在德占波兰的灭绝中心走向死亡。据估计，10.6万荷兰犹太人在战争期间丧生，他们中就有写日记的女孩安妮·弗兰克。

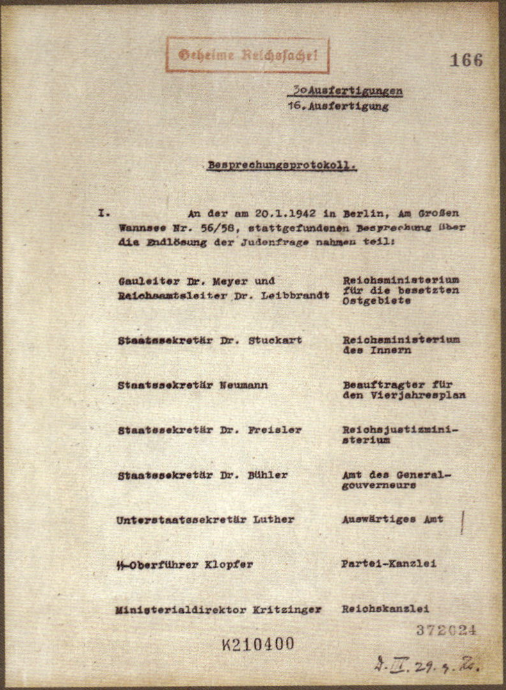

Geheime Reichssache!

166

30 Ausfertigungen
16. Ausfertigung

Besprechungsprotokoll.

I. An der am 20.1.1942 in Berlin, Am Großen Wannsee Nr. 56/58, stattgefundenen Besprechung über die Endlösung der Judenfrage nahmen teil:

Gauleiter Dr. Meyer und Reichsamtsleiter Dr. Leibbrandt	Reichsministerium für die besetzten Ostgebiete
Staatssekretär Dr. Stuckart	Reichsministerium des Innern
Staatssekretär Neumann	Beauftragter für den Vierjahresplan
Staatssekretär Dr. Freisler	Reichsjustizministerium
Staatssekretär Dr. Bühler	Amt des Generalgouverneurs
Unterstaatssekretär Luther	Auswärtiges Amt
SS-Oberführer Klopfer	Partei-Kanzlei
Ministerialdirektor Kritzinger	Reichskanzlei

K210400 372024

D.III. 29. g. Rs.

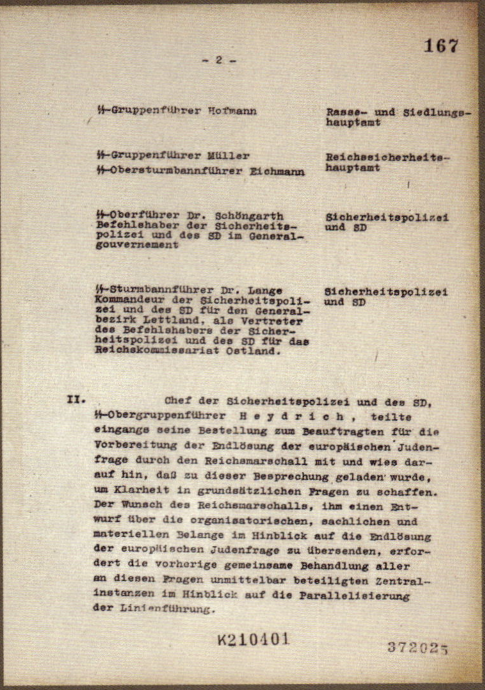

167

\- 2 -

SS-Gruppenführer Hofmann	Rasse- und Siedlungshauptamt
SS-Gruppenführer Müller SS-Obersturmbannführer Eichmann	Reichssicherheitshauptamt
SS-Oberführer Dr. Schöngarth Befehlshaber der Sicherheitspolizei und des SD im Generalgouvernement	Sicherheitspolizei und SD
SS-Sturmbannführer Dr. Lange Kommandeur der Sicherheitspolizei und des SD für den Generalbezirk Lettland, als Vertreter des Befehlshabers der Sicherheitspolizei und des SD für das Reichskommissariat Ostland.	Sicherheitspolizei und SD

II. Chef der Sicherheitspolizei und des SD, SS-Obergruppenführer H e y d r i c h , teilte eingangs seine Bestellung zum Beauftragten für die Vorbereitung der Endlösung der europäischen Judenfrage durch den Reichsmarschall mit und wies darauf hin, daß zu dieser Besprechung geladen wurde, um Klarheit in grundsätzlichen Fragen zu schaffen. Der Wunsch des Reichsmarschalls, ihm einen Entwurf über die organisatorischen, sachlichen und materiellen Belange im Hinblick auf die Endlösung der europäischen Judenfrage zu übersenden, erfordert die vorherige gemeinsame Behandlung aller an diesen Fragen unmittelbar beteiligten Zentralinstanzen im Hinblick auf die Parallelisierung der Linienführung.

K210401 372025

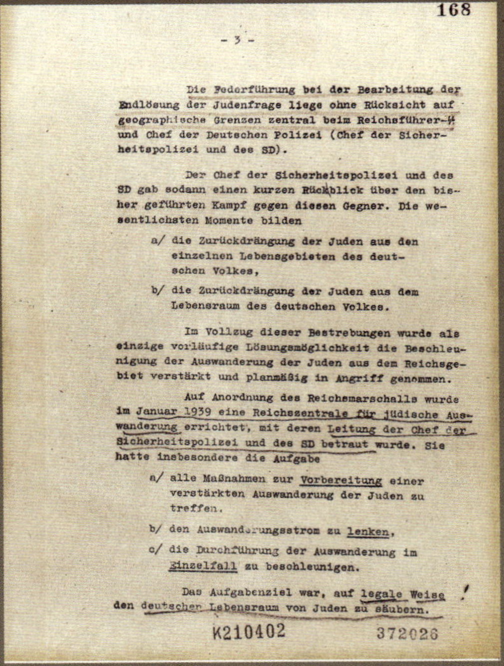

168

\- 3 -

Die Federführung bei der Bearbeitung der Endlösung der Judenfrage liege ohne Rücksicht auf geographische Grenzen zentral beim Reichsführer-SS und Chef der Deutschen Polizei (Chef der Sicherheitspolizei und des SD).

Der Chef der Sicherheitspolizei und des SD gab sodann einen kurzen Rückblick über den bisher geführten Kampf gegen diesen Gegner. Die wesentlichsten Momente bilden

a/ die Zurückdrängung der Juden aus den einzelnen Lebensgebieten des deutschen Volkes,

b/ die Zurückdrängung der Juden aus dem Lebensraum des deutschen Volkes.

Im Vollzug dieser Bestrebungen wurde als einzige vorläufige Lösungsmöglichkeit die Beschleunigung der Auswanderung der Juden aus dem Reichsgebiet verstärkt und planmäßig in Angriff genommen.

Auf Anordnung des Reichsmarschalls wurde im Januar 1939 eine Reichszentrale für jüdische Auswanderung errichtet, mit deren Leitung der Chef der Sicherheitspolizei und des SD betraut wurde. Sie hatte insbesondere die Aufgabe

a/ alle Maßnahmen zur Vorbereitung einer verstärkten Auswanderung der Juden zu treffen,

b/ den Auswanderungsstrom zu lenken,

c/ die Durchführung der Auswanderung im Einzelfall zu beschleunigen.

Das Aufgabenziel war, auf legale Weise den deutschen Lebensraum von Juden zu säubern. !

K210402 372026

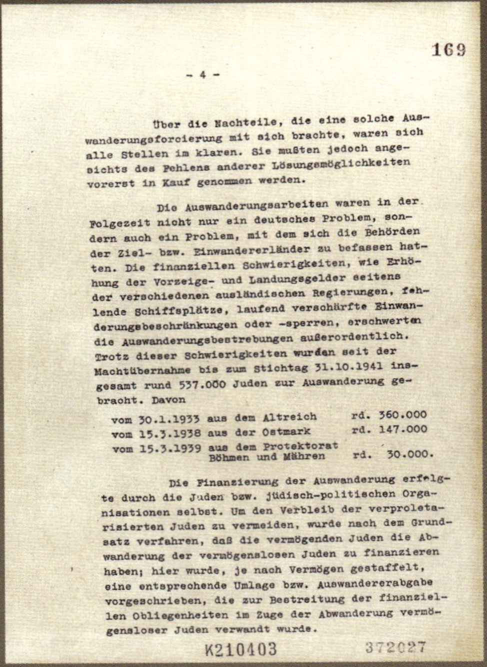

169

\- 4 -

Über die Nachteile, die eine solche Auswanderungsforcierung mit sich brachte, waren sich alle Stellen im klaren. Sie mußten jedoch angesichts des Fehlens anderer Lösungsmöglichkeiten vorerst in Kauf genommen werden.

Die Auswanderungsarbeiten waren in der Folgezeit nicht nur ein deutsches Problem, sondern auch ein Problem, mit dem sich die Behörden der Ziel- bzw. Einwandererländer zu befassen hatten. Die finanziellen Schwierigkeiten, wie Erhöhung der Vorzeige- und Landungsgelder seitens der verschiedenen ausländischen Regierungen, fehlende Schiffsplätze, laufend verschärfte Einwanderungsbeschränkungen oder -sperren, erschwerten die Auswanderungsbestrebungen außerordentlich. Trotz dieser Schwierigkeiten wurden seit der Machtübernahme bis zum Stichtag 31.10.1941 insgesamt rund 537.000 Juden zur Auswanderung gebracht. Davon

vom 30.1.1933 aus dem Altreich	rd. 360.000
vom 15.3.1938 aus der Ostmark	rd. 147.000
vom 15.3.1939 aus dem Protektorat Böhmen und Mähren	rd. 30.000.

Die Finanzierung der Auswanderung erfolgte durch die Juden bzw. jüdisch-politischen Organisationen selbst. Um den Verbleib der verproletarisierten Juden zu vermeiden, wurde nach dem Grundsatz verfahren, daß die vermögenden Juden die Abwanderung der vermögenslosen Juden zu finanzieren haben; hier wurde, je nach Vermögen gestaffelt, eine entsprechende Umlage bzw. Auswandererabgabe vorgeschrieben, die zur Bestreitung der finanziellen Obliegenheiten im Zuge der Abwanderung vermögensloser Juden verwandt wurde.

K210403 372027

万塞会议记录原件

这是臭名昭著的万塞会议的会议记录。该会议于 1942 年 1 月 20 日在柏林万塞湖畔的一幢别墅召开，会上宣布了将犹太人驱逐到东部，作为“最终解决方案”一部分的新计划。

新加坡沦陷

1942.2.7—15

大事表

1942 年 1 月 25 日
泰国对英美宣战。
1942 年 2 月 10 日
太平洋战争委员会在伦敦讨论盟军战略。
1942 年 2 月 11 日
越过英吉利海峡的“刻耳柏洛斯行动”中，“沙恩霍斯特”号、“格奈森瑙”号战列巡洋舰和“欧根亲王”号重型巡洋舰从布雷斯特逃回德国。
1942 年 2 月 13 日
罗斯福签署命令，将 11 万日本人逐出美国西海岸。
1942 年 2 月 19 日
加拿大为征兵立法。

新加坡失守，是整个二战期间大英帝国遭受的最大、最耻辱的失败。新加坡岛是英国在远东的主要海军基地，英国太平洋属地的守备中心。两次大战之间，英国加强了新加坡的防守力量，增加了对准海面的重炮数量，阻止任何可能发生的海上入侵。1941 年 12 月和 1942 年 1 月，日军中将山下奉文的第 25 军快速入侵马来半岛，打乱了新加坡的一切防守计划。1 月 31 日，从马来半岛经柔佛海峡到新加坡的撤离完成。英军司令白思华（Arthur Ernest Percival）中将不得不在北部海岸线面临攻击，而沿海防区还没有准备好大型防守行动。

星华义勇军（Dalforce）徽标。星华义勇军成立于 1941 年 12 月，是一支新加坡海外华人抗日志愿军。义勇军参加了新加坡保卫战，其中一些士兵后来参加了反抗日本占领者的游击战。

白思华指挥着约7万部队，主要是印度人和澳大利亚人。而增援部队英国第18师在日军进攻前夕抵达，但在随后的战斗中只发挥了很小的作用。山下奉文可以集结约3.5万部队，还有大量的战机支援。为应对预料中的进攻，白思华沿海岸线将部队部署在一条宽阔但无险可守的防线上——防守过于薄弱，挡不住持续的攻击，还缺乏任何协助打退登陆的机动后备力量。2月8—9日夜，日军大批登陆，很快突破英军防线，分两批攻向新加坡城。经历马来半岛的大撤退后，大英帝国部队对日本对手的恐惧大增，失败主义的思想日益滋长。

2月12日，日军兵临城下，白思华匆匆绕城布置了一道简单的防御屏障。撤退的士兵开始恐慌起来，源源不断的逃兵和难民增加了中心区域防守的混乱。

然而，城市争夺战变成一场最坚决的战役。经过3天抵抗，山下奉文的补给线压力越来越大，但白思华屈服于同僚的观点，认为进一步抵抗会无谓浪费生命。2月15日下午，白思华和约10万大英帝国部队及官员投降，他们

白思华中将（1887—1966）

白思华1914年时是志愿兵，后成为有丰富参谋经验的职业军官。1936年，他第一次驻守马来半岛，两年后回到英国。1940年4月，作为少将，他当过一段时间的大英帝国总参谋长助理。1941年3月，他升任中将；5月，作为马来亚司令部司令被派到马来半岛。他是一位有效的管理者，但根据一般说法，不是很能鼓舞人心的人物。1942年2月，他成为俘虏，被送到一个高级军官战俘营，1945年战争结束时获释。战后，他成为远东战俘协会主席。

中有些人刚刚到达就成了俘虏。4.5 万印度士兵受邀加入激进民族主义者苏巴斯·鲍斯（Subhash Chandra Bose）推动成立的印度国民军。到 1942 年 8 月，仅有约 1.5 万人拒绝加入。5 万名欧洲和澳大利亚俘虏被带到新加坡岛东北的樟宜（Changi）战俘营，成千上万人后来死于亚洲大陆的建筑工作。他们的不幸部分源自痛恨投降者的日本武士道精神。对于 7 万人向一支比自身力量小得多的部队投降，没有表现出强大的战斗决心，山下奉文和同僚觉得不可思议。此役日军仅有 1714 人战死。

对新加坡平民来说，随之而来的是迫害和屠杀年代。遇害人数估计在 3 万—5 万之间，不仅包括众多华人居民，还包括疑有犯罪活动、反日情绪或同情共产主义的马来人。华人用“肃清”一词形容日军和秘密警察的这些活动。新加坡成为南方日占区的主要中心之一，改名“昭南”，作为其南方军的总部。1945 年，山下奉文在马尼拉向美军投降时，刚刚获释的白思华应邀见证签字仪式。

源源不断的英军车辆逃离遭日军入侵的马来半岛，驶向连接新加坡岛与马来半岛的柔佛海峡大桥，向新加坡逃窜。

完工于 20 世纪 30 年代后期的新加坡岛基地，由巨大的 381 毫米海岸炮守卫着。图为 1941 年 12 月的一次训练中，一门大炮的炮管被抬起准备开火。最终，日军却从沿海防线的另一面打过来。

新加坡福特工厂大楼（Ford Works Building）内，投降谈判正在山下奉文中将（中坐者）的司令部进行。这位日军司令坚持英军必须立即无条件投降。

1942年2月10日，遭日军空袭的新加坡城。虽然人数少于大英帝国守军，但日军拥有绝对制空权。

山下奉文中将（1885—1946）

作为职业军人，因与1936年东京阴谋政变有牵连，且与东条英机不和，山下奉文仕途多舛。1937年，他升为中将，但大部分时间在中国东北服役，被排挤在军事权力的中心之外。1941年11月，他受命指挥第25军占领马来半岛。战役结束后，他成为日本的民族英雄，但东条英机再次把他派到中国东北。1944年10月起，他指挥菲律宾的防守部队。投降后，由于"马尼拉大屠杀"，他作为战犯受审，1946年2月23日被绞死。

1942年2月15日，白思华中将（最右）率英国投降代表团去见日军谈判代表。这是英国历史上数量最多的投降部队，完全出乎日军意料，后者本以为会遭遇激烈抵抗。

1942 年 2 月新加坡陷落后，新加坡平民被日本士兵赶到一起。日军和安全警察按政治信仰或种族，选择性杀害了成千上万的新加坡居民。

突击队奇袭：从挪威到圣纳泽尔

1941.3.3—1942.3.27

大事表

1941 年 11 月 17 日

突击队袭击北非隆美尔司令部失败。

1942 年 2 月 1 日

维德昆·吉斯林被任命为挪威总理。

1942 年 4 月 14 日

皮埃尔·赖伐尔（Pierre Laval）成为维希法国总理。

1942 年 4 月 18 日

对东京和日本其他城市进行“杜立特空袭”。

1942 年 10 月 4 日

突击队袭击英吉利海峡萨克岛（Sark）。

1942 年 12 月 11—12 日

突击队袭击法国西部吉伦特河（Gironde）上的轴心国运输船。

1940 年夏，丘吉尔命令组建一批小股部队，袭击敌方在欧洲的海岸线。最初的 11 个营级单位被称为突击队，每队 500 人，都受过严格训练，练习如何突破德军控制的海岸线和从事局部破坏活动或搜集重要情报。第 2 突击队后来成为空降团。英国皇家海军陆战队军官艾伦·伯恩（Alan Bourne）中将被任命为突击行动的司令，负责运用突击队开展袭击，但屁股还没坐热就被罗杰·凯斯（Roger Keyes）海军上将取代。1940 年 6—7 月，突击队的首次行动对敌军进行了骚扰袭击。到了 1941 年，这支部队准备再大干一场。

联合作战部队徽章。成立于二战时的这支英国部队专门执行袭击敌占区的任务。

1941 年 3 月 4 日和 12 月 26 日，突击队

对挪威北部罗弗敦群岛（Lofoten Islands）发动的两次袭击，是最成功的行动。第一次，他们获取了有助于破译德国海军“恩尼格玛”密码的宝贵情报。第二次，一小股部队为次日袭击挪威中部的沃格岛（Vaagsö）实施了佯攻，在海军炮火的支援下摧毁了对方的军事和通信设施，以牺牲 19 名突击队员的代价抓获了 100 个德国俘虏。

突击队还策划了对法国沿海布吕讷瓦勒（Bruneval）和圣纳泽尔的大规模袭击。这两次袭击，都是在联合作战新任顾问路易斯 · 蒙巴顿伯爵的指挥下实施的。1942 年 2 月 27—28 日夜间，第一次登陆意在缴获德国“维尔茨堡”（Würzburg）的新型雷达材料。凭借这种雷达，德军可指示夜间战斗机拦截英国轰炸机。一支空降部队袭击了法国港口勒阿弗尔附近的布吕讷瓦勒，打败了当地德国守军，缴获雷达部件，并成功渡过英吉利海峡回到英国。此时，大西洋海战正走向 1942 年夏的高潮。作为大西洋海战的一部分，第二次对法国港口圣纳泽尔的袭击，是一次规模更大、更危险的行动。

圣纳泽尔位于法国大西洋沿岸，拥有唯一一座足可容纳德国“提尔皮

海军上将路易斯·蒙巴顿伯爵（1900—1979）

路易斯 · 蒙巴顿（Louis Mountbatten）是维多利亚女王的重孙，一战时加入英国皇家海军，1937 年升至海军上校。他野心勃勃，个性张扬，富有魅力，但不是一个高效的海军指挥官。1941 年 10 月，丘吉尔任命他为联合作战顾问。1942 年 4 月，他被提拔为海军中将、联合作战司令，奉命袭击敌军沿海地区。他先后组织了对布吕讷瓦勒、圣纳泽尔和迪耶普（Dieppe）的突袭。1943 年 10 月，他成为东南亚司令部总司令，在因帕尔（Imphal）组织了对日军的防守。战后，他成为最后一任印度总督。1979 年，他在出海钓鱼时被爱尔兰共和军暗杀。

茨”号战列舰的干船坞。英方担心“提尔皮茨”号会利用这个基地袭击盟军商船。“坎贝尔敦”号是根据1940年9月“用驱逐舰换基地”协议交付于英国的一艘美制驱逐舰。3月27—28日夜，船首装满炸药后，“坎贝尔敦”号驶入圣纳泽尔港，进入德军大炮的射程内。它躲过敌人的侦测，却撞上了船坞外壁。一支268人的突击队借机攻击船坞，捣毁设备。第二天，5吨炸药炸飞了船坞壁，炸死登上驱逐舰的德军和两名被俘的突击队军官（对即将发生的爆炸，他们一个字也没供出）。这次袭击损失惨重——611人参战，伤亡397人，其中144人牺牲——但给敌人造成的巨大破坏，足以证明这次攻击的价值。

突击队行动胜负参半，却成为英国作战的一个常规内容、一个有用的情报来源。因此，它们日益成为德军统帅部的眼中钉。1942年10月3日，突击队在英吉利海峡群岛的一次袭击中，杀死了一群被俘的德军士兵。随后，希特勒命令给英国和加拿大俘虏戴上镣铐。10月18日，他签发命令，规定所有在袭击中被俘的英国突击队队员或特种部队士兵不再被看成普通战俘，应交给德国安全部队审讯和惩罚。虽然英国人也对德国战俘采取同样的回应措施时，德国人撤除了战俘的镣铐，但希特勒对英国突击队的命令依然有效。

1942年3月27—28日夜，法国圣纳泽尔港，英国驱逐舰“坎贝尔敦”号撞进了船坞闸门。这幅照片拍摄后不久，舰上装载的炸药爆炸，炸毁了闸门。

袭击沃格岛行动期间，一个受伤的突击队队员正被同伴搀回登陆艇。联合作战依赖陆、海军的紧密协作，确保在执行高度危险的任务后能够有效撤离。

1941 年 12 月 27 日，英国突击队袭击挪威沃格岛期间，突击队队员在码头密切注视燃烧的石油设施。

1941 年 12 月 5 日，对英吉利海峡法国沿岸布吕讷瓦勒的“维尔茨堡”雷达设施进行空中侦察的一幅照片。这幅照片为英国策划第二年 2 月 27—28 日的袭击提供了帮助，突击队在袭击中缴获了雷达的关键部件并带回英国。

一等水兵威廉·萨维奇

一等水兵威廉·阿尔弗雷德·萨维奇（William Alfred Savage），因为在圣纳泽尔袭击行动中的英勇表现被授予维多利亚十字勋章。他在一艘摩托炮艇（MGB）上操作机关炮。攻击圣纳泽尔港期间，他吸引了敌军岸上和运输船的火力，自己的位置却完全暴露出来。他牺牲在炮位上，成为这次袭击中被授予维多利亚十字勋章的3名海军人员之一。

1942年，纽芬兰重炮团的一名突击队战士在英国训练。突击队士兵全是志愿参加，训练制度比普通士兵更严格。

1942 年 2 月 28 日，袭击布吕讷瓦勒后的次日上午，第 2 空降营 C 连士兵乘坐一艘鱼雷快艇回到朴次茅斯。驾驶台上左起第二个是行动指挥官弗罗斯特（J. D. Frost）少校。

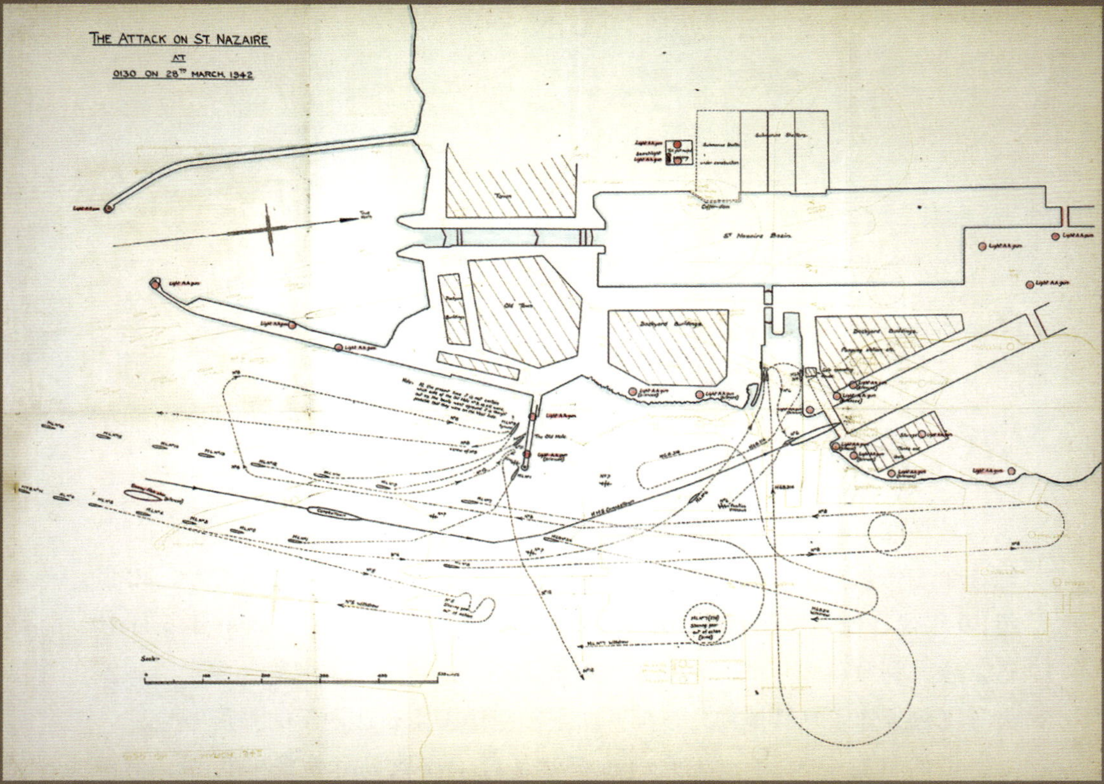

圣纳泽尔港突袭路线图

这张手绘地图，描绘了 1942 年 3 月 27 日至 28 日夜间，英军对法国大西洋港口圣纳泽尔发动突袭的行动路线。地图绘制于几天后的 4 月 1 日，标示出参与袭击的英军小型舰队所经过的航线。

围困马耳他

1942.4—8

大 事 表

1941 年 12 月 11 日
德国和意大利对美国宣战。
1942 年 4 月 20 日
德国空军在马耳他岛摧毁了 20 架“喷火”战斗机。
1942 年 5 月 5 日
盟军开始进攻马达加斯加岛。
1942 年 6 月 21 日
经短暂围攻后，轴心国军占领图卜鲁格港。
1942 年 10 月 23 日
第二次阿拉曼战役在埃及打响。
1942 年 11 月 8 日
“火炬行动”中，盟军进攻摩洛哥和阿尔及利亚。

马耳他岛离西西里岛海岸约 95 公里，位于直布罗陀和苏伊士运河之间，是一个中等规模的英国海军基地。岛上意大利人不多，但很不安分。20 世纪 30 年代，他们发起活动，争取让该岛加入意大利新帝国。1940 年 6 月 10 日，意大利对英国宣战时，马耳他岛成为墨索里尼觊觎的猎物。第二天，意大利飞机轰炸了马耳他岛，该岛开始了被空中围困长达两年的艰苦考验。

虽然早在 1935 年，意大利海军就制订了夺取马耳他岛的计划，但正面进攻被认为代价太大。实际上，1940 年 6 月，整个岛上只有 3 架过时的“角斗士”双翼飞机。它们的绰号分别为“信仰”“希望”和“仁慈”，被用来拦截意大利轰炸机。3 架战机中，只有“信仰”在马耳他围困期间幸存下来。马耳他一直是轴心国的眼中钉肉中刺。可直到 1941 年 1 月，获得西西里岛基地的德国第 10 航空军的增援后，意大利空军才开始发动猛烈轰炸，准备系统摧毁马耳他岛的大部分地上目标。1941 年 7 月，一支意大利海军小舰队尝试攻击马耳他首府瓦莱塔港（Valetta），但没有成功。这一年，盟军还能成功维持对马耳他岛的补给供应。穿过危险重重的护航航线，源源不断的弹药、战机、食物和药品被运送到岛上。

马耳他轻型防空旅徽章。

1941 年 12 月，猛烈轰炸再次开始。为支援轴心国在北非的作战，德国和意大利战机发动连续空袭。1942 年 1 月 1 日—7 月 24 日间，岛上只有 1 天没有被炸弹轰炸。这是岛上居民经历的一段艰难时期，他们大部分时间被迫生活在地下，缺食少药。1942 年上半年，也是英国在地中海战争中的一段困难时期。轴心国的空军、水雷和潜艇共同威胁着英国在这一地区的军事存在。不到 1942 年 6 月，隆美尔就已成功地将英联邦军队赶回埃及。随着马耳他岛通过海空力量发动反击的能力日益被削弱，坚守岛屿的意义变得越来越小。1942 年 5 月，德军总司令凯塞林元帅宣布马耳他岛的威胁已被消除。但到 7 月，在戈特子爵的指挥下，马耳他岛又有了可以作战的“喷火”战斗机和潜艇。

围困期间，驻守马耳他的英军第 231 步兵旅徽章。

1942 年 6 月，英国国王授予马耳他人民乔治十字勋章（George Cross），表彰他们的英勇和坚忍，这是颁给平民的最高奖章。围困期间，岛上平民伤亡 5257 人，其中 1540 人丧生。此时，该岛几乎被彻底封锁。1942 年 3 月，28 艘英国皇家海军舰艇护航的区区 4 艘商船的船队中，仅 3 艘成功到达马耳他。1942 年 6 月，从直布罗陀和亚历山大港派出增援该岛的两支船队，付出 6 艘舰艇、6 艘商船的代价，只有两艘商船成功穿越封锁线。8 月，执行“基座行动”的船队到达，挽救了岛上快要饿死的居民，但 14 艘商船中损失了 9 艘，只有 5 艘到达瓦莱塔港。10 月，凯塞林决定对遍体鳞伤的马耳他岛发动又一轮猛烈轰炸。但到 11 月，盟军在阿拉曼（El Alamein）获胜，占领了轴心国在北非的空军基地，在事实上结束了这场大围困。几周后，“火炬行动”中，英美部队在阿尔及利亚和摩洛哥登陆，地中海成了主要战场。

威廉·多比中将（1879—1964）

一战结束时，参加过布尔战争的职业军人多比（William Dobbie）正在黑格（Haig）元帅的参谋部服役。正是他签署并发布了英军于1918年11月11日停火的命令。他是虔诚的基督徒和能鼓舞人心的领导人。1935—1939年，他是马来亚英军司令。1940年4月，已经退休的多比被派到马耳他任总督、司令。他组织了马耳他岛的防守，帮助在该岛的洞穴网络中建立了有效的防空掩体，指挥一小股皇家空军给来袭的轴心国轰炸机造成了极大损失。他于1942年5月退休。

为表彰马耳他人民在猛烈轰炸下的勇气和坚忍，英王乔治六世授予该岛乔治十字勋章，这是授予平民的最高荣誉。图为1942年9月，马耳他总督戈特子爵正将勋章授予马耳他首席法官乔治·博格（George Borg）爵士。

阿尔贝特·凯塞林元帅（1885—1960）

陆军元帅凯塞林是二战时德国的名将之一。他是土生土长的巴伐利亚人，一战中成为参谋军官，是有效的管理者和协调者。1935 年，许多陆军军官转入新成立的德国空军。作为其中一员，凯塞林的组织能力为他带来了晋升机会。他在波兰指挥第 1 航空队，法国战役和不列颠空战中指挥第 2 航空队。1941 年 11 月，他出任轴心国地中海战区司令。他最著名的成就是，1943 年 7 月起横穿意大利的防御性大撤退。1944 年 10 月，他在一次汽车事故中受伤，后短暂回意大利任职。战争结束时，他是德军西欧总司令。他因为在意大利命令杀害人质而受审，被判处死刑，但后来获得减刑，并于 1952 年获释。

1941—1942 年马耳他围困期间某日，英国军舰遭意大利战机轰炸，在岛外水域燃烧。墨索里尼想要该岛并入意大利新帝国，意大利战机对该岛的频繁轰炸前后持续了 3 年。

英国航母“无敌”号上的一块记分板，记录了自亚历山大港出发以来，它自认的针对一路攻击护航船队的轴心国飞机所取得的战果。这幅照片摄于 1942 年 8 月 12 日。（图中文字：击落 26 架，可能击落 4 架，击毁 8 架，共计 38 架。）

1942 年 4 月，空袭过后，在马耳他首府瓦莱塔的主要街道国王路（Kingsway）上，岛上军民正在清理废墟。围困期间，该市及其周边地区大部被毁。

Z

1942 年 8 月，“基座行动”时所拍摄的鸟瞰图中，为数不多的商船在英国皇家海军军舰的重重护卫下抵达马耳他岛。行驶在前面的是英国航母“胜利”号（*Victorious*）、“飞鹰”号和“无敌”号（*Indomitable*）。

1942 年 3 月 22 日，为船队护航的英国皇家海军舰艇正与意大利舰艇交火。英国“克利奥帕特拉”号（*Cleopatra*）巡洋舰放出烟幕掩护船队，“欧律阿罗斯”号（*Eurylas*）巡洋舰准备开火。

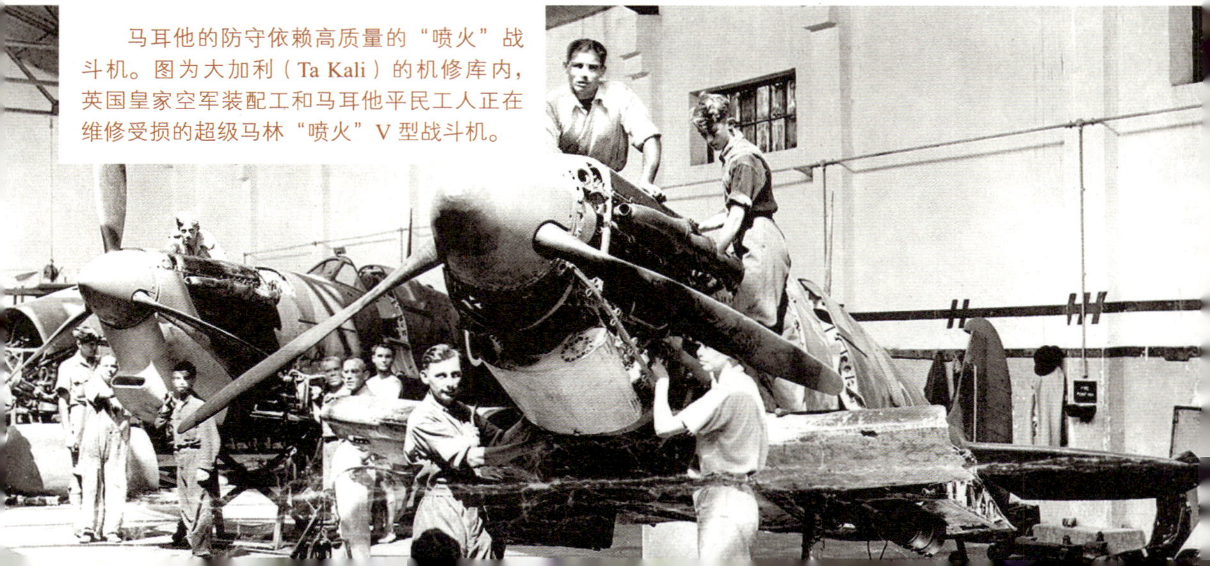

马耳他的防守依赖高质量的“喷火”战斗机。图为大加利（Ta Kali）的机修库内，英国皇家空军装配工和马耳他平民工人正在维修受损的超级马林“喷火”V 型战斗机。

科雷希多岛：菲律宾陷落

1942.5.7—5.8

大 事 表

1942 年 5 月 5—7 日
珊瑚海海战阻止了日军占领新几内亚南部。
1942 年 5 月 5 日
中国军队进攻日军占领的城市。
1942 年 5 月 5 日
大英帝国军队在马达加斯加登陆。
1942 年 5 月 15 日
大英帝国和中国军队撤出缅甸。
1942 年 5 月 22 日
墨西哥向轴心国宣战。

美军菲律宾师徽章。

中国台湾岛以南的菲律宾群岛，是美国在西太平洋地区的唯一存在地。1898 年美西战争后，菲律宾为美国所占，但到 1941 年，它有了在美国监督下的半自治地位。这组岛屿正拦在日本进攻石油和原料丰富的马来半岛和东印度群岛的路上。1941 年 12 月 8 日，日军开始空袭，发出进攻信号，计划用 50 天的持续空袭夺取菲律宾。本间雅晴中将率领下的日本第 14 军，面对着一支混合部队——由共有 11 万人的 5 个物资短缺的菲律宾师和约 3 万名刚到达的美军士兵组成。这些守军分散在菲律宾群岛各个岛屿，重兵集中在吕宋岛。美军司令麦克阿瑟将军曾试图加强菲律宾守军的空中力量，包括增加 35 架新型 B–17“飞行堡垒”（Flying Fortress）轰炸机，但对该地区的增援并非华盛顿政策的重心。

12 月 8 日，经特别训练的日军飞行员驾驶为实现长途海上奔袭而改装的战机，从中国台湾基地起飞，发动突袭。吕宋岛上的美国战机几乎全在地面，未及疏散，半数毁于第一波袭击，随后两天又损失大部。盟军在菲律宾战役中不具备有效的空中力量。在日军占据空中优势的形势下，美国亚洲舰队司令托马斯·哈特（Thomas Hart）上将被迫撤出防守吕宋岛的美国舰艇。随后一周，小股日军陆续登陆，其中一支登陆群岛南部的主要岛屿棉兰老岛，占领了达沃（Davao）空军基地。12 月 22 日，本间雅晴的部队主力在吕宋岛两侧登陆，试图包围首都马尼拉一带的守军。屈服于不利现实，麦克阿瑟命令盟军撤到马尼拉湾南侧的巴丹半岛，把他的司令部搬到该半岛临海一端的科雷希多岛要塞。

虽然缺乏军事物资和食物，但巴丹半岛的盟军数量远远多于战役开始时只有 4.3 万人的本间雅晴的部队。在近 3 个月里，他们成功阻止了日军对该岛的占领。日军遭受重大伤亡，1 个师团还被抽去支援对荷属东印度群岛的占领。这迫使本间雅晴暂停进攻，对菲律宾和美国守军进行围困和消耗。到 1942 年 3 月麦克阿瑟奉命离开菲律宾时，守军才清楚意识到已没有希望获得任何增援。麦克阿瑟安全撤到澳大利亚后，接任总指挥的温赖特（Jonathan Wainwright）中将尽力维持，顽强防守。但 4 月 3 日，当本间雅晴凭借增援力量重新发动攻击时，盟军的防线崩溃了。4 月 9 日，指挥巴丹部队的爱德华·金（Edward King）少将投降。约 7.8 万菲律宾、美国士兵和平民被俘，被迫步行 100 公里穿越巴丹半岛。在这个后来被称作“巴丹死亡行军”的过程中，已被饥饿和疾病折磨得奄奄一息的战俘又惨遭日军持续的暴行虐待。

约 2000 名士兵逃脱，加入科雷希多岛的守军阵营。科雷希多岛要塞成为温赖特和 1.1 万部队的最后立足点。深入要塞的地道系统储存了大量物资，为守军提供了后盾。但日本空军和炮火的狂轰滥炸，几乎摧毁了地面上的一切，包括大部分重炮。5 月 5 日，本间雅晴的第 4 师团直接在科雷希多岛登陆。1942 年 5 月 6 日，为避免更多牺牲，温赖特投降。次日，他宣布菲律宾全境所有的盟军投降。但在日军占领外围岛屿的进程中，战斗依然在持续。一些菲律宾人逃到山区，成为游击队战士。内格罗斯岛（Negros）上的盟军 6 月 3 日投降，而三描岛（Samar）上的守军直到 6 月 9 日才投降。此时，日军完全占领了菲律宾群岛，几乎整个亚洲南方区域都已落入日军手中。

乔纳森·温赖特中将（1883—1953）

骑兵出身的温赖特参加了一战，两次大战之间，他在骑兵向装甲兵转换期间指挥骑兵部队。1940年9月，他升为少将，受派遣指挥菲律宾师，日军入侵开始时他正指挥这支部队。1942年3月11日麦克阿瑟撤到澳大利亚后，他成为菲律宾总司令，在此之前，他被提拔为菲律宾第1军司令。他在科雷希多岛要塞的最后战斗后投降，被囚禁在日军的傀儡政权伪满洲国，1945年8月被苏军解救。1945年9月13日回到纽约，受到热烈欢迎。

本间雅晴中将（1888—1946）

本间雅晴中将是一位职业军官，是日本指挥官中的西方通。他曾任驻伦敦武官长达8年，1918年短暂随英军在欧洲西线行动。他参加侵华战争时，已是少将。虽然他毫不讳言对日本所冒风险的担心，但依然被选中指挥入侵菲律宾的日本第14军。1942年5月，他完成了对菲的占领。但夺岛战的长期拖延和本间雅晴的自由主义名声，使他失去东京陆军领导层的信任，在战争余下时间里再也没有担任过作战指挥官。因为他指挥的部队犯下了众多罪行，他于1946年受审，被执行死刑。

吕宋岛是菲律宾群岛中的最大岛。1942 年 5 月，在吕宋巴丹半岛的残酷战斗中，日军用火焰喷射器进攻美军据守的一个碉堡。

菲律宾游击队战士阿米塞多·法罗拉（Amicedo Farola），摄于 1944 年 6 月。1942 年，一些菲律宾士兵撤到山区，参加人民抗日军，继续对日本占领者进行有限抵抗。

1942 年前几个月，日军进攻菲律宾期间，一群菲律宾陆军士兵向日军投降。菲律宾陆军只有几个师，虽然它与美国守军一道抵抗日本侵略者，但这是一场力量悬殊的战斗。

奥唐奈战俘营（Camp O'Donnel）的送葬队伍。在臭名昭著的“巴丹死亡行军”中，美军俘虏被强迫从巴丹走到这座战俘营。途中，许多人死于饥饿、脱水和疾病。

日军士兵在庆祝他们战胜人数更多的巴丹半岛盟军。长长的武士刀是日本陆军的标准装备。

曼纽尔·奎松（Manuel Quezon）是独立的菲律宾联邦于 1935 年选出的第一位总统。1942 年 3 月，他和麦克阿瑟离开菲律宾，在华盛顿领导菲律宾流亡政府，1944 年死于华盛顿。

马林塔隧道（Malinta Tunnel）内被围困的科雷西岛要塞守军。图中房间内的是通信兵（Signal Corps）和财务人员。该要塞最终驻扎有 1.1 万人，他们于 5 月 6 日被迫投降。

1942 年 4 月，巴丹半岛美军向日军投降。约 7.8 万名美国和菲律宾士兵成为俘虏，其中的成千上万人后来死于过度劳累、疾病和虐待。

日军占领缅甸

1942.1.20—6.16

大事表

1942年2月5日
日军从泰国领土入侵缅甸，英国对泰国宣战。
1942年5月10日
罗斯福宣布派遣美国部队到格陵兰岛。
1942年5月26日
轴心国军开始攻击“加查拉防线”，意图迫使盟军退回埃及。
1942年5月29日
希姆莱手下的二号人物莱因哈德·海德里希遭捷克特工刺杀，伤重不治。6月10日，利迪泽（Lidice）村民遭报复杀害。
1942年6月28日
轴心国军开始实施“蓝色行动”，进军顿河大草原和高加索地区。
1942年7月2日
丘吉尔面临下院不信任投票，但以476票对25票获胜。

1942年头5个月，饭田祥二郎中将的第15军占领缅甸大部，达到了日军西扩的极限。源源不断的补给沿滇缅公路，流向中国抗日军队。在日军军事策划人员眼中，缅甸是切断这条生命线的战略要地，对他们已占领的原料资源丰富的南亚地区也具有重要意义。缅甸还有石油和重要的稀有金属钨资源，并且可能成为后期入侵印度的跳板。

V部队徽章。成立V部队是为了搜集驻缅日军情报，该部队由印度军中的英国军官和当地雇用的游击队特工组成。

英国当局和根据1935年《缅甸法案》成立的缅甸当地政府共同控制着这个国家。英国人认识到缅甸的战略地位突然变得极为重要，但已为时太晚。许多重要的缅甸政治家都是反英亲日的，缅甸独立军这一持不同政见的组织也蠢蠢欲动。1941 年后期，缅甸有约 2.7 万英国及其殖民地部队。其中，1.5 万缅甸人被编入边防部队和 1941 年 7 月成立的缅甸第 1 师，余下大部为英国军官指挥的印度部队；大炮很少，飞机仅 32 架。日本战机从 1941 年 12 月占领的机场起飞，重创首都仰光和其他军事目标。1942 年 1 月 19 日，饭田的第 15 军用两个实力并不强的师团发起进攻时，盟军的抵抗规模有限。当锡当河（Sittang River）大桥被过早炸毁，防守仰光的印度第 17 师被孤立在河对岸时，盟军的防线崩溃了。约 3300 名印度士兵成功渡河，但丢弃了全部辎重。刚刚抵港的英国第 7 装甲旅不得不匆匆上岸，几乎立即投入战斗。除此之外，根本不可能有别的支援部队到达。随后两周里，日军从北面涌向仰光，3 月 8 日占领该市。

幸运的是，大英帝国军队没有落到类似马来半岛美国守军的下场。仰光

威廉·斯利姆元帅（1891—1970）

一战期间，威廉·斯利姆在加利波利（Gallipoli）服役，在那里受重伤。随后，他在印度和中东度过大部分军旅生涯。1939 年，他是印度军旅长，在占领意属东非时指挥一个印度旅，在 1941 年 6 月占领叙利亚的战役中领导印度第 10 师。他是受手下爱戴的强势人物，也因此在 1942 年 3 月出任缅甸军司令，试图遏制日军在缅甸的势不可当的进攻。他成功组织了撤退，后在 1944 年指挥第 14 集团军把日军打出了缅甸。1945 年，他升为上将，1949 年在帝国总参谋长任上成为元帅。1953—1960 年，他出任澳大利亚总督。他职业的最后一站，是温莎堡总管。

1942 年抗击日军期间，一个身着伪装的中国士兵正跑步穿越丛林。中国派出远征军帮助英国人，因为前者须保持滇缅公路补给线畅通。

陷落前，斯利姆中将指挥3月19日新成立的缅甸军突围，冲出快要合围的日军包围圈。他们边打边撤，几乎横贯缅甸中部的整个伊洛瓦底河谷，长途穿越危险的丛林、平原和山区，于5月下旬到达印度城市因帕尔。在泰国军队和缅甸独立军的增援下，日军向缅甸的东部和北部快速推进，意图切断中国的对外联系。中国远征军第38师与缅甸和印度部队并肩作战，试图阻止日军进入缅甸北部。1942年4月25日，英国当局决定放弃缅甸，缅北的中国军队只得撤回云南。5月4日，日军占领孟加拉湾的阿恰布机场；6月17日，他们到达中国边境。随后几个月，日军加强了对该地区的控制，但因为英联邦军队在因帕尔的固守，加之经过6个月的激烈战斗，日军没有试图继续向印度进攻。

英国人撤出后，日本占领者允许缅甸独立军统治缅甸的部分地区。1943年8月，当缅甸总理巴莫（Ba Maw）对同盟国宣战，成为最后一个这样做的国家时，缅甸名义上获得“独立”。但日本控制着该地区的经济大权，且实际上以占领者的姿态在这里部署了大量守军，保卫日本新帝国的外部边界。

1942年6月，日军坦克和步兵正通过缅甸的一座桥。与欧洲坦克相比，日本坦克的火力和装甲厚度都不占优势，但1942年，盟军还没有坦克可用来保卫缅甸。

日军入侵缅甸期间，英联邦部队在一条河边匆匆开挖的战壕内抵御日军。英国人指挥的部队大部分是缅甸或印度人。

1942 年 1 月，滇缅公路补给线上，一辆军车装载着支援中国的锅炉设备，正通过中缅边境的一座牌楼。这条公路是为中国抗战提供补给的一条重要通道。

在缅甸首都仰光，作为应对日军轰炸的保护措施，工人们正在修筑砖制防空掩体。猛烈轰炸始于 1942 年 1 月，仰光港几乎瘫痪。

缅甸城镇彬马那（Pyinmana）外的印度部队和车辆。1942 年 4 月，英国决定放弃缅甸后不久，日军战机空袭彬马那，投下了燃烧弹。

入侵缅甸期间，一支日本航母特遣舰队驶入印度洋攻击英国海军舰艇和基地。图为 1942 年 4 月 9 日，英国“赫耳墨斯”号航母遭 90 架日本舰载机攻击后正在沉没。

珊瑚海海战

1942.5.5—5.7

大事表

1942 年 4 月 28 日
尼米兹得到情报，日军将南进攻击莫尔兹比港。
1942 年 5 月 1 日
日军占领缅甸曼德勒。
1942 年 5 月 4 日
弗莱彻（Frank Fletcher）攻击驻南所罗门群岛图拉吉岛（Tulagi）的日本海军。
1942 年 5 月 8 日
冯·曼施泰因进攻克里米亚的刻赤半岛。
1942 年 5 月 13 日
哈尔科夫战役打响。到 5 月 29 日，苏军战败，损失约 20 万人。

到 1942 年 5 月初，日本几乎完成了 1941 年所计划的对南方区域的占领。日军还谋划占领南太平洋的余下部分，包括新几内亚岛、所罗门群岛南部的马莱塔岛和瓜达尔卡纳尔岛（Guadalcanal，简称瓜岛），以及外围的瑙鲁岛和大洋岛，从而完成占领帝国新版图的最远疆域。做出占领这些外围前哨的决定，意在保证日本海空力量可切断美国和澳大利亚间的补给线，结束来自南方的一切威胁。早在 4 月，山本五十六就组织了由井上成美海军中将指挥的一支特遣舰队，分成 4 个独立小队——第一支占领莫尔兹比港（Port Moresby）和新几内亚东南部；第二支夺取所

弗兰克·弗莱彻海军中将，曾指挥珊瑚海海战时的特遣舰队（当时为少将），绰号“黑杰克”（Black Jack），以过于小心谨慎而出名。1942 年 10 月，他被派到北太平洋任职，离开了主战场。

罗门群岛，在那里建立空军基地；第三支作为掩护部队，和一个以“翔鹤”号、“瑞鹤”号为主力的航母集群一起，与被派到这一地区的美国海军交战并歼灭之。这一计划预定5月3—7日间完成。

而此时，尼米兹（Chester Nimitz）海军上将刚接手美国太平洋舰队的指挥权。他提前得到情报，获知一支日军主力正在南进。他派出躲过珍珠港袭击的美国航母“列克星敦”号和“约克城”号，与一些小型盟军舰艇组成特遣舰队，共同迎击日军。就在日军开始攻击图拉吉岛时，弗兰克·弗莱彻海军少将率盟军舰队到达以大堡礁为界的珊瑚海。5月4日，“约克城”号上的舰载机发起攻击，但未能打退日军登陆部队。因天气恶劣，能见度低，双方都难以准确发现对方。弗莱彻误把攻击莫尔兹比湾的日军小股部队当成其航母主力，派出飞机拦截。5月7日，盟军轰炸并击沉了日军“祥凤”号轻型航母。随后，日军新几内亚特遣舰队担心没有空中掩护，便掉头返航。日军高木武雄少将指挥的航母部队顶着恶劣天气派

海军五星上将切斯特·尼米兹（1885—1966）

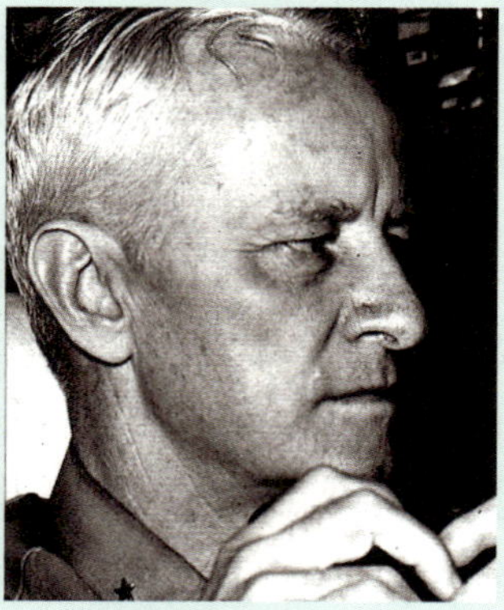

尼米兹的父母分别是德国人和美国人。1901年，他加入美国海军，两次大战之间，作为新的潜艇武器专家脱颖而出。1938年，他升为海军中将，次年成为航海局局长。1941年12月17日，他以上将军衔出任美国太平洋舰队司令，开始扭转珍珠港灾难后的不利形势。1942年3月，他被任命为太平洋盟军总司令，作为舰队司令指挥了珊瑚海和中途岛两场海战，并打了胜仗。他的“跳岛战略”最终导致日本在中太平洋地区的守军孤立无援而失败，为此他在1944年12月被授予“海军五星上将”称号。战后，他成为美国海军作战部长，1947年12月退役。

出飞机，但未能发现美国舰队，只击沉了独自航行的油轮和驱逐舰各一艘。一些燃油将尽的日机遭到美军战斗机的攻击；另一些日机好不容易找到着陆点，却误降在美军航母“约克城”号上。只有五分之一的日机安全返回母舰。

次日，美日双方舰队都发现了对方的航母。弗莱彻的海航飞行员攻击日军的“翔鹤”号，仅用 3 枚炸弹就瘫痪了其发动机维修车间和飞行甲板，但未伤及“瑞鹤”号。两艘美军航母都被经验丰富的日军飞行员重创，“列克星敦”号受损严重，不得不在当晚由一艘美国驱逐舰击沉。但高木武雄损失了太多飞行员，便决定撤退，战役没有决出胜负即告终。珊瑚海海战成为一场混战，由于缺乏足够的情报，双方都没有获得最佳战果。然而，盟军舰队成功打退了对新几内亚的入侵，阻止了日军向南所罗门群岛推进。两艘日本航母被迫放弃山本五十六所制定的下一步战略：切断经中途岛的太平洋航线，在此过程中截击并摧毁美国太平洋舰队。总之，在日军持续数月的推进之后，这场战役让盟军终于可以松下一口气来。

1942 年 5 月 7 日，珊瑚海海战期间，美国海军鱼雷轰炸机攻击日本“祥凤”号轻型航母。这是第一艘被击沉的日本航母，它的沉没迫使日军放弃进攻新几内亚南部。

山本五十六海军大将（1884—1943）

山本出生时名叫高野五十六，1916年被一个日本武士家庭收养，开始改用他们的姓。1901年，他加入海军，后参加针对俄国海军的对马海战（1905），1924年成为海军大佐。他曾在哈佛大学求学，两任驻华盛顿海军武官。他不满日军的帝国主义扩张，对与美国交战的前景没有信心，为此他多次成为死亡威胁的目标。即便如此，自1939年就任日本联合舰队司令后，他依然履行了自己的职责。他是海军航空（海航）兵的先行者，其航母作战思想在日军早期取得的胜利中发挥了重要作用。1943年4月18日，他的飞行计划被美国情报部门截获，造成所乘座机在所罗门群岛上空被美军战斗机击落而身亡。

日本90式海军信号枪。

1942 年 5 月 8 日，遭日本航母“翔鹤”号和“瑞鹤”号的舰载机袭击后，美国“列克星敦”号航母起火。当晚，这艘美国航母不得不由美国海军驱逐舰击沉。

来自日军“翔鹤”号航母的一架中岛 B5N5 97 式（“凯特”[Kate]）轰炸机坠毁。恶劣天气迫使许多日军飞机在找不到母舰、燃油耗尽的情况下，只得降落在海面上。

日本 93 式“长矛”（Type 93 Long Lance）鱼雷。日本鱼雷设计先进，在日本获得西太平洋地区控制权的过程中发挥了重要作用。

1942 年 4 月，珊瑚海附近的美国航母“约克城”号。这张照片是从一架刚刚飞离这艘航母的 TBD–1 鱼雷轰炸机上拍摄的。背景中可见一艘重型巡洋舰、一条加油船和一艘驱逐舰。

“铁甲舰行动”

1942.5.5—11.5

大事表

1942年5月29日
纳粹命令法国德占区所有犹太人佩戴黄色“大卫王星”。

1942年6月4日
中途岛海战阻止了日军控制太平洋的计划。

1942年6月22日
皮埃尔·赖伐尔就法国提供劳动力与德国达成协议。

1942年6月20日
罗斯福和丘吉尔同意实施后来所称的“火炬行动”，进攻法国在北非的殖民地。

随着日本在东南亚的扩张及其海军对印度的突袭，英国和南非政府担心日本可能会转向西印度洋，占领维希法国辖下的马达加斯加岛。该岛北端的天然海湾迭戈苏亚雷斯港足以容纳整个日本舰队。1942年2月，丘吉尔告诉罗斯福，英国希望在可能的时候占领该岛。1942年3月，日本驻柏林大使给东京发出的一封“魔术”（MAGIC）电报被盟军截获。这一情报表明，德国正向日本施压，促其占领马达加斯加岛，切断绕道好望角的英国补给线。丘吉尔的密友，南非总理扬·斯穆茨（Jan Smuts）也催促前者尽快全面占领该岛。4月，英军参谋部最终批准了一个初名“奖金行动”，但后来名为“铁甲舰行动”的计划。

英国皇家威尔士燧发枪团（Royal Welsh Fusiliers）帽徽。

1942年4月中，一支进攻马达加斯加岛的英国联合作战部队，乘船从英国驶向南非港口德班。在尼维尔·赛弗雷特（Neville Syfret）海军少将的指挥下，由来自直布罗陀的H部队和来自印度洋的部分海军舰艇组成的一支舰队也在集结。最终，参与行动的舰队包括“拉米利斯”号（*Ramillies*）战列舰，“无敌”号和“光辉”号两艘航母，以及2艘巡洋舰与9艘驱逐舰。英军的2个旅、第5突击队和南非部队的1个旅，统一由英国皇家海军陆战队罗伯特·斯特吉斯（Robert Sturges）少将指挥。他们要面对的敌军，则是约8000名法国人和马达加斯加人组成的军队，以及5艘潜艇和30架飞机。4月25—28日间，英军联合作战部队和舰队离开德班，5月4日完成最后集结。航程的最后145公里，则在完全黑暗和无线电静默中驶完。扫雷艇则在岛西北清理出一条通道，进攻登陆将在那里发起。虽然引爆了两颗水雷，但守军没有察觉到任何登陆迹象。于是，英军攻上海岸，冲向港口。在英国舰队航空兵飞机的猛烈攻击下，港口的维希法国守军顽强死守。英军“安东尼”号驱逐舰载着50名海军陆战队队员，冒着炮火驶入港口，从后面夹攻，法军的抵抗才最终瓦解。5月7日晨，守军投降。2艘法国潜艇被击沉，英国损失了1艘小型护卫舰。

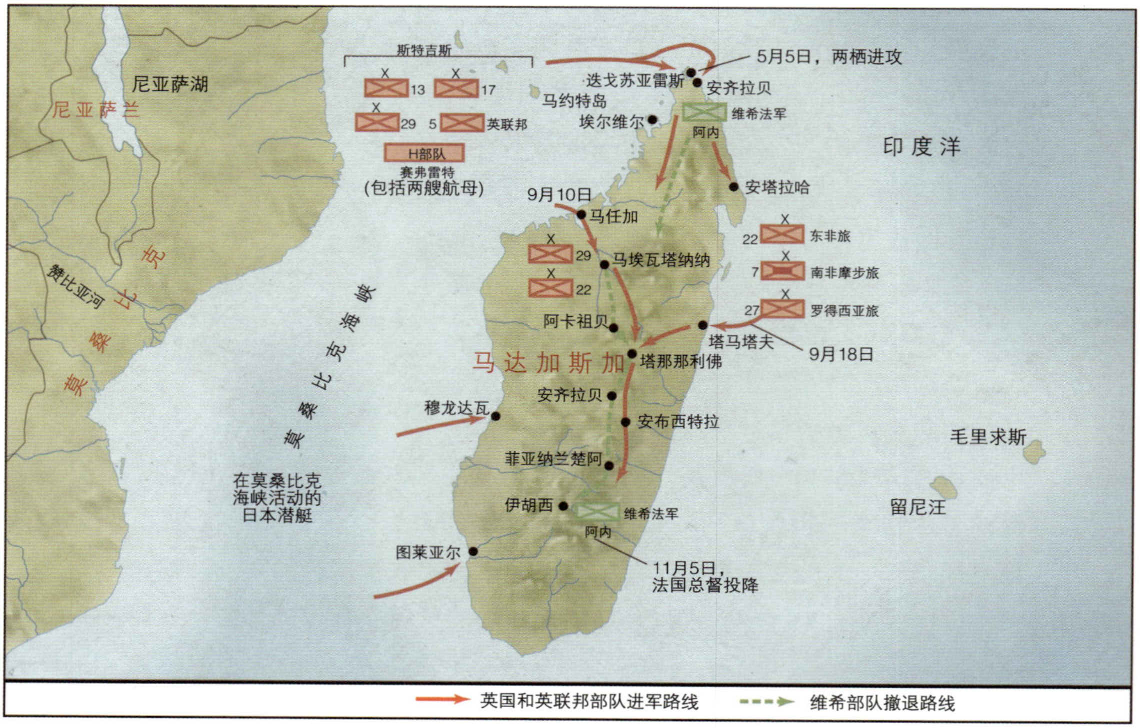

扬·斯穆茨元帅（1870—1950）

南非士兵斯穆茨的祖先是荷兰人，在1899—1902年南非布尔战争中与英国人作战，但后来在一战期间成为英国陆军中将。1917—1918年，他帮助英国创立了皇家空军，在建立国际联盟的过程中也发挥了作用。1919—1924年，他成为南非总理。1939年，他说服南非议会加入英国战争行动后再次当选总理。1941年，他成为荣誉元帅，作为丘吉尔的顾问发挥了重要作用。他是南非军队总司令，这支部队参加了全部非洲战事，包括在马达加斯加岛的战斗。在1948年选举中，他败给丹尼尔·马伦（Daniel Malan）。后者强烈批判南非参战，也是种族隔离制度的创立者之一。

一场旷日持久、徒劳的战斗开始了。维希法国驻马达加斯加岛总督拒绝率岛上余下地区投降，而向南撤退，一路摧毁桥梁道路，布下地雷和坦克陷阱。英军于6月开始向锡兰进军，平定行动由来自东非、北罗得西亚（赞比亚）和南非的部队继续执行。5月29日，两艘日本微型潜艇在迭戈苏亚雷斯击毁英国"拉米利斯"号战列舰。毛里求斯团某营负责防守迭戈苏亚雷斯，后来该团因兵变被解散。对驻守马达加斯加的部队而言，自然条件恶劣。强风刮起持续不断的红色灰尘，加上热带疾病的困扰，这些导致士气在一定程度变得低落。9月，盟军登陆夺取南海岸的港口。11月5日，在岛北部进攻整整半年后，法国总督终于投降。他（及其部队）因为坚持了半年的战争，得到了更多的酬劳和奖赏。此后，在战争期间，岛北部的海军基地控制在英国人手中，其余部分则由一个自由法国政府管理。虽然这次对马达加斯加岛的进攻是个小事件，针对的也是维希法国而不是轴心国，但丘吉尔后来写道，它是"数月来战争向好的唯一迹象"。

马达加斯加岛上的一名南非士兵和他的“宠物”蛇。在艰苦的亚热带条件下，英联邦部队在迫使法军投降上不得不花了整整夏秋两季的时间。在这场对双方来说都味同嚼蜡的战役中，实质性的战斗很少发生。

1943 年 3 月，停泊在港口的英国“安东尼”号驱逐舰。1942 年 5 月，该舰冒着炮火突破迭戈苏亚雷斯港的防守，使维希法军迅速投降，而一战成名。

参加攻占马达加斯加岛的英军第 29 步兵旅徽章。

占领马达加斯加岛的过程中，空军发挥的作用有限。图中以伊瓦图岛（Ivato）为基地的 4 架威斯特兰“莱桑德”（Westland Lysander）联络机正在飞行。大部分飞机来自南非空军。

随着马达加斯加岛法国守军向岛南部撤退，对东西海岸重要港口发动其他登陆行动成为必要。图为 1942 年 11 月 4 日，大英帝国军队正猛攻塔马塔夫（Tamatave）的一处海滩。

持续整整半年的马达加斯加岛战役期间，南非第 7 旅摩托车部队负责执行通信任务。

1942 年 5 月 5 日晨，进攻马达加斯加岛北部期间，第 5 突击队士兵挤在一艘汽艇上。这是英军发动的第一批成功的联合作战之一。

首次千机大空袭

1942.5.30

大事表

1942年2月8日
阿尔贝特·施佩尔被任命为武器与军火部长，重组德国的战时经济。

1942年2月14日
英国空军部指示皇家空军轰炸机司令部开始实施区域轰炸计划。

1942年2月23日
阿瑟·哈里斯接任英国皇家空军轰炸机司令部司令。

1942年4月4日
希特勒批准对英国城市发动“贝德克尔空袭”，报复后者对德国港口的破坏。

1942年4月8日
英国皇家空军对汉堡发动它在二战以来最大的一次空袭。

1942年6月2—3日
德军在“贝德克尔空袭”中猛烈轰炸英国肯特郡的坎特伯雷大教堂。

只要天气和空军的条件许可，盟军对德国城市的轰炸，从1940年5月开始直到战争最后几天一直在持续。初期轰炸时，使用的是载弹量小、性能差的双发轰炸机。夜间飞行时，许多飞机甚至都找不到它们应该轰炸的目标。1941年和1942年，随着维克斯“惠灵顿”（Wellington）中型轰炸机大量投入使用，发动更大空袭成为可能，但规模和准确性的问题依然存在。1942年2月，阿瑟·哈里斯（Arthur Harris）出任英国轰炸机司令部司令时，轰炸行动获准的

美军第8陆军航空（陆航）大队司令部徽章。该司令部与英国皇家空军轰炸机司令部联合实施了后期的轰炸行动。

机会变得日益稀少了。1941 年秋，一份以空中侦察照片为基础的调查报告，按起草报告的文官名字命名的“巴特报告”（Butt Report）表明，仅 20% 飞机实际轰炸了指定目标周围的 195 平方公里的区域。

哈里斯着手重整旗鼓，力图向英美政客表明，轰炸仍是一项有价值的战略。在他到任前的 2 月 14 日，英国空军部发布了一项命令，为后来称作“区域轰炸”的行动详细列出了德国的工业城市目标。哈里斯的轰炸计划以此为基础，寻求一次可以吸引最多公众关注的行动。1942 年 5 月，他决定对德国西部城市科隆发动一次“千机大空袭”。行动将集中所有可以利用的轰炸机，包括训练学校的教练机，因为前线部队只有 400 架可以参战的轰炸机。哈里斯没有采用轰炸机集群的方式，相反，他计划利用“轰炸机流”（bomber stream，即所有轰炸机在一条航线上以同一速度飞向目标，以此击

阿瑟·哈里斯空军中将（1892—1984）

因在 1942—1945 年间执行对德国的轰炸行动，阿瑟·哈里斯成为最著名的英国皇家空军指挥官。他是一位印度文官的儿子，1908 年决定去罗得西亚创一番事业。1914 年加入罗得西亚第 1 团，1915 年到英国参加皇家飞行队。两次大战之间，他在驻伊拉克、印度和巴勒斯坦的皇家空军中服役，1939 年 9 月出任第 5 轰炸机群司令，1941 年晋升空军中将。1942 年 2 月 21 日，他任皇家空军轰炸机司令部司令，对德国工业城市发动了无情的轰炸。他相信这是有效取胜的关键，但在其他任务需要用到轰炸机时，这一点使他成为一个难以相处的合作者。1945 年，他成为皇家空军元帅，在随后岁月里与轰炸的批评者长期斗争。

溃对方的防御）。因为英军采用了一种名为“Gee”（地面电子工程）的新导航装置（在 3 月 13 日对科隆发动的小规模空袭中被首次投入使用），使哈里斯的这种轰炸方式成为可能。头机在 Gee 的引导下，投掷照明弹和燃烧弹照亮目标，紧随其后的轰炸机依次在燃烧区域扔下炸弹。这样，轰炸就更集中、更准确。

轰炸计划于 5 月 27 日进行，但因恶劣天气被迫推迟。最终，经过 4 天战备等待，5 月 30 日机组成员接到起飞的命令。Gee 引导的轰炸机发现和照亮城市，1050 架战机中的 868 架随后轰炸了目标。空袭造成近 500 人丧生，摧毁 1.2 万间住宅，但没有严重影响科隆的工业活动。这次行动中，英军共有 41 架飞机毁于防空火力和事故。两天后，956 架轰炸机袭击了鲁尔的埃森市；6 月 25 日，又有 1006 架集结轰炸了不来梅港。但这后两次轰炸都没

约瑟夫·卡姆胡博中将（1896—1986）

约瑟夫·卡姆胡博（Josef Kammhuber）是一个德国巴伐利亚农民的儿子，1914 年志愿服役，参加了围攻凡尔登的战斗。20 世纪 20 年代后期，他协助在苏联秘密训练德国飞行员，1935 年作为参谋军官进入德国新空军，1939 年 2 月回到现役。在法国战役中他所驾飞机被击落，他成为俘虏，几周后获释。1940 年 7 月，他成为第一个夜间战斗机师师长，负责被称为“卡姆胡博防线”的整个德国防空网络。1943 年后期，因一种新型夜间战斗机与戈林的副手埃哈德·米尔希（Erhard Milch）争论，卡姆胡博被贬为驻挪威空军司令。1945 年 2 月，希特勒召回他任“对敌四发轰炸机作战总代表”。1956 年，他成为德国国防部空军部门的负责人，军衔是中将，1962 年退休。

有给德国造成重大损失。为报复英军早先对吕贝克和罗斯托克的大轰炸，德国空军发动了“贝德克尔空袭”（一个柏林官员宣称，贝德克尔旅行指南中列为三星的英国城市都将成为目标），同时轰炸了埃克塞特、诺里奇、巴斯、约克和坎特伯雷，共造成1637人丧生。

哈里斯达到了他的部分目的，使得轰炸依然是英国战争行动的一个中心内容。但是，千机空袭被看成对稀缺战机资源的一种滥用。此后，轰炸行动的规模都很适中。1941—1942年，随着阿夫罗“兰开斯特”、肖特“斯特林”和汉德利－佩季“哈利法克斯”等重型轰炸机投入使用，更大的载弹量成为可能。但1942年全年，在美军第8陆航大队（8th Air Force，全称8th Army Air Force，有译第8航空队，但从历史和其建制看，宜译作第8陆航大队，下同。编者）轰炸机的增援下，英国轰炸机司令部的投弹量只占到整个战争期间欧洲总量的2.7%。

汉德利－佩季“哈利法克斯”轰炸机。

德国城市科隆市中心的空中垂拍的侦察照片，摄于 1942 年 5 月末的“千机大空袭”之前。画面左下可见到科隆大教堂。

1942 年 5 月 4 日的一次猛烈轰炸后，埃克塞特教堂矗立在这座英国中世纪城市的废墟中，而 156 人在轰炸中丧生。为报复英国皇家空军空袭烧毁德国中世纪港口城市，德军发动所谓的“贝德克尔空袭”，埃克塞特是惨遭此劫的文化名城之一。

1941 年 8 月，英国皇家空军轰炸机司令部作战室一景。它位于白金汉郡海威科姆（High Wycombe）附近的地堡中。

1942 年 5 月 31 日，轰炸科隆的“千年行动”期间空中垂直拍摄的一幅照片。探照灯和高射炮发射的曳光弹照亮了天空，画面左下角可见投下的第一批炸弹。

1942 年 5 月 27 日，在英国萨福克郡米尔登霍尔轰炸机基地，皇家空军地勤人员正准备为一架维克斯“惠灵顿”轰炸机挂一枚 4000 磅重的炸弹。恶劣天气使计划中的科隆轰炸推迟了 4 天，但机组人员必须随时处于待命状态。

英国皇家空军投弹手徽章。

1945 年战争结束时，荒凉的科隆废墟景象。虽然它在“千年行动”（Operation Millennium）期间遭到严重破坏，但大部分损失是在 1942 年到 1945 年间的 200 多次空袭中造成的。

石油：战争血液

1939—1945

大事表

1940 年 12 月 4 日
德国根据德国与罗马尼亚信贷协议获得了更多的石油资源。

1941 年 6 月 23 日
苏联轰炸机袭击罗马尼亚普洛耶什蒂油田。

1941 年 7 月 26 日
罗斯福对流向日本的物资实行禁运，包括石油。

1942 年 3 月 9 日
荷属东印度群岛向日本投降。

1944 年 8 月
“普洛托行动”中，盟军铺设穿过英吉利海峡的海底管道，给在法国作战的盟军供应石油。到“欧洲胜利日”，这条管道共输送了 7.81 亿升燃油。

石油是现代战争中最重要的战略物资。它为新的机动装甲部队，为游弋在太平洋和大西洋的庞大空军、远洋海军和商船舰队提供燃料。因为石油资源的无比重要性，德国入侵苏联和日本入侵东南亚的基本出发点，都是希望控制入侵地区丰富的石油资源。

1939 年，后来的同盟国控制着世界石油产出的 94%。德国和日本的国内资源只能满足 10% 的石油需求，意大利只能满足 1%。这一形势给侵略者带来了极大的压力，因为只有得到更多的石油，他们的侵略才有可能得以维系。1940 年，英法在欧洲大陆失败后，德国得到罗马尼亚的石油资源；根据 1939 年 8 月签署的德苏贸易协议，德国还获得了苏联的石油资源。但希特勒保证石油安全的唯一途径，就是夺取高加索和中东地区的石油。1942 年，德军冲击高加索地区，试图夺取迈科普、巴库和格罗兹尼的苏联油田。他们最远打到迈科普，但苏军尽力破坏了油田，到最后德国人只能日采 70 桶石油。从那以后，德国被迫依赖石油储备，以及越来越多地使用合成油。

日本则更加幸运一些。美国1941年6月的石油禁运政策，促使日本做出入侵太平洋地区和东南亚的决定。几周之内，荷属东印度群岛、婆罗洲和缅甸的富饶油田就落入日本手中，产量得以迅速恢复。其中的大部分石油被用于海军和野战陆军，极少进入日本本土。美国空军和潜艇的攻击进一步减少了流入日本的石油，1940年进口的数字还有2200万桶，到1944年则只剩下160万桶。即便日本拥有了大量石油储备，但到1945年夏，其经济和武装部队的石油库存只够用几周。

虽然盟军拥有充足的石油，但战时局势也给它自己带来了问题。因为战争的干扰，苏联的石油产出从1941年的3300万吨，降到1944年的1800万吨。战争的大部分时间里，苏联空军需要高质量的美国航空燃料维持运行。英国依靠的石油进口链遭到潜艇战的沉重打击。但到1943年，随着德国潜艇被打败，英国的石油供应量增加到其战前水平的80%以上。经过多年大萧条之后，美国发现增加石油供应量成为一个问题，不得不对驾车者实施石油配给。但凭借新的大型管道和设施，美国的石油产出从1940年的2亿桶，增加到1944年的3.66亿桶。整个战争期间，同盟国石油需求的80%都由美

褐煤

这种柔软的褐煤是德国发明“煤油”的核心材料。与坚硬的黑煤不同，褐煤可以通过工业“氢化”工艺转变成高质量的石油。20世纪30年代，德国化工巨头法本公司（I. G. Farben）完善了这一工艺。1936年，一个生产合成油的庞大项目启动，但直到德国根据《慕尼黑协定》占领苏台德地区后才有了充足的褐煤资源。合成油在德国战争活动中发挥了重要作用，但联合轰炸机攻势开始后，合成工厂成为最容易被袭击的目标。

国提供。

石油短缺引发了各种创新。德国和意大利汽车被改成烧煤气或木头。汽车和卡车顶上装着大型煤气包，就像微型齐柏林飞艇。各国努力寻找石油的天然替代品。德国科学家还成功地从欧洲橡树中提炼出一种有效的润滑油。但没有什么能真正替代矿物石油。到 1944 年秋，德国空军得到的石油供应量只达到需求的 5%。美国战时生产委员会副主席宣称，石油工业承担的责任“就是战争胜利的责任”，绝非言过其实。

1939 年，一辆德国汽车摒弃以石油为基础的液体燃料，改烧煤气。到战争末期，这样的汽车或顶上带煤气包的车辆成为德国和意大利的常见景象。

1942 年，一艘被鱼雷击中的油轮在美国大西洋海岸外 9.26 公里处燃起滚滚浓烟。

大直径管线

20世纪30年代，美国是世界产油大国。但随着战争到来，美国石油工业为满足战争经济的需求，承受着巨大压力。为了把石油快速输送到北方和东部工业区，美国启动了一项庞大的工程，铺设从得克萨斯直接到石油需求地的管道。所谓“大直径管线”（Big Inch pipe），是一条直径60厘米的输油管，从得克萨斯州朗维尤（Longview）到伊利诺伊州诺里斯城（Norris City）。这条管线于1942年6月开建，半年后完工，后来又向东延伸1158.7公里到达宾夕法尼亚州菲尼克斯维尔（Phoenixville）。它每天能输送30万桶原油，是世界上最长的同类管道。

这是1939年前德国人按希特勒的命令发明的一种油桶。英国人也很快采用了这种设计——它因此得名“德国罐”（jerrycan）。三个把手意味着可以用各种方式搬运，而且这一设计可让装满的油桶留有气隙，从而能够浮在水面上。

1943年8月，一架美国空军B–24“解放者”轰炸机正飞越罗马尼亚普洛耶什蒂一个着火的炼油厂。8月1日，盟军从北非发动“浪潮行动”，旨在摧毁普洛耶什蒂的德国石油生产系统。盟军认为这次行动极有必要，即使预测参加行动的178架飞机的损失率将达到50%，依然会实施不误。袭击很难算得上成功，几周之内，德国的生产又恢复到袭击前的水平。

二战期间，大西洋两岸都实施了汽油配给政策。英国不得不承受近 11 年的“定量供应”；在美国，配给政策只从 1942 年 12 月持续到 1945 年 8 月 15 日。

1942 年 8 月，德国摩托化部队控制不住迈科普油井的火势，只得离开熊熊燃烧的油田。苏联的“焦土”撤退政策，意味着高加索地区的大部分油田都在德国人占领前被摧毁。

“蓝色行动”

1942.6.28—8.19

大事表

1942 年 6 月 26 日
瓦西列夫斯基（Alexander Vasilevsky）元帅取代沙波什尼科夫（Shaposhnikov）元帅成为苏联总参谋长。

1942 年 7 月 4 日
美军第 8 陆航大队轰炸机首次轰炸欧洲德占区。

1942 年 7 月 4 日
PQ 17 船队在驶往苏联北部途中遭到猛烈攻击。

1942 年 7 月 30 日
第一次阿拉曼战役。

1942 年 8 月 12 日
丘吉尔和斯大林在莫斯科召开第一次峰会。

1942 年 8 月 19 日
对德占法国沿海港口迪耶普的袭击，以英国和加拿大部队的惨重损失收场。

纳粹空军高炮部队徽章。

德军 1941 年 12 月从莫斯科城下撤退后，苏军对多条德军防线发起攻势。经过 1941 年的持续战斗，双方都精疲力竭。虽然斯大林催促部队前进，但苏军仅取得地区性的进展且付出了很大代价。1942 年春天，冰雪消融，乡间一片泥沼。直到 5 月，双方的战斗才真正重新开始。5 月 12 日，南方战线 4 个苏联集团军开始收复哈尔科夫市。他们进展缓慢，但在该市南部开拓出一块宽阔的突出部阵地。德军在前线发起“弗里德里库斯行动”，对苏军进行反攻，从后方切断了他们在突出部阵地的退路。20 多万士兵和 1200 辆装甲车被俘。打败苏军的攻势，为希特勒已在筹备的一项计划创造了条件。他计划夺取苏联的整个南部地区，作为最终击败苏军的前奏。

1942 年 4 月 5 日，在大家对占领苏联首都的意义争论一番后，希特勒发布 41 号作战令，发动一次初称“齐格弗里德（Siegfried）行动”，后改称“蓝色行动”的攻势。行动的目标是占领苏联南部的草原地区，切断伏尔加河补给线，夺取高加索地区的石油。这将一次性夺去苏联居民和军队的大量食物和石油补给，并且如果轴心国军能够与在北非推进的隆美尔会师，还将打开控制中东石油的大门。英国情报部门把德军的计划透露给斯大林，但后者拒绝相信。6 月 19 日，一架携带作战计划的德国飞机在苏联防线后方坠毁。但斯大林仍然想当然地认为，这一诡计企图把他的注意力从德军占领莫斯科的计划上引开。6 月 28 日，一支由德国、罗马尼亚、匈牙利和刚刚到达的意大利部队组成的联合部队，在冯 · 博克元帅指挥下，对苏军毫无防备的一条战线发动了“蓝色行动”。德军最初的推进势不可当。7 月 6 日—23 日间，从哈尔科夫以北的沃罗涅什，到亚述海边顿河河畔的罗斯托夫，整个地区全部失守。苏军未能效仿在塞瓦斯托波尔的做法，仓皇放弃罗斯托夫。7 月 23 日，希特勒对苏联南方的胜利信心满满，把部队分成两个集团军

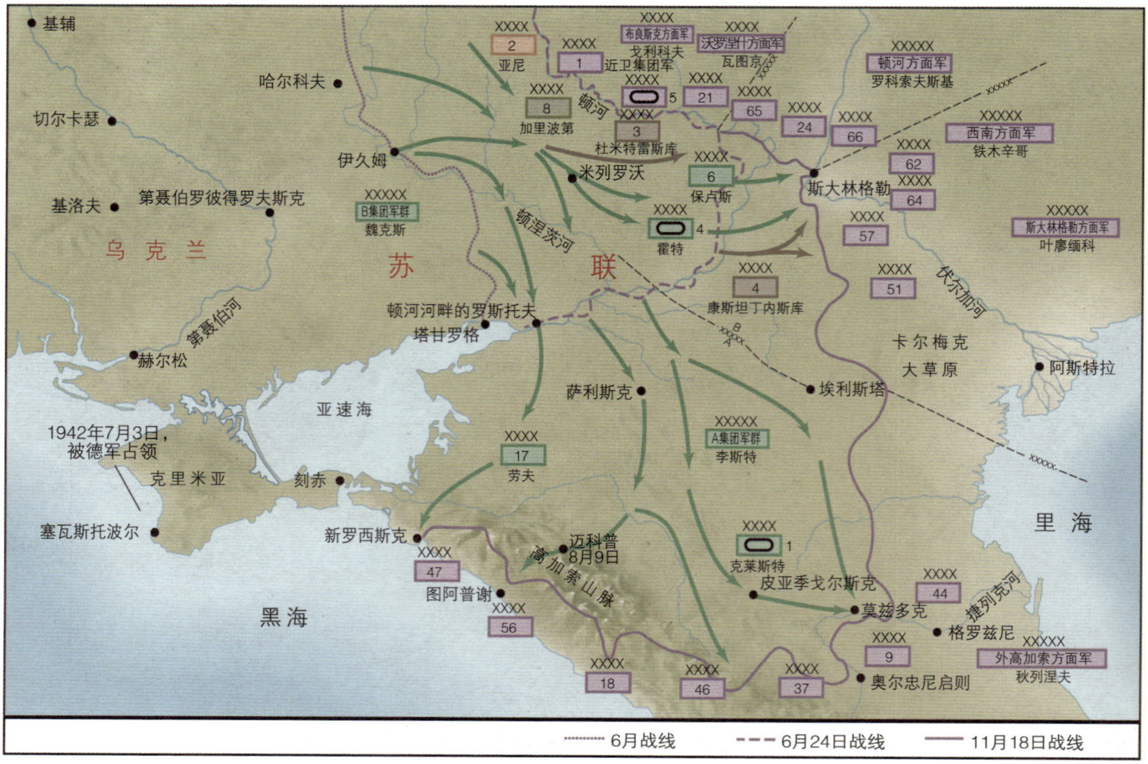

群。A集团军群由威廉·李斯特元帅指挥，向高加索推进；B集团军群先由冯·博克，后由冯·魏克斯（Maximilian von Weichs）将军指挥，渡过顿河，向伏尔加河上的斯大林格勒挺进。

南方的苏军逐渐消失，有的被俘，有的越过大草原仓皇撤退。7月28日，斯大林发布“一步不退”的227号令，命令苏联士兵誓死守卫每一寸苏联土地。命令一级一级地传达到苏军的各个部队。按老兵的说法，读到斯大林命令的士兵开始清醒起来。苏军身后是安全部队组成的特别“拦截队”，奉命采用最严厉的措施保证撤退不会变成溃逃。但事实证明，对苏军而言，

埃里希·冯·曼施泰因元帅（1887—1973）

冯·曼施泰因（Erich von Manstein，左）元帅被公认为二战期间德国最优秀的作战指挥官之一。他原名埃里希·冯·莱温斯基（Lewinski），是一个普鲁士将军的儿子，但被另一家普鲁士军人家庭收养，遂改随后姓。一战期间，他在法国和波兰作战，战后仍留在只有10万人的陆军里服役。1935年，他成为陆军作战部长；1936年10月，任副参谋长。1939年，他在波兰战争中崭露头角；1940年，德国打败法国时采用的计划就出自其手。入侵苏联时，他指挥一支军级装甲部队，1941年后期占领了克里米亚，包围了塞瓦斯托波尔。“蓝色行动”前的作战中，他清除了克里米亚半岛的苏军残余，1942年7月4日占领塞瓦斯托波尔。他曾被派去尝试夺取列宁格勒，1942年11月又回到南方作战。1944年3月，他因为不赞同希特勒的战略而被解职。战后他因战争罪受审，被判18年监禁，但最终只服刑不到4年。

阻止轴心国的进军简直就是螳臂挡车。斯大林格勒遭到猛烈空袭，指挥德国第6集团军的保卢斯将军8月19日命令所部占领它。第6集团军强渡顿河，8月23日，在斯大林格勒以北的伏尔加河岸，第一支德军占领了一个8公里宽的突出部阵地。保卢斯和德军统帅部预计将在几天之内占领斯大林格勒，切断伏尔加河。德军前方是戈尔多夫（Gordov）将军指挥的两个苏联集团军——第62和第64集团军。在顿河大草原的战斗中，这两支部队损失惨重。随后，他们还将承受德军对斯大林格勒发起的猛烈攻击。

“大多拉”克虏伯巨炮

一战期间，德国生产了“大贝尔塔”（Big Bertha）大炮，是以一个克虏伯家族成员的名字命名。二战时，为对付“马其诺防线”，希特勒命令克虏伯军火公司生产一种类似的巨炮。这一庞然大物的口径有800毫米，能够发射7吨炮弹或者可穿透75米厚水泥层的掀甲弹。它一开始叫“古斯塔夫”，后来重新命名为“多拉”（总工程师妻子的名字），因生产过晚未及用于法国战役，1942年6月用于对塞瓦斯托波尔的围攻。大炮需要通过铁路运输，再进行组装。它需要1000名操作人员，炮管的寿命只能发射约300发炮弹。它可以一炮打掉一座堡垒或摧毁一幢公寓楼，但它易受空中打击，战争期间很少投入使用。它曾被调到前线用于围攻斯大林格勒，但又为避免被缴而匆匆撤回。

1942 年 6 月，“蓝色行动”早期阶段被摧毁的德国 III 型坦克。德国第 1 和第 4 两个装甲集团军参加了行动。

安德烈·叶廖缅科（Andrei Yeremenko）元帅，最成功的苏联战地指挥官之一。图为他正与参谋讨论问题。他指挥东南方面军抵御“蓝色行动”，后在斯大林格勒战役期间指挥斯大林格勒方面军。

德军在遥望荒凉草原对面的斯大林格勒。1942 年 8 月 15 日，德军到达伏尔加河，指望几天之内拿下斯大林格勒，就像几周前占领顿河河畔的罗斯托夫一样。

1942年9月，一架德国Ju 87B俯冲轰炸机正飞越伏尔加河上的斯大林格勒。希特勒原本没把这座城市当成“蓝色行动”的主要目标，但德军的速胜不由得使他想加快征服整个地区。

1942年8月，德军穿越顿河大草原，所向披靡。图为苏联步兵和坦克在一次罕见的反击战中猛攻一个村庄。

中途岛海战

1942.5.24—6.5

大事表

1942年5月25日

小股日本舰队离开北海道，驶向阿拉斯加海岸外的阿留申群岛。

1942年5月27日

珊瑚海海战后,美国航母“约克城”号返回珍珠港进行修理。

1942年6月5日

美国正式向匈牙利、保加利亚和罗马尼亚宣战。

1942年6月7日

德军开始总攻克里米亚的塞瓦斯托波尔港。

1942年6月11日

德国潜艇开始在美国沿海水域进行布雷行动。

1942年6月12日

英苏关于开辟“第二战场”的协议公布。

珊瑚海海战的失利，让日本海军司令山本五十六坚定了他的判断：日本应该对美国太平洋舰队发动一次决定性的战役，防止美军在西太平洋地区采取进一步行动。于是，位于夏威夷和日本之间的小岛屿中途岛被选为目标。这倒不是因为这个岛本身有多重要，而是日军要以它为诱饵来争取舰队决战的机会，一举消除美国的威胁。这就是“米号作战”行动，日军的准备工作始于珊瑚海海战前的1942年5月初。

1859年，美国宣称对中途岛拥有主权，进而在1903年对其进行实际占领，最终于1940年把它变成一个小型的海军和水上飞机基地。对入侵

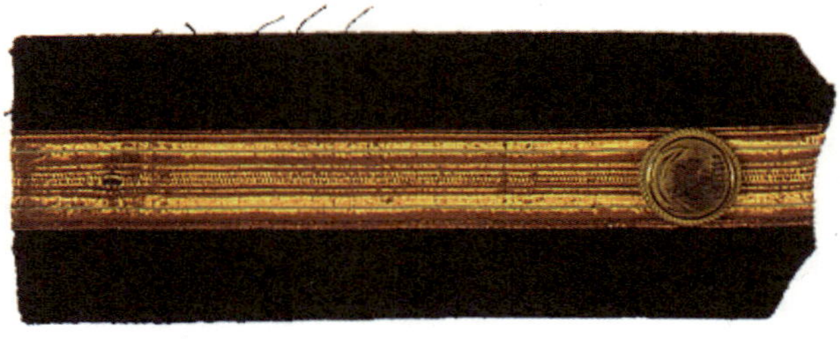

日本海军准尉肩章。

一个小岛而言，从日本派出的横跨太平洋的部队可谓规模庞大，但入侵该小岛却不是日军的主要目的。日本舰队分成 5 个攻击集群：一支航母攻击力量，作为本次行动的核心，由南云忠一海军中将指挥；一支中途岛占领部队；一支由 7 艘战列舰组成的主力舰队，其中包括山本五十六的巨型旗舰——7.2 万吨的“大和”号，目的是消灭美国舰队；一支佯攻部队夺取北方阿留申群岛的两座岛屿；还有一支以潜艇部队作为前锋实施掩护。进攻中途岛的日期定为日本时间 6 月 5 日（美国时间 6 月 4 日）。日本对美国航母力量的情报知之甚少，但它臆断珊瑚海海战后剩下的两艘美国航母，正在中途岛南面很远的位置保护澳大利亚。

这是日军众多误判的第一个。尼米兹有两艘航母，“大黄蜂”号和“企业”号，并且因为美军拥有超强的维修技术，受损的“约克城”号航母到 5 月 31 日就已被修好。美军由弗莱彻海军上将任总指挥，而其中的航母部队则由雷蒙德 · 斯普鲁恩斯（Raymond Spruance）海军少将具体指挥。面对日

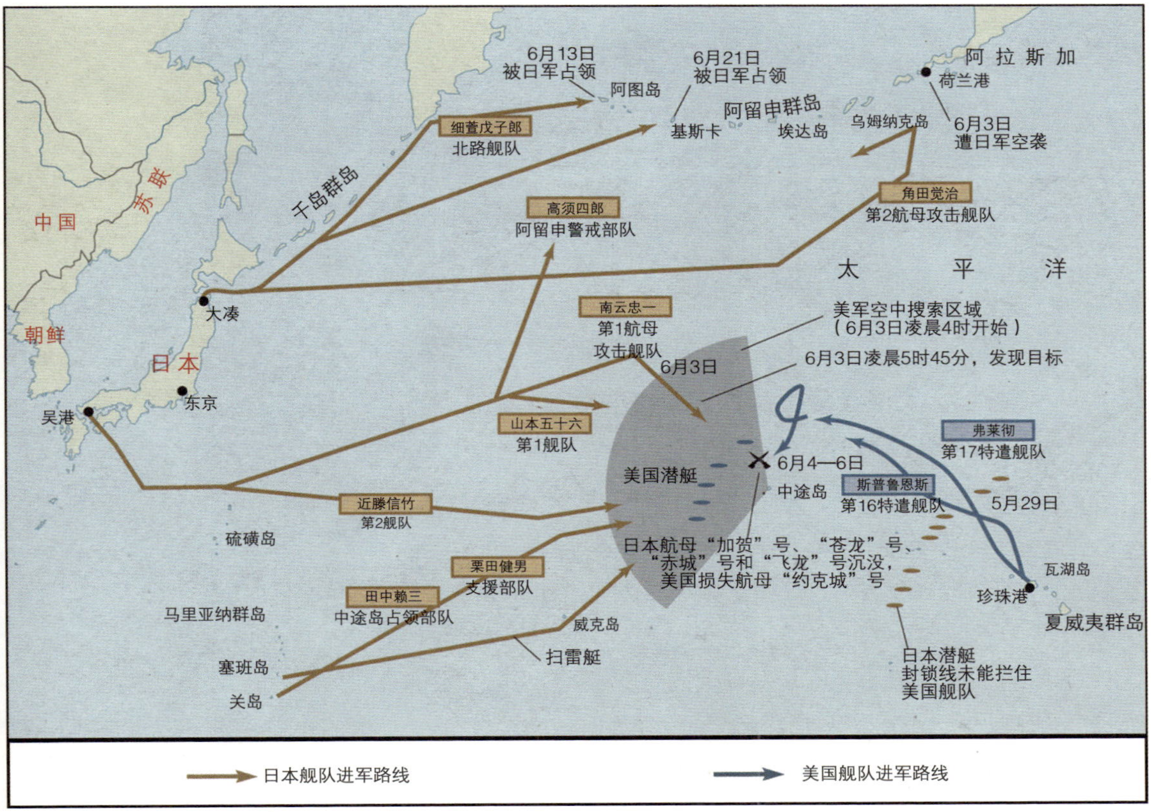

军的4艘航母、7艘战列舰、12艘巡洋舰和44艘驱逐舰，美军只能集合起3艘航母、8艘巡洋舰和15艘驱逐舰。但美方拥有的一大优势就是情报，没有它，这场战役不可能打胜。珍珠港的太平洋舰队无线电小队可破译日本的主要密码JN–25，因此，美军5月21日前就知道“米号作战”剑指中途岛。几天后，他们还获知了攻击中途岛和阿留申群岛的准确日期。美军采取的策略是将小股航母部队驶向中途岛东北，那里处于日军侦察机和潜艇的搜索范围外。一旦中途岛的飞机发现日本舰队，美军计划用几波鱼雷轰炸机和俯冲轰炸机攻击它们，但要绝对避免与大型舰队交战，因为那样正中山本五十六下怀。

在这场战役中，美方的军舰和战机力量处于严重劣势，要冒巨大风险。可直到对中途岛的攻击开始后很久，日本侦察机才侦测到斯普鲁恩斯的部队，导致日军航母在飞机加油和重新挂弹之际暴露在美军反击的危险

雷蒙德·斯普鲁恩斯海军上将（1886—1969）

一战前，斯普鲁恩斯成为一名职业海军军官，1940年时任加勒比海疆（Caribbean Sea Frontier）司令。珍珠港突袭后，他在威廉·哈尔西（William F. Halsey）海军上将手下指挥太平洋第5巡洋舰中队。斯普鲁恩斯——绰号“电脑”——以头脑敏锐、性格冷静著称。1942年5月，哈尔西生病时推荐斯普鲁恩斯指挥航母特遣舰队参加中途岛海战。这场战斗后，他成为尼米兹的参谋长，1943年中获任命指挥中太平洋部队，后来占领了硫磺岛和冲绳岛。1945年后期接替尼米兹任太平洋舰队司令，后成为美国海军战争学院院长，直到1948年退休。1952—1955年，他出任美国驻菲律宾大使。

之中。美国鱼雷轰炸机部队因速度过慢而遭日军重创。但 50 架美军“无畏”（Dauntless）俯冲轰炸机却躲过日军的侦测，向后者航母拥挤的甲板投下大量炸弹，造成了巨大破坏。到次日晨，4 艘日本航母——“飞龙”号、“加贺”号、“苍龙”号和南云忠一的旗舰“赤城”号——已全部沉没。山本五十六命令战列舰一齐出击摧毁敌人。可是，这些日舰却无法在浓雾中找到目标，而且没有空中掩护，不得不冒着极大危险。美军“约克城”号航母被日机炸坏，3 天后被一艘潜艇击沉。但日本人一直没有找到机会，与美军进行舰队决战。最终，美军取得决定性胜利，赢得了一场舰载机之间的战役。在这场战役中，双方航母部队自始至终甚至连面也没见到。日军高级指挥官后来承认，此战是日本战争活动的转折点。1943—1944 年，日本船厂交出 7 艘航母，美国却建造了 90 艘。经过严格训练的日本海军飞行员伤亡达 70%，缺员从此再也没有获得足额的补充。

1942 年 6 月 6 日，日本“三隈”号巡洋舰被美国航母舰载机攻击后起火。虽然日军遭美军连续攻击，但这艘巡洋舰是日军被击沉的 4 艘航母之外唯一被重创的。

罗彻福特海军上校（1898—1976）

约瑟夫·罗彻福特（Joseph Rochefort）是美国首屈一指的密码分析专家。1918年，他加入海军，接受了密码破译训练，学会了流利的日语。因为拥有丰富的情报经验，1941年初被任命领导珍珠港无线电截收部门。他在此聚集了一大批密码分析师和语言学家，专门破译日本海军的JN–25密码。1942年初期，他们成功破译了复杂的密码原理，能读懂部分信息，虽然日期依然是个问题。这些情报信息——和其欧洲同行一样，被称为“超级情报”——对中途岛海战至关重要。日期系统最终在5月被破译后，罗彻福特的部门为即将到来的战役提供了所需的关键情报。1942年起，他在华盛顿领导太平洋战略情报组（PSIG），直至1946年退休。

1942年6月4日，美国“约克城”号航母遭日军鱼雷轰炸机两次击中。航母侧倾严重，最终不得不被离弃。

中途岛海战期间，美国海军“无畏”俯冲轰炸机正在攻击日本舰队。画面中央可见燃烧中的日本巡洋舰“三隈”号，它此前已撞上另一艘日本军舰。这种俯冲轰炸机在此役中重创了日本的 4 艘航母。

1942 年 6 月 4 日晨，日军袭击中途岛后，如图是中途岛基地一架受损的美国 F4F 战斗机。中途岛被日军当作进一步进攻夏威夷的跳板。

一架日本鱼雷轰炸机正从航母甲板上起飞。虽然日军飞行员训练有素，但在中途岛海战中，舰载机飞行员伤亡近四分之三。

1942 年 6 月 3 日，遭日军佯攻后的荷兰港。该港位于美国阿拉斯加州海岸外的阿留申群岛。日军原本希望美国海军舰艇被吸引到北方，不会妨碍他们进攻中途岛。

日军 1942 年 6 月 4 日行动期间，中途岛上的油库正在燃烧。虽然遭到日军空袭，“大黄蜂”号航母上的俯冲轰炸机在战役期间依然能够在岛上降落加油。

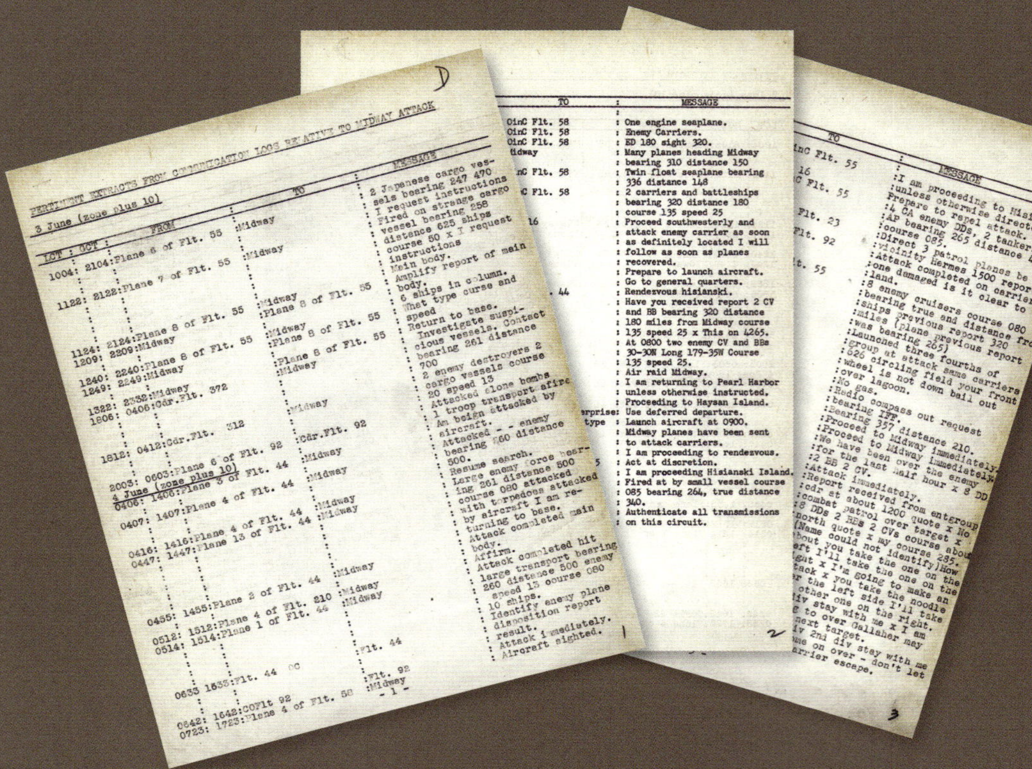

TO : MESSAGE

CinC Flt. 58 : One engine seaplane.
CinC Flt. 58 : Enemy Carriers.
CinC Flt. 58 : ED 180 sight 320.
: Many planes heading Midway
: bearing 310 distance 150
: Twin float seaplane bearing
: 336 distance 148
: 2 carriers and battleships
: bearing 320 distance 180
: course 135 speed 25
: Proceed southwesterly and
: attack enemy carrier as soon
: as definitely located I will
: follow as soon as planes
: recovered.
: Prepare to launch aircraft.
: Go to general quarters.
: Rendezvous hisianski.
: Have you received report 2 CV
: and BB bearing 320 distance
: 180 miles from Midway course
: 135 speed 25 x This on 4265.
: At 0800 two enemy CV and BBs
: 30-30N Long 179-35W Course
: 135 speed 25.
: Air raid Midway.
: I am returning to Pearl Harbor
: unless otherwise instructed.
: Proceeding to Haysan Island.
: Use deferred departure.
: Launch aircraft at 0900.
: Midway planes have been sent
: to attack carriers.
: I am proceeding to rendezvous.
: Act at discretion.
: I am proceeding Hisianski Island.
: Fired at by small vessel course
: 085 bearing 264, true distance
: 340.
: Authenticate all transmissions
: on this circuit.

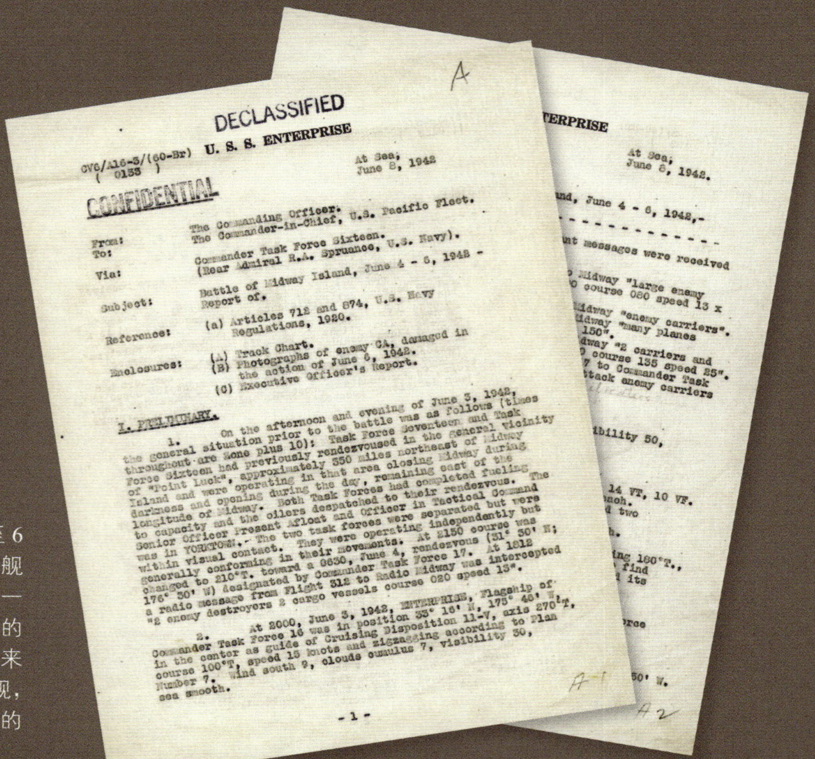

DECLASSIFIED

U. S. S. ENTERPRISE

CV6/A16-3/(60-Br)
(0153)

At Sea,
June 8, 1942

CONFIDENTIAL

From: The Commanding Officer.
To: The Commander-in-Chief, U.S. Pacific Fleet.
Via: Commander Task Force Sixteen.
(Rear Admiral R.A. Spruance, U.S. Navy).
Subject: Battle of Midway Island, June 4 - 6, 1942 - Report of.
Reference: (a) Articles 712 and 874, U.S. Navy Regulations, 1920.
Enclosures: (A) Track Chart.
(B) Photographs of enemy CA, damaged in the action of June 6, 1942.
(C) Executive Officer's Report.

I. PRELIMINARY.

-1-

中途岛海战报告

这是1942年6月4日至6日中途岛海战结束后，美军舰队提交的官方作战报告。第一份报告详尽记录了战斗首日的逐小时进程；第二份报告则来自美国“企业”号航空母舰，对整个战斗进行了更为全面的叙述。

埃及危机：加查拉和图卜鲁格

1942.6.14—21

大 事 表

1942 年 5 月 21 日

希特勒决定推迟到埃及战事结束后再进攻马耳他岛。

1942 年 5 月 30 日

英国皇家空军司令部对德国科隆发动第一次千机大空袭。

1942 年 5 月 31 日

日军 3 艘微型潜艇袭击澳大利亚悉尼港。3 艘商船被击沉，19 名水手丧生。

1942 年 6 月 4—6 日

中途岛海战的成功成为 1942 年盟军的第一场决定性胜利。

1942 年 6 月 28 日

德军在苏联开启夏季攻势，向顿河大草原推进。

1942 年 8 月 18 日

蒙哥马利中将接手指挥埃及的英国第 8 集团军。

到 1942 年 12 月，盟军的“十字军行动”已将轴心国军赶出了利比亚沙漠，直退到阿盖拉（El Agheila）。但这次行动的战果，几乎一取得就很快被逆转。1942 年 1 月 21 日，通过地中海的短距离补给线，隆美尔一获得大量补给和增援，便发动了一次突然反击，将疲惫的大英帝国军队驱赶回埃及，后退了一大半距离。盟军最终把战线稳定在加查拉，开始沿利比亚沙漠到自由法国军队所在的比尔哈凯姆（Bir Hakeim）一线，构筑据点和布置雷场。在艰苦的数月战斗后，双方都无力发起进攻。随着双方运来增援和补给，战局一时在加查拉胶着起来。

德军在北非的第 1（上）和第 8 装甲师军徽。

德国非洲军团胸章。

1942年5月26日，隆美尔发起新一轮攻势。德军有560辆坦克，近半属意大利制。而对手英军则有700辆坦克，其中部分是刚刚增援的美制“格兰特”坦克。意大利第10和第21军从北路攻击盟军的加查拉防线，而隆美尔装甲部队主力则从南路向比尔哈凯姆迂回运动，试图包抄里奇将军的第8集团军。这两路攻击，都没有达到隆美尔预期的效果。但随后的战斗却表明，德国坦克在一个想象力丰富的指挥官手中有多可怕。北路，意大利的攻击被阻止；比尔哈凯姆，自由法国部队顽强抵抗。到5月28日，隆美尔被迫撤出所部两个德国和两个意大利装甲师，退回到一个被称为“锅”（Kessel）的防守圈内。英军从“锅”以东一个代号“骑士桥”（Knightsbridge）的区域发起攻击。德军清除了防守圈

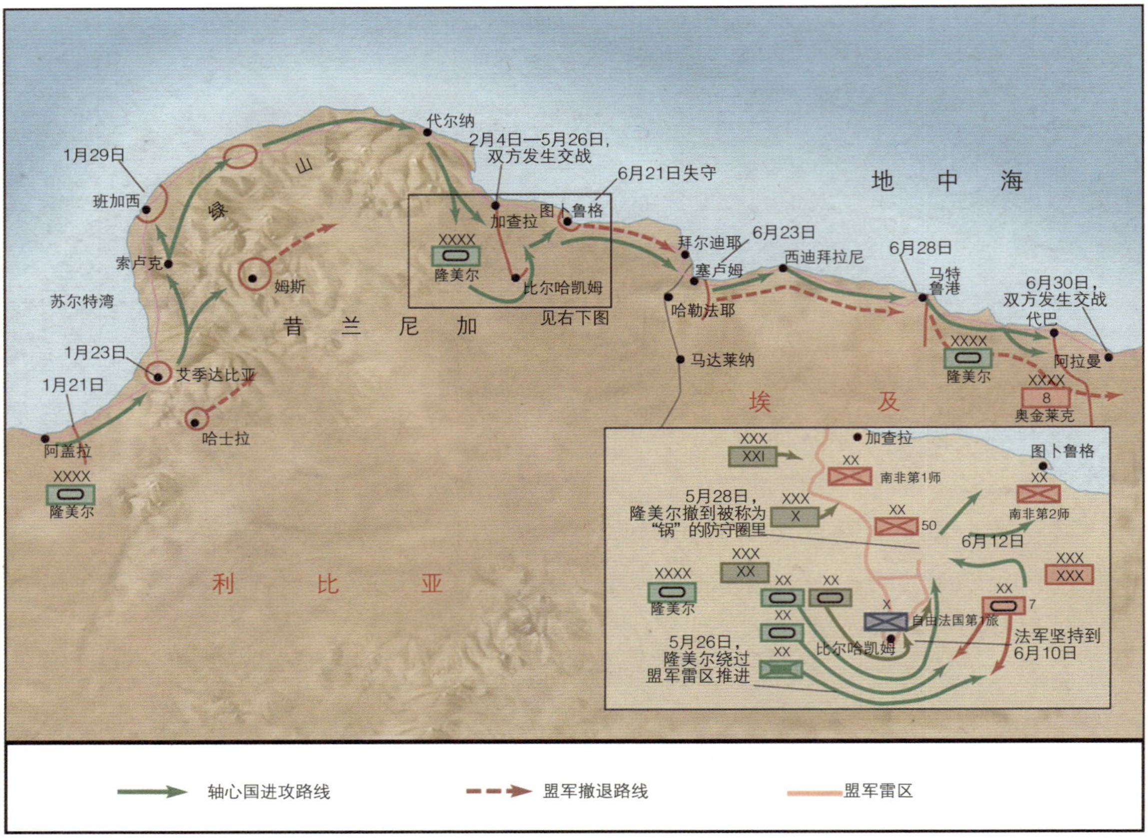

里的雷场，借助“坦克克星”88毫米高射炮，打退了步调不一的英军。6月1日，隆美尔借机向东强攻，盟军战线瓦解。到6月12日，德军坦克和意大利艾里特装甲师将敌军赶出“骑士桥”。的里雅斯特师（Trieste Division）被派去清除比尔哈凯姆的自由法国军队，6月10日后者投降。

里奇将军没法堵住防线缺口，不得不命令部队向图卜鲁格撤退。那里有3.5万守军，大部分是南非军。可在隆美尔装甲部队的追击下，根本无力防守图卜鲁格，英国第8集团军只得又仓促撤向埃及边境。图卜鲁格再次被围，但这一次没能组织有效的防守。到6月21日，仅抵抗了3天，这座堡垒就被德军占领了。同时失去的还有3.2万英联邦军队及其装备，以及在隆

拉斯洛·奥尔马希伯爵（1895—1951）

1941年，匈牙利飞行员和探险家拉斯洛·奥尔马希（László Almásy）成为隆美尔非洲军团的反情报军官。一战中，他作为飞行员在奥匈帝国军队服役。1918年哈布斯堡王朝倒台后，他做出多次复辟尝试。后来，他到了埃及，成为著名探险家和利比亚南部沙漠地区的地图绘制员。贝多因人（Bedouin）称他为“沙漠之父”；因作为小说《英国病人》主人公原型而广为人知。战争爆发时，他回到匈牙利，被德国反情报组织阿勃维尔（Abwehr）招募，派他加入在北非作战的隆美尔军队。1942年，奥尔马希指示两名德国间谍进入开罗执行“额手礼行动”，其中一个就是组织秃鹰间谍网（Condor）的约翰内斯·埃普勒尔（Johannes Eppler）。1943年，奥尔马希逃到土耳其，继续为德国反情报机关工作，但同时为英国人做事。战后，他因叛国罪受到匈牙利共产党政权的审判，但被宣告无罪，1951年死于维也纳。

美尔眼中极其重要的燃料资源。中东英联邦军队总司令奥金莱克将军撤掉了里奇之职，亲自指挥作战。为避免轴心国控制苏伊士运河、占领中东石油的灾难发生，经6月27—29日的短暂争夺，奥金莱克放弃了离马特鲁港（Mersa Matruh）沿岸更远的一条防线，坚守更牢固的阿拉曼和阿拉姆哈勒法（Alam Halfa）阵地。后者距开罗仅240公里。虽然战事规模不及攻占斯大林格勒的俄国草原大战，但盟军总部依然感觉到北非战场已到危急关头。北非和苏联的轴心国军似乎跃跃欲试，要夺取可能扭转战局的胜利。

随着隆美尔大军快速逼近，开罗的气氛越来越紧张。食物短缺加之时有部队行为不检，埃及人民与大英帝国占领者的关系日益紧张。1942年2月，英国驻开罗特派代表用坦克包围了埃及王宫，强迫国王法鲁克一世授命成立一个以华夫脱党（Wafd Party）为首的亲英政府。虽然法鲁克国王照办了，但一股埃及军方和政治精英的重要势力依然望眼欲穿地期待着轴心国的胜利。

法鲁克一世（1920—1965）

法鲁克国王是现代埃及缔造者穆罕默德·阿里（Muhammad Ali）的后代，1936年登上埃及和苏丹王位。他反对英国在埃及的存在，力图避免埃及卷入同盟国的战事。他拒绝对德国和意大利宣战，并且因为埃及在法律上属于中立国，轴心国居民可以继续住在那里，不用担心被拘押。只是到了战争结束之际，在英国的强大压力下，他才同意宣战。1952年，他被穆罕默德·纳吉布（Muhammad Naguib）和贾迈勒·阿卜杜勒·纳赛尔（Gamal Abdel Nasser）领导的一场政变推翻，流亡意大利和摩洛哥。后来，他在罗马早逝，死时45岁。

1942 年 6 月 25 日，丘吉尔和罗斯福在白宫商讨世界形势。日益恶化的潜艇战局势已令丘吉尔焦头烂额，图卜鲁格失守的消息又给了他一记重击。

1942 年 6 月，德国和意大利空袭图卜鲁格时的航拍照片。仅经过几天围攻，这座在沙漠战期间多次易手的港口即被占领，隆美尔因此获得一个宝贵的港口以卸载更多补给。

1942 年 6 月 2 日夜，加查拉争夺战期间，英军大炮在向轴心国阵地开火。随着轴心国军向南突破盟军防线，英军快速撤出加查拉阵地，撤向图卜鲁格。

隆美尔在前线指挥装甲部队的经典姿势。他善于在混乱的沙漠条件下指挥部队作战，但主要受制于跨地中海的补给线造成的困难。

1942 年 6 月 21 日图卜鲁格失守后，英国战俘正从一辆德国坦克旁边经过。这座仅仅几天就失守的城市曾在 1941 年经受住了一场长期围攻的考验。

1942 年 5 月 1 日，涂上沙漠伪装色的德国坦克驶向进攻位置，准备发起 5 月 6 日对英国第 8 集团军的进攻。

1942 年 6 月 20 日，英军在利比亚撤退期间，一架德国福克“伍尔夫”（Focke-Wulf）190 战斗机在沿海公路攻击并摧毁了一辆英国坦克。

加查拉战役和图卜鲁格战役

1942 年 9 月 2 日，利特尔顿上尉从北非寄出的一组书信件。信中描述了他在加查拉战役和图卜鲁格战役中的经历。在加查拉战役和图卜鲁格战役中，轴心国获胜，盟军战败，退回埃及腹地。

大西洋海战

1942.1—1943.3

大事表

1942 年 1 月 12 日
一艘德国潜艇在美国东海岸外首次击沉了一条船。
1942 年 7 月 5 日
盟军战机第一次使用“利式”探照灯（Leigh Light）击沉一艘德国潜艇。
1943 年 5 月 30 日
邓尼茨向希特勒报告，大西洋海战暂时失利。

1940—1941 年冬季的几个月里，同盟国商船遭到德国潜艇攻击，损失惨重。1941 年 3 月 6 日，受到刺激的丘吉尔宣布英国正在进行一场“大西洋海战”。形势对英国极为严峻，因为英国战争活动所依赖的大量原料、石油、食物，以及美国通过《租借法案》承诺的援助，都需要通过大西洋运到英国港口。1938 年，英国进口了 6800 万吨物资，1941 年仅 2600 万吨。1941 年，德国潜艇击沉 1299 条船，损失如此多的运输船不可能在短时间内得到足数补充。到 1942 年春，德国海军指挥员开始相信可通过海上封锁扼住英国咽喉，令其屈服。英国皇家海军和空军与卡尔·邓尼茨（Karl Dönitz）海军上将指挥的约 300 艘德国潜艇间的一场决斗，由此展开。丘吉尔意识到，决斗的结果，对战争的未来生死攸关。

美国参战后的 1942 年初期，德国组织了以肉食动物为代号（“豹”、“黑豹”和“美洲狮”）的潜艇群去拦截美国商船。美国船只对战争没有做好准备，反潜装备低劣，且常在无护航力量的情况下单独航行。1942 年头 4 个月，仅美国沿海就有 120 万吨美国商船被击沉。德国潜艇的损失却极轻微，1 月份 3 艘，2 月份仅两艘。这一年形势不断恶化，因为德国情报侦听部破

英国皇家海军折叠刀。

约翰·特顿·兰德尔（John Turton Randall）和哈里·布特（Harry Boot）在伯明翰大学纳菲尔德实验室研发的空腔磁控管原型。1940年2月21日，该装置首次投入使用，使英国得以在美国的帮助下开发出新型厘米波雷达，用于海上侦测潜艇。

译了英国海军指挥船队通过大西洋时所使用的2号和3号密码，而且在德国海军于2月份采用新的“特赖顿”（Triton）密码后，英国失去了他们从“超级情报”中获得的情报优势。盟军扩大了空中巡逻范围，迫使德国潜艇进入飞机鞭长莫及的大西洋中部，即所谓的“大西洋空隙”（Atlantic Gap）。在那里，它们可以猎杀护航力量薄弱的船队或掉队的商船。1942年，英国的商船损失达到700万吨。到1943年1月，英国皇家海军获得的燃料供应量降到仅够维持两个月。

假如没有英国海军部的潜艇追踪室和贸易规划室，形势可能会更加险恶。这两个部门都设在伦敦，利用各种情报资源评估德国潜艇的威胁，制定安全航线。1942年5月—1943年5月，174个船队中有105个未受损失。

1942年，同盟国采用了降低潜艇威胁的新技术和策略。威力更大的炸弹，改进的空对舰（ASV）雷达，以发明者名字命名的“利式”强光探照灯，所有这些新技术的应用都提高了成功猎杀潜艇的概率。这一年，盟军反潜经验的积累导致德军被击沉的潜艇数量剧增，迫使后者只能在特定海域行动。

1942年11月，马克思·霍顿海军上将出任英吉利海峡西航道总司令，

马克思·霍顿海军上将（1883—1951）

1898年，霍顿（Max Horton）加入英国皇家海军，一战中升至海军少校，指挥一艘潜艇，随后在战争的余下时间里一直在潜艇部队服役。两次大战之间，他曾在多艘战列舰上服役，1939年升任海军中将。1940年，他受命指挥所有以英国本土为基地的潜艇。他的经验使他成为与德国潜艇部队作战的理想人选。1942年11月17日，他被任命为西航道总司令，指挥大西洋海战。他的战术革新，尤其是让护航船队自由游弋在运输船队外围借机猎杀潜艇，对扭转海战局势发挥了关键作用。他是个狂热的高尔夫爱好者，据说二战期间他几乎每天打一局。他于1945年8月退休。

其所辖部队可以覆盖潜艇战的主要区域。霍顿致力于组织训练有素的强大护航队猎杀潜艇，而非仅保护船队。但缺少准确情报和空中掩护，迅速改进作战方式殊非易事。1943年2—3月，在极端恶劣的天气下，潜艇战达到高潮。德国潜艇在中大西洋击沉了21条船，而自己仅损失1艘潜艇。可随后几周，战争突然变得对盟军更有利。新的护航航母和超远程“解放者”轰炸机弥补了盟军在“大西洋空隙”上的短板，盟军最终破译德军的“特赖顿”密码，所有盟军飞机都配备了新的III型空对舰雷达和“利式”探照灯。4月，19艘德国潜艇被击沉；5月，这一数字增至41艘。对盟军的技术改进，德军毫无办法。5月24日，邓尼茨命令所有潜艇撤回欧洲基地。即便如此，它们依然会在每次从这些基地冒险出海时遭到攻击。1943年6月，盟军的运输船队连一条船都未损失，一次攻击也没报告过。虽然德国潜艇没有被完全消灭，但大西洋海战实际上已经结束了。

超远程轰炸机

大西洋海战中，美国加强型B–24“解放者”重型轰炸机在帮助盟军弥补“大西洋空隙”的短板方面发挥了关键作用，因为那里曾是无法为追踪潜艇提供充足空中覆盖的区域。这种飞机到1943年3月才投入使用，弹舱内的副油箱和重量减轻的装甲使它能够从英国、加拿大和冰岛基地到达更远的大西洋深处。“解放者”装有厘米波雷达和在夜间照亮潜艇的“利式”探照灯，猎杀了战争期间被“猎杀”潜艇量的72%。

1943年，猎杀德国潜艇期间，一架超远程PB4Y–1型“解放者”轰炸机飞越比斯开湾。

1943年6月，一艘浮上水面的德国潜艇正遭美国护航航母“博格”号（Bogue）的舰载机攻击。到1943年夏，为避免遭受毁灭性损失，大部分德国潜艇已被撤回欧洲。

大西洋海战期间，3 个从德国潜艇上救出的水兵。一旦潜艇受损，生存机会就很小。3.9 万名艇员中，2.8 万人在战争期间丧生。

1942 年 5 月，空中拍摄的一支大西洋护航船队。由于细致的情报工作，超半数运输船队毫发无损地越过大西洋。德国潜艇特别喜欢猎杀掉队和速度慢的船只。

1942 年 10 月，英国“子爵”号（*Viscount*）驱逐舰上的信号兵在用信号灯向大西洋某处一支船队的指挥官发信号。

美国海岸警卫队“斯宾塞”号（*Spencer*）缉私艇船员在观察深水炸弹如何把一艘德国潜艇炸出水面。背景远处可见美军护航的运输船队。

美国“宾夕法尼亚太阳”号（*Pennsylvania Sun*）油轮的船员正在救火。1942 年 7 月，它在大西洋航行中遭鱼雷攻击起火。1942 年，同盟国在大西洋因潜艇攻击损失了 540 万吨运力。

停泊在法国大西洋沿海港口的德国潜艇舰队。战争期间，约 1000 艘德国潜艇服役，参加打击盟军商船运输的战斗。

进犯高加索

1942.7.25—11.9

大事表

1942 年 8 月 19 日

打破德军对列宁格勒封锁的“西尼亚维诺行动”开始。

1942 年 9 月 10 日

英国派兵到印度平定政治动乱。

1942 年 9 月 14 日

美军在所罗门群岛中的瓜岛赢得“血岭”战役。

1942 年 9 月 24 日

德军参谋长弗朗茨·哈尔德将军被希特勒撤职，代之以库尔特·蔡茨勒（Kurt Zeitzler）将军。

1942 年 10 月 23 日

埃及第二次阿拉曼战役开始，战役消除了轴心国的威胁。

1942 年 11 月 5 日

艾森豪威尔将军把进攻北非的司令部设在英属直布罗陀。

1942 年 7 月第一周，在苏联力量薄弱的南方战线上，德军的“蓝色行动”取得了惊人战绩。这诱使希特勒分兵两路，企图实现对敌军的双重打击。7 月 9 日，南方集团军群分成李斯特元帅指挥的 A 集团军群和冯·魏克斯指挥的 B 集团军群。7 月 23 日，希特勒发出新的作战令，命令 A 集团军群占领高加索地区及其丰富的石油资源，B 集团军群向斯大林格勒推进，切断伏尔加河。A 集团军群以第 1 装甲集团军和第 17 集团军为主力，第 4 装甲集团军只是暂时加入，直到希特勒决定把它调回到斯大林格勒战线。这个调动决定意味着一支可能改变进攻力量两翼平衡的部队丧失了数周的作战机会。

德国东线勋章。

谢苗·布琼尼元帅（1883—1973）

布琼尼（Semyon Budyenny）是从贫农之子成长为苏联极富传奇色彩的著名元帅之一。他早年加入沙俄骑兵，一战后期在高加索作战。1917 年，他站到苏维埃政权一边，帮助组建苏维埃第 1 骑兵军，这支军队在俄国内战中发挥了重要作用。1935 年，他成为苏联元帅。布琼尼不懂现代战争，怀念没落的骑兵。他在苏芬冬季战争中领导一支部队，后来作为西南战区总司令抵抗入侵的德军。1942 年，他的部队在基辅一带被消灭，他被降职指挥北高加索方面军，在那里又遭遇惨败，后于 8 月被解除指挥权，最后担任苏联骑兵指挥官。

夺取高加索的“雪绒花行动”，是一场有望取得决定性胜利的豪赌。如果该地区被迅速占领，那将意味着苏军的大部分石油供应被切断，与此同时结束德国长期的石油危机。德军还有可能通过伊拉克和伊朗攻入中东，与正在西进的隆美尔部会师，此刻后者已离苏伊士运河不远。德国希望，迄今依然谨慎保持中立的土耳其可能慑于德军的成功，加入轴心国一方，从而摧毁同盟国在地中海的战略地位。

1942 年 7 月 25 日，“雪绒花行动”打响，初期的战斗复制了早前夏季战役的形式。面对装备不良的苏联北高加索方面军，德军以每天 50 公里的速度推进，到 8 月初已进展 300—500 公里。俄国内战期间在南方战线作战的骑兵老将谢苗 · 布琼尼元帅指挥北高加索方面军。随着德国第 1 装甲集团军向迈科普和格罗兹尼的石油中心稳步推进，布琼尼所率部队被解散，一支新的由秋列涅夫（Tiulenev）将军指挥的外高加索方面军成立。德军的进展开始趋缓，部分因为受草原、山地和沙漠结合的混合地形影响，部分因为天气条件恶化和从西方一路过来的补给线过长。到 8 月 9 日，迈科普落入德军手中。8 月 24 日，德国第 17 集团军和罗马尼亚高山部队到达高加索山脉。但苏军坚守高山通道，并据守黑海海岸线，从海上不断运来补给。于是，德军的进展在此停滞。

在高加索的东面，德国第 1 装甲集团军继续穿过大草原，进军格罗兹尼和巴库的里海石油中心。此时，彼得罗夫（Petrov）将军指挥的另一支北高加索方面军有 4 个步兵集团军，固守在格罗兹尼前的捷列克河（Terek）一线。9 月 9 日，德军打到这里，但已达到他们进军的极限。9 月，李斯特因未能迅速占领高加索地区被希特勒撤职，A 集团军群直接由希特勒统帅部指挥，直到 11 月下旬，第 1 装甲集团军司令冯 · 克莱斯特元帅被赋予整个战线的指挥权。就在斯大林格勒东北部的大戏逐步开演之际，高加索地区精疲力竭的德苏双方固防坚守，坐等战局的结果。18 个月后的 1944 年 2 月，该地区的少数民族——车臣人、英古什人、卡拉柴人、卡尔梅克人和梅斯赫特人——被苏联政府指控在高加索战役期间与德军合作，遭全部抓捕，整体驱逐到俄罗斯中部和北部的劳动营和定居点。这次驱逐的组织者，斯大林的内务人民委员拉夫连季 · 贝利亚（Lavrenti Beria），是德国进攻期间斯大林安排在外高加索战线的代表。

1942 年 8 月，德国第 1 装甲集团军的坦克行进到高加索山脚下。前景中可见 II 型坦克。这里的地形决定了难以快速机动，山区的进展速度降到每天只有二三公里。

苏联黑海舰队

1943 年，苏联黑海舰队士兵在克里米亚刻赤半岛附近。

苏联海军是苏军实力最差的部队。1943 年 5 月之前，黑海舰队一直由奥克佳布里斯基（Oktyabrsky）海军中将指挥。它没有多少现代舰艇，靠小型鱼雷快艇和扫雷艇帮助运送部队和补给。1 艘战列舰、6 艘巡洋舰和 21 艘驱逐舰组成的主力舰队鲜有使用。它最大的功劳是 1941 年 12 月把 4 万部队运到克里米亚半岛。高加索战役期间，小型舰艇为高加索山的守军运送设备和人员。1943 年 2 月，黑海舰队支援陆军在新罗西斯克（Novorossisk）港附近登陆，试图切断放弃高加索行动后撤退的德军。

1942 年 8 月 21 日，德军山地部队在高加索山脉最高峰厄尔布鲁士山上向德国旗帜敬礼。

在苏联城市迈科普，油井被撤退的苏军摧毁后燃起大火。他们接到命令，不给德军留下一草一木。迈科普油井年产原油 200 万吨，附近的格罗兹尼则约达 700 万吨。

1942 年 9 月，德国山地部队在高加索山顶小憩。此后不久，恶化的天气和补给困难阻止了德军前进的脚步。

1942 年 10 月，在高加索地区的捷列克河边，帝国劳动服务队（Reich Labour Service）的一个年轻德国卫兵在看守苏联战俘。1942 年，随着苏军掌握对付德军的战术，避免被围，德军抓获的战俘大大减少。

1942 年 10 月，隶属德国 A 集团军群的罗马尼亚第 3 集团军的几个士兵正用锹做桨，冒着苏军炮火渡河。

1942 年 10 月，苏联北高加索方面军的士兵在装填一门反坦克炮。虽然补给和增援不足，但高加索方面军挡住了德军的进攻，保护了格罗兹尼和巴库的石油资源。

所罗门群岛争夺战

1942.8.7—10.27

大事表

1942 年 7 月 22 日

日军在新几内亚南部半岛的戈纳（Gona）和布纳（Buna）登陆。

1942 年 8 月 12 日

日军开始在中国山东进行大规模行动。

1942 年 8 月 22 日

巴西对意大利和德国宣战。

1942 年 8 月 31 日

阿拉姆哈勒法战役在埃及打响，隆美尔试图突破盟军防线。

1942 年 9 月 5 日

澳大利亚部队迫使日军放弃进攻新几内亚南部的米尔恩湾（Milne Bay）。

1942 年 10 月 3 日

德国 A－4 火箭第一次成功试射。

美国海军陆战队舰艇分队徽章，它们被称为“海上陆战队”。

中途岛海战后，日军继续执行意图切断美国与南太平洋间交通联系的计划，占领了新几内亚以东一系列岛屿基地。一小股日军在所罗门群岛南端的瓜岛登陆，打算在那里修建机场，并计划利用附近的图拉吉岛作为南方海军的一个小型基地。获得日军这一意图的情报后，盟军决定先发制人，进攻图拉吉岛和瓜岛，消除日军对补给线的威胁，打破日军南扩的外围防线。1942 年 8 月 7 日，弗兰克 · 弗莱彻中将命令美国海军运送第 1 陆战师共 1.9 万人到达目的地。该师的指挥官是亚历山大 · 范德格里夫特（Alexander Vandegrift）少将。登陆瓜岛后，美军迅速占领隆加（Lunga）的日军机场，改名亨德森机场，同时经过两天激战后占领了图拉吉港。在新不列颠拉包尔港北部，日军指挥部立即做出反应。此时，就像中途岛一样，瓜岛——一座丛林覆盖、荒无人烟的热带小岛，变成一个考验日军扩张极限的战场。

萨沃岛位于隆加和图拉吉间的海峡之中。8 月 8—9 日夜间，一支由 7 艘巡洋舰组成的日本海军特遣舰队抵达这里，击沉美军的 4 艘巡洋舰，还击坏了 2 艘。弗莱彻只得撤走美国航母部队。随后两周内，日军百武晴吉中将的第 17 军陆续登陆瓜岛。在泰纳鲁河口之战中，虽然美军缺乏补给和空中支援，但 8 月 21 日，防守亨德森机场的陆战队打退了日军的第一次进攻。日军战术粗糙，正面强攻配备机枪大炮、据守战壕的美军无异于自杀。日军第一轮进攻的近 900 人几乎全军覆灭，美军只损失约 40 人。8 月 24 日，日本海军的另一支主力部队被派往南部，在东所罗门群岛与美军舰艇交火。但这一次，双方势均力敌。日本“龙骧”号航母被美军舰载机击沉。虽然美国“企业”号航母受损，但日本舰队却撤出了战斗。然而，陆地上的日军在

亚历山大·范德格里夫特将军（1887—1973）

1909 年，范德格里夫特加入美国海军陆战队。他曾在加勒比海地区服役，此后成为海军陆战队助理参谋长，1940 年担任美国海军陆战队司令助理，准将军衔。“珍珠港事件”前不久，他被派去指挥第 1 海军陆战师，1942 年 5 月移师南太平洋，指挥该师发动对所罗门群岛日占区的第一次全面进攻。他因为攻占瓜岛赢得荣誉勋章，同时获得提拔，指挥一支海军陆战军。1944 年 1 月 1 日，他在华盛顿晋升中将，成为海军陆战队司令。1945 年 4 月，他成为第一位获得四星上将军衔的海军陆战队军官。

夜幕掩护下继续集结兵力，进攻被包围的亨德森机场，可他们所有的攻击都被打退了。在9月12日的“血岭”战役中，日军又一次被全歼。到10月中旬，双方投入兵力大致相当——日军2.2万，美军2.3万。而日本强大海军力量的存在，对美军在岛上的立足依然构成严重威胁。

自10月23日开始的这一周，具有决定性意义。日军仍在持续不断地猛攻亨德森机场。10月25日，小股日本海军对机场进行轰炸，还击沉了一些小型舰艇。10月26日，在所罗门群岛以东的圣克鲁斯群岛（Santa Cruz Islands）外，双方主力舰队发生交战，美军“大黄蜂”号航母沉没，而日军舰载机也遭受了重大损失。10月23—26日，日军对亨德森机场的多次攻击都被打退。在此过程中，双方交火频仍，几近白热化，损失惨重。但美国海军陆战队得到陆军新喀里多尼亚师（Americal Division，全称American New Caledonian Division，因其成立地点位于美国领土外的法属新喀里多尼亚而得名，亦即美军第23步兵师。编者）的增援。10月末，局势几近僵持。经过3个月的战斗，美国守军只夺得一小段海岸，比8月占领的地方也多不了多少。随后几周里，范德格里夫特和百武晴吉的决斗达到了血腥的高潮。

所罗门群岛最南端外的圣克鲁斯海战中，一架日本飞机在轰炸一艘美国航母。战斗中，美国“大黄蜂”号航母和一艘驱逐舰被击沉；日本舰队的飞机损失惨重，两艘战列舰和两艘巡洋舰受损。

百武晴吉中将（1888—1947）

百武晴吉1909年毕业于日本陆军士官学校，同班同学中包括后来成为中国国民党领导人的蒋介石。1928年，他被派到驻中国东北的关东军，1935年结束在那里的工作后进入军部。1942年5月，执行过多个战地指挥和训练任务后，他被选中指挥日本第17军，指挥部设在南太平洋的拉包尔。他在那里指挥日军试图打退攻占瓜岛的美军，但没有成功。1943年，在争夺布干维尔岛（Bougainville）的战斗中，他和手下被困岛内，被迫躲在丛林洞穴中度过了战争余下的岁月。1945年2月，一次严重中风后，百武晴吉被解除职务，但直到战后才得以撤回日本。

1942年10月，瓜岛战役达到高潮时，美军航母司令威廉·哈尔西上将被任命为南太平洋战区司令。他以口号“杀日鬼！多杀日鬼！”激励手下奋进。

进攻瓜岛期间，一群在所罗门群岛登陆的美国海军陆战队队员正跳下登陆艇，冲向丛林边缘的隐蔽处。在把日军赶出岛上堡垒的漫长征程中，滩头攻击是获得立足点的唯一途径。

1942—1943 年冬，在瓜岛战役中死去的日本水兵。在这场不成功的守岛战中，日军损失了 2 万人。

1944年8月，所罗门群岛中的瓜岛上的亨德森机场鸟瞰图。1942年8月8日，美军占领隆加降落场，改名亨德森机场，并于8月21日开始投入使用。

美国陆战队队员正用一门 75 毫米榴弹炮轰炸瓜岛上的一处日军阵地。

一群美军士兵在查看设在瓜岛的新闻公告牌上的一幅地图。战斗从 1942 年 8 月一直持续到 1943 年 2 月，期间难得有作战间隙。

迪耶普袭击战

1942. 8. 19

大事表

1942 年 8 月 11 日
“基座行动”船队抵达瓦莱塔港，对马耳他的封锁被打破。

1942 年 8 月 12 日
丘吉尔抵达莫斯科与斯大林会谈。

1942 年 8 月 16 日
德军占领苏联高加索石油城市迈科普。

1942 年 8 月 17 日
名为“卡尔森突击队”的美国海军陆战队袭击马金岛（Makin Island），全歼岛上日军。

1942 年 8 月 23 日
保卢斯的第 6 集团军到达斯大林格勒以北的伏尔加河。

1942 年 3 月，路易斯·蒙巴顿伯爵成为英军联合作战司令，继续执行袭扰德占沿海区域的计划，试探对方的防守情况，获取相关情报。蒙巴顿与地方军总部合作，会同东南司令部司令伯纳德·蒙哥马利中将一起策划“开辙犁行动”，袭击英吉利海峡沿岸法国港口迪耶普。袭击任务由驻英国南部的加拿大第 2 师承担，由约翰·罗伯茨（John Roberts）少将指挥，发动时间定为 7 月。

英军 101 部队徽章。它是由 6 支突击队组成的海上登陆部队，用舢板或折叠艇登陆，1943 年解散。

英军第 4 特勤师肩章。

袭击不仅仅是为军事目的。1942 年夏，莫斯科和华盛顿给英国战时内阁带来了强大压力，要求英国表明自己有能力对德国采取行动。很明显，因为缺乏运输手段和训练有素的人员，英国在 1942 年不可能有横渡英吉利海峡的大型进攻行动。英军挑选了蒙巴顿和第 11 防区战斗机司令部（第 11 大队）司令利－马洛里（Trafford Leigh-Mallory）空军中将，令其负责袭击行动的组织工作。两人都强烈支持对敌采取果断行动，不放过任何可能的作战机会。利－马洛里曾组织“马戏团行动”，派出大群战斗机和少量轰炸机攻击欧洲北部沿海区域，吸引德国空军交战。而蒙巴顿则监督过对圣纳泽尔和布吕讷瓦勒实施的袭击。

“开辙犁行动”的规模不同以往，但攻击时间到来时，因天气原因导致行动取消。蒙哥马利认为计划已经泡汤，但蒙巴顿又以一个新代号——“周年行动”重启计划。后者对这次行动及其计划严格保密，甚至连下属都没有告诉。袭击到底有没有获得参谋部或战时内阁的正式批准，至今还是个未解

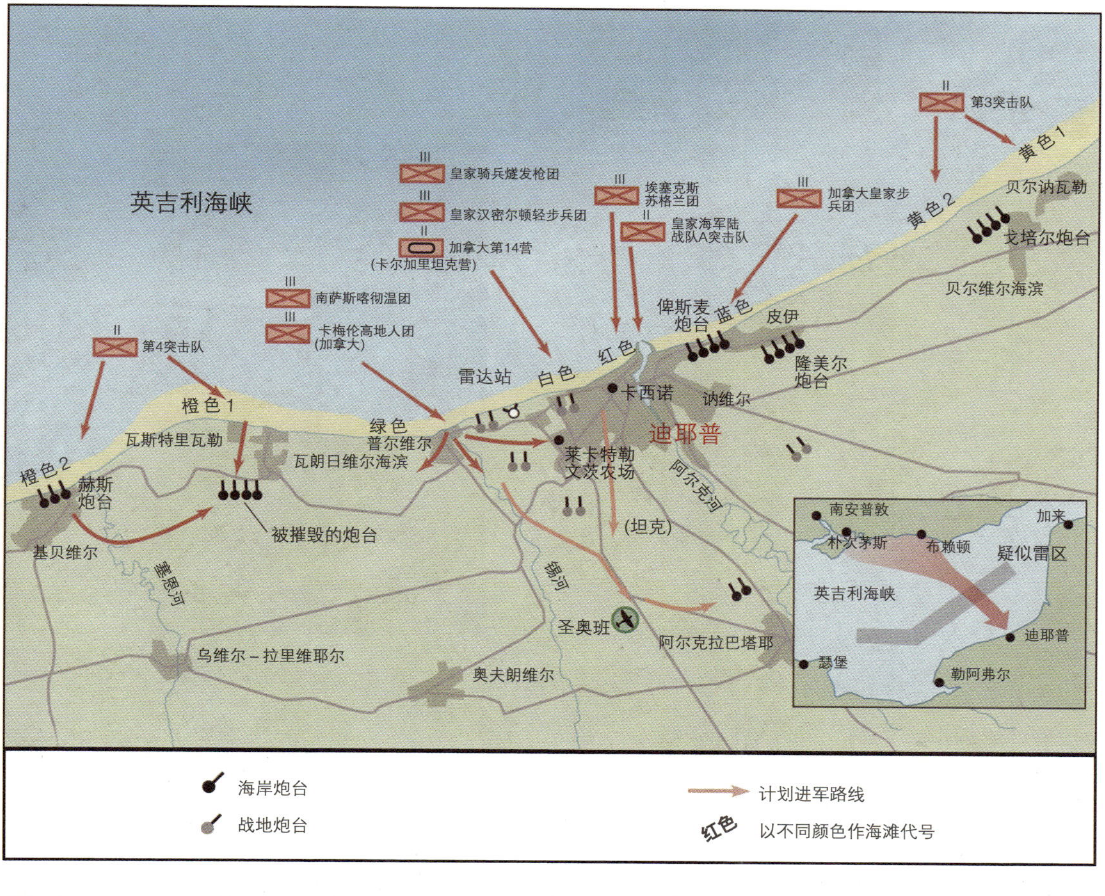

之谜。这次袭击动用了237艘舰船和登陆艇，以及总计74个飞机中队，其中大部分为战斗机。参与者包括加拿大第2师，第3和第4突击队，皇家海军陆战队A突击队，还有50名美军突击队队员。1942年8月19日，这支数量可观的军队渡过了英吉利海峡。但情报信息不足，而且进攻计划——正面进攻港口——本身冒着极大的风险。突击队对迪耶普两侧炮台进行侧翼攻击。东侧突击队被一支德国船队发现，致使海岸守军得到警报，只有西侧炮台被第4突击队占领。早上5时20分，侧翼攻击打响半小时后，主力部队在烟幕掩护下登陆迪耶普海滩，但遭遇猛烈火力，伤亡惨重。约翰·罗伯茨调来后备部队，试图加强进攻力量，可这只加重了一场显而易见的灾难。英军成功登陆了少量坦克，但有的没有越过防波堤，有的很快瘫痪在街道上。上午11时，英军接到撤退命令，午后完成残部撤离。

这次袭击损失惊人。4963名加拿大官兵中，3367人伤亡或被俘。全

特拉福德·利-马洛里空军中将（1892—1944）

一战时，利－马洛里先在陆军服役，后加入英国皇家飞行队；二战爆发时，任皇家空军战斗机司令部第12防区（第12战斗机大队）司令，军衔是空军少将。不列颠空战期间，他力主用大群战斗机集中攻击来袭轰炸机的“大联队”（Big Wing）战术，但未能说服同僚。1942年，作为第11防区（第11战斗机大队）司令，他负责掩护对迪耶普的袭击。1942年11月，他成为战斗机司令部总司令，后指挥掩护诺曼底登陆的所有战术空军。1944年11月，他在前往东南亚就任新的指挥职务途中因飞机坠毁丧生。

约翰·罗伯茨少将（1891—1962）

约翰·罗伯茨作为炮兵参加了一战，获得军功十字勋章。根据中间的名字“Hamilton”，他被戏称为“Ham”（火腿）。1940年法国战役期间，他是加拿大皇家第1骑炮兵团团长。布雷斯特撤退期间，他成功撤出所部大炮，这为他赢得指挥得力的名声。后来，他指挥加拿大第2步兵师，在1942年的一系列野战演习中脱颖而出，成为最优秀的4支部队之一。正因如此，该师被选中参与迪耶普袭击行动。但前述行动的失败，以及1943年为诺曼底登陆做准备的大型演习中的失误，导致他被降职，被派去指挥增援部队。

部参战部队共牺牲1027人。英国皇家空军损失106架飞机，只摧毁48架敌机。造成这一结果的原因众多。但行动最大的败笔在于行动方没有预料到，在没有预先得到空中轰炸或海军炮火的支援，侦察准备又不足的情况下，正面进攻一个重兵防守的港口有多么困难。后来，盟军在法国登陆的准备工作吸取了迪耶普的教训。但本次行动的直接影响，则是排除了任何在近期开辟第二战场协助苏联作战的可能性。

英军第4突击队中士肯·菲洛特在迪耶普袭击战中携带的突击队匕首。

一架V型“喷火”战斗机为迪耶普袭击后的返程船队护航时，在英吉利海峡上空拦截并击落一架德国 Do 217 轰炸机。这是机上摄影机拍摄的连续影片静像。

1942 年 8 月，迪耶普袭击前几天，英国陆军联合作战司令部（Army Cooperation Command）拍摄的法国城市迪耶普海边的一幅低空侦察照片。

1942 年 8 月 19 日，迪耶普袭击期间，一艘登陆艇在英国皇家空军飞机施放的烟幕掩护下接近法国海岸。这场“赌博”最终输得一败涂地，提醒盟军大规模进攻前做好充分准备的必要性。

德军士兵在检查迪耶普袭击期间被摧毁的英国登陆艇。行动中，所有237艘各种船舶中损失了33艘登陆艇和1艘驱逐舰。

北非战局的转折

1942.8.30—9.7

大事表

1942 年 8 月 12 日
丘吉尔抵达莫斯科与斯大林会谈，宣布 1942 年不会开辟第二战场。
1942 年 8 月 17 日
美军第 8 陆航大队首次空袭欧洲，轰炸法国城镇鲁昂。
1942 年 8 月 19 日
对德占法国沿海实施的迪耶普袭击损失巨大，盟军遭到惨败。
1942 年 8 月 21 日
德军到达高加索山脉厄尔布鲁士峰顶。
1942 年 8 月 22 日
巴西对德、意宣战。
1942 年 9 月 5 日
西方盟国确认进攻西北非的“火炬行动”计划。

颁给参加北非作战的德军士兵的臂章。

1942 年 6 月，隆美尔指挥的轴心国军攻入埃及，到达阿拉曼防线。他决定继续推进，夺取开罗和苏伊士运河。夏季攻势的胜利为他赢得了元帅军衔。7 月 1 日，轴心国军攻击盟军防线，但英联邦军队工事坚固，攻击被打退。此时，奥金莱克将军决定利用飞机和坦克的巨大优势，对隆美尔发起反攻。可 7 月 10 日开始的反攻，最后变成了一场代价高昂的失败。虽然它阻止了隆美尔继续前进，但曾经 4 倍于隆美尔的坦克部队遭到严重削弱。在这场史称“第一次阿拉曼战役”的战斗中，盟军的伤亡超过了 1.3 万人。

丘吉尔对屡次失败恼火不已，撤掉奥金莱克，换上哈罗德·亚历山大（Harold Alexander）任中东总司令。第 8 集团军指挥权则交给威廉·戈特（William Gott）中将，但 8 月 7 日，他因乘坐的运输机被击落而牺牲。他的继任者伯纳德·蒙哥马利将与亚历山大组成引人注目的搭档，率盟军打过北非，进入西西里和意大利大陆。然而，当时蒙哥马利要等到大量增援到达后，才愿意发动下一步攻势。他进一步巩固了防线，等待德军的下一步进攻，因为“超级情报”已向他透露了德军的进攻细节。

隆美尔计划佯攻阿拉曼一带沿海的澳大利亚和南非部队，他的坦克和意大利盟友主力则大幅向南运动，迂回包抄盟军防线，围歼蒙哥马利所部。这是一次野心勃勃但易于被识破的行动。在盟军防线后方约 25 公里处，蒙哥马利率部在阿拉姆哈勒法山脊居高临下，守株待兔，迎接包抄而来的轴心国军。隆美尔的坦克数量有限、燃料不足。8 月 30—31 日夜，德国第 15、第 21 装甲师和意大利艾里特装甲师、利托里奥装甲师等，共 5 支装甲部队开始一齐攻击。他们快速穿过盟军防线南面的一系列防卫“哨所”后，再向阿拉姆哈勒法山脊攻击，并完成了包围。

蒙哥马利的策略完全奏效。轴心国军开始陷入密集雷区，遭到英国第 7 装甲师的侧翼攻击和据守山脊部队的反坦克炮火袭击。经过两天毫无成效的

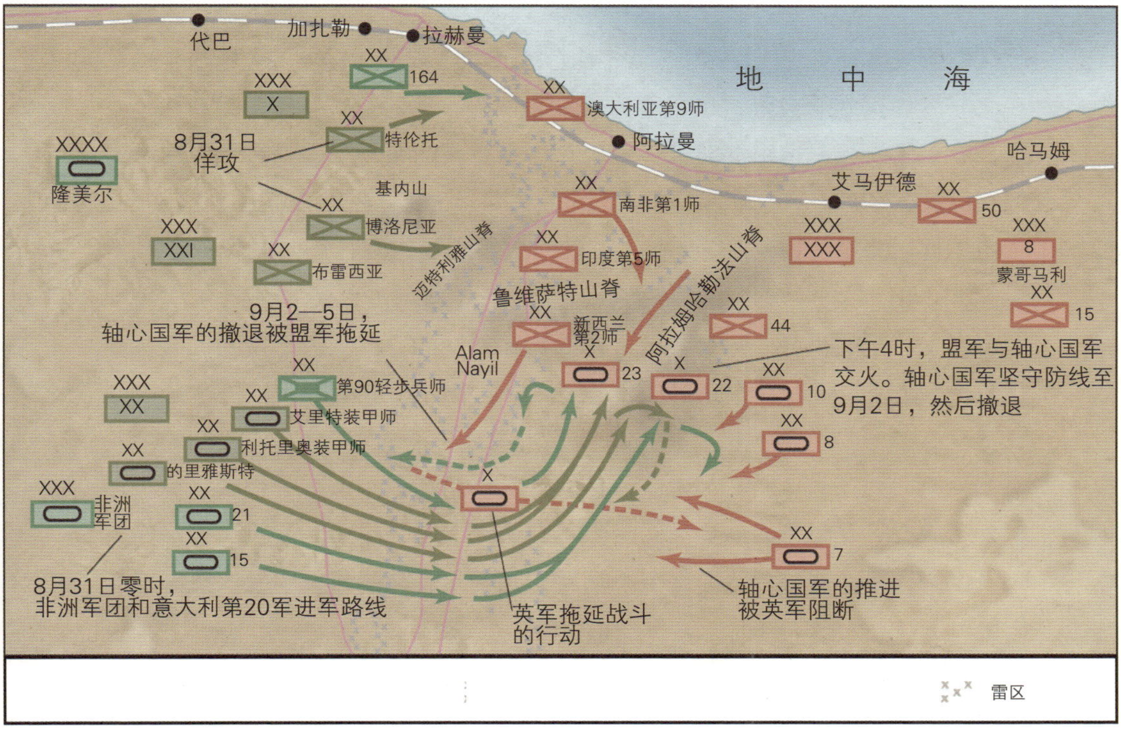

哈罗德·亚历山大元帅（1891—1969）

哈罗德·亚历山大，是英国最成功的战时指挥官之一。经历了一战的英勇战斗后，1937 年，他成为英国陆军最年轻的将军。1940 年，他指挥在法国的第 1 师，并在敦刻尔克撤退期间指挥英国远征军。1942 年 3 月，他组织英军从缅甸撤退，1942 年 8 月被任命为中东总司令。1943 年初，他成为艾森豪威尔安排在突尼斯作战的代表，协调步调不一的盟军战线，迫使轴心国军于 5 月投降。他指挥了对西西里和意大利大陆的进攻，1944 年 11 月成为地中海总司令。1944 年 9 月他晋升元帅，1946—1952 年出任加拿大总督。

战斗，隆美尔下令撤退，丢下 50 辆坦克和 400 辆交通工具。这是轴心国军在北非战场扩张的极限，也是隆美尔速胜意图的最后一次机会。随后两个月里，隆美尔筑起一道纵深防线，装甲师守在宽阔的雷场后，抵抗预料之中的盟军反攻。

相比后来举世瞩目的阿拉曼 11 月的最终胜利，阿拉姆哈勒法的胜利鲜为人知。但它是一个重要的转折点，也给蒙哥马利提供了在丘吉尔的催促声中展示才干的机会。这是一场通过武器和补给的巨大优势赢得的胜利。到 1942 年 10 月，盟军在中东的空军已达 96 个中队，逾千架战机。这是一支真正具有国际特色的队伍，除配备英国机组人员的作战单位外，还有美国、南非、澳大利亚、希腊、加拿大、法国、罗得西亚和南斯拉夫中队。德国和意大利的空军受限于燃油持续短缺、不断萎缩之际，空中力量成为盟军的另一项巨大优势。这些优势将在下一场蒙哥马利最著名的战役中发挥决定性的作用。

1942 年 8 月，丘吉尔飞往开罗，亲自实地查看确保北非防守要做哪些工作。图中他与南非总理扬·斯穆茨坐在一起，身后是艾伦·布鲁克（Alan Brooke）将军（右）和阿瑟·特德空军上将（左）。

1942 年 7 月初，隆美尔组织的试探性进攻期间，一个德军士兵在用“驴耳”侦测镜观察盟军防线。

与轴心国相比，补给是北非盟军的一项巨大优势，因为轴心国补给线很容易被盟军潜艇和空袭阻断。下图为 1942 年 8 月，一支船队在埃及塞得港（Port Said）卸下英国皇家空军的部件和设备。

在中东战场，英军要依赖美国慷慨提供的物资供应。图为 1942 年 2 月 17 日，皇家第 5 坦克团在展示美制“格兰特”坦克。

意大利法西斯虽兵败非洲，但依然自诩军事强国。图为向来访的德国显要展示新意大利实力的战时阅兵仪式，正在罗马威尼斯广场（Piazza Venezia）进行中。

斯大林格勒保卫战

1942.8.19—11.19

大事表

1942年8月26日

朱可夫将军被任命为仅次于斯大林的最高副统帅。

1942年9月12日

英国邮轮“拉科尼亚”号（*Locania*）在南大西洋被击沉，船上有1500名意大利战俘。

1942年10月3日

德国火箭科学家成功发射后来成为V–2火箭的A–4导弹。

1942年10月18日

希特勒命令处死所有落入德军手中的英国突击队队员。

1942年11月4日

隆美尔指挥的轴心国军在埃及第二次阿拉曼战役中失败，被迫撤退。

1942年11月8日

盟军发动“火炬行动”，在西北非登陆。

1942年11月11日

德军占领维希法国，应对盟军在北非的登陆。

1942年8月中，德国和罗马尼亚军队最终到达斯大林格勒郊外，在这座城市的北面强行攻占了一小块突出部阵地，直扑伏尔加河。希特勒的统帅部一派乐观气氛，认为攻占斯大林格勒指日可待。8月19日，保卢斯与第4装甲集团军的一些部队一起，对斯大林格勒发起大规模攻击。8月23日，在沃尔弗拉姆·冯·里希特霍芬将军（后成为元帅）的指挥下，苏联南部的德国空军派出600架轰炸机对斯大林格勒进行狂轰滥炸。苏联决定将居民留在城中，避免难民潮带来混乱。因为这个决定，据苏联估计，4万人在袭击中丧生。飞机大炮的野蛮轰炸逼迫苏联守军退到伏尔加河河畔。

颁给“作战胜利”的苏联部队的奖章。

9 月 7 日，保卢斯集结部队，发动了一次联合进攻，以期将苏联守军赶过伏尔加河。德军分割了苏联防守斯大林格勒的第 62 和第 64 两个集团军，逐街区、逐工厂推进。第 62 集团军司令洛帕金（Lopatin）认为形势无望，主张撤退，遂遭撤职。随后，一名充满活力的青年指挥官瓦西里 · 崔可夫（Vasily Chuikov）接替了他。在德军进攻的 9 月 7 日那天，崔可夫也同时赶到斯大林格勒，但此时该市早已一片废墟。苏军只能利用被毁的城市地形作为天然屏障，勉力生存。小股士兵藏身地窖和仓库，狙击潜入的德军；在夜幕掩护下，夺回白天迫于德军强大火力放弃的建筑。9 月到 10 月间，德军将第 62 集团军打退到伏尔加河边的几座工厂——“红十月工厂”“街垒工厂”的厂区里。

无论保卢斯还是崔可夫，他们进行的战斗都不能与轴心国和苏联其他部队孤立开来。苏军来自伏尔加河对岸的补给和增援源源不断越过河来，河对岸的大炮和火箭炮也对准了德军据点。斯大林格勒城市两侧，还有更大规

瓦西里·崔可夫（1900—1982）

崔可夫出身农民家庭，俄国内战期间加入红军，成长为职业军官。1939 年，在苏联入侵波兰时他指挥第 4 集团军。他在苏芬战争中的糟糕表现导致他被降职，被派到中国做蒋介石的顾问。1942 年 5 月，他被召回，几周后上任指挥第 64 集团军，试图坚守斯大林格勒前方的大草原。9 月，他调任第 62 集团军指挥，防守斯大林格勒城市本身。他是一名以擅长鼓舞士气、骁勇善战和富有创新精神而扬名立万的指挥官。他后来指挥了 1945 年 5 月率先进入柏林市中心的部队。1955 年晋升元帅，1960—1964 年任苏军总司令。死后，他被葬在斯大林格勒当年战斗最激烈的马马耶夫岗（Mamayev Kurgan）。

模的苏联军队：南有叶廖缅科将军的斯大林格勒方面军，北有罗科索夫斯基（Konstantin Rokossovsky）将军的顿河方面军。他们通过攻击德军暴露的侧翼，提供了力所能及的支援。天上，在无线电指引下（这是此战术的最早例子），苏军战机大量出动，开始争夺区域制空权，这在苏联卫国战争中几乎是首次。德军在顿河大草原里不断向前延伸，而通往斯大林格勒的脆弱通道则由盟友匈牙利、意大利和罗马尼亚把守着。德国第 4 航空队在这场战役中承受了重压，但还在继续支援地面战斗，同时与苏联空军厮杀。

苏联第 62 集团军决心不惜一切代价守住斯大林格勒，有时这份决心被归因于对身后苏联安全部队的畏惧。这些督战者射杀逃兵、失败主义者，或把他们送到惩罚营。据估计，被苏军自己射杀的数字高达 13500 人。但苏联的档案显示，1942 年 11 月—1943 年 2 月，防守斯大林格勒的所有部队中，只有 203 人因“恐慌”被捕。目击者的证言则表明，苏联守军最终找到了自己认同的事业和打仗的理由。斯大林格勒战役时，俄国作家维克多 · 涅克拉索夫（Viktor Nekrasov）正在军中担任初级军官。他发现，这场战役为苏军打造了“铁石心肠的士兵”。同样，德军士兵也作战顽强、奋不顾身。这座城市战场成为一个封闭的暴力小世界，反映出围绕它进行的更大斗争。

德国炮兵密切支援着在斯大林格勒废墟中艰难开进的步兵。摄于 1942 年 11 月，保卢斯的第 6 集团军被围前不久。

1942 年 11 月 26 日，苏军在红十月工厂附近反击德军。

德国士兵正猛攻红十月工厂某处。该厂位于斯大林格勒市中心，离伏尔加河边不远。每一座建筑的每一个房间都经过了双方逐次的争夺。

1942 年 11 月 9 日，在崔可夫的防线上，德军最终“凿出”一个 500 米宽的“洞”，到达伏尔加河。虽然苏军无法消灭对方，但 11 月 12 日，精疲力竭的德军却暂时主动停止下来。6 天后，崔可夫收到前线指挥部的一封密电，要他随时待命。11 月 19 日上午，他获知，苏军刚刚发起一场大规模反攻，旨在切断并包围保卢斯的德国第 6 集团军。

弗里德里希·保卢斯元帅（1890—1957）

虽然弗里德里希·保卢斯经常被误认为“冯·保卢斯”，但他出身中产阶级家庭，这在德国高级军官中很不寻常。他是一位小学校长的儿子，1910 年以来一直在德国陆军中服役。20 世纪 30 年代，精干参谋型军官的名声为他带来了快速晋升。到 1939 年，他已是德国第 10 集团军参谋长，后该部在比利时和法国作战时改为第 6 集团军。他在准备“巴巴罗萨行动”的参谋策划中发挥了重要作用。1942 年 1 月，瓦尔特·冯·赖歇瑙（Walter von Reichenau）元帅暴毙后，他接掌第 6 集团军。后来，他在斯大林格勒被俘，成为苏联发起的由德国战俘组成的“自由德国全国委员会”的主要人物。战后他回到东德，成为一名警察督察。

1942 年 11 月 12 日，在突击炮兵的“徐进炮火掩护”下，德军步兵进入斯大林格勒郊区。

在鼓舞苏军在斯大林格勒继续战斗方面，宣传发挥了重要作用。弗拉基米尔·谢罗夫1942年创作的这张海报上写着："保卫伏尔加河！"

斯大林格勒遭空袭和轰炸期间，城市几乎被夷为平地，居民在地窖和废墟中勉力维生。当时，至少有 4 万平民死于此役。

第二次阿拉曼战役

1942.10.23—11.4

大事表

1942年8月13日
蒙哥马利接任英国第8集团军司令。

1942年10月14日
德军大规模进攻斯大林格勒守军，要把他们赶进伏尔加河。

1942年10月31日
德军猛烈空袭英国坎特伯雷大教堂。

第二次阿拉曼战役，为消灭北非轴心国军队创造了条件，是英联邦军队对德军的第一场大胜。虽然这次战役的规模远不及东线，但它保证了中东的安全，也为从轴心国手中解放地中海地区的行动创造了条件，成为同盟国命运的一个决定性转折点。

绰号“沙漠鼠”的英国第7装甲师徽章。

在阿拉姆哈勒法失败后，隆美尔自知不拥有深入埃及所需的足够物力，退而建起一条纵深防线，派德国军队和坦克协助意大利部队。轴心国兵力最集中的地方在北部，那里可以保护沿海一带的交通线。现在，隆美尔手中可以支配的兵力，有4个德国师和最多8个意大利师（“德国非洲装甲集团军”改名为“德意装甲集团军”的决定反映了这一兵力对比的变化）。轴心国能够参战的坦克约有500辆（其中只有小半是德制

英国第51高地步兵师徽章。

的），还有350架飞机可提供空中支援，但所有部队都缺油少件。反观蒙哥马利，短短的9、10月两个月间，他的兵力却稳步增长。他的几个装甲师可调动1030辆坦克（其中300辆是崭新的美制“格兰特”坦克），在中东和马耳他岛总共拥有1500架飞机。而且，他要等到部队拥有绝对优势，完全理解他的作战计划后，才开始行动。

经过数年快速机动作战，第二次阿拉曼战役成为一场按部就班的行动。蒙哥马利计划进攻隆美尔兵力最强的北部——基内山（Kidney Hill）一带，但要通过对南部的佯攻掩盖他的进攻重点。在这场代号“轻足行动”的战斗中，他计划派先头步兵师打开一个穿过雷区的缺口，再让第10装甲军的坦克蜂拥而入。占领一块突出部阵地后，第二轮的“增压行动”将投入大量装甲部队发动决定性一击。蒙哥马利确定的行动日期是10月23日，碰巧当时隆美尔正在因病休假。

10月23日晚，“轻足行动”一开始，就进行了大规模炮击。代隆美尔行使指挥权的施图姆（Georg Stumme）中将死于盟军的空袭，这给轴心国

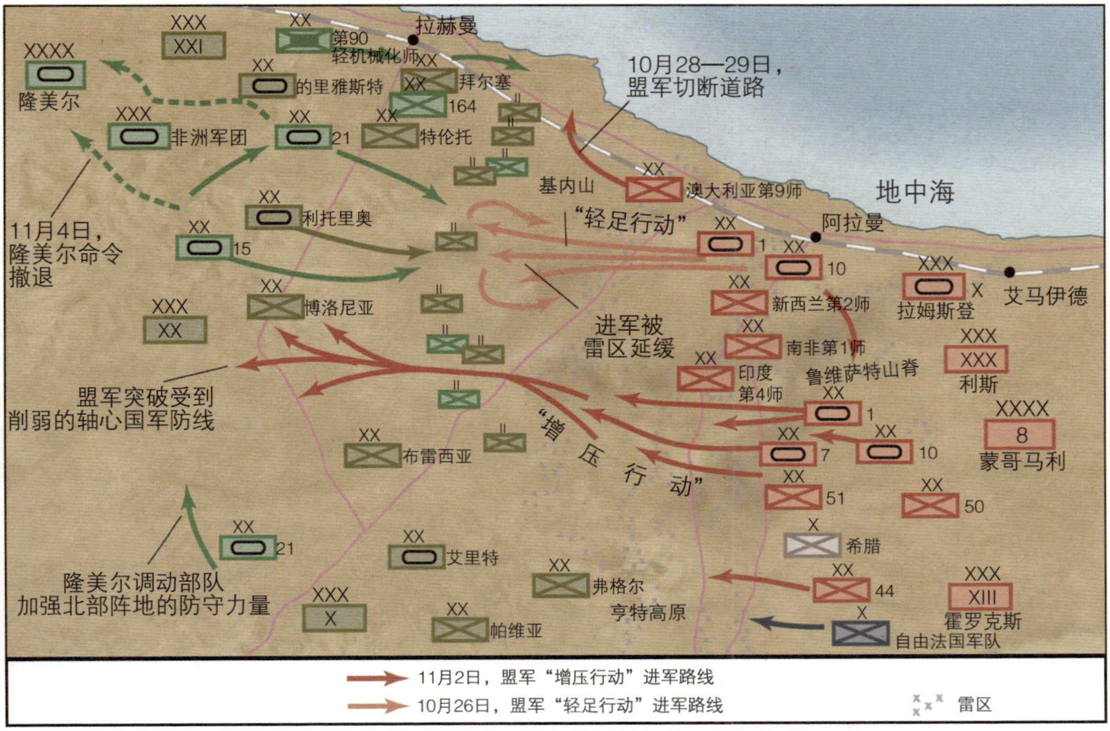

伯纳德·蒙哥马利元帅（1887—1976）

蒙哥马利，英格兰裔爱尔兰教士的儿子，1908年参军，参加了一战初期的战斗，直到一颗打进肺部的子弹差点要了他的命。他回国任参谋军官，两次大战期间在爱尔兰、印度、埃及和巴勒斯坦服役，1938年在巴勒斯坦指挥镇压了一次起义。他以严格训练士兵和善于一丝不苟地准备工作而出名。他在法国战役中指挥第3师，以相对较低的伤亡率将该师撤出敦刻尔克。1941年12月，他被任命为东南司令部总司令，坚持对手下进行严格的训练。1942年任第8集团军司令后，他在几周时间内振奋了部队士气。阿拉曼战役的胜利为他赢得了声望，随后西西里岛、意大利本土和欧洲东北战场让他的名字家喻户晓。他是一个难以相处的人——尖刻、偏狭、虚夸、自大——这些妨碍了他的战略表现。他很难与他人合作，完全不会圆通处事。他是诺曼底登陆的地面指挥官，后指挥第21集团军群。战后，他任帝国总参谋长，被封为阿拉曼蒙哥马利子爵。

军造成了混乱，直到10月25日隆美尔返回。即便如此，德军的抵抗依然猛烈。到了第二天，盟军才在沿海公路和基内山一带取得进展。隆美尔命令坦克北上打退敌军，却使几支意大利师暴露在盟军面前。在10月27和28日双方坦克的激战中，盟军强行突进。这时，蒙哥马利撤回南线佯攻部队，集中大量装甲兵力执行“增压行动”。11月2日，在猛烈空袭的掩护下，当这支装甲生力军滚滚推进时，隆美尔知道大势已去。很快，轴心国只剩35辆坦克具备完整的战斗力。希特勒拒绝批准撤退，但两天后被迫接

受现实，隆美尔开始沿着海滨公路快速西撤。一些意大利师在德军放弃战役后继续战斗，但轴心国颓势已无法挽回。隆美尔丢下 400 辆被毁的坦克，盟军损失约 250 辆；盟军伤亡 13500 人，但蒙哥马利所部斩获 3 万多名轴心国俘虏。

第 8 集团军紧追败退的隆美尔，11 月 13 日收复图卜鲁格。轴心国军于 11 月 20 日对班加西，11 月 23 日—12 月 13 日间对阿盖拉进行了短暂的防守进攻，但盟军的进攻势头毫不减退。1 月 23 日，盟军占领的黎波里，隆美尔快速退向突尼斯的最后一条防线——“马雷斯防线”（Mareth Line）。轴心国军最终停止退却，转入阵地防御。阿拉曼的胜利圆满完成，英国教堂自 1940 年 5 月以来第一次获准敲响庆祝胜利的钟声。

阿拉曼战役时，德国士兵在操作一门反坦克 88 毫米高射炮。他们发现这种大炮既可打飞机，还可以打坦克。整个战争期间，它成为对付盟军坦克的一种有效武器。

乌戈·卡瓦莱罗元帅（1880—1943）

卡瓦莱罗（Ugo Cavallero）是来自皮埃蒙特贵族的一员，1898年加入意大利陆军，因组织和战术能力出色而得以快速晋升。他参加了1911年9月—1912年10月的意土（土耳其）战争。一战期间，他进入意大利最高统帅部，升任作战部长，负责组织了意大利在维托里奥·威尼托（Vittorio Veneto）的胜利之战。他是狂热的法西斯主义者，1925—1928年任战争部副部长。他后来离开军队，但1937年被召回，次年指挥意大利在东非的部队。1940年12月，他在巴多利奥之后继任意大利最高军事统帅，亲自指挥在希腊的意大利军队，稳定了前线。名义上，他在轴心国军中是隆美尔在北非作战的上级，但他很难违抗德国盟友的意愿。他反对隆美尔入侵埃及，但阿拉曼战役后，当利比亚失守时，他被撤职。1943年9月，他拒绝了希特勒让他领导还在与盟军作战的意大利军队的要求，自杀身亡。

1942年10月，第二次阿拉曼战役期间，英国步兵在沙尘和硝烟中前进。

1943 年 1 月 18 日，对德军控制的的黎波里的进攻被打响，一辆英军戴姆勒装甲车在开火。5 天后，该港口落入盟军手中。

1942 年 11 月，一门英国“博福斯”（Bofors）机动高射炮在向利比亚前线移动，途中路过轴心国军快速撤退时丢下的一具德军尸体。

1942 年 11 月，阿拉曼战役胜利后，北非盟军装甲部队的“谢尔曼”坦克正快速驶过沙漠道路，追击撤退中的德国和意大利军队。

埃及战场的意大利士兵在阿拉曼与盟军作战。阿拉曼战役中的轴心国军 6 成是意大利人。

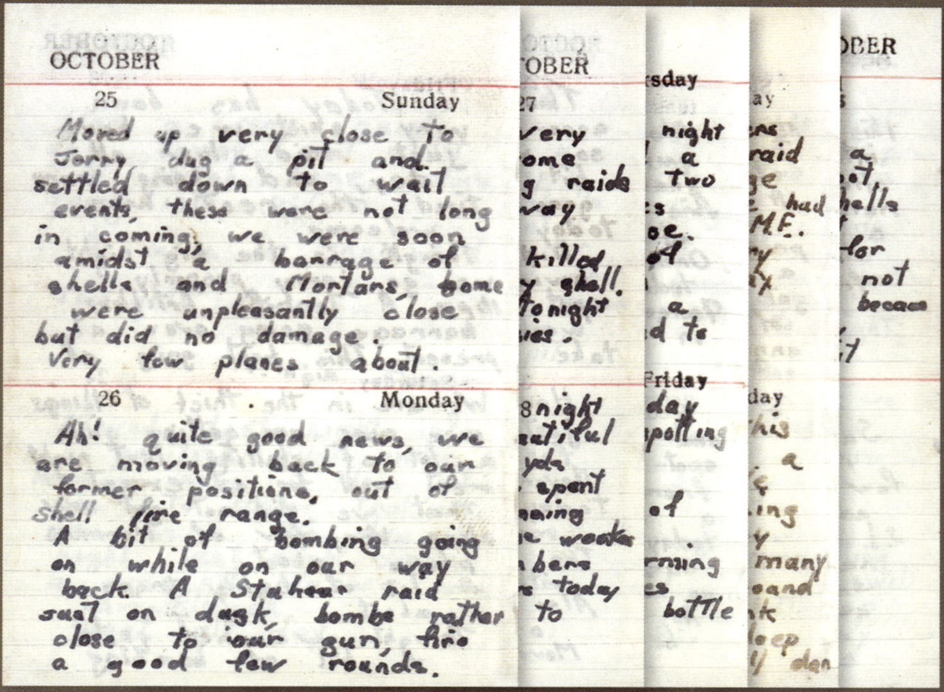

OCTOBER

25 Sunday

Moved up very close to Jerry, dug a pit and settled down to wait events, these were not long in coming, we were soon amidst a barrage of shells and Mortars, some were unpleasantly close but did no damage. Very few planes about.

26 Monday

Ah! quite good news, we are moving back to our former positions, out of shell fire range. A bit of bombing going on while on our way back. A Stuka raid swat on dusk, bombs rather close to our gun, fire a good few rounds.

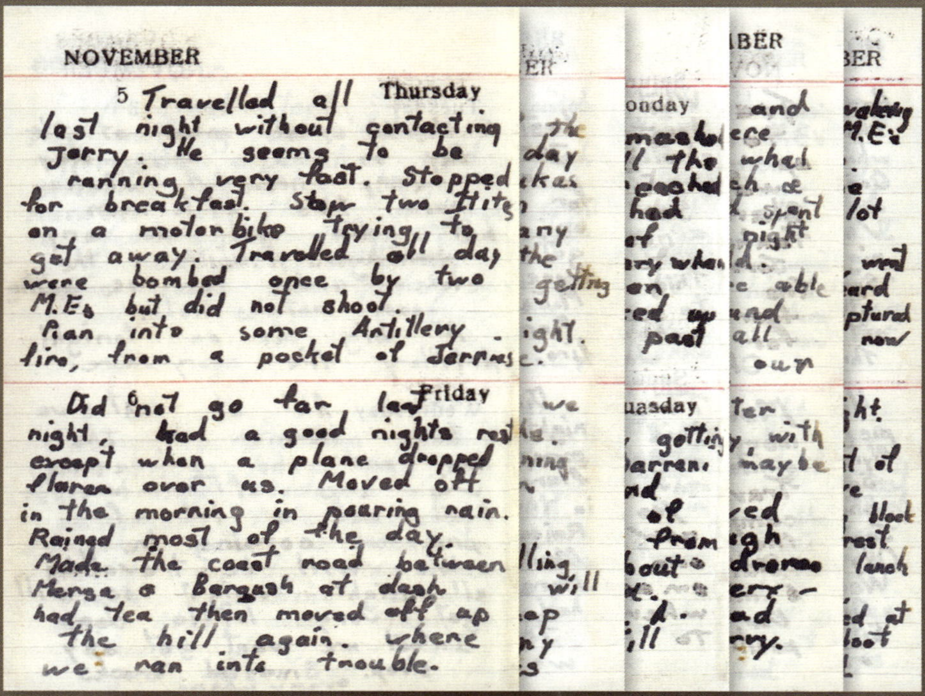

NOVEMBER

5 Thursday

Travelled all last night without contacting Jerry. He seems to be running very fast. Stopped for breakfast. Stop two Ities on a motor bike trying to get away. Travelled all day were bombed once by two M.Es but did not shoot. Ran into some Artillery fire, from a pocket of Jerries.

6 Friday

Did not go far last night, had a good nights rest except when a plane dropped flares over us. Moved off in the morning in pouring rain. Rained most of the day. Made the coast road between Mersa & Bagush at dusk had tea then moved off up the hill again, where we ran into trouble.

第二次阿拉曼战役

这是新西兰远征军第 14 轻型防空炮兵团士兵莱斯利 · 科尔曼的日记，时间从 1942 年 10 月 25 日至 11 月 12 日，记录了第二次阿拉曼战役的关键阶段，以及随后轴心国部队的长距离撤退过程。

“火炬行动”

1942.11.8—1943.2.14

大事表

1942 年 11 月 12—15 日

所罗门群岛铁底湾海战，增援瓜岛的日本船队遭遇巨大损失。

1942 年 11 月 27 日

法国舰队在土伦（Toulon）自沉。

1942 年 12 月 1 日

美国开始实行汽油配给政策。

1943 年 1 月 11 日

中国国民党政府正式与英美结盟。

1943 年 1 月 14—24 日

卡萨布兰卡会议上丘吉尔和罗斯福确定了未来战略，决定发动联合轰炸攻击。

1943 年 1 月 23 日

英联邦部队进入的黎波里。

1943 年 2 月 2 日

“指环行动”结束，斯大林格勒的德军投降。

1943 年 2 月 8 日

日军完全撤出瓜岛。

1942 年夏，英美参谋长讨论了当年在法国开辟第二战场的可能性。考虑到美军没有经历战争考验，盟军又缺乏运输船，双方一致否定了太过冒险的正面进攻方案。7 月 22 日，双方同意对法属北非发动一次规模稍小的联合进攻。作战目标是帮助东部英军将轴心国军赶出利比亚，同时给予美军一次获得作战经验的机会。代号“火炬行动”的这场战役将主要由美军负责，刚到任的艾森豪威尔中将担任指挥。

1942 年 11 月 8 日凌晨，作为“火炬行动”的一部分，在阿尔及尔以西登陆后，一个英国海军信号队升起的皇家海军旗。

战役的计划是，大量部队将在法属摩洛哥、阿尔及利亚的奥兰（Oran）和阿尔及尔登陆。盟军希望能说服庞大的法国守军对登陆不要抵抗。10 月 22 日，艾森豪威尔的代表马克 · 克拉克（Mark Clark）少将秘密到达阿尔及利亚，接触当地法军指挥官，但无法得到不抵抗的保证。特遣舰队分成两大编队，乔治 · 巴顿少将指挥的登陆摩洛哥的部队和辎重从美国出发，直接横渡大西洋；另一支由 650 艘战船组成的庞大舰队载着中路和东路进攻部队，从英国港口出发。总数 6.5 万人的进攻力量大约是法国守军人数的一半，但得到海军舰艇和两支大型空军部队的支援，一支掩护西路登陆，另一支支援东路登陆。

1942 年 11 月 8 日，盟军的登陆完全出乎敌人意料，因为舰队伪装成驶向马耳他的护航船队。摩洛哥和奥兰都发生了激烈抵抗；但在阿尔及尔，登陆当天，400 名法国抵抗战士发动的一次政变扰乱了形势，政变者控制了一些部队，占领了大部分政府建筑。维希法军予以回击，试图抵抗盟军

德怀特·艾森豪威尔将军（1890—1969）

艾森豪威尔出身于美国得克萨斯的一个贫穷家庭。他进入西点军校，开始了一段成长为美国名将的军事生涯。他未能参加一战——当时受命组建美国第一支坦克部队。两次大战期间，他担任过各种参谋职务，后被派到菲律宾成为麦克阿瑟的部下。他 1939 年回国，1941 年 9 月成为准将、第 3 集团军参谋长。珍珠港遭袭后，马歇尔（George Marshall）将军让他领导新成立的作战部。1942 年 6 月，从未参加过实际战斗的他被选中指挥美国在欧洲战区的行动，并担任“火炬行动”的登陆总司令。后来，他成为美军进攻西北欧的最高指挥官，其外交和组织能力与友善的性格使他成为最理想的人选。战后直到 1948 年他任美国陆军参谋长，1953—1961 年任美国总统。

登陆，可碰巧在阿尔及尔的维希法军总司令达尔朗（François Darlan）海军上将最终同意停火。但在维希政府拒绝批准达尔朗的决定时，他又立即想撤销停火协议。被美国当局逮捕后，11 月 10 日，他最终同意命令在奥兰停火，次日命令结束在摩洛哥的敌对行动。

轴心国对盟军的登陆迅速做出反应：11 月 10 日，希特勒命令德军占领维希政府控制的法国地区；意大利军队占领了科西嘉岛；维希政府被迫同意大量轴心国军调到尚未被盟军占领的法属突尼斯地区。达尔朗试图说服法国舰队驶向北非，加入盟军。但维希海军司令部拒绝了，11 月 27 日，在土伦凿沉了法国舰队船只。12 月 24 日，达尔朗被谋杀，亲同盟国的吉罗（Henri

弗朗索瓦·达尔朗海军上将（1881—1942）

达尔朗是一位颇有战功和雄心壮志的法国海军军官。他 1902 年加入海军，1936 年升至海军上将，担任海军参谋长。1939 年，他获得独一无二的“海军元帅”头衔，成为法国海军最高指挥官。他是贝当的坚定支持者，1941 年 2 月成为贝当的副手和事实上的政府首脑。他与德国占领者合作，1941 年 5 月批准《巴黎议定书》（Paris Protocols），在法属非洲和中东向德国做出巨大让步。1942 年 4 月，德国人不能确定达尔朗是否可靠，就向贝当施压，想用赖伐尔取代达尔朗，但结果后者依然是法军总司令。11 月 7 日，他到达阿尔及尔看望生病的儿子，正赶上盟军的“火炬行动”。他倒向盟军，同意法军停火，被宣布为法属北非高级专员。12 月 24 日，他被一个法国保皇党人刺杀身亡。两天后，刺客费尔南·德拉沙佩勒（Fernand de la Chapelle）被处决。

1942 年 11 月，格鲁曼“野猫”和超级马林“海火”(Seafire，“喷火”的海军版) 战斗机正等待从英国航母“可畏”号飞行甲板上起飞，支援“火炬行动”中的登陆战。

Giraud）将军继任。法国部队愿意与盟军并肩作战，并听从朱安（Juin）将军的指挥。

盟军的这次登陆，意在打通与正在利比亚进军的蒙哥马利第 8 集团军的联系。但在争夺突尼斯的进军中，德国和意大利军队抢先一步。到 11 月末，他们已将 1.7 万军队和大量战机调到突尼斯一带。而在南面，隆美尔抵达易守难攻的“马雷斯防线”。至此，几乎整个突尼斯都落入轴心国手中。英美联合部队的第 1 集团军赶往突尼斯，离目标已不到 20 公里，但冯 · 阿尼姆（Hans-Jürgen von Arnim）将军指挥新成立的德国第 5 装甲集团军阻止了盟军的突破。再加上恶劣天气和泥泞地面，最终迫使第 1 集团军暂停了推进。1943 年 1 月，轴心国军在几场小型作战中成功打退英法部队，稳住了在多萨尔山脉（Dorsale Mountains）的一条防线。到 2 月初，随着隆美尔部到达突尼斯，轴心国拥有了一支强大的守军。一场有望快速结束北非轴心国势力的行动，反倒推动对方巩固了他们最后的一个据点。

1942 年 11 月 8 日上午，盟军在奥兰港附近的阿尔泽（Arzeu）海滩登陆。经过两天的战斗后，奥兰市投降。

“火炬行动”登陆后不久，一位美国军官在与阿尔及利亚人交谈。

美军中央特遣舰队乘一艘登陆艇驶向阿尔及利亚奥兰港附近的海滩。

1942 年 11 月 11 日，“火炬行动”中盟军成功登陆北非后，德军占领维希法国。图为德军坦克正在进入法国西南部的图卢兹（Toulouse）。

1942 年 11 月 28 日，《图画邮报》(*Picture Post*) 杂志封面刊出法属北非陆军的一名摩洛哥军士长的照片。摩洛哥和阿尔及利亚部队同时加入自由法国军队，参加了随后对意大利发起的进攻。

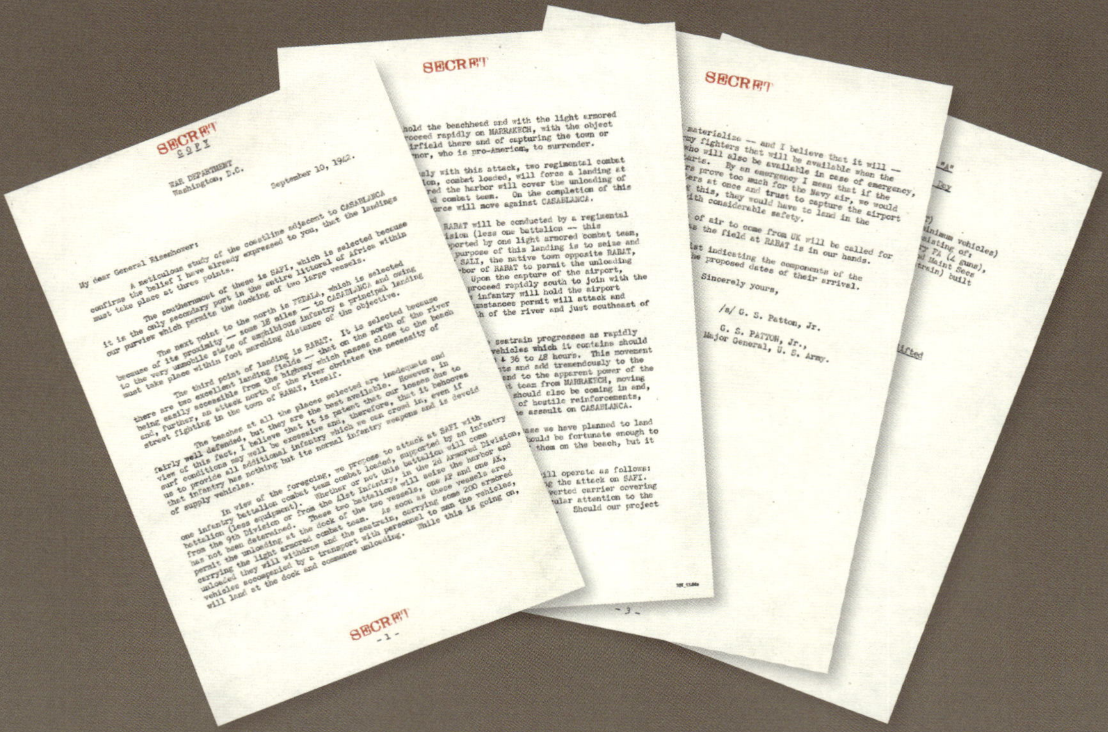

“火炬行动”作战计划原件

这是一份由巴顿少将在1942年9月为艾森豪威尔中将拟定的作战规划报告。巴顿负责“火炬行动”中美军西线特遣部队的指挥，该部队于1942年11月8日登陆摩洛哥卡萨布兰卡附近海岸。

二战图文史

THE SECOND WORLD WAR

THE DEFINITIVE VISUAL HISTORY
VOLUME 2

Richard Overy

战争历程完整实录 下

[英] 理查德·奥弗里 著
朱鸿飞 孟林 译

金城出版社 GOLD WALL PRESS
西苑出版社 XIYUAN PUBLISHING HOUSE

目录
CONTENTS

瓜岛争夺战

1942.11.12—1943.2.8

大事表

1942 年 11 月 8 日
"火炬行动"开始期间，英美部队在西北非登陆。

1942 年 11 月 11 日
摩洛哥城市卡萨布兰卡向盟军投降。

1942 年 11 月 20 日
英国皇家空军大规模轰炸意大利工业城市都灵。

1942 年 12 月 2 日
研究绝密工程"曼哈顿计划"的科学家首次完成链式核反应。

1943 年 1 月 18 日
苏军打通一片通向列宁格勒的狭长陆地，打破了对城市的封锁，但围困依然持续。

1943 年 2 月 8 日
苏军收复库尔斯克市，突破苏联中部的德军前线，开拓出一个巨大的突出部阵地。

1943 年 2 月 8 日
蒙哥马利指挥的英国第 8 集团军进入突尼斯，发起与北非轴心国军队的最后决战。

1942 年 11 月，瓜岛争夺战到了关键时刻。虽然规模远不及北非沙漠和斯大林格勒的战役，但双方都把这场战役看成一个试验场，一方面考验美国人的决心，另一方面检验日本人保卫其新帝国的能力。

日军在 10 月进攻美军控制的亨德森机场失败后，派海军舰船通过"东京快车"补给线，穿过所罗门群岛中部，给岛上日军运来增援兵力。到 11 月 12 日，百武晴吉中将所部数量首次超过美军——兵力对比达到 2.3 万对 2.2 万。但同一天，在珊瑚海海域的航母和圣埃斯皮里图岛（Espiritu Santo）的重型轰炸机的空中掩护下，一支美军特遣舰队将援军运到瓜岛。12 月初，兵力对比再一次偏向美方——4 万对 2.5 万。

假如没有双方于 11 月 12—15 日在瓜岛北部沿海的一连串毁灭性海战，这一形势很有可能被逆转。海战中，一支美军特遣舰队试图阻止日军进一步增援。11 月 12—13 日夜间，在大量海军舰艇的支援下，一支大型日本运兵

田中赖山海军少将（1892—1969）

20世纪20年代，日本海军职业军官田中成为鱼雷专家，在海军鱼雷学校任教。1941年9月，他上任指挥第2驱逐舰中队，10月晋升海军少将。他参加了入侵菲律宾和荷属东印度群岛的战斗。所罗门群岛战役期间，田中的驱逐舰穿越所罗门群岛间的狭窄海峡为瓜岛日军提供补给。日军称这条补给线为“鼠输送”，但盟军称之为“东京快车”。因批评日军战略，田中被调到缅甸海岸履职，直至二战结束。

船队到达瓜岛外的铁底湾。一场激烈的军舰交火随之爆发，致使6艘美舰被击沉，日舰则损失3艘，包括1艘战列舰。次日，美国战机攻击日本登陆舰队，击沉1艘巡洋舰和7艘运兵船。11月14—15日夜间，第二场大型海战打响，日军战列舰“雾岛”号和1艘驱逐舰被击沉，美军损失3艘驱逐舰。最终，仅2000日军得以登陆，几乎没有带上任何军事装备。铁底湾海战标志着日军挽救瓜岛局势的失败。11月30日，田中赖山海军少将再次尝试，亲率驱逐舰中队驶向瓜岛。在铁底湾，他的8艘驱逐舰遭到一支由5艘巡洋舰和4艘驱逐舰组成的大股美军突袭。但田中熟练指挥舰队，在沿狭窄海峡撤退前还发射一轮鱼雷，击沉美军的1艘巡洋舰，令其余3艘瘫痪。这就是塔萨法隆格海战，日军在战术上取得胜利，但向被围困的守军运送补给却失败了。

1942年12月，美军第25步兵师与岛上的第1海军陆战师换防，新喀里多尼亚师师长亚历山大·帕奇（Alexander “Sandy” Patch）接替范德格里夫特任指挥官。帕奇手握5万多部队，开始对补给不足的日军发动系列攻势。此时，日本海军司令部已决定放弃瓜岛。12月31日，日军大本营确认了这个决定。孤立无援的日军抱着必死的之心抵抗，但被赶到瓜岛北部。2月2—8日，沿海日军驱逐舰瞒过美军，偷偷撤出10650人，包括百武晴吉。

至此，瓜岛落入美军手中。

日军在瓜岛争夺战中付出极高代价，损失了 2 万多士兵，860 架战机和 15 艘军舰。美国海军同样损失惨重，但地面部队仅有 6111 人伤亡，其中 1752 人战死。双方损失的这种显著对比，将在太平洋岛战中反复出现。如果说中途岛海战决定了日本海军扩张的极限，那么，瓜岛的失败决定性地阻止了日本陆军的前进步伐。

1942 年 12 月 23 日，在瓜岛上一处临时搭建的场所中，一群美国士兵在做圣诞节午夜弥撒。

美国第 5 陆航大队（5th Army Air Force）正发动进攻，一枚炸弹击中拉包尔大型基地的一条日本船。在征服所罗门群岛和其他南太平洋岛屿的过程中，对拉包尔基地的空袭消除了它的威胁。

与瓜岛作战同期，在将日军赶出巴布亚（Papua）南部的战斗中，新几内亚布纳港附近，美军第32师的两个士兵在对一个日军掩体进行射击。

新几内亚争夺战

瓜岛硝烟弥漫之际，第二场战役也在新几内亚东部打响。1942年7月22日，日军登陆新几内亚，试图占领莫尔兹比港，将盟军逐出新几内亚岛。他们在戈纳和布纳登陆，向内陆进军，试图占领科科达（Kokoda）。到9月，日军已经打到离莫尔兹比港40公里处。澳大利亚与美国军队的顽强抵抗及瓜岛危机迫使日军撤退。11月15日，盟军收复科科达。12月9日，澳大利亚军队铲除日军在戈纳的据点。1943年1月1日，布纳也被攻下。日军在新几内亚的失败进一步表明，他们再也无法保证南方区域外围的安全。

1943年2月8日，澳大利亚的一个迫击炮小队在轰炸新几内亚的布纳日军据点。澳大利亚部队最终占领了该目标，这是日军在岛上的最后据点之一。

1943 年 2 月，经过 21 天连续战斗，一队疲惫的美国士兵正在返回作战基地的路上。整个夺岛战役期间，双方的作战条件都极为艰苦。

1943 年 2 月 22 日，日军在瓜岛的一个据点失守后，美军把饱受饥饿和疾病之苦的日本战俘押往海滩。此时，大部分日军已经撤离到安全区域。

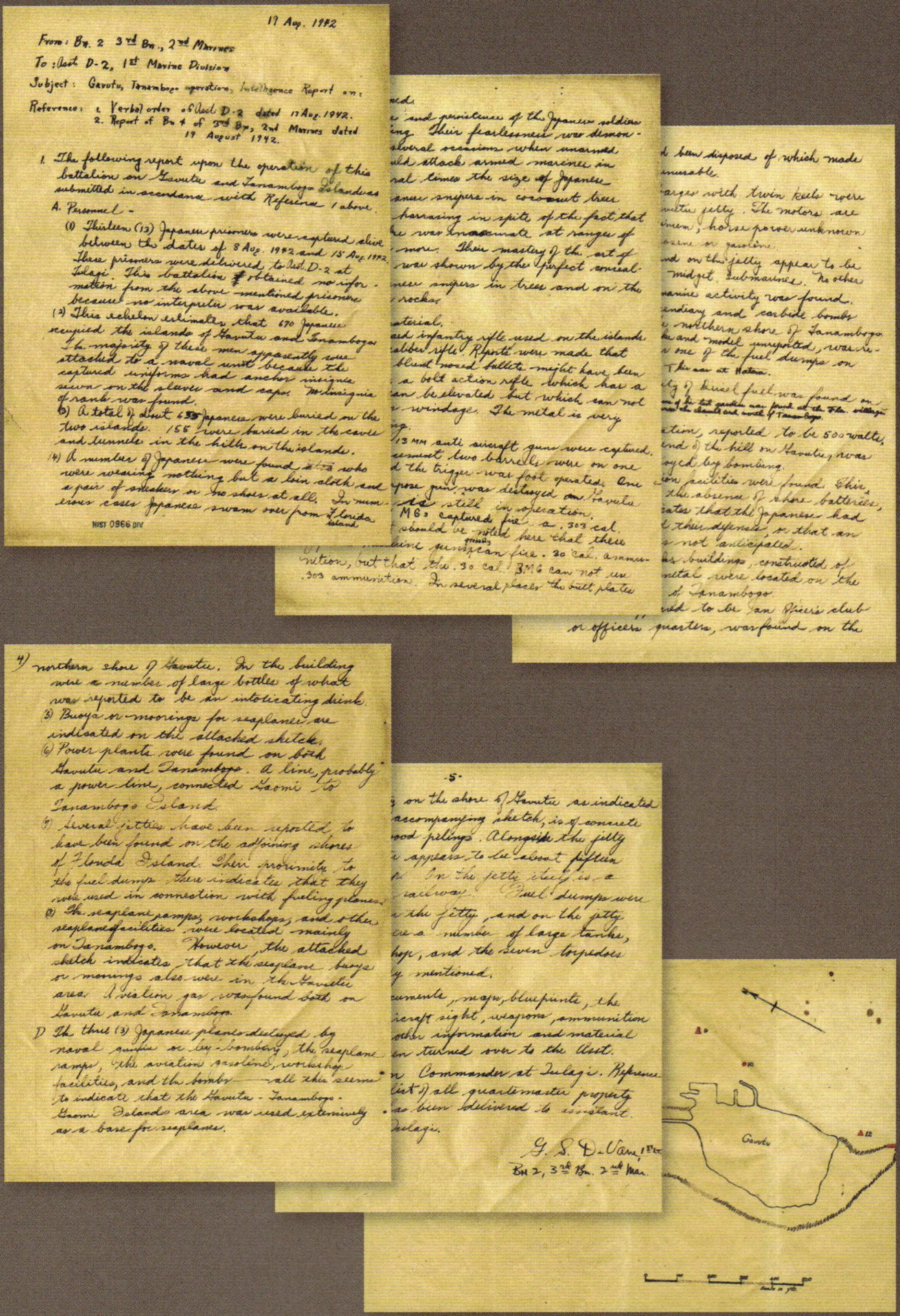

17 Aug. 1942

From: Bn. 2 3rd Bn., 2nd Marines
To: Asst D-2, 1st Marine Division
Subject: Gavutu, Tanambogo operation, Intelligence Report on:
Reference: 1. Verbal order of Asst. D-2 dated 17 Aug. 1942.
2. Report of Bn 4 of 3rd Bn, 2nd Marines dated 19 August 1942.

1. The following report upon the operation of this battalion on Gavutu and Tanambogo Islands was submitted in accordance with Reference 1 above.

A. Personnel -

(1) Thirteen (13) Japanese prisoners were captured alive between the dates of 8 Aug. 1942 and 15 Aug 1942. These prisoners were delivered to Asst. D-2 at Tulagi. This battalion obtained no information from the above-mentioned prisoners because no interpreter was available.

(2) This echelon estimates that 670 Japanese occupied the islands of Gavutu and Tanambogo. The majority of these men apparently were attached to a naval unit because the captured uniforms had anchor insignia sewn on the sleeves and caps. No insignia of rank was found.

(3) A total of about 635 Japanese were buried on the two islands. 155 were buried in the caves and tunnels in the hills on the island.

(4) A number of Japanese were found who were wearing nothing but a loin cloth and a pair of sneakers or no shoes at all. In numerous cases Japanese swam over from Florida Island.

4) northern shore of Gavutu. In the building were a number of large bottles of what was reported to be an intoxicating drink.

(5) Buoys or moorings for seaplanes are indicated on the attached sketch.

(6) Power plants were found on both Gavutu and Tanambogo. A line, probably a power line, connected Gaomi to Tanambogo Island.

(7) Several jetties have been reported to have been found on the adjoining shores of Florida Island. Their proximity to the fuel dumps there indicate that they were used in connection with fueling planes.

(8) The seaplane ramps, workshops, and other seaplane facilities were located mainly on Tanambogo. However the attached sketch indicates that the seaplane buoys or moorings also were in the Gavutu area. Aviation gas was found both on Gavutu and Tanambogo.

D. The three (3) Japanese planes destroyed by naval gunfire or by bombing, the seaplane ramps, the aviation gasoline, workshops, facilities, and the bombs all these seem to indicate that the Gavutu - Tanambogo - Gaomi Islands area was used extensively as a base for seaplanes.

G. S. DeVane, 1st Lt
Bn 2, 3rd Bn. 2nd Mar.

瓜岛行动报告

美国海军陆战队中尉 G. S. 德 · 范恩就 1942 年 8 月初在所罗门群岛开展的夺取图拉吉港的作战行动撰写了报告。图中所示为加武图岛，位于马莱塔岛南端外海，距图拉吉不远。

“天王星行动”

1942.11.19—12.24

大事表

1942 年 11 月 12 日
英联邦部队在北非追击隆美尔的过程中收复图卜鲁格。

1942 年 11 月 25 日
苏军对德国中央集团军群发起“火星行动”，招致巨大损失。

1942 年 11 月 30 日
瓜岛战役期间，一支日本海军弱旅在塔萨法隆格海战中重创美国海军。

1942 年 12 月 11 日
希特勒坚持认为被围的第 6 集团军应坚守斯大林格勒。

1942 年秋，德军挺进斯大林格勒，穿越高加索地区，行将切断伏尔加河和夺取苏联石油。在莫斯科看来，形势日益无望。斯大林和许多高级指挥官依然认为德军正策划实施夺取苏联首都的第三次行动，应该把大量陆军和空军部署在防守莫斯科的战线上。8 月 27 日，斯大林最终召回曾挽救了列宁格勒和莫斯科的朱可夫，指派他为副统帅，任务是解救斯大林格勒。

苏联红星勋章。

朱可夫巡视了被围困的斯大林格勒，于 9 月中回到莫斯科。在与斯大林的会议中，朱可夫和陆军参谋长亚历山大·瓦西列夫斯基提出一个拯救斯大林格勒的激进行动。斯大林指示他们去准备一份明确的计划。二人返回，带来一份后来称作“天王星行动”的计划纲要。这是苏联指挥部第一次为行动取名字。行动的目标是，先在斯大林格勒的南北各部署大量后备军，再攻击切断德军延伸过长的侧翼，把保卢斯包围在城内。斯大林批准了这一计划。10 月和 11 月初，苏军运用精心设计的欺骗和伪装手段，集结了一支庞大兵力——超过 100 万人、1.4 万门重炮、979 辆坦克和 1350 架战机。虽然德军指挥部担心穿越大草原到达斯大林格勒的漫长交通线易受攻击，尤其这是一条主要由德国的轴心盟友罗马尼亚、匈牙利和意大利军队守卫的防线，但他们却认为苏军没有后备力量可用于发起任何大型行动。

“天王星行动”的发起日期定为 1942 年 11 月 19 日，但它不是苏军计划的唯一行动。他们还为中部战场策划了代号“火星”的第二个行动，打算进攻距莫斯科 160 公里的德国中央集团军群，将后者从勒热夫（Rzhev）至维亚济马一带的重要突出部阵地赶走。初定于 10 月发动的“火星行动”，最终

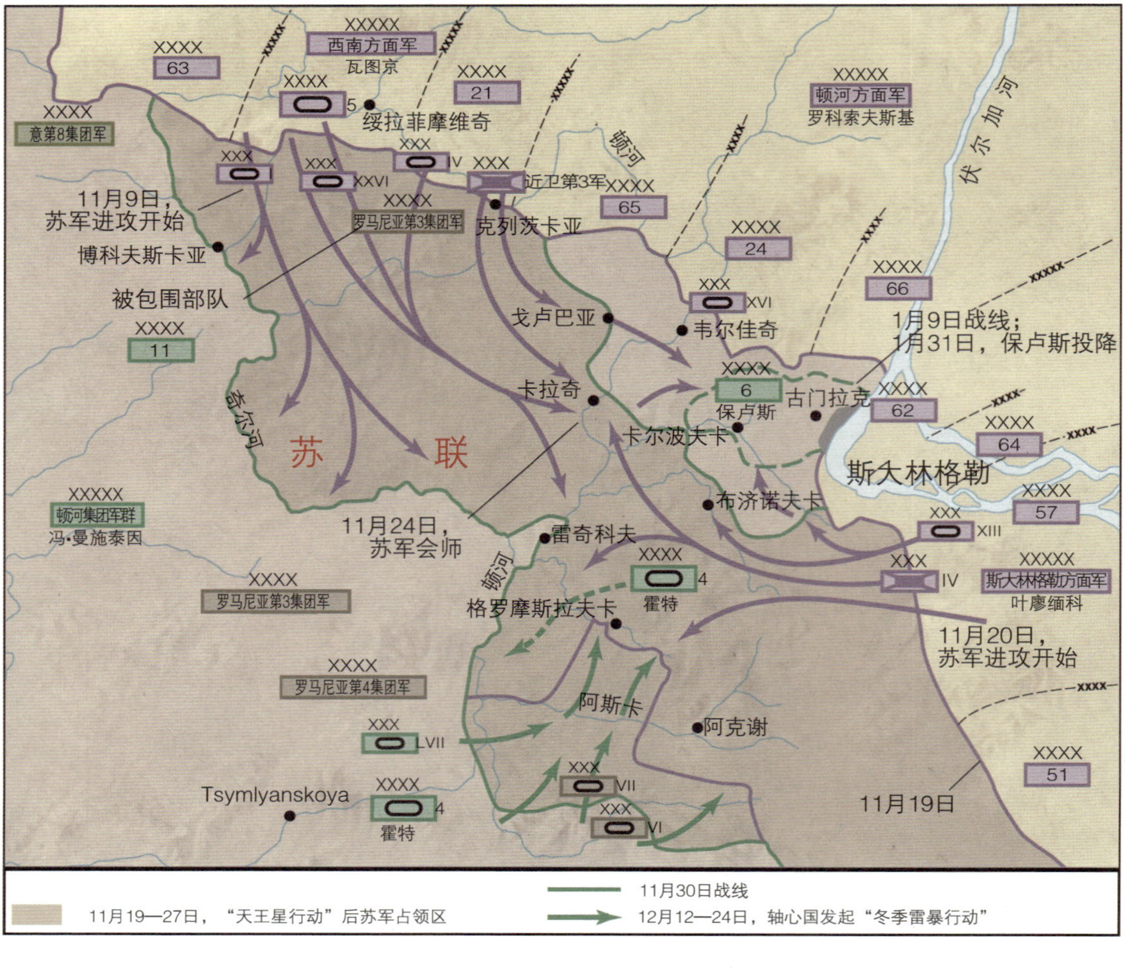

库尔特·蔡茨勒上将（1895—1963）

蔡茨勒，是斯大林格勒战役期间的德国陆军参谋长。他 1914 年加入陆军，因作战勇猛被提拔为军官。1919 年后成为职业参谋军官，1939 年升至上校军衔，在陆军司令部任职。他成为冯·克莱斯特的 A 装甲集群参谋长，在后者手下参加了法国、巴尔干地区和苏联的战斗。1941 年 10 月，他成为第 1 装甲集团军参谋长；1942 年 9 月 24 日晋升陆军参谋长，军衔跃升至上将。希特勒任命他，是因为认为此人不会像其他更高级将领那样批评意见甚多。但在斯大林格勒战役期间，蔡茨勒主张应允许保卢斯违抗希特勒的命令突出包围。他不愿意当这个参谋长，1944 年 7 月，最终以健康状况不佳为由说服希特勒批准他退伍。1945 年 1 月，他退出陆军。他在战后被捕，被英国人关押，直到 1947 年获释。

于 11 月 25 日——“天王星行动”打响 6 天后开始。朱可夫负责前者，后者则交给了瓦西列夫斯基。但“火星行动”最终变成一次代价巨大的失败。在这场伤亡人数超过 7 万的行动中，苏军未能打退德军，也没消除后者对莫斯科的威胁。它唯一的成功在于牵制了敌军，让他们无法脱身南调，协助阻止了席卷南部的灾难。

11 月 19 日，“天王星行动”打响，瓦图京（Nikolai Vatutin）将军的西南方面军和罗科索夫斯基的顿河方面军突然发动攻势，横扫罗马尼亚第 3 集团军。两天后，该集团军投降。11 月 20 日，叶廖缅科的斯大林格勒方面军在南翼进攻罗马尼亚第 4 集团军，以同样的速度将其击溃。虽然苏军遭到德军后备力量的顽强抵抗，但前者进攻的规模和突袭令其势不可当。到 11 月 24 日，两支进攻力量在卡拉奇（Kalach）市附近的一座村庄会师，完成合

装备掷弹筒的苏军士兵在进攻斯大林格勒包围圈外围一处敌军阵地。“天王星行动”要求苏军在轴心国战线上打通的走廊两侧各建立一条防线，西面顿河，东朝斯大林格勒。

围。苏军迅速建立内外防御圈，一条超过160公里宽的“钢铁走廊”分割了保卢斯的第6集团军和轴心国余部。

此时，保卢斯还有机会成功突围，撤向西面的德军余部。但希特勒命令他坚守，而德国空军司令赫尔曼·戈林则承诺每天向斯大林格勒空运500吨装备和食物。冯·曼施泰因元帅奉命发动代号“冬季雷暴”的拯救行动，自12月12日开始向斯大林格勒西南进攻。作为保卢斯的前线指挥官，冯·曼施泰因命令保卢斯突围出去与他会合。但受制于希特勒的命令，保卢斯未能从命。在恶劣天气下，冯·曼施泰因所部向斯大林格勒方向推进了65公里，但此刻他面临被苏联装甲部队包围的危险，只能于12月24日向后撤退。苏军的“天王星行动”大获成功，斯大林格勒的德军被反包围。此时，苏军又开始了另一次战役——“小土星行动”，打退穿越顿河大草原的南线德军。到1943年1月，保卢斯离友军的距离已超过325公里。

亚历山大·瓦西列夫斯基元帅（1895—1977）

作为1942—1949年间的苏军总参谋长，瓦西列夫斯基是苏联夺取二战胜利的设计师之一。他是一位神父的儿子，一战时参军，之前曾做教师。1918年，当他再次执起教鞭时，被征召到新的苏联陆军，一直待在军中。作为低级军官，他在1937年10月被提拔到总参谋部，两年后成为作战部副部长，负责规划与芬兰的战争。他作为作战部部长，在莫斯科的防守中发挥了关键作用。1942年4月，他成为代理总参谋长，6月正式上任。他帮助制定了苏军在斯大林格勒的防御策略，1943年2月被授予苏联元帅称号。

1942年12月，斯大林格勒城内的德军被包围之后，苏联士兵在该市郊外行动。一些部队围困城市之际，另一些则向西进军哈尔科夫。

“天王星行动”期间，被抓获的罗马尼亚战俘。苏军正确估计到罗马尼亚士兵的作战意志没有德国人那么坚决。这次行动把德国第6集团军包围在斯大林格勒。

1942 年 11 月 19 日，“天王星行动”开始期间，攻击罗马尼亚部队的苏军大炮和火箭正在发射。

“天王星行动”期间，一支哥萨克骑兵在行动。当时，骑兵可以在地形复杂的乡间快速运动，依然是苏军的一支重要力量。

兵败斯大林格勒

1942.11.19—1943.2.2

大事表

1942年11月10日
遭盟军的"火炬行动"进攻后，达尔朗海军上将同意北非维希法军全面停火。

1943年1月2日
盟军占领新几内亚港口布纳。

1943年1月13日
希特勒签发所谓的"总体战"令，号召德国人民做出最大牺牲。

在斯大林格勒的包围圈内，估计有20万—25万轴心国军队，包括德军第4装甲集团军大部、第6集团军和其他轴心盟友的一些部队。"天王星行动"的成功，决定了这些人的命运。虽然城内还有弹药和食物储备及三座可用的机场，但向被围轴心国军提供的补给未能达到承诺的规模。空运物资平均每天不到100吨，在此过程中，德军损失了488架运输机。到1943年1月，食品配给降到每人每天55克面包和28克糖。约3万伤兵被空运出去，但还有成千上万忍受冻伤和痢疾的士兵，或出于对自身命运的恐惧，或抱着可能被救的一线希望，仍在苦苦坚持。

1943年，斯大林自任苏联元帅后佩戴的肩章之一。

苏联统帅部认为城中仅有8万敌军，无险可守的形势将促使他们投降。苏军将47个师的兵力、300架战机和179辆坦克调到斯大林格勒的周围，准备执行"指环行动"的攻城任务，进攻日期定为1943年1月10日。在进攻前两天，苏军曾给过保卢斯机会让其投降，但被他当场拒绝。苏联的策划者原本指望整个行动仅仅耗费数天便

胜利雕像

1967年，这尊非凡的雕像——“祖国在召唤”，在伏尔加格勒（前斯大林格勒）市中心马马耶夫岗正式举行揭幕仪式。这尊巨大雕像高85米，手握的巨剑长约33米，整体重7900吨。200级台阶从山脚通向雕像，每一级台阶代表斯大林格勒被围的一天。主雕塑师是叶夫根尼·武切季奇（Yevgeny Vuchetich），总工程师是尼古拉·尼基金（Nikolai Nikitin）。雕像模特是斯大林格勒当地的一个居民，名叫瓦莲京娜·伊佐托娃（Valentina Izotova）。雕像选址象征了斯大林格勒战役所代表的卫国战争的历史转折点。

可完成，但他们误算了被围敌军的兵力，结果这场战役打了 3 周才结束。

“指环行动”一开始，苏军就进行了前所未有的大规模炮火轰炸。保卢斯军队分散在斯大林格勒周围的乡间地区和城内废墟中。大草原上的敌人很快被肃清，包围圈在一周内缩小到最初范围的一半。但苏军发现自己在城市废墟中的战斗，其实和德军的处境一样艰难。在市中心，崔可夫的第 62 集团军在反包围成功后转守为攻，继续战斗。他的部队逐街逐巷地把德军赶出伏尔加滨河区。1 月 22 日，苏军各部队集结起来，对城市发起最后冲锋。他们对敌军进行分割，一次进攻一片地区，消灭残余抵抗。德国士兵开始大批投降。1 月 26 日，崔可夫部最终与街垒工厂附近的先头部队会师。到 1 月 31 日，他们最终到达位于斯大林格勒市中心的革命英雄广场。

审讯俘虏的人员获知，保卢斯正躲在广场一侧的百货大楼里。苏联青年军官费奥多尔·叶利琴科（Fyodor Yelchenko）中尉被领到百货大楼的地下室，找到这位衣冠不整、处境悲惨的德军指挥官。保卢斯同意投降，被一辆汽车带到罗科索夫斯基的指挥部。城北，德军第 4 装甲集团军残部继续负隅顽抗，但最终于 1943 年 2 月 2 日被迫投降。这是德军遭遇的最惨重失败。德军约 9.1 万人被俘，但在这场战役中因战斗、冻伤、疾病和饥饿死去的估

1942 年后期，苏军摩托化部队正准备发动对斯大林格勒的最后进攻。反包围斯大林格勒后，苏军发起摧毁德军抵抗的“指环行动”。

计有 14.7 万人。在反包围和摧毁斯大林格勒的德军时，苏军的损失也达到 48.5 万人，其中有 15.5 万战死或被俘。

斯大林格勒的胜利，是德苏战争最终发生转折的信号。此后，即使有大量德军依然在苏联各地活动，分散在一条 2400 公里长的战线上，但双方的较量再也不是苏军一边倒式的失败。这场胜利扭转了苏联领导人和公众心中长期以来的消沉和悲观情绪。因为这一胜利，斯大林还授予自己“苏联元帅”称号，这是他的第一个军事头衔。在德国，这场失败导致了不相信和焦虑。在保卢斯被俘前一天，希特勒还提拔他为元帅。对保卢斯没有自杀，希特勒愤怒异常。德军投降的第二天，德国的电台不停重复播放瓦格纳（Wilhelm Richard Wagner）的《诸神的黄昏》中的《齐格弗里德葬礼进行曲》。

亚历山大·诺维科夫元帅（1902—1976）

诺维科夫（Alexander Novikov）1919 年起成为职业步兵军官，1933 年，这个年轻有为的作战处处长转入空军。1939 年，他是列宁格勒军区空军参谋长，一年后晋升少将。作为一位富有创造性的天才军事思想家，1942 年 4 月他被任命为苏联空军总司令。他把空军重组成独立的空军师和军，极大地提高了空地协作的效率。他的空军在斯大林格勒摧毁约 1200 架德国战机，在歼灭包围圈内敌人的战斗中发挥了重要作用。二战结束后，他着手规划战后的苏联空军。但 1946 年 4 月被捕，他被褫夺军职，受逼供承认了子虚乌有的罪行，被送到古拉格（Gulag，主管劳改的内务部机构。译者）劳改营服刑 15 年。1953 年，他获释，被重新起用，1956 年退役后担任苏联民航学校的校长。

德军士兵在斯大林格勒包围圈内正从一架飞机上往下卸货。他们获得补给的唯一途径是空运。到 1943 年 1 月后期，城里只剩下一个机场可用于运来补给、运走伤兵和邮件。

穿着破衣、披着毛毯御寒的德军战俘正走在斯大林格勒街头，走向战俘营。德军在斯大林格勒战役中共有 9.1 万人被俘，许多人还没到战俘营就死在了半路上。

苏联顿河方面军司令罗科索夫斯基大将，摄于 1943 年 1 月，德军投降前不久。

1943 年 1 月 31 日，保卢斯将军到达苏军司令部，正式宣布投降。

斯大林格勒战役中德军的一片坦克残骸。那些无人收埋的尸体已被冻得僵硬如铁。

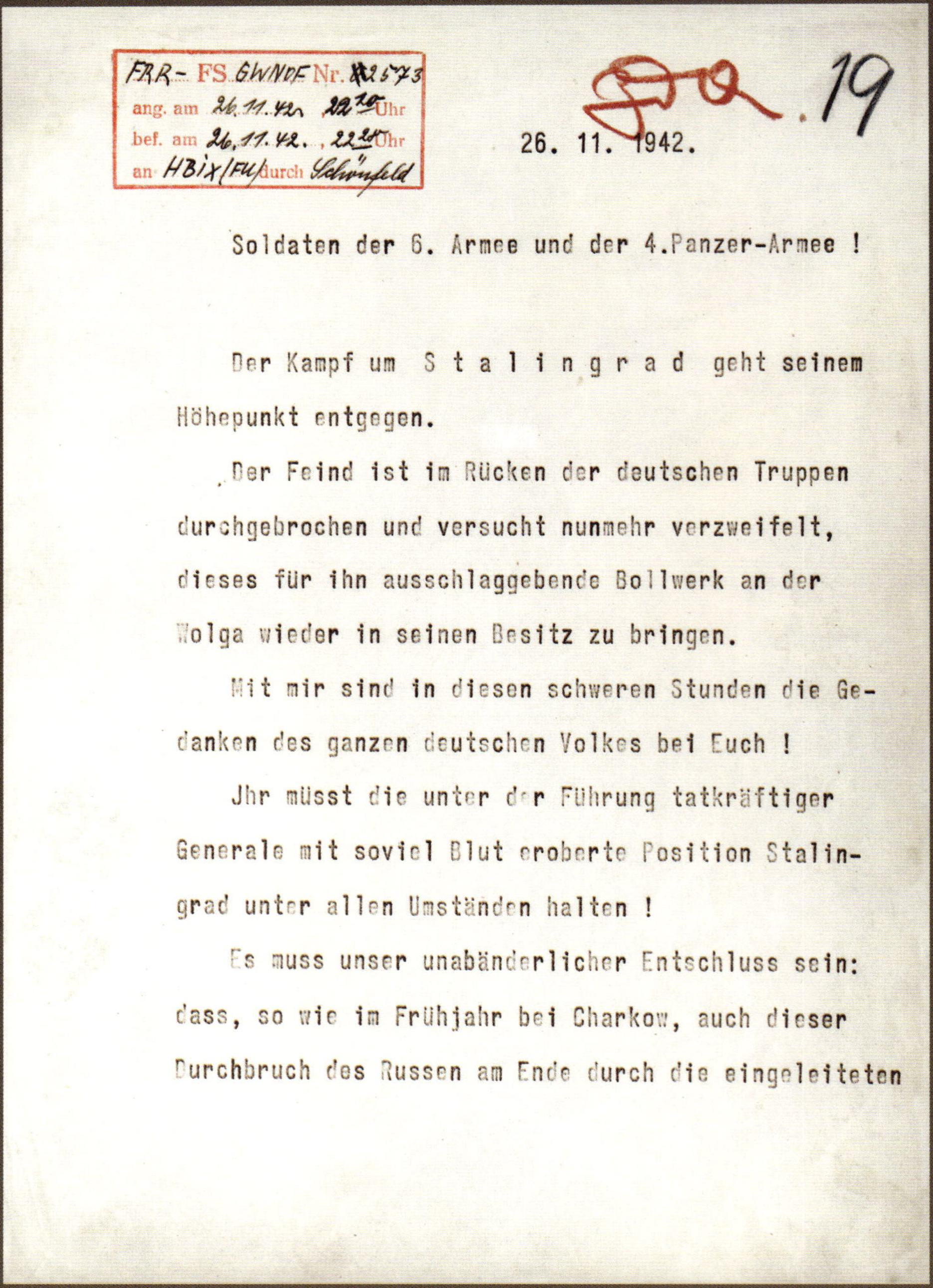
FRR- FS GWNDF Nr. 2573
ang. am 26.11.42, 22 10 Uhr
bef. am 26.11.42., 22 25 Uhr
an HBix/FU durch Schönfeld

19

26. 11. 1942.

Soldaten der 6. Armee und der 4.Panzer-Armee !

Der Kampf um S t a l i n g r a d geht seinem Höhepunkt entgegen.

Der Feind ist im Rücken der deutschen Truppen durchgebrochen und versucht nunmehr verzweifelt, dieses für ihn ausschlaggebende Bollwerk an der Wolga wieder in seinen Besitz zu bringen.

Mit mir sind in diesen schweren Stunden die Gedanken des ganzen deutschen Volkes bei Euch !

Jhr müsst die unter der Führung tatkräftiger Generale mit soviel Blut eroberte Position Stalingrad unter allen Umständen halten !

Es muss unser unabänderlicher Entschluss sein: dass, so wie im Frühjahr bei Charkow, auch dieser Durchbruch des Russen am Ende durch die eingeleiteten

德军惨败于斯大林格勒

1942 年 11 月 26 日，阿道夫 · 希特勒签署并发布公告，致辞于被困斯大林格勒包围圈中的德军第 6 集团军和第 4 装甲集团军官兵。在这份公告中，希特勒承诺将尽一切力量支援部队的“英勇斗争”。然而，现实的发展却完全背离了这一承诺。至 1943 年 2 月 2 日，德军在斯大林格勒的全部抵抗最终走向终结，标志着德军的惨重失败。

卡萨布兰卡会议

1943.1.14—24

大事表

1943 年 1 月 8 日

德国第 6 集团军拒绝了苏联的劝降。

1943 年 1 月 13 日

苏军开始进攻哈尔科夫和沃罗涅什，12 天后收复沃罗涅什。

1943 年 1 月 15 日

美军开始对瓜岛日军进行大型攻势。

1943 年 1 月 18 日

德军在突尼斯的战斗中用上新的 VI 型“虎式”坦克。“虎式”火力超过了盟军大部分的坦克。

1943 年 1 月 22 日

美军扫除巴布亚南部的最后抵抗，新几内亚战斗暂停。

1943 年 1 月 23 日

英国第 8 集团军夺取的黎波里，完全占领意属利比亚。

1943 年 1 月 27 日

美军第 8 陆航大队首次空袭德国城市威廉港。

1943 年 1 月 14—24 日，罗斯福总统和丘吉尔首相在法属摩洛哥城市卡萨布兰卡市郊一家酒店会晤，与（英美）联合参谋部一起讨论盟军控制非洲后西线战略的未来方向。斯大林也受邀参会，但以莫斯科需要他掌控斯大林格勒战役为由拒绝。虽然这个理由说得过去，但事实上，斯大林一向痛恨坐飞机，过分关注自身安全。

选在卡萨布兰卡是罗斯福的主意。战争期间，丘吉尔四处奔波，但这次却是罗斯福自 1933 年上任以来首次坐飞机，他满怀兴奋，渴望完成一次长途海外旅行。他乘泛美航空公司的远程客机从佛罗里达到西非冈比亚，再转乘一架改装运输机到达卡萨布兰卡。他带着一大群安全保卫人员到达，坐了一辆窗户被遮得严严实实的豪华汽车。反观丘吉尔，乘一架噪声巨大、保暖性能差的改装轰炸机到达摩洛哥，半路上差点失火。两位领导人到达一个刚从维希法国手中解放的地区。在不远处的突尼斯地中海沿岸，把轴心国军完

电影《卡萨布兰卡》

1942年11月26日，作为“火炬行动”的一部分，美军登陆进入卡萨布兰卡两周后，好莱坞电影《卡萨布兰卡》在纽约首映。后来，这部电影又在卡萨布兰卡会议期间公映。它由迈克尔·柯蒂斯（Michael Curtiz）导演，亨弗莱·鲍嘉和英格丽·褒曼主演，成为反映饱受战火摧残的欧洲沦陷区残酷现实的宣传工具。大部分演员是欧洲人，其中许多人本身就是逃离希特勒德国或奥地利的难民，包括在本片和其他电影中扮演纳粹恶棍的康拉德·韦特（Conrad Veidt）。这部影片曾计划更改现已成为经典的结尾，原本打算用鲍嘉和一队自由法国士兵踏上进攻北非的画面，但这个想法最终被放弃。后来，为北非部队放映这部影片的计划被美国战争信息局（OWI）阻止，以避免冒犯前维希政府官员。

全逐出北非的战斗正打得如火如荼。

1942年间，英美高层会谈暴露出双方战略观念的巨大差异。罗斯福及其陆军参谋长乔治·马歇尔急于将美国部队尽快投入欧洲战斗，但又面临向太平洋战场提供物资的巨大压力。两个盟友曾同意在1943年发起“驱赶行动”，横渡英吉利海峡。但这一点不能让罗斯福和斯大林满意，他们希望在1942年开辟第二战场。“火炬行动”是让美军在1942年参战的折中方案，但也使1943年发动“驱赶行动”变得不太可能，还把美军卷入马歇尔所反对的地中海战略。

在卡萨布兰卡，两位领导人和两军参谋长激烈讨论了这些分歧。丘吉尔及其总参谋长艾伦·布鲁克主张进攻意大利的地中海战略，这将迫使德军分兵，兴许还能打得意大利退出战争。他们认为，地中海战役还将削弱德军在法国北部的抵抗，增加 1943 年或 1944 年进攻法国北部获得成功的可能性。经大量的激烈辩论，美方接受了进攻西西里的方案，勉强同意将进攻法国的大型行动推迟到 1944 年。

这些并非在卡萨布兰卡讨论的仅有问题。空军高级指挥官也参加了会议，希望能说服罗斯福和丘吉尔两位领导人，把加速空袭轰炸作为开辟第二战场的替代方案。美国陆军航空部队总司令亨利·阿诺德（Henry Arnold）和驻英美军第 8 陆航大队司令艾拉·埃克（Ira Eaker）一起提出了令人信服的观点。于是，轰炸机联合攻击的方案在卡萨布兰卡确定。1 月 21 日，一项初步作战令被颁布，要求发动 24 小时连续轰炸，美国空军执行白天任务，英国皇家空军负责夜间。

卡萨布兰卡会议的最重要成果，是最后新闻发布会上宣布的“无条件投降原则”。罗斯福在他的最后评论中使用了这个说法，但它没有出现在会议的正式公报中。这个问题之前曾在华盛顿和伦敦被讨论过，几乎可以肯定丘吉尔不喜欢它，因为它束缚了英国的手脚，妨碍了英国劝服意大利脱离德国联盟所做的努力。虽然如此，这句话立即成为一句时髦标语，把同盟国和完全军事胜利政策绑到一起，再也没有谈判或停火的余地。今天，无条件投降政策时不时遭遇诟病，被指要求过于决绝。但在战争年代，面对无情的强大敌人，它清楚表明了同盟国对胜利的最低要求。

1943 年 12 月，摩洛哥马拉喀什（Marrakesh），肺炎康复中的丘吉尔正坐在阳光下。马拉喀什是丘吉尔喜欢的地方之一，他的许多画就是在这里创作的。

乔治·马歇尔将军（1880—1959）

乔治·马歇尔，1939—1945年任美国陆军参谋长，最高军事指挥官。他从头到尾指挥了二战，这在其他交战国中绝无仅有，虽未亲临战场，但他对盟军的胜利做出了杰出贡献。马歇尔是天生的组织者，一战中担任美军第1步兵师作战处长时就已显露锋芒。1938年，他获升准将军衔，在华盛顿担任战争计划处处长。次年，罗斯福在一群更高军衔的候选人中选他当陆军参谋长。"珍珠港事件"前，他花费数年充实美国军队，建立了一套快速动员体系。他倾向于"优先打败德国"的策略，帮助推动形成了进攻西北欧的思想。1944年他晋升五星上将，1945年11月退役。1947—1949年，他是杜鲁门总统的国务卿，在此期间推出了以他名字命名的欧洲经济复兴计划。

卡萨布兰卡会议后，在返程的飞机上，罗斯福总统（前左）正与密友哈里·霍普金斯交谈。这是罗斯福自1933年当选总统后第一次乘坐飞机出行。

1943 年 1 月，卡萨布兰卡会议期间，一个摩洛哥报贩在兜售罗斯福的照片。

罗斯福、丘吉尔与亨利·吉罗将军（左一）、戴高乐将军（右二）在一起。美国人希望吉罗当北非自由法国军的领导者，但戴高乐拒绝屈居于一个与维希政府联系紧密的将军之下。

卡萨布兰卡会议的一次新闻发布会上，战地记者在采访主导会议的罗斯福和丘吉尔。

C

1943 年 1 月 30 日，德国宣传部长约瑟夫 · 戈培尔在柏林体育宫发表演讲，纪念希特勒政权成立 10 周年。针对同盟国无条件投降的要求，戈培尔把它变成一个宣传工具，以此促使惧怕失败后果的德国人民继续战斗。

folgen!
Mauern brechen, unsre

“钦迪特”远征缅甸

1943.2.8—4.30

大事表

1943 年 2 月 8 日

美军完全占领所罗门群岛的瓜岛。

1943 年 2 月 19 日

卡塞林山口战役在突尼斯打响，德军试图分割盟军防线。

1943 年 3 月 1 日

大西洋护航会议在华盛顿召开，英国、美国和加拿大同意共同承担保护船队的责任。

1943 年 3 月 2 日

俾斯麦海海战中，一支驶往新几内亚的日本船队遭受重大损失。

1943 年 4 月 19 日

华沙犹太居住区起义开始，1.3 万犹太人在起义中被打死，余者被送到毒气室。

1942 年缅甸战斗结束后，当地局势进入僵持阶段。日军战线拉得太长，暂时不想继续深入，但在阿萨姆（Assam）的英国印度部队需要重新进行组织和训练，全面准备缅甸恶劣条件下的战争。1942—1943 年秋冬，对缅甸沿海港口阿恰布的一次准备不充分的进攻以惨败收场，英国付出了 5000 人伤亡的代价后寸土未得。

英军第 3 步兵师军徽——“钦迪特”。

1942 年 3 月，驻印司令阿奇博尔德·韦弗尔将军请奥德·温盖特中校到印度组建特种部队，到日军敌后作战。战前在巴勒斯坦，1940—1941 年在东非，温盖特都曾在韦弗尔手下服役。他的部队正式番号是印度第 77 步兵旅，但人们一直按绰号称之为“钦迪特”（Chindits）。这个词来自缅甸语“chinthé”，一种传说中带翅膀的狮子，这种神兽雕像在缅甸寺庙随处可见。温盖特设想使用经特别训

奥德·温盖特少将（1903—1944）

奥德·温盖特是英国陆军中最另类的人物之一。20 世纪 30 年代，他在巴勒斯坦服务期间成为犹太复国主义者，作为普通军官加入了特别行动处（SOE）。1941 年初，他在东非战场组建了一支非正规游击队伍“基甸部队”，支持流亡国王海尔·塞拉西，在埃塞俄比亚作战。东非行动后，他因不服从命令实际上已被开除，曾试图自杀。1942 年，韦弗尔将军召他到印度组织对缅甸日军的游击战。他的“钦迪特”参加了 1943 年和 1944 年的作战，但 1944 年 3 月 24 日，第二次行动尚未取得较大进展之时，他就死于飞机失事。人们对他的评价毁誉参半，他粗鲁、武断、不恭，但却能唤起手下的忠诚，还得到丘吉尔的大力支持，后者喜欢他的非传统作战观点。

练的小股部队远程渗透作战，潜入日军控制区，切断重要交通线，骚扰敌军。韦弗尔原则上同意这种战术，但他不支持冒险行动的想法。不过，温盖特最终说服他批准一次尝试性行动。行动以“细棉布”（Longcloth）为代号，计划于 1943 年 2 月实施。

“钦迪特”由 7 个分队组成，每队四五百人。依作战计划，他们的补给由空运提供，这样他们可以轻装运动，不依赖补给线。1943 年 2 月 14—15 日夜，“钦迪特”渡过钦敦江（Chindwin River）进入缅甸。温盖特指挥的几支分队向北，而另两支分队则向东南方向的伊洛瓦底江进发。他们成功穿越缅甸的大片地区，破坏铁路线和桥梁，也遭遇过日军，至少交火 9 次。空运补给遭遇困难，“钦迪特”缺少食物和物资，一些人病倒。行动的原定计划是运动到巴固（Pago）镇一带，战斗到 5 月。但到 3 月后期，他们奉命设法撤回印度。

“钦迪特”出发时有3000人，此时约有818人战死或被俘，余部也有许多人病得无法作战。这次行动取得的战略成果很小，但它表明了日军并非不可战胜，鼓舞了印度军士气。温盖特赢得了丘吉尔的赏识，这支小小的游击部队一时成为英雄。温盖特应邀参加了1943年8月的魁北克会议，收获大量资金和装备。这次行动也促使日军认识到，有必要先发制人，主动进攻。1944年3月，日军开始进攻印度阿萨姆地区的英帕尔和科希马（Kohima）两镇。

1944年2月，为干扰日军对印度的进攻，“钦迪特”又组织了代号“星期四”的第二次行动，约2万名特种部队士兵参加。3月，温盖特在一次飞机坠毁中丧生，他的非常规深入渗透战术被放弃。“钦迪特”开始按传统编制，同史迪威（Joseph Stilwell）一起与一些中国军队并肩作战。后来的行动同样代价高昂，最初的“钦迪特”伤亡高达3628人。1945年2月，“钦迪特”被解散。尽管“钦迪特”取得的军事成就稀松平常，但它成了英雄主义和坚忍的典范。

“钦迪特”士兵正牵着驴穿越缅甸丛林。他们需要的一切都得随队携带，食物总是非常短缺。

“梅里尔掠夺者”

1943年12月，“梅里尔掠夺者”在太平洋地区的丛林中作战。

第一次“钦迪特”行动后，盟军组织了一支采用同样战术与缅甸日军作战的美国部队。这支3000人的部队代号“加拉哈德”(Galahad)，正式番号“5307联合大队”，但人们一般按其指挥官弗兰克·梅里尔(Frank Merrill)准将的名字称之为“梅里尔掠夺者”(Merrill's Marauders)。它与“钦迪特”一起训练，随后被派去与美国的史迪威将军及其领导的中国军队合作。1944年2—8月，他们发起打击缅北日军的行动。该部初期获得一些战果，但和1943年的“钦迪特”一样，主要因为疾病和艰苦的作战条件遭受重大损失。打到最后，“掠夺者”大部被消灭。行动结束时部队被解散，幸存的成员被吸收到美国常规陆军中。

一支“钦迪特”队伍正横渡缅甸某地的一条河。他们组成小型自给自足的团队在敌后作战。“细棉布行动”期间，他们至少行军1000多公里。

“钦迪特”正准备炸毁一条深入缅甸日军后方的铁路线。他们切断了曼德勒至腊戍间的主要铁路动脉，后于 1943 年 3 月撤回印度。

奥德 · 温盖特少将（中，戴帽者）在阿萨姆锡尔赫特（Sylhet）的一座机场对印度第 77 步兵旅士兵作战前动员。温盖特率领进入缅甸的部队需要完全依靠空运提供补给。

轴心国的非洲末日

1943.2.14—5.13

大事表

1943 年 3 月 6 日

斯大林获得苏联元帅称号和一套漂亮的新制服。

1943 年 4 月 13 日

德国人揭露了 1940 年苏联安全部队屠杀波兰军官的卡廷惨案。

1943 年 4 月 18 日

日本海军司令山本五十六大将在所罗门群岛上空的飞行中被美国战机击落身亡。

1943 年 4 月 23 日

盟军在伦敦设立以摩根（Frederick Morgan）将军为首的计划中心，准备 1944 年进攻欧洲。

第二次阿拉曼战役胜利和“火炬行动”在北非成功后，盟军曾指望在几周之内消灭敌军的抵抗力量。但到 1943 年 1 月末，隆美尔成功地把他溃败的非洲军团撤回到突尼斯南部；而在北部，德国第 5 装甲集团军和意大利第 1 集团军残部尽管缺乏装备、油料和弹药，但依然建起了一条纵贯突尼斯的轴心国新防线。

英国第78步兵师徽章。

盟军计划用美军第 1 装甲师向沿海港口斯法克斯（Sfax）推进（“萨廷行动”），试图分割冯 · 阿尼姆将军指挥的北部军队与南方的隆美尔部，但补给不足导致行动取消。反倒是冯 · 阿尼姆和隆美尔，先后从突尼斯中部的多萨尔山东面进攻美国第 2 军。1943 年 2 月 14 日，美军被打退到卡塞林山口。2 月 20 日，隆美尔从南部“马雷斯防线”调来部分援军，在卡塞林山口大败撤退中的美军。德军打过山口，但 2 月 22 日被英美反击阻止。隆美尔退出多萨尔山，向南调动，防守预料中的蒙哥马利第 8 集团军的进攻。

面对经验丰富的德国和意大利军队，美军经历了严酷的战火洗礼。美、英、法三国部队关系紧张，补给也难以在恶劣天气和泥泞中通过漫长的北非道路运来。艾森豪威尔指派哈罗德 · 亚历山大将军恢复盟军前线的秩序，摧毁轴心国军的包围圈。这在很大程度上取决于蒙哥马利能否突破“马雷斯防线”，但 3 月初，隆美尔却主动发起了攻势。1943 年 3 月 6 日，3 个装甲师开始进军，可蒙哥马利事先获得被破译的德国密电而提前布下陷阱。隆美尔的坦克部队陷入一堵强大的反坦克火力墙中，只得后撤。3 月 9 日，隆美尔飞去见希特勒，要求后者给予更多支援，反被其命令休病假，指挥权由冯 · 阿尼姆接掌。

汉斯 - 于尔根·冯·阿尼姆大将（1883—1962）

冯·阿尼姆是一个普鲁士将军的儿子，1907年加入德国陆军，参加了一战东线和西线的战斗。20世纪20年代，他成为精英第68步兵团团长。二战中，他指挥的师参加了波兰和法国的战役。入侵苏联时，他指挥第17装甲师，战争打响几天后负重伤，但到1942年11月，他已晋升为一个装甲军的指挥官。后来，他被派到北非指挥第5装甲集团军，升为大将。1943年3月，隆美尔生病后接手指挥非洲军团。1943年5月，他被英联邦印度部队抓获，要求面见艾森豪威尔。但这位盟军司令拒绝在德军最终投降前，与任何德国高级军官见面。1947年，冯·阿尼姆获释。

3月20—21日，蒙哥马利使用第8集团军的主力进攻“马雷斯防线”，派新西兰师进行大幅度侧翼运动，穿过丘陵地带，攻夺轴心国后方的哈迈(El Hamma)。正面进攻因恶劣天气进展缓慢，于是，更多坦克被派去发起侧翼进攻。北线，亚历山大命令美国第2军进军沿海，切断轴心国军的退路，但要完成这一任务异常艰难。3月下旬，轴心国军被迫放弃“马雷斯防线”，在英国第8集团军的追赶下北撤，直到与突尼斯北部的德国和意大利残部会合。4月7日，第8集团军与来自西北方向的美军会师。

冯·阿尼姆和意大利指挥官梅塞（Giovanni Messe）元帅在突尼斯东北角的比塞大和突尼斯市一带建立了最后的落脚点。他们判断形势好转无望。4月8日，希特勒和墨索里尼在萨尔茨堡开会，会后命令北非德意两军不惜一切坚守阵地。但这些轴心国军所获补给只能满足一小部分需求。4月，盟军以35架战机的代价，在3周内摧毁了轴心国432架飞机，包括德国全部运输机的一半。轴心国仅有150辆坦克，而盟军一方则有坦克1500

多辆。亚历山大命令美国第 2 军北上到达比塞大港对面，肯尼斯 · 安德森（Kenneth Anderson）派英国第 1 集团军进据突尼斯市的对面，而第 8 集团军扼守住盟军包围圈的南部。5 月 6 日，总攻打响。在飞机大炮的轰炸下，缺乏几乎一切军需的轴心国军的抵抗力量迅速瓦解。5 月 7 日，盟军占领比塞大和突尼斯市。5 天后，逃到突尼斯最北端邦角（Cape Bon）的冯 · 阿尼姆投降。1 天后，南方的梅塞元帅率七零八落的意大利第 1 集团军残部投降。这场战役中，约 24 万轴心国士兵被俘，惨败的损失规模赶上了 3 个月前的斯大林格勒战役。

乔瓦尼·梅塞元帅（1883—1968）

梅塞元帅被公认为二战中最优秀的意大利指挥官之一。他 1901 年参军，参加了 1911—1912 年的意大利—土耳其战争和一战。因作战勇敢获得勋章，升为中校。他作为副师级指挥官参加了入侵埃塞俄比亚的战斗，1936 年升为将军，指挥第 3 机动师。1939 年，他在阿尔巴尼亚作战，1940—1941 年参加意大利—希腊战争。1941 年 7 月，他出任东线意大利远征军司令，参加了通向斯大林格勒的顿河一带的战役。1942 年 11 月，因为质疑意大利的战略，他被调回意大利。1943 年 2 月，他被派去指挥突尼斯的意大利军队，5 月 12 日晋升意大利元帅，次日投降。1943 年 9 月意大利投降后，梅塞获释回到意大利，成为站在盟军一方的意大利总参谋长。

1943年3月，争夺突尼斯南部“马雷斯防线”的战役期间，一名英国伤兵和一个德军俘虏在一起抽烟。最终，12.5万德军在突尼斯被俘。

盟军对突尼斯市的一次空袭之后，一个法国辅警抱着受伤儿童走向急救站。当地居民不幸陷入一场意料之外的军事冲突。

1943年春，突尼斯市居民正离城躲避盟军和轴心国军的最后决战。5月，这场决战达到高潮。

1943年5月8日，一辆美国M3型“格兰特”坦克在突尼斯港口城市比塞大的街头巡逻。美国第2军于前一天占领了该市。

1943年5月12日，轴心国北非军队投降后不久，接替因病回国的隆美尔指挥突尼斯德军的冯·阿尼姆将军（左）。

突袭德国大坝

1943.5.17

大事表

1943 年 5 月 11 日
为收复日军窃取的阿图岛和基斯卡岛，美国和加拿大部队在阿留申群岛登陆。

1943 年 5 月 11—25 日
英美在华盛顿召开“三叉戟会议”(Trident Conference)，确定了进攻意大利的细节。

1943 年 5 月 13 日
经 6 个月战斗，突尼斯的轴心国军投降。

1943 年 5 月 15 日
让·穆兰（Jean Moulin）发起成立法国抵抗运动全国委员会。

1943 年 5 月 19—20 日
作为进攻意大利的前奏，盟军猛烈空袭西西里岛和撒丁岛。

1943 年 5 月 24 日
邓尼茨海军上将决定将德国潜艇撤出大西洋海战。

攻击德国鲁尔河谷大型水坝的决定，源于一种“弹跳炸弹”的发明。英国工程师巴恩斯·沃里斯（Barnes Wallis）认为轰炸德国供水系统将严重影响其生产和士气，这种炸弹应运而生。这种桶形炸弹从不超过 28 米高度扔下时能快速滚动，跳过水面，直达坝墙，再旋转到墙脚爆炸。这种炸弹经过大量测试，发现其设计切实可行，随后就是要劝说英国空军部（Air Ministry）接受攻击大坝的可行性。

英国轰炸机司令部对阿瑟·哈里斯司令的所谓“万能目标”一直抱有成见。哈里斯 1942 年和 1943 年采用的这种战略，不是以某个特定工业或设施为攻击目标，而是通过轰炸主要工业城市以削弱德国的经济能力。最终，哈里斯同意抽出战机成立一支部队，始称“X 中队”，后改为“617 中队”。1943 年 2 月 26 日，轰炸水坝的计划获批，随后在短时间内低空飞行训练和使用弹跳炸弹。他们给这种炸弹起了一个代号叫“保养”（Upkeep），还发明了一种

巴恩斯·沃里斯（1887—1979）

二战期间，英国航空工程师巴恩斯·沃里斯负责开发设计了各种各样的飞机和炸弹。1913 年，这个年轻的工程师加入维克斯（Vickers）军火公司，在那里一直工作到 1971 年退休。他设计了革命性的网格机身，先用于飞艇，后用于“惠灵顿”轰炸机。后者是一种极为坚固的飞机，能够在受到巨大损伤后依然适航。他设计了袭击水坝的炸弹，后来又设计了用于深层穿透轰炸的“高脚杯”（Tallboy）和“大满贯”（Grand Slam）炸弹。1945 年后，他率先提出了“可变后掠翼”的概念，但他的想法被美国飞机制造商首先实现。

袭击水坝前空中拍摄默讷水坝的一幅侦察照片。该水库与索尔珀水库为鲁尔工业区供应了需水量的 75%。

保证炸弹适时投掷的专用瞄准装置。执行袭击的兰开斯特轰炸机首尾都安装了可指示高度的探照灯。5 月初，一切准备工作就绪。

1943 年 5 月 16—17 日夜，617 中队开始执行这一名为“惩戒行动”的任务。攻击队伍分成三组：第一组攻击默讷水坝（Möhne Dam），如有多余炸弹，则继续攻击埃德尔水坝（Eder Dam）；第二组攻击索尔珀水坝（Sorpe Dam）；第三组后备战机稍晚起飞，轰炸依然未决口的水坝。在飞行过程中，第一组损失了 1 架飞机。成功执行对默讷水坝的轰炸后，第一组 5 架幸存飞机向笼罩在雾中的埃德尔水坝挺进，最后成功炸毁目标。第二组 5 架飞机中仅 1 架抵达目标，2 架被迫返航，2 架被击落。仅剩的 1 架飞机投弹炸到索尔珀水坝，但未能使之溃决。与前两个目标不同，索尔珀水坝不是混凝土结构，而是一座土坝。后备战机随后发起攻击，但也没有对之造成更大损坏。

袭击的结果是，19 架飞机损失 11 架，133 名机组人员有 53 人战死。轰炸效果令策划者们失望。长约 80 公里的大片洪水淹死了 1650 人（包括 1026 名战俘和被强征的外国劳工），淹没了大量耕地。而鲁尔区的工业却基本没

在英格兰南部肯特郡里卡尔弗（Reculver）轰炸靶场，617 中队的一架飞机正练习投掷“弹跳炸弹”的三个画面。

联队长盖伊·吉布森（1918—1944）

英国皇家空军617中队指挥官是联队长盖伊·吉布森。他于1936年加入皇家空军，二战爆发时是轰炸机司令部第83中队飞行员。第一个服役期后，他转到战斗机司令部驾驶夜间战斗机。1942年，他重返轰炸机司令部，执飞新型“兰开斯特”轰炸机，1943年初被选中指挥为轰炸德国水坝而组建的部队。他在轰炸机司令部执行了成绩卓越的174次飞行。1944年9月19日，他因飞机出现燃油故障，在荷兰坠机身亡。他以严格的专业要求和勇敢精神著称，甘冒其他飞行员可能不会冒的风险。他因为在轰炸德国水坝行动中的表现被授予维多利亚十字勋章。

受影响，电力供应很快恢复；到6月27日，供水系统也完全修复。德国当局担心帝国供水系统会遭受持续攻击，但这类行动后来并未再发生。英国轰炸机司令部又恢复了区域轰炸战略。哈里斯依然怀疑攻击单一目标体系的价值。后来，1944年夏秋英国确立计划，把袭击运输和炼油设施作为加速德国垮台的重点内容。可是，哈里斯对此也依然不热心。然而，617中队还是被保留下来实施特别行动，后来它携带巴恩斯·沃里斯的超级炸弹击沉了德国战列舰“提尔皮茨”号，在布雷斯特击穿了水下掩体6米厚的钢筋混凝土顶盖。

轰炸德国水坝的成功被大肆宣扬，行动指挥官盖伊·吉布森（Guy Gibson）还被派到美国做巡回宣传。在1943年夏的英国，这次袭击同样引起了极大关注。然而，它的战略价值有限，但技术熟练的机组人员的损失太沉重。同时，人们也讨论了它的道德意义。几乎可以确定，这样的讨论难以支持继续发动类似的袭击。战后，国际法禁止蓄意攻击平民供水系统。

1943 年 5 月 17 日，联队长盖伊 · 吉布森及其机组人员正登上“兰开斯特”轰炸机，前去执行水坝轰炸任务。他是得以返回的幸存者之一。

1942 年，鲁尔工业区一家工厂在生产炸弹。对水坝的轰炸旨在破坏军工生产，但它带来的直接影响却很有限。

德国军火部长阿尔贝特·施佩尔（左）在视察被英国皇家空军 617 中队炸毁的默讷水坝。紧急供水设施在空袭过后没几天就被建好，水坝也在此后不久修复。

成功轰炸后，水从默讷水坝决口处喷涌而下，造成一片绵延 80 公里的泛滥区。

食物争夺战

1939—1945

大事表

1939 年 9 月 4 日
德国《战时经济法令》（War Economy Decree）在德国大范围推行配给制度。

1940 年 1 月 8 日
英国给所有消费者颁发配给簿。咸肉、黄油和糖是首批定量供应的食物。

1954 年 7 月 3 日
肉类是英国最后解除配给限制的食品。

一战的主要教训之一就是，需要给本国居民提供充足的食物供应。俄国的战争成果在革命中瓦解，部分原因就是遍及城镇地区的饥饿；德国对战争付出的努力被 1917—1918 年严酷的冬天削弱，城市居民经历了真正的食物匮乏，只能靠萝卜勉强度日。20 世纪 30 年代，战争乌云再次笼罩时，各国政府开始规划有效的食物定量和分配制度，保证后方免受战争苦难。德国和意大利推行了“自给自足”计划，减少对进口食品的依赖。

二战期间，食物供应再次成为一个重要问题。德国及其占领区被切断了一切来自海外的物资供应。在德国，自战争爆发之初，所有种类食品就实行配给制度，大部分消费者依赖有限的几种食品——面包、面粉、土豆、少量肉类和糖。德国通过对欧洲占领区的无情掠夺，其定量政策才得以维持，而占领区的定量水平通常低于德国本土。英国的问题在于对海外供应的过度依赖。二战期间，英国农业发生翻天巨变，耕地大量增加，牲畜饲养急剧减少。约 280 万公顷草地被开垦成耕地，小麦、土豆和大麦产量翻番。这样做的结果就是食物进口减少了 50%。英国对多种基本食品都实行了配给制度，提供的食谱与德国大同小异。但与德国不同，英国人可以在定量以外购买更

赫伯特·巴克（1896—1947）

赫伯特·巴克（Herbert Backe）是希特勒政府的代理农业部长，1944 年起为粮食部长。他的商人父亲 1914 年前生活在俄国，整个一战中被作为敌侨扣押。俄国革命后的内战期间，他逃到德国，成为农业专家。1923 年，他加入纳粹党，成为该党粮食专家之一。1933 年 10 月，他成为农业部国务秘书，负责在战时扩大德国的粮食生产，使德国食品自给率至 1939 年达到 80%。战争期间，他负责从苏联德占区掠夺粮食，并且预计这项所谓的“巴克计划”将在苏联居民中造成大范围饥荒。战后，他作为战犯被捕，1947 年 4 月 6 日在纽伦堡的牢房内上吊自杀。

多的食物。虽然黑市是为可负担高价者存在的，但当局对非法交易的打击比一战时更为严厉。

苏联和美国的食品供应形势迥异。美国是个食物丰富的经济体，虽为保证正常供应所有消费者，少量品种也实行配给，但二战期间，生活水平的提高使许多美国人吃得比 30 年代好。美国还向苏联和英国出口了大量食品。

苏联的形势是灾难性的。入侵乌克兰的德军占领了俄国人的“面包篮”，同时苏联的谷物种植区减少了 40%，牲畜减少了三分之二。1941 年 7 月，配给制度在莫斯科实施，到 11 月推行到所有城市地区（农民被认为可用他们长在菜园里的食物维持生活）。食物可以用工作交换，无法工作的年老体弱者依靠家人的帮助。数量不详的无工作的人则在战争头几年饿死。工厂设立食堂，2500 万工人可吃上一顿热饭。土地分配给工人作为自留地；到 1944 年，苏联有 1650 万工人拥有自留地。苏联公民也过着依赖面包、土豆和偶有肉类、香肠等食物的单调生活。但和一战不同，它可以维持居民生存，不致因食物短缺影响到国内战备。

许多征召士兵来自农村。农业劳力不属于可免兵役的职业。他们的位置由老人、小孩，特别是妇女接替。英国招募了一支“妇女农业工作队”，1943 年 12 月高峰时达到 80300 人，占英国农场 11.7 万劳动女性中的绝大多数。而在德国，妇女一直是小型农场劳动力的主力军，到 1944 年，德国 570 万农业劳动力中，妇女占到全部雇佣劳力的 38%。在苏联，到战争结束时，80% 左右的集体农场工人是妇女。她们从事通常是由男人从事的所有劳动，而且许多情况下是没有机械或牲畜帮助的，因为这些农业工具早就被送上了前线。她们做到这一切，每天只能得到 1 个土豆和 200 克面包。她们只能靠房前屋后的种植或盗窃维生。

后方动员确保了交战国不会经历严重的食物危机，但太平洋战争最后几个月的日本则没有那么幸运，因为轰炸破坏了整个供应体系。作为人类前所未见的战争的结果之一，饥荒确有发生——1944 年的孟加拉和 1943—1944 年的希腊，及解放前最后几个月的荷兰。战后，饥荒在占领和重建的一片混乱中反而更为常见。

战争期间，英国城镇切尔滕纳姆设置的泔水桶。泔水收集每周可为英国创造 20 吨猪食。

为胜利耕耘

二战期间，英国政府推广了“为胜利耕耘”的概念，鼓励人们开垦花园、公园、体育场和荒地，种植小菜园。到 1944 年，英国有 170 万个小菜园，1943 年生产的蔬菜估计有 100 万吨。粮食大臣伍尔顿（Woolton）伯爵大力宣传，鼓励养猪、兔和家禽，种植蔬菜。伍尔顿的粮食部的宣传机构创作出“胡萝卜博士”和“土豆皮特”两个角色，借助他们发布了使蔬菜食物更可口的实用菜单。“为胜利耕耘”的最大好处是获得了定量之外的食品。

妇女农业工作队的姑娘正在英格兰剑桥郡一片开垦的沼泽地中挖掘沼栎。该组织曾在一战中发挥作用，1939 年又重新启用。但即使到战争末期，大部分农场劳动力还是男性。

二战期间，一名顾客在美国超市购物。美国食品供应丰富，还大量出口到盟国。

战时英国粮食部创作的“胡萝卜博士”海报，意在鼓励人们充分利用相对富足的胡萝卜。

1943 年 12 月，孟加拉饥荒期间，一名儿童在加尔各答乞食。军事需要造成的海上运力短缺，减少了该地区的食品供应，导致二三百万人饿死。

英国一家军火工厂食堂内，工人们正在吃午餐。为鼓励多生产，英国、德国、美国和苏联的工厂都提供了福利设施、托儿所和定时食物等。

库尔斯克会战

1943.7.5—1943.8

大 事 表

1943 年 6 月 29 日

“马车轮行动”开始，旨在消除日军在新几内亚和南太平洋诸岛的抵抗。

1943 年 7 月 5—6 日

所罗门群岛新乔治亚岛外的库拉湾海战中，美军未能阻止日军增援。

1943 年 7 月 10 日

“哈士奇行动”开始，英美进攻西西里岛。

1943 年 7 月 13 日

希特勒命令调动德军至意大利，阻止盟军在地中海战区的前进。

1943 年 7 月 24 日

轰炸汉堡的“俄摩拉行动”启动。

1943 年 7 月 25 日

意大利独裁者墨索里尼被推翻，并被逮捕。

在斯大林格勒遭受灾难性失败后，德军迫切需要夺回战争主动权。1943 年 1 月 29 日—3 月 23 日，一系列战役在苏联第四大城市哈尔科夫一带打响。在此过程中，这座城市被夷为平地。进攻战线拉得过长的苏军被冯·曼施泰因的南方集团军群（即被重新命名的原顿河集团军群）打退，从哈尔科夫一直退到别尔哥罗德。在德军的这次攻势后，南线苏军留下一个宽 190 公里、深 95 公里的巨大突出部阵地，从库尔斯克一带嵌入德军战线。冯·曼施泰因和陆军统帅部决定，就在这里进行 1943 年夏季作战的关键战役，代号“堡垒行动”。

德军的计划是按一个可预见的方式进行的。他们的目标是，从突出部阵地的脖子南北两侧嵌入两支武力强大的“楔子”，包围并切断阵地内的大量苏军。得手之后，德军既可再次向南展开，又可推进到莫斯科后方，包抄苏军防线。德军集结了一支共 50 个师达 90 万人、2000 架战机和 2700

辆坦克的庞大军力，包括新的重型“豹式”和“虎式”坦克、“费迪南德”(Ferdinand) 自行火炮。冯·曼施泰因要求于5月苏军准备好之前就发起进攻，但希特勒对行动没有信心，驳回了要求。最后，希特勒把行动开始日期推迟到7月初。

这段间隙留给了苏联统帅部大量时间备战。朱可夫和参谋部猜中了德军的企图，准备在库尔斯克一带建立重兵防御后，再投入庞大后备力量给德军进攻部队致命一击。这个想法赢得了斯大林的支持，虽然他原本希望立即开始进攻。苏军派出两个方面军防守库尔斯克的突出部阵地，即罗科索夫斯基将军的中央方面军和瓦图京将军的沃罗涅什方面军。这两位将军都曾组织领导过斯大林格勒的防守。他们组织了6道独立防线，建立了错综复杂的炮火

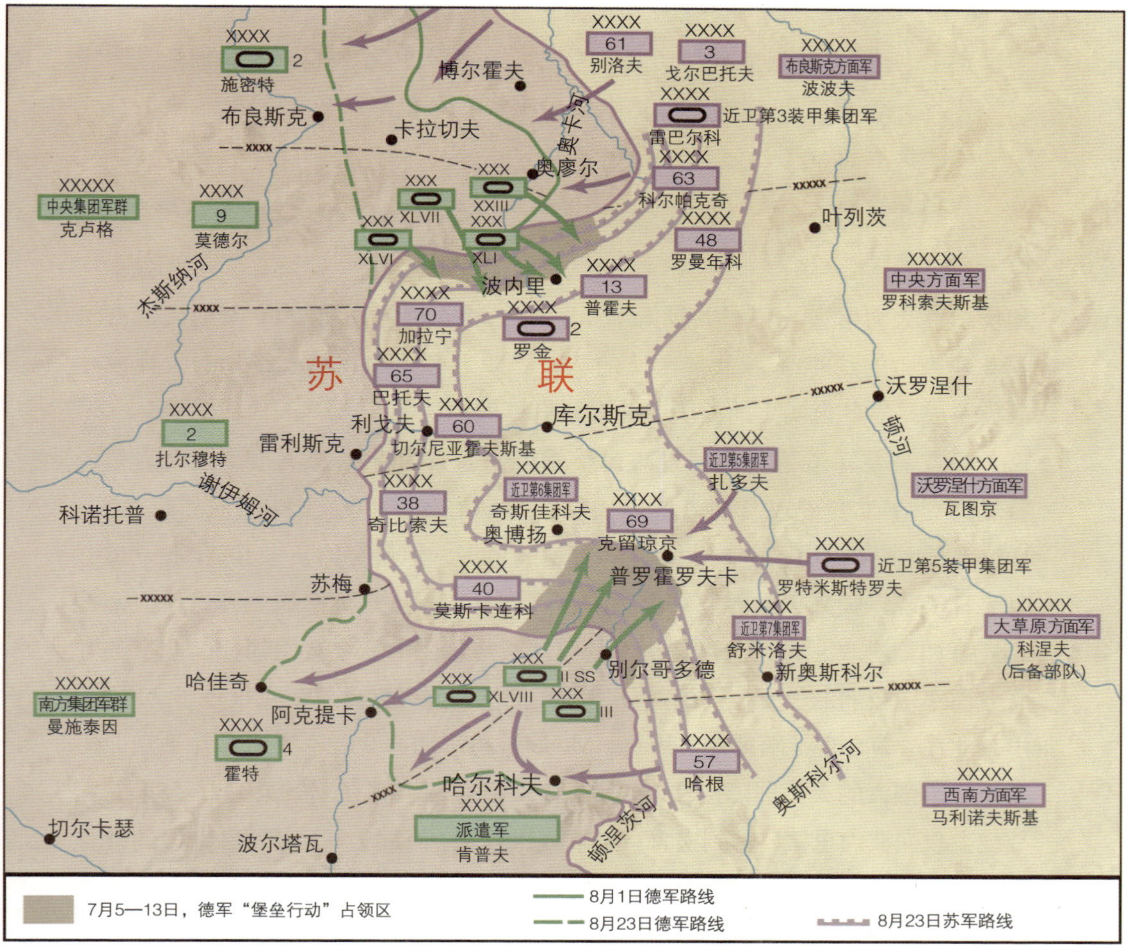

赫尔曼·霍特大将（1885—1971）

霍特（Hermann Hoth）是一名陆军军官的儿子，1903年加入陆军。他曾以各种身份参加一战，战后留在只有10万人的德国陆军中。第三帝国时期，他得以快速晋升。1938年10月，他指挥陆军第15军，同年11月升为上将。他参加了波兰和法国的战斗，1940年11月指挥第3装甲集群，该部在入侵苏联初期占领了明斯克。1942年6月，他接手指挥第4装甲集团军，参加了斯大林格勒战役；1942年12月指挥解救保卢斯的行动未果。他的装甲集团军在库尔斯克作战，后未能阻止苏军收复基辅，被希特勒撤职。他为人残忍冷酷，批准执行了残害犹太人和游击队的措施，1948年在纽伦堡被判犯有战争罪，被判刑期5年，但他只服了6年。

和反坦克火力壁垒。苏军共投入130万人、3444辆坦克和2900架战机，占到苏联人力的约40%和武装部队的75%。双方都把这场精心策划的大规模战役看成是对各自实力的检验，输者冒有巨大的风险。

苏方需要知道德军何时进攻，虽然得到了大量准确的情报，但因为希特勒总是在改变进攻日期，所以一切都无法确定。在瑞士的苏联“露西”（Lucy）间谍网提供了进攻大约在7月初的情报，但最终的日期和时刻——7月5日拂晓，则来自被俘德军士兵的透露。是夜，虽然苏军抢先开炮，但德军还是如期进攻。南线，霍特将军的第4装甲集团军9个装甲师扑向两个苏联方面军中较弱的一支，受到疯狂的顽强抵抗，两天向库尔斯克推进了30公里。北线，瓦尔特·莫德尔（Walter Model）将军的第9装甲集团军几乎立即就被一道强大的火力屏障挡住。7月6日，1000辆坦克在一条宽仅10公里的战线上攻向波内里镇，但到次日，进攻陷入停顿。7月9日，德军在北线的推进完全停止。

南线，霍特的装甲集团军向普罗霍罗夫卡小镇前进，遭遇帕维尔·罗特米斯特罗夫（Pavel Rotmistrov）将军指挥的近卫第5装甲集团军，后者刚刚赶了4天的路到达战场。随后发生的7月12—13日战斗，通常被说成二战中最大规模的坦克战。近年的研究表明，苏方的大部分伤亡是由于罗特米斯特罗夫未能识别己方设置的陷阱，致使他的装甲部队不幸误入其中。虽然德军的伤亡不大，但7月13日，北线的失败及盟军在西西里岛登陆的消息却促使希特勒终止了行动。霍特只得退回到他最初的防线。德军指挥官根本没有预计到苏军接下来的进攻，因为他们低估了苏军的后备力量。7月12日，苏军在北线开始大规模反攻——8月5日，奥廖尔解放；8月18日，布良斯克收复。南线反攻于8月3日打响，到8月28日，哈尔科夫再次回到苏联手中。至此，打退整个德军战线的夏季总攻条件已然成熟。

1943年7月，库尔斯克会战中的德国步兵和装甲部队。德军首次在库尔斯克投入庞大的“虎式”和“豹式”坦克参战——前者配有一门88毫米巨炮，后者携一门75毫米炮。

尼古拉·瓦图京将军（1901—1944）

苏联遭入侵时，二战苏联名将尼古拉·瓦图京年仅39岁。1920—1921年，他在红军中服役，后经历正式军官训练。1926年，他在伏龙芝军事学院（Frunze Military Academy）学习，在那里证明了自己是一个天才学生和天生领导者。他担任基辅特别军区参谋长，负责组织了1939年苏联对波兰东部的入侵。1940年，他被提拔为副总参谋长，在战前动员计划中发挥了主要作用。战争爆发时，他被派到列宁格勒稳定前线、保卫这座城市，还参与了莫斯科的防守。1942年7月，他指挥沃罗涅什方面军，后指挥西南方面军协助实施“天王星行动”，随后再次指挥沃罗涅什方面军争夺库尔斯克。1944年2月29日，他被乌克兰民族主义游击队射伤致死。

库尔斯克会战期间，苏联步兵正从一辆燃烧的T 34坦克旁通过。虽然损失惨重，但苏军还是挡住了德军的进攻，在一系列强大反攻中打退了德军。

一股被歼灭的苏联部队。虽是一场胜利，但苏军阵亡或被俘的人数高达 7 万。

1943 年 7 月，库尔斯克会战期间，苏联游击队队员在德军战线后方的一条铁路上安放炸药。

1943 年 7 月，激战中的德军坦克和士兵。德军的损失大大少于苏军，估计战死 1.5 万人，损失坦克仅 300 辆。

1943 年 7 月库尔斯克会战期间，德军坦克行进在大草原上。这场交锋成为二战以来最大规模的坦克兵力集结战。

“哈士奇行动”：进攻西西里岛

1943.7.10—8.17

大事表

1943年7月12日

德军“堡垒行动”结束后，苏军开始“库图佐夫行动”，进攻德军控制的奥廖尔市。

1943年7月17日

希特勒惑于盟军的欺骗做法，命令增援希腊，抵抗预料中的盟军对该地区的进攻。

1943年8月1日

日本宣布处于其严格控制下的缅甸为独立国家。

1943年8月5日

美军完全占领所罗门群岛的新乔治亚岛。

1943年8月12日

逾600架英国皇家空军轰炸机轰炸了意大利工业中心米兰。

英国第6空降师徽章。

卡萨布兰卡会议上，英美双方一致同意，对西西里岛的进攻将在打败北非轴心国军后进行。“哈士奇行动”于1943年春开始筹划，作战任务分配给亚历山大将军统领的盟军第15集团军群，包括蒙哥马利的英国第8集团军和巴顿的美国第1装甲军（后者为此次行动改名为美国第7集团军）。行动目标是在西西里岛南部和东南沿海强行登陆，快速占领全岛，阻止轴心国军逃向意大利大陆。行动日期定为1943年7月10日。

为给这场庞大的两栖作战——规模仅次于后来对法国发起的进攻——增加保险系数，盟军实施了一项冒险的欺骗计划，代号“肉馅行动”。在该欺骗行动中，一具穿着英国皇家海军陆战队少校制服的尸体被丢在西班牙沿海，一份假的盟军作战计划藏在其随身公文包里。尸体被交给英国领事，但西班牙当局留下了公文包，把内容透露给德国领事。这份假计划描述了盟军将佯攻西西里岛、实攻希腊的行动。盟军的计策大获成功，德军增强了希腊和撒丁岛的兵力，但没有增援西西里岛。

空军将在进攻中发挥重要作用。潘泰莱里亚岛位于北非通往西西里岛的航线上。1943 年 6 月，该岛的意大利守军被炸得晕头转向，不战而降。进攻期间，盟军飞机消除了轴心国空军的一切威胁。7 月 9 日，行动一开始，英美空降兵就夺取了重要的桥梁和交通线。但是，强风带来了一场灾难。200 名英国空降兵淹死在海里；2781 名美国空降兵中，仅 200 人成功到达西西里岛利卡塔港附近的目的地。7 月 9—10 日夜，一支由 2590 艘船只和登陆艇组成的舰队运载 18 万军队逼近西西里岛。他们将要对付的是 5 万德国和 27 万意大利军队，但盟军预计大部分意大利士兵战斗欲望不强。

英军在阿沃拉和帕基诺海滩轻易登陆，美军在赫尔曼 · 戈林师驻守的杰

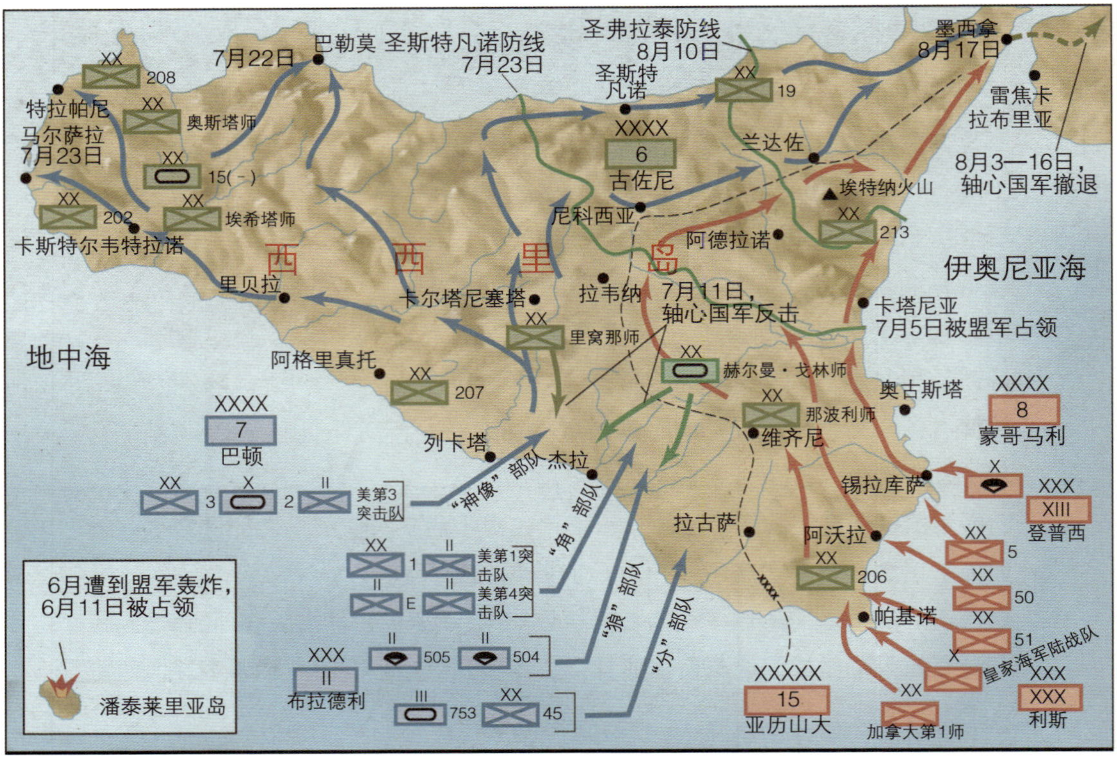

迈尔斯·登普西将军（1896—1969）

登普西（Miles Dempsey），是蒙哥马利第8集团军的名将。一战中，他在英国皇家伯克郡团服役，二次大战之间留在该团。1940年，他在法国参战，后作为中将被派去指挥第8集团军第13军，领导该部转战北非、西西里岛和意大利。诺曼底登陆中，他指挥第2集团军。1945年战争结束时，他接受了德国汉堡的投降。后来，他成为东南亚盟军地面部队司令，是1946—1947年巴勒斯坦危机期间的中东司令。1947年，他从英国陆军退伍，1951—1955年任名义上的联合王国地面部队司令。

拉地区遭遇激烈抵抗。5天之内，盟军就向内陆推进到从阿格里真托到卡塔尼亚湾（Gulf of Catania）一线。但山区地形开始成为守军抵抗坦克进攻的巨大优势，盟军在这里不得不放慢速度。巴顿原定的任务应该是，在英国第8集团军北上攻击墨西拿（Messina）和向西北进攻西西里中部城市恩纳（Enna）时，保卫其侧翼。但在他的坦克大军强力推进中，意军的抵抗迅速崩溃。据此，他认为盟军可以快速攻取该岛整个西部地区。这是致使英美合作关系持续恶化的众多争执之一。亚历山大勉强同意，7月22日，巴顿所部到达巴勒莫（Palermo）。

蒙哥马利的进展慢得令人心焦，直到8月5日才夺取卡塔尼亚。此时，亚历山大已命令巴顿向东转向墨西拿，协助加拿大第1师向西包抄埃特纳火山（Mount Etna）。这是一条最初分配给美军的进攻路线。1943年7月25日，盟军向墨西拿最终推进期间，意大利独裁者墨索里尼被推翻。原本坚持不撤退的希特勒无奈下令，让轴心国军渡过墨西拿海峡撤离。阿尔弗雷

1943 年 6 月，盟军猛烈空袭潘泰莱里亚岛时的一幅空中鸟瞰图。该岛处在通往西西里岛的航线上，盟军必须在登陆西西里岛之前消灭岛上守军。

1943 年 7 月 23 日，巴勒莫投降后，居民走上街头欢迎巴顿的美国第 7 集团军。意大利南部人民普遍盼望本国与盟军结束敌对状态。

多·古佐尼（Alfredo Guzzoni）将军率领的意大利军则认为，继续抵抗没有意义。到盟军会师墨西拿时，超过10万意大利和德国部队已成功撤出，没有遭遇同盟国海空军的任何像样的干扰。8月17日，巴顿比英军快两小时到达墨西拿市中心，但他的罗网未能织好，造成三分之一轴心国军逃走。在这次行动中，盟军共伤亡3.8万人。战役过程中，约20万意大利士兵投降，他们不愿再为一项已经垮台的事业战斗。

乔治·巴顿将军（1885—1945）

乔治·巴顿，是二战中饱受争议、但也最为成功的美国将军之一。他1909年加入美国骑兵，1916年在墨西哥，1917—1918年在法国参战，先在美军司令潘兴将军的参谋部任职，后指挥一个坦克旅。1942年1月，他开始指挥美国第1装甲军。他指挥了1942年11月在卡萨布兰卡登陆的西线特遣队，1943年3—4月指挥突尼斯的美国陆军第2军，随后被召回策划进攻西西里岛。他的公众形象是张扬、好斗、粗鲁，其挥舞一对象牙柄手枪的形象深入人心，但同时又是一位正直、勤奋的指挥官。他把士气看得非常重要，但在西西里战役中殴打虐待两名厌战的士兵，要求他们继续战斗的事件差点毁了他的军事生涯。在诺曼底登陆行动中，他被召回指挥美国第3集团军，其好战和作战意识使他成为一位杰出的装甲部队指挥官。1945年4月，他被授予四星上将军衔，8个月后死于一次汽车事故。

1943年7月中旬，英国“厌战”号战列舰用380毫米大炮，轰击轴心国军队在西西里驻守的卡塔尼亚港。在保证西西里岛和后来意大利本土的登陆战中，海军火力发挥了重要作用。

1943 年 8 月 11 日，西西里岛东北埃特纳火山山坡附近，英国皇家炮兵第 66 中炮团炮手在战斗中。

1943 年 7 月 10 日，作为进攻部队之一，英国第 51 高地师正在西西里岛东南一处海滩卸载补给。登陆最初，英军作战区很少遭遇抵抗。

西西里北部，墨西拿通往沿海的路上，一幅丑化墨索里尼的肖像画挂在一根灯杆上。下面是德文和意大利文路标。1943 年 7 月 25 日，墨索里尼倒台。

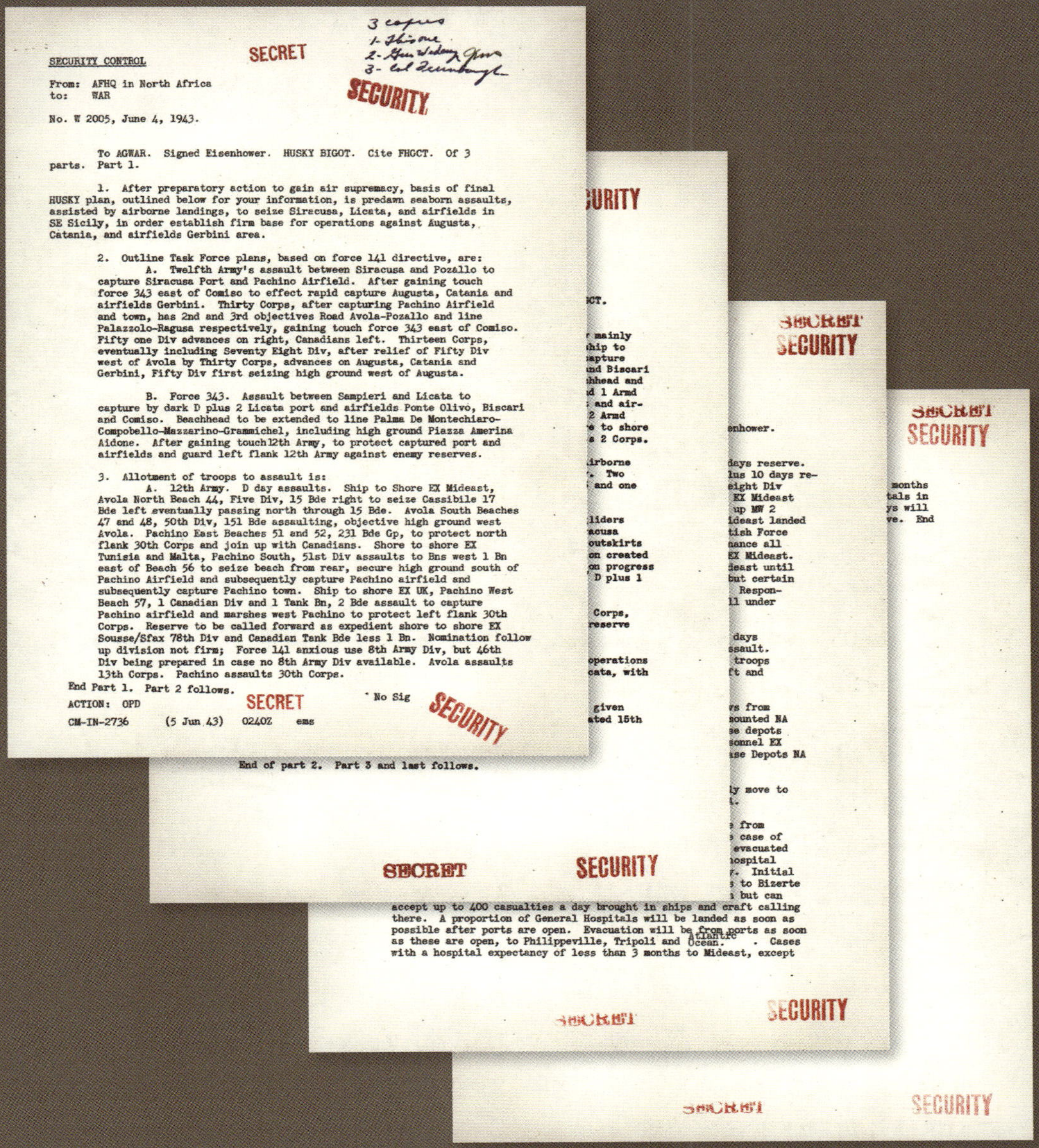

SECURITY CONTROL

SECRET

SECURITY

From: AFHQ in North Africa
to: WAR

No. W 2005, June 4, 1943.

To AGWAR. Signed Eisenhower. HUSKY BIGOT. Cite FHGCT. Of 3 parts. Part 1.

1. After preparatory action to gain air supremacy, basis of final HUSKY plan, outlined below for your information, is predawn seaborn assaults, assisted by airborne landings, to seize Siracusa, Licata, and airfields in SE Sicily, in order establish firm base for operations against Augusta, Catania, and airfields Gerbini area.

2. Outline Task Force plans, based on force 141 directive, are:

A. Twelfth Army's assault between Siracusa and Pozallo to capture Siracusa Port and Pachino Airfield. After gaining touch force 343 east of Comiso to effect rapid capture Augusta, Catania and airfields Gerbini. Thirty Corps, after capturing Pachino Airfield and town, has 2nd and 3rd objectives Road Avola-Pozallo and line Palazzolo-Ragusa respectively, gaining touch force 343 east of Comiso. Fifty one Div advances on right, Canadians left. Thirteen Corps, eventually including Seventy Eight Div, after relief of Fifty Div west of Avola by Thirty Corps, advances on Augusta, Catania and Gerbini, Fifty Div first seizing high ground west of Augusta.

B. Force 343. Assault between Sampieri and Licata to capture by dark D plus 2 Licata port and airfields Ponte Olivo, Biscari and Comiso. Beachhead to be extended to line Palma De Montechiaro-Compobello-Mazzarino-Grammichel, including high ground Piazza Amerina Aidone. After gaining touch 12th Army, to protect captured port and airfields and guard left flank 12th Army against enemy reserves.

3. Allotment of troops to assault is:

A. 12th Army. D day assaults. Ship to Shore EX Mideast, Avola North Beach 44, Five Div, 15 Bde right to seize Cassibile 17 Bde left eventually passing north through 15 Bde. Avola South Beaches 47 and 48, 50th Div, 151 Bde assaulting, objective high ground west Avola. Pachino East Beaches 51 and 52, 231 Bde Gp, to protect north flank 30th Corps and join up with Canadians. Shore to shore EX Tunisia and Malta, Pachino South, 51st Div assaults to Bns west 1 Bn east of Beach 56 to seize beach from rear, secure high ground south of Pachino Airfield and subsequently capture Pachino airfield and subsequently capture Pachino town. Ship to shore EX UK, Pachino West Beach 57, 1 Canadian Div and 1 Tank Bn, 2 Bde assault to capture Pachino airfield and marshes west Pachino to protect left flank 30th Corps. Reserve to be called forward as expedient shore to shore EX Sousse/Sfax 78th Div and Canadian Tank Bde less 1 Bn. Nomination follow up division not firm; Force 141 anxious use 8th Army Div, but 46th Div being prepared in case no 8th Army Div available. Avola assaults 13th Corps. Pachino assaults 30th Corps.

End Part 1. Part 2 follows.

ACTION: OPD SECRET No Sig SECURITY

CM-IN-2736 (5 Jun 43) 0240Z ems

End of part 2. Part 3 and last follows.

accept up to 400 casualties a day brought in ships and craft calling there. A proportion of General Hospitals will be landed as soon as possible after ports are open. Evacuation will be from ports as soon as these are open, to Philippeville, Tripoli and Ocean. Cases with a hospital expectancy of less than 3 months to Mideast, except

“哈士奇行动”原件

“哈士奇行动”的最终计划于1943年6月4日至5日制订，此前轴心国部队于5月在突尼斯被击败。艾森豪威尔继续担任总司令，而英国将军哈罗德·亚历山大则接管了战场上部队的指挥权。

汉堡大轰炸

1943.7.24—8.2

大事表

1942 年 2 月 14 日
英国空军部下令，开始执行城市轰炸计划以打击德国民众的士气。

1943 年 1 月 21 日
盟军开启轰炸机攻势，公布“卡萨布兰卡令”。

1943 年 6 月 10 日
联合轰炸机攻势发动“直接行动”，以消灭德国战斗机的力量为重点。

1943 年 7 月 14 日
盟军猛烈轰炸西西里港口墨西拿。

1943 年 8 月 1 日
在一次试图摧毁德国石油供应系统的行动中，美国轰炸机击中罗马尼亚普洛耶什蒂的炼油厂。

1943 年 8 月 17 日
英国皇家空军轰炸机司令部空袭德国佩讷明德火箭研究中心。

1943 年春，英国皇家空军轰炸机司令部决定对德国汉堡发动一次毁灭性的持续袭击，代号“俄摩拉行动”。汉堡是德国第二大城市、主要港口和制造中心。这次行动也是测试两种战术革新的一次机会。首先是一种新的导航辅助设备，能提供地面图像的 H2S 雷达扫描装置；其次是一个叫“窗户”的设备，通过播撒成千上万片镀铝金属箔条，在雷达屏幕上生成大量混乱数据，干扰德国雷达。“俄摩拉行动”命令于 5 月 27 日发布，对汉堡的轰炸计划于 7 月 24 日开始。

类似于英国空袭预防组织（ARP）的德国全国空袭民防联盟的门牌。

对汉堡的轰炸被设计成一系列行动，旨在最大限度地制造毁灭和混乱，让

艾拉·埃克中将（1896—1987）

1943 年，艾拉·埃克成为美军第 8 陆航大队司令，美军对德实施白天轰炸行动的主要策划人。他是一位得克萨斯农民的儿子，1917 年参军，1918 年作为陆航飞行员受训。1919—1921 年，他在菲律宾服役，后回到美国，参加了多次长途飞行，1929 年打破世界长途飞行纪录。20 世纪 30 年代和 40 年代初，他在战斗机部门工作，但 1942 年 1 月，他受命组建以英格兰为基地的第 8 轰炸机司令部。1942 年 8 月，他亲自执飞美军轰炸鲁昂的第一次行动。1943 年 2 月，他接掌第 8 陆航大队。对他 1943 年造成巨大损失的批评，导致他于当年 12 月被撤职，调任盟军地中海空军司令。1945 年 4 月，他成为空军参谋长，1947 年以中将军衔退伍。1985 年，里根总统追授他为四星上将。

其救援和消防部门难以持续有效运转。这次联合行动轰炸的是特定工业和运输目标，夜间和白天分别由英国皇家空军和美军第 8 陆航大队执行。第一次空袭于 1943 年 7 月 24—25 日夜进行，791 架轰炸机飞向汉堡；最后一次是在 8 月 2—3 日夜，740 架轰炸机从英国各个基地出发。各“轰炸机流”由一组携带 H2S 设备的领航机引导，后者的任务就是用照明弹精准定位主要的轰炸区域。第一次袭击期间，皇家空军投下了包含燃烧弹和烈性炸药的 2300 吨混合炸弹。次日下午，123 架美国 B–17 轰炸机则以大船厂为目标空袭汉堡。7 月 25—26 日夜，一小队英国“蚊式”轰炸机飞越汉堡制造了恐慌，次日又一批 121 架美国轰炸机袭击了港口区。

随后两天，随着更多的空袭警报不断在汉堡响起，该市居民开始离开城市躲避连续不断的威胁。7 月 27—28 日夜，皇家空军轰炸机司令部又派出 787 架轰炸机，成批地袭击汉堡，制造了令人闻风丧胆的第一次轰炸性火风

1945 年 5 月 3 日，德国投降前几天，一辆英国“克伦威尔”坦克正守卫着汉堡市易北河上的一座大桥。该市依然承担着制造中心的功能，但 1943 年被毁的区域直到战后的 20 世纪四五十年代才得以重建。

暴（firestorm）。这一灾难由盟军投掷的大量燃烧弹引起，集中发生在城市东部地区。经过 3 天轰炸，在道路堵塞、供水中断的区域，救援部门要扑灭数百处大火，疲于奔命、困难重重。这些大火逐渐汇成一片，到 28 日凌晨 1 时 20 分，火风暴开始形成，凌晨 3 时左右达到高峰——大火温度高达 1800 摄氏度，风速达到每小时 240 公里。火风暴行经之处，一切一扫而光，人类尸体化为灰烬。许多人赖以藏身的地下室内，热量熔化了他们的尸体。这是有史以来因轰炸造成的最致命灾难，估计一夜之间有 4 万—4.5 万人丧生，相当于德国对英国实施 9 个月的大空袭所杀死人数之和。

即使在汉堡已残剩一副骸骨之后，7 月 29—30 日夜，皇家空军又在城东北制造了一场小型火风暴；8 月 2—3 日夜再次来袭，不过这一次，暴风雨分散了机群，汉堡受损轻微。在这最后一次的袭击中，轰炸机部队遭到了最大损失，共损失 30 架飞机。整个行动期间，英国皇家空军对汉堡共投下约 7800 吨炸弹，损失 87 架轰炸机；美军第 8 陆航大队在两次袭击中，共损失 17 架轰炸机。汉堡的损失则十分惨重。市内 25 平方公里被夷为平地，100 多万人无家可归。8.1 万幢工商业建筑中的一半和 4 万座居民建筑被摧毁，还有 58 座教堂、277 所学校和 24 家医院被毁。4.5 万名死者以外还有 37439 人重伤。

然而，汉堡所受到的经济影响比哈里斯和英国皇家轰炸机司令部所希望的要小得多。到 1943 年末，汉堡工业生产达到了袭击前水平的 82%。许多损害发生在居民区，而当地战争工业在工人撤离城市造成的短暂中断后便迅速恢复，或疏散到更安全的地区。德国军火部长阿尔贝特 · 施佩尔认为，只要有 6 次类似的袭击就将使德国输掉这场战争。但是，英国皇家轰炸机司令部却无力复制更多的“俄摩拉行动”。

第一次空袭汉堡期间空中拍摄的照片，从中可见燃烧弹的火柱在该市阿尔托纳区和码头区燃烧。第一次空袭虽然造成了大规模破坏，但没有产生可怕的火风暴。

美国波音 B–17“飞行堡垒”轰炸机在一次对德轰炸行动中编队飞行。这种火力强大的轰炸机是驻英美军第 8 陆航大队轰炸机中队的主力机型，执行了 1943 年 7 月 25 和 26 日对汉堡的轰炸。

“俄摩拉行动”期间，一次空袭过后散落在汉堡街头的德国平民尸体。持续 9 天的行动导致约 4.5 万名平民死亡。

汉堡城市公园以南的居民和商业建筑受损情况的空中俯拍照片。这些只是 1943 年 7 月 27—28 日夜间火风暴损毁的 1.6 万座多层建筑中的一部分。

1943 年 7 月，汉堡轰炸后的难民儿童。空袭开始后的最初几天，超过 100 万人逃离被毁地区。一些人直到二战结束后才返回。

法国抵抗运动

1940—1945

大事表

1940 年 6 月 18 日
戴高乐在伦敦通过广播发出了为自由法国继续战斗的呼吁。

1940 年 10 月 24 日
贝当元帅与希特勒会面，同意协作。

1942 年 6 月 22 日
赖伐尔宣布与德国建立伙伴关系，开始从法国驱逐犹太人。

1944 年 2 月 18 日
英国皇家空军“蚊式”轰炸机轰炸亚眠监狱，营救那里的法国抵抗运动囚犯。

1944 年 4 月 1 日
德国占领者在法国村庄阿斯克（Ascq）杀害 86 名平民，报复法国对一条铁路线的爆破。

1944 年 8 月 18 日
盟军解放前，法国警察在巴黎罢工，引发了持续一周的战斗。

自由法国军队佩戴的臂章，上有洛林十字架和自由法国国内军的首字母。

法国战败后，法国公众对被德国占领的反应各不相同。不少人聚集在贝当元帅的维希通敌政府周围，以此维持自己的某种法兰西爱国感；另一些人则试图与占领者合作，认为这是唯一的现实选择；还有许多人，也许是大多数，虽然不欢迎战败的结局，但尝试保持中立，继续他们的日常生活。然而，依然还有一小部分人从德国占领和维希政权建立之初就开始组织地下抵抗运动。

法国的抵抗运动具有区域性。直到 1943 年，各方才尝试将不同的抵抗组织统一在一个全国抵抗运动委员会旗下，但即便到了法国被解放之时，分歧依然是抵抗运动的主要特征。早期，抵抗分子通过印报纸和发传单，对抗或威胁通

让·穆兰（1899—1943）

让·穆兰，是德国占领期间法国涌现的众多抵抗领导人中最著名的一位。1940年，战争爆发时，他是厄尔－卢瓦省省长。1940年6月，因为拒签一份将暴行归咎于塞内加尔士兵的书面声明，他被德国人逮捕，但后来获释。1940年11月，维希政权开除了他，随后他加入抵抗运动，代号“马克思”。在伦敦，他与戴高乐会面，后者授权他以“全国抵抗运动委员会”为名建立统一的抵抗组织。1943年6月21日，不知道被谁告发，他在一次与其他抵抗运动领导人开会期间被捕。他受到克劳斯·巴比的严刑拷打，但拒绝开口，最后死在开往集中营的火车上。也许是自杀，尽管一直以来的说法是他被巴比杀害。

敌者，但很少参与暴力运动。在蒙彼利埃地区，对通敌者的攻击孕育出后来的“秘密军”组织。1941 年起，共产党抵抗力量组织了法兰西自由射手游击队，从事破坏袭击。大部分抵抗活动包括搜集秘密情报，或建立支持者网络，或阻止德国人的管理活动。成千上万法国犹太人被藏匿，不让德国人发现，这种反抗举动冒着受到严厉惩罚的风险。

抵抗运动组织之间还存在政治分歧。一些组织支持流亡的戴高乐，与以伦敦为基地的自由法国运动合作。英国特别行动处和军情六处向他们援助资金和物资，空运特工和设备，提供大量秘密情报。与英国有联系的组织还可帮助安排盟军飞行员和脱逃战俘的逃跑路径，带他们穿过法国，安全越过比利牛斯山脉。另一些抵抗组织以教会或独立于戴高乐的政治组织为基础。法国共产党在 1941 年建立了一个名为“民族阵线”（Front National）的组织，活动范围遍及全法，因为它既反对德国人，也反对维希政权。

1942 年 11 月 11 日，德国占领法国全境。1943 年，抵抗活动大量增加。武装抵抗者组成的抗德游击队，其中许多以法国中部和东南部偏远山区为根据地。德国人推行强制劳役的要求助长了这些游击团体的发展，成

法国抵抗战士在押送一个德军俘虏。在解放法国城市的进军途中，盟军的战斗让德军的抵御迅速瓦解。约 10800 名“法奸”在解放后几周内被抵抗力量处死。

玛丽－马德莱娜·富尔卡德（1909—1989）

妇女在法国抵抗运动中发挥了重要作用，玛丽·富尔卡德（Marie-Madeleine Fourcade）也许是其中最著名的一位。她负责运营维希法国的一个青年中心。正是从那里，她开始了自己的抵抗活动。英国资助的同盟国间谍网的负责人乔治·卢斯托诺－拉科被捕后，她接手管理这个间谍网。该网络有3000名情报员，其中429人死于德国占领者之手。她在1942年11月10日被捕，但后来逃脱跑到英国，在那里用她的代号“刺猬”继续管理该网络。战后，她成为抵抗协会的主要组织者，获得法国政府颁发的骑士勋章。

千上万被称作“顽固分子”的法国男女青年躲起来逃避劳役。虽然并非所有人都会成为抵抗者，但估计有1.5万—2万人加入了“民族解放运动”“自由射手”“解放者”等大型抵抗团体，以及大量地区性小团体。1943—1944年间，随着德国的失败已成为可能，这类小团体如雨后春笋般冒出来。

很难估计，法国抵抗运动对德国战争活动有多大影响。它的许多活动针对维希政权而非德国人，或以“法奸”为打击目标。最重要的抵抗活动，都发生在盟军诺曼底登陆的预备阶段。在自由法国运动名义的组织领导下，抵抗运动破坏铁路线和通信设施，以及阻止党卫军帝国师向前线进军等。党卫军的这支部队正穿越法国，以协助打退盟军的进攻。随着解放的临近，一些抗德游击团体决定发动武装起义。但 1944 年 6 月在穆谢山（Mont Mouchet）和 7 月在维瑟（Vecors），德军无情镇压了起义，给抵抗组织造成了重大损失。只有在盟军到达法国南部后，萨伏伊（Savoy）地区的抵抗组织才在本地的解放中发挥了重要作用。整个二战期间，估计有 9 万名法国抵抗者被杀害，或根据臭名昭著的“夜雾法令”被送到集中营。“夜雾法令”就是让犯人无声无息地消失不见。但在战争进入尾声时，幸存的抵抗者在惩罚“法奸”中扮演了冷酷无情的角色。

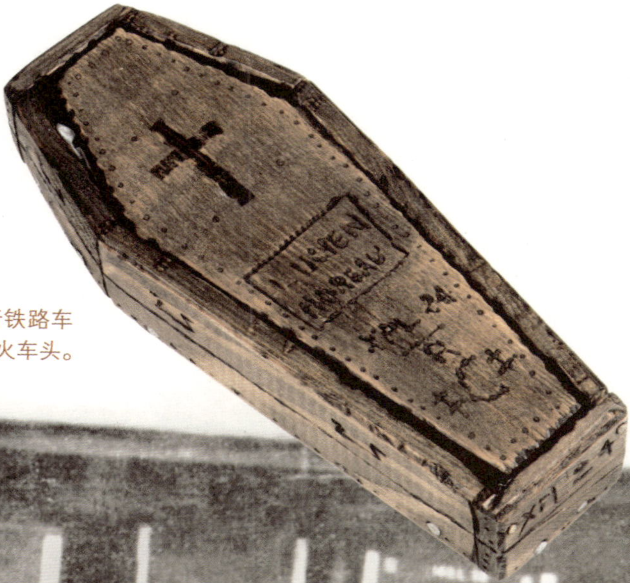

法国抵抗组织分发的一口 15 厘米长的微型木棺，意味着已选出一个拟被报复处死的“法奸”。

法国抵抗组织成员破坏了阿讷马斯铁路车辆维修厂，下图是被毁在车库内的一个火车头。

一架英国皇家空军“斯特林”轰炸机在为等待中的法国抵抗战士空投物资。这些“大铁桶”有许多误入德国或维希当局手中，但这种空投是维持抵抗存续的必要手段。

1944 年 8 月 19 日，法国德勒（Dreux），抵抗组织自由法国国内军的一名士兵正藏在货车后躲避德军狙击手的射杀。在德国占领的最后几周，抵抗力量开始了他们自己抗击占领者的战争。

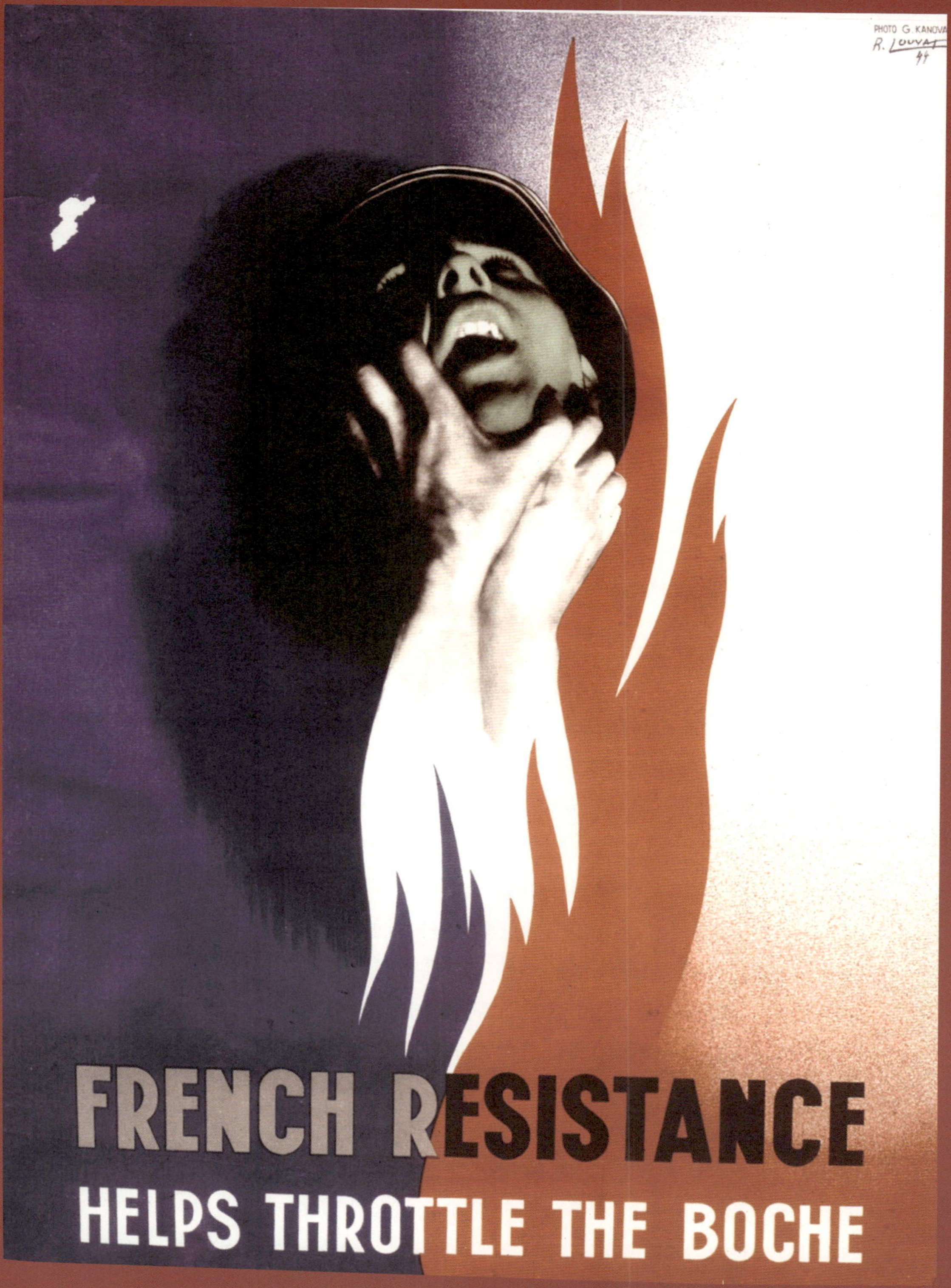

卢瓦（R. Louvat）1944 年创作的一幅海报，展现了同盟国对法国抵抗运动的支持。

苏军的突破：从哈尔科夫到基辅

1943.8—12

大事表

1943 年 9 月 3 日

盟军在意大利本土南部登陆。

1943 年 10 月 13 日

巴多利奥元帅领导的意大利对德国宣战。

1943 年 11 月 20 日

美军进攻南太平洋塔拉瓦环礁的比休岛。

1943 年 12 月 26—27 日

德国“沙恩霍斯特”号战列巡洋舰在北角海战中被击沉。

苏联荣誉勋章，1943 年 11 月设立，以表彰“在敌人面前表现英勇”的士兵。

库尔斯克的压倒性胜利后，斯大林下令在整个苏德战线发动总攻。解放奥廖尔和别尔哥罗德后，苏军越过大草原，全力推进。虽然德军匆忙派兵增援其在哈尔科夫的第 2 军，但苏军的进展速度使德军面临被包围的危险。1943 年 8 月 22 日，劳斯（Erhard Raus）将军率德军撤出哈尔科夫；次日，苏军解放了这座千疮百孔的城市。

苏军的目标是在南线将德军打退到乌克兰中部的第聂伯河，孤立驻守克里米亚的大量德军，将从莫斯科退下来的德国中央集团军群赶过斯摩棱斯克。没有天然防线可守的冯·曼施泰因所率南方集团军群被迫向第聂伯河快速撤退，在苏军包围他们之前渡河。1943 年 9 月 21 日，超过 75 万轴心国军已到达并渡过第聂伯河，但苏军用赶制的木筏和驳船在布克林和扎波罗热强渡到对岸，跨越所谓“黑豹－沃坦防线”，建立了一处立足点。希特勒

罗季翁·马利诺夫斯基元帅（1898—1967）

马利诺夫斯基，是一大群从一战列兵成长为二战元帅的苏联高级指挥官之一。他是一个敖德萨佃农的儿子，1914年15岁时离家参军，因作战勇敢获得勋章，并作为俄国远征军一员被派到法国。他1919年回国，在俄国内战中为红军战斗。后来，他成为正规军的一名士兵，1936年志愿参加西班牙战斗，帮助共和军。1941年在家乡敖德萨指挥一个军级步枪部队。他参加了南线的所有大型战役，阻止了冯·曼施泰因企图解救被困在斯大林格勒的保卢斯。作为乌克兰第3方面军（后乌克兰第2方面军）司令，他清除了俄罗斯南部的轴心国军，推进到匈牙利，1945年4月占领维也纳。1957年，他接替朱可夫任国防部长，是1962年古巴导弹危机中的主要人物。

曾希望这条防线成为他在东方的坚固壁垒。

托尔布欣（Fyodor Tolbukhin）将军的南方方面军和马利诺夫斯基（Rodion Malinovsky）将军的西南方面军以扎波罗热桥头堡为跳板，发动了一次大型攻势，意图切断冯·克莱斯特元帅的德国A集团军群。这个军群有65万人，是当年早些时候从高加索撤到克里米亚的。不到1943年12月1日，苏军就已抵达赫尔松，并绕过克里米亚半岛，切断了德国守军，挺进敖德萨。在北面，伊万·科涅夫（Ivan Konev）将军的大草原方面军占领切尔卡瑟，准备渡过第聂伯河，向库尔松和基洛沃格勒前进。虽然双方坦克和空军势均力敌，但苏军参战兵力达到德军的两倍之多，大炮数量也是后者的4倍。而且，就像两年前的德军一样，苏军士兵还具有必胜的士气优势。无疑，库尔斯克会战后，德军在打一场孤注一掷的防守战，而苏军士兵正为解放祖国而战。

再往北，两支苏军进攻德国中央集团军群，把他们打退，直至过了斯摩棱斯克。9 月 25 日，斯摩棱斯克解放。苏军的下一个重要目标是乌克兰首都基辅，那里曾是苏军 1941 年夏末被围的耻辱之地。苏联的这两支部队，瓦图京的沃罗涅什方面军和罗科索夫斯基的中央方面军从基辅两面向第聂伯河推进，建起众多小桥头堡（到 9 月 25 日总数达到 40 处）。很快，这些桥头堡遭到德军的强力反扑。但在柳捷日村一带的沼泽地，有一座小桥头堡被德军忽视。瓦图京（他的部队现已改名为乌克兰第 1 方面军）接到命令，要把士兵和坦克运进这一小块未被敌方发现的孤地，作为进攻基辅的发动点。1943 年 10 月下旬，苏联近卫第 3 坦克军神不知鬼不觉地开进这片沼泽。

冯 · 曼施泰因原本预计，苏军将从基辅以南干地上的桥头堡发动攻击。但 11 月 3 日，上述两支苏军却从北部沼泽地发动进攻。11 月 6 日，苏军破城，经过激烈战斗，于次日占领基辅。瓦图京命令所部继续前进，到 1943 年 12 月末，他们已经打过基辅 160 公里。以东线战斗的标准，夺取基辅的损失极小——总计 6491 人阵亡或被俘，但随后的城市防守又损失了 2.6 万人。短短几个月，轴心国军失去了最多时所占领土地的近三分之二。莫斯科以一场绚丽的焰火表演庆祝基辅收复。11 月 7 日，俄国革命庆祝会上，斯大林谈到“伟大转折之年”。

伊利亚·爱伦堡（1891—1967）

伊利亚·爱伦堡（Ilya Ehrenburg），苏联作家、诗人、记者。他最为人熟知的是其激励苏军士兵仇恨德国人的战时宣传。他支持俄国革命，但支持社会民主工党孟什维克派而非列宁的布尔什维克。后来，他离开俄国，在巴黎生活，1939年回到苏联，为苏军杂志撰写诗歌和文章。战后，他与瓦西里·格罗斯曼（Vasily Grossman）合编了《俄国犹太人黑皮书》（*Black Book of Russian Jewry*），讲述纳粹在苏联实施大屠杀的悲惨故事，但苏联禁止出版。

1943年2月，哈尔科夫争夺战期间，苏军士兵在市内一个广场上操作一门高射炮。德军1943年3月的反击完全摧毁了这座苏联第四大城市。1943年8月，这座城市在“鲁缅采夫行动”中被解放时，只剩下一片断瓦残垣。

埃里希·冯·曼施泰因元帅在和参谋一起查看作战地图。1943 年 8 月，他组织了德军从库尔斯克的撤退。8 月 28 日，他警告希特勒，德国南方集团军群再也守不住乌克兰南部了。

1943 年末，通过第聂伯河最后一座完好的大桥，德军正在撤退。其余大桥已被德国工兵炸毁，但苏军士兵后来用临时制作的原始木筏和驳船渡过了河。

苏军在二战后期使用的 PPS 43 冲锋枪。

在已变成废墟的哈尔科夫市郊，苏联士兵正发起冲锋。1943 年 8 月 23 日，苏联第 69 集团军占领该市，这是它在战争中的第四次易手。

武装党卫军某部士兵尸体。到1944年，党卫军组织的这一武装分支已有约80万人。总体而言，武装党卫军装备精良，以作战凶狠残忍而臭名昭著。

进攻意大利

1943.9.3—10.1

大事表

1943年8月17—24日
同盟国魁北克会议确定了诺曼底登陆行动和英美在原子弹使用上的合作。
1943年9月7日
科西嘉人起义反抗轴心国占领。
1943年9月12日
一支党卫军滑翔机部队从狱中救出了墨索里尼。
1943年9月19日
德军放弃意大利撒丁岛。
1943年9月22日
苏军在追击轴心国军队的过程中，渡过第聂伯河建起第一个桥头堡。
1943年9月25日
索科洛夫斯基将军率西方面军收复斯摩棱斯克。
1943年10月4日
科西嘉从轴心国的占领下解放。

英国第8集团军徽章。

1943年7月25日，墨索里尼政权倒台。同盟国迅速做出决定，在8月份占领西西里岛后进攻意大利。盟军希望能够利用意大利政府的更迭，在德军充分增援意大利半岛之前就将意大利逼出战争。与巴多利奥元帅新政权的谈判进展缓慢，结果姗姗来迟。9月3日，意大利停火协议在卡西比勒（Cassibile）签署，可此时德军已成功将驻意部队从6个师增加到18个。德国的战略要点是尽可能向南挡住盟军，阻止后者建立可轰炸德国南部的机场，使其不能利用意大利作为进入欧洲德占区的通道。

到停火协议于9月8日正式宣布时，盟军已开始进入意大利本土。盟军计划派大量部队在那不勒斯以南的萨莱诺湾（Gulf of Salerno）登陆，再快速

马克·克拉克将军（1896—1984）

美国二战名将克拉克在导师乔治·马歇尔将军的大力支持下，从20世纪30年代的少校开始快速晋升，到1942年年中已成为美军地面部队参谋长。1942年10月，他出任北非盟军副司令；1943年9月，作为美国陆军最年轻的中将，领导美国第5集团军进攻意大利。由于在指挥意大利作战时，他下令轰炸古老的卡西诺山（Monte Cassino）修道院，而经常遭受批评。但1944年10月，他还是成为盟军驻意大利地面部队总司令，到战争结束时又成为盟军驻意部队总司令。1949年，他成为美国陆军野战部队司令，在朝鲜战争中指挥联合国军，1953年与朝鲜签订停战协定。

北上占领那不勒斯和罗马，并向南占领意大利的“脚后跟和足尖”地区（意大利地图看起来像一只高跟鞋，南部就是脚跟和脚尖。编者）。英国第10军和美国第6军组成的美国第5集团军，在马克·克拉克中将的指挥下将在萨莱诺湾的塞莱河（River Sele）两岸同时登陆。这次行动之前，蒙哥马利率英国第8集团军一部渡过墨西拿海峡，于停火生效前不久的9月3日晨顺利登陆，没有遇到抵抗。随后第8集团军穿过卡拉布里亚（Calabria），计划与萨莱诺湾登陆的部队会师。

停火宣布后的意大利形势一片混乱。巴多利奥、国王和总参谋部南逃加入盟军，没给庞大的意大利军队留下一纸命令。德军立即解除了意大利士兵的武装，有些情况下，意大利士兵奋起反抗，但遭受残忍处置甚至被当场枪杀。约65万意大利士兵作为战俘被送到德国，被迫成为劳工。意大利舰队逃向马耳他，但受到德国空军新型遥控炸弹的攻击，“罗马”号战列舰被击沉。意大利一分为二，最南部由巴多利奥和同盟国控制，北部由一个新的法西斯主义意大利社会共和党控制。后者定都加尔达湖边的萨洛镇（Salò），墨索里尼为其名义上的领导人，但以凯塞林元帅为首的德国当局才是真正的统治者。

9 月 9 日，克拉克的特遣舰队驶向萨莱诺湾，他们已意识到登陆将遭到德国占领者的强力抵抗。一支由 627 艘舰船组成的舰队抵达海岸，海军舰艇猛烈轰炸沿海地区。麦克里里（Richard McCreery）中将领导的英军在萨莱诺湾北部，道利（Dawley）少将领导的美军在南部登陆。虽然他们占领了几小块滩头阵地，但缺乏空中支援，加上德军装甲师的顽强抵抗，到 9 月 12 日，随着冯·菲廷霍夫（Heinrich von Vietinghoff）将军部队数量的不断增加，他们发起了一次强力反攻，盟军面临的形势岌岌可危。

盟军开始计划撤离。但此时，美军第 82 空降师被空投到危险区域，战机和更多海军舰艇也被调来轰炸敌军。到 9 月 16 日，德军开始后撤。9 月 20 日，英国第 8 集团军余部一路进攻塔兰托和巴里两地的弱敌，与萨莱诺滩头阵地建立起牢固的联系。德军后撤到那不勒斯以北，驻守一条早已准备好的防线。1943 年 10 月 1 日，盟军占领萨莱诺湾。现在，纵贯意大利半岛艰险山区的一场长期苦战拉开了序幕。

1943 年 10 月 3 日，美国飞行员驾驶的“喷火”战斗机正停在萨莱诺附近的一座前德军机场上。图中被毁的德国飞机和设备，是由于盟军地中海战略空军的密集轰炸造成的。

海因里希·冯·菲廷霍夫大将（1887—1952）

职业军人冯·菲廷霍夫来自贵族军人家庭，曾作为参谋部低级军官参加了一战。1936 年他升任少将，指挥一个军级装甲部队。1943 年 8 月，他被派到意大利指挥德国第 10 集团军，直到 1945 年 1 月短暂出任抵御苏军进攻库尔兰（Courland）的集团军群司令。1944 年 10 月—1945 年 1 月，他代理凯塞林任驻意大利总司令；1945 年 3 月 15 日正式任驻意总司令，直到 4 月 29 日率部向盟军投降为止。战后，他是阿登纳总理召集的一批建议西德加入西欧防卫体系的专家之一。

盟军在意大利本土南部登陆战的早期阶段，英国战列舰“厌战”号 380 毫米前炮在轰炸瑞吉欧（Reggio）一带的意大利海岸。海军炮火在支援意大利战场的地面行动中发挥了重要作用。

1943 年 9 月 3 日，“贝敦行动”期间，两栖运输车（又名“鸭子”）正从西西里岛进入墨西拿水域，准备渡过狭窄海峡驶向意大利本土。

德军反坦克部队正与萨莱诺滩头阵地外围的盟军作战。德军差点成功迫使盟军撤退。

1943 年 9 月 3 日，意大利停火协议在西西里岛先头盟军司令部正式签署。左至右：意大利外交部蒙泰纳里（Montenari）先生，美军参谋长史密斯（W. B. Smith）将军，安布罗西奥（Ambrosio）将军的参谋长卡斯泰拉诺（G. Castellano）将军。

1943 年 9 月 9 日，英国第 8 集团军第 46 师的部队和车辆正在萨莱诺海滩下船。遭遇轻微的初期抵抗后，英军的滩头阵地受到猛烈攻击。

EIGHTH ARMY NEWS

Friday, 3 SEPTEMBER, 1943 | No 41: Vol. 2 | SICILY

WE INVADE ITALY

BOMBERS AND NAVAL GUNS BLAST GERMAN BATTERIES

Eighth Army has invaded the Mainland of Italy. Our soldiers landed on the beaches between Gallico and San Giovanni at 4.30 this morning, 3rd September. Early reports indicate that the operation is meeting with entire success. Our forces have reached the outskirts of Reggio.

The attack began with a heavy artillery barrage. There was little opposition, and Italians on the beaches and in the hills appeared with white flags. What opposition there is comes from German medium artillery sited in the hills.

Enemy batteries are being dealt with by our land forces, air striking force, and the Royal Navy. When forward observation officers with the army require naval shelling they signal to our monitors and cruisers who, in the words of a naval spokesman, « deal with any of the enemy who are making a nuisance of themselves ».

Here is the full text of the communique issued by Allied HQ.

« British and Canadian troops of the Eighth Army supported by Allied sea and air power, attacked across the Straits of Messina early today and landed on the mainland of Italy.

« Allied forces under the command of General Eisenhower have continued their advance. »

Rome radio made no mention of the landing in its 9 o'clock broadcast.

Fighting is expected to be severe owing to the mountainous nature of the country and bad communications.

The main physical feature of the Italian mainland opposite the Straits of Messina is a backbone of mountains among which towers Monte Alto, nearly 6,000 feet high. Monte Alto, with its outrunners, dominates the approaches to Calabria, Italy's southernmost province. The railways to the north must traverse the narrow coastal strip on either side of this mountain backbone.

Eighth Army marches on, Alamein to Tunis — Tunis to Sicily. And now the next may be Rome.

Air Offensive

Our invasion was preceded by a great air offensive.

Allied bombers flew on thirty-one missions, and despite heavy cloud which tended to obscure their objectives, twenty-three of these missions found their targets.

The enemy airfield at Crotone, one of the Germans' main forward landing bases, was viciously attacked.

When enemy artillery was reported in the toe outside our artillery range, bombers smashed home at it.

Two areas where the enemy might have assembled forces for counter-attack were also plastered.

We suffered no losses in bombers. In fact not one single mission was molested.

The enemy attempted to sneak in an attack on Augusta harbour. In the first of these attempts he used fifteen Focke-Wolfe 190s. One of the enemy aircraft was destroyed and the rest were chased off.

A second attack with six Focke-Wulfs resulted in the enemy losing three.

We lost two fighter aircraft during the day's operations.

Over the Channel

As part of the plan to give the extended German Air Force no respite, Allied aircraft were out in force over the Channel yesterday.

Streams of Bostons, Mitchells, Mauraudera and Fortresses, with Spitfire and Hurricane escorts, swept out at dusk yesterday to bomb German airfields in France, a power station, railway junctions and other targets.

Earlier in the day lock gates on an important Dutch canal were bombed. Hits were scored on three of the locks.

We lost two bombers and two fighters against the enemy's loss of four machines.

GERMANS SPEED RETREAT

Red Army Gains Vital Railpoints

With the great Russian summer offensive gaining in momentum, the German retreat in some sectors is showing signs of getting out of hand.

Moscow makes this statement in a communique announcing more spectacular successes on the vast front from east of Smolensk to the Sea of Azov.

These successes include the capture of Sumi, about 90 miles N.W. of Kharkov, and a vital junction in the secondary railway lines remaining in German hands since the loss of the Moscow-Kharkov line; the cutting of the railway linking Bryansk, at the northern end of the front, with the Ukraine and with Kiev, and the capture of Lisichansk, Voroshilovsk and several other towns on the south bank of the Donetz River.

From north to south the position is now as follows:

More Towns Fall

The Russians have made more progress in their drive on Smolensk. Yesterday they were reported 45 miles east of the city. One hundred more places have fallen into Russian hands.

At Yelnya on this front the Germans have launched heavy counter attacks.

Railway Cut

On the Bryansk front, 140 miles to the south-east, the Red Army has made spectacular progress. After beating off German counter-attacks North, West and south-west of Sevsk, the Russians cut the railway linking Bryansk with Kiev.

The capture of Sumi, halfway between Kharkov and the Bryansk-Kiev railway is announced in a special Order of the Day by Marshal Stalin. Last night 120 of Moscow's big guns fired 12 salvos to celebrate this important gain, which will simplify considerably the Red Army's communication problems.

In the plains, West and South of Kharkov, Soviet troops have advanced again and captured another strongpoint South of the city.

It is in the Donetz Basin however that the Russians are making the swiftest progress. Here the German retreat shows signs of becoming a rout and they are suffering heavy losses in their flight.

Nearing Stalino

The Red Army is systematically clearing the Germans from the Lower Don basin and the capture of several more towns on the south bank of the Donetz has brought them appreciably nearer to Stalino, key to the whole German defences in this area. The Russians are also pushing the enemy along the northern shores of the sea of Azov and were last night reported only 25 miles from Mariupol, the next important town west of Taganrog.

The Russian air force has complete mastery of the skies and by its repeated bombings of concentration points behind the enemy lines is doing much to hinder the launching of effective counter-attacks.

Jobs Promised

«Yes, sir,» was the reply of Mr. Bevin, Minister of Labour when asked by Sir Ian Fraser (Con., Lonsdale) in the Commons if he could give an assurance that everything possible will be done to see that fighting men who return from the war particularly from distant theatres, will have a job to come back to.

THE FIRST TO LAND

The following message from General Montgomery has been read to Eighth Army:—

1. Having captured SICILY as our first slice of the Italian home country, the time has now come to carry the battle on to the mainland of Italy.

2. To the Eighth Army has been given the great honour of being the first troops of the Allied Armies to land on the mainland of the continent of Europe.

We will prove ourselves worthy of this honour.

3. I want to tell all of you, soldiers of the Eighth Army, that I have complete confidence in the successful outcome of the operations we are now going to carry out.

We have a good plan, and air support on a greater scale than we have ever had before.

There can only be one end to this next battle, and that is: ANOTHER SUCCESS.

4. Forward to Victory!

Let us knock ITALY out of the war!

5. Good luck. And God Bless you all.

200 TONS ON JAPS

Allied bombers have given Japanese installations in New Guinea one of the heaviest poundings of the war.

More than 200 tons of bombs were unloaded on Madang Fuel and ammunition dumps were blown up. At least 50 fires were counted by our pilots.

During the raid the Allied pilots destroyed the only aircraft on the runway at Madang.

Lae and Salamaua were also raided.

When the Japanese attempted to raid Allied installations on Vela la Vela in the Solomons, five of their aircraft were shot down by fighters and four others by AA fire.

"DO IT AGAIN"

« Do it again» shouted an Australian commando, stepping into the open as a sniper's bullet narrowly missed him.

The sniper obliged, revealed his position and the Australian drew his pistol and shot him dead.

This is one of the stories told by an American now in Australia, who has served with the Australian Commandos in New Guinea.

Another illustration of commando daring is his story of a party of Australians who came upon a party of Japs preparing their dinner in the jungle.

The Aussies waited until the meal was cooked, then sailed in, killed the eight hungry Japs and ate the meal themselves.

Seven Mile Fall

London.

Early this week it was announced that a German plane flying at a height of 7 miles up had been shot down by a British AA battery.

To-day it is officially stated that the plane was a Messerschmidt 109 Germany's latest high flying plane, made at the Wiener Neustadt factory recently battered by American Liberators.

It come over Britain to make photographic reconnaissance and was shepherded over the Channel by two other planes.

(Reuter)

While police, crofters, shepherds and holidaymakers searched the lonely Glencoe region in Scotland for [illegible]-year-old Cyril Watkins of London, who had been missing for a week, a letter arrived at his home at Cricklewood stating that he had gained the degree of B.Sc.

英国第 8 集团军新闻

1943 年 9 月 3 日报头版报道了对意大利本土的进攻。当英军进入意大利卡拉布里亚地区时，由巴多格里奥元帅领导的意大利政府向盟军请求停战。5 天后，意大利正式宣布投降。

“马车轮行动”：新几内亚岛争夺战

1943.6.29—1944.4

大事表

1943 年 7 月 5 日
夺取库尔斯克突出部阵地的“堡垒行动”开始。
1943 年 9 月 8 日
意大利宣布投降，促使德军占领意大利本土大部地区。
1943 年 11 月 6 日
苏军收复乌克兰首都基辅。
1944 年 1 月 22 日
英美部队在意大利安齐奥沿海登陆，加速了盟军向罗马的推进。
1944 年 2 月 20 日
英国皇家空军轰炸机指挥部和美军第 8 陆航大队开始“伟大的一周”行动，空袭德国的飞机生产线。
1944 年 3 月 15 日
日军开始进攻印度边境城市英帕尔。
1944 年 4 月 10 日
马利诺夫斯基的乌克兰第 3 方面军解放敖德萨。

1943 年 2 月兵败瓜岛后，日本陆海军领导者计划加强新几内亚岛的兵力，守住从那里开始，经所罗门群岛北部，直到吉尔伯特和马绍尔群岛的防线。1943 年头 3 个月，安达二十三中将的第 18 军被调到新几内亚岛东岸，一支大型空中部队第 4 航空军则驻扎在韦瓦克。韦瓦克离澳大利亚最南端的美国和澳大利亚空军基地足够远，可避免遭受直接攻击。日军的目的是回头再沿新几内亚岛南下，占领日军一年前设定的目标——莫尔兹比港。

在瓜岛取得的胜利，证明了美国在西南太平洋地区日益增长的海军优势。麦克阿瑟将军计划对新不列颠岛的拉包尔日军基地和新几内亚岛北部日军发动一次代号“马车轮”的大型行动，巩固瓜岛的胜利成果。在新几内亚岛本身，由 5 个澳大利亚师和 1 个美军师组成的一支澳大利亚集团军群——“新几内亚部队”领命进攻以莱城和萨拉马瓦为基地的日军。而由纯美军组成的“阿拉莫部队”则将在一支强大海空军的支援下压制住拉包尔，进攻新不列颠岛和更北端的海军上将群岛。

日军率先进攻，试图夺取在瓦乌的盟军机场，但在激战中被打退。随后，1943 年 6 月 26 日，盟军开始进攻莱城和萨拉马瓦的日军基地。为加快进展，肯尼（Kenney）中将的美军第 5 陆航大队在离日军韦瓦克空军基地不远处偷偷建了一座机场。8 月 17—18 日，肯尼中将从那里发动两次毁灭性空袭，打得日军只剩下 38 架飞机可参战。日军拼命死守，直到 9 月 16 日，澳大利亚部队才占领莱城和萨拉马瓦。又用了 3 个月，盟军才占领整个休恩半岛（Huon Peninsula）。

这场初战完成后，12 月 15 日，美军在新不列颠岛西部登陆。此前的 1 个月中，强大的舰载机部队已完全消除了拉包尔日军基地的威胁。而在拉包尔以北加罗林群岛（Carolines）的特鲁克岛（Truk）集结的日本舰队主力太弱小，无力在美军任何一条进军路线上发起挑战。1944 年 2 月 29 日—3 月 20 日在海军上将群岛登陆后，马克 · 米彻尔（Marc A. Mitscher）海军中将

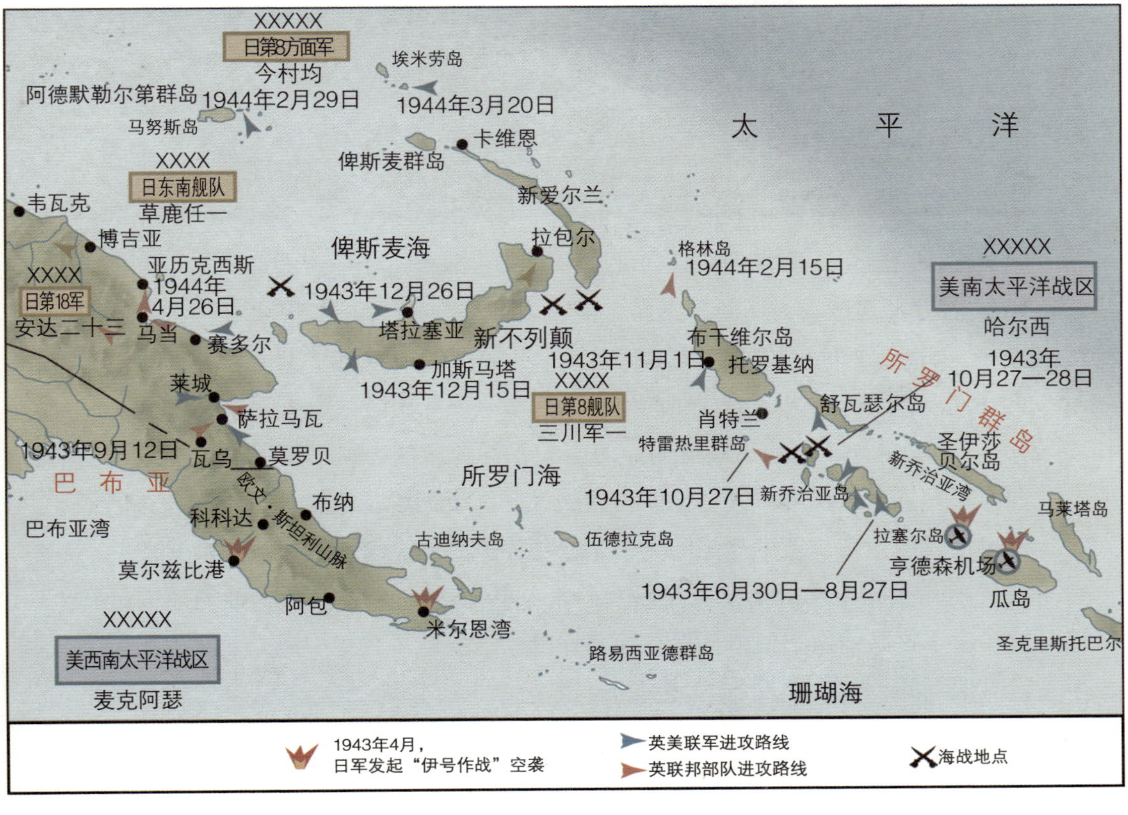

俾斯麦海海战

1943年2月23日，日军第51师团7000人在所罗门群岛北部拉包尔的主要基地登上了8条运输船，由8艘驱逐舰护航，驶向新几内亚岛北部。通过太平洋的“超级情报”，美军事先就掌握了这支船队的动向。在这些船只穿过俾斯麦海时，从3月2日开始，美军发动了昼夜不停的连续袭击。全部运兵船和4艘驱逐舰被击沉，第51师团损失3664人。新几内亚日军司令安达二十三是到达莱城日军基地的950名幸存者之一。

的美国快速航母部队绕到新几内亚北部沿海，深入正在撤退的安达二十三第18军后方发起进攻，切断其退路。美军大部队分别于3月30日在荷兰迪亚(Hollandia)，4月22日在艾塔佩（Aitape）登陆。1944年7月，安达二十三下令进攻美军外围，但被打退。他率残部撤入内陆山区，再也没有交战。

“马车轮行动”的结局说明，西南太平洋地区的力量平衡已决定性地倒向盟军一方。虽然日军守住他们占领的太平洋帝国漫长边境达两年之久，但这也仅仅因为在该地区严酷的热带条件下作战是一个缓慢的过程，而日军的抵抗则几乎完全不计后果，坐视疾病和饥饿在军中四处蔓延。他们顽固抵抗、决不投降的做法使战斗变得极其残酷。这是盟军在地中海或西欧战场所没有遇到的。

空袭韦瓦克期间，一架英国皇家澳大利亚空军第 8 中队的“蒲福”（Beaufort）轰炸机正在海岸线上空飞行。韦瓦克有日军在新几内亚本岛最大的空军基地。

1945 年 9 月 13 日，新几内亚日军司令安达二十三到达韦瓦克的沃姆角（Cape Wom）空军基地，率领为数不多的余部正式投降。

将日军赶出新几内亚岛南部的战斗期间，在布纳港附近的索普塔（Soputa）战线，一支美军经过 11 天连续作战后，正抬着受伤战友向总部返回。

安达二十三中将（1884—1947）

安达二十三出身于一个贫穷的武士家庭，加入日本陆军后，最初在第1帝国近卫师团服役。1933年，在中国东北，作为大佐的他在侵华战争中遭炮击负伤。1941—1942年，他担任华北方面军参谋长，负责搜捕共产党人。1942年11月，他被派到拉包尔指挥第18军在新几内亚岛作战。1944年，所部被孤立在新几内亚岛，因疾病和饥饿大量减员。他于1945年9月投降，被澳大利亚政府指控犯有战争罪，被判终身监禁。1947年9月10日，他用一把削皮刀切腹自杀。

1944年1月2日，美军在新几内亚岛北部沿海赛多尔（Saidor）登陆期间正向海岸冲锋。这是“马车轮行动”期间，以跳滩作战侧翼包抄日本守军的一部分行动。

澳大利亚士兵正在新几内亚岛法里亚河谷（Faria Valley）渡过法里亚河。澳大利亚部队成为在该岛与日军作战的主力。

太平洋“跳岛战略”

1943.11.20—1944.2.23

大 事 表

1943 年 11 月 22—26 日
丘吉尔、罗斯福和蒋介石参加开罗会议，讨论远东战略。

1943 年 12 月 28 日
沿“古斯塔夫防线”（Gustav Line）一番激战后，盟军占领意大利奥托纳市。

1944 年 1 月 4 日
苏军越过 1939 年前的波兰边境，进入欧洲德占区。

1944 年 1 月 27 日
造成约 100 万人丧生的列宁格勒被围困境最终解除。

1944 年 2 月 15 日
卡西诺山修道院遭盟军猛烈轰炸，被夷为平地。

1944 年 2 月 17 日
科涅夫率部取得“切尔卡瑟保卫战”的胜利，1.9 万德军战死或被俘。

1943 年下半年，盟军对新几内亚和拉包尔的进攻是两路进攻中的一路。另一路进攻是，穿过瓜岛以北的所罗门群岛，进入中太平洋，直指吉尔伯特群岛和马绍尔群岛。这两个群岛被看成远距离夺取马里亚纳群岛的跳板。而从马里亚纳群岛，美国陆航部队新一代远程重型轰炸机 B–29“超级堡垒”则可飞到日本。

1943 年 6 月，威廉 · 哈尔西海军上将率领美国第 3 舰队开始攻击南所罗门群岛的主要岛屿。6 月 30 日，他们攻下伦多瓦岛（Rendova Island），随后进攻新乔治亚岛，8 月 4—5 日占领日军的蒙达基地。在库拉湾和韦拉湾两场海战中，驰援被困守军的日本船队被摧毁。11 月 1 日，美军在新西兰第 3 师的协助下在布干维尔主岛登陆，该岛可用于修建轰炸拉包尔日军基地的机场。日军在布干维尔岛上原来约有 4 万人，又匆匆派其他部队增援该岛。哈尔西调动强大的空军力量进行支援，以压制日军的空中威胁，并派两艘航母进攻拉包尔的栗田健男中将的强大舰队，最终迫使日本援军撤退。布干维尔岛上的日军一直被困到战争结束，最终 2.3 万人投降。

再向北，尼米兹海军上将准备进攻吉尔伯特群岛和马绍尔群岛。他集结了一支由 200 艘舰船、6000 辆车和 3.5 万名步兵与海军陆战队队员组成的部队。11 月 13 日，海军开始连续轰炸吉尔伯特群岛的马金和塔拉瓦环礁。11 月 20 日，“电流行动”打响，美军进攻马金环礁。日军在该岛只有 800 名士兵，其中根本没有中尉军衔以上的指挥官，更没有空中支援。经过小范围激战，11 月 23 日，美军占领马金环礁。但一艘来自特鲁克的日本潜艇击沉了美军的护航航母“利斯康姆湾”号。占领塔拉瓦环礁的比休岛，用时也相差不多，可历经了一场给双方造成重大损失的苦战。随后，美军的注意力再向北移，放在马绍尔群岛。这里原是德国殖民地，1919 年作为托管地被日本占领。在攻占马绍尔群岛的“燧发枪行动”中，其目标就是占领日军在

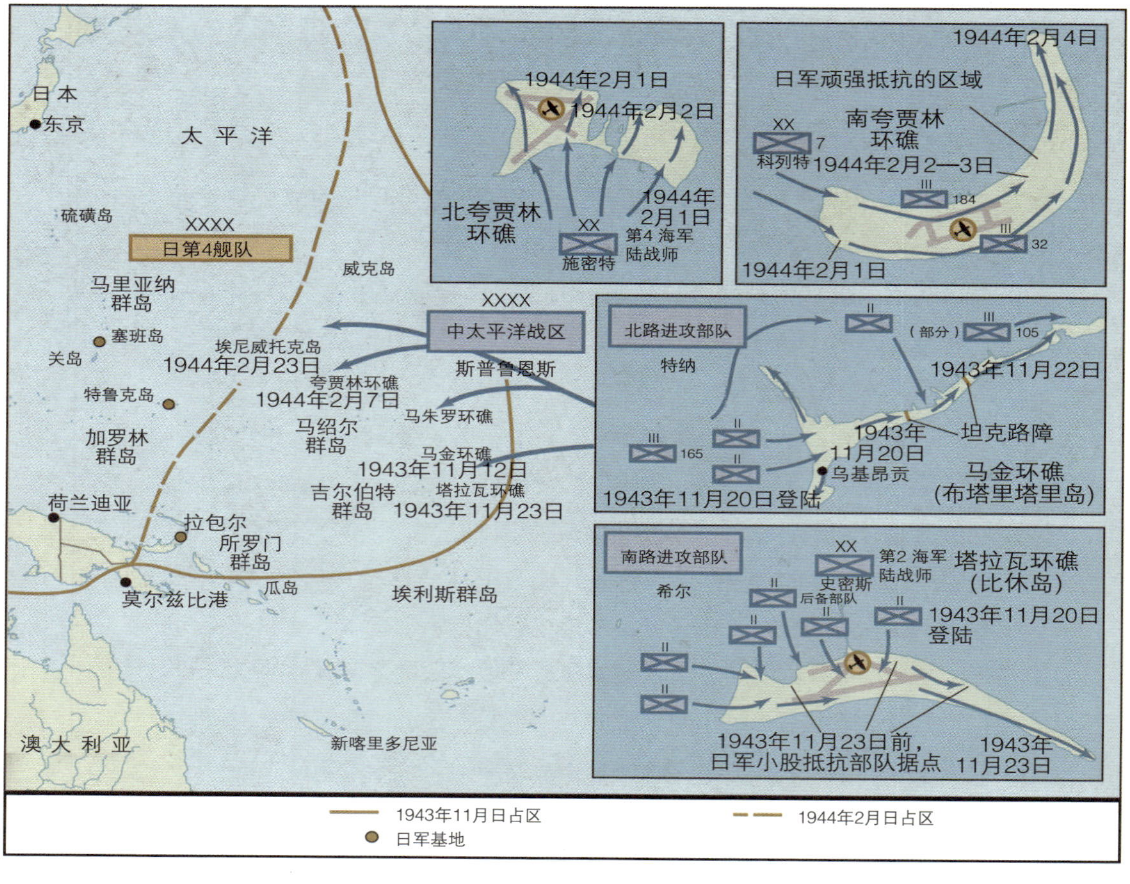

塔拉瓦战役

争夺吉尔伯特群岛塔拉瓦环礁小岛比休的战役，是太平洋战争中最惨烈的战斗之一。仅 4500 名日本海军陆战队队员防守该岛，但他们补给充足，深沟高垒，工事包括 500 座碉堡和一个隐蔽的战壕网络。发起攻击的美国海军拥有不少于 17 艘航母、12 艘战列舰，以及 3.5 万海军陆战队队员和士兵。1943 年 11 月 20 日，美军开始进攻，但猛烈的日军炮火和不利的潮流把登陆部队阻滞在海滩上。紧随其后的是 3 天激战，最终美军凭借更大的兵力和补给优势逐渐占得上风。战役结束时，日军只剩下 17 人，但美军也阵亡 990 名海军陆战队队员和 687 名海军士兵。如此巨大的伤亡，激起美国民众对这次行动的强烈批评。

美国海军陆战队队员正在塔拉瓦环礁清除一个日军碉堡。

夸贾林环礁的主要基地。正式进攻的一个多月前，查尔斯·波纳尔（Charles Pownall）海军少将的第50特遣舰队就轰炸了日军阵地，继之以陆基战机发动猛烈空袭。

1944年2月1日，一支297艘船只的庞大舰队将美国第7步兵师运到夸贾林环礁，而第4海军陆战师则进军环礁以北的罗伊岛和那慕尔岛。美军共计投入8.4万部队，希望能避免出现类似吉尔伯特群岛的重大伤亡。经过6天激战，美军占领全部3岛。夸贾林环礁的4000名日本守军中，仅265人被活捉。随后，尼米兹命令进攻夸贾林环礁西北560公里的恩格比环礁和埃尼威托克环礁。经2月17—23日的争夺，美军夺取了这两处岛礁。此时，马里亚纳群岛进入美国海军打击范围，从马绍尔群岛起飞的战机也可攻击特鲁克的日军主要基地。虽然跳岛作战的价值饱受争议，美军以较高的伤亡占得一些小环礁，但尼米兹依然强烈支持经中太平洋通道进攻日本的战略，认为它比麦克阿瑟的战略更快、更有效，最终代价更低。麦克阿瑟主张通过东印度群岛和菲律宾进攻，与日军重兵正面交锋。争议的结果是，战争资源在两种不同作战方式间进行分配，陆军与海军在谁会先打败日本的问题上的竞争日趋激烈。

1943年11月20日，所罗门群岛东北的吉尔伯特群岛行动期间，一艘美国巡洋舰正向马金环礁日军阵地开火。

那慕尔岛上，拒绝向美军投降、开枪自杀的日军士兵。

比休岛很小，位于塔拉瓦环礁形成的潟湖南岸。进攻该岛期间，一个美国海军陆战队队员正在扔手雷。比休岛的战斗是夺岛作战中最激烈、伤亡最大的战斗之一。

进攻马金环礁的美国第 2 海军陆战师士兵正涉过浅水区。美军指挥官对岛上日军兵力知之甚少，但这一次，仅 800 人的守军被打败。3 天战斗的代价小于附近的塔拉瓦环礁之战。

马克·米彻尔海军中将（1887—1947）

二战期间，作为美国海军航空兵先驱之一，米彻尔在将日军赶出中太平洋的行动中发挥了重要作用。他 1906 年加入海军，1915 年转到航空分部。他是 1919 年驾驶水上飞机飞越大西洋的三名海军飞行员之一。1939—1941 年，他是航空局局长助理，后指挥“大黄蜂”号航母。他的航母发动了袭击日本城市的 1942 年 4 月“杜立特空袭”，也参加了中途岛海战。1943 年 4 月，他出任所罗门群岛空军司令。他是不断侵扰新几内亚岛和马里亚纳群岛日军的第 58 航母特遣舰队（常称作“第 58 特遣舰队”，后改称“快速航母特遣舰队”）司令，1944 年 3 月晋升海军中将。战争结束时，他被任命为海军作战部负责航空兵的副部长，1946 年成为大西洋舰队司令。

1944 年 2 月 23 日，美军从马绍尔群岛日军手中争夺埃尼威托克机场。一个美国士兵正驾着吉普车，后面竖着牌子（上写“跟着我”），引导轰炸机到停机位。背景中可见 B–24“解放者”轰炸机。

占领塔拉瓦环礁 5 周后，1944 年新年前夕，为塔拉瓦驻军举行的业余表演中，一名美国水兵正在吹奏小号。

“跳岛行动”报告原件

1943 年 12 月 10 日，雷蒙德 · 斯普鲁恩斯上将发布行动报告，详述太平洋舰队在 1943 年 11—12 月跳岛战略中的作用。他的航空母舰为这些短暂的岛屿战役提供空中支援方面发挥了重要作用。

三巨头：德黑兰会议

1943.11.20—12.1

大事表

1943 年 10 月 10 日
莫斯科外长会议为德黑兰会议做准备。
1943 年 11 月 18 日
英国皇家空军对德国首都发起大规模轰炸。
1943 年 11 月 28 日
美军完全占领南太平洋塔拉瓦环礁。
1943 年 12 月 2 日
德国空军轰炸意大利巴里港，引起盟军军火仓库发生大爆炸。

1943 年 11 月，三个同盟大国的领导人首次在伊朗首都德黑兰会面。这次代号“尤利卡”的会议，是为了解决战争最后阶段盟军战略的主要问题，而罗斯福希望借此为他与斯大林的亲密个人关系打下基础，推动达成战后的政治协议。

德黑兰并非这次峰会会址的第一选择。罗斯福建议选址白令海峡、喀土穆、开罗及索马里的阿斯马拉，但斯大林坚称他希望保持与前线战事的联络（基辅于会前三周最后解放）。罗斯福不得不长途跋涉 11250 公里到达德黑兰，丘吉尔的行程也有 6500 公里。在去德黑兰的路上，11 月 23—26 日，罗斯福和丘吉尔在开罗暂停，与中国国民党领导人蒋介石一起召开了一次初步会议。斯大林也曾被邀请参加这次代号“六分仪”的会议，但因苏联尚未与日本交战，所以拒绝了。西方盟国在开罗会议上重申了对中国抗战的支持。在会后发表的《开罗宣言》中，同盟国承诺追回全部日本殖民地，归还中国领土，建立独立的朝鲜国。

德黑兰位于英国在伊朗的势力范围内，保卫措施极其严密，一个印度锡克团保卫着住在英国大使馆的丘吉尔。因安全风险的考虑，罗斯福被说服住

艾伦·布鲁克元帅（1883—1963）

作为1941—1946年间的英国总参谋长，整个战争期间，艾伦·布鲁克一直为丘吉尔冲动的战略观点踩刹车，在英国战争活动中发挥了核心作用。他生于乌尔斯特（Ulster），1914年前加入英国皇家炮兵，参加过一战，1918年从中尉升到中校。他是一位才华出众的军官，1935年成为少将，3年后作为防空司令部司令升为中将。在法国战役中指挥英国第2军，回国后被任命为本土部队总司令，成为政府高级顾问。他长期担任联合参谋部成员，与美国对手谈判时毫不退让。这些对手虽不喜欢他，但敬重他的机智和说服力。1944年，他被授予元帅军衔，1966年被封为子爵。战后，他成为米兰银行（Midland Bank）董事和贝尔法斯特的女王大学（Queen's University）的名誉校长。

在苏联使馆区的一幢房子里。这一点象征了这次会议的形式：罗斯福寻求与斯大林共进退，丘吉尔则在这个所谓的“大联盟”中被两个老伙伴孤立了。斯大林希望西方承诺在法国开辟第二战场，罗斯福及其军事顾问乐于这样做，但丘吉尔希望将这次会议作为推行其首选战略的又一个机会。他倾向于从地中海进攻因意大利投降导致德国在欧占区露出的“软肋”。

在谈判的头两天，这些争论就充分暴露出来。会议第二天，罗斯福承诺在1944年5月开辟第二战场，丘吉尔也被迫同意。但后者和他的高级顾问们，包括英军总参谋长艾伦·布鲁克将军，则认为横跨英吉利海峡的大规模进攻风险极高。英美还承诺对法国南部进行一次佯攻，斯大林表示同意，虽然丘吉尔再一次强烈怀疑它的价值。苏方提出与西方同时发动一次强大攻势，斯大林还承诺一旦德国战败，即加入对日战争。1943年11月30日晚，丘吉尔在英国大使馆举办盛大晚宴，庆祝他的生日，但斯大林借机为丘吉尔和布鲁克对苏联的敌意而奚落了二人一番。到晚会结束，斯大林不同寻常地喝得兴高采烈，他插进的不协调音符最终散去。次日，三位领导人签署了一项公告，公布协商达成的打败德国的战略。

罗斯福把德黑兰会议看成美苏政治关系更加紧密的一个可能起点，并认为这层关系也许会延续到和平时期。会后，丘吉尔和罗斯福重回开罗，于1943 年 12 月 3—7 日接着召开“六分仪”会议。期间，罗斯福宣布了他决定任命艾森豪威尔为进攻法国的盟军最高指挥官。丘吉尔在德黑兰会议时感觉身体不适，开罗会议后就到摩洛哥疗养去了。

德黑兰的一次非正式会议期间，苏联元帅克利缅特 · 伏罗希洛夫在向罗斯福总统展示“斯大林格勒之剑”。这把剑是英王乔治六世给苏联人民的礼物，由丘吉尔于 1943 年 11 月 28 日代表国王赠送。

德黑兰会议前，同盟国军政领导人在开罗开会。代号“六分仪”的第一次开罗会议于1943 年 11 月 23—26 日间召开，参加者有丘吉尔、罗斯福和蒋介石（前排左）。

第 11 锡克团第 3 营军士基帕尔·辛格（Kipral Singh）交给丘吉尔一份生日礼物。锡克团是丘吉尔在德黑兰的卫队。

1943 年 11 月 30 日，罗斯福、丘吉尔、斯大林（从左到右）在英国驻德黑兰大使馆庆祝丘吉尔 69 岁生日。

德黑兰会议期间，1943 年 11 月 30 日，英国大使馆举办的一次招待会上，斯大林正举杯向丘吉尔祝酒。英国外交大臣安东尼 · 艾登站在丘吉尔右侧。

斯大林（左）在德黑兰与罗斯福坐在一起。他们在会议期间关系融洽，这让丘吉尔很恼火。罗斯福意在使斯大林参与建立战后国际秩序，希望他们的个人关系有助于美苏的合作。

游击战

1941—1945

大事表

1941 年 10 月 20—21 日

德军报复游击队袭击，在克拉古耶瓦茨和克拉列沃杀害 4000 名南斯拉夫人。

1942 年 11 月 25 日

希腊游击队炸毁戈尔戈波塔莫斯铁路桥，切断了雅典—萨洛尼卡铁路。

1943 年 9 月 28 日

盟军解放那不勒斯前，意大利抵抗者在该市起义，663 人被杀死。

1943 年 10 月 1—18 日

党卫军师在马尔扎博托村杀害 1604 名意大利平民，包括 150 名儿童。

1944 年 10 月 20 日

铁托游击队收复南斯拉夫首都贝尔格莱德。

在轴心国占领的欧洲某些地区，游击队士兵采取了暴力武装行动的抵抗方式。他们的主要活动区域在东欧和南欧，希腊、南斯拉夫、波兰、苏联，以及战争最后几年德国占领的意大利北部。在这些地区，占领者通常被迫部署大量军队，与致力于武装斗争夺取解放的隐蔽敌人作战。

德国反游击战胸针，用于奖给在欧洲德占区与游击队组织作战的军人。

激烈的意识形态冲突，构成了两次大战之间和二战时欧洲的政治特征。游击战给了二战一个完全不同于一战的新特性，这个新特性部分来自意识形态冲突，部分来自“总体战”观点。此观点认为，在总体战中，平民和士兵一样是战争的一部分。成千上万武装平民（其中一些以前是士兵），死在与德国及其盟友正规军的激战中。轴心国把游击战看作恐怖主义，野蛮残忍地对待游

铁托（1892—1980）

铁托（原名约瑟普·布罗兹[Josip Broz]）的父母分别是克罗地亚和斯洛文尼亚人。长大后，他成为五金工人和积极的社会主义分子。他 1914 年因反战活动遭监禁，后被送到俄国前线，1915 年被俘。俄国革命期间，他加入红军，最后于 1920 年辗转回到南斯拉夫。他成为一名坚定的南斯拉夫共产主义者，1934 年以假名“铁托”为掩护，最后于 1937 年成为南共总书记。1941 年德军入侵南斯拉夫后，他成为共产党抵抗武装的军事指挥官，是反法西斯委员会的最重要成员。1944—1945 年间，铁托的组织解放了南斯拉夫大部。1945 年 3 月，他成为南斯拉夫临时政府领导人。1945 年 11 月，他当选部长会议主席，1953 年起任总统，直到 1980 年去世。

击队士兵和给他们提供藏身之地的平民。

规模和军事意义最大的游击运动诞生在苏联。斯大林号召人民，不分兵民，用一切可能手段抵抗德国敌人。白俄罗斯和乌克兰的森林和沼泽中涌现出众多小团体，起初各自为战，装备很差。但从 1942 年 5 月起，一个中央组织在莫斯科成立后，游击队获得了补给，并常常由渗透到战线后方的常规军军官领导。通过无线电联系，他们现在可以协同行动，切断德军交通线，在德军后方实施破坏活动。德军采取了野蛮的报复行动，包围烧毁疑有游击队活动的村庄，杀害村民。在白俄罗斯，据估计，在德军反游击队扫荡中，与 3 万游击队队员一起被杀害的平民有 35 万。但到 1943 年，游击队队员人数估计已达 13 万，苏维埃统治在某些地区重新建立。苏联领土上的德军，日益被限制在通过恐怖手段维持控制的交通线上。

在南斯拉夫、希腊和意大利，游击运动又是另一番景象。他们通常按政治界线互相独立，但在许多情况下，他们还涉及与旧秩序的政治斗争，因此他们的目标除了轴心国敌人外，还有通敌者或战前的政治对手。在南斯拉夫，“德拉扎”·米哈伊洛维奇（Dragoljub “Draža” Mihailovic）将军领导一个支持君主政体的塞尔维亚运动，与铁托领导的南斯拉夫共产党抵抗组织作战，却很少反抗德国人。1941—1942 年间，铁托组织差点被消灭，但到 1943 年末，约 20 万士兵在英国人的帮助下被组织起来。英国认为铁托的部队最有可能向他们提供有效的军事协助。据估计，在这场战争中，南斯拉夫有 120 万人死于种族和政治仇杀及轴心国反游击队扫荡。

在希腊和意大利，共产党是主要的游击队组织。希腊全国人民解放军（ELAS）及其政治组织民族解放阵线（EAM）与德军和非共产主义的希腊全国民主同盟（EDES）作战。1944 年，双方协商达成停战协议。但民族解放阵线组织最为强大，到 1944 年德军撤退后，它成功控制了希腊一部分农村地区。反抗德国人的游击战之后，紧接着是反对归国希腊政府及其英国盟友的游击战，最后发展成希腊内战。

1943 年 9 月意大利投降后，德军占领意大利，实施残暴统治。游击组织应运而生，建立了一个共产党主导的民族解放委员会。但意大利还有一些其他游击队组织，如公正与自由运动属于代表非共产主义的行动党。截至 1944 年，估计有 10 万人加入以意大利中部和北部山区为根据地的游击组织。在自俄国招募的反共哥萨克团的协助下，德军发动疯狂报复，到 1945 年初，意大利游击运动陷入绝境。

德军把游击行动看成一种不正当的战争形式，哪里有游击队，哪里就有他们的残酷镇压。在意大利，4 万人死于报复袭击和反游击行动，其中包括 1944 年 8 月，党卫军第 16 装甲师在圣安娜镇残杀的 560 名男女老幼。1944 年 8 月，斯洛伐克游击队和一群正规军士兵组织了一次反德起义，事后 2.5 万人被杀害。游击行动通常损害不了德国的战争活动，却为受挫退却中的德军提供了一个发泄怒火的“软柿子”。

德国士兵和安全部队烧毁的一个白俄罗斯村庄。德军摧毁了成千上万座村庄，不让游击队队员得到食物，也为游击队的袭击报复平民。

1944 年 5 月 17 日，南斯拉夫保皇派阵营的切特尼克游击队女士兵。所有游击和抵抗运动中都可以看到女性的身影，她们参加战斗、组织补给或隐藏逃避敌军的游击队队员。

1944 年的一次雅典武装起义期间，希腊全国人民解放军士兵在向一个警察局开火。希腊抵抗运动以意识形态为分界，在赶走德国人后发展成内战。

潘捷列伊蒙·波诺马连科（1902—1984）

1942 年 5 月 30 日，斯大林任命苏联游击运动领导人波诺马连科为游击战大本营负责人，领导游击运动总参谋委员会。他是红军将军，党的高级官员，1938 年后任白俄罗斯共产党第一书记。1939 年，白俄罗斯从波兰夺得一些土地，他参与了“肃清”这些地区的资产阶级和反革命分子的运动。德国入侵后，他帮助组织了这些地区的游击抵抗活动，后被召到莫斯科。战后，他是 1952—1953 年的苏共政治局委员，1955—1957 年任驻波兰大使。他还是位于白俄罗斯首都明斯克的苏联国家爵士乐团的联合创始人。

1939 年 10 月，白俄罗斯共产党第一书记波诺马连科（最左）在西白俄罗斯第一次人民代表大会常委会上。

1945 年，意大利游击队在威尼斯作战。1944—1945 年冬，德军的残酷镇压导致游击队人数剧减。但 1945 年春，随着战争临近结束，游击运动再度兴起。

苏联宣传画——“奋勇杀敌，游击队队员们！”

1943 年 4 月，一个塞尔维亚游击队队员被德军杀害后吊在灯杆上。

北角海战

1943.12.26

大事表

1943年11月20—29日
美军占领南太平洋吉尔伯特群岛的6座环礁。
1943年11月20日
英国第8集团军开始强渡意大利南部桑格罗河。
1943年12月12日
隆美尔上任，组织“大西洋壁垒”防线，抵抗早已预料到的盟军对法国发动的进攻。
1943年12月24日
艾森豪威尔将军被正式任命为同盟国远征军总司令。
1943年12月24日
苏军开始清除乌克兰南部和中部的德军。

1943年节礼日（12月26日），北角海战是英国皇家海军与大型战列舰的最后一次交火。战役背景是，1943年3月，因受德国海空力量威胁且缺乏海军舰艇，英国援助苏联的北极护航船队暂停；1943年11月，英国政府决定重启船队。挪威海域的两艘德国军舰——战列舰“提尔皮茨”号和快速战列巡洋舰“沙恩霍斯特”号，在这场战争中的大部分时间无所作为。因此，希特勒决定将它们报废。英国北方船队的重启促使德国海军总司令邓尼茨下令发动一次攻击，以向希特勒表明大型军舰并非一无是处。

1943年12月20日，英国大型护航船队JW 55B离开苏格兰洛克尤（Loch Ewe），驶向苏联北部海域。空驶船队RA 55A则在返航途中。两支船队都将穿过挪威北部熊岛（Bear Island）和北角之间的海峡。根据情报反映的情况，英国本土舰队司令弗雷泽（Bruce Fraser）海军上将怀疑德国海军企图截击这些船队。12月23日，在1艘巡洋舰、4艘驱逐舰的大力护航下，他驾驶“约克公爵”号战列舰出海。后者是一艘装配有360毫米大炮的

埃里希·贝伊海军中将（1898—1943）

1916年，贝伊（Erich Bey）加入德国海军，作为驱逐舰军官度过了随后的大部分军旅生涯。在德军入侵挪威的战斗中，担任初级舰长的他指挥一支有4艘驱逐舰的小舰队。英国皇家海军1940年4月13日攻击摧毁的军舰中就有这支舰队。5月10日，他升至海军上校，担任驱逐舰部队司令，一直保持这个职务到1943年战死。后来，他又升为海军中将，在北角海战中指挥战列巡洋舰“沙恩霍斯特”号和一队驱逐舰。“沙恩霍斯特”号沉没后，有人看见他落海，受了重伤，但未及救起就淹死了。

旗舰。在他东面是罗伯特·伯内特（Robert Burnett）海军中将率领的一支巡洋舰群，包括“贝尔法斯特”号（*Belfast*）、“诺福克”号、“谢菲尔德”号，它们也可以护卫船队，与任何德国舰队交战。

德国快速战列巡洋舰“沙恩霍斯特”号的指挥官埃里希·贝伊海军中将属于临时任命，但他的过往经历仅限于指挥驱逐舰。邓尼茨催促采取行动，设在基尔的海军总部命令贝伊于1943年圣诞节驾舰出海，截击一支英国运输船队。但这支船队的准确位置，以及可能为它护航的任何英国皇家海军的位置和兵力情况都不明。天气恶劣，狂风暴雪，惊涛骇浪，可贝伊依然带着“沙恩霍斯特”号和4艘驱逐舰一起离开安全港湾。到1943年12月26日上午，贝伊就与他的掩护舰队失去了联系，从此杳无音信。即便如此，他依然驾驶“沙恩霍斯特”号勇敢地独自驶向英国船队，驶进英国巡洋舰中队正守株待兔的线路。“沙恩霍斯特”号先后被英舰雷达和瞭望员发现。9时30分，“诺福克”号开火，打掉了“沙恩霍斯特”号的前雷达。贝伊向北逃窜，继续向英国船队前进。

这次攻击完全出乎“沙恩霍斯特”号的意料之外，但贝伊凭借超群的速度赶上英国巡洋舰群前方的船队。伯内特抄近路追击，中午刚过，双方又一次相遇，攻击再次开始。这一次，英国的几艘巡洋舰被“沙恩霍斯特”号的重炮击坏。贝伊判断此刻攻击英国船队风险太大，决定返回基地。但他驶往挪威沿海的航线，正好被弗雷泽的舰队挡住。由于情报和侦察的失误，贝伊全然不知前方有陷阱，直到下午 4 时 48 分，“约克公爵”号一轮齐射，在“沙恩霍斯特”号两边开花，他才如梦方醒。“约克公爵”号发射了 52 轮齐射，打坏了“沙恩霍斯特”号的锅炉房，致使后者的航速降到 8—10 节。其他英舰也赶来围歼，到下午 7 时 45 分，最终用了 11 枚鱼雷才击沉“沙恩霍斯特”号。在这艘德舰上，2000 船员中只有 36 人幸存。

德国的另一艘战列舰“提尔皮茨”号则一直躲在挪威水域，历经英国战机 22 次的袭击，最终于 1944 年 11 月 12 日被两枚“高脚杯”重型炸弹击沉，损失 1204 人。如此看来，希特勒对战列舰没有信心，倒也不无道理。

约翰·汉密尔顿（John Hamilton）的一幅油画。它描绘的是英国战列舰“约克公爵”号与德国战列巡洋舰“沙恩霍斯特”号交火的情景。

布鲁斯·弗雷泽海军上将（1888—1981）

1946 年，弗雷泽被授予男爵爵位时，他选择“北角第一男爵弗雷泽”作为他的封号。1943 年，正是在北角，他指挥英国皇家海军打了一场享誉世界的胜仗。1904 年，他加入皇家海军，成为火炮专家，并作为炮术军官参加了一战。他参加了干涉俄国布尔什维克革命的战争，1920 年当过一段时间的战俘。1939 年，他是英国海军财务总管、海军部第三海务大臣。1943 年，作为本土舰队司令，他在北角海战中指挥英国特遣舰队。1944 年 11 月，他被任命为英国太平洋舰队司令，参加了进攻冲绳群岛和日本本土岛屿的战斗。1945 年 9 月 2 日，他代表英军在日本投降书上签字。1948 年他成为第一海务大臣和海军参谋长，1952 年退休。

德国战列巡洋舰“沙恩霍斯特”号和“格奈森瑙”号正一边列队行驶，一边开火。据说这张照片摄于1942年2月12日，两舰从布雷斯特逃跑的所谓“冲过英吉利海峡”行动期间。

“沙恩霍斯特”号沉没后，幸存者在斯卡帕湾英国海军基地被蒙着眼睛带上岸。舰上2000名船员中仅36人幸存。

1943 年 4 月 3 日，德国战列舰“提尔皮茨”号在挪威沿海的泊位上遭到空袭。历经英国轰炸机的不断轰炸，这艘战列舰扛住了所有打击，一直撑到 1944 年 11 月。但轰炸严重破坏了它的行动能力，阻止了德军残余战列舰队的共同行动。

“沙恩霍斯特”号甲板一景。它是德国新一代快速战列巡洋舰之一，装配了 280 毫米炮，但未能履行为其确定的袭击商船的职责。

英国巡洋舰“贝尔法斯特”号在北极水域巡航期间，前炮塔覆满冰雪。“沙恩霍斯特”号离开挪威拦截两支英国船队时，“贝尔法斯特”号正在北角附近巡航。

安齐奥争夺战

1944.1.22—5.25

大 事 表

1944 年 2 月 1 日
美军在马绍尔群岛夸贾林环礁登陆。

1944 年 2 月 1 日
夺取德军卡西诺山据点的第一次战斗打响。

1944 年 2 月 16—17 日
特鲁克基地遭到美军舰载机空袭，日本舰队被迫放弃基地。

1944 年 3 月 2 日
第二次“钦迪特”行动在缅甸日军后方发动。

1944 年 3 月 19 日
匈牙利政权做出与盟军联系的尝试后，德军占领匈牙利。

1944 年 4 月 22 日
作为“马车轮行动”的组成部分，美军在新几内亚岛北部沿海荷兰迪亚登陆。

1944 年 5 月 9 日
苏军收复克里米亚的塞瓦斯托波尔港。

萨莱诺湾登陆后，盟军决定在罗马以南的安齐奥港一带沿海再次登陆，包抄德军“古斯塔夫防线”。到 1943 年 12 月，这条防线从西海岸的福尔米亚延伸到东部的奥托纳，以山区地形为主，还有些狭窄的河谷，易守难攻。丘吉尔大力支持的安齐奥登陆由马克 · 克拉克将军组织，意在包围德国第 10 集团军。英国第 8 集团军和美国人领导的第 5 集团军正向古老的卡西诺山修道院一带山区的德军据点推进。抵抗这两支部队的是德国第 10 集团军。通过这次登陆，盟军还希望能创造进军罗马的条件。

英国伦敦第 56 步兵师徽章。

这次被称作“鹅卵石行动”的登陆其实相当冒险，因为盟军参战的部队实力有限。约翰 · 卢卡斯（John Lucas）少将指挥的美国第 6 军，由英国第 1 步

埃贝哈德·冯·马肯森大将（1889—1969）

普鲁士贵族冯·马肯森（Eberhard von Mackensen）在德军陆军中走了一条传统的职业发展道路。他1908年入伍，参加过一战，在战场受伤而被安排做参谋工作，1919年后留在军中。1938年时，他升至少将，战争爆发时任第14集团军参谋长。他参加了法国战役，在苏联作战时任南方集团军群第3军司令。1943年，他被派去指挥第14集团军，压制安齐奥滩头阵地的战斗失败后于1944年6月退役。战后，他作为战犯受审，被判处死刑，后减刑为21年监禁，但于1952年获释。

兵师与美国第3步兵师组成，另有突击队以及一支强大空中部队的支援。1944年1月22日，370多条盟军船只抵达意大利沿海，刚开始没有遇到抵抗，登陆后占据了一片狭窄的滩头阵地。但行动计划中，卢卡斯的直接目标并未清晰确定，因此他没有借助奇袭战术的有利条件，反而命令部队修筑工事固守阵地。虽然这个决定常遭诟病，但几乎可以肯定它避免了灾难性结果。因为4天之内，德军凯塞林元帅拼凑了有6个师的第14集团军，在冯·马肯森将军的指挥下，经过多次试探袭扰后，于2月1日开始连续进攻安齐奥外围。

虽然卢卡斯很快得到增援，并且还有空军和海军炮火的强大掩护，但德军在5个月的激战中成功压制住盟军的滩头阵地。到1944年2月中旬，德军的反击差点突破盟军的战线，嵌入一块突出部阵地，险些分割了安齐奥南北的美军和英军。英美部队谨慎地开始了冲出最初防线的行动，但德军装甲部队的试探性进攻又把他们打了回去。英国第1师占领的一个突出部阵地也受到攻击。2月9日，德军第3近卫装甲师夺回了阿普里利亚。两天后，苏格兰近卫团被逐出他们在1月25日占领的卡罗切托镇。凯塞林指示冯·马肯森集结部队发动“钓鱼行动”，开展一次大攻，分割盟军的滩头阵地，再打退它。

对德军这一企图，盟军获得“超级情报”的预警，猛烈空袭了德军的集结部队。2月16日，冯·马肯森开始猛攻英美防区间的一条薄弱防线，盟军凭借海上、空中和大炮的密集火力才阻止了德军的进攻。虽然这次德军攻占了一块宽8公里、纵深3公里的突出部阵地，但再也无法向前推进。6天后，卢卡斯被调走，他的副手卢西恩·特拉斯科特（Lucian Truscott）少将成为事实上的指挥官。他上任后的第一个举动就是巡视战场，看望所辖部队的每一个人，鼓舞低落的士气。2月29日，德军的第二次主攻又被打退。随后双方进行的是一场消耗战：德国装甲师包围圈从来没有强大到足以将盟军从滩头阵地赶回大海，但盟军的第6军虽获得源源不断的增援，也没有强大到足以打破德军的包围。

盟军在卡西诺山一带对“古斯塔夫防线”施加了更大压力后，才最终打破双方在战壕中的僵持局面。凯塞林知道守不住“古斯塔夫防线”，准备将德军撤到意大利半岛更北部的一条防线上。随着德军对盟军的压力减弱，特拉斯科特准备了一场全面攻势。5月23日，盟军冲出安齐奥桥头堡，向东推进，意图包围撤退的德军，但克拉克将军命令盟军快速北上。1944年6月4日，罗马落入美军之手。安齐奥争夺战中，双方都付出了高昂代价：盟军伤亡4.3万人，包括7000人死亡；德军伤亡估计达4万人，其中有5000人战死。

1944年1月22日，安齐奥海滩的装甲运兵车和一辆“谢尔曼”坦克。最初，登陆几乎没有遇到抵抗，但很快德军重新集结，发起反攻。

约翰·卢卡斯少将（1890—1949）

1911年，卢卡斯加入美国骑兵，开始了军旅生涯。后来，他加入野战炮兵，在一战中负伤。二战中，他在北非服役，后领导1944年1月盟军在安齐奥的滩头登陆。他反对这次行动，执行不力，作为指挥官，从头到尾都待在一个地堡里。他与分派到安齐奥的英国军官关系紧张。1944年2月，他被副手特拉斯科特少将取代，被派回美国指挥一个集团军。

德军在意大利对盟军使用的反坦克地雷。

第 5 集团军（包含美英两国部队，但指挥权归美军。编者）的美国部队正在登上登陆艇，准备驶往意大利安齐奥沿海。盟军希望这次登陆能用一次钳形攻势围歼德军。

1944 年 5 月 22 日，两个被俘的德国空降兵抬着一个被地雷炸掉了脚的英国伤兵。

1944 年 2 月中旬，盟军船只正在安齐奥港口卸载补给。物资和增援可以不必冒多大风险从海上运来，有了这些源源不断流入的资源，滩头阵地才得以守住。

1944 年 2 月，安齐奥滩头阵地一个美军医疗站附近的混乱景象。在几乎没有遭到抵抗的登陆之后，战斗越打越激烈，双方都遭受了巨大损失。

1944 年 5 月 22 日，英国士兵正在一个战壕内躲避德军炮火。不久后，盟军从安齐奥滩头阵地突破敌军包围，打开了进军罗马的道路。

1944 年 3 月，守卫安齐奥滩头阵地期间，第 5 集团军的两个美国黑人士兵坐在空袭掩体入口。大量美国黑人在军中服役，但回国后，他们依然成为种族隔离制度的受害者。

血战卡西诺山

1944.1.17—5.18

大事表

1944 年 1 月 11 日
设在意大利北部的墨索里尼新政权以叛国罪名枪毙意大利法西斯前外长齐亚诺伯爵。

1944 年 1 月 14 日
盟军轰炸机从地中海基地起飞，轰炸保加利亚首都索非亚。

1944 年 2 月 17 日
美国海军陆战队在马绍尔群岛埃尼威托克和恩格比环礁登陆，6 天内完成占领。

1944 年 3 月 6 日
美军第 8 陆航大队 700 架飞机轰炸柏林，损失了 69 架。

1944 年 4 月 2 日
苏军进攻德国轴心国盟友罗马尼亚。

1944 年 4 月 17 日
侵华日军在河南发动“一号作战”行动，开始了 7 个月的战斗。

打破德军对意大利中南部控制的关键，在于卡西诺和利里、拉皮多河谷一带重兵防守的区域。这里成为二战西线最惨烈的战场之一。历史悠久的本笃会卡西诺山修道院，高高矗立在卡西诺镇边的山岩上，被战火夷为平地。

卡西诺争夺战历时 5 个月，期间经历了 4 次大型行动。在弗里多林 · 冯 · 森格尔 · 翁德 · 埃特林将军（Fridolin von Senger und Etterlin）的领导下，德国第 14 装甲军承担主防重任，在荒凉崎岖的峡谷地带修筑工事，使之成为“古斯塔夫防线”的一部分。1943 年 11 月 8 日，亚历山大将军的司令部给盟军下达命令，安排了如下作战计划：摧毁利里谷的德军，与包抄德军的安齐奥登陆部队一起，从南方向罗马进军。12 月，对德军防线的初步攻击表明这将是一场苦战，特别是在盟军从西西里岛一路恶战打过来，已精疲力竭的情况下。

1944 年 1 月 17 日，首次战役打响，英军渡过加利格里阿诺河，美军 3 天后渡过拉皮多河。他们顶着德军的激烈抵抗，修建了几个小桥头堡。美国第 5 集团军开始向卡西诺山修道院所在山头缓慢推进，随后因伤亡巨大而被迫在修道院东北面的山区暂停，法国远征军则在北面取得进展。但 2 月 11 日，盟军取消了第一次进攻。持续数周的恶劣天气和激烈战斗，已造成盟军伤亡 1.4 万人。第二次进攻计划于一周后开始，由弗赖伯格将军的新西兰军负责。弗赖伯格担心德军会把修道院当成堡垒，要求预先对该建筑进行轰炸。克拉克不愿这样做，但他的意见被盟军意大利战区司令亚历山大否定。2 月 15 日，229 架轰炸机将修道院炸成一片瓦砾。

这时，德军才进入这堆废墟，断瓦残垣提供了很好的防守阵地。原本修道院内只住着躲避战火的意大利平民和僧人，300—400 人被炸死。2 月 15 日，新西兰军攻击卡西诺火车站，印度第 4 师攻击卡西诺山。3 天后，攻击

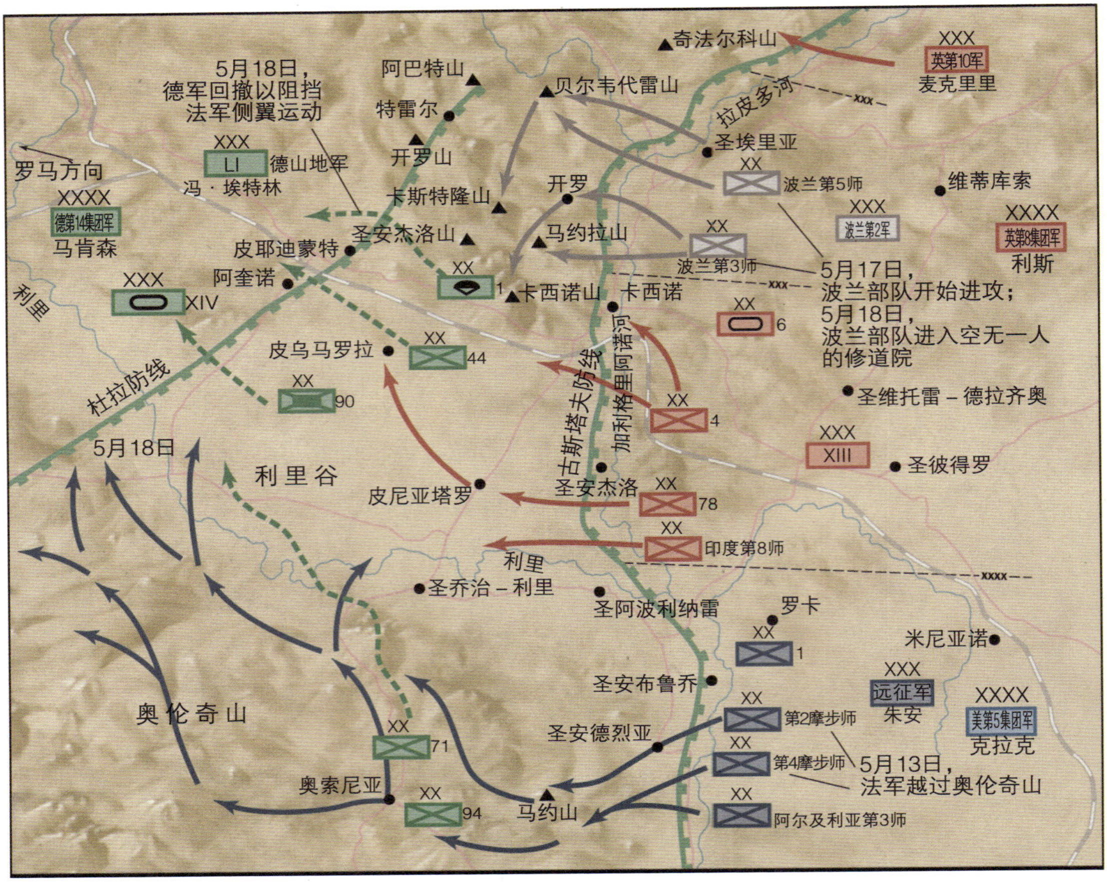

冯·埃特林上将（1891—1963）

冯·森格尔·翁德·埃特林出身德国贵族，1910年加入陆军，后获得罗兹奖学金进入牛津大学。他从头到尾参加了一战，作为骑兵团长留在战后军队中。1939年，他升到上校军衔，在法国战役中独立指挥一支机动旅。1942年10月，他在苏联南部指挥第17装甲师。1943年7月和8月，他作为中将指挥西西里岛的德军。他在意大利大陆指挥第14装甲军，1944年1月1日成为装甲部队上将。他反对希特勒，但没有参加1944年7月暗杀希特勒的行动。战后，他成为著名的德国装甲部队和车辆专家。

取消，几乎寸土未得。亚历山大原本打算等到春季再发动一次精心准备的攻势，但受到伦敦和华盛顿的压力，被要求缓解盟军在安齐奥滩头所面临的威胁。于是，他尝试第三次进攻卡西诺。又一次大规模轰炸将整个卡西诺夷为平地后，3月15—23日，新西兰军再次尝试强攻卡西诺。但由于伤亡4000人，天气恶劣，第三次攻击也只得取消。

最后一次的进攻，一直推迟到1944年5月。亚历山大准备了一次代号“王冠”的大规模行动，意图最终撼动德军防线。此时，南线法军已越过加利格里阿诺河和奥伦奇山，威胁到德军防线以南的整个地区。英国第8集团军发动进攻，并最终夺取卡西诺。5月17日，在安德斯（Władysław Anders）将军的指挥下，波兰第2军进攻修道院，经激烈肉搏，损失3500人，并于5月18日德军撤退后占领修道院。第四次卡西诺之战后，凯塞林认识到无法守住阵地，开始将所部回撤到佛罗伦萨以北的“哥特防线”。5月25日，克拉克的第5集团军与特拉斯科特的安齐奥部队会师。最终，安齐奥行动还得靠卡西诺的胜利来挽救。这与1943年后期突破“古斯塔夫防线”的意图完全相反。

瓦迪斯瓦夫·安德斯将军（1892—1970）

安德斯将军因在二战中率领波兰第2军占领卡西诺山修道院而闻名。他父亲是德国人，他本人出生于俄国统治下的波兰，一战时在沙皇军队中与德国人作战。战后，他作为骑兵指挥官加入新成立的波兰国的陆军。1939年9月，他被从东方进攻波兰的苏军俘虏，遭监禁、折磨（但没有像成千上万的其他波兰军官一样被杀害）。1941年7月获释后，他在伊朗和伊拉克领导一支波兰部队，在那里与英军会合，组建了一支波兰军队。后来，他在意大利作战，战后作为波兰流亡政府成员留在英国。去世后，他被埋在卡西诺山墓地，陪伴在那里战死的士兵。

卡西诺山本笃会修道院照片，约摄于1927年。自公元6世纪起，这里就是一处修道院，并且是一座有重要建筑学和宗教意义的建筑。

1944年3月15日，新西兰军进攻卡西诺山和修道院期间，一门新西兰反坦克炮在开火。他们在遭受巨大伤亡后被迫撤回。

1944年5月，波兰第2军正在卡西诺山的斜坡上攀登。这支波兰部队在进攻中伤亡惨重，但作战非常英勇。

1944年5月18日，德军撤出后，波兰和英国旗帜一起飘扬在卡西诺山修道院的废墟上。夺取卡西诺山，为越过罗马向佛罗伦萨快速进军铺平了道路。

1944年4月，两个德国空降兵正在卡西诺山修道院废墟中作战。修道院废墟成为一个天然的防守阵地，德军在面临可能被包围的威胁时才最后放弃了它。

秘密战：间谍、密码和欺骗

1939—1945

大事表

1942年4月

胡安·普霍尔（“嘉宝”）作为间谍进入英国，被策反成为双面间谍。

1942年8月

德国反情报组织破获共产党“红色乐队”间谍网。

1943年11月19日

苏军实施了有史以来最成功的欺骗行动后，对毫无防备的轴心国军发起“天王星行动”。

1943年4月30日

英国人在西班牙海滩丢下一具尸体，随身携有一份“肉馅行动”进攻撒丁岛和希腊的假计划，而他们的真正目标是西西里岛。

1944年6月6日—8月7日

德军统帅部被“坚毅行动”蒙蔽，认为盟军将在加来发起二次登陆。

对二战所有交战国而言，间谍、欺骗、密码应用和密码破译等隐蔽形式在战争中发挥了重要作用。通常，这种秘密战有两个主要目的：一是防止敌方获得己方的一切战略规划、作战计划和兵力的情报；二是努力发现敌方的计划和兵力信息。但有些时候，秘密战若运用得当，可用虚假作战意图欺骗敌军，提高己方行动的成功概率，同时诱使敌军将部队部署在不利的位置上。

间谍战，似乎魅力无限，但从多方面看，它在秘密战中是最不成功的方式。大部分在敌国活动的间谍都被抓获，而且在许多情况下被策反成双面间谍。1940年9月，马斯特曼（J. C. Masterman）在英国领导成立了一个专门的双面间谍组织——“双十委员会”，成功策反了大批德国间谍，向德国反情报组织阿勃维尔传回误导信息。几乎所有的德国间谍都被抓获，但欧洲敌占区的英国间谍也是如此。最成功的间谍是苏联人，可他们既刺探敌国情报，也刺探盟友情报。共产党的“红色乐队”间谍网，在柏林以戈林领导的

布莱切利庄园

布莱切利庄园（Bletchley Park），是一所巨大的维多利亚式乡间别墅，位于伦敦西北部。1939 年，这里成为英国的政府密码学校所在地，代号“X 站”。它是为英国特工提供密码和代码的基地，但也负责破译敌军的密码。1942 年，它改名为政府通信总部（GCHQ）。到 1945 年，约 1 万人为该组织工作。它以“6 号小屋”（Hut 6）创造的成就而闻名，破译德国“恩尼格玛”电报就是在这里进行的。1944 年 6 月，第一台电子计算机“巨人 II”（Colossus II）在这里被用于帮助加速密码破译。

德国航空部为基地，直到 1942 年被破获；但苏联在英美两国的间谍多年未被发现。“剑桥五杰”活跃在英国的情报中枢军情六处和军情五处，从那里向伦敦的苏联控制人定期传送大量情报。太平洋战争中，盟军很少用到间谍，而在夏威夷和美国的日本间谍网则在“珍珠港事件”前提供了有用信息，但事件后几乎销声匿迹。

间谍是个危险且不可靠的情报源。因此，战争期间，各国对破译敌方的密码和代码寄予了厚望。这些工作在大部分战区经常进行，其关键在于努力不让敌人发现他们的密码系统已遭破译。在破译德国和日本密码，同时阻止被对方察觉这一方面，盟军取得了巨大成功。1940 年，号称不可破解的德国"恩尼格玛"密码机首次被盟军破译，虽然极不完整。到战争末期，英国人可经常快速地通过他们所谓的"超级情报"读取德国电报。为防范德国人怀疑自己的密电能够被破译，盟军努力避免露出任何破绽也就成为一项重要的情报活动。所以，德国人认为"恩尼格玛"牢不可破，同盟国的情报源自其他途径。同样的情况，也发生在太平洋战场。"珍珠港事件"后，美英两国破译了日本的外交密电（代号"紫色"或"魔术"）和军事电报，针对日军的动向为盟军提供了宝贵的预警。

欺骗，也许是秘密战中最重要的方式，它可以影响整个战局。在这方面，盟军的战绩斐然。1942 年 11 月"天王星行动"或 1944 年夏"巴格拉季昂行动"前，苏联的欺骗策略完全瞒过了对手。两次行动快速胜利的一个重要原因，就是轴心国军没有做好准备。而二战中最著名的骗局，则是诺曼底登陆前夕的"坚毅行动"。行动中，一整支子虚乌有的集团军群被部署在英格兰东南部，坦克模型、假军营一应俱全，为的就是让希特勒相信盟军将从英吉利海峡最窄处发动进攻。一个假作战序列也通过在英国和美国的双面间谍提供给德国情报机构。这个骗局做得实在太像了，以致在诺曼底战事吃紧时，希特勒还命令大量部队坚守在加来海峡。英国的欺骗计划执行得极为巧妙，获得巨大成功，但这也要依赖敌人的轻信才能达到目的。德军对于玩欺骗游戏不感兴趣，因此很容易被机灵的英国人牵着鼻子走。从总体上看，盟军在把情报用作战争武器这方面远胜德国人。

美国国务院官员阿尔杰·西斯（Alger Hiss）是苏联安插在美国政府中的大量高级间谍之一。众议院非美活动调查委员会后来指控他为共产党工作。

德国反情报组织（阿勃维尔）的负责人是威廉·卡纳里斯（Wilhelm Canaris）海军上将。他表面保持着为纳粹政权努力工作的样子，暗地里却反对希特勒。他在 1944 年"七月密谋"后被捕，1945 年 4 月被绞死。

威廉·多诺万少将（1883—1959）

因为学生时代在橄榄球场的出色表现，人们一直把多诺万（William J. Donovan）称作“野蛮比尔”。他原是纽约的一位成功律师，一战中在一个志愿兵团担任团长，在那场战争中获得三枚紫心勋章和一枚荣誉勋章。后来，他担任纽约西区检察官，20世纪30年代成为罗斯福总统的密友。1940年和1941年，罗斯福派他作为特使到英国，评估英国在战争中坚持下去的概率。在此过程中，他接触到各个情报机构首脑，开始主张统一美国情报机构的行动。1941年6月，罗斯福任命他为情报协调人，试图将众多部门的情报机构置于一个单一的总组织下。1942年，这一组织改名战略情报局（OSS），以多诺万为局长，负责欧洲和亚洲（除菲律宾外）的情报和破坏活动。1945年9月，战略情报局关门，但两年后，以多诺万和平时期单一情报部门的设想为基础的中情局成立。

“坚毅行动”中使用的一辆充气“谢尔曼”假坦克。此行动意在使德国人相信，一支庞大的同盟国集团军群正驻守在英格兰东南部，准备在 1944 年夏攻击加来海峡。

世界上第一台电子计算机被安装在布莱切利庄园的英国密码学校，用于加速破译“恩尼格玛”电报。这台称作“巨人 II”的计算机自 1944 年 6 月开始运行。

二战中为苏联刺探情报的“剑桥五杰”中的 4 人。从左到右依次为：安东尼·布伦特（Anthony Blunt）、盖伊·伯吉斯（Guy Burgess）、唐纳德·麦克莱恩（Donald MacLean）和金·菲尔比（Kim Philby）。第 5 个成员约翰·凯恩克罗斯（John Cairncross）直到 20 世纪 90 年代才最终暴露身份。

一个内藏秘密空间的指甲刷，装有英国特别行动处特工使用的“逃跑工具”。

海因茨·古德里安将军正在指挥车里监督士兵用“恩尼格码”密码机发电报。自战争初期始，盟军情报机构就经常破译一些“恩尼格玛”密码。

日军进攻印度

1944.3.7—7.18

大事表

1944 年 6 月 4 日
克拉克所部第 5 集团军的美国部队从安齐奥滩头阵地突围进入罗马。

1944 年 6 月 6 日
盟军对德国占领的诺曼底发动史上最大的两栖作战。

1944 年 6 月 13 日
第一枚德国 V 型武器落在英国土地上。

1944 年 6 月 15 日
美国空军开始轰炸日本本土。

1943 年 11 月组建的防守印度和缅甸的英国第 14 集团军徽章。

驻缅日军意图守住缅甸，防止盟军开辟一条补给线，从印度到达在中国南方作战的中国军队。但 1943 年春，英国“钦迪特”部队的袭击让日军指挥官相信，通过占领印度阿萨姆的英帕尔和科希马一带边境地区，可确保缅甸高枕无忧。虽然对这一补给困难的行动有强烈的反对声音，但 1943 年 3 月上任指挥驻缅日本第 15 军的牟田口廉也中将利用与日本缅甸方面军司令河边正三将军的私交，说服东京政府批准进攻印度。

日军所谓“乌号作战”的计划，是占领英帕尔的主要补给站，在科希马切断由北而来的道路，并固守这个新边境，而连绵的雨季将阻止盟军的反击。就在日军为此次行动做准备之际，英国和印度部队进攻缅南若开，击溃了那里的一支日军；在缅北，史迪威将军率中国军队，在英国“钦迪特”和美国“梅里尔掠夺者”的协助下，发动了一场长期攻势，试图夺取缅北城镇密支那。盟军的这两路行动有效地削弱了拟进攻英帕尔至科希马一线的日军，但日军依然为这次进攻组织了一支总兵力达 8 万—10 万人的部队。1944 年 3 月 7 日，日军第 33 师团开始自南线进攻英帕尔。

虽然情报部门曾发出预警，但日军的南线攻势还是打了斯利姆的第 14 集团军一个措手不及。后者快速撤向英帕尔，致使奉命在谢阿姆一带抵挡日军的印度第 20 师被困投降。斯利姆从若开空运两个师增援英帕尔地区，到牟田口廉也又投入第 15 师团进攻英帕尔时，斯利姆已具备实力组织第一阶段的有效防守。日军成功切断了通往英帕尔的道路，随后是一场长达 4 个月的围攻。在此期间，英国皇家空军第 3 战术航空军（Third Tactical Air Force）为斯利姆提供补给，运来增援、油料、食物和军事装备。

在北线，牟田口廉也派佐藤信德中将率领第 31 师团占领科希马，为下一步夺取位于迪马布尔的英国补给站做准备。佐藤信德艰难地穿过高山密林，终于将整个师团带至科希马，于 4 月 5 日包围该镇，开始了街道争夺

战。到4月18日，守军被逼到一座小山上。但从迪马布尔沿大路赶来的一支援军打破了日军的包围圈，佐藤信德逐渐被打退。5月31日，他命令精疲力竭、补给短缺的部队全线撤退。这是一场苦战，日军伤亡6000人，英国和印度损失4000人。

牟田口廉也本来计划，夺取科希马后，佐藤信德再派援军南下支援对英帕尔的围攻。北线的失败使日军面临一场日渐严峻的消耗战，因为被围的盟军武装太强大，致使日军不能决定性地打败它。6月22日，英军斯利姆部重新打通从英帕尔到科希马的道路，打破了日军的围困。缺乏食物、弹药和辎重，疫病盛行的日军则在进行一场日益无望的自杀性战斗。1944年7月18日，河边正三和牟田口廉也同意终止行动，开始撤退。斯利姆所部的实力大增后，紧咬日军不放，一路追过钦敦江。日军的撤退演变成一场灾难性溃逃，最终损失5.3万人，其中至少3万死亡。这次战役打断了驻缅日军的脊梁，为盟军1945年夺回缅甸创造了条件。

英帕尔战役期间，英国士兵在草丛中搜索日军狙击手。一个“布朗”机枪单位掩护他们，防备敌军突袭。

河边正三（1886—1965）

1943 年 3 月，河边正三被任命为驻缅日军司令。1907 年毕业于陆军士官学校的河边正三是陆军指挥官，1929—1932 年任驻柏林武官。他参与了引发中国全面抗战的“卢沟桥事变”（1937 年 7 月 7 日），担任 1938—1939 年和 1942—1943 年两任日本华中派遣军参谋长。1944 年在缅甸，他不顾其他高级指挥官的反对，批准了入侵印度的计划；计划失败后，他于当年 8 月被调回日本。他进入大本营，升为大将，先指挥本土中部军，后指挥陆军航空兵总队（由在日本的全部剩余战机组成），防守日本本土。日本投降后，他协助盟军遣散日军，1945 年末退役。

1944 年日军进攻期间，英帕尔到科希马的公路上，英军西约克郡团的士兵在清除日军设置的障碍。

进攻科希马和英帕尔的“乌号作战”期间，一群日军士兵正在建筑废墟内作战。日军的补给严重不足，在战役中遭受惨重损失。

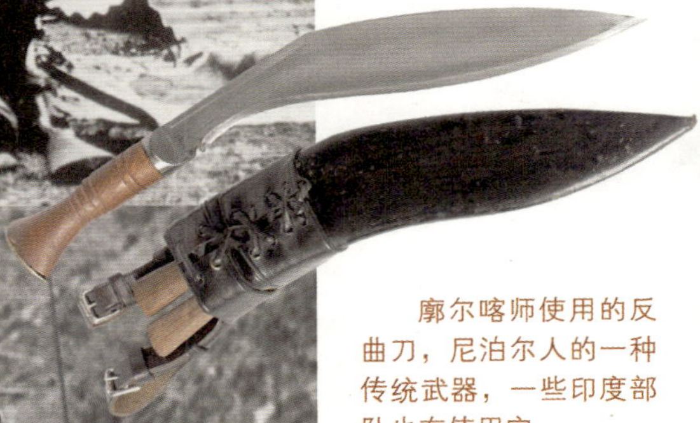

廓尔喀师使用的反曲刀，尼泊尔人的一种传统武器，一些印度部队也在使用它。

一辆“李－格兰特”坦克在穿越英帕尔以北的一条河，迎战日军 1944 年 3 月 7 日发动的进攻。

1944 年 6 月，斯利姆的第 14 集团军打通了科希马和英帕尔间的道路，打破了日军的围困。经过 10 周激战，英帕尔部与沿曼尼普尔平原北部边缘进军的科希马部终于会师。

德穆公路的一处日军阵地正遭轰炸。与进攻的日军相比，英联邦部队在坦克和战机方面拥有明显优势。

日本侵华战争：豫湘桂会战

1944.4—12

大事表

1944 年 6 月 23 日
苏军打响“巴格拉季昂行动”，几周之内消灭了德国中央集团军群。

1944 年 7 月 20 日
冯·施陶芬贝格上校在统帅部刺杀希特勒失败。

1944 年 8 月 17 日
苏军到达德国东普鲁士边境。

1944 年 8 月 25 日
经过一个星期与法国抵抗力量的战斗，德军放弃巴黎。

1944 年 10 月 13 日
苏军进入拉脱维亚首都里加。

1944 年 10 月 20 日
美国第 6 集团军进攻菲律宾莱特岛。

1944 年 11 月 11 日
美国海军开始轰炸日本硫磺岛。

战争后期，中国的军事形势一片混乱。蒋介石看到日本即将战败，试图保存国民党军队的实力，为战后与共产党进行内战做准备。到 1944 年，共产党军队有约 50 万人，还有一支估摸 200 万人的民兵武装。共产党控制了华北日军占领区内外的部分农村地区。在中国，美军中国战区司令史迪威将军和美国志愿空军司令陈纳德（Claire Chennault）少将积极求战。基地在华南的陈纳德“飞虎队”飞越印中“驼峰航线”，向蒋介石部队空运补给，执行打击占领区日军目标的任务。

在湖南和广西的美国空军基地和它们对日本本土构成的轰炸威胁成为日军的眼中钉，促使侵华日军指挥官重启 1941 年以来的第一次地区攻势。此外，日军也需要打通一条从中南半岛到中国东北的铁路通道，因为漫长的海上航线已被美国潜艇和战机控制。1944 年 4 月，15 万日军发动豫湘桂会战，占领了华中的河南余部，控制了京汉铁路。

豫湘桂会战的第二阶段从 1944 年 5 月下旬开始，目标是占领中国东南各省，清除陈纳德的空军基地。史迪威警告蒋介石和陈纳德，除非中国军队能提供充分的地面保护，否则空军基地将无以自保。国民党军队约有 350 万人，但其中许多部队却只忠于地方军阀，并不可靠。蒋介石手中牢牢控制着忠于他的所谓“中央军”，约有 65 万人。虽然这些中央军装备精良，训练有素，但他此时不愿将其完全投入正面战场。这样，东南各省的防务就落在薛岳将军的粤军和陈纳德的 200 架战机头上。6 月 18 日，国民党军队防守的长沙沦陷。随后 35 万日军进犯湘桂，中国的反击持续 6 周后，陈纳德的空军基地一个个陷落。到 11 月，日军清除了最后一座机场，同中南半岛北部的日军会合，完全控制了从河内到奉天（沈阳）的铁路线。会战中，中国军队伤亡约 50 万人。至此，日军的行动暂告一段落。尽管通向国民党陪都重庆的道路已被打开，且防守薄弱，但日军的野心仅限于建立一条铁路通

约瑟夫·史迪威将军（1883—1946）

史迪威是在中国和缅甸作战的美国名将。他来自管教严格的新教家庭，而他对家庭信仰却是天生的叛逆者。他没有上耶鲁大学，却被送到西点军校，在那里因训练时发笑被记过。一战期间，他是美国第 4 军情报官。两次大战之间，其尖刻风格为他在军中赢得“刻薄乔”的绰号。他后来任驻中国武官，在此期间学会汉语，1935—1939 年及 1942 年被选中担任蒋介石的参谋长和中缅印战区美军司令。在这个职务上，他目睹了政治阴谋、军队内斗和对《租借法案》所援助给中国的物资被贪污，并深受其害。1944 年 10 月，在蒋介石指责他应为阻止日军攻势的失败担责后，他被召回美国，后任驻冲绳美国第 10 集团军司令。

1944 年 3 月，中国人在美国工程师的帮助下修建飞机跑道，他们正在搬运铺跑道所用的石头。豫湘桂会战期间，在华的主要美国空军基地均被日军占领。

道，消除美军的空中威胁。侵华日军兵力尚不足以冒险大规模进犯华中其他腹地。在许多占领区，日军的统治要依赖从中国地方军阀或匪帮中招收的约100万伪军和警察。在战争剩下的9个月里，日军守住了铁路线，但对内陆乡村的控制常常有名无实。1945年，滇缅公路被重新打通，国民党军队得到充足的补给。但他们的指挥官腐败无能，许多军队也不忠诚可靠，这一切制约着蒋介石在抗战最后胜利阶段发挥更积极的作用。

1943 年在开罗会议期间，蒋介石夫妇正坐在罗斯福总统两旁。蒋介石希望得到美国对亚洲战事的更大投入，但到战争后期，美军可穿越太平洋打败日本的形势已经明朗。

1944 年 3 月，在日军对湖南进攻期间，国民党士兵抓获的一个日军俘虏。虽然中国军队顽强抵抗，但到 1944 年夏，整个华中地区被日军占领。

被日军于 1944 年 6 月杀害的 5000 个中国人的头骨，摆在湖南衡阳附近的一处山坡上。

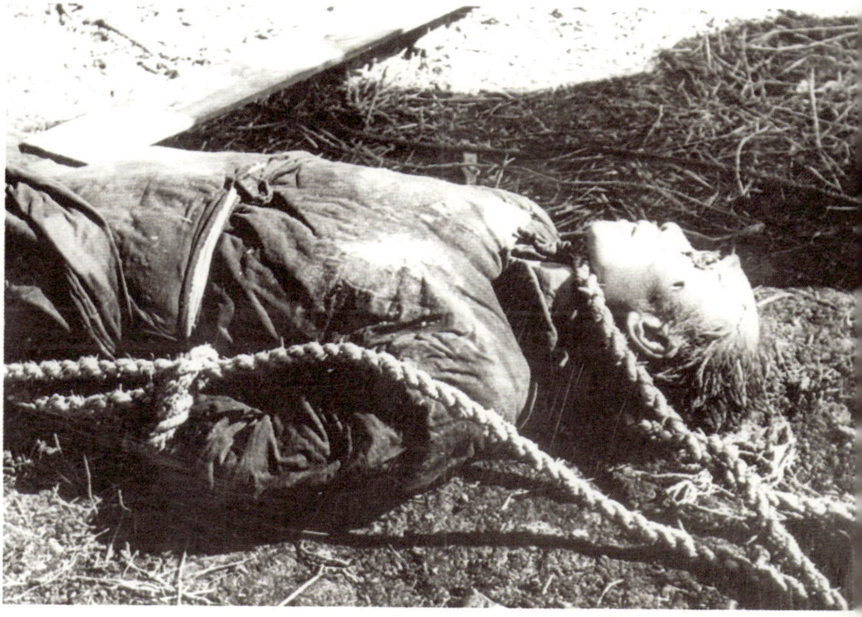

1944 年 6 月 18 日长沙陷落后，一个被日军残杀的中国人。他被绑在墙上，双眼被挖掉。在占领区，日军到处残害平民。

诺曼底进攻日

1944.6.6

大事表

1944 年 6 月 1 日

法国抵抗组织提前获得诺曼底登陆的情报，开始发起游击行动。

1944 年 6 月 4 日

盟军进入罗马。

1944 年 6 月 4 日

恶劣天气迫使原定于 6 月 5 日的诺曼底登陆推迟。

1944 年 6 月 10 日

苏军开始大规模进攻芬兰军队。

1944 年 6 月 10 日

武装党卫军烧毁法国奥拉杜尔村，杀害了包括妇女儿童在内的 642 人。

1944 年 6 月 15 日

美军在塞班岛登陆。

同盟国远征军最高统帅部（SHAEF）徽章。

1944 年 6 月 6 日的诺曼底登陆，是英美两个西方盟国多年战略争论和作战准备的最终结果。1942 年，美国陆军参谋长马歇尔将军希望驻英美军做好准备后，盟军能于 1943 年春发动横渡英吉利海峡的“驱赶行动”。但英国领导人对这一计划毫无热情，并且认为盟军先攻北非（1942 年 11 月）后打西西里岛（1943 年 7 月）的决定，已使在欧洲北部进行任何大规模行动变得不可能。1943 年春，盟军最终设立了由英国人弗雷德里克·摩根中将领导的筹划部门，为 1944 年 5 月可能发动的进攻做准备。随着 1943 年形势的发展，这一选择逐渐明朗，开始计划在诺曼底开辟一条狭窄的战线，但直到 1943 年 8 月在魁北克会议上，代号“霸王行动”的决定才最终被确认。1943—1944 年冬，英国领导人对此依然持怀疑态度，仍倾向于途经地中海的外围策略，以避免与德军在法国发生正面冲突。

魁北克会议后，登陆的计划和准备工作开始加速。艾森豪威尔将军被任命为“霸王行动”总司令，蒙哥马利将军则任地面部队司令。两人都认识到，用几个师在一条狭窄战线上进攻的初定计划不会成功。他们最终计划在一条广阔战线上，先从5处不同的海滩用5个师发动进攻，后以37个师的强大兵力继续突破，打败驻法德军。1944年2月1日，依据潮汐的变化情况，参谋指挥部一致决定将诺曼底登陆的日期定为5月31日，如果5月天气不佳，6月5、6、7日可备选。盟军开发了一种名为“桑树”（Mulberry）的人工港，可以解决滩头的补给难题。这些“桑树”可分块拖过海峡，在接近前线处重新组装起来。登陆的运输工作，主要由英国皇家海军上将拉姆齐指挥“海王星行动”组织实施。到进攻那一天，拉姆齐会带领7000艘军舰、运输船和小艇冲向法国沿海。

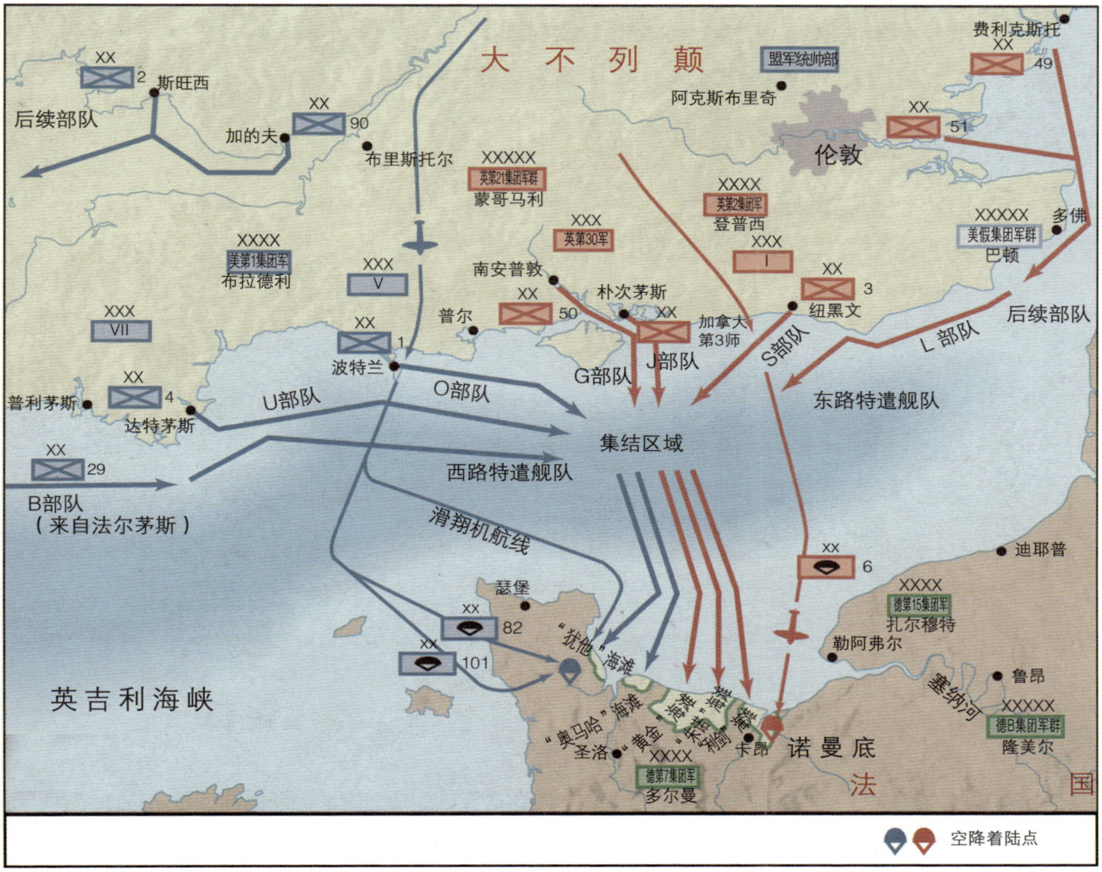

冯·伦德施泰特元帅（1875—1953）

格尔德·冯·伦德施泰特是二战德国陆军领导人，诺曼底登陆时的西线德军总司令。他出身普鲁士军事望族，到希特勒上台时已是一位功成名就的军人。1938年，他升为上将，入侵波兰时指挥南方集团军群，入侵法国时指挥A集团军群。1940年7月，他被授予元帅军衔，成为德军西线总司令，直至被调到东线，在“巴巴罗萨行动”中指挥南方集团军群。1941年12月，他因为从罗斯托夫撤退被撤职，但从1942年3月—1944年7月，及1944年9月—1945年3月，两度复出担任西线总司令。虽然他私底下批评希特勒的战略，但贯穿二战始终，在公开场合对后者都表现出了忠诚。他在战争结束时被捕，因战争罪受审，1949年因病提前获释。

为防御盟军的进攻，德军建设了一个横贯法国北部的综合防御网，名为“大西洋壁垒”。指挥德军地面部队的隆美尔元帅认为，打退进攻的最佳地点在滩头，却因此与顶头上司冯·伦德施泰特元帅意见不合。后者希望将机动力量部署在海岸后方，避开盟军的海空军火力，但可随时准备发动致命反击。希特勒从中调停，将机动部队一分为二，从而造成两种战略都有落空的危险——沿海的机动师太少，同时后备力量也不足。到1944年6月，德军将58个师散布在整个法国。隆美尔判断敌人将在法国东北的加来海峡登陆，而会在诺曼底发动一次佯攻。因此，到1944年6月，多尔曼（Friedrich Dollmann）将军在诺曼底的第7集团军只有14个师，但加来一带沿海却有20个师。在英国活动的双面间谍不断向德国人灌输盟军的假计划，致使盟军的欺骗行动相当成功。所以，大部分德国军事策划人员都预计，盟军的进攻主力将横渡英吉利海峡的最窄处，剑指加来。这与希特勒的想法不谋而合。当盟军最终驶向诺曼底时，德国守军几乎被打了个措手不及。

经过数月准备，1944 年 5 月中旬，进攻的日期终于被确定在 6 月 5 日。奥马尔 · 布拉德利（Omar Bradley）中将指挥美国第 1 集团军，将攻击代号“奥马哈”和“犹他”的两处海滩。迈尔斯 · 登普西将军指挥英国第 2 集团军，将进攻代号“朱诺”“黄金”和“利剑”的另 3 处海滩。然而，恶劣的天气迫使行动推迟到 6 月 6 日。6 日晨，战舰和小艇组成的庞大舰队逼近法国海岸。随后一场狂轰滥炸开始，先是 2856 架重型轰炸机，继之以海军炮火，最后是成群的战斗轰炸机。轰炸异常猛烈，以致英军轻松拿下目标海滩。到当天结束时，英军占领了一个纵深几公里的滩头阵地，并打退德军小股反攻。美军在“犹他”也同样取得胜利，登陆时只遭遇了轻微火力，到当天结束时以仅仅 197 人伤亡的代价，奋力打出一个 10 公里宽的滩头阵地。而在“奥马哈”海滩，盟军则遭遇了一场苦战。因为盟军对这里的先期轰炸未能有效打击守军，而且悬崖峭壁妨碍了快速机动。到当天晚上，盟军守住了“奥马哈”海滩，但进展甚微，伤亡则高达约 2000 人。1944 年 6 月 6 日，付出约 10300 人伤亡的总代价后，盟军共有 13.2 万人在诺曼底成功登陆。

伯特伦·拉姆齐海军上将（1883—1945）

拉姆齐海军上将当年策划了敦刻尔克撤退的海军行动，后来又是诺曼底登陆行动的海军组织者。1898 年，拉姆齐加入英国皇家海军，1915—1918 年间作为海军少校在多佛巡逻舰队服役。1938 年，因与直接上级不和，他以少将身份退役，后又被召回部队，1939 年 8 月—1942 年担任多佛舰队司令。他是 1942 年 11 月“火炬行动”的海军副司令，进攻西西里岛的东路特遣舰队司令，后被任命为进攻法国的盟军海军总司令。他是一位受人欢迎、能力出色、意志坚决的指挥官，在组织海军支援进攻上取得了巨大成功。1945 年 1 月 2 日，他死于飞机失事。

防守英吉利海峡的德国重型炮台，建于 1942 年 4 月。弗里茨·托特（Fritz Todt）的“托特组织”修筑了“大西洋壁垒”工事，为纪念他，该炮台被命名为“托特炮台”。托特还是军火部长，直到 1942 年 2 月死于飞机失事。

1944 年 6 月 6 日上午，一艘 LST 25 登陆艇甲板上的美军士兵和卡车。他们准备攻占“奥马哈”西段圣洛朗（St. Laurent）和维耶维尔（Vierville）间的海滩。这里的德军抵抗猛烈，直到上午 10 时，付出巨大代价后，盟军才打通离开海滩的出口。

US 55

1944 年 6 月 6 日，美国第 1 集团军占领“奥马哈”海滩后的全景。坦克运输艇正冲上海滩，直接把车辆卸在岸上。到当晚，盟军已有 13 万多人携带大量装备在各海滩登陆。

1944 年 6 月 6 日上午，正在登陆“利剑”海滩的英军。承担支援任务的英国第 3 步兵师冒着微弱炮火，在拉布雷切（La Breche）附近集合，准备离开海滩，向内陆进军，围绕滩头构建一条防线。

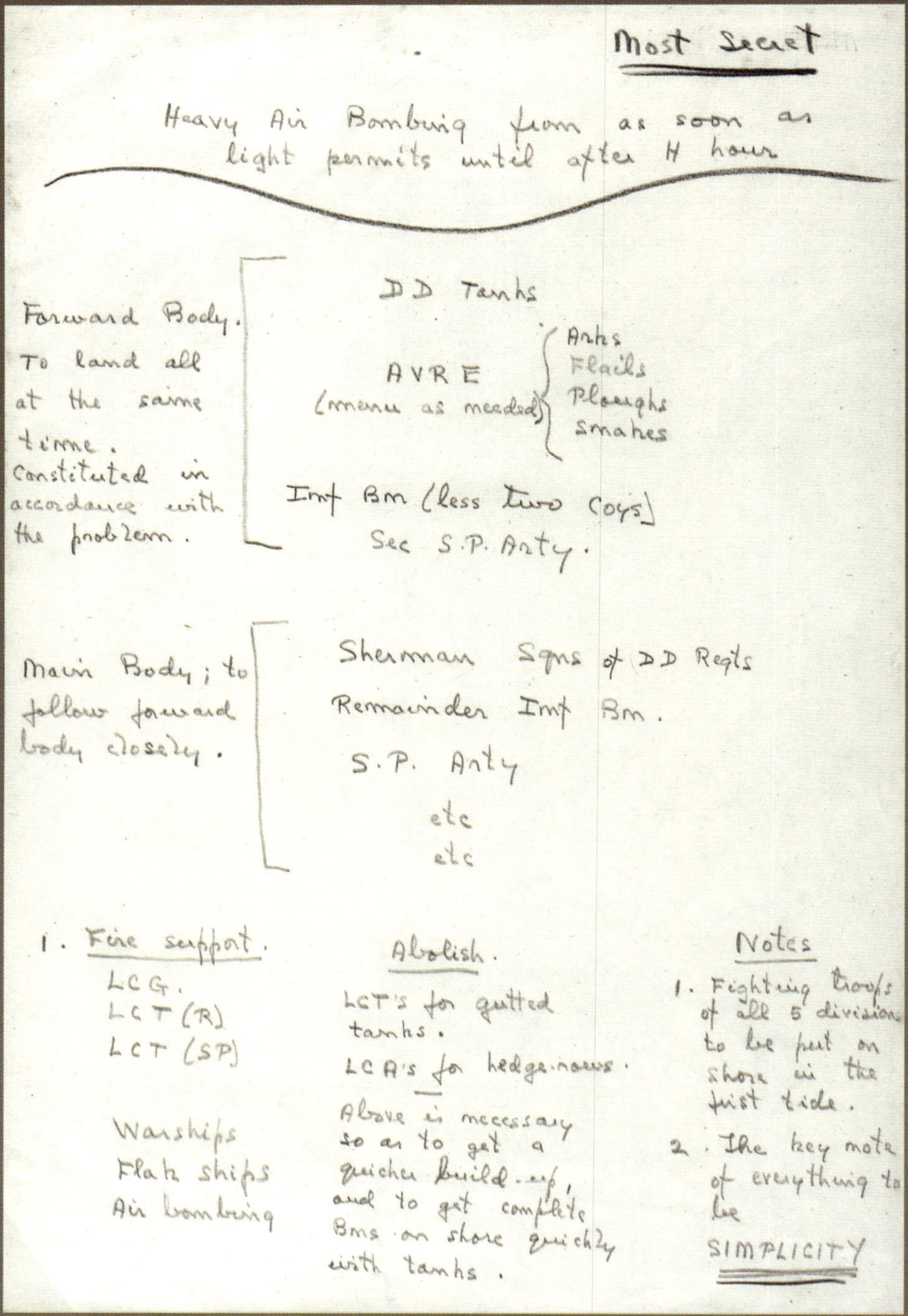

Most Secret

Heavy Air Bombing from as soon as light permits until after H hour

Forward Body. To land all at the same time. Constituted in accordance with the problem.

DD Tanks

AVRE (menu as needed)
- Arks
- Flails
- Ploughs
- Snakes

Inf Bn (less two coys)

Sec S.P. Arty.

Main Body; to follow forward body closely.

Sherman Sqns of DD Regts

Remainder Inf Bn.

S.P. Arty

etc

etc

1. Fire support.

LCG.
LCT (R)
LCT (SP)

Warships
Flak ships
Air bombing

Abolish.

LCT's for gutted tanks.

LCA's for hedge-rows.

Above is necessary so as to get a quicker build-up, and to get complete Bns on shore quickly with tanks.

Notes

1. Fighting troops of all 5 divisions to be put on shore in the first tide.
2. The key note of everything to be SIMPLICITY

蒙哥马利的诺曼底作战计划原件

1944 年 6 月 6 日，蒙哥马利元帅手写的作战笔记，展示了他对这场注定复杂且艰难的军事行动所采取的直接且简明的指挥方式。在他的统率下，盟军部队成功实现了既定目标——迅速登陆并巩固了滩头阵地。

诺曼底争夺战

1944.6.7—7.25

大事表

1944 年 6 月 19—20 日
菲律宾海海战中，日本舰队和海军航空兵遭到重创。
1944 年 7 月 3 日
印缅边境的英帕尔战役以日军被打垮而收场。
1944 年 7 月 18 日
日军在塞班岛失败后，首相东条英机辞职。
1944 年 7 月 24 日
在穿越白俄罗斯和波兰中部的快速进军中，苏军解放了马伊达内克的德国灭绝营。

到 1944 年 6 月 7 日，盟军在诺曼底的立足点已相当安全，足以防止任何战略性灾难的发生。但随后几周的作战进展，比“霸王行动”的最初计划要慢很多。到 6 月 11 日，在 5.4 万辆车辆的协助下 32.6 万人已上岸；到 6 月中旬，19 个师 50 多万人已登陆。但即使拥有绝对制空权，蒙哥马利部依然未能夺取卡昂；在进攻区域的西段，布拉德利的美国第 1 集团军面对实力相对较弱的德军，仍历经 3 个多星期的战斗，才最终夺取科唐坦半岛，占领瑟堡港。

英国（威尔士）第 53 步兵师徽章。

德国党卫军第 9 装甲师袖章。

蒙哥马利计划迫使德军将大部分兵力，包括最具战斗力的装甲师，集中在卡昂一带。这样，布拉德利即可在西路突破，长途迂回到与英军和加拿大部队作战的德军后方，包抄他们。隆美尔所部作战老练，加之复杂的地形

（部分是沼泽，部分覆有名为“小树林”的茂密高挺的灌木丛），盟军很难将优势转化成战果。6 月 19—20 日，一阵狂风摧毁了一座“桑树”人工港，盟军的设备和人员补给一时枯竭。7 月 1 日，隆美尔利用这个机会，集中装甲力量在卡昂一带发动反攻。这是诺曼底登陆以来最激烈的一次战斗，而隆美尔的进攻最终也被打退。艾森豪威尔本指望盟军一旦占领并巩固立足点后，能够快速突破敌人防线。但夺取卡昂遭遇失败，以及未能加速击溃德军的抵抗，让他十分沮丧，也导致他与蒙哥马利关系紧张。

7 月 7 日，蒙哥马利独自开始了一次大规模行动，意图占领卡昂并突破德军防线。一番大规模空中轰炸后，盟军夺取了卡昂，但轰炸造成街道被瓦砾塞满，通行困难。隆美尔退至卡昂以南，构筑了 5 道防线，包括一道用威力巨大的“坦克克星”——88 毫米高射炮沿布尔盖比岭布置的火力网。在艾森豪威尔的催促下，蒙哥马利筹划了进攻德军防区的第二次动作——“古德伍德行动”，定于 7 月 18 日开始。在此前一天，隆美尔坐车时遭英国飞机扫射，身负重伤，指挥权由冯·克卢格（von Kluge）元帅接掌。7 月 18 日，

奥马尔·布拉德利将军（1893—1981）

奥马尔·布拉德利是二战中成长起来的美国陆军名将。他没有参加一战，但两次大战之间，因指挥才能出色，到1941年其军衔已升到准将。1943年，他被任命为北非的巴顿美国第2军副司令，4月全面指挥该军，为摧毁北非轴心国军做出了重要贡献。在西西里岛登陆战中，他继续指挥第2军。1943年9月，他到达英国，作为一个拥有战术天才、头脑冷静的指挥官，他的名声越来越响，最后在诺曼底登陆中指挥美国第1集团军。在法国作战期间，巴顿（第3集团军司令）反成了布拉德利（美国第12集团军群司令）的副手。从诺曼底开始，到德国最后战败，布拉德利一直指挥美国的地面部队，1945年3月晋升四星上将，最后于1950年升至五星上将。

行动以此役最猛烈的一次空中轰炸开始，激烈战斗随后在布尔盖比岭各村庄四处打响。两天后，暴雨迫使行动暂停，德军的大炮防线依然完好无损。但西段布拉德利对面的两个德军装甲师被迫调去增援东段的战斗，美军因此得以在几天后最终突破诺曼底外围的德军防线。

虽然一时防守成功，但德军指挥官明白，他们再也承受不了这么大的消耗。诺曼底登陆日到

在诺曼底阿罗芒什一座“桑树”码头前悬挂的英国皇家工兵蓝色军旗。

"古德伍德行动"之间，他们损失了2117辆坦克和11.3万人，却仅补充17辆坦克和1万人。冯·克卢格希望有序撤出法国，将战线后移，但希特勒坚持第7集团军应在原地战斗，一步不许退让。到7月下旬，盟军有4500辆坦克；而德军仅剩850辆坦克，除190辆外，其余全在卡昂以南抵抗蒙哥马利。盟军拥有绝对制空权，约12000架战机；而德军总共只有6—7月间调到法国的1000架飞机，并且它们不是在天上被击落，就是被扼杀在基地。到7月末，诺曼底一带盟军周围的德军防守圈已非常脆弱。蒙哥马利的策略产生了效果，为发动摧枯拉朽般的最终突破创造了条件，但在一个要求速战速决的总司令看来，这个策略太慢了。正是艾森豪威尔的急迫感和蒙哥马利在战场上的谨慎，导致战后出现了英军在诺曼底指挥不灵的说法。实际上，两个月的消耗战已使得西线德军元气大伤。只需再过1个月，几乎整个法国都将落入盟军手中。

克勒拉尔将军（1888—1965）

从1941年起，在维持和组织一支赴欧洲作战的庞大加拿大军队方面，加拿大参谋长亨利·克勒拉尔（Henry Crerar）发挥了重要作用。克勒拉尔是职业炮兵军官，全程参加了一战。二战中，他先指挥加拿大第2师，后在意大利战场指挥加拿大第1军。1943年末，他被任命为加拿大第1集团军司令，进攻诺曼底时统帅加拿大部队。除短暂病休外，他在解放法国和进攻北德的战斗中一直指挥加拿大军队。他的名声靠的是管理和政治技巧而不是战场表现，对此蒙哥马利给他的评价相当糟糕。战后，他担任了一系列派驻捷克、日本、荷兰等国的外交职位。

1944年6月15日，艾森豪威尔将军、美国舰队司令欧内斯特·金（Ernest King）海军上将（右立者）和乔治·马歇尔将军（左立者）到诺曼底视察战场。艾森豪威尔对进展很满意，但不久后，因夺取卡昂遭遇失败，他与地面指挥官蒙哥马利的关系恶化。

1944年7月18日，英国"克伦威尔"坦克正在集结，准备发动"古德伍德行动"。这次行动的目的是突破德军在卡昂以南的防线，但7月20日，恶劣天气和德军的顽强抵抗迫使行动暂停。

1944 年 7 月初，美国第 7 军士兵在法国港口城市瑟堡从一具德军尸体旁经过。德国守军抵抗顽强，到 6 月 26 日才被迫投降，但一些部队仍继续战斗了 5 天，直到被美军彻底打败。

CAUTION
LEFT HAND
DRIVE
CAUTION
LEFT HAND
DRIVE
CAUTION

1944年8月，在阿罗芒什，盟军车辆正通过“桑树”人工港长长的浮桥上岸。盟军在获得一座大型港口前，大部分装备须经由人工港运输。6月，另一座位于圣洛朗的人工港被一阵大风吹垮报废，为阿罗芒什码头带来了更大的压力。

1944年7月7日，从德国第7集团军手中夺取卡昂的行动开始之前，英国皇家空军467架重型轰炸机猛烈轰炸了这座法国城市。7月9日，德军放弃卡昂后，盟军在废墟中艰难地穿越街道。图为7月10日，一名英国士兵正抱着一个小女孩走过城市废墟。

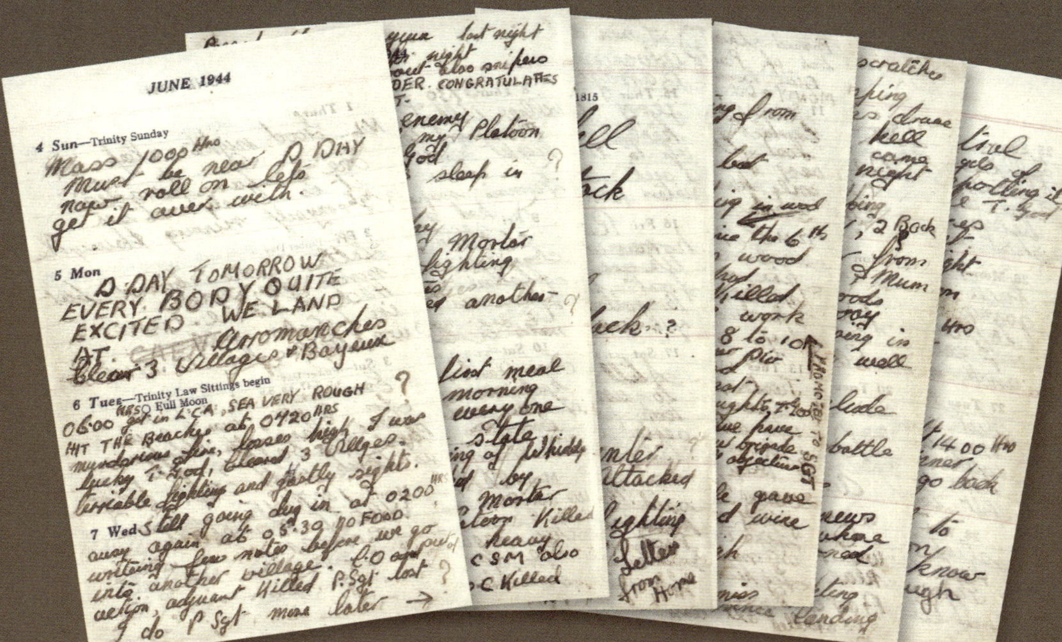

从“登陆日”到”市场花园行动”

英国第 50 师第 1 营皇家汉普郡团休斯中士的日记节选。内容涵盖从诺曼底登陆到 1944 年 9 月“市场花园行动”期间的经历。他在日记中将 7 月中旬围绕卡昂的战斗描述为“地狱之日”。

希特勒的“复仇武器”

1944.6.13—1945.3.29

大事表

1944 年 3 月 8 日
德国“瀑布”遥控地空导弹在佩讷明德第一次成功试射，但后来这种防空导弹没能投入使用。

1944 年 7 月 17 日
美军在诺曼底的进攻中对德军首次使用凝固汽油弹。

1944 年 7 月 29 日
德军火箭推动的“梅塞施密特”163 B 战斗机首次参战。

1944 年 8 月 4 日
英国格罗斯特“流星”战斗机首次报告成功击落德军的 V–1 飞弹。

1942—1943 年，面临盟军愈来愈猛的轰炸，希特勒四处寻找可用于袭击英国城市甚至迫使盟军结束轰炸行动的新型武器。作为“复仇武器”，有两个项目吸引了希特勒的格外关注：第一种是不需要飞行员的飞弹，德国空军开发的“菲施勒 – Fi103”；第二种是历史上最早试射成功的弹道导弹，北德沿海佩讷明德研究所科学家团队开发的 A–4 火箭。这两种武器分别被称为 V–1 和 V–2，“V”代表德语中的“复仇”。

1942 年 10 月，A–4 火箭首次试飞成功，但液体燃料引擎和制导系统还有不少问题。1943 年夏，希特勒命令大批量生产火箭和飞弹。但开发中的技术问题和 1943 年 8 月 17—18 日夜间英国对研究所的轰炸，将 V 型武器的使用推迟到 1944 年夏秋。火箭项目由海因里希 · 希姆莱的党卫军工程机构负责。这个机构在北豪森建造了一个恶名远扬的地下设施，名为“米特堡 – 朵拉”。成千上万集中营犯人死于这一设施的建设和运行。“菲施勒”飞弹制作较易，1944 年夏开始运作，6 月 13 日第一批飞弹就飞向伦敦。

英国情报机构已经认识到新武器的潜在威胁。1943 年 12 月起，以英国

冯·布劳恩（1912—1977）

韦纳·冯·布劳恩（Wernher von Braun），是他那个时代最著名的火箭科学家。因为少年时对火箭技术的热爱，年仅20岁的他就得到德国陆军的一个职位，加入一个弹道导弹研究团队。1937年，他成为陆军军械处主任，在波罗的海沿岸的佩纳明德研究所继续火箭推进研究。他领导开发了V–2火箭（1944年9月首次使用），1945年向美军投降。美军同时收获了一大帮火箭科学家、图纸和设备。美军雇他为陆军开发导弹，包括“木星”火箭。1960年，他调到美国航空航天局，成为航天飞行中心主任和首次将人类送上月球的“土星V”火箭总设计师。他1972年退休后，进入私营企业工作。

1944年，年轻的德国火箭科学家冯·布劳恩在佩纳明德火箭研究中心与德军高官交谈。

为基地的轰炸机部队奉命发起“弓弩行动”，袭击这些武器的生产设施和发射场。1944年6—9月，这一行动达到高潮，共有6万吨炸弹投向V–1相关目标。“弓弩行动”扰乱了德国V型武器的发展，但没能阻止它。超过1万枚飞弹射向伦敦和英国其他众多城市，但只有7488枚最终打到了英国，其中仅2419枚打到伦敦。然而，6184人的总死亡数跟它的炸药当量相比还是极高的，而一次更高效的飞弹行动也许会在英国首都引发一次危机。1944年10月起，V–1还打向盟军的主要补给基地——比利时安特卫普港。

有相当比例的V–1在到达目标前就被战机或防空火力击落，在英国的双面间谍提供的误导信息则让德国人认为他们的飞弹向北飞得太远。他们调整了弹道，结果许多飞弹没打到伦敦，而是落在东南部的乡村地区。

对付A–4火箭，盟军没有可靠的办法。第一枚导弹于1944年9月8日发射。它是一种天生无法精准打击目标的武器，517 枚导弹毫无规律地击中伦敦，又造成 2754 名平民丧生。火箭从容易隐蔽、难以被空中打击的小发射井发射，一旦升空，只有技术故障才能阻止它到达目的地。1944 年 9 月 8 日—1945 年 3 月 27 日，6000 枚 V–2 中仅 1054 枚打到英国；另有 900 枚在 1944 年最后几个月打向安特卫普。盟军的猛烈轰炸彻底摧毁了德国的战争经济，致使希特勒大规模生产火箭武器的计划化为泡影。

除 V–1 和 V–2 外，德国还研发了其他武器，但都未能用于实战。1943—1944 年开发的 V–3 远程大炮，被设计成射程近 160 公里的特制炮弹。但 1943 年 11 月和 1944 年 7 月，盟军轰炸机袭击了加来附近的两处预定发射场，这一项目被迫放弃。另一种武器，所谓的 V–4，是一种地空导弹，代号“瀑布”，1944 年已接近大规模生产，但在争夺稀缺资源的斗争中未能获得希特勒的支持。这种地空导弹本来也许可以在对抗盟军轰炸机的战斗中发挥重要作用，而 V–1 和 V–2 则对盟军的联合轰炸机攻势没产生任何影响。

V–1 武器剖视图。这种“菲施勒 – Fi103”无人飞弹由一台“阿耳戈斯”脉冲喷气发动机推动，1942 年 12 月首次实验。约 1 万枚飞弹发射到英格兰南部，造成极大破坏。它们的平均射程约 200 公里，最大航速每小时约 670 公里。

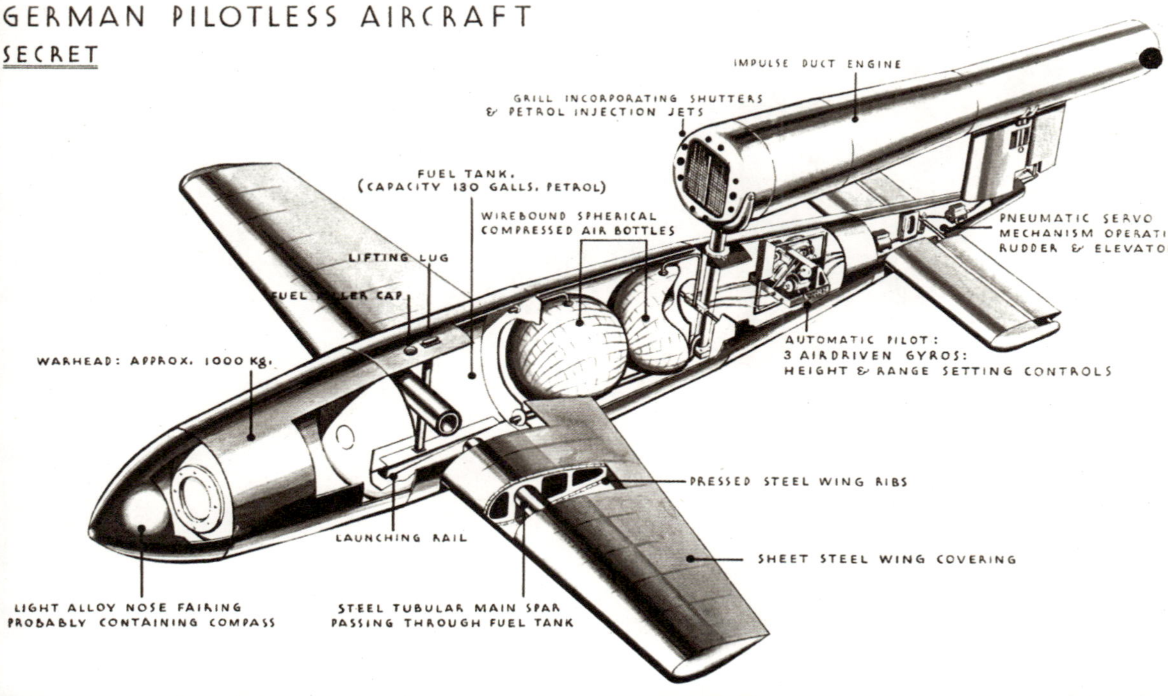

多恩贝格尔少将（1895—1980）

瓦尔特·多恩贝格尔（Walter Dornberger）在一战中是炮兵军官，20世纪20年代学习工程学，1930年4月加入德国陆军军械处导弹部队。1937年5月，已是上校的多恩贝格尔负责佩讷明德的武器研发中心，监督冯·布劳恩的V–2火箭开发。他还在1942年负责V–1飞弹的开发，1944年负责防空导弹技术研究。他是1945年5月在一个奥地利村庄向美军投降的一群火箭科学家之一，随后按“回形针行动”（安排俘获的德国科学家转到美国的行动）的计划，他开始为美国陆军工作。1950年，他调到贝尔飞机公司（BAC）工作，1965年退休。

法国某地一发射场的一组V–1武器。运输过程中，机翼折叠收起，从一个小型发射斜坡发射前，V–1须在发射区做好发射准备。

1944年，V-2武器的测试发射中，正从波兰克拉科夫附近的党卫军训练区升空的A-4火箭。这些武器是庞大复杂的工程产品，但携带重量刚过900公斤的弹头，只及一架盟军轰炸机的部分载弹量。然而击中地面时，这种火箭极高的速度给了弹头额外的冲击力。

1944 年 12 月 2 日，用 30 厘米镜头从 300 米高处拍摄的德国 V–1 发射场的红外照片。1944 年 6—9 月，盟军在对付 V 型武器的“弓弩行动”中共投下 6 万吨炸弹，到 9 月，许多早期发射场都已被盟军占领。

1944 年，伦敦吉普赛山附近，一位英国警察在安慰遭 V–1 袭击的幸存者。这枚飞弹炸毁了一个街区的房屋，炸死了该男子的妻子，损坏了他的房子。近 9000 人死于德国 V 型武器的袭击。

马里亚纳群岛：日军死战到底

1944. 6. 15—8. 10

大事表

1944 年 6 月 15 日
从中国基地起飞的美国 B–29 轰炸机空袭了日本九州岛。

1944 年 6 月 23 日
苏军在白俄罗斯开始“巴格拉季昂行动”，进攻德国中央集团军群。

1944 年 8 月 1 日
第一批苏军在维斯瓦河对岸成功构筑一个小桥头堡。

1944 年 8 月 4 日
德军撤出佛罗伦萨，部署到“哥特防线”。

1944 年 8 月 15 日
盟军对德军占领的法国南部发动“龙骑兵行动”。

对中太平洋吉尔伯特和马绍尔群岛发动“跳岛”攻击之后，太平洋区盟军总司令尼米兹海军上将决定占领马里亚纳群岛。这是一组包括塞班岛和关岛在内的岛屿，从这里起飞，美国新型波音 B–29 重型轰炸机可以攻击日本本土。1944 年 2 月，美军开始空袭马里亚纳群岛守军。6 月初，斯普鲁恩斯海军中将率第 5 舰队 530 艘各型船舶到达塞班岛外水域，开始大规模轰炸斋藤义次中将所部日军。斋藤义次的 2.5 万—3 万士兵则做好了抵抗美军的准备。

6 月 15 日，霍兰 · 史密斯（Holland Smith）中将率第 5 两栖军的第 2 和第 4 海军陆战师穿过危险的暗礁，进攻塞班岛西南海滩。日军居高临下，用大炮编织出一道致命的火力网。斋藤义次计划先压制住美军的滩头阵地，再消灭它。但到第 3 天，不断增援的美军会合后突破日军防线，占领了阿斯里托机场。自此以后，面对日军的自杀式抵抗，美军的进展趋缓，一个计划用 3 天的行动却用了 3 周才完成。7 月 6—7 日夜，塞班岛北部日军残部发动了二战中最大的一次自杀式冲锋。7 月 9 日，美军总指挥特纳（Richmond Kelly

"嚎叫的疯子"史密斯中将（1882—1967）

霍兰·史密斯是公认的美国两栖作战之父。1905 年，他加入海军陆战队，在菲律宾服役（在那里获得外号"嚎叫的疯子"）；1917—1918 年参加一战，在法国作战。战后继续任海军陆战队军官，1937 年在海军陆战队总部负责作战和训练等工作。1941 年，他成为美国第 1 海军陆战师首任师长，6 月被选中训练第一批专业两栖作战师。1942 年，他开始指挥太平洋舰队两栖军，这支部队后成为夺取吉尔伯特和马里亚纳群岛行动中的第 5 两栖军。他指挥了进攻硫磺岛的远征军，1945 年 7 月回到美国，接手领导海军陆战队的训练与补充营。他 1946 年 5 月退休，经历长期疾病后，1967 年去世。

Turner）海军上将宣布正式占领塞班岛时，日本军民在岛最北端的马皮角集体跳崖自杀。美军战亡 3500 人，但斋藤义次的 3.2 万部队中，仅 2000 人被俘。

两周后，7 月 21 日，罗伊·盖格（Roy Geiger）少将的第 3 两栖军开始进攻关岛。1898 年，西班牙将该岛割让给美国，太平洋战争开始时被日本海军占领。在关岛阿里凡山一带岩石山区预先准备的阵地上，由杉本豊海军大佐领导的 5500 名海军和高品彪中将指挥的 1.3 万陆军士兵坚守着。由于日军精心构筑的障碍物，关岛西岸的海滩通行变得十分困难，但美军在登陆中的伤亡要小于塞班岛。登陆之后又是一周激战，日军深知增援和补给无望，时不时发动自杀式冲锋。8 月 10 日，美军以战亡 1744 人的代价最终占领关岛。仅少数日本守军幸存，撤到丛林地区，其中最后一人到 1972 年才投降。

在关岛激战的同时，美军第 4 海军陆战师 1.5 万人进攻了塞班岛以南 5 公里的小岛提尼安（Tinian），到 8 月 1 日占领该岛时，美国工程兵（著名的"海蜂"基建营）已开始建设第一座 B–29 机场。在上述 3 座岛屿的战役中，双方都损失惨重。此时，日军对日本本土外围的防守完全近于自杀。塞班岛失守，东京为之惊愕，日本首相东条英机被迫辞去一切军政职务，由小矶国昭中将接任。马里亚纳群岛的激烈抵抗清楚地表明，即使日本的败局已不可挽回，但对日本帝国腹地发动的进攻，很可能给美军带来沉重甚至无法承受的伤亡。

日本 94 式手枪，1935—1945 年间日军共生产了 7 万支这种手枪。

美国海军陆战队队员和坦克正穿过塞班岛为数不多的平坦地区，进攻日本第 31 军。斋藤义次撤到岛中心高山地区，而美军用了 3 周时间才最终将其打败。

斋藤义次中将（1890—1944）

青年时期，斋藤义次的首次作战经历，是作为职业骑兵参加1904—1905日俄战争最后阶段的战斗。他在驻华关东军中以骑兵指挥官升至少将。1944年4月，他上任指挥正调往塞班岛的第43师团。作为塞班岛日军总指挥，他组织了1944年7月7日对美军的最后一次自杀式冲锋。7月10日，他切腹自杀，副官为他补了最后一枪。

1944年7月21日，美国登陆艇正在关岛西岸海滩附近登岸。在第58特遣舰队的军舰和飞机大力掩护下，第3海军陆战师和临时海军陆战旅分两处登陆。远处可见一艘驱逐舰。

美军进攻塞班岛时，日本守军第31军极好地利用了岛上的复杂地形，在精心准备的防守阵地内固守。图中可见美国海军陆战队队员在向一块海边凸岩上的洞穴内投手雷。逾3万日军死于塞班岛守卫战。

一枚97式日本手雷。该手雷填充TNT炸药，有一个4—5秒的延时引信。

1944年7月20日，美军进攻前一天，一艘美国战列舰在轰炸日军盘踞的关岛。此役中，军舰和飞机执行了太平洋战争以来最猛烈的一次轰炸。第一批美国海军陆战队队员到达海滩时，日本守军还没从被轰炸的震惊中恢复过来。

塞班岛上，美国海军陆战队队员正把一个日本婴儿带下山，送到在山下等待的救护车上。在塞班岛一个日军抵抗力量被清除的地区，这名婴儿是唯一的幸存者。许多日本平民宁可自杀也不愿落入美国人手中。

菲律宾海海战

1944.6.13—21

大事表

1944 年 6 月 11 日

美军第 58 特遣舰队开始轰炸马里亚纳群岛。

1944 年 6 月 15 日

美国海军陆战队登陆塞班岛。

1944 年 6 月 18 日

美国第 7 军到达法国沿海巴讷维尔，切断科唐坦半岛。

1944 年 6 月 20 日

苏军在对芬兰作战中收复维堡。

1944 年 6 月 26 日

盟军在诺曼底发动“埃普索姆行动”，试图包抄卡昂未果。

一旦确定美军将进攻马里亚纳群岛，日本海军就发起了“阿号作战”行动，再次尝试将美国太平洋舰队一部引入决战，同时防止塞班岛和关岛失守。两支日本大型特遣舰队，小泽治三郎海军中将的第 1 机动舰队和宇垣缠海军中将的南路舰队将在菲律宾海会合，然后同马克·米彻尔海军中将的第 58 特遣舰队交战。小泽治三郎指望强劲的信风会妨碍米彻尔所部舰载机实施远程作战，而他自己则不仅可依赖 473 架战机和 9 艘航母，还能依靠马里亚纳群岛的岸基战机。

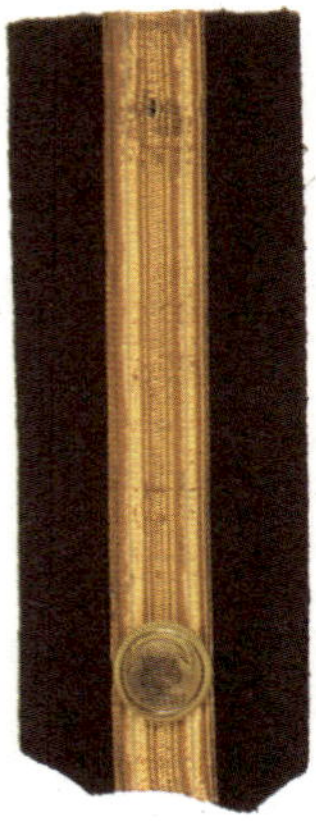

二战中，日本海军准尉肩章。

1944 年 6 月 19 日，二战中最大的航母战役的舞台已准备就绪。小泽治三郎有 9 艘航母、5 艘战列舰、13 艘巡洋舰和 28 艘驱逐舰，米彻尔则有 15 艘轻重航母、7 艘战列舰、21 艘巡洋舰和 69 艘驱逐舰。这让美军总司令斯普鲁恩斯的任务变得更艰巨，因为他还得

小泽治三郎海军中将（1886—1966）

小泽治三郎是经验丰富的日本海军指挥官，在太平洋战争海军作战中发挥了重要作用。他身高达到惊人的2米，因相貌丑陋，后来手下给他起了个绰号“鬼瓦”。1909年，他以海军少尉候补生毕业，到1919年开始指挥一艘驱逐舰。20世纪30年代，他成为高级参谋军官，1937年任联合舰队参谋长。1940年，他升至中将，成为入侵马来半岛和荷属东印度群岛的南遣舰队总司令。1942年11月，他接手第3舰队，成为航母部队司令；就在这个位置上，他在菲律宾海海战中吃了败仗。失败后，他想辞职，但保留这个位置参加了莱特湾海战。1945年5月29日，他成为日本帝国海军总司令。和许多同僚不一样，他没有在日本投降后自杀，而是留下来协助处理日本海军的遣散工作。

支援6月15日打响的对塞班岛的艰难进攻。但他也有一项优势，即美军情报已指出日军的“阿号作战”行动，报告了日本舰队的可能位置。他和米彻尔没有主动出击，静静等待日军发现美军舰队。他们相信，总数超过900架的大量美国战机足以保护舰队不受攻击。甚至在交火之前，25艘日本潜艇已有17艘被击沉，而陆基飞机则被猛烈空袭消灭在塞班岛和关岛。6月19日晨，小泽治三郎的飞机发现米彻尔的舰队时，日军的计划已成泡影。

随后发生的就是美国空军史上的“马里亚纳射火鸡大赛”。装备雷达和高效无线电拦截设备的先进美国战机，可以随心所欲地击落来袭者。日军投入的373架战机损失了243架，美军仅损失30架。随后，关岛上空的另一场空战又消灭了50架日本飞机。战役期间，美国潜艇击沉小泽治三郎的旗舰航母“大凤”号以及“翔鹤”号航母，两舰均于6月19日午后沉没。次日，小泽治三郎不确定己方损失有多大，但还是将日军舰队驶离美军，希

望找机会再战。6 月 20 日傍晚，美国飞机重新发现小泽治三郎的舰队位置，虽已到了飞机航程的极限，而且得冒着飞机夜晚着舰的风险，米彻尔还是命令对日本舰队发动一轮攻击。攻击中，日本航母又有 1 艘被击沉，2 艘遭重创；美军损失 100 架战机，有的掉在海里，有的撞毁在航母甲板上。役前小泽治三郎原本拥有 473 架战机，但最后只剩下 35 架。

此役是美国太平洋舰队的一次大胜，而日本海军元气大伤，再也没有恢复。1944 年 6 月 20 日，日军没有击沉一艘美国舰艇，也没有阻止塞班岛最终被占领，小泽治三郎奉命退出战斗。6 月 22 日，他带着伤痕累累的舰队回到冲绳。米彻尔命令继续攻击日军的岸基飞机，超过 200 架日本岸基战机在海战期间被摧毁。此后，美日空军力量拉开差距，日军重型舰队再也无力摧毁任何敌舰。和 1942 年 6 月的中途岛海战一样，在菲律宾海海战中，双方水面舰艇并未发生任何交火。

1944 年 6 月 20 日，菲律宾海海战期间，从美国轻型巡洋舰“伯明翰”号上拍摄的一队 23 架舰载战斗机。日本俯冲轰炸机和鱼雷轰炸机在攻击关岛以西的美国舰队，这些来自美军第 58 特遣舰队的 23 架战机正准备拦截日本飞机。在“马里亚纳射火鸡大赛”中，日军投入的空军力量损失了三分之二。

美国“金枪鱼”号潜艇

“金枪鱼”号是一艘猫鲨级潜艇，1941 年 4 月在电动船公司开建，1942 年 2 月下水。众多太平洋战斗中，这艘潜艇在搜寻商船和军舰上发挥了作用。1942 年 12 月，它首次击沉军舰；1944 年 6 月 19 日，在击伤小泽治三郎的旗舰“大凤”号航母的战斗中，它一战成名。旗舰受损迫使小泽将指挥中心转到一艘驱逐舰上，在菲律宾海海战关键时刻中断了日军的通信系统。几小时后“大凤”号航母爆炸沉没。这一年，这艘潜艇还另外击沉了 4 艘舰船。1944 年 11 月 7 日，它在日本海域触到一枚水雷，艇员全部死亡。

1944 年 6 月 20 日，驾驶格鲁曼“复仇者”的飞行员罗兰·吉夫特（Roland “Rip” Gift）夜间在美国航母“蒙特雷”号成功降落后，正在待命室里小酌。夜幕降临后，约 100 架飞机在返回航母过程中坠毁。

一架柯蒂斯“地狱俯冲者”SB2C 俯冲轰炸机，正在美军第 58 特遣舰队的一艘航母甲板上预热。1944 年 6 月，这支航母舰队被派去支援马里亚纳群岛的“跳岛”作战。“地狱俯冲者”1943 年服役，作战半径 1440 公里，最高飞行时速 475 公里。

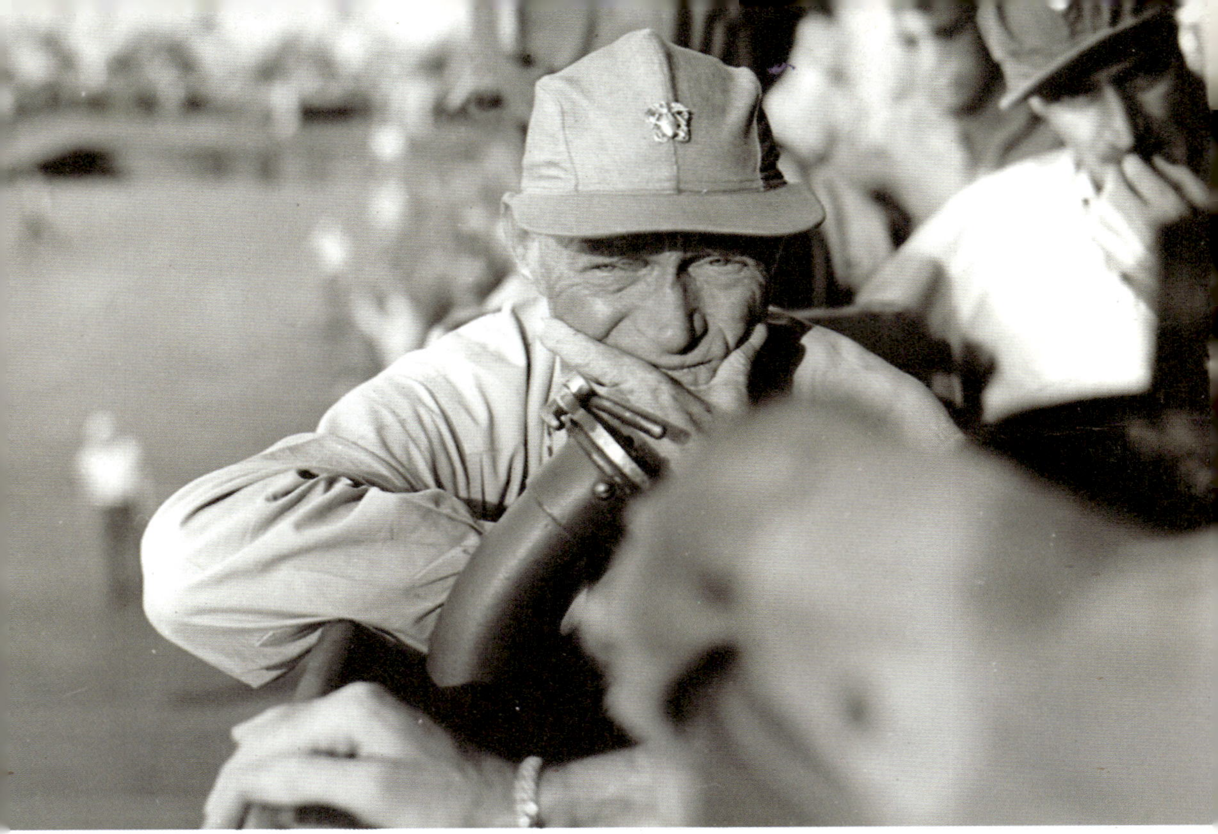

1944 年 6 月 19 日，在一场最后成为二战最大航母战的战役首日，第 58 特遣舰队司令马克·米彻尔海军中将正在他的旗舰美国航母“列克星敦”号上。

1944 年 6 月 19 日，菲律宾海海战时，美国舰队正遭日本鱼雷轰炸机攻击，天空中四处都是美舰射出的防空炮火。这张照片摄自美国战列舰“亚拉巴马”号。

日本海军军旗。

“巴格拉季昂行动”

1944.6.22—8.19

大事表

1944 年 6 月 18 日
日军占领中国长沙。
1944 年 7 月 25 日
盟军在诺曼底发动从桥头堡突出重围的“眼镜蛇行动”。
1944 年 8 月 21 日
在美国召开的敦巴顿橡树园会议，为联合国组织的成立打下了基础。
1944 年 8 月 25 日
罗马尼亚反水，向德国宣战。
1944 年 8 月 30 日
苏军占领罗马尼亚普洛耶什蒂油田，切断了德国的主要石油来源之一。

东线战场上，1943 年和 1944 年初，苏军在乌克兰大获成功后，德军布施（Ernst Busch）元帅的中央集团军群在白俄罗斯首都明斯克一带盘踞着一块巨大的突出阵地。这里聚集了最大的一支德军，所以，打败他们就成为苏军 1944 年夏的首要任务。

1944 年 3—5 月间，苏军极其秘密地制订了作战计划。经斯大林批准，苏军规划了连续 5 次的一系列攻势：从战线北端佯攻芬兰，误导德军的判断；继之以白俄罗斯第 1 和新成立的第 2、第 3 方面军，对明斯克发动两次攻势；随即，伊万 · 科涅夫元帅率乌克兰第 1 方面军猛攻波兰城市利沃夫；最后，在最南端重击罗马尼亚油田。德军预计苏军将在南线继续进攻。为了误导德军，苏军发起一整套欺骗行动，还在乌克兰南部战线摆上假坦克、假基地和一套伪防空系统。于是，东线德军情报头子盖伦（Reinhard Gehlen）将军告诉中央集团军群，他们可以度过一个“平静的夏季”。布施因此上当受骗，把大量坦克和大炮运到南部或北部，准备抵抗意料中的夏季攻势。

对这次夏季攻势，斯大林取了一个代号——“巴格拉季昂行动”。巴格拉季昂是斯大林的格鲁吉亚同胞，是一位抗击拿破仑的英雄。斯大林知道，苏军的行动将与盟军在西线的进攻同时进行，这将给德军带来增援和战略权衡的困难。苏军将主攻的时间定为 1944 年 6 月 19—20 日，但坦克供应不足的问题把战役拖延到 6 月 22 日才发动，这正好是 3 年前德军侵苏的日子。6 月 10 日，意在分散德军防守力量的第一次攻势对芬兰打响。6 月 19—20 日夜，游击队开始系统性地破坏交通目标；两天后，苏联空军对德军阵地和在白俄罗斯的空军基地发动了一次猛烈轰炸。6 月 22 日，苏联的 240 万大军、3.1 万门大炮、5200 台坦克和自行火炮以及 5300 架战机，全线进攻德军中央和北方战线的 120 万人、9500 门大炮、900 辆坦克和 1350 架战机。

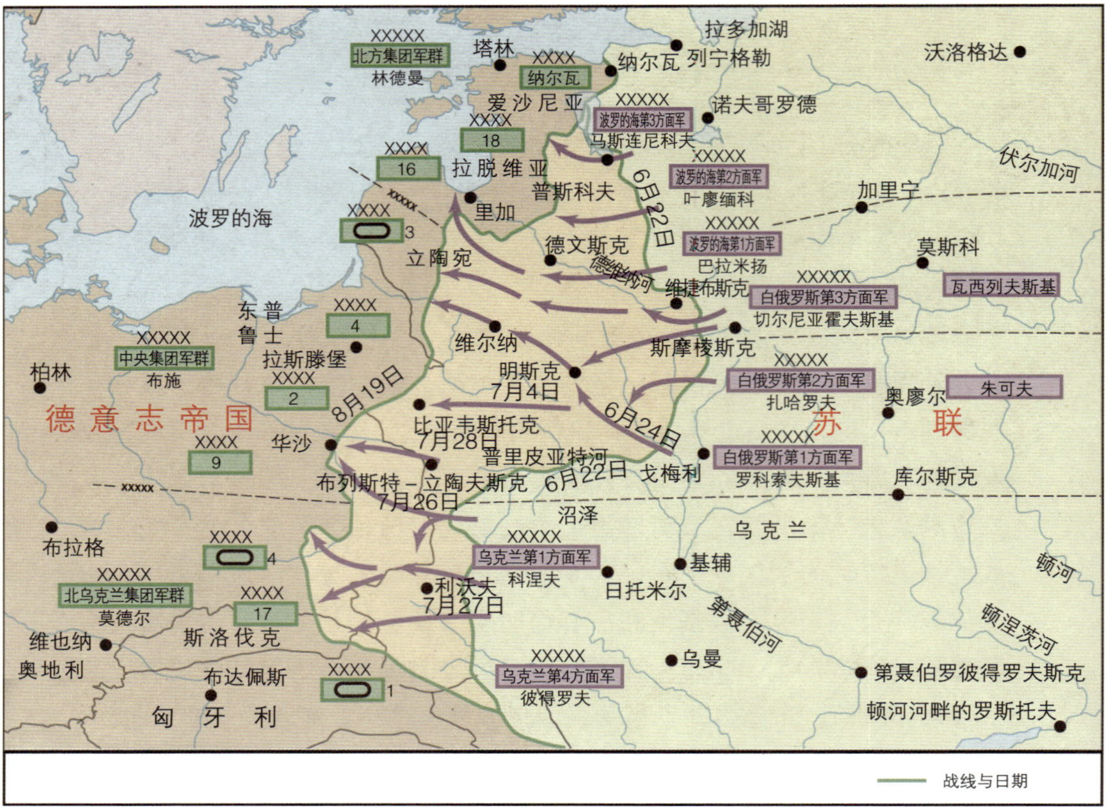

恩斯特·布施元帅（1885—1945）

1904 年，布施加入普鲁士陆军。一战中，他战功卓著，战后留在陆军，1925 年成为运输部队督察。入侵法国和 1941 年入侵苏联期间，他领导德国第 16 集团军。他在列宁格勒一带对苏军反攻所进行的防守为他赢得元帅军衔。1943—1944 年，他指挥中央集团军群，遏制“巴格拉季昂行动”失败后，于 6 月被希特勒撤职。1945 年 3 月，他被召回指挥西北集团军群，试图阻止英国对北德发动的进攻。1945 年 5 月 4 日，他向蒙哥马利投降。1945 年 7 月，他死于英国奥尔德肖特的一所战俘营中。

凭借突袭因素，这一行动撼动了德军的防线。对明斯克的进攻由特制的扫雷坦克开道，步兵和坦克紧随其后，探照灯则用来使德国守军头晕眼花。6 月 24 日，隐藏在普里皮亚特沼泽边缘的罗科索夫斯基元帅率白俄罗斯第 1 方面军开始进攻，准备从南面包抄德军。1 周后，德军战线崩溃，第 4 和第 9 集团军及第 1 装甲集团军几乎被全歼。6 月 28 日，指挥官布施元帅被希特勒的救火队长瓦尔特 · 莫德尔元帅替换。虽然莫德尔更有序地组织德军边战边撤，但到 7 月 4 日，德军还是失去了明斯克。德军抵抗的一个个小阵地，在苏军机动部队绕过后，也最终被制服。苏军势如破竹，与诺曼底的西线部队进展缓慢形成鲜明对比。

随后几周，苏军继续发动一波波的攻势。白俄罗斯第 1 方面军向华沙推进，白俄罗斯第 2 和第 3 方面军北上进军波罗的海国家和东普鲁士。再往南，无力组织有效防御的德国各集团军在科涅夫的乌克兰第 1 方面军面前节节败退，7 月 26 日痛失布列斯特 – 立陶夫斯克；一天后失去利沃夫。到 8 月 29 日，苏军经两个月激战，已将德军赶出白俄罗斯、波兰南部和部分波罗的海国家，俘虏德国士兵超过 20 万，歼灭了其中央集团军群。苏军的损失——伤亡、失踪和被俘共计17.9万人，而7—8月德军在东线的损失攀至惊人的58.9万人。1944年7月17日，被俘德军（包括至少19位将军）被押着在莫斯科游行。苏军的“巴格拉季昂行动”，成为德军有史以来遭受的最大失败。

罗科索夫斯基元帅（1896—1968）

康斯坦丁·罗科索夫斯基一生惊险曲折，被广泛看成二战苏军元帅中的佼佼者。他出生在俄国控制的波兰地区，父母是波兰人。一战期间，他在一个沙皇精英骑兵团服役，初为列兵，战争结束时成为指挥官。1917年，他加入红军，在内战中领导一支骑兵中队，期间两次负伤。20世纪二三十年代，他是骑兵指挥官，升到上校军衔。1937年8月，他被以阴谋破坏和间谍活动的罪名逮捕。他经受住折磨，拒绝招供，被判处3年徒刑。1940年3月，他恢复军职；6月，成为少将，指挥第5骑兵军。1940年10月，他指挥新成立的第9机械化军，在乌克兰与德国侵略者作战。在莫斯科及随后斯大林格勒的防守中，他都发挥了关键作用。库尔斯克会战中，他负责组织突出部阵地周围的纵深防御体系。1944年夏，他领导白俄罗斯第1方面军对阵德国中央集团军群；1945年，他率领白俄罗斯第2方面军进攻东普鲁士。1945年起，他任驻波兰苏军总司令，直到1949年被任命为波兰防长，成为波兰公民。1956年，他回到苏联，担任了一系列高级职务，直到1962年退休。

1944年，一群俄罗斯游击队队员正在穿越白俄罗斯西部的一条河。到“巴格拉季昂行动”时，苏联的游击队运动已有20多万士兵，他们根据莫斯科的指示破坏德军的交通和补给。

苏军 1944 年 7 月收复白俄罗斯后，德军俘虏正被押着在莫斯科街头游行示众，随后被送到战俘营。在他们走后，斯大林命令对行经街道进行消毒。

1944 年 8 月，在白俄罗斯作战期间，白俄罗斯第 2 方面军的一群步兵正跃出战壕，追击撤退中的德国中央集团军群。

1944年夏，苏军士兵在白俄罗斯连续作战间隙的放松时刻。到战争末，苏联武装部队中有24.6万女性，但她们的男同胞并未给她们多少特殊照顾。

1943年7月3日，白俄罗斯明斯克被解放。背景中的房屋被撤退的德军纵火焚烧。

德国空军的失败

1944.3—9

大事表

1943 年 10 月 14 日
美军第 8 陆航大队袭击德国施韦因富的一些轴承厂，291 架飞机损失了 60 架。

1943 年 11 月
P–51 “野马” 远程战斗机开始为美军第 8 陆航大队轰炸机护航。

1944 年 1 月 1 日
斯帕茨（Karl Spaatz）将军指挥的美驻欧战略空军成立。

1944 年 2 月 20 日
攻击德国飞机工业的“伟大的一周”（Big Week）开始。

1944 年 3 月 24 日
英国皇家空军在前一年 11 月开始的 “柏林空战” 中进行最后一次空袭。

1944 年 7 月 26 日
德国的 “梅塞施密特” Me 262 喷气战斗机首次击落敌机。

二战开始时，德国空军规模仅次于苏联空军，而且在装备质量和飞行员训练方面处于最先进水平。德国空军在赢得 1939—1941 年的快速胜利中发挥了重要作用。虽然德国空军规模更小，但“巴巴罗萨行动”之初，它们还是把苏联空军摧毁在地面和空中。然而时至 1944 年，这支部队面临严重危机，在这一年的作战中被狠狠地打败了，致使战争末期德军抵抗的全线崩溃。

德国空军面临的主要问题，就是盟军联合轰炸的影响。1943 年春以来，英美发动联合轰炸机攻势，对德国进行日夜不息的轰炸。这迫使德国空军越来越多地将战斗机留在德国本土，以保卫国内经济和居民。同时，这也影响了德国的飞机生产，使之向战斗机倾斜，忽视了轰炸机或俯冲轰炸机的制造。1943 年 1 月，德军 59% 的战斗机部署在本国；1944 年 1 月，这一数字上升至 68%；1944 年 9 月，则高达 80% 左右。到 1944 年，在前线作战中不

詹姆斯·杜立特将军（1896—1993）

1942年4月，詹姆斯·杜立特（James Doolittle）将军领导了航母舰载机对日本城市的大胆空袭，为他在二战中赢得了声誉。同时，他也是在联合轰炸机攻势中发挥主要作用的高级指挥官。他有一段非同凡响的战前经历，1925年还是现役军官时获得航空学博士学位，赢得了3个主要国际飞行速度的全部奖牌，随后退役进入石油行业，成为开发高品质航油的先行者。1942年1月，他被召回现役，提拔为中校，自告奋勇地要求领导对日本的空袭，这是他的第一次也是唯一一次作战任务。他当即被提拔为准将，1942年9月起指挥在北非的美军第12陆航大队，后于1943年11月指挥在意大利的美军第15陆航大队。1944年1月—1945年9月，他指挥在英国的美军第8陆航大队空袭欧洲，开创了允许护航战斗机自由攻击敌方空军的模式。战后，他成为壳牌石油公司董事和美国空军参谋长特别顾问，直到1959年退休。

可或缺的轰炸机产量只占到德国飞机产出的五分之一。相比之下，战争开始时轰炸机的占比则超过了一半。前线飞机数量的减少，意味着面对武力更强大的敌人时己方的消耗水平会更高。1944年6月6日，诺曼底登陆这天，在法国西北部，面对1.2万架盟军飞机，德军仅有170架飞机可用。在法国、意大利和东线，制空权已转到盟军手中。

轰炸还扰乱了德国飞机、航空发动机和部件的生产。战争期间，每个主要对手的飞机产量都超过了德国。1944年，德国及其控制地区生产了39807架飞机，而同盟国则共生产了163079架。1944年，为削弱德国空军的反击能力，盟军联合轰炸机攻势的目标对准了德国的飞机和石油生产。自2月20日起，持续6天，盟军轰炸机部队对德国飞机工业发起了“争论行动”

(Operation Argument)，但它更为人熟知的名字是“伟大的一周”。英国皇家空军轰炸机司令部和美军第 8 陆航大队，共对德国的航空生产目标投下了 2 万吨炸弹。轰炸没有摧毁生产，但迫使其临时疏散，阻止了产量的增加。造成更大破坏的是 1944 年间对德国石油设施的轰炸，导致德国这一年 9 月的石油供应量降到 1 月的 31%，而航空燃油产量则短暂降至需求量的 5%。燃油缺乏导致飞行员训练不足，造成 1944 年德军飞行员的损失率高企。

致使德国空军失败的最重要因素，是 1943 年后期英美开发的一种用于争夺德国领空的高效远程战斗机——P–51“野马”战斗机。它原本是专为英国设计生产的飞机，使用的是一台劳斯莱斯“梅林”发动机，即使挂上副油箱，其格斗能力也很少受影响。后来，P–51 被选中为美军第 8 陆航大队轰炸机护航，1943 年 12 月首次飞临德国基尔港上空作战。1944 年 3 月，“野马”往返柏林飞行了 2900 公里。此时，盟军推行了一项应急生产计划。1944 年春夏，“野马”和其他被改造用于远程作战的战斗机首次与德军争夺领空。德国战斗机部队的损失率急剧上升，从 1943 年后期每月约 20%，增加到 1944 年春夏每月都超过 50%。虽然德国的战斗机产量上升到每月超过 3000 架，但这些飞机却一架架地被摧毁在工厂、基地或空中。由于缺乏燃油，驾驶它们的飞行员大部分时间都是在模拟器上训练。1944 年，英国皇家空军恢复了部分日间轰炸，因为来自德国战斗机的风险已大大降低。即便喷气战斗机“梅塞施密特”Me 262 被成功研发，也不能为德军扭转乾坤，因为它的数量严重不足。德国空军威胁的消除，为战争最后一年盟军对德国本土实施大规模轰炸创造了条件。

1943 年，“梅塞施密特”Me 262 喷气战斗机原型在试飞中。这种飞机本应成为当时在军中服役的最快战斗机，但希特勒坚持把它改成战斗轰炸机，把它的应用推迟到了 1944 年。最后，这种飞机的大规模生产还没开始，德国的战争经济就已被拖垮。

阿道夫·加兰德将军（1912—1996）

阿道夫·加兰德（Adolf Galland），是德国著名的王牌战斗机飞行员，二战期间共击落104架敌机。20世纪20年代，他是一位勤奋的飞行学员，1933年进入德国军队秘密受训，1935年成为里希特霍芬战斗机中队的飞行员。那年10月的一次负伤差点毁了他的飞行生涯，但他在西班牙内战中随秃鹰军团又重上蓝天。1940年5月入侵法国期间，他首开击落纪录，在不列颠空战中指挥第3战斗机大队作战。1941年11月，他晋升少将，年仅30岁，成为德国军队最年轻的将军，被命名为“战斗机将军”。他因日益不满德国空军总司令赫尔曼·戈林，1945年1月被撤职。后来，希特勒让他领导一支精英飞行员联队执飞新型Me 262喷气战斗机。战后，他被监禁两年，获释后成为阿根廷空军顾问，后回到德国任企业董事，也成为战争期间他指挥的战斗机老兵的主要代言人。

1944年6月，一架美军加强型B-24“解放者”轰炸机刚刚轰炸了法国德占区圣迪济耶附近的一座德军机场。同盟国空军以德国空军基地、补给仓库和工厂为目标，使德国空军很难重获主动权。

1944年7月25日，一架英国皇家空军阿夫罗“兰开斯特”轰炸机拍摄的画面。轰炸机司令部第5航空队正攻击巴黎郊外圣西耳的一个德军机场和仓库。这枚大炸弹是一颗1800公斤的重型炸弹，刚好能看到下方还有一枚230公斤的中型炸弹。

地勤人员正给一架英国皇家空军霍克“台风”1B战斗轰炸机挂长途副油箱，让它能够打击德国境内的远距离目标。副油箱的采用在几个月之内就改变了对德空战的结果。

1944 年夏，一队德国“梅塞施密特”Bf 110 夜间战斗机正飞过德国上空。因航炮和火箭的强大火力，这种战斗机可以重创盟军轰炸机。但白天，它们会成为盟军远程战斗机的活靶子。

意大利战场的僵局

1944.6.5—12.31

大事表

1944 年 8 月 31 日
苏军占领罗马尼亚首都布加勒斯特。
1944 年 9 月 3—4 日
比利时城市安特卫普和布鲁塞尔解放。
1944 年 10 月 10 日
苏联波罗的海第 2 方面军解放拉脱维亚首都里加。

1944 年 6 月 4 日，美国第 5 集团军进入罗马时，盟军指望在意大利的战斗将于当年秋天结束。凯塞林元帅的德军和一小撮依然忠于墨索里尼的意大利法西斯部队快速向北撤退，撤向其他准备好的防线。随后进行的是一场长期艰苦的战斗，盟军直到 1945 年 5 月欧洲战争结束时才实现在意大利战场上的胜利。

第 15 集团军和同盟国驻意大利军（AAI）联合司令部徽章。

分兵进军罗马的决定，在英美军队间留出一个缺口，使德军从一个有可能形成的包围圈里成功脱身。盟军没有努力追击撤退的敌军，凯塞林得以将所部北撤到“阿尔诺防线”(Arno Line)。这条防线穿过比萨和佛罗伦萨，直到亚得里亚海沿岸。该防线之后是一条重兵防守的“哥特防线”，从拉斯佩奇亚 (La Spezia) 南面起，穿过亚平宁山脉，直到佩萨罗 (Pesaro) 沿海。亚历山大将军率意大利战场的盟军追赶德军至阿尔诺河。虽然这条河上只剩下一座桥，其余全部被炸，但凯塞林还是主动放弃了“阿尔诺防线”。1944 年 7 月 19 日，盟军占领里窝那，8 月 13 日占领佛罗伦萨。到 8 月中旬，英国第 8 集团军和美国第 5 集团军都已逼近“哥特防线”。

第 8 集团军司令奥利弗·利斯（Oliver Leese）中将说服亚历山大允许他发动“橄榄行动”，沿亚得里亚海岸突破“哥特防线”，因为他认为坦克可以更容易部署在那里的海岸。但由于 6 个师被抽去进攻法国南部，这个行动的准备工作曾一度被迫暂停。8 月 25 日，第 8 集团军开始发动进攻。虽然在沿海附近渡河遇到些困难，但到 9 月 4 日，他们已打响争夺海滨城镇里米尼的战斗，并于 9 月 21 日将其攻克。凯塞林调来后备力量抵挡英军的进攻，美国第 2 军乘虚进攻中线的博洛尼亚，再次突破“哥特防线”。德军又一次次调动后备力量，恶劣天气和德军的顽强抵抗迫使离博洛尼亚仅 14 公里的克拉克将军暂停进攻。第 8 集团军则冒着暴雨，穿越复杂地形，向拉韦纳（Ravenna）缓慢推进，最终于 12 月到达。

德国第 10 和第 14 集团军守卫的一条“成吉思汗防线”，是从博洛尼亚

梅特兰·威尔逊元帅（1881—1964）

亨利·梅特兰·威尔逊（Henry Maitland Wilson）因身材庞大，以绰号“巨人威尔逊”著称，度过了从布尔战争到冷战早期的漫长陆军生涯。他1900年参军，1914年一战爆发时已升到少校。两次大战之间，他曾在印度和阿富汗间的西北边境短暂服役。1939年6月，他成为驻埃及英军司令。1941年，他领导在希腊的英国军队，后指挥并取得了伊拉克—叙利亚战役的胜利；1943年，任中东司令；1944年1月，接替艾森豪威尔任地中海盟军最高司令，全面指挥在意大利的战争。1944年12月，他晋升元帅，被派到华盛顿任英国联合参谋代表团团长，1947年从这个职位上退休。退休后，他任伦敦塔总管。

到东部沿海的阿真塔（Argenta）。盟军的进攻势头开始减弱，在极端恶劣的冬季条件下，战争陷入胶着。德军及其意大利法西斯盟友残部乘此机会，腾出手来对付意北德占区约8.2万意大利游击队构成的威胁。随着盟军北上，意大利游击队已开始了与德军的正面对抗，而德军26个师中差不多有6个不得不与这些抵抗力量作战。在意大利西北部，游击队从轴心国解放了亚平宁山口，建立了小块游击队统治区。

盟军停止推进，使德军可完全腾出手来对付游击队。11月13日，亚历山大在电台发布通告称，盟军这个冬天将待在原地，建议游击队停止战斗，等待进一步指示。于是，德军更加放心大胆地回头对付游击队，造成的结果是灾难性的。与游击队协同作战的拉法埃莱·卡多尔纳（Raffaele Cadorna）将军领导的自由志愿军（Voluntary Freedom Corps），遭到德军和支持轴心国的两个哥萨克骑兵师的大规模扫荡。德军在反游击行动中对平民实施了极其残酷的暴行，许多游击队控制区又被德军夺回。到德军反游击行动结束，抵抗力量人数降到约2万，直到1945年盟军再启进军时才重新崛起。在这段时间的战斗中，约有4万游击队队员战死。

萨洛共和国

1943年7月，墨索里尼被推翻，遭监禁；9月，希特勒批准奥托·斯科尔兹尼（Otto Skorzeny）组织了一次极具戏剧性的营救行动。获救后，墨索里尼被转移到德国占领的意大利北部，建立了“意大利社会共和国”（RSI），定都加尔达湖边的萨洛。新政权聚集了法西斯运动残余势力和一些不愿将意大利拱手让给同盟国的年轻民族主义者。实际上，德国的利益主导了这个新国家：意大利工业为德国人生产，意大利工人被送到德国，从当地意大利人中招收的4个师在德国受训，与德军并肩战斗。

在意大利北部加尔达湖边的政府总部，1943年建立的意大利社会共和国领导人墨索里尼正与法西斯部队司令鲁道夫·格拉齐亚尼交谈。

1944年10月26日，博洛尼亚附近，美国第5集团军炮手在装填一门巨大的240毫米榴弹炮。10月20日，盟军停止了占领城市、打破德军防线的努力，随着双方进一步巩固前线，战争陷入胶着状态。

德军于1944年8月11日撤出佛罗伦萨后，意大利平民正穿过阿尔诺河上的一座残桥，返回城市北部地区。唯一未被摧毁的是一座名叫“老桥”的桥梁。

1944 年，“哥特防线”一带的秋季战役期间，美国第 5 集团军正艰难地通过亚平宁山脉的泥泞道路。骡子成为盟军在意大利作战时的重要交通工具，可驮着补给和人员通过其他交通工具无法通行的山区地带。

1944 年 8 月 14 日，一个意大利游击队队员在佛罗伦萨市托斯卡纳拍照。游击队占领了迪巴索要塞，与轴心国军撤退时留在佛罗伦萨的狙击手作战。盟军已被告知要避免在市内作战，以保存建筑遗迹。

一张关于英国士兵“炮手史密斯”的照片，登在 1944 年 6 月的一本罗马旅行指南上。英格兰音乐艺术促进委员会美术分会为获准离开意大利前线的部队制作了这本指南。照片的背景是罗马角斗场。

“七月密谋”：失败的政变

1944.7.20

大事表

1939 年 11 月 8 日
格奥尔格·埃尔塞（Georg Elser）放在慕尼黑啤酒馆的炸弹在希特勒意外提前离开 13 分钟后爆炸。希特勒每年都在这个啤酒馆纪念他的流产政变。

1943 年 3 月 13 日
德国陆军内的反抗者偷运上希特勒所乘坐飞机的炸弹未能引爆。

1944 年 7 月 15 日
施陶芬贝格把炸弹带到希特勒司令部，但没找到机会引爆。

1944 年 7 月 24 日
“嗨，希特勒”这一敬礼形式被推行到德国军队中。

1944 年 10 月 14 日
隆美尔在被控与“七月密谋”有牵连后自杀。

在战争期间的各交战国领导人中，希特勒的情形非常独特，因为他独一无二地成为自己军队领导人经常谋杀的对象。早在 1938 年，一群高级将领，包括当时的陆军参谋长路德维西·贝克（Ludwig Beck），不愿冒捷克危机引发战争的风险，就开始计划推翻希特勒。《慕尼黑协定》使这份计划流产，1939 年计划重启，但结果又一次失败，因为纳粹政权明显受到欢迎。入侵苏联期间，一群同谋者不愿让希特勒毁了德国或损害陆军声誉，开始探究杀死这位最高统帅，夺取德国控制权的可能性。

颁给希特勒遇刺期间受伤者的奖章。

行动比想象的要难得多。希特勒有严密的保护措施，但一些密谋者也能够经常接近他。1943 年 3 月，一个重要的同谋者，亨宁·冯·特雷斯科

冯·施陶芬贝格上校（1907—1944）

1944年刺杀希特勒的计划中，克劳斯·申克·格拉夫·冯·施陶芬贝格是军队密谋者中最重要的人物。他是德国南部贵族后代，1926年加入骑兵团，后成为在法国的第6装甲师军官。他参加了东线战斗，1943年作为第一个总参军官被派到突尼斯的第10装甲师。他在突尼斯被一架英国飞机射伤，失去左眼、左手无名指、左手小指以及右手。复原后，他被安排到国内军参谋部，在那里，他有大量机会经常见到希特勒。他热爱德国，切实希望德国不要在战后被占领或失去领土，但担心希特勒会完全毁了德国，这就是他决定刺杀后者的原因。炸弹在希特勒的大本营爆炸后，施陶芬贝格回到柏林，但于当晚被捕，匆匆受审，1944年7月21日凌晨1时被处死。他最后的遗言是："神圣德意志万岁！"

1934年的一次骑兵团检阅期间，施陶芬贝格正骑着一匹名叫"士瓦本公爵"的马。

(Henning von Tresckow）将军，把一枚定时炸弹放置在希特勒所乘坐的飞机上，炸弹用了盟军空投给反抗分子的塑胶炸药和引信，但未能引爆。在另一次行动中，一个自杀爆炸者准备在希特勒审核新制服时炸死他，但希特勒没有现身，计划落空。年轻上校冯·施陶芬贝格（Claus Schenk Graf von Stauffenberg）1943年在突尼斯作战期间身负重伤，对谋杀行动无所作为深感失望。1944年7月，他自愿将一枚定时炸弹带到东普鲁士拉斯滕堡"狼穴"大本营，那里是希特勒每日召开简报会的地方。7月间，他两次用公文包装着炸弹到达那里，但一次希特勒提前离开；另一次，同为刺杀目标的希姆莱和戈林没有现身。

1944年7月20日，施陶芬贝格决定最后一搏。整个行动以"瓦尔基里"

希特勒的盟友墨索里尼本拟于刺杀当天访问前者的大本营。到达后，他被领着察看希特勒几小时前遭遇谋杀的房间，那里已被炸成废墟。

1964 年，西德发行一套纪念邮票来纪念“七月密谋”20 周年。邮票上是一些最著名的德国反抗者的肖像，包括因参加“白玫瑰”抵抗组织而被杀害的慕尼黑学生索菲·朔尔（Sophie Scholl）。

为代号，这本是德国在国内发生政治动乱时的一份早期安全计划，但现在被用来在希特勒死后争取军队对德国的控制权。一旦希特勒死讯传出，在柏林和其他中心地区的陆军将接管重要建筑，逮捕纳粹党要人。当天，施陶芬贝格用公文包装着一枚炸弹到达会议室，并把包尽量推向希特勒。几分钟后，施陶芬贝格假装要打个电话，离开了会议室。不一会儿，他和副官一起看到了爆炸，确信希特勒必死无疑后，找借口离开了大本营。他飞到柏林，准备发动政变。当天下午，消息传来，希特勒并没死。柏林指挥官埃里希·弗罗姆（Erich Fromm）担心自己曾和密谋者有联系而遭连累，就逮捕了施陶芬贝格和一群军官，迅速审判后，7 月 21 日凌晨在战争部院子里枪杀了他们。

希特勒对他的敌人实施了可怕的报复。由于一名军官无意中把装有炸弹的公文包推到厚重的橡木会议桌下的另一端，才使希特勒免遭爆炸的直接伤害，侥幸躲过一劫。盖世太保已获得军方密谋者的大量情报，在暗杀图谋后的几周里，逮捕了数百名德国高级军官和贵族。这些人遭受了残酷折磨，被迫供出更多人。他们有的受审，有的被关进集中营，其中包括一些军队显要：陆军前参谋长弗朗兹·哈尔德，冯·维茨莱本（von Witzleben）元帅，德国反情报机构负责人威廉·卡纳里斯海军上将。3 个重要嫌疑人，冯·特雷斯科将军、冯·克卢格和隆美尔元帅均自杀。第一批审判于 1944 年 8 月 7—8 日在柏林“人民法庭”进行，总计约 200 人被处死。在搜捕密谋者的过程中，约 5000 人被抓。随着战争临近结束，安全部队疯狂报复被控损害德国战争活动的任何人，在集中营杀害了很多被捕的密谋者。

罗兰·弗赖斯勒法官（1893—1945）

弗赖斯勒（Roland Freisler），是臭名昭著的审判“七月密谋”同谋者的“人民法庭”法官。他曾参加一战，在俄国前线被俘，被关在西伯利亚。俄国革命后获释时，他短暂担任过布尔什维克政委。回到德国后，他成为一名颇有成就的律师；1925年加入希特勒的纳粹党，在法庭上为纳粹党徒辩护。1934年，他出任司法部长，帮助纳粹破坏司法制度，丢弃了“罪刑法定”原则。1942年8月，他被任命为审理叛国罪的柏林“人民法庭”庭长。1942—1945年，该法庭共判处了5000例死刑，包括众多“七月密谋”分子。1945年2月3日，盟军空袭柏林期间，他被一枚弹片炸死。

德国抵抗分子伊丽莎白·格勒登（Elisabeth Charlotte Gloeden）被控包庇“七月密谋”的参与者弗里茨·林德曼（Fritz Lindemann）将军，正在柏林“人民法庭”受审。她被判有罪，1944年11月30日与丈夫和母亲一起被处死。

1944 年 7 月 20 日，在遭到一次失败的谋杀企图后不久，希特勒在他的“狼穴”大本营地堡发表广播讲话。他身上有瘀伤，受到惊吓，但没受重伤。

经历 1944 年 7 月 20 日的谋杀后，希特勒正在接见一群纳粹党地方长官。随后几天，纳粹党地区官员组织了表示忠心的示威，但公众中也有人自发表达了庆幸。他们依然寄望希特勒也许能想出办法，摆脱迫在眉睫的败局。

突破："眼镜蛇行动"

1944.7.25—8.25

大事表

1944 年 7 月 25 日
希特勒颁布"总体战"动员令。

1944 年 7 月 26 日
罗斯福在檀香山开会同意进攻菲律宾。

1944 年 8 月 1 日
波兰国民军（AK）发动华沙起义。

1944 年 8 月 12 日
一条跨越英吉利海峡，代号"冥王星"（PLUTO）的输油管完工，盟军的石油供应提速。

1944 年 8 月 23 日
保加利亚宣布结束与轴心国的伙伴关系，两周后与苏军签订停火协议。

1944 年 6—7 月初，诺曼底战役进展缓慢。7 月 25 日，为创造从诺曼底桥头堡向法国最终突破的条件，布拉德利的美国第 1 集团军开始了"眼镜蛇行动"，战役局面为之一变。盟军最初计划用一支强大的战机和坦克部队，对圣洛一带的德军防线发动猛击。经过 45 天连续作战和遭受空袭，德军已元气大伤。"眼镜蛇行动"发动时，德军的防线迅速崩溃。

布拉德利手握 15 个整备师，其中 4 个作为后备师，拥有压倒性数量的坦克和飞机。德国第 7 集团军仅 9 个弱师，包括装甲教导师和 110 辆坦克。7 月 24 日，在一次重型轰炸机的空袭中，盟军飞机误炸了美军先头部队，几乎打乱整个计划。7 月 25 日，"眼镜

美国第3集团军徽章。

美国第20军徽章。

蛇行动”开始，盟军用1500架重型轰炸机，对倒霉的德军装甲教导师发起毁灭性攻击，后者的抵抗迅速瓦解。布拉德利所部放弃了任何预备行动，直接快速向布列塔尼沿海及前方一望无际的乡村推进。他们的快速进攻受益于盟军新开发的“犀牛坦克”。这是一种前部焊着巨大钢牙的“谢尔曼”坦克，可以切断并消除延缓部队前进的灌木丛。德军被迫沿狭窄道路作战，但美军却能在乡间快速机动。

7月28日，美国第8军到达离大西洋沿岸不远的库唐斯。而第4装甲师则穿过德军防线的一个间隙，于7月30—31日夺取阿夫朗什镇，打开了占领布列塔尼地区的大门。此时，蒙哥马利的英国和加拿大部队依然被压制在卡昂一带。他看到了包抄德国防线的机会，命令布拉德利用轻兵占领布列塔尼地区，集团军主力挥师东进，包围冯·克卢格的整个集团军群。8月1日，布拉德利成为新成立的第12集团军群司令，留下霍奇斯（Courtney Hodges）中将继续指挥第1集团军，调来乔治·巴顿将军任新成军的美国第3集团军司令。这样的机会，对在英国被憋得手痒的巴顿来说没有第二次。他立即率部挺进勒芒和沙特尔，对远处的巴黎虎视眈眈。德国第7集团军和第4装甲

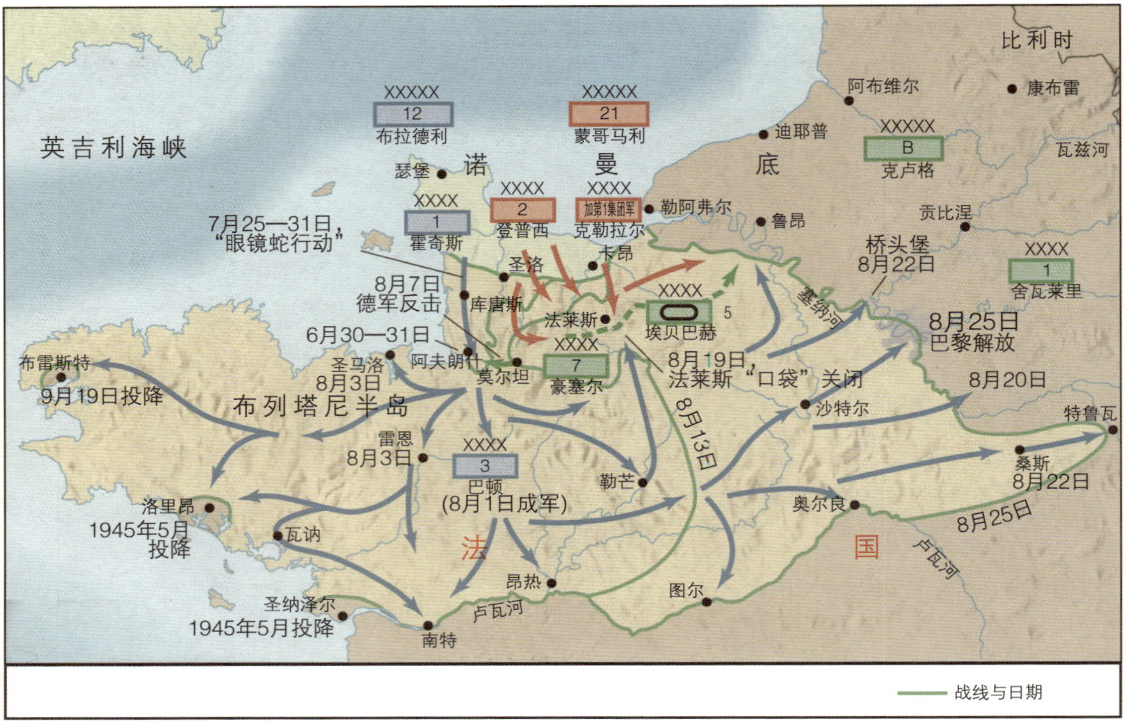

约瑟夫·迪特里希中将（1892—1966）

武装党卫军高级军官约瑟夫·“塞普”·迪特里希（Josef “Sepp” Dietrich），因1944年屠杀美军战俘的马尔梅迪（Malmédy）大屠杀留下恶名。1914年，他志愿加入巴伐利亚军队，1918年成为一支德国装甲部队的首批成员。他参加了一战后“自由军团”（Freikorps）的斗争，是希特勒1923年流产政变的参与者之一。1928年，他加入纳粹党，同年加入党卫军，1930年成为国会代表。他在党卫军内快速爬升，1933年起负责保卫希特勒的安全。二战期间，他领导新成立的武装党卫军“警卫旗队”师，后成为党卫军第1装甲军司令，再后来任党卫军第6装甲集团军司令。他曾在诺曼底阻止盟军突破，1944年12月又在阿登攻势里抵挡盟军的反击。1946年，他因为杀害70名美军士兵受审，被判终身监禁。他1955年获释，又因1934年6月杀害冲锋队领导人被判刑，1959年最终获释时，他依然是一名狂热的纳粹分子。

集团军面临着被立即包围的危险，冯·克卢格请求允许撤退。

希特勒一如既往地拒绝了，命令冯·克卢格不仅要坚守，还要纠合装甲部队残部，从离大西洋海岸48公里的莫尔坦镇发动一次反击，在阿夫朗什切断薄弱的美军战线，夺回主动权。冯·克卢格不顾手下军官的反对，勉强按希特勒的要求行动，致使失败的命运更加无法挽回。“超级情报”成功破译了德军的电文，提前把敌人的企图告知了盟军。于是，盟军准备了坚固的反坦克防线和大规模空袭。8月7日，德军的莫尔坦攻势在夜幕掩护下开始。但当晨雾散去后，盟军的空袭破坏了德军的攻势。布拉德利发起反击，把已被削弱的德军打回原地。为发动这次攻势，冯·克卢格从卡昂抽走了装甲师。这样，蒙哥马利最终得以向南推进，试图制造一个包围圈，将整个德军包围在法莱斯镇一带。

希特勒用指挥东线有序撤退的英雄瓦尔特·莫德尔换下冯·克卢格，但莫德尔立即看出形势已然无望。盟军的铁钳巨口正步步合拢，莫德尔只能下令撤退，可结果却演变成一场溃逃。德军后卫部队拼死抵抗，大量士兵丢弃全部辎重后才最终得以逃命。即便如此，待8月19日盟军的“口袋”扎紧时，德军依然有4.5万人成为俘虏。德国败兵逃向塞纳河，但巴顿的第3集团军早已到达河边，于8月19—20日在巴黎南北两处成功渡河。莫德尔部匆匆设法渡过，但在对岸，他只能组织4个弱师和120辆坦克对付盟军的40个师。现在，盟军离德国边境已近在咫尺。

从诺曼底到阿夫朗什港的10天150公里的进军中，疲惫的美国步兵正在休息。这次进军为随后一周内向布列塔尼的快速推进创造了条件。经数周阵地战，快速突破对参战部队来说是一场严峻的考验。

考特尼·霍奇斯上将（1887—1966）

考特尼·霍奇斯未能从西点军校毕业，1906年作为列兵参军，但在3年后升为军官。他曾在菲律宾和墨西哥服役，1918年在法国作战。虽然他当年是西点军校的失败者，但后来却作为一名成功的军人被任命为西点教官。到1941年，他已是步兵学校校长，后任步兵司令。1942年他接手指挥美国第10军，1944年3月被派到英国，在布拉德利手下任职。诺曼底登陆期间，他是美国第1集团军副司令，8月升为司令。他的部队最先到达巴黎，也是率先从雷马根大桥渡过莱茵河，最终于1945年4月在易北河上的托尔高与苏军会师。1945年4月，他晋升上将，成为美国陆军第二个从列兵成长为上将的人。

1944年7月31日，“眼镜蛇行动”初期，美国第30突击队进入法国大西洋沿岸的格朗维尔镇，受到法国群众的热烈欢迎。

1944 年 8 月 17 日，美国第 20 军进军塞纳河上的第一个渡河点，正路过沙特尔一带遭战火破坏的乡村地区。此时，德军正向德国边境匆匆撤退。

“眼镜蛇行动”后的盟军快速推进期间，在法国北部一个草场开会的盟军指挥官正一起拍照。蒙哥马利将军居中，两边分别是（从左到右）美国第 1 集团军的霍奇斯中将，加拿大第 1 集团军克勒拉尔将军，美国第 12 集团军群司令布拉德利将军，以及英国第 2 集团军司令登普西中将。

法国北部法莱斯镇附近的道路上塞满了肿胀的马尸，德国第 7 集团军差点在这里被围。同盟国的空军和炮火摧毁了这一地区，炸毁车辆、炸死马匹，但约 10 万德军设法挣脱，向东逃窜。

一家法国人正推着装得满满的自行车回到马里尼村。1944 年 7 月 26 日，美军在“眼镜蛇行动”中解放了该村。成千上万法国人身陷纷飞的战火之中，据估计，约 6 万法国人死于盟军的轰炸。

华沙起义

1944.8.1—10.2

大事表

1944 年 8 月 6 日
美国第 1 集团军占领法国城市南特。

1944 年 8 月 9 日
日军在关岛的抵抗最终结束。

1944 年 8 月 19 日
盟军在法莱斯扎紧“口袋”，围住 5 万德军。

1944 年 8 月 23 日
安东内斯库元帅倒台后，罗马尼亚同意与苏军停火。

1944 年 9 月 17 日
盟军发起“市场花园行动”。

1944 年 9 月 26 日
英国第 8 集团军渡过意大利北部卢比肯河。

波兰地下武装最初于 1940 年组成“武装斗争联盟”，1942 年改名“国民军”。随着苏军逼近波兰，地下武装计划搞一次大动作，发起“风暴行动”，以中断德军的补给线，骚扰撤退中的德军。1944 年 1 月，行动开始，波兰游击队组织系统地攻击德军交通线。在伦敦的波兰流亡政府希望，波兰的解放不能仅靠苏联人的功劳，波兰人民自己也要出一份力，这次行动正是这一努力的体现。

以伦敦为基地的波兰国民军司令卡齐米日 · 索森科夫斯基（Kazimierz Sosnkowski）将军决定，于 1944 年 8 月在波兰首都华沙发动一次起义，作为“风暴行动”的一部分。政治问题是做出这一决定的主要考量。当时，在伦敦的流亡政府正与以莫斯科为基地的亲共组织波兰爱国者联盟进行竞争。这一联盟成立于 1943 年 3 月，组建了一支以西格蒙德 · 贝林格（Zygmunt Berling）中校为领导的波兰共产党军队，与正在进军的苏军并肩战斗。莫斯科共产党与共产党组织波兰工人党及其武装分支“人民近卫军”有联系，后者是一个亲苏的波兰抵抗组织。1944 年 7 月，斯大林授权这些团体建立名为“卢布林

巴赫－泽勒维斯基中将（1899—1972）

一战爆发后，年仅15岁的波兰贵族后代埃里希·冯·泽列夫斯基（Erich von Zelewski，1925年，他把姓改成更像德语的“von dem Bach-Zalewski”）志愿加入普鲁士陆军。战后，他加入德国边防军，1930年离开边防军加入纳粹党。1931年他加入党卫军，1934年参与“长刀之夜”清洗，1937年成为西里西亚警察和党卫军头子。1939年，他组织部队强制迁徙波兰人，巩固新占领区。奥斯维辛集中营，就是在他的建议下建立的。1941年，他成为德国中央集团军群后方地区党卫军和警察局长；1943年7月，被任命为反游击战部队总司令。在这个位置上，他的安全部队杀害的人超过了23.5万。他被选派指挥所有镇压华沙起义的部队，极其残忍地执行了任务。虽然他冷酷无情地实施了大规模屠杀，却没有在纽伦堡受审。到20世纪60年代，他才因30年代早期在谋杀希特勒对手的事件中所起的作用被判处监禁。最后，他死在慕尼黑的一所监狱内。

委员会”的组织，准备接管波兰政权，对抗伦敦的波兰流亡政府。

7月下旬，罗科索夫斯基元帅率白俄罗斯第1方面军，到达华沙对岸的维斯瓦河边。1944年8月1日，在波兰的国民军司令科莫罗夫斯基（Tadeusz Bór-Komorowski）将军命令他的华沙部队，在苏军到达前从德国守军手中夺取波兰首都。约3.7万波兰人参加了起义，凭着低劣的武器，虽然夺取了很大一部分居民区，但未能占领主要交通枢纽或任何一座横跨维斯瓦河的大桥。事实上，正是这条河天然地把华沙一分为二。

德军立即决定镇压起义。强大的装甲部队对迫近的苏军发动了一次反击，阻止后者渡过维斯瓦河支援起义。同时，党卫军头子海因里希·希姆莱网罗了21300名军人和安全人员，在臭名昭著的党卫军军官埃里希·冯·德姆·巴赫－泽勒维斯基的指挥下镇压起义。希姆莱命令屠杀平民，在最初几天内共有4万平民被杀害。泽勒维斯基用两支最嗜血的部队——由前罪犯组成的迭勒汪格突击队和变节的苏联卡明斯基突击队——镇压起义，他们实施的暴行甚至连党卫军都无法忍受。后来，卡明斯基被希姆莱下令枪毙。

8月25日，德军开始了一次大型攻势，收复起义控制区。面对德军，波兰国民军寸土必争，但到9月末，他们只守住了华沙市中心的部分地区。10月1日，为避免造成更多牺牲，科莫罗夫斯基与德军谈判达成投降意向，一天后开始生效。起义期间，西方盟军也曾做出空投补给的努力，第一批空投早在8月4日即开始实施。然而，波兰首都离西方盟军基地实在太远，而苏联又不同意英美飞机降落在苏联基地。9月，斯大林允许贝林格的波兰军队尝试打过维斯瓦河支援起义，可很快被打退。9月13日，苏联开始低空投送补给，但许多空投物资落入德军手中。虽然反共的国民军被摧毁正中斯大林下怀，但苏军经过在白俄罗斯全境整个夏季的严酷战斗，有没有能力渡过维斯瓦河并挡住德军的反扑，这一点还是个问题。

对华沙来说，起义的失败成为一场灾难。据估计有约25万平民丧生，其余被迫在1944年10月离开这座城市，因为德国拆除队一个街区不落地摧毁了华沙。巴赫－泽勒维斯基估计德军伤亡1.7万人，但这个数字不可信。在战斗中，波兰起义军共有1.5万人死亡。到1945年初华沙最终落到苏军手中时，苏联支持的卢布林委员会被培植成战后波兰的第一个临时政府。

1944年10月，忍受饥饿疾病的波兰幸存者正离开他们在华沙起义期间藏身的下水道和地窖。成千上万人在战争中被杀，余者被送到集中营或劳动营。随后，城市被全面摧毁。

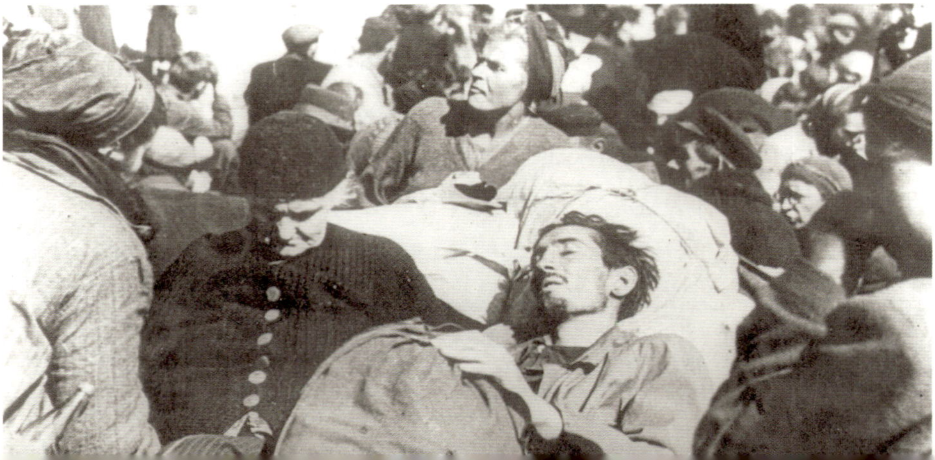

塔德乌什·博尔－科莫罗夫斯基将军（1895—1966）

1944年8月，波兰人塔德乌什·科莫罗夫斯基领导波兰国民军起义，反抗德军的占领。战后，他把战时代号“博尔”（Bór）加在姓前。一战时，他在奥地利军队服役，后加入新成立的波兰军队，成为波兰骑兵学校校长。1939年波兰战败后，他转入地下，1941年7月成为秘密的国民军第一任副司令，1943年3月成为司令。他领导了华沙起义，但在说服德军将他的军队当成普通战俘后，于1944年10月投降。战后，他搬到伦敦，1947—1949年，他在伦敦成为反共的波兰流亡政府首相。

一个犹太抵抗者被党卫军士兵抓住——党卫军军官于尔根·斯特罗普（Jürgen Stroop）相册中的一幅照片。斯特罗普被控镇压了1943年4—5月的华沙犹太居住区起义。在这次镇压中，约1.4万犹太人被杀，56065人被驱逐到劳役营或灭绝营。

1944 年 8 月初，苏军到达维斯瓦河，但停止了强渡，因为德军的抵抗日益激烈，苏军损失重大。图中可见苏军正在沿河战线附近运输伤兵。

1944 年夏末的华沙起义期间，一支德军机枪部队正与波兰国民军进行巷战。波兰人的重型武器很少，只能依靠缴获的敌军武器。

与德军作战期间，华沙街头的波兰国民军士兵正奔向隐蔽处。面对全副武装的残忍敌人，他们使用游击战术，成功坚持了两个月之久。

1944 年 10 月，波兰人在华沙的抵抗结束，国民军女士兵成为俘虏。党卫军指挥官同意给予她们战俘地位，通常游击队队员被俘后不会被当作战俘对待。

维希法国的覆灭："龙骑兵行动"

1944.8.14—9.14

大事表

1944 年 8 月 17 日
苏军到达德国东普鲁士的旧边境。

1944 年 8 月 23 日
罗马尼亚政变，亲轴心国的安东内斯库元帅被推翻。

1944 年 9 月 4 日
英国和加拿大军队占领比利时安特卫普，为未来的行动夺得一座大港。

1944 年 9 月 5 日
芬兰同意与苏军签订停火协议，5 天后正式投降。

1944 年 9 月 8 日
英国第 8 集团军突破意大利北部的"哥特防线"。

1944 年 9 月 12 日
讨论西方战略的"八边形会议"在加拿大魁北克市召开。

1943 年，英美联合参谋部决定，"霸王行动"的计划正在完成之际，一次代号"铁砧行动"的辅助登陆将在法国南部同时进行。这一决定是在 1943 年 11 月开罗会议上做出的。但 1944 年头几个月，艾森豪威尔坚持推迟"铁砧行动"，以确保诺曼底登陆有足够的人员和登陆艇。意大利的盟军指挥官也反对分出资源，担心该国战场有陷入僵持的危险。丘吉尔倾向于选择另一条进攻路线，呼吁从东南欧进攻奥地利。但罗斯福不顾丘吉尔的意见，只有他一人依然热切坚持发起一次这样的行动。

法国第1集团军徽章。

法国突击队徽章。

后来，在法国南部登陆的计划，被改称"龙骑兵行动"。参与的部队，就是从意大利战场上

亚历山大·帕奇中将（1889—1945）

亚历山大·“桑迪”·帕奇，因领导美军在太平洋瓜岛的行动而闻名。1944 年 8 月，他是进攻法国南部的美军指挥官。他 1909 年参军，作为步兵军官参加了一战。1940 年，他被提拔为准将，帮助训练以马歇尔将军为首的不断壮大的美国陆军。1942 年，他调到南太平洋，集合驻扎在那里的众多小股部队，成立了他所谓的“新喀里多尼亚师”。1942 年 10 月，他在瓜岛领导该师，12 月起执掌瓜岛的全部部队，亲自指挥一些行动。他后来转战欧洲，接替马克·克拉克指挥美国第 7 集团军。他领导该集团军进攻法国南部，一直到战争结束时进入德国南部。1945 年 8 月，他回到美国指挥第 4 集团军，3 个月后死于肺炎。

抽出来的。经盟军地中海总司令英国人梅特兰·威尔逊将军统一指挥，亚历山大·帕奇中将的美国第 7 集团军和德拉特·德塔西尼（Jean de Lattre de Tassigny）的法国 B 集团军，领命参加此次行动。他们的总兵力共有 11 个师，还有庞大的空军和海军力量的支援。盟军要面对的敌人是，布拉斯科维茨（Johannes Blaskowitz）将军麾下第 19 集团军的 10 个师。但其中大部分并不驻在沿海，且唯有第 11 装甲师是一支一流部队。1944 年 8 月 15 日，在 887 艘军舰和 1370 架战机的掩护下，盟军的登陆没遇到多少抵抗。德军开始撤退，因为切实可行的抵抗前景渺茫。法国部队 8 月 28 日占领土伦和马赛，9 月 19 日改名法国第 1 集团军。卢西恩·特拉斯科特少将指挥美国第 7 集团军的第 6 军沿罗讷河（Rhone）河谷，向阿尔萨斯—洛林方向追击撤退的敌军。

盟军进展神速。9 月 3 日，里昂解放。9 月 10 日，帕奇集团军与从西北打过来的巴顿将军第 3 集团军在第戎会合。自由法国国内军解放了第戎的大部地区，也在尽力迟滞德军的撤退。但布拉斯科维茨成功避开了一个陷阱，撤到孚日山区。9 月 15 日，南线军队置于艾森豪威尔的指挥之下，成立了第 6 集团军群，准备进军德国。整个战役中，法国部队仅伤亡 4000 人，美军伤亡 2700 人，而德军则有 5.7 万人被俘，超过了 8 月蒙哥马利在法莱斯包围的人数。现在，艾森豪威尔在马赛有了一个主要港口，可运送补给和人员用于下一步作战，进入和占领德国本土。

对法国南部的进攻，加速了维希政权的灭亡。到 1944 年夏，以皮埃尔·赖伐尔为总理的亲德法西斯分子控制着这个伪法国政府。8 月 19 日，维希政权首脑贝当元帅辞职，被德国人带到贝尔福，后转到德国锡格马林根。1945 年 4 月，他获准去瑞士，但他自愿回到法国受审，被判处死刑（后减为终身监禁）。赖伐尔与维希政权残余势力跟着贝当先后到贝尔福和锡格马林根。1945 年 7 月，赖伐尔被抓获，因叛国罪被判处死刑。

此时，戴高乐将军的法国民族解放委员会接管法国政府，成为事实上的临时政府。而 1940 年被维希取代的法兰西第三共和国，并没有被重建。相反，在 1945 年 10 月的大选中，左翼政党和抵抗德国占领及维希极权制度的组织获得压倒性支持。1946 年，建立法兰西第四共和国的新共和宪法，获得各方一致通过。

1944 年 8 月 29 日，自由法国 B 集团军士兵正驾着一辆“谢尔曼”坦克行驶在前一天攻取的港口城市马赛。虽然希特勒确定马赛和土伦为“要塞城市”（fortress cities，亦译作“堡垒城市”。编者），但在法国人的坚决进攻下，两座城市快速失守。

让·德拉特·德塔西尼元帅（1889—1952）

让·德拉特出身于法国佛兰德的贵族家庭。1908 年，他加入法国陆军。一战首月，担任第 12 龙骑兵团军官的这个年轻人两次负伤。一战结束时，他成为步兵上尉。两次大战之间，他留在军队发展。1939 年 3 月，他升到准将军衔，时任法国第 5 集团军参谋长。法国战役中，他指挥第 14 步兵师，后成为维希法国的陆军将军。1942 年下半年，德国占领法国全境后逮捕了他，但他逃出监狱，跑到伦敦。他被戴高乐提拔为上将，指挥法国 B 集团军。后来，他领导这支部队在法国南部登陆，解放了土伦和马赛，1945 年与盟军一起进入德国。1945 年 5 月在柏林，他代表法国参加了德国的投降仪式。1952 年去世后，他被追授法国元帅。

1944 年 8 月 15 日，“龙骑兵行动”早期阶段，法国南部沿海土伦与戛纳间某地，美国第 7 集团军的部队和坦克正在登陆。经过 126 艘军舰和 2000 架战机对德军防线的狂轰滥炸，海滩登陆只遇到轻微抵抗。

1944 年 8 月 15 日，第 12 陆航大队航空运兵师正从 C–47 运输机上投下空降兵。第 1 空降特遣队士兵当天早上被空投在戛纳以西，以支援对海滩发起的进攻。

1944年8月15日，英国首相温斯顿·丘吉尔正在英国驱逐舰“金伯利”号上观看盟军进攻法国南部。盟军对法国海岸发起的轰炸极其猛烈，导致德军大炮很快被打哑了。丘吉尔觉得进攻的结果“相当沉闷”。

1944年9月2日，自由法国部队在格勒诺布尔处决维希法国民兵。解放后几周内，成千上万投靠维希政权或德国人的“法奸”被处决。

巴黎解放

1944.8.23—25

大事表

1944 年 7 月 3 日
苏军解放白俄罗斯首都明斯克。

1944 年 7 月 24 日
苏军进军途中解放波兰城市卢布林。

1944 年 8 月 1 日
波兰国民军起义，希望在苏军到达前解放华沙。

1944 年 8 月 9 日
阿尔及尔的法国官员宣布维希政权正式终结。

1944 年 8 月 26 日
“龙骑兵行动”期间，法国南部港口土伦被解放。

1944 年 8 月 29 日
斯洛伐克开始起义，反抗德国占领军。

随着盟军从诺曼底桥头堡突围，巴黎居民开始为自身的解放做准备。但艾森豪威尔将军一开始并未首先考虑巴黎，宁愿盟军在向德国边境追击德军过程中绕过这座都城。1944 年 8 月 19—20 日夜，巴顿的美国第 3 集团军到达巴黎以北约 60 公里的芒特—加西科瓦一线并渡过塞纳河，8 月 24 日在巴黎以南的默伦和枫丹白露二次渡河。随后，美军穿越法国全境，穷追猛打向德国边境撤退的约 25 万德军。

法国十字军勋章（Croix-de-Guerre）。

盟军认为德军将放弃巴黎，安排勒克莱尔（Jacques-Philippe Leclerc de Hautecloque）将军的第 2 装甲师在德军撤出巴黎后获得首先进入巴黎的荣耀。为响应美军进军的消息，巴黎市民开始自己解放自己的首都。他们的行动是从一次罢工运动开始的。从 8

雅克－菲利普·勒克莱尔·德奥特克洛克将军（1902—1947）

1945年，奥特克洛克伯爵菲利普把他的名字改成雅克－菲利普·勒克莱尔，加进了他战时从事抵抗活动所用的化名。他1924年毕业于圣西耳军校，1937年时任陆军上尉。1940年6月法国战败后，他来到伦敦，加入戴高乐的自由法国军。他先在西非和北非作战，后带领法国第2装甲师参加诺曼底登陆战。他获准进入巴黎解放这座城市，后率部解放斯特拉斯堡。战争结束时，他的部队正好位于贝希特斯加登希特勒的巴伐利亚住处。他后来在1945年的越南内战中指挥驻越法军，但因为支持谈判而被撤职替换。他1947年死于飞机失事，1952年被追授法国元帅。

月10日的铁路工人罢工开始，继之以8月15日盟军在南部登陆的消息传来，巴黎大部分警察开始罢工。巴黎的解放运动分成两派——戴高乐主义者和当地解放委员会主席亨利·唐吉（Henri Rol-Tanguy）领导的共产主义者。8月19日，自由法国国内军发出总动员；次日，两派最终团结起来，在巴黎发动起义反抗迪特里希·冯·肖尔蒂茨（Dietrich von Choltitz）将军领导的德国守军。

起义的危险因素依然存在，因为同一时期，德军正在残酷镇压华沙的一次类似起义。1940年6月，希特勒曾访问巴黎，尊重它是一个辉煌的建筑中心。现在，他命令肖尔蒂茨不惜一切代价守住巴黎，摧毁无法防守的一切。零星战斗在城市各处打响，共产党在主要控制区竖起了路障。戴高乐派领导人亚历山大·帕罗迪（Alexandre Parodi）试图在瑞典总领事的帮助下平息战斗。随之而来的是6天的混乱，直到肖尔蒂茨——一个老派普鲁士军官而

不是狂热的纳粹分子——最终决定不理会希特勒的命令，坚决投降。8 月 23 日，艾森豪威尔批准勒克莱尔暂停追击德军，占领巴黎。8 月 24 日晚，第一批法国装甲编队到达巴黎市中心；次日，在一场盛大的庆祝活动中，整个首都迎来解放。约 3200 名德军在起义中被杀死，1500 名法国人丧生，另有 12800 名德军成为俘虏。

8 月 26 日，戴高乐将军以胜利的姿态进入巴黎。他重新点燃了凯旋门无名战士墓前的火焰，随后率盟军沿香榭丽舍大道游行。当他来到巴黎圣母院时，一个藏在教堂内的狙击手向他开了枪。当晚，德国空军对巴黎进行了最后一次报复轰炸，这是它在这场战争中遭到的最猛烈空袭。约 500 所房屋被摧毁，葡萄酒市场的巨大葡萄酒仓库被付之一炬，火光照亮了整个巴黎市中心。

巴黎的遭遇在法国并不普遍。约 85% 的法国社区在静静等待盟军到达，没有冒遭德军报复的危险。巴黎解放是一个必要的象征性举动，这就是为什么戴高乐选择此地发表他在法国土地上的第一次重要讲话。他讲到，为解放法国，一座城市首先"解放了自己"。此后，民族解放委员会从阿尔及尔搬到巴黎，开始重建一个统一的民主国家。

1944 年 8 月解放巴黎期间，法国第 2 装甲师的两个士兵躲在凯旋门附近，向德军狙击手和维希法国民兵开火，而德军试图解救躺在香榭丽舍大道上的德国俘虏。

法国抵抗战士正拿着五花八门的武器，戴着各式头盔，躲在巴黎的一个临时障碍物后。反抗德国守军的起义始于8月19日，持续到6天后盟军解放巴黎。

LA PRESSION
A EMPORTER

亨利·罗尔－唐吉（1908—2002）

1944 年 6 月，法国共产党人亨利·唐吉成为巴黎自由法国国内军指挥官。他是一个海员的儿子，20 世纪二三十年代成为活跃的青年共产主义者。1937 年，他加入与西班牙佛朗哥叛军作战的国际纵队，在埃布罗河战役中负伤。1940 年法国战败后，他转入地下，化名“罗尔上校”，在巴黎组织了抵抗团体“法兰西自由射手游击队”，是 1944 年巴黎起义的领导人之一。后来，他加入法国第 1 集团军一路打到德国，后担任正规军军官直到 1962 年。他成为法国共产党中央委员会委员，一直担任到 1987 年。1996 年，因为在西班牙内战中所做的贡献，他成为西班牙荣誉公民。

1944 年 8 月 25 日，驻巴黎德军司令迪特里希·冯·肖尔蒂茨在签署投降书。虽然希特勒命令肖尔蒂茨将巴黎夷为平地，但后者根本不想作为巴黎毁灭者而遗臭万年。

1944年8月24日，勒克莱尔将军所辖法国第2装甲师的一辆坦克到达米开朗基罗－欧特伊广场，受到巴黎人民的热烈欢迎。

1944年8月26日，即将成为法国临时政府首脑的自由法国运动领袖戴高乐将军正沿香榭丽舍大道走向巴黎圣母院，一个感恩仪式将在那里举行。在教堂内，一个狙击手向戴高乐开了枪。零星战斗又持续了数天。

“市场花园行动”

1944.9.17—26

大事表

1944 年 9 月 15 日
美国海军陆战队在佩莱利乌岛登陆，遭遇激烈抵抗。
1944 年 9 月 16 日
苏军控制了保加利亚首都索非亚。
1944 年 9 月 18 日
英美飞机向华沙的波兰国民军空投补给。
1944 年 9 月 25 日
希特勒批准建立由 16—60 岁男子组成的国民突击队，抵抗盟军向德国进军。
1944 年 9 月 28 日
苏军开始向南斯拉夫首都贝尔格莱德进军。
1944 年 10 月 2 日
美军首次突破亚琛附近的“齐格菲防线”。

在诺曼底战役和“市场花园行动”期间，蒙哥马利指挥美国空降部队时佩戴的徽章。

1944 年 8 月，德军在法国的防御突然崩溃。如果盟军能迅速突入德国，西线战争将有可能快速结束。9 月，蒙哥马利的第 21 集团军群和布拉德利的第 12 集团军群继续向法国东部和比利时推进。9 月 4 日，盟军占领安特卫普港，但没拿下港口北面的斯海尔德（Scheldt）河口，一些德军散兵依然驻守在那里，致使盟军无法用这座主要港口提供补给。盟军的快速推进，引发了一场补给危机，要在当年冬天彻底摧毁德军抵抗的雄心壮志也可能因此受损。

正是在这一战略背景下，蒙哥马利建议开展一次大胆行动，试图加速盟军的推进。这就是“市场花园行动”。它意在朝荷兰城市阿纳姆方向，在德军防线上强攻出一块突出部阵地，从莱茵河下游强渡，为盟军席卷鲁尔工业区创造条件。这是一个宏大的计划，但它使安特卫普一带的河口地区继续留在敌军手中。9 月 10 日，艾森豪威尔批准了计划，同意调拨美国人刘易斯 · 布里尔顿（Lewis Brereton）中将领导的盟军第 1 空降集团军，但由英国人弗雷德里克 · 布朗宁（Frederick Browning）中将负责战术指挥。3 个空降师被分配了不同任务。美国第 82 和第 101 空降师将占领瓦尔河和威廉敏娜运河上的奈梅亨和艾恩德霍芬两座大桥，英国第 1 空降师将占领阿纳姆的所有桥梁，跨莱茵河建立一个狭窄的桥头堡。空降部队争夺桥梁之际，霍罗克斯（Brian Horrocks）中将会率领英国第 30 军，在德军战线上“挖出”一个狭窄通道，前去增援盟军在阿纳姆的守军。

9 月 17 日，行动开始，但战果不一。1.9 万人的部队要比平常更准确地被空投到作战区域，还要越过 8 条河流，这样的行动本身就是一项挑战。布朗宁坚持亲自参与行动，率整个司令部乘滑翔机到达阿纳姆，但无线电通信状况不佳，他难以召集散落各处的空降部队。两个美国师成功占领了艾恩德

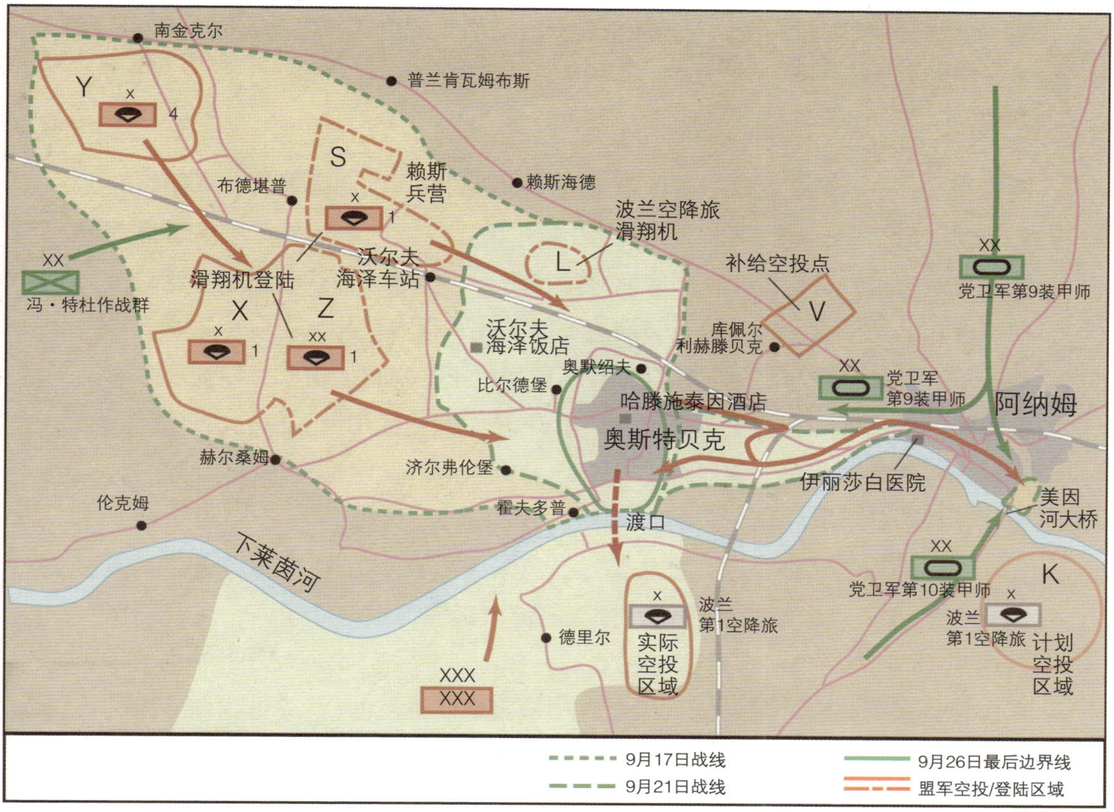

弗雷德里克·布朗宁中将（1896—1965）

弗雷德里克·布朗宁是公认的英国空降兵之父。一战中，他在掷弹兵近卫团开始了军旅生涯。二战初期，他是近卫团指挥官，直到1941年10月上任指挥英国第1空降师。他为该部队设计了独特的栗色贝雷帽，在这支部队的组织和训练方面发挥了关键作用。1943年4月，他成为艾森豪威尔在地中海战区的空降兵顾问，帮助做出对西西里发动进攻的计划。1943年12月，他是蒙哥马利的空降兵司令部司令。诺曼底登陆后，他成为盟军第1空降集团军副司令，在这个位置上帮助组织和领导了“市场花园行动”。行动失败后，他被派去担任东南亚司令部参谋长。战后，他成为英国王室内府审计长。

霍芬和奈梅亨，但在北部，英国第1空降师遇到德军的顽强抵抗，未能夺取莱茵河上的桥梁。党卫军第9和第10装甲师正在阿纳姆休整，虽然情报官曾向布朗宁报告已侦测到德国有两个师在附近，但后者依然不顾警告发起行动。战斗的结果是，阿纳姆及其周边地区的德军强力反扑，迫使英国第2空降营于9月21日投降。期待的第30军支援也未能实现。霍罗克斯的部队为缓慢的搭桥进展和恶劣天气所阻，9月21日才到达瓦尔河。他们次日渡河，却发现英军的形势已岌岌可危。9月25日，空降部队奉命渡过瓦尔河撤退。至此，行动只得被放弃。

蒙哥马利的赌注失败，损失惨重。英国第1空降师伤亡7842人，其中6000人被俘。两个美国师在他们打造的突出部阵地上坚守了两个月，总伤亡达到3532人。布朗宁承担了失败的大部分责任，但众所周知，他曾在9月初警告蒙哥马利，阿纳姆可能会是“一座难以企及的桥”（也称作“遥远的桥”)。1944 年 10—11 月，蒙哥马利转而再去肃清斯海尔德河口，要把安特卫普变成一个补给基地。这一行动直到 11 月 8 日占领河口的瓦尔赫伦岛(Walcheren)才完成。11 月下旬，安特卫普港终于可以投入使用，但盟军已被阻挡在德国边境。那里还会有几个月的艰苦战斗在等着他们。

布赖恩·霍罗克斯中将（1895—1985）

布赖恩·霍罗克斯是二战时受人喜爱和尊敬的英国将军，他的军旅生涯充满了故事。他差点没通过在桑德赫斯特军事学院（Sandhurst）的学员课程，但一战爆发给了他在战斗中证明自己实力的机会。1914 年 10 月，他受伤被俘，花了 4 年时间设法逃跑。恼火的德国人把他关进一座俄国战俘营，他在那里学会了流利的俄语。1919 年被遣返后，他志愿参加英国干涉俄国革命的战斗，1920 年 1 月再次被俘，被关了 10 个月。他后来成为职业军人，二战爆发时是参谋学院教官。在法国，他指挥一个机枪营，1941 年在英国指挥一个师。1942 年，他被派到北非蒙哥马利手下指挥第 13 军。在 1942 年 9 月初的战役中，他的部队防守阿拉姆哈勒法山脊。他在突尼斯立下大功，接受了隆美尔的非洲军团的投降。1943 年 6 月，他负了重伤，但 1944 年 8 月又回到军中指挥第 30 军，领导参加了“市场花园行动”。战争结束时，他晋升中将。1949 年，他被任命为上院黑杖侍卫。

争夺阿纳姆渡河点的战役期间，一队德国步兵在郊区搜寻英国部队。德军抵抗的猛烈程度超出了英军的预期。

阿纳姆大桥曾是盟军第 1 空降集团军与党卫军第 9、第 10 装甲师争夺的焦点。这张照片摄于 1944 年 9 月 20 日盟军放弃夺取它之后。按行动指挥官的说法，这是“一座难以企及的桥”。

阿纳姆德国守军俘虏的一队英国空降兵。在西欧打了连续数月的胜仗之后，阿纳姆之战强烈提醒了盟军，德国还具有强大战斗力。约 6000 名盟军士兵在行动中被俘。

4 名英国空降兵正小心翼翼地穿过一栋被毁的房子。放弃阿纳姆后，他们被迫从奥斯特贝克撤退。1944 年 9 月 23 日，战斗期间随盟军第 1 空降集团军行动的陆军摄影摄像队拍了这幅照片。

1944年9月17日，一幅航拍照片显示，在荷兰城市阿纳姆西北沃尔夫海泽（Wolfheze）树林附近，空速“霍莎”（Airspeed Horsa）和通用航空“哈米尔卡”（GAL Hamilcar）滑翔机正停在“Z”空降区。“市场花园行动”依赖空降部队和装备的成功运输，空降人员中还包括作战司令部参谋和指挥官。

盟军空降部队在阿纳姆作战期间使用的“斯登”（Sten）V 型冲锋枪。

1944 年 9 月 17 日，英国第 30 军开始进军，准备与阿纳姆的部队会合。在通往艾恩德霍芬的路上，爱尔兰近卫团第 3 营反坦克排的一辆“劳埃德”运输车发生爆炸。

南斯拉夫：自我解放

1944—1945

大事表

1944年6月15日
盟军巴尔干空军成立。

1944年9月8日
保加利亚向苏军投降后，倒戈对德国宣战。

1944年10月7日
德国占领军开始撤出希腊。

1944年10月18日
希腊流亡政府与英军一起回到雅典。

1945年2月23日
土耳其向德国和日本宣战。

1945年4月13日
苏军占领维也纳。

1945年6月9日
在贝尔格莱德达成的协议规定南斯拉夫游击队撤出的里雅斯特（Trieste）和奥地利。

二战最后几年，南斯拉夫进行了两场战争。一是针对德国占领者的游击战，主要由铁托的共产党游击队领导；二是敌对民族和政治集团间的险恶内战，主要冲突发生在米哈伊洛维奇领导的塞尔维亚民族主义的切特尼克（祖国军）和共产党游击队之间，前者依然忠于流亡国王彼得二世，后者则希望推翻国王、建立共产主义共和国。

内战削弱了南斯拉夫与德国占领者作战的努力，导致成千上万南斯拉夫人丧生。切特尼克杀害克罗地亚人和波斯尼亚穆斯林，估计杀害了3万—5万人，并且在他们控制的塞尔维亚和南斯拉夫中部地区杀害共产党人。反过来，共产党游击队抓到对方后也不留活口。在意大利人占领的南斯拉夫地区，切特尼克与意军合作攻击共产党抵抗力量，直到1943年意大利退出战争。德军占领者成功地挑起不同组织间的敌意。一个争权夺利的切特尼克领导人科斯塔·佩恰纳茨（Kosta Pećanac），干脆投靠了德国人，直到1944年

德拉扎·米哈伊洛维奇上校（1893—1946）

1941 年，德国和意大利军队占领南斯拉夫时，德拉戈柳布·德拉扎·米哈伊洛维奇正在领导南斯拉夫抵抗运动的非共产党军队。1910 年，他加入塞尔维亚军队。作为一个年轻的军校学员，他参加了 1912—1913 年的巴尔干战争，后参加一战，反抗奥匈帝国。他在两次大战之间成为参谋军官，1941 年升到上校军衔。轴心国占领南斯拉夫后，他组建了一个忠于流亡国王的抵抗组织，名为“切特尼克”，虽然他们也与其他游击队和波斯尼亚穆斯林作战，但因为担心报复，坚持不直接与德国和意大利人作战。1942 年，流亡政府任命他为将军和战争部长。但 1943 年后期，同盟国放弃了对他的支持，转而支持铁托。1946 年，他被新的共产党秘密警察逮捕，被以叛国罪处决。

被米哈伊洛维奇的部队抓住并处死。切特尼克担心平民遭报复，对直接攻击德军态度谨慎，一直蛰伏等待轴心国战败和国王回国。1944 年，他们的事业进一步受挫，流亡的彼得国王最终转而支持铁托。

与德军和 1943 年 9 月前的意大利军队作战，主要靠铁托领导的游击队。到 1944 年，游击队人数已超 30 万，不仅在塞尔维亚，而且在克罗地亚迪纳拉山脉也都有根据地。在高峰时期，他们可以牵制约 35 个轴心国师。虽然 1943 年，德国及其克罗地亚盟友发动了代号“白色”与“黑色”的大型行动，但游击队还是在山区根据地挺了过来。英国人原本支持切特尼克，但由于共产党采取与敌军直接进行军事对抗的战略，他们转而支持

铁托，向其提供物资。游击队逐渐成为南斯拉夫抗击轴心国的主要力量。1944 年后期，希特勒决定放弃巴尔干地区，德军撤出希腊、阿尔巴尼亚和南斯拉夫南部。1944 年 8 月，苏军进入罗马尼亚，次月占领保加利亚，9 月 28 日到达南斯拉夫边境。在苏军的协助下，游击队进攻撤退中的德军，于 1944 年 10 月 20 日占领塞尔维亚首都贝尔格莱德。

从 1944 年 10 月到战争结束，铁托的游击队追赶撤退中的德军，一直追到后者在匈牙利和南斯拉夫北部的最后防线。德国 G 集团军群一直坚守到

1944 年，一个在南斯拉夫为德国人打仗的波斯尼亚穆斯林志愿兵。德国占领者利用了南斯拉夫宗教和种族集团间冲突所造成的分裂。成千上万穆斯林被其他游击队组织杀死。

南斯拉夫国王彼得二世（1923—1970）

1934年，南斯拉夫的最后一位国王，11岁的彼得二世在父亲亚历山大访问法国遇刺后登上王位。因为彼得年幼，保罗亲王被任命为摄政王。1941年，德国入侵苏联之前，摄政王保罗同意加入轴心条约。但1941年3月，彼得在一群高级军官的支持下推翻了保罗，废除了与轴心国的联盟。德国入侵后，他去国逃亡，在中东短暂流亡后，1941年6月到达伦敦。他进入剑桥大学，后在英国皇家空军服役。1946年，彼得被铁托的共产党政府正式推翻，搬到美国。他因肝硬化死在美国时，年仅47岁。他是唯一一个埋在美国土地上的君主。

南斯拉夫共产党游击队领导人铁托（中）正在位于维斯岛的司令部开会。战争末期，这个共产党抵抗组织成为最重要的游击队力量，铁托也成为临时政府总理。

1945 年 5 月，才最终被打败。1945 年 4 月 30 日，游击队抵达的里雅斯特港，次日在英军从意大利赶来前不久占领港口。5 月 8 日，克罗地亚首都萨格勒布最后也落入游击队手中。1945 年 3 月，铁托的南斯拉夫反法西斯民族解放委员会主导的新民族政府成立，铁托为总理。虽然一开始，新政府为了展现一个统一政治战线的形象，包容了保皇派势力。残酷内战的战火暂时熄灭了，直到 45 年后再次点燃，导致南斯拉夫分裂和 1991—1995 年战争暴力重现。

1944 年 11 月 17 日，南斯拉夫游击队在南斯拉夫北部的斯洛文尼亚作战。他们正接近德国 C 集团军群守军控制的利蒂亚大桥。

1944 年后期，意大利与克罗地亚边境附近，一支德国武装警察部队在防守一个据点，抵抗游击队进攻。德军在南斯拉夫北部一直坚持到战争结束。克罗地亚首都萨格勒布，直到 1945 年 5 月 8 日才被解放。

1944 年 10 月 20 日，南斯拉夫和苏联军队夺取了塞尔维亚首都贝尔格莱德。图为占领之后，铁托的反法西斯民族解放军游击队正列队通过贝尔格莱德。

收复菲律宾

1944.10.20—1945.8.14

大事表

1945 年 3 月 10 日

东京遭美国 B–29 轰炸机猛烈轰炸，市中心毁于一场火风暴。

1945 年 5 月 3 日

盟军从日军手中夺取缅甸仰光。

1945 年 6 月 30 日

日军在冲绳岛的抵抗结束。

1945 年 8 月 14 日

日本天皇宣布投降。

1944 年 7 月，美国指挥官在夏威夷开会，确定未来对日战争的方向。海军倾向于在空军支援下直接进攻日本本土；陆军以麦克阿瑟将军为代表，则希望解放菲律宾，一是为下一步行动建立一个安全的基地，二是从日本人统治下解放菲律宾群岛本身即为一种荣耀。最后，罗斯福支持麦克阿瑟的想法。1944 年 9 月，美国舰载机开始有组织地摧毁菲律宾群岛上的日本空军。

美国第43师徽章。

美国第37师徽章。

美军的策划者选择莱特岛作为发动进攻的地点，该岛处于防守力量薄弱的菲律宾群岛的中央区域。10 月中旬，700 条船只载着约 17.4 万士兵航行到既定区域。10 月 17 日，美军突击队队员在两座小岛苏卢安和迪纳加特登陆，夺取进入莱特湾的通道。3 天后，10 月 20 日上午，4 个师登陆莱特岛，仅遇轻微抵抗。10 月 24—25 日，一场大战在登陆地区及其周围展开，盟军赶走了日本第 35 军，占领机场。驻菲律宾日军司令、曾率部占领马来半岛的山下奉文决定在莱特岛与美军决战。随后两个月里，日本共有4.5万—5万援军赶到。但到12月中旬，美军已有20万人在岛上登陆。1944年12月19日，日军有组织的抵抗结束，日军死亡8万多人。此后，零星战斗又持续了一周。

莱特岛巩固之际，麦克阿瑟命令进攻部队占领民都洛岛，作为夺取吕宋主岛的跳板。12月15日，盟军进攻民都洛岛，1945年1月中旬占领该岛。1月9日，克鲁格（Walter Krueger）中将所部第6集团军的两个军在吕宋岛西岸仁牙因湾（Lingayen Bay）登陆，快速穿过中央平原向首都马尼拉进军。山下奉文决定不阻止美军推进，而把庞大军队部署在山区，迫使美军进行一场旷日持久、代价高昂的战斗。虽然日军大本营决定放弃吕宋岛，自1945年1月中旬起就再没有其他增援部队到来，但残存守军决定效仿许多兄弟部队的做法，战斗到最后一息。岩渊三次海军少将率一支海军撤到马尼拉，在那里从美国第6集团军到达的2月3日，坚持到3月3日才被全歼。马尼拉被围期间，约10万菲律宾人死于炮火和日军因绝望而放纵实施的暴力。美军在争夺马尼拉的战役中战亡约1000人，而日军战死1.6万人。

夺取马尼拉之际，美军又占领了他们3年前的最后据点巴丹半岛和科雷希多要塞。要塞陷落前，日军点燃一个大型临时军火仓库，制造了一场大爆炸，奏响了日本势力在菲律宾群岛覆灭的最后乐章。随后数月间，艾克尔伯格（Robert L. Eichelberger）中将的美国第8集团军与菲律宾游击队合作发起38次登陆，肃清了南部和中部岛屿。1945年6月，克鲁格的第6集团军撤出。日本守军在整个战役期间遭受了巨大伤亡，一些残部躲进山区和丛林，直到战争结束。夺岛过程中，美军共有10381人死亡，36631人受伤，而疾病和事故造成的伤亡超过9.3万人。

就在美军夺取菲律宾之际，一场不那么引人注目的战斗正在菲律宾以西展开。澳大利亚部队清除了婆罗洲和荷属东印度群岛的日军据点，夺取了当地的石油资源。1945年3—4月，澳大利亚特别行动队渗透到婆罗洲，组织起当地的抗日游击力量。残余日军虽然失去一切增援的希望，但在与这些游击队的残酷战斗中，度过了战争余下的日子。直到1945年10月，那里的最后一批日军才投降。

瓦尔特·克鲁格中将（1881—1967）

瓦尔特·克鲁格的与众不同之处是他生于德国，是一个普鲁士贵族的儿子，后于1889年举家移民美国，在美国陆军中从志愿列兵升至将军。他第一次参加战斗是1898年的美西战争中在古巴作战，次年来到菲律宾，在美国推翻西班牙殖民统治后镇压菲律宾起义。后来，他一直留在美国陆军。1918年，尽管由于他的德国出身遭到法国人反对，可他还是被派到法国。二战开始时，他指挥美国第3集团军。1943年1月，他被派到西南太平洋指挥第6集团军，在集团军中组建阿拉莫侦察队（Alamo Scouts）。和“钦迪特”一样，“阿拉莫”的任务也是分成小组在敌后行动。他领导第6集团军参加了该地区的所有战役，最后于1945年后期占领日本，1946年7月退伍时被提拔为上将。

在1945年1月9日登陆菲律宾吕宋岛前不久，美国第38特遣舰队驶入该岛西岸仁牙因湾。随后，日军阵地遭到连续猛烈轰炸。图中首舰是美国战列舰“宾夕法尼亚”号。

1945年2月23日，美国第6集团军攻占马尼拉期间，马尼拉港遭到猛烈炮火轰炸。在这场战役中，约10万菲律宾人死于战火，其中许多被日军占领者杀害。

1945 年 6 月 10 日，澳大利亚第 9 师正乘一艘美国登陆舰在婆罗洲外的纳闽岛（Labuan）登陆。战争最后几个月，在澳大利亚和美国舰艇的支援下，澳大利亚和荷兰部队重新占领了东印度群岛的重要地区。

1945 年 2 月 6 日，在马尼拉圣托马斯大学监禁营，被日军关押的美国平民正在欢迎美国部队。和所有日本集中营一样，监禁营的恶劣条件导致许多人死于虐待和身体虚弱。

1945 年 9 月 2 日，吕宋岛日军司令山下奉文在向美军投降后洗手。他后来因战争罪受审，被处死。

这是太平洋战争中一张著名的照片。1944 年 10 月中旬，麦克阿瑟将军在菲律宾南部涉水上岸，践行他 1942 年离开时的诺言：“我还会回来的！”但历史的真实情况是，此照片是有意摆拍的，因为麦克阿瑟刚刚并不那么招摇地上过一次岸了。

1945 年 2 月 14 日，争夺马尼拉的战斗中，美国第 37“俄亥俄人”师（“Buckeye” Division）的两名士兵站在一堵墙上，试图把一个日军机枪阵地中的士兵赶出来。日军失守马尼拉之前，海军几乎战至最后一人。

莱特湾海战

1944.10.23—27

大事表

1944 年 10 月 14 日
英军占领希腊首都雅典。

1944 年 10 月 15 日
匈牙利宣布与苏军停火，但德军推翻匈牙利政府，使之继续抵抗。

1944 年 10 月 20 日
苏军和南斯拉夫游击队发动联合进攻，以夺取南斯拉夫首都贝尔格莱德。

1944 年 10 月 21 日
德国城市亚琛遭到猛烈轰炸后向盟军投降。

1944 年 10 月 23 日
塞尔希奥 · 奥斯梅尼亚（Sergio Osmena）总统领导的菲律宾政府恢复主权。

1944 年 10 月 28 日
在苏军于 9 月占领保加利亚后，保加利亚在莫斯科与同盟国签订停火协议。

菲律宾莱特岛外的海军战役，是二战中最大的一次海战，导致了日本联合舰队的最终完败。但这一次，日军原本在情报上是占有优势的。哈尔西海军上将的第 3 舰队和托马斯 · 金凯德（Thomas Kinkaid）海军中将的第 7 舰队抵达莱特岛外，准备发起第一轮登陆。此时，以丰田副武海军大将为首的日本海军大本营计划与美国海军进行最后一次决战——“捷号作战”行动。这一次，美国指挥官不知道日本作战计划的内容。最终，日军对美军在菲律宾的进攻部队的决定性反击，在很大程度上达到了突袭的效果。

丰田副武计划用残余的日本航母力量，把强大的哈尔西第 3 舰队引到菲律宾北部海域交战，而另两支海军集群——栗田健男海军中将的中路舰队和志摩清英海军中将的南路舰队则驶过莱特岛两侧狭窄海峡，以一次有力的钳形之势攻击并破坏美军的登陆。整个计划取决于哈尔西是否会中计去攻击日本航母，而日本海军另两支部队的战列舰和巡洋舰则可借机打败余下的美军。

但日军的作战计划很快就超出了原来的预想。10 月 23 日，日军南路舰队和中路舰队驶向预定地点时都被美军发现，受到了攻击。中路舰队从文莱驶出的途中损失两艘巡洋舰，在莱特岛以西的锡布延海又遭空袭，损失 1 艘战列舰和 1 艘驱逐舰。栗田健男被迫暂时撤出战斗。南路舰队的第 1 分队到达通往美军登陆区域的苏里高海峡，但被美国鱼雷快艇发现，先遭驱逐舰鱼雷攻击，后在驶往目的地途中又遭“T”形拦截。杰西·奥尔登多夫（Jesse B. “Oley” Oldendorf）海军少将的战列舰和巡洋舰部队挡在敌舰队前方，用舷炮猛烈齐射。除两艘外，日军南路舰队第 1 分队的其余军舰在两小时内全部被击沉。残部撤退过程中，巡洋舰“最上”号撞上南路舰队第 2 分队的一艘军舰，10 月 25 日上午被美机击沉。志摩清英撤出战斗后，栗田健男不得不以完好的另半只“钳子”发动进攻。

10 月 24 日下午，哈尔西所部的飞机发现了在北线执行诱敌任务的日本航母部队。哈尔西命令，以第 38 特遣舰队（此时由马克·米彻尔海军中将指挥）为基础的舰队主力北上迎战。栗田健男缓过神来，率中路舰队穿过圣贝纳迪诺海峡（San Bernardino Strait）。此刻，掩护美军登陆的仅剩下护航航母集群及 500 架战机。它们于 10 月 25 日晨与栗田健男所部遭遇、开始交火，击沉日军的两艘巡洋舰，并用鱼雷攻击重创第三艘巡洋舰。但日军用强大火力击沉美军的两艘护航航母，并且在战斗中首次使用了“神风”自杀飞机，致使美军掩护部队面临被击败的危险。可 3 个小时后，也许由于不清楚金凯德的真正实力几何，栗田健男主动率部撤出战斗。

至此，哈尔西收到的各种混乱信息已迫使第 3 舰队返回莱特岛。此役，美军击沉了日军的全部 4 艘航母，但对日军意图的错误估计让栗田健男的中路舰队和北路舰队残部俱得以逃脱。然而这前后几次的孤立作战，已给日本海军造成了灾难——参战的 64 艘军舰损失 28 艘，水兵和飞行员则损失 10500 人。相反，在美军派到菲律宾的 218 艘舰艇中，总共只损失了 6 艘。现在，美国海军已在跳岛作战中体现出的优势，让征服日本帝国的南方疆域变得指日可待。

杰西·奥尔登多夫海军中将（1887—1974）

杰西·“奥利”·奥尔登多夫指挥了二战中最后一场没有飞机支援，完全由水面舰艇进行的舰队决战。而且，此战中，他的特遣舰队在菲律宾莱特岛外打败了日本南路舰队。他1909年加入美国海军，1922年开始指挥他的第一艘军舰。战争初期，他被派到加勒比海执行反潜任务，1943年5—12月指挥西大西洋护航舰队。1944年1月，奥尔登多夫被派到太平洋，在马绍尔群岛、马里亚纳群岛和进攻菲律宾等战役中指挥第4巡洋舰支队。1944年12月，他晋升海军中将，在进攻冲绳岛期间负伤。战后，他出任美国西部海疆司令，1948年退休。

莱特湾海战期间，1944年10月24日上午，美国“独立级”航母“普林斯顿”号遭一架日本岸基俯冲轰炸机攻击后起火。美国巡洋舰“伯明翰”号试图用水枪控制火势，但受损航母发生的一次爆炸严重损坏了“普林斯顿”号。傍晚时分，这艘航母最终沉没。

莱特湾海战中，日军首次使用飞机发动自杀式攻击。图中一架日军三菱“零式”舰载战斗机“齐克”（Zeke）正冲向美国航母“白平原”号。这次海战中，美国海军仅损失 6 艘军舰。直到 1945 年美军逼近日本本土时，自杀战术才成为日军的重要作战方式。

西村祥治海军中将（1889—1944）

1911 年，西村祥治加入日本海军，成为一名航海专家。1926 年，他开始指挥他的第一条舰船——一艘驱逐舰。20 世纪 30 年代，他是第 26 驱逐舰集群司令。参加二战时，他是一名指挥第 4 驱逐舰中队的海军少将，他的中队在爪哇海海战中功劳显赫，在日本一战成名。随后，他在瓜岛争夺战中指挥第 7 巡洋舰支队。后来，他被任命为南路舰队指挥官，参加“捷号作战”行动，但他的小舰队被歼灭，他也在战役中战亡。

1944 年 10 月 20 日，在美国第 3 舰队的重兵保护下，美国第 6 集团军开始进攻菲律宾群岛。图为一队美国登陆艇正驶向莱特岛海滩。

1944 年 10 月 25 日，一艘日本“瑞凤级”航母正遭美国“企业”号航母第 20 航空队的战机攻击。这幅照片是一架鱼雷轰炸机在投下鱼雷击中航母前几秒钟拍下的。随后，这艘航母沉没。

美国第 6 突击队士兵正走向新几内亚东岸芬什港（Finschafen）的登船点。他们将到达莱特湾的迪纳加特岛，并最终于 10 月 17 日攻占该岛。

铁丝网后：战俘的命运

1939—1948

大事表

1929 年
保护战俘的《日内瓦第三公约》签署，但苏联和日本并未认可。

1941 年 6 月
苏联要求德国同意由红十字会监督战俘管理，被德国拒绝。

1946—1951 年
远东军事法庭审判被控虐待战俘的日本士兵。

1949 年
《日内瓦第四公约》签署。

被日军关押在爪哇岛的战俘所戴的臂章。

成百上千万拿起武器参加二战的男女士兵中，相当大一部分成了敌军俘虏。他们在不同交战国的待遇和生存率千差万别。许多情况下，战俘们的遭遇完全与《日内瓦公约》的规定相悖，常常被用作与战争目的有关的强迫劳工。某些情况下，战俘甚至成为与自己的前战友作战的工具。其中最具代表性的例子是，德国从被俘苏军士兵中招募了一支“俄国解放军”。

俘虏数量反映了胜利或失败的规模。德军在东线攻城略地期间，宏大的包围战围住了整支整支的苏联集团军，约 520 万苏联士兵被俘虏。1944 年起，轮到苏方抓获大量德国人，苏联的战俘损失则急剧下降。英军在非洲抓获了 60 万意大利（包括其殖民地）士兵，其中许多人根本不想参加这场战斗；同样，在西西里，意大利士兵大量投降。只有到战争最后几周，美国、英联邦和法国部队在德国和意大利打败德军时，德军才成百万地被俘。亚洲

科尔迪茨城堡

二战期间，这座建于德国萨克森州科尔迪茨（Colditz）的11世纪城堡被用作战俘营，关押那些总想逃跑或被认为有安全风险的军官。1829—1924年间，这座城堡是一所精神病院，第三帝国初期用于关押政治犯和所谓的“反社会分子”。1939年，这里被命名为“军官集中营IV-C”，成为关押波兰和法国军官的战俘营，后成为一座防守严密的集中营，囚禁包括航空联队指挥官道格拉斯·巴德（Douglas Bader）在内的逃跑者。监狱犯人的特点注定他们免不了会有更多的逃跑企图。约300次越狱尝试中有30次获得成功。一架准备用于另一次逃跑的滑翔机还在一处阁楼区域制造，没来得及用上，战争就结束了。

在防守严密的科尔迪茨战俘营，犯人在院子放风时的情景。

和太平洋战场上，1941—1942 年战争前几个月日本抓获大量俘虏，但随后数量相对减少；而日本士兵被令不得投降，约 170 万陆海空士兵战死。

一旦被俘，俘虏的命运千差万别。在西线，双方尽可能遵守 1929 年的《日内瓦公约》（虽然双方都有在战场上杀害俘虏的情况），红十字会也造访战俘营。在大部分战俘营，被俘军士负责维持己方普通士兵的纪律，这导致某些关押党卫军士兵的英国战俘营中出现“袋鼠法庭”（kangaroo court，即私设非法法庭）和谋杀反希特勒的德国人的情况。西线抓获的战俘会进行大量体育、娱乐活动，还有大量报纸杂志可读，偶尔有人尝试逃跑。因为大量轴心国战俘被送到美国、加拿大和澳大利亚，逃跑毫无意义。但英美战俘经常试图逃出德国战俘营，逃出后，他们会接触帮助自己逃跑的地下组织。这

1944 年，在德国西里西亚的萨根（Sagan），关押盟军空军战俘的“空军第 3 战俘营”一景。这所战俘营曾发生一次大规模越狱，因后来的好莱坞电影《大逃亡》（*The Great Escape*）而闻名。

些组织会帮助他们逃到瑞士、瑞典、西班牙或葡萄牙。战争期间，约 3.5 万人从德国人手中逃出或躲过追捕。在英国，战俘被吸收到农场或建筑项目中工作。战后，虽然英国遭受抗议，但德国战俘的遣返拖延到 1947—1948 年，因为他们已成为英国经济恢复必不可少的一支力量。

在东线，对战俘的管理严酷得多。德国和苏联对庞大的战俘数量都没有心理准备。1941 年夏秋，苏军士兵被赶到临时圈起的场地，致使伤寒盛行。缺少食物和住处以及卫生条件差，造成战俘大幅减员，据估计约有 240 万—300 万战俘丧生。最终，为应对德国劳动力的短缺，希特勒同意允许把苏联战俘送到西方工作，大部分从事军事基建项目和农业劳动。

日本人也强迫战俘劳动。战俘通常处在健康被摧残的条件下，还要受到

1940 年圣诞节前夕，德国战俘在英国兰开夏郡奥尔德姆的格伦米尔战俘营菜园劳动。此时，被抓的德国战俘还很少，直到 1942 年，英国人手中才有了大量战俘。

严厉惩罚，导致惩罚的部分原因是日本人鄙视投降或被俘的士兵。被俘的中国士兵常被杀害。

许多战俘在战争结束后依然继续遭受苦难。德国士兵死在西方盟国临时设置的战俘营中，后者根本就没有地方给他们居住，也没有供应食物的计划。回到苏联的苏军战俘全部受到 1943 年设立的反谍组织“斯莫希”（SMERSH）的审讯，许多人被送到劳动营，因为苏方担心他们受了法西斯主义的污染。对获释回家的战俘而言，战时历经的失败和未能亲身夺取战争的胜利都能激起他们内心复杂的感情。

在苏联的德国战俘

苏德战争初期，只有很少德国人被苏军俘虏。自斯大林格勒战役后，被俘德军越来越多，尽管许多人死在走向战俘营的路上或在俘虏时被杀死。据德国资料估计，共有315.5万德国士兵被俘，但苏联的记录显示只有273万。寒冷、饥饿和疾病是造成战俘死亡的主要原因。在死亡战俘的数量上，双方的计算也有巨大差距。德国数字表明118.6万人丧生或被杀，苏联安全部门记录显示仅38万人死亡。战后，德国战俘被迫帮助苏联建设被毁的城镇和基础设施，遣返回德的速度很慢，1948年前才遣返140万人，最后一批战俘直到1956年才回到德国。他们为苏联的重建发挥了重要作用。

1945 年 2 月 8 日，刚刚获救的美国战俘。摄于菲律宾首都马尼拉的比利比得（Bilibid）监狱。成千上万战俘因谋杀、饥饿和疾病死在日本人手中。

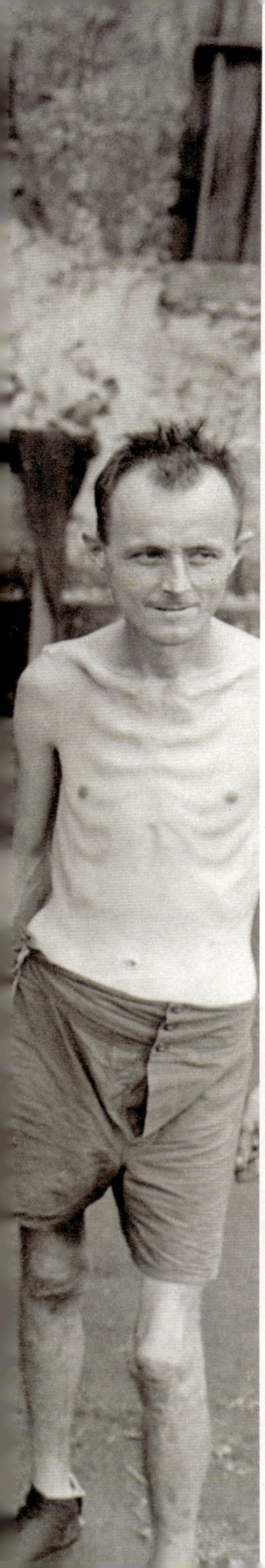

1945年3月，在英国兰开夏郡博尔顿福肯纺织厂，意大利战俘正在给糖袋装车，准备运往解放了的欧洲。虽然意大利此时已是同盟国的共同作战国之一，但许多意大利战俘继续为同盟国工作到战争结束之后。

在冷漠的德军士兵的注视下，一个苏联战俘正尝试救醒一个倒地的战友。这张照片摄于1941年11月21日。当时，德国人手中约有300万苏联战俘。后来，这些战俘绝大部分死于疾病和营养不良。

纳粹组织前成员的德国妇女被收押在一座美国拘留营中。许多希特勒政权的支持者，无论男女，在战争结束后逐步推行的“去纳粹化”过程中被关押。这张照片摄于 1946 年 4 月 1 日。

在日本的战俘

这是肯·怀斯中士的一组家庭照片。他于1943年4月在一次“钦迪特”行动中被俘。他的同伴J. K. 埃德蒙兹中尉在照片背后记录了怀斯被俘、随后遭受虐待，并于1943年8月21日死于仰光一座战俘营中的情况。埃德蒙兹作为日军战俘幸存下来，战后他将照片及钱包归还了怀斯的家人。

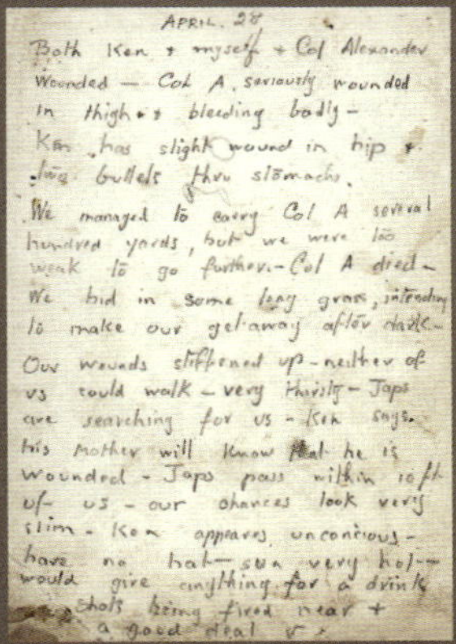

APRIL. 28
Both Ken + myself + Col Alexander wounded — Col A. seriously wounded in thigh + bleeding badly —
Ken has slight wound in hip + two bullets thru stomach.
We managed to carry Col A several hundred yards, but we were too weak to go further. — Col A died —
We hid in some long grass, intending to make our getaway after dark —
Our wounds stiffened up — neither of us could walk — very thirsty — Japs are searching for us — Ken says his mother will know that he is wounded — Japs pass within 10 ft of us — our chances look very slim — Ken appears unconscious — have no hat — sun very hot — would give anything for a drink —
shots being fired near + a good deal

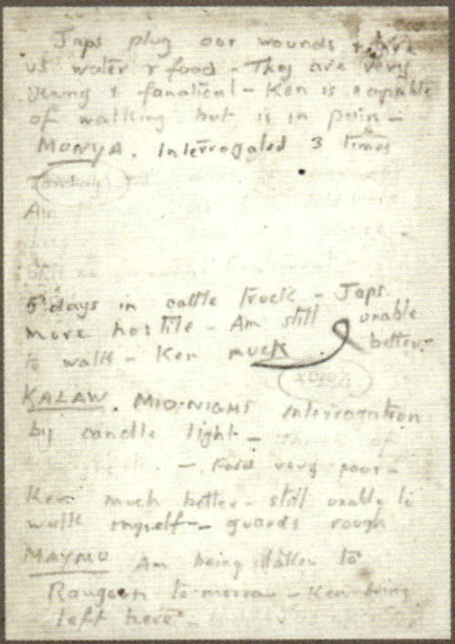

Japs plug our wounds + give us water + food — They are very young + fanatical — Ken is capable of walking but is in pain —
MONYA. Interrogated 3 times
5 days in cattle truck — Japs more hostile — Am still unable to walk — Ken much better —
KALAW. MID-NIGHT interrogation by candle light —
— Food very poor —
Ken much better — still unable to walk myself — guards rough
MAYMO Am being taken to Rangoon to-morrow — Ken being left here —

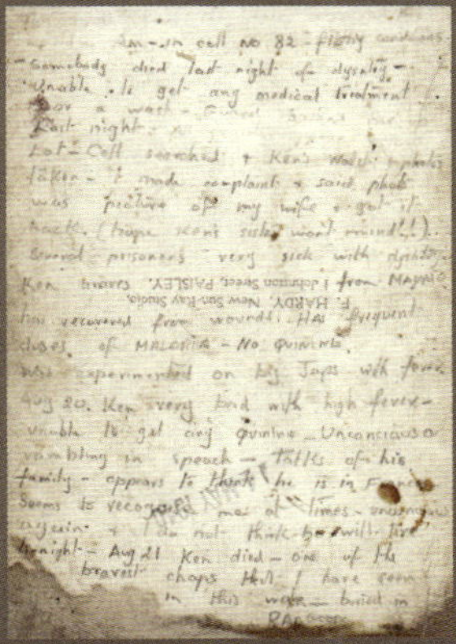

Am in cell no 82 — filthy conditions — somebody died last night of dysentery — Unable to get any medical treatment or a wash —
last night —
Cell searched + Ken's watch + photos taken — I made complaint + said photo was picture of my wife + got it back. (hope Ken's sister won't mind!!).
Several prisoners very sick with dysentery
Ken has recovered from wounds. Has frequent doses of MALARIA — No quinine.
Was experimented on by Japs with fever
Aug 20. Ken very bad with high fever — unable to get any quinine — Unconscious + rambling in speech — Talks of his family — appears to think he is in France. Seems to recognise me at times — unconscious again + I do not think he will live tonight — Aug 21 Ken died — one of the bravest chaps that I have come in this war — buried in RANGOON

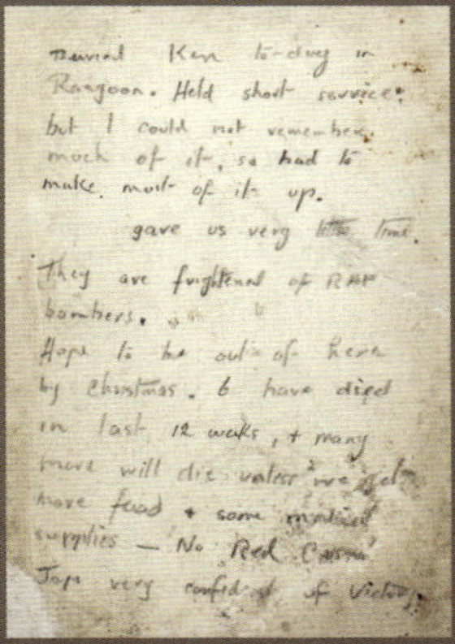

Buried Ken to-day in Rangoon. Held short service but I could not remember much of it, so had to make most of it up.
gave us very little time.
They are frightened of RAF bombers.
Hope to be out of here by Christmas. 6 have died in last 12 weeks, + many more will die unless we get more food + some medical supplies — No Red Cross
Japs very confident of Victory

突出部战役

1944.12.16—1945.2.7

大 事 表

1944 年 11 月 28 日

斯海尔德河口被肃清后，第一支同盟国船队到达安特卫普。

1944 年 12 月 31 日

菲律宾莱特岛的战斗最终结束。

1945 年 1 月 14 日

苏军攻入东普鲁士。

1945 年 1 月 17 日

波兰首都华沙最终从德国统治下解放。

1945 年 1 月 20 日

匈牙利临时政府与同盟国签订停火协议。

1944 年 9 月，随着盟军向德国边境推进，希特勒力主发动一场新攻势，试图遏制敌人在西线的进攻势头和分裂对方——物理上，在美国和英联邦军队间打入一支武力强大的“楔子”；心理上，在两军间制造混乱与争论。虽然德国西线的高级指挥官冯·伦德施泰特和莫德尔元帅考虑到本国的疲弱形势，都不愿发起过于冒险的行动，但希特勒坚持要发起一个后被盟军称作“突出部战役”（德方自称“阿登攻势”）的行动，最终元首的意见占得上风。

第 101 空降师徽章——“尖叫的鹰”。

对于这场注定失败的行动，德国人最初代号“莱茵河卫兵”，通过暗示它的防守意图以误导盟军，后改名“秋雾行动”。他们计划用两支庞大装甲集团军穿过阿登森林，渡过默兹河，占领盟军的主要补给港安特卫普。1940

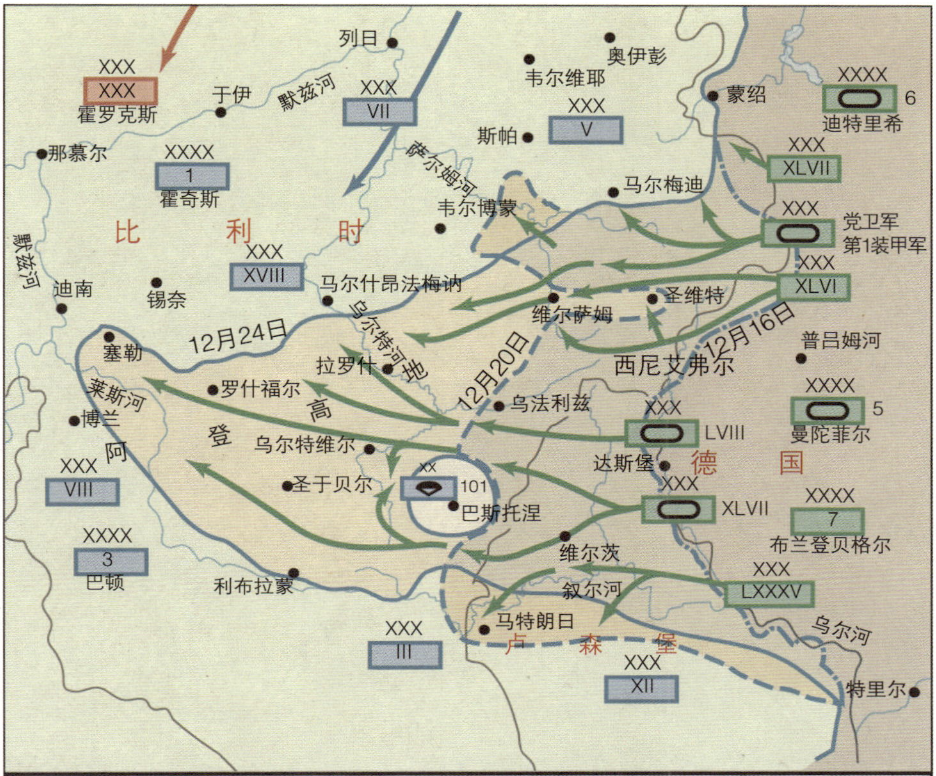

1944年12月16—24日态势图

战线与日期

年5月入侵法国时，德国就曾利用阿登森林，取得了巨大成功。德军对作战准备严格保密，同时保持绝对的无线电静默，以致盟军的“超级情报”都未探测到对方的任何动向。“塞普”·迪特里希将军的党卫军第6装甲集团军将率先向安特卫普推进；而其左翼的冯·曼陀菲尔（Hasso von Manteuffel）将军将指挥第5装甲集团军渡过默兹河，向北迂回到海边。这两支集团军的侧翼，都将由埃里希·布兰登贝格尔（Erich Brandenberger）将军的第7集团军保护。德军纠集起总计50万人、近1000辆坦克和大部分为战斗机的1000架飞机，集中攻击盟军战线最薄弱之处。而盟军在该地只有8.3万美国人，其中一些还是新部队，更有一些刚在别处参加了战斗而正在休整中。

然而，德军的这次行动是一场赌博。毕竟，盟军要强大得多，而且向沿海的推进面临与1940年同样的危险——脆弱的侧翼拉得过长，可能会遭到盟军的反击。德军的成功取决于速度、突袭和恶劣天气，因为天气不佳将制约盟军的空中行动。12月16日，在盟军空军无法作战的冬季恶劣天气下，

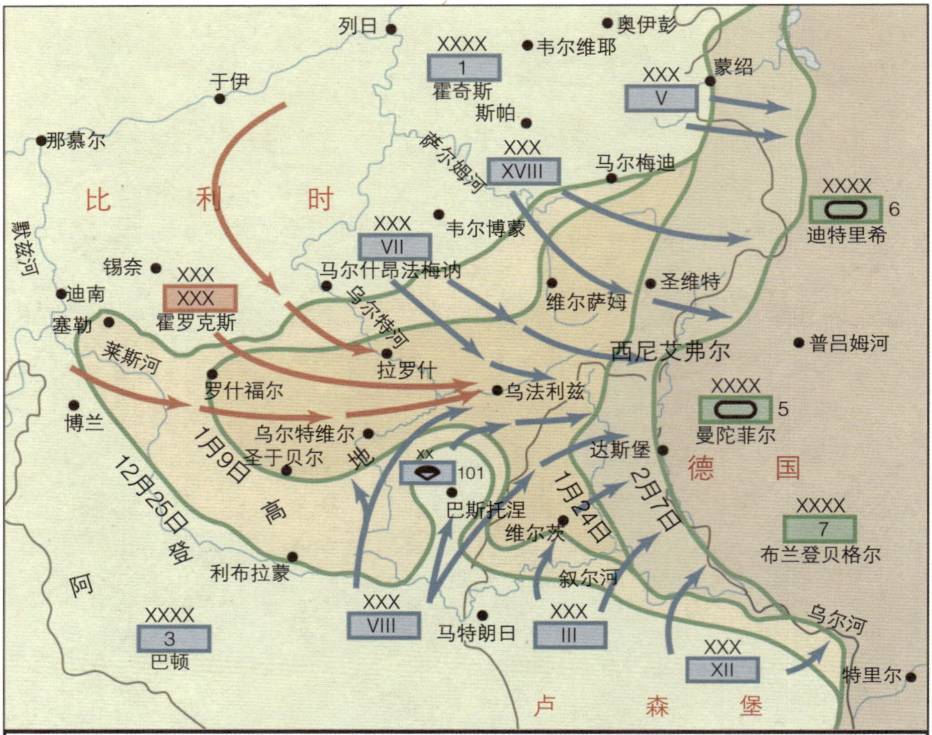

1944年12月25日—1945年2月7日态势图

战线与日期

德军发动了攻击。盟军的战线在重击下大门洞开，但仍未完全崩溃。艾森豪威尔派美国第7装甲师加强比利时小镇圣维特一带的防守，抗击党卫军第6装甲集团军，而第101空降师则到达巴斯托涅(Bastogne)，防止那里的交通枢纽轻易落入敌手。德国空降兵和一支特种部队穿着美军服装，在党卫军中校奥托·斯科尔兹尼率领下渗透到盟军后方，制造了恐慌和混乱，但他们对战役的影响亦不如预期。而这些渗透者一旦被俘，即遭枪决。

盟军迅速做出反应。随着德军的攻击规模逐渐清晰，艾森豪威尔命令停止所有其他战斗，腾出巴顿第3集团军向北迁

西北欧战斗期间，供应给美军的罐头食品。

瓦尔特·莫德尔元帅（1891—1945）

瓦尔特·莫德尔是德国最成功的战地将领之一，也是第三帝国的坚定支持者。他 1909 年加入德国陆军，参加了一战，直到 1917 年受重伤，后担任一系列参谋职务。战后，他留在陆军中，1934 年获得上校军衔。1935 年，他成为总参谋部技术处处长，3 年后晋升少将。入侵波兰时，他是第 4 军参谋长；法国战役中任第 16 集团军参谋长；入侵苏联时任第 3 装甲师师长。1941 年 10 月，他正式成为一名将军，在第 41 集团军中担任装甲军司令；1942 年任第 9 集团军司令，领导参加了 1943 年 7 月在库尔斯克打响的关键战役。1944 年，他接掌在俄罗斯的北方集团军群，被提拔为元帅。“巴格拉季昂行动”期间，他接手中央集团军群，稳定了德军防线。希特勒把他看成能够在危难时刻创造奇迹的人。在挡住苏军的推进后，1944 年 8 月，他被火速派到法国，试图阻止灾难在那里发生。他把德军撤到德国西部，在那里，1945 年 4 月，他的 B 集团军群最终被消灭在鲁尔包围圈内。4 月 21 日，他在杜伊斯堡附近的树林中自杀。

回，从南侧攻击德军在美军战线上插入的一个巨大“突出部”（这就是战役名字的由来）阵地；蒙哥马利指挥北侧美军，协调霍奇斯中将的美国第 7 军和霍罗克斯中将的第 30 军抵挡德军的攻击，随后开始攻击北翼。迪特里希的党卫军被阻在圣维特一直到 12 月 23 日，而曼陀菲尔的部队虽未能夺取巴斯托涅，但一直快速推进到离塞勒一带的默兹河不足 5 公里后，被美国第 7 军挡住了前进道路。德军的突出部阵地，扩张到最大阶段时有 65 公里宽，约 95—110 公里长。不过，此时天气已转晴，数千架英美战斗机和战斗轰炸机向德军阵地倾泻而出。曼陀菲尔不仅未能按计划缴获更多的油料库存，而且他的坦克和车辆也耗光了所有燃油。虽然德军一时守住了突出部阵地的两肩，但到

12 月下旬，盟军的反击开始炮制另一场类似法莱斯包围的危险。伦德施泰特请求希特勒同意德军撤退，遭拒。但到 1 月 8 日，随着盟军迅速收紧突出部阵地的“脖子”，希特勒无奈让步。经过异常艰苦的最后一搏，到 2 月 7 日，德军终于又回到了起点。

经此一战，双方伤亡都很高。德军投入 50 万人，伤亡 10 万，损失约 850 辆坦克和几乎全部 1000 架参战飞机。这代表了西线德军有效抵抗的终结。美军在这场战斗中投入约 60 万人，伤亡 8.1 万，其中死亡 1.9 万；英军伤亡 1400 人，其中有 200 人战死。突出部战役，成为整个西欧战场上付出代价最大的一次行动。

巴斯托涅包围战

突出部战役期间，进攻中的德军未能占领比利时小镇巴斯托涅。自 1944 年 12 月 19 日起，由美军第 101 空降师士兵和第 9、第 10 装甲师的一些部队防守该镇。这座小镇是德国装甲部队迫切需要占领的交通枢纽，本可用于加速推进的时间和精力不得不用于对它的包围。虽然被围美军没有过多的弹药和补给，但美国援军正在赶来，获救有望；对德军 12 月 22 日的劝降要求，指挥官安东尼·麦考利夫（Antony McAuliffe）准将掷地有声地只答复了一个词：“疯子！（Nuts!）”虽然德军欲拼死突破美军的防守，但巴斯托涅一直坚守到 12 月 26 日反击来临之时，最终围困被解除。

尽管被围，兵力不及，一支美国部队仍在坚守巴斯托涅。

在指向比利时圣维特镇和马尔梅迪镇的路标前，党卫军第 1 装甲师的两名军官停下了车。这两个镇是突出部战役中几场最残酷战斗的战场。1944 年 12 月 17 日在马尔梅迪，86 名美军战俘遭党卫军上校约阿西姆 · 派普（Joachim Peiper）率领的战斗队屠杀。

1944 年 12 月 16 日，阿登攻势在乌云密布的天气下打响，德国步兵正在前进。在冬季天气的掩护下，德军在盟军战线上“钻出”一个 95 公里深的“大洞”。

德军进攻失败后的惨象。在这幅1945年1月3日拍摄的照片中，一辆德国“豹式”坦克的炮塔被反坦克炮弹轰掉了。德军投入战役的1000辆坦克大部分被摧毁，德军的国土防御因此受到致命削弱。

在一次简报会上，希特勒正和大家在大本营内讨论“地板行动”，以对 1944 年 12 月的阿登攻势实施空中支援。这幅照片上的希特勒不同寻常地戴着眼镜。在他右手是德国空军司令赫尔曼·戈林，最左边是陆军参谋长海因茨·古德里安将军。

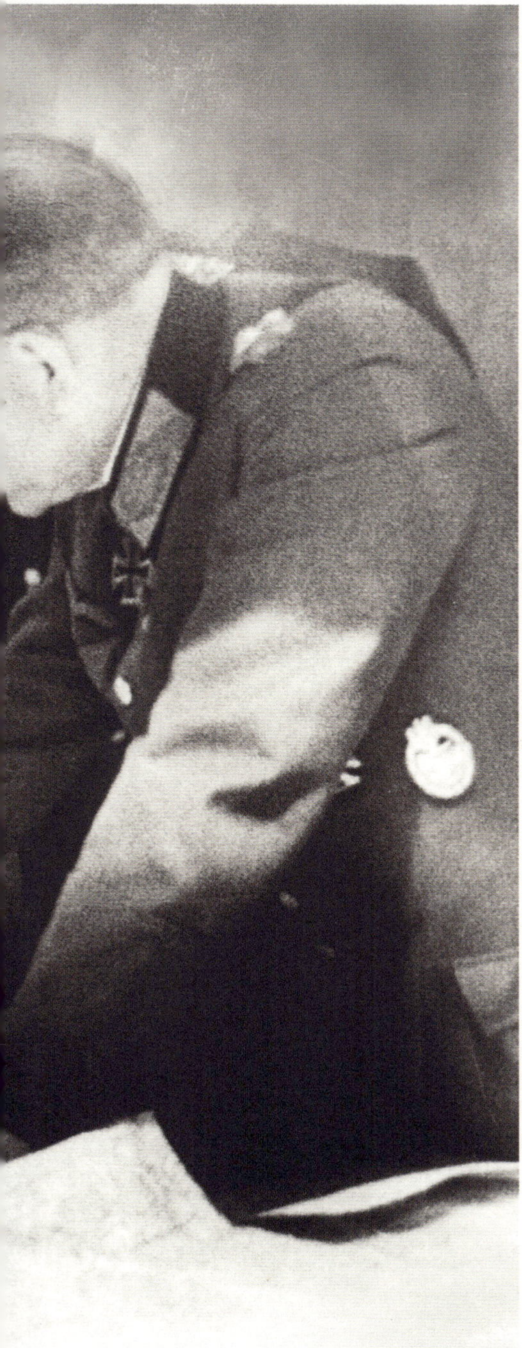

1945 年 1 月，德军失败的攻势接近结束，一个德国军医官在一辆美国坦克向他驶来时举起一面临时制作的白旗。

圣诞通讯

这份1944年12月24日的通讯来自美国第101空降师师部，讲述了德国在巴斯托涅要求该师投降的经过，以及该师指挥官著名的回复："疯子"。

HEADQUARTERS 101ST AIRBORNE DIVISION
Office of the Division Commander

24 December 1944

What's Merry about all this, you ask? We're fighting - it's cold - we aren't home. All true but what has the proud Eagle Division accomplished with its worthy comrades of the 10th Armored Division, the 705th Tank Destroyer Battalion and all the rest? Just this: We have stopped cold everything that has been thrown at us from the North, East, South and West. We have identifications from four German Panzer Divisions, two German Infantry Division and one German Parachute Division. These units, spearheading the last desperate German lunge, were headed straight west for key points when the Eagle Division was hurriedly ordered to stem the advance. How effectively this was done will be written in history; not alone in our Division's glorious history but in World history. The Germans actually did surround us, their radios blared our doom. Their Commander demanded our surrender in the following impudent arrogance:

December 22nd 1944

"To the U. S. A. Commander of the encircled town of Bastogne.

The fortune of war is changing. This time the U. S. A. forces in and near Bastogne have been encircled by strong German Armored units. More German armored units have crossed the river Ourthe near Ortheuville, have taken Marche and reached St. Hubert by passing through Homores-Sibret-Tillet. Libramont is in German hands.

There is only one possibility to save the encircled U. S. A. Troops from total annihilation: that is the honorable surrender of the encircled town. In order to think it over a term of two hours will be granted beginning with the presentation of this note.

If this proposal should be rejected one German Artillery Corps and six heavy A. A. Battalions are ready to annihilate the U. S. A. Troops in and near Bastogne. The order for firing will be given immediately after this two hour's term.

All the serious civilian losses caused by this Artillery fire would not correspond with the well known American humanity.

The German Commander"

The German Commander received the following reply:

22 December 1944

"To the German Commander:

N U T S !

The American Commander"

Allied Troops are counterattacking in force. We continue to hold Bastogne. By holding Bastogne we assure the success of the Allied Armies. We know that our Division Commander, General Taylor, will say: "Well Done!"

We are giving our country and our loved ones at home a worthy Christmas present and being privileged to take part in this gallant feat of arms are trully making for ourselves a Merry Christmas.

/s/ A. C. McAULIFFE
/t/ . . McAULIFFE,
Commanding.

苏军挺进德国：维斯瓦河—奥得河战役

1945.1.12—2.2

大事表

1945 年 1 月 9 日
美军在菲律宾主岛吕宋登陆。
1945 年 1 月 16 日
阿登攻势结束，德军退回到起点。
1945 年 1 月 27 日
苏军解放奥斯维辛灭绝集中营。
1945 年 1 月 30 日—2 月 3 日
雅尔塔会议前夕，罗斯福和丘吉尔在马耳他会晤。
1945 年 2 月 6 日
美国第 7 集团军最终歼灭德国西部科尔马“口袋”内的敌军。
1945 年 2 月 13 日
苏军占领匈牙利首都布达佩斯。

苏军从波兰东部的维斯瓦河开始，穿过战前波兰的国土，一直打到德国东部的奥得（Oder）河。这场胜利的速度和规模，不亚于 1939 年 9 月德国对波兰的入侵。在两周稍多一点的时间内，东线德军最终被打垮，被赶回德国，准备对柏林进行最后防守。

德军统帅部知道，经过 1944 年秋的长时间停顿后，苏军将发起一场直取德国首都的大型行动。德国东线军事情报头子盖伦将军准确预测到苏军进攻的日期（1945 年 1 月中旬）和毁灭性后果。希特勒命令在波兰全线构建一系列防线，主要城市被指定为誓死守卫的“要塞”据点（亦称作“堡垒城市”）。1944 年 11 月，苏军的计划最终成形，朱可夫元帅从他在莫斯科担任斯大林副手的工作中解脱出来，受命指挥白俄罗斯第 1 方面军，坐镇整个行动中心。在左翼（南面），科涅夫元帅的乌克兰第 1 方面军将进军西里西亚，占领那里丰富的工业资源，如有可能，尽量使其完好无损；在右翼（北面），罗科索夫斯基的白俄罗斯第 2 方面军向东普鲁士和波美拉尼亚地区（Pomerania）推进；在中路，朱可夫率白俄罗斯第 1 方面军直指柏林。

到 1945 年 1 月，苏德双方实力差距已有天壤之别。苏军沿整个东线投入 600 万军队，对阵 200 万德军及其 19 万轴心国友军。在维斯瓦河—奥得河战役中，苏军共投入 220 万部队、33500 门炮、7000 辆坦克和自行火炮，以及 5000 架战机。德国 A 集团军群（1 月 26 日改名中央集团军群）只能投入仅 40 万士兵、270 架战机、1136 辆坦克和自行火炮；德军在东普鲁士和波美拉尼亚还有 58 万军队、700 辆坦克和 515 架战机。德军 1945 年 1 月和 2 月的快速完败，很大程度上要归因于苏军在武器上的绝对优势。

和 1944 年夏的“巴格拉季昂行动”一样，苏军的这次行动也是一波波逐渐展开，目的在于彻底瘫痪德军的防线。科涅夫的乌克兰第 1 方面军 1945 年 1 月 12 日发起进攻，朱可夫的白俄罗斯第 1 方面军 1 月 14 日启

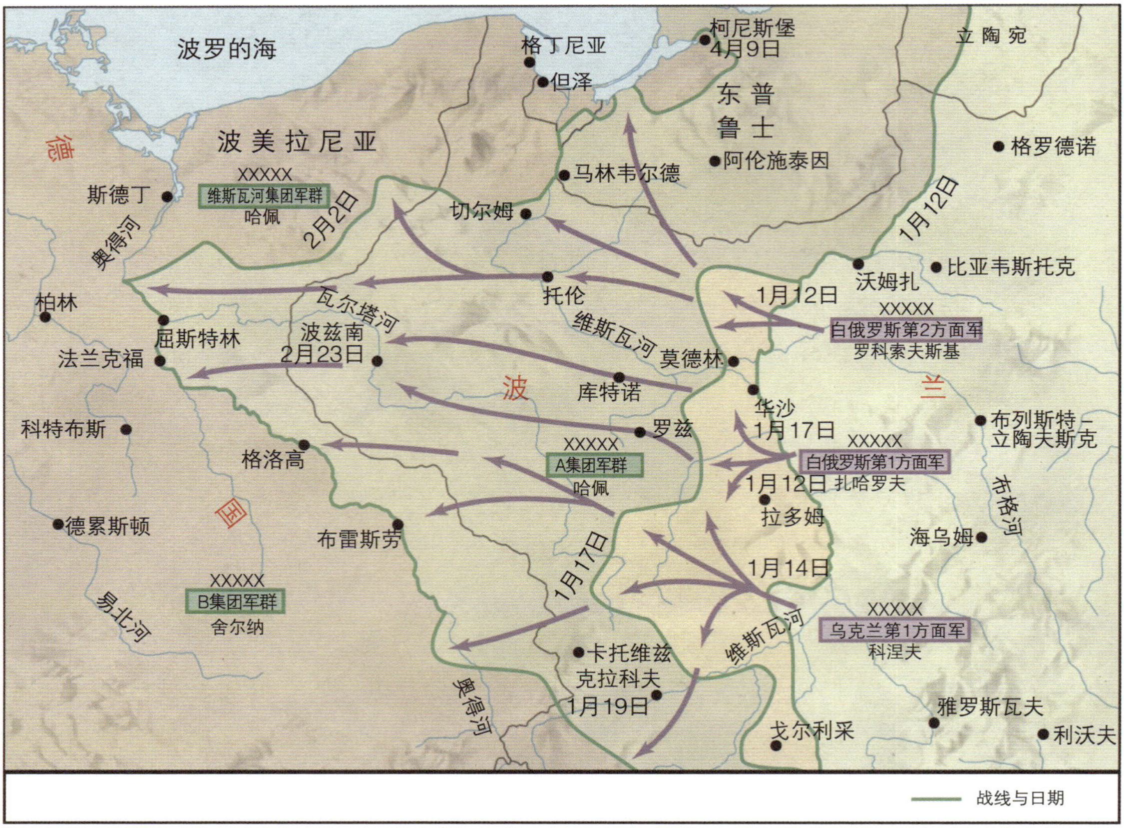

伊万·科涅夫元帅（1897—1973）

伊万·科涅夫，恐怕是仅次于朱可夫元帅的苏联二战名将。他是俄罗斯北部一个贫农的儿子，1916 年被征召进入俄罗斯军队前是个伐木工人。1917 年 10 月列宁开始革命时，还处在训练阶段的科涅夫成为共产主义的坚定支持者。俄国内战期间，他在军队任政委，内战结束后留在军中。1941 年，他任驻乌克兰的第 19 集团军司令，所部首当其冲受到入侵德军的攻击。虽然他的部队遭到灭顶之灾，但他没受到斯大林的责怪，后来成为莫斯科保卫战中的关键人物，负责西方面军的指挥。他是 1942—1943 年诸多战役的主要指挥官之一，领导乌克兰第 2 方面军一路穿过乌克兰，打到东欧的边缘。1944 年 2 月，他晋升元帅。战后，他成为苏联陆军总司令，后任华约军队总司令，帮助镇压了 1956 年的匈牙利革命。他 1963 年退休，1973 年去世后葬在克里姆林宫墙下。

动攻击。这期间的 1 月 13 日，北线的苏军开始行动，目标直指东普鲁士的敌军。这场行动让苏军踏上了德国领土。两周之内，科涅夫已深入西里西亚，开始了对布累斯劳（Breslau）的长期围困。这场围困自 2 月 15 日起，一直接续到德国投降前不久的 5 月 6 日。在中路，朱可夫大军最终于 1 月 17 日从坚守华沙的德军手中夺得这座已近废墟的都城。同情共产主义的波兰人组成波兰第 1 集团军，一起参加了攻城。舍尔纳（Ferdinand Schörner）将军被派去接掌德国 A 集团军群，试图稳住前线，但收效甚微。在随后两周，朱可夫挥师前进，他的快速机动部队深入到德国后方。到 1 月 31 日，他的第一批部队在“要塞”之城屈斯特林（Küstrin）附近到达奥得河，离柏林仅 65 公里。2 月 2 日，一些部队涉险踩过薄冰，在河对岸建起一座小桥头堡。

苏军在东普鲁士和波美拉尼亚的进展稍缓，德军在此全力防守德国领土。沿苏军进攻的前方，一路络绎不绝的是害怕苏军报复的德国难民。他们到达波罗的海沿岸，开始缓慢撤离。但对许多德国平民来说，逃命的唯一出路是徒步穿越苏军罗科索夫斯基所部与大海间的狭窄地带。在德国要塞区，到处都是德军抵抗的小型阵地。苏军暂时绕过这些阵地，待行动结束后再回头一个个收拾它们。现在，向着希特勒建立"新秩序"的首都，最后进军的号角已然吹响。

费迪南德·舍尔纳元帅（1892—1973）

舍尔纳是以残暴著称的德国陆军指挥官。一战中，他在一个巴伐利亚团中到法国、意大利和东线作战，3次负重伤。1919年后，他继续待在陆军，参与镇压了希特勒1923年11月发动的慕尼黑政变。二战爆发时，他已是上校，负责指挥山地部队第98团。1940年5月，他接手指挥第6山地师，领导它参加了法国和巴尔干地区的战斗。1942年1月起，他指挥第19山地军，晋升中将。他因支持纳粹及其严厉的领导风格（他喜欢那句"上级比敌人更可怕"！）而出名，1944年2月1日被任命为新成立的纳粹军队指挥部参谋长。他1944年在东线领导集团军群，1945年1月起指挥在波兰的中央集团军群，4月晋升元帅。战后，他被苏联判处25年苦役，但于1955年获释。

1945 年 2 月 15 日起，德国西里西亚的布累斯劳市被科涅夫元帅的乌克兰第 2 方面军包围，它一直坚持到 5 月 6 日。图中苏联侦察兵正在搜寻被毁城市内的德军阵地。

1945 年 1 月底—2 月初，苏联 T–34/85 坦克在通往柯尼斯堡（Königsberg）的路上。为节约车辆和燃油，编入装甲部队的苏联步兵坐在坦克车顶上。1943 年起，苏军逐步采用混合兵种的做法，拥有了战争初期像德国装甲师那样的灵活性和战斗力。

142

1945 年 3 月 8 日，德军从波罗的海沿岸向正在接近的苏军发射火箭。维斯瓦河—奥得河战役成功后，斯大林命令在打响对柏林的最后攻击前，要肃清波罗的海沿岸的德军。

德国难民品尝了战争的苦果。一群人正穿过东普鲁士结冰的弗里谢潟湖（Frische Haff），躲避正在接近的苏军。

苏联工程师在奥得河冰冷的河水中工作，正监造一座桥。这座桥将保证河西岸屈斯特林附近的小桥头堡能得到补给。

雅尔塔会议

1945.2.5—2.11

大事表

1945年1月5日
苏联承认卢布林委员会为波兰政府。
1945年1月27日
苏军渡过维斯瓦河，在波兰全线推进。
1945年2月13日
布达佩斯的3.5万名德国守军投降。

战争最后阶段，三个同盟大国觉得有必要再召开一次峰会，解决德国的抵抗力量迅速瓦解和日本行将战败所暴露出的悬而未决的问题。斯大林提议会址设在克里米亚城市雅尔塔，但已病入膏肓的罗斯福倾向于雅典或马耳他。斯大林提出他没法离开苏联时，他的同盟伙伴只能勉强接受。罗斯福被迫乘船航行7750公里，再转机飞行2200公里。丘吉尔后来抱怨说，花上10年也找不到“一个比这里更糟的地方”。

这次代号“阿格诺”（Argonaut）的会议，从1945年2月5日开到11日。罗斯福和丘吉尔先在马耳他晤面，再飞到克里米亚。两人都想保持他们认为的与斯大林的良好工作关系，希望可能通过合作建立战后的世界秩序。然而，在雅尔塔讨论的大部分议题都没法被立即解决。依美国的观点，对日战争依然占据重要地位。在一份瞒着丘吉尔达成的秘密协议中，罗斯福向苏联做出让步，以换得苏方在德国一旦战败后就加入亚洲战争。苏联得到的保证是建立一个亲苏的蒙古国，重新占领库页岛南部，以及吞并千岛群岛。

会议的政治议题涵盖德国战败后的命运和波兰的未来安排，以及联合国组织的创立。罗斯福希望联合国将为战后的真正合作开辟道路。苏方窃听了罗斯福下榻的整个里瓦几亚宫（Livadia Palace），偷偷录下谈话，每天由内务警察头子拉夫连季·贝利亚（Lavrenti Beria）的儿子谢尔戈·贝利亚（Sergo Beria）向斯大林报告。在后来的谈判中，斯大林利用这些情报优势，在无关痛痒的事情上给了西方领导人一点甜头，而对自己需要的东西则大耍花招。最后，各方一致同意，法国将参与占领德国。斯大林要求德国赔偿200亿美元，虽然丘吉尔和罗斯福拒绝了，但没在当场拒绝这一要求。对战败国德国，各方同意成立一个同盟国管制委员会，监督其向和平转变。

谈判最大的难点是波兰问题。虽然罗斯福和丘吉尔都不反对以德国领土为代价的波兰边界西移，给予苏联1939年所占得的波兰土地，但两方关注的是，当时刚被苏军占领的新波兰应保持独立和民主。对允许波兰流亡政府领导人在新成立的政府中占据一席之地，以此拓宽波兰政治基础的做法，斯大林不情愿地同意了。经过激烈争论，他接受了一个“自由、独立和民主”的波兰的原则。他明白，政治现实会决定波兰未来将由共产党掌控。苏联所

窃听到的情报告诉斯大林，这个原则对于英美有多么重要，而他在扩大波兰的政治基础上做出的让步完全是权宜之计。

雅尔塔会议还做出了决定德国城市德累斯顿命运的安排。在与作战部长安东诺夫（Alexei Antonov）将军的讨论中，苏方要求轰炸德国东部城市，协助疏通苏军的进攻道路。雅尔塔会议之前，西方空军已奉命开始空袭，阻止德军向德国南部山区运动，担心他们把那里作为最后的据点。会上有没有明确提及德累斯顿的名字，史学家依然还有争议。但是，其他德国东部城市的名字确实被提到，尤其是莱比锡，如期遭到西方盟军轰炸机部队的袭击。1945 年 2 月 13—14 日，德累斯顿被一场火风暴摧毁，死亡人数估计高达 2.5 万—3.5 万。

敦巴顿橡树园会议全体代表。会议于 1944 年 8 月 21 日在华盛顿别墅敦巴顿橡树园开幕，持续到 10 月 7 日。各主要同盟国代表开会讨论了成立联合国的议题，把它当成维持战后世界和平的途径。

阿列克谢·安东诺夫元帅（1896—1962）

阿列克谢·安东诺夫，是二战最后3年苏联参谋部最有影响的人物之一。他是一个俄国炮兵军官的儿子，1916年应召进入俄国步兵，1917年7月参加了一战东线最后一场大型战役——克伦斯基攻势（Kerensky Offensive），结果失败了。1918年后期，他加入新成立的红军，凭借准确的理解能力和作战技巧，很快升到指挥岗位。1928年，他加入共产党，进入伏龙芝军事学院学习。20世纪30年代，他的大部分时间都在学院度过，先是学生，后作为教师。1937年，41岁的安东诺夫被任命为莫斯科军区参谋长。他1940年晋升为少将，1941年被派去担任基辅军区副参谋长。在随后的德国入侵中，这个军区正位于德国南方集团军群的进攻路线上。1942年，他在罗斯托夫一带和高加索地区战役中的短暂成功为他赢得了升职机会，成为莫斯科的作战部长。在这个位置上，他与斯大林直接讨论作战行动，向后者提出建议。他参加了雅尔塔和波茨坦会议，后晋升副总参谋长，一直做到1948年。1955年，他成为华约参谋长，1962年心脏病发作，死在办公桌前。

1940年10月23日，丘吉尔在苏格兰视察波兰部队。波兰战败后，他们从欧洲大陆逃到英国。陪同丘吉尔一起的是，在英国的波兰流亡政府首相瓦迪斯瓦夫·西科尔斯基（Wladyslaw Sikorski）。丘吉尔后来抱怨说，波兰对战前边界的不妥协态度损害了自身与斯大林的关系。

在克里米亚城市雅尔塔召开会议期间，“三巨头”正坐在里瓦几亚宫外。到了战争的这个阶段，丘吉尔抱怨说他被边缘化了，罗斯福则依然信心十足，认为三国可以在战后继续合作。

苏军解放波兰东部后，亲苏波兰人设立临时机构“卢布林政府”。波兰成为雅尔塔会议中众多讨论的死结。西方国家希望保证所有波兰党派都能在新政权中占有一席之地。

“第一次阿格诺会议”（1945 年 1 月 30 日 —2 月 3 日）期间，在马耳他沿海的一艘军舰上，年老多病的罗斯福正与丘吉尔商谈。这是“阿格诺会议”期间大同盟（Grand Alliance）领袖间会商的第一阶段。在踏上到达雅尔塔的最后旅程前，英美领导人会晤了两次。

1943年的美国海报，颂扬与轴心国作战、签署《联合国宣言》的“联合国家”。1942年1月1日首批签字国是中、苏、英、美4国，继之又有41国签字加入。雅尔塔会议讨论了战后联合国组织的发展问题。

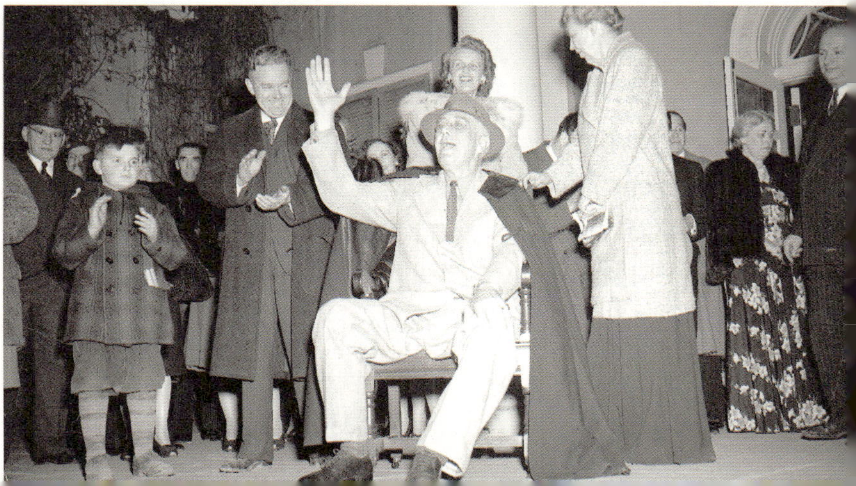

1944年11月7日选举当晚，罗斯福总统在他的纽约海德公园别墅阳台上向支持者挥手致意。夫人埃丽诺·罗斯福（Eleanor Roosevelt）站在他左边。他史无前例地第四次当选总统，但因患不治之症于1945年4月12日去世。

血战硫磺岛

1945.2.19—3.26

大事表

1945 年 3 月 4 日
盟军占领缅甸密铁拉。
1945 年 3 月 5 日
美军抵达德国莱茵河，占领科隆。
1945 年 3 月 30 日
苏军占领德国但泽，1939 年二战就是在此地打响。

日军上等兵徽章。

1944 年，美军逼近日本本土，他们必须在进攻中国台湾还是其他更接近日本的岛屿间做出选择。攻占中国台湾的计划最终于 10 月被放弃，让位给对小笠原群岛和琉球群岛的进攻。1944 年 10 月 3 日，尼米兹海军上将接令，要求选择攻占一个岛屿，可供战斗机用于掩护从马里亚纳群岛起飞的轰炸机。他选中硫磺岛——一座 8 公里长的火山岛，位于东京以南 1060 公里。正是以此岛为起点，日本飞机攻击马里亚纳群岛的美国空军基地。

日军统帅部预测，美军会尝试寻找接近日本本土的基地。他们加强了当地防守军力，建设了复杂的坑道和地堡网。在硫磺岛，栗林忠道中将指挥 2.2 万士兵修筑了精心准备的阵地。和其他地方一样，日军在这里的计划也是先让美军登陆，随后在一场残酷的消耗战中消磨对方继续作战的意志。美军进攻前对硫磺岛进行了连续 72 天的轰炸，似乎一点都没削弱隐藏的日本守军的战斗力。

执行进攻任务的是哈里·施密特（Harry Schmidt）少将第 5 两栖军的第 4 和第 5 海军陆战师，由一个后备师提供支援，总兵力 6 万人，而最终投入战斗的舰船有 800 艘。但因占领菲律宾的进展缓慢，对硫磺岛的进攻被迫推迟。1945 年 2 月 19 日，在太平洋战争中海军第一次“徐进弹幕”的掩护下，陆战队队员抢滩登陆。然而，厚厚的火山灰和陡峭的海岸线延缓了美军的进展。登陆 20 分钟后，登陆部队突遭日军从隐蔽工事里发起的猛烈侧翼火力攻击，造成首日 519 名陆战队队员死亡。但第一批上岸的陆战队队员在滩头成功建立起一道防线，很快聚集了近 3 万人。栗林忠道大部依然隐身在深入内陆的防线中，躲在深入地下的暗堡和从软火山岩内掏出的碉堡内。2 月 20 日，美

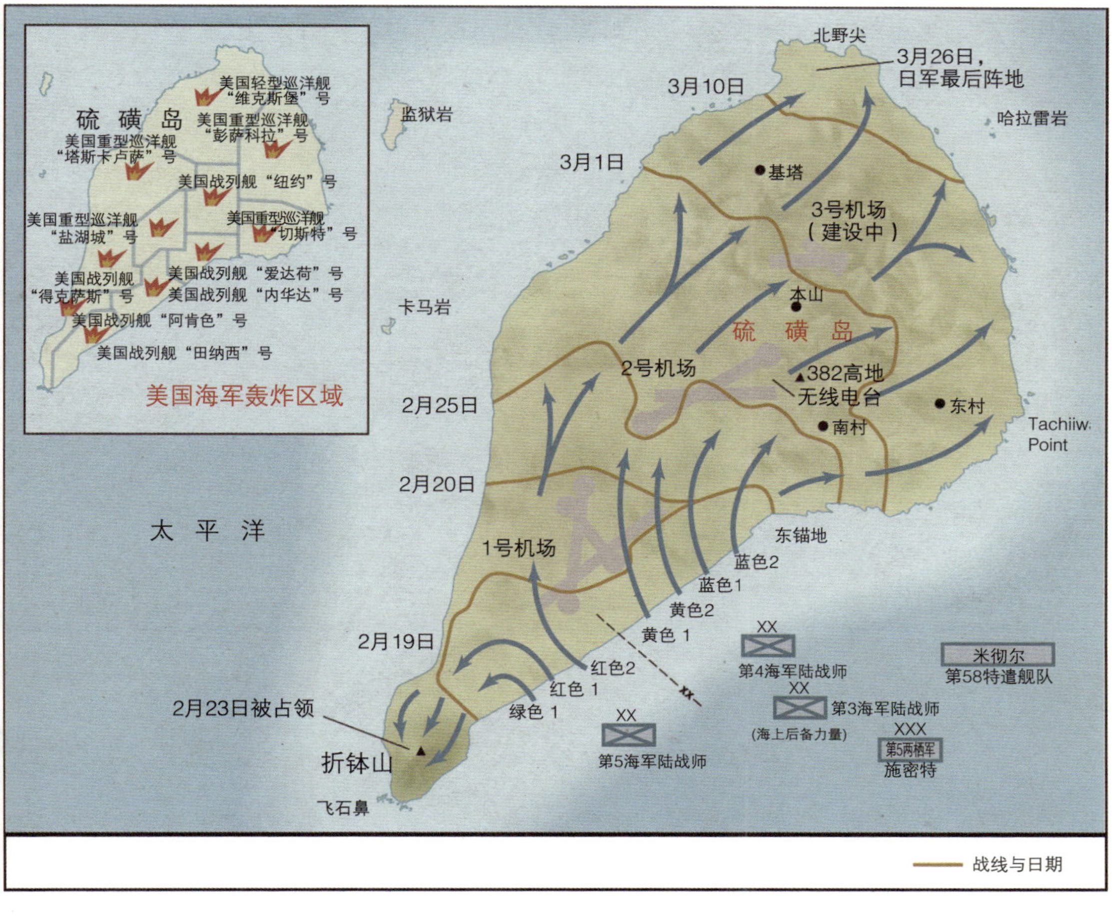

军成功抢占第一条飞机跑道，4 天后占领折钵山（Mount Suribachi）。2 月 27 日，美军又占领另一条完整的飞机跑道，但最终又花了 1 个月才宣布完全占领该岛。

日军在家门口的抵抗越来越激烈，美国海军陆战队遭受了惨烈的伤亡。在绰号“绞肉机”的 382 高地，面对死战到底的日本守军，美军陆战队队员不得不一码一码地争夺。在这座遍布岩石的岛上，面对峡谷和山洞内的每一个防守点，美军都得用火焰喷射器或炸药才能攻占。即使被逼出工事，许多日本士兵宁肯凶狠地冲向进攻者，与之同归于尽也不投降。日军残部被美军海陆空的强大火力驱至硫磺岛北部，最后落脚在北野尖（Kitano Point）的“血谷”。美军花了 10 天时间肃清敌军，战斗最后以日军的一场自杀式冲锋结束。日军总死亡人数达到 23300 人，几乎没有俘虏。美国海军陆战队共有 5931 人死亡，17372 人负伤，伤亡比例占到最初投入兵力的三分之一强。

甚至还没等到完全占领硫磺岛，盟军战斗机就开始从该岛基地起飞发起行动。3 月 4 日，第一架 B–29“超级堡垒”轰炸机在岛上降落，是往来日本本土途中在岛上紧急降落的 2251 架战机中的第一架。付出重大生命代价后，通往日本的空中航线最终打通，对日本城市最后阶段的猛烈轰炸终于可以开始了。

1945 年 2 月 19 日上午，第 4 海军陆战师在硫磺岛“蓝色”（美军在行动中使用的地点代号）海滩登陆。他们要全副武装地越过一个松软的黑色火山灰高坡。到当天结束时，共有 3 万多陆战队队员登陆上岸，巩固了滩头阵地。

哈里·施密特将军（1886—1968）

哈里·施密特将军，是参加争夺硫磺岛战役的第5两栖军的海军陆战队指挥官。他1909年加入海军陆战队，1911年首次被派到太平洋关岛。经历过长期的海陆生涯后，到1941年战争爆发时，他已是海军陆战队军需长。1942年1月，他成为海军陆战队助理司令，1943年8月成为第4陆战师师长。他的部队参加了占领塞班岛和提尼安岛的战斗，那时他已是第5两栖军司令。他的部队在占领硫磺岛的战斗中一举成名，战后参与了对日本的占领。1946年2月1日，他接掌陆战队训练司令部，1948年退役时晋升四星上将。

1945年2月19日，满载第5两栖军陆战队队员的登陆艇正冲向日本硫磺岛东南沿岸，开始抢滩登陆。海滩上一阵短暂的宁静之后，这支部队受到重火力猛攻，进攻首日就遭受惨重伤亡。

折钵山

二战最著名的图片之一，就是在折钵山上升起美国国旗的画面。折钵山是硫磺岛南端的一座小型死火山。1945 年 2 月 23 日上午，尽管这座小山依然由日军占据，但美军第 28 陆战团 E 连夺取了小山的制高点，把一面小国旗系在一根废管子上，升起了第一面美国国旗。但其实，这张照片是当天后来又重新摆拍的升旗画面。当时，第二支巡逻队带着一面大旗和战地摄影师乔·罗森塔尔（Joe Rosenthal）一起到达顶峰。摄影师拍下了战士升起第二面美国国旗的照片，创造了一个标志性的画面。

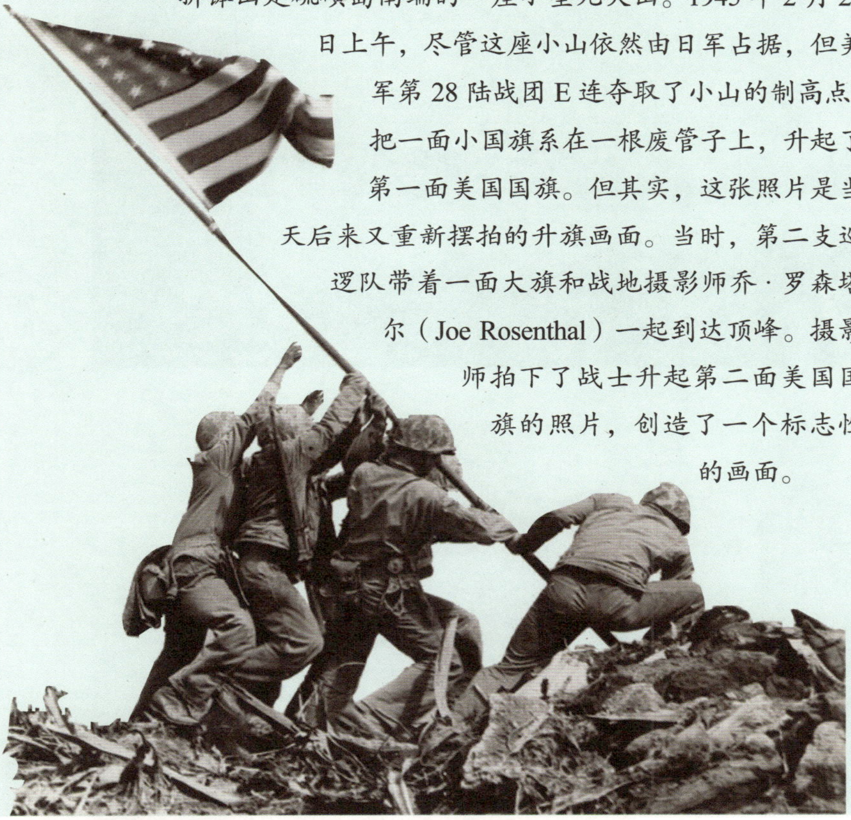

美军陆战队队员正蹲在岩石后躲避一枚重型炸弹产生的冲击波，他们把这枚炸弹放在了与日军一座三层掩体相连接的洞穴内。日军躲在洞穴和深掩体内，美军只能通过一场长期的“驱赶”行动把他们逼出来，战斗持续到 3 月 26 日才结束。

以硫磺岛为基地的美国第7战斗机司令部，设在折钵山（右）山下的前日军1号机场。夹在P–51“野马”战斗机中队之间的是一架波音B–29重型轰炸机，它在往来轰炸日本本土途中迫降硫磺岛。

硫磺岛2.3万日本守军中仅有20人被活捉，这是其中的几个战俘。在有组织抵抗失败后，这些俘虏在美军的数周扫尾行动中被抓获。抓获他们的美军给他们分发了香烟。

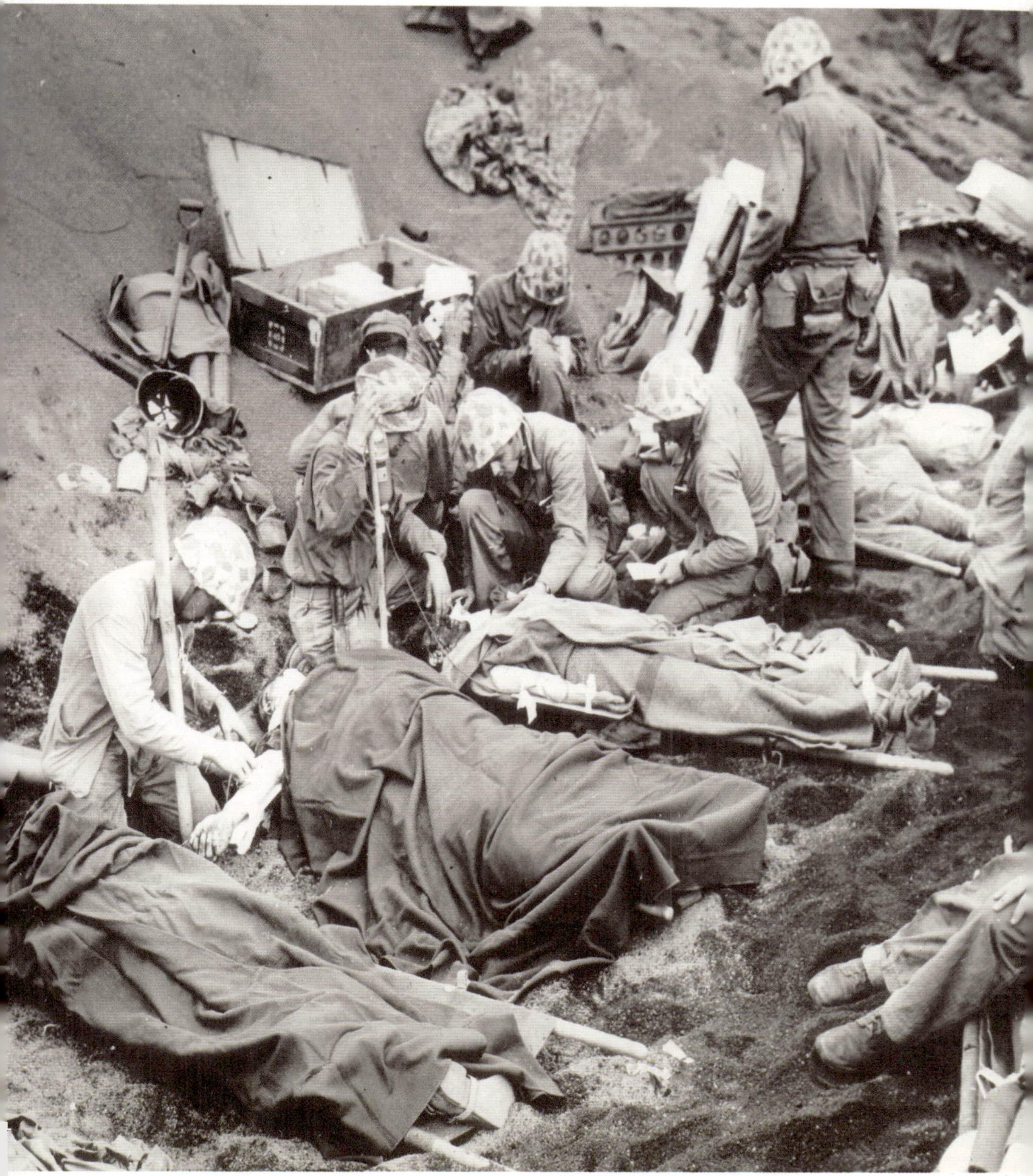

美国海军医疗队医生和助手正在一个前线急救站里忙碌着，而挂血浆瓶的棍子插在沙里。1.7 万多名海军陆战队队员负伤，几乎占到进攻部队的三分之一。

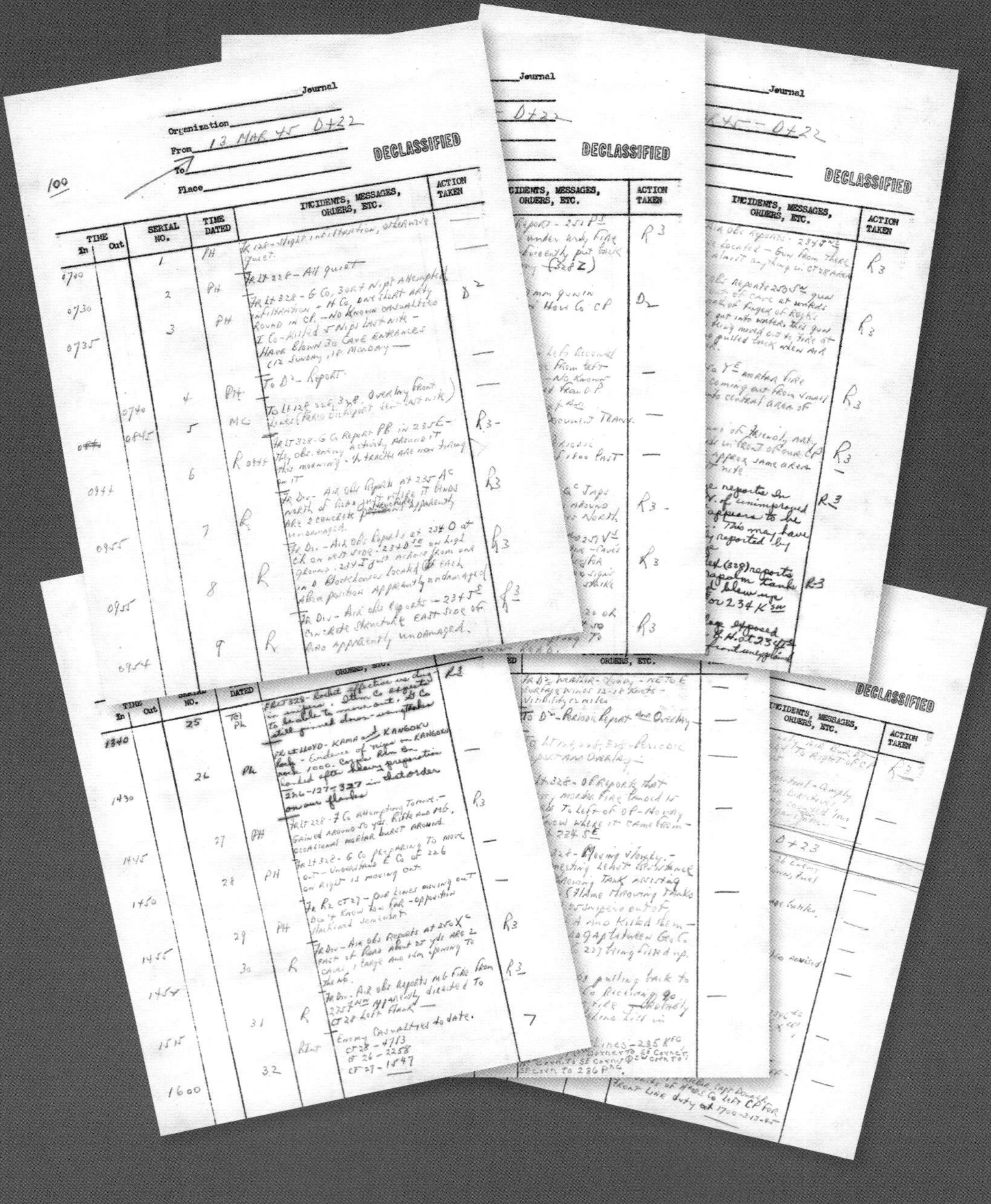

硫磺岛战斗报告

一份由美国第 28 海军陆战团提交的战斗报告，记录了硫磺岛战役期间的作战情况。报告日期为 1945 年 2 月 20 日至 21 日，即美军首次登陆两天之后，当时，海军陆战队正向硫磺岛南部的折钵山推进，该山于 3 天后被成功占领。

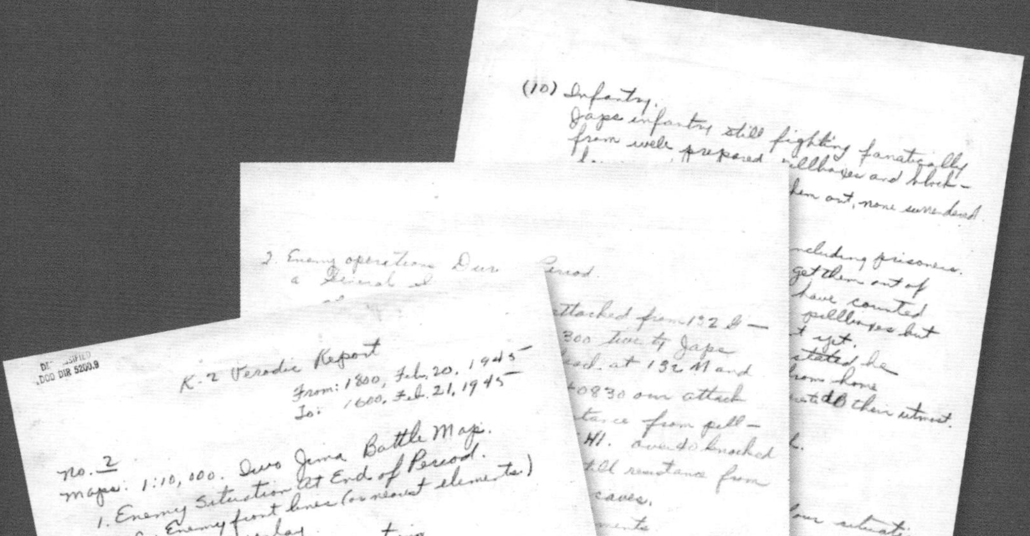
DECLASSIFIED DOD DIR 5200.9

K-2 Periodic Report
From: 1800, Feb. 20, 1945
To: 1600, Feb. 21, 1945

No. 2
Maps: 1:10,000. Iwo Jima Battle Map.
1. Enemy Situation at End of Period.
a. Enemy front lines (or nearest elements)
See overlay
b. Defensive organizations.
See overlay
c. Units in contact.
at 131 I, J, + 132F our units opposed by 1st Co. 312 Inf. Various naval guard troops and elements of 132 + 125 AA are also in our area. Haha unit also identified. In 132 L + M we face 3rd Co. 312th.
d. Artillery.
Less intense than yesterday however between 2100 + 0300 last night intense fire received from the North. Mortar fire also very heavy around CT 28 CP.
e. Reserves + other forces capable of intervention.
unknown.
f. Supply and evacuation establishments
none identified.
-1-

DECLASSIFIED DOD DIR 5200.9 HIST 2021 DIV.

硫磺岛战斗报告

这是第二份来自硫磺岛的战斗报告，提交于 1945 年 3 月 13 日，战役即将结束之际。报告描述了岛上北部的残余日本士兵和狙击手被从洞穴和碉堡中驱逐出来的情况。

东京大轰炸

1945. 3. 9—3. 10

大事表

1945 年 2 月 14 日
盟军对德国城市德累斯顿发起燃烧弹袭击。

1945 年 2 月 23—24 日
对东京的首次燃烧弹袭击摧毁了一平方英里的区域。

1945 年 3 月 8 日
德国使团做出在意大利北部停火的第一次尝试。

1945 年 3 月 14—15 日
B–29 轰炸机袭击大阪市，再次造成重大伤亡。

与在欧洲对德国进行的轰炸一样，对日本的轰炸开局缓慢，结果好坏参半。因为路途遥远，当时在欧洲战场使用的轰炸机无法从现有基地到达日本本土。1944 年夏天起，第一批 B–29“超级堡垒”投入战斗后（第一批 130 架于 5 月到达印度），发动对日本帝国在中国东北、朝鲜或泰国的目标的远程袭击才成为可能，但依然难以企及处在飞机航程极限的日本本土。如要精确轰炸日本的钢铁生产和航空工业，占领马里亚纳群岛是必不可少的一步。

美国陆军第 20 陆航大队徽章。这支部队包括第 20 和第 21 轰炸机司令部。

1944 年 6 月 5 日，B–29 的第一次大型轰炸对准了泰国首都曼谷。可是，自那时开始直到 1945 年初，从印度和中国基地起飞，第 20 陆航大队远程袭击的效果极其有限。最终，这一被称作“马特霍恩行动”的计划战果寥

亨利·"哈普"·阿诺德将军（1886—1950）

作为整个二战期间美国陆航部队参谋长，阿诺德在美国战争活动中发挥了核心作用。他在一战中成为陆军航空兵，虽到达欧洲太晚而未及参战，但到1918年就成为航空兵助理总司令。1938年9月，阿诺德以少将军衔被选中统领陆军航空兵（Army Air Corps），1941年6月该部改组为陆航部队（Army Air Forces）时，他成为司令。他是美国参谋长联席会议（American Joint Chiefs-of-Staff Committee）和英美参谋长联合委员会（Anglo-American Combined Chiefs Committee）成员。1942年3月，他的正式官衔是美国陆航部队司令。他是一名精力充沛、敬业和平易近人的指挥官（其名中"Hap"[哈普]是"Happy"[快乐]的缩写），能清晰把握科技的发展趋势，有很强的管理能力。临近战争结束时，他成为美国空军（US Air Force）第一位五星上将，但饱受疾病困扰。

寥，而当日军占领中国的机场时，行动即告终结。美国陆航部队参谋长阿诺德将军转而决定使用海伍德·汉塞尔（Haywood Hansell）将军的第21轰炸机司令部，将B–29部署在马里亚纳群岛。汉塞尔是欧洲空战的策划者之一。1944年10月，第一架B–29降落在塞班岛。但由于战机交付缓慢，日机又常用撞击战术对轰炸机进行骚扰袭击，以及飞向日本本土常遇恶劣天气且航程遥远，这些又一次极大地限制了轰炸的战果。在前三个月的行动中，仅1146吨炸弹准确投到目标范围内。对东京的第一次袭击于1944年11月24日发动，但收效甚微。

轰炸收效令人失望，阿诺德撤掉汉塞尔，代之以好战的柯蒂斯·李梅（Curtis LeMay）将军。1945年1月，李梅到达塞班岛，又经过数周收效不大的高空精确轰炸后，李梅向上级强烈建议采取更激进的战术。他支持大量使用新到的 M–69 高效燃烧弹，低空夜袭日本的城市区域。它们造成的大火将摧毁当地工业，打击居民士气，也许还会加速日本的投降。李梅不确定阿诺德会否批准这一“区域轰炸”计划，准备 3 月 9—10 日夜对东京进行一次试探性轰炸。334 架 B–29 从 3 座岛屿基地起飞，携带了超过 1600 吨燃烧弹，最终 279 架轰炸机成功到达东京。

3 月 10 日凌晨，机群以 1200 米—2800 米的高度抵达东京上空，仅遭遇防空部队的轻微抵抗。领航机用凝固汽油弹标记出轰炸区域，轰炸机在指定区域内不加选择地投下弹药。袭击引发一场火风暴，烧毁了 41 平方公里市区，估计一夜之间杀死 10 万人，成为死亡人数最多的单一空袭。上百万人无家可归，四分之一的民居被摧毁。随后半年，李梅所部摧毁了 58

日本儿童正从东京上野车站撤离。约 800 万日本人从受威胁的城区搬到拥挤的乡村，给已严重超负荷的配给系统带来了极大压力。

柯蒂斯·李梅将军（1906—1990）

李梅策划了对日本的大轰炸，战后在美国战略空军司令部的创建中发挥了重要作用。他1928年加入美国陆军航空兵（后称陆航部队），1942年10月晋升上校，负责以英格兰为基地的第8陆航大队的一个轰炸机小队。作为一个与手下一起亲自飞行体验战斗的指挥官，一个深思熟虑的战术家，李梅获得了快速提拔。1944年8月，他接掌总部在印度的第20轰炸机司令部时已是军中最年轻的少将，指挥该部从中国基地起飞，轰炸日本在中国东北和日本本土的目标。1945年1月，他转到马里亚纳群岛指挥第21轰炸机司令部，从那里组织了对日本城市的轰炸。7月，他开始指挥美军第20陆航大队（包括第20和第21轰炸机司令部），当月稍晚些时成为新成立的太平洋战略空军参谋长。战后，他1949—1957年任战略空军司令部司令，1961年成为美国空军参谋长。

座日本城市，估计造成约50万人丧生。低空燃烧弹袭击的新战术产生了可怕的效果，如7月28—29日对本州岛北部城市青森的一次夜袭摧毁了88%的建筑区域。此时，美军拥有3700架B–29轰炸机，超过了马里亚纳群岛的容纳能力。日本战争生产的减少是否由城市轰炸造成，这个问题还有许多争议，因为日本商船的损失和盟军对交通线的攻击也发挥了重要作用。但毫无疑问，轰炸迅速打击了日本国内居民的士气，促使那些认识到败局已定的日本领导人尝试寻求可接受的投降方案。

1945年3月2日，美国舰载机正在对东京发起一次轰炸袭击。1945年3—8月，第58和第38特遣舰队的飞机轰炸了日本城市和防线，仅遭到日军的轻微抵抗。飞机还参加了对日本沿海海域的密集布雷行动，几乎中断了日本的贸易。

在一个中国基地里，一架波音 B–29 重型轰炸机正准备起飞执行轰炸日本的任务。大部分参与袭击行动的 B–29 后来都从马里亚纳群岛起飞，但从 1944 年 6 月起，袭击都从中国发动，直到当年晚些时候中国的主要机场都被日军占领。B–29 航程 6500 公里，可携带 5500 公斤炸弹。

1945 年 3 月 9—10 日夜，美军用燃烧弹攻击东京市中心后的鸟瞰图。在这座高度易燃的城市中，废墟里只剩下一些混凝土结构，10 多万人丧生。极度的高温导致跳进隅田川（Sumida River，见图上方）中的人被河水活活烫死。

从西线攻入德国：从莱茵河到易北河

1945.3.7—4.25

大事表

1945 年 3 月 19 日
希特勒颁布“焦土令”，命令德国人摧毁盟军进军道路上的一切。

1945 年 3 月 27 日
阿根廷最终向德国和日本宣战。

1945 年 4 月 12 日
罗斯福总统去世，副总统杜鲁门继任。

1945 年 4 月 13 日
乌克兰第 2 和第 3 方面军占领维也纳。

1944 年末，西线盟军进攻德国的准备工作，被突出部战役打断。战役的后果并非全盘对盟军不利，因为德军在西线的垂死一击抽走了最后的后备坦克和战机主力，造成三个德国集团军群——斯图登特将军在荷兰北部的 H 集团军群，莫德尔元帅在鲁尔的 B 集团军群，以及布拉斯科维茨将军在南方的 G 集团军群——兵力严重不足，而且缺乏过硬的空中支援。

美国第9集团军军徽。

艾森豪威尔倾向于全线进攻的策略，这和苏军在东线的做法如出一辙。到 1945 年 1 月 3 日，他麾下已达 73 个师，其中 20 个是装甲师，其余部队亦装备精良，而且拥有占绝对优势的战术和战略空军的支援。他认为，最终结束战争的作战应包括三个阶段：肃清莱茵河西岸地区；从多处横渡莱茵河，在东岸构筑牢固的桥头堡；最后西方军队全面突破，到达易北河，进入奥地利和捷克斯洛伐克，在那里与苏军会师。虽然蒙哥马利倾向于在一条更窄的战线上突破，向柏林快速进军，但艾森豪威尔接受了雅尔塔会议上的决议，将柏林留给苏联战区。

1945 年 2 月 8 日，首次系列行动打响。在北路，蒙哥马利第 21 集团军群发动“真实行动”，开始清除默兹河和莱茵河之间的敌人。在帝国森林（Reichswald forest），英国第 2 集团军和加拿大第 1 集团军遭到德国第 1 空降集团军激烈抵抗，直到 2 月 21 日才肃清莱茵河西岸北部地区。在中路，美国第 9 集团军发起“手雷行动”，但为洪水所阻，直到 2 月 23 日才开始。因德军抵抗疲软，到 3 月 1 日，第 9 集团军就打到杜塞尔多夫（Düsseldorf）附近的莱茵河岸边。在南路，布拉德利的第 12 集团军群开展“伐木工行动”，快速穿过德军的主要边境工事“西壁”防线，于 3 月 7 日到达莱茵河。雅各布 · 德弗斯（Jacob Devers）中将率第 6 集团军群发起“低调行动”，进

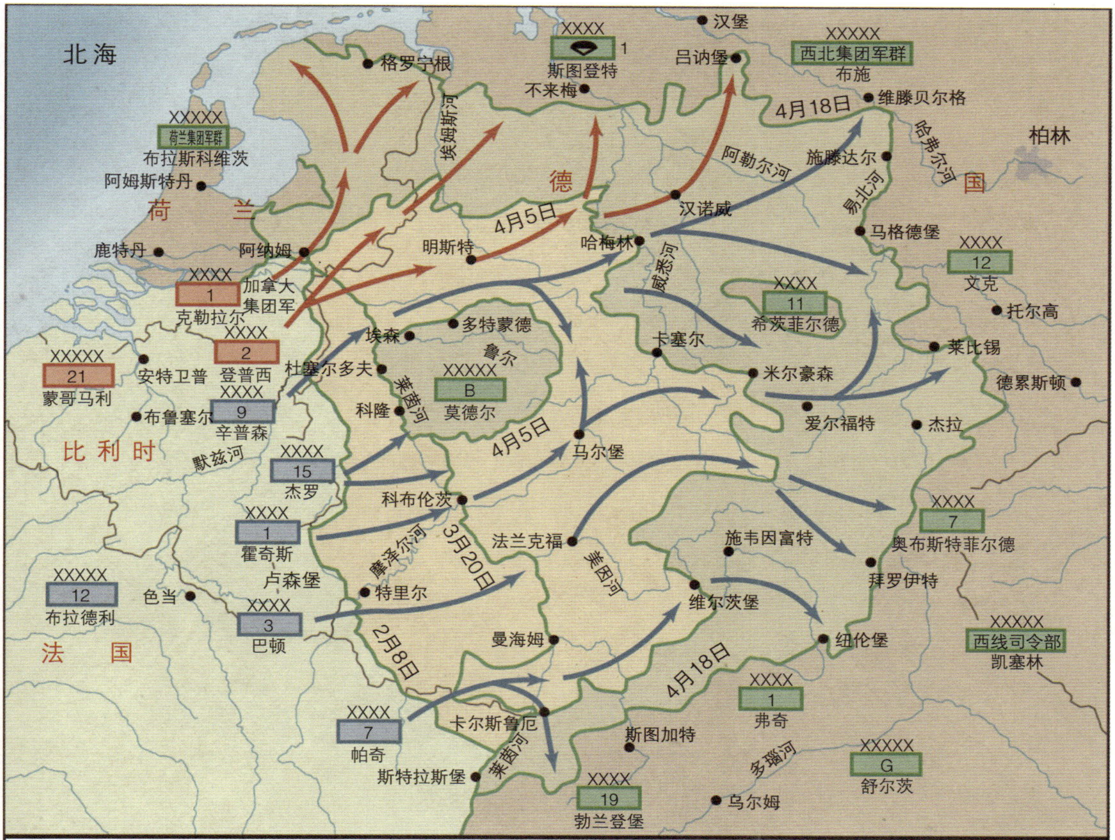

战线与日期

雅各布·德弗斯将军（1887—1979）

雅各布·德弗斯1909年加入美国陆军，是一名野战炮兵职业军官，也是杰出的管理者。作为美国陆军中最年轻的少将，他见证了美国装甲部队的壮大过程，从区区两个师扩大到1943年时的16个师。1943年5月，他被任命为驻欧美国陆军总司令，帮助组织和训练诺曼底登陆部队。1943年末，他成为地中海副总司令，1944年9月任第6集团军群代理司令，当时该部正穿过法国南部向阿尔萨斯进军。他领导军群渡过莱茵河，1945年5月6日接受驻奥地利德军的投降，不久后晋升上将。1949年，他从陆军中退役。

入萨尔地区，到达莱茵河南段的曼海姆（Mannheim）。

“伐木工行动”期间，德军试图炸毁在雷马根市横跨莱茵河的兴登堡铁路桥，遭美军第9装甲师突袭。3月7日，美军完好无损地夺取这座大桥，在对岸占领了一个小型桥头阵地。德军不遗余力地用V-2火箭轰炸这座大桥，但直到3月17日它才最终倒塌。艾森豪威尔主张继续进行大范围作战，于是，蒙哥马利计划在雷斯和杜伊斯堡之间，对莱茵河进行大规模强渡。西线德军已减至仅26个师，相比之下，东线还有超过200个师在抵抗苏军。希特勒用防守意大利的凯塞林元帅换下忠实的冯·伦德施泰特，抵挡意料之中的进攻。但德军的士兵和装备数量过于有限，根本难以坚守太长时间。3月24日，盟军在北部强渡莱茵河，轻易占领一块大型的桥头阵地。巴顿将军不放过任何可以抢夺英国人风头的机会，已于两天前的22—23日夜在南部奥彭海

蒙哥马利的贝雷帽，上有元帅徽章，他在西北欧作战期间一直戴着它。

姆（Oppenheim）渡过莱茵河。

虽然争夺的双方力量悬殊，但这绝非一场一边倒的战斗。德军作战坚决，战术精练，伤亡主要发生在战争的最后一个月，但战局的最终结果已无悬念。4 月 1 日，莫德尔元帅所部总数约 35 万人在鲁尔被围，最终于 4 月 21 日投降。与此同时，蒙哥马利第 21 集团军群到达波罗的海沿岸已成一片废墟的吕贝克。在中路，德军的抵抗已基本瘫痪。4 月 12 日，美国第 9 集团军到达易北河河畔的马格德堡。4 月 25 日，霍奇斯中将的美国第 1 集团军先头部队在托尔高镇附近抵达易北河，历史性地与科涅夫的乌克兰第 1 方面军会师。德拉特 · 德塔西尼将军的法国第 1 集团军所在的美国第 6 集团军群已肃清德国南部，开始进入奥地利。现在，德国的最终战败只是时间问题了。

1945 年 3 月 25 日，数百名德国战俘挤在一所临时战俘营内。欧洲战争最后几周，上百万德军俘虏落入盟军手中，但住处和食物的安排很缓慢，初期时许多人就被扔在空地上，食不果腹。

约翰内斯·布拉斯科维茨将军（1883—1948）

约翰内斯·布拉斯科维茨是牧师的儿子，年仅10岁时就作为军校学员加入陆军，19岁成为中尉。一战期间，他在4条战线上担任过连长和参谋。一战后，他继续留在德国陆军中，1932年时已成为少将。1938年起，他是德累斯顿的第3集团军司令，在这个位子上，他的部队在1938年占领了奥地利和苏台德地区，1939年3月占领捷克斯洛伐克。他在入侵波兰的战斗中指挥第8集团军，接受了华沙的投降，旋任德国占领军司令。在此期间，他经常抗议对波兰人和犹太人实施的暴行。1940年5月，他被希特勒调走，10月任占领法国的德国第1集团军司令。1944年，他接手法国南部的G集团军群，在“龙骑兵行动”后成功将部队撤向北部。1945年1月，他在荷兰指挥H集团军群，最终于1945年5月5日向英军投降。战后他被监禁，1948年2月在纽伦堡自杀。

1945年3月25日，一艘登陆艇正在莱茵河帝国森林段帮助拖拽一截浮桥。一架泰勒“奥斯特”侦察机在上空盘旋，而工兵则在为英联邦军队修建一个渡口。

1945 年 2 月 9 日，英军“戈登高地人团”（Gordon Highlanders）正在德国西北部的帝国森林作战。面对 5 道防线和泥泞地面，这里的战斗异常激烈。直到 3 月 9 日，这片森林里的敌军才最后被肃清。

1945 年 3 月 7 日，美国第 9 装甲师在雷马根以一次奇袭完好无损地夺取了横跨莱茵河的大桥——兴登堡大桥。3 月 17 日，盟军车辆和部队正穿过这座大桥，而被俘的德军士兵正从对面走来。

1945 年 4 月 13 日，进军易北河期间，美军“斯图亚特”VI 轻型坦克正从英联邦苏格兰第 15 师的车辆旁边驶过。一旦德军抵抗被打垮，穿越德国迎面与苏军相向进军的过程就变得异常轻快。

1945 年 4 月 25 日，美苏两国士兵在托尔高镇易北河岸边相谈甚欢。美国第 1 集团军和苏联乌克兰第 1 方面军在此会师。几小时前，双方已在施泰拉村首次接触，但留下大量照片的托尔高会师被公认为双方第一次握手。

英军强渡莱茵河两天后的 1945 年 3 月 26 日，丘吉尔与蒙哥马利元帅和英国总参谋长艾伦 · 布鲁克元帅在莱茵河东岸一起午餐。

冲绳战役

1945. 3. 26—6. 30

大 事 表

1945 年 4 月 24 日
盟军在“霰弹行动”过程中渡过意大利北部的波河。
1945 年 5 月 2 日
在意大利的德军投降。
1945 年 5 月 4 日
北欧德军向蒙哥马利的第 21 集团军群投降。
1945 年 5 月 7 日
约德尔（Alfred Jodl）将军在法国兰斯签署德国无条件投降书。
1945 年 6 月 26 日
50 个国家在旧金山签署《联合国宪章》。

冲绳，是靠近日本本土的琉球群岛中的第一大岛。就在硫磺岛的最终战斗打响时，一支庞大的特遣舰队做好了进攻冲绳岛的准备。这是太平洋战场上最大的一场战役，也是日美部队损失最惨重的一场战役。冲绳岛被选为发动对日空袭的潜在基地，亦可作为最后进攻日本本土诸岛的跳板。

进攻准备的规模堪比前一年在法国登陆的“霸王行动”。在雷蒙德·斯普鲁恩斯海军上将的统一指挥下，“冰山行动”最终投入 50 万人和 1213 艘海军舰艇。西蒙·巴克纳（Simon Bolivar Buckner）中将率刚刚成军的美国第 10 集团军，领命登陆冲绳岛并肃清敌军。这个集团军由两个海军陆战师和 4 个常规陆军师组成。但这一次，冲绳岛由约 10 万日军防守，包括 2 万冲绳民兵，兵力远超硫磺岛和塞班岛。马克·米彻尔海军中将的第 58 特遣舰队为进攻提供掩护，1945 年 3 月 23 日，海军开始猛烈轰炸冲绳岛。

日军指挥官牛岛满将军决定违背日本大本营的指令，采用与硫磺岛一样的战术，尽管这是一条死路。除南端露出地面的石灰岩层外，这座狭长岛屿的大部分地区都难以防守。牛岛满把军队大部集中在南部山区，沿主要城市那霸一带建立一条贯穿全岛的防线。余部则驻守在这条防线以北西岸的本部半岛。日军几个月前就做出动用“神风”特攻队参战的决定，他们希望这会带来一些战果。“神风”特攻队是把战机本身作为击沉美舰的武器。

1945 年 3 月 23—29 日间，美军占领冲绳外围的庆良间和庆伊濑诸岛，战役开始打响。4 月 1 日，主攻在冲绳岛西岸打响。进攻部队没遇到多少抵抗，顺利向内陆推进，夺取机场。次日，美军到达东岸，冲绳岛被一分为二。陆战队北上，遇到微弱抵抗，4 月 15 日到达岛北部。仅本部半岛发生激烈战斗，到 4 月 20 日，第 6 陆战师最终占领半岛。

4 月 9 日，美军攻至日军南部防线的 4 个陆军师面临的困难要艰巨得

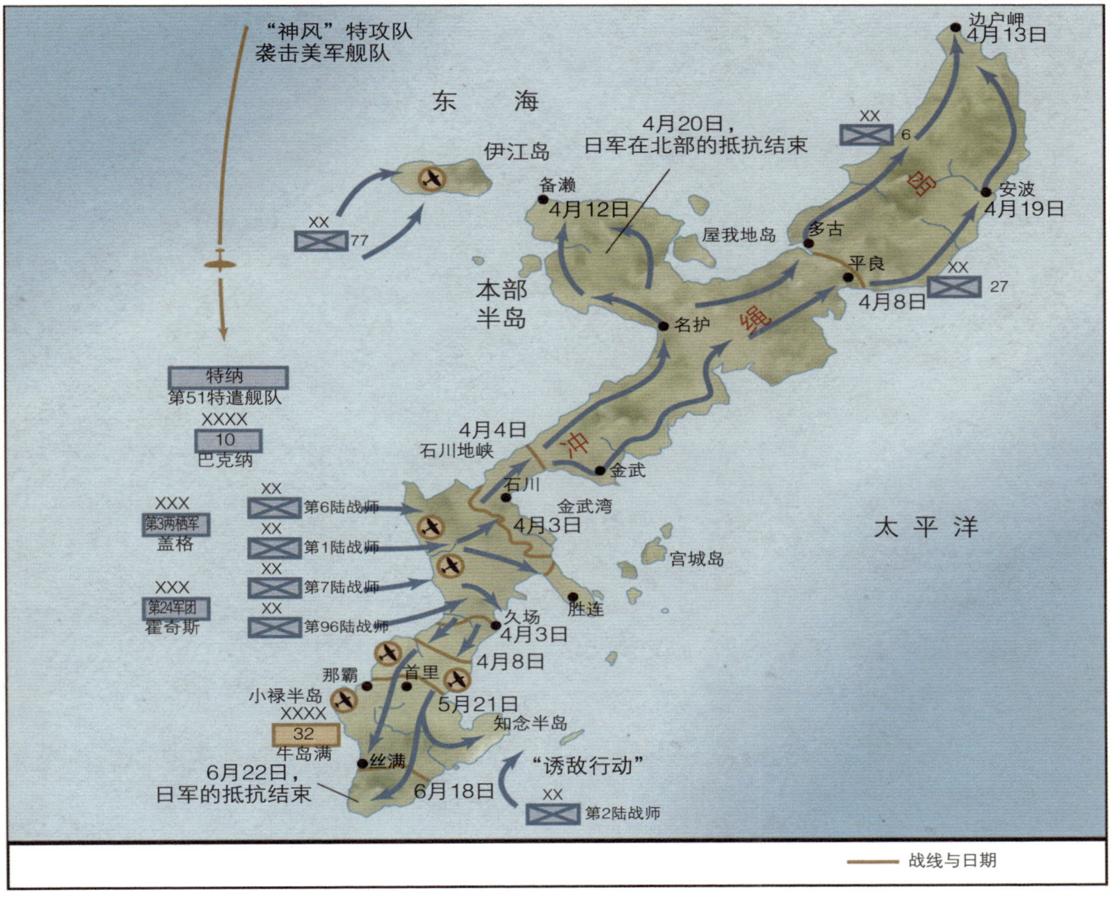

“神风”特攻队

1944年10月，日本海军批准成立一支自杀式飞行员部队。这些飞行员故意驾机撞向敌方军舰，力图击沉或重创它们。“神风”一词来自中国元朝军队对日本发动的战争。当时，元军舰队被一阵强风吹散，日本才得以幸免。日军第一次真正的自杀式攻击，是1944年10月25日对美国护航航母“圣洛”号（*St. Lo*）发起的进攻。“神风”特攻队在莱特湾海战中大批出击，而自杀攻击的高潮则发生在1945年4月美军进攻冲绳岛期间。自杀所用的特攻机是装满炸弹的战斗机或训练机，飞行员最初是志愿者，后征召士兵补充。日军“神风”特攻队共出击2314次，击中322艘盟军战舰，击沉34艘。特攻战的结果是损失了大量日本残余空军，但仅得到非常有限的战术成果。

1945年5月11日，美国航母“邦克山”号在冲绳岛外被两架日本自杀飞机击中，燃起大火。日本飞机撞到航母上正准备起飞袭击冲绳岛的战机。

多。这里的地形易守难攻，美军的攻击陷入停滞。5月4日，暴雨如注，地面变成大泥潭。日军借机发动一次强力反击，战斗演变成一场持续的肉搏战，双方死伤惨重。

4月6日起，美军的进攻舰队不断遭到日军“神风”自杀机的攻击。这就是日本第1机动舰队司令发起的“天号作战”。从那时到6月22日，美军舰队遭到1900次自杀攻击，舰员伤亡巨大，军舰有38艘被击沉，368艘受损。日本海军还发动了另一次自杀行动——巨型战列舰“大和”号与1艘巡洋舰和8艘驱逐舰一起出击美国舰队。4月7日，“大和”号在东中国海被发现，最终在380架美国舰载机的攻击下沉没。1941年还是世界列强之一的日本海军，就这样戏剧性地覆灭了。

直到5月21日，日军在岛南部的防线才开始松动。5月27日，那霸被占，牛岛满与余部撤到小禄半岛。6月22日，一场激烈的遭遇战结束了日军最后的抵抗。6月18日，美军的巴克纳将军战亡；4天后，日军指挥官牛岛满自杀。他们只是成千上万伤亡者中的两人。10万日本守军仅7400人幸存，主要是冲绳民兵；美军共死亡12520人，伤36631人。夺取一座小岛就付出如此高昂的代价，进攻日本本土似乎越来越凶险、代价越来越高。促使美军一个月后做出投下原子弹的决定，冲绳战役的巨大伤亡也是其中的一个重要因素。

西蒙·玻利瓦尔·巴克纳中将（1886—1945）

西蒙·巴克纳中将是二战中死于敌军战火、军衔最高的美国军官。与他同名的父亲是美国南部邦联的一位将军。巴克纳1908年加入陆军，一战期间在菲律宾服役。他是个严格的教官，20世纪30年代初期在西点军校任学员队指挥官。1941年，他被派去防守阿拉斯加，后晋升准将。1943年，他夺回前一年被日军占领的两座阿留申岛屿。1944年7月，他为占领中国台湾组建了美国第10集团军，但他们的目标后来变成冲绳岛。就在这座岛上，1945年6月18日，战役行将结束之际，他被日军炮台射出的一发炮弹击中，当场身亡。

1945年4月10日，3个月的冲绳战役早期阶段，全副武装的美国海军陆战队队员正顺着梯子往下爬到等待中的登陆艇上。超过17万美军士兵参加了这次夺岛行动。

美国第 10 集团军的一名军官正把他的给养分给两个冲绳儿童。这两个孩子曾躲在岛上的一座废弃墓穴中。冲绳岛的成千上万平民死于战火或自杀。

凌晨，一门海军陆战队 155 毫米榴弹炮正轰炸冲绳岛南部的日军防线。爆炸照亮了罩在大炮上方的伪装网，炮手们正扭头避开炮口的刺眼强光。

1945年6月27日，宣布占领冲绳岛前不久，美国海军第6陆战师第29团第2营的陆战队队员正在岛西南端小禄半岛驱赶日本抵抗者。本图右侧中间站着的那名日本士兵手中拿着一面白旗，这在日军中是一个不寻常的举动，因为大部分日军在岛上都会死战到底。

日军的无面罩飞行头盔。

冲绳岛上一门隐蔽的日军大炮。这是建在岛南端山区地带的暗堡和掩体网的一部分，日本第 32 军主力就盘踞在这里。

1945 年 6 月 21 日，夺岛战役结束前夕，冲绳岛南部，一辆美国火焰喷射坦克在战斗中。火焰喷射器常被用于驱赶躲在暗处的日军狙击手。美国步兵会躲在坦克后向从火中逃出的日本士兵射击。

解放集中营

1944.7—1945.5

大事表

1944 年 7 月 24 日
苏军解放了马伊达内克灭绝劳动营。
1945 年 4 月 11 日
苏军解放布痕瓦尔德集中营。
1945 年 4 月 29 日
美军解放达豪集中营。
1945 年 5 月 5 日
前德占波兰总督汉斯·弗兰克（Hans Frank）被捕。
1945 年 5 月 23 日
英国人关押的党卫军头子、集中营系统的组织者海因里希·希姆莱自杀。
1946 年 3 月 11 日
伪装成农场工人的鲁道夫·霍斯（Rudolf Höss）被英军逮捕。

随着盟军最后向德国本土推进，他们开始逐渐发现希特勒德国对政治犯、所谓“反社会分子”（流浪汉、好逸恶劳者、同性恋、累犯等）、吉卜赛人，尤其对欧洲犹太人残暴统治的确凿证据。众多这类群体被关进大量各式集中营内。到 1944 年，德国共建立 20 座大型集中营，165 座分营。集中营犯人在艰苦条件下工作，疾病、营养不良及故意杀害造成的死亡率极高，但修建集中营的目的却是迫使犯人工作。纳粹还建有 7 座主要的灭绝营，分别在马伊达内克、索比堡、海乌米诺、贝乌热茨、特雷布林卡、奥斯维辛－比克瑙（最大者），在马利特罗斯特奈斯（Maly Trostenets）还有一个小灭绝营。在灭绝营中，犹太人和其他犯人被送到建有毒气室和焚尸炉的专门中心直接处死，至少有 350 万人死于其中。马伊达内克和奥斯维辛同时还用作集中营。

奥斯维辛和马伊达内克两处是第一批被解放的集中营，都是苏军在波兰发现的。1944 年 7 月，苏军在马伊达内克发现 1000 名虚弱的犯人以及

鲁道夫·霍斯（1900—1947）

1945 年 5 月 25 日，在纽伦堡机场，前奥斯维辛集中营指挥官霍斯被移交给波兰警察，押到克拉科夫受审。

在二战的大部分时间里，鲁道夫·霍斯是奥斯维辛－比克瑙集中营内最臭名昭著的指挥官。他出身于一个家教严格的巴伐利亚天主教家庭，本打算成为神父，但后来却反对宗教，15 岁加入德国陆军。他曾在土耳其、伊拉克和巴勒斯坦作战，17 岁成为德国最年轻的军士。一战后他加入自由军团，1922 年成为纳粹党员，1933 年加入党卫军。他从达豪集中营营房指挥官开始，一直从事集中营管理。1940 年 5 月，他在奥斯维辛接手一座关押波兰战俘和政治犯的集中营，在它转为灭绝营时继续任指挥官。1943 年后期，他离开该集中营，1944 年又回来监督屠杀匈牙利犹太人的工作。战后，他装作农民躲起来，1946 年 3 月被捕，5 月被移交波兰当局。他受到审判，被判处死刑，最后在他帮着杀害至少 100 万人的集中营内被处死。

塞满头发、箱包、衣物和儿童玩具的仓库。1945 年 1 月 27 日，兼作苦役营和灭绝中心的奥斯维辛－比克瑙被解放。在这里，许多犯人已于 10 天前被强迫步行离开，战争最后几个月发生过众多类似的“死亡行军”。即便如此，苏联士兵仍在主营发现约 3000 犯人，其中许多人已奄奄一息。他们还发现更多德国人肆无忌惮的证据——38 万套男装，83.6 万件女装和裙子，7.7 吨头发，一切已被整齐打包待运。但其他大规模杀戮的证据已被销毁，焚尸炉也被炸掉。在同一座建筑内，那些不久前在此被找到的苏联犯人受到军事安全组织“斯莫希”的讯问，披露了集中营的恐怖真相。苏联当局允许一些外国代表访问马伊达内克，但直到德国5月7日投降后才宣布解放奥斯维辛。

在西线，盟军没有发现灭绝营，因为它们主要建在德占波兰和白俄罗斯地区。英联邦和美国部队碰到的是各种集中营。到1945年4月，集中营的条件已恶化到极点。缺少食物，没有任何卫生或有效的医疗条件，加之临近战争失败时集中营守卫日益滋长的暴虐，这一切造成了大量犯人死亡。随着德国边界的收缩，一些集中营被迫关闭，成千上万犯人被迫徒步走向另一些仍在运行的集中营。1945年4月15日，英国第8军进入德国西北部贝尔根－贝尔森（Bergen-Belsen）集中营，发现的就是犯人最终迁移造成的可怕场面。1944年12月，这所集中营关押着1.5万犯人，但到次年4月人数已达4万—5万，其中许多是被迫从东部步行而来的。在被解放的集中营中，成堆的尸骨四处可

纳粹的黄金

二战期间，德国不遗余力地搜集黄金，用于从不接受德国纸币的供应商手中购买物资和装备。其中，可利用的一大途径就是被害犹太人和死去的苏联战俘假牙中的黄金。这些黄金与金质眼镜架、戒指和金首饰一起装在特制容器内，经铁路运到柏林的德国央行。然后，这些金子被熔成金锭，主要通过瑞士银行转到国外，用于采购战争物资。到战争末期，与从其他途径掠夺的黄金一起，集中营共运出76批黄金。直到1997年，一次有关纳粹黄金的会议在伦敦召开时，这一可怕贸易的真相才大白于天下。

1945年，在乌克兰城市利沃夫附近的一所德国集中营内发现的一台机器。受害者尸体焚化后就用它来筛选骨灰，从中寻找金牙。这些黄金再被装箱运到柏林。

见，活着的犯人眼窝深陷，这样的画面都成为德国暴行的公认证据，立即登上西方各大报纸。

在解放后的贝尔根－贝尔森集中营，感染了斑疹伤寒的犯人继续大量死亡，4 万人最终死去了 1.4 万。1945 年 4 月 24 日，当地德国平民被带来参观这座集中营；6 月，英军下令烧毁了它。在南部，美军于 4 月 29 日解放了达豪集中营。美国第 45 师某部接近这座集中营时，发现了 39 节火车车厢，里面装满正在腐烂的尸体。党卫军卫兵在美军接近集中营时开火，但被冲出来的犯人活活打死。美军在达豪集中营共发现了约 7 万名犯人。集中营的解放，在首先到达的部队中激起了无比的震惊和愤慨。但在许多情况下，作恶者多年后才最终被押上被告席。

1945 年 1 月下旬，被苏军刚刚解放的奥斯维辛集中营的部分女犯人。其他成千上万的犯人被迫向西步行到其他集中营，留下的主要是生病或残疾者。随后，其中的苏联囚犯在集中营建筑内受到苏联反情报机构的审讯。

1945年4月24日，德国贝尔根－贝尔森集中营解放9天后，一位英国随军牧师在即将覆土的万人坑前举行简短的宗教仪式。

1945 年 4 月，贝尔根－贝尔森的前党卫军集中营守卫在清理尸体间隙小憩。作为惩罚，他们被迫脸朝下趴在集中营内挖出的一个空的群葬坑内。

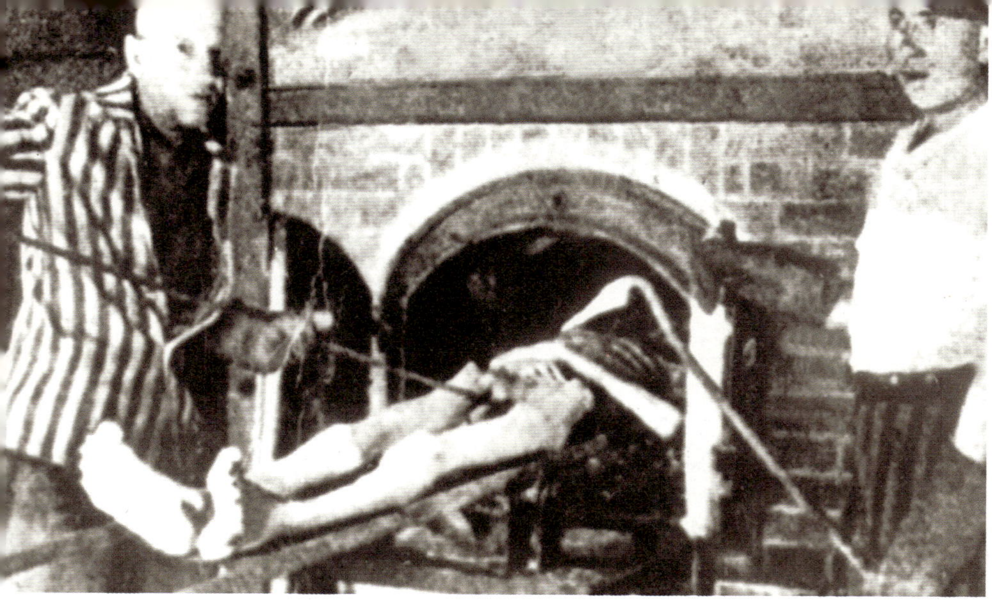

在一座德国集中营内，犹太犯人正给解放集中营的部队演示尸体如何被装进焚尸炉烧掉。这些可怕的工作由从犯人中选出的一个工作队执行。战争末期，大部分遇难者死于饥饿和疾病。

1945 年 5 月，德国帕绍镇附近的南宁（Nanning），美军强迫当地居民参观集中营犯人的遗体。这些犯人在当年 4 月从布痕瓦尔德集中营转移到达豪的途中死去。这样的场景在被占领的德国各地反复上演。

缅甸战场的胜利

1945.1—8.28

大事表

1945 年 3 月 4 日
美国第 6 集团军占领菲律宾首都马尼拉。

1945 年 5 月 8 日
德国无条件投降书在柏林签字，一天前在法国已签过一次。

1945 年 5 月 13 日
德军最后的抵抗在捷克斯洛伐克结束。

1945 年 6 月 6 日
巴西向日本宣战。

1945 年 6 月 22 日
经 3 个月战斗，日本冲绳岛的抵抗结束。

1945 年 8 月 21 日
日本关东军在中国东北向苏军投降。

日军在印度北部对英帕尔和科希马的进攻失败后，斯利姆中将的第 14 集团军开始计划收复缅甸。盟军向缅西钦敦江推进，而印度部队和史迪威将军所率的中国部队联合肃清了缅北的日军，最终于 1945 年 1 月打通雷多公路（后在蒋介石建议下改名史迪威公路），向在华南与日军作战的中国军队运送补给。

斯利姆计划先后以“首都行动”和“扩首行动”，渡过钦敦江进入缅中瑞保平原，再渡过伊洛瓦底江进军缅甸首都仰光。第一步是要占领孟加拉湾沿岸可用作空军基地的阿恰布。1 月 4 日，一支英印混合部队占领该镇，继续沿海岸线向南推进，驱赶日本第 28 军向若开山脉退却。在缅中平原地区，斯利姆部于 1 月 8 日占领瑞保，但随后遭到日本第 33 军越来越激烈的抵抗。这支日军的

英联邦颁发给参加缅甸战役士兵的“缅甸之星”勋章。

昂山少将（1915—1947）

昂山（Aung San）是缅甸独立运动的领袖。在仰光大学求学期间，他曾参与组织学生罢课。他强烈反对英国，加入了民族主义组织“我缅人协会”（Our Burma Union），成为其总书记，直到1940年为避免被捕逃往中国。他在中国被日本人抓住，被说服前往日本。1941年12月，他在日本人的支持下在曼谷建立缅甸独立军，成为首任参谋长。日军占领缅甸后，独立军移师缅甸，改名缅甸国防军，1943年8月日本人给予缅甸“独立”时，又改名缅甸国民军。1945年3月，他倒戈帮助英军赶走日本人。后来，他成为缅甸独立谈判的关键人物，但在移交权力前半年被一个敌对政治集团暗杀。后来，其女昂山素季继续领导现代缅甸的民主运动。

目标是守卫曼德勒和通往南方的交通要道。

斯利姆精心策划了一个骗局，让木村兵太郎中将领导的驻缅日军司令部深信曼德勒是北路盟军的主要目标。与此同时，他则派第4军余部向南穿过山区，从侧翼包抄日军，并在木各具渡过伊洛瓦底江。斯利姆的这一策略，近乎完美地发挥了作用。英印部队仅遇到轻微抵抗，便在南部渡过伊洛瓦底江，向密铁拉的交通枢纽推进，在那里与片村四八中将指挥的日本第15军发生激战。日军腹背受敌，无力阻止两面进攻。1945年3月20日，北路盟军攻下曼德勒。日军曾短暂围攻密铁拉，但到3月29日却放弃了这一带的阵地。如此一来，斯利姆进军缅南仰光的道路几成通途。

斯托普福德（Montagu Stopford）中将率一部沿伊洛瓦底河谷而下，梅瑟维（Frank Messervy）中将率另一部沿锡当河进军，分两路进攻缅甸首都。3月，昂山将军领导的缅甸独立军倒戈，保护梅瑟维侧翼，协助终结日军对缅甸的控制。斯利姆急于在5月雨季到来前占领仰光，为确保达到此目的，他又组织了“德拉库拉行动”，将若开沿海的印度第26师用船运到仰光南部沿海，从海上发起进攻。5月3日，第26师到达时，日军已放弃战斗，向东撤过锡当河。5月5日，北路盟军与南路进攻部队会师，缅中地区全部落入盟军手中。

然而，日军在缅甸还没有完全被打败。1945年7月，若开山区的日本第28军试图向东突围。因事先获知这一情报，英联邦军队仅以牺牲95人的代价，就给日军造成了1.7万人的伤亡。零星战斗继续沿锡当河进行，直到8月28日日军在仰光正式投降。盟军在收复缅甸的全部行动中仅死亡3188人，而日军死亡则高达2.3万人。整个缅甸战役期间，作战重任落在印度军队肩上。1941—1945年间，在这场英联邦历时最长的二战单次陆上作战中，共有1.7万名印度人丧生。

弗兰克·梅瑟维中将（1893—1974）

印度陆军职业军官弗兰克·梅瑟维1913年参军，在收复缅甸的战斗中发挥了关键作用。一战中，他在法国、叙利亚和巴勒斯坦作战，二战时被派到东非，指挥“羚羊部队”——一支快速机动的侦察和突击部队，为与意大利军队的作战提供支援。在沙漠战争中，他是唯一一个指挥英国师的印度军官，先指挥第1装甲师，后指挥第7装甲师，但他是一名糟糕的坦克指挥官。1943年，他回到印度，在英帕尔和科希马的战斗中发挥了积极作用。1945年，他指挥第4军进攻缅甸，5月进入仰光。他的绰号是“胡子”，因为他在战斗期间特意不刮胡子。1947年印巴分治后，他短暂出任巴基斯坦陆军司令，1948年退伍。

1945年4月11日，在仰光以北的标贝，第6和第7“拉其普特步枪团”的印度士兵正在肃清日军的残余抵抗力量。到5月5日，随着日军东撤，盟军收复缅甸首都。

从密铁拉南下进军仰光期间，印度工兵正在一条浅河上搭木桥。沿伊洛瓦底江和锡当河河谷攻击日军的最后任务由 4 个印度师执行。

1945 年 3 月，密铁拉战役期间，在日军的一次反击失败之后，英联邦士兵在查看一堆日军尸体。

1945 年 2 月，在卡萨（Kantha）附近一个降落场，西非第 82 师的一个伤兵被人从一架 L–5 飞机上抬下来。一个东非师和两个西非师参加了缅甸若开山脉一带的战斗。

美制 11 毫米“解放者”手枪，这是一种提供给抵抗组织的廉价武器。

缅甸战役期间，不仅在战斗中，而且在基本的运输和联络中，空军都是一个关键因素。图为 1945 年 3 月 17 日，一架加强型 B–24“解放者”轰炸机在参加英美两国对日军位于仰光的仓库发动的联合攻击。

1945 年 3 月，在伊洛瓦底江桥头堡良乌和 3 月 3 日占领的重要交通枢纽密铁拉镇之间的路上，英军第 62 摩步旅的美制“谢尔曼”坦克和卡车正行进着。

1945年4月13日，第14集团军沿铁路进军仰光时，第2“约克和兰开斯特团”士兵正在一个火车站废墟中搜寻日军狙击手。

攻占柏林

1945.4.16—5.2

大事表

1945年4月18日
莫德尔率被围困在鲁尔包围内的22.5万德军投降，旋即自杀。

1945年5月3日
英国第21集团军群占领德国港口城市汉堡。

1945年2月初，维斯瓦河—奥得河战役结束时，苏军离柏林仅65公里。但前一年11月苏军首次制订的向柏林进军的计划不得不被推迟，因为斯大林担心在柯尼斯堡、布累斯劳、波兹南和屈斯特林要塞等留下的众多德军小据点。在波美拉尼亚的更北部，德军的零散部队聚集到维斯瓦河集团军群旗下，党卫军头子希姆莱曾短暂指挥该部。西方盟友正在西线快速穿越德国，斯大林也担心他们的意图。3月，艾森豪威尔最终告诉斯大林，西方盟军将向东南和北部移动，把柏林留给苏军，这才打消了后者的疑虑。

在德军中服役的土耳其志愿者佩戴的盾形臂章。

1945年2—3月间，德军的据点逐渐减少。但崔可夫将军的近卫第8集团军围困德军屈斯特林要塞，直到3月29日才最终占领。1天后，罗科索夫斯基的白俄罗斯第2方面军到达波罗的海沿岸的但泽。3月中旬，苏军夺取柏林的最终行动正式开始。斯大林希望打一场干净利落的最后战役，因为它将在他的盟友眼皮底下打响。苏军逾 200 万士兵，分成 29 个集团军，在 3155 辆坦克和 7500 架战机的支援下，拥挤地给德国首都形成一个巨大的半圆形包围圈。迎战苏军的是费迪南德 · 舍尔纳将军的中央集团军群，以及现由戈特哈德 · 海因里希（Gotthard Heinrici）将军指挥的维斯瓦河集团军群。德军两部共集结了 100 万人，但其中许多是非正规军，以及新成立的由少年和超龄男子组成的国民突击队，只有 1519 辆坦克和极少量战机。

苏军打算正面进攻柏林，由朱可夫的白俄罗斯第 1 方面军越过奥得河对岸的塞洛高地，从东直捣柏林心脏，而同时分兵从西迂回，包围柏林；在南线，科涅夫的乌克兰第 1 方面军打完平定西里西亚的艰苦战役，攻向易北河，奉命在朱可夫需要或请求协助时北上向他靠拢；在北线，罗科索夫斯基将清除德军抵抗，保证朱可夫侧翼的安全。4 月 1 日，斯大林召集各大指挥员开会，问：“那么，将由谁来占领柏林？”虽然这一荣耀应归于朱可夫，但斯大林也没有定死，以防战场形势有变，而且科涅夫的推进更迅速。

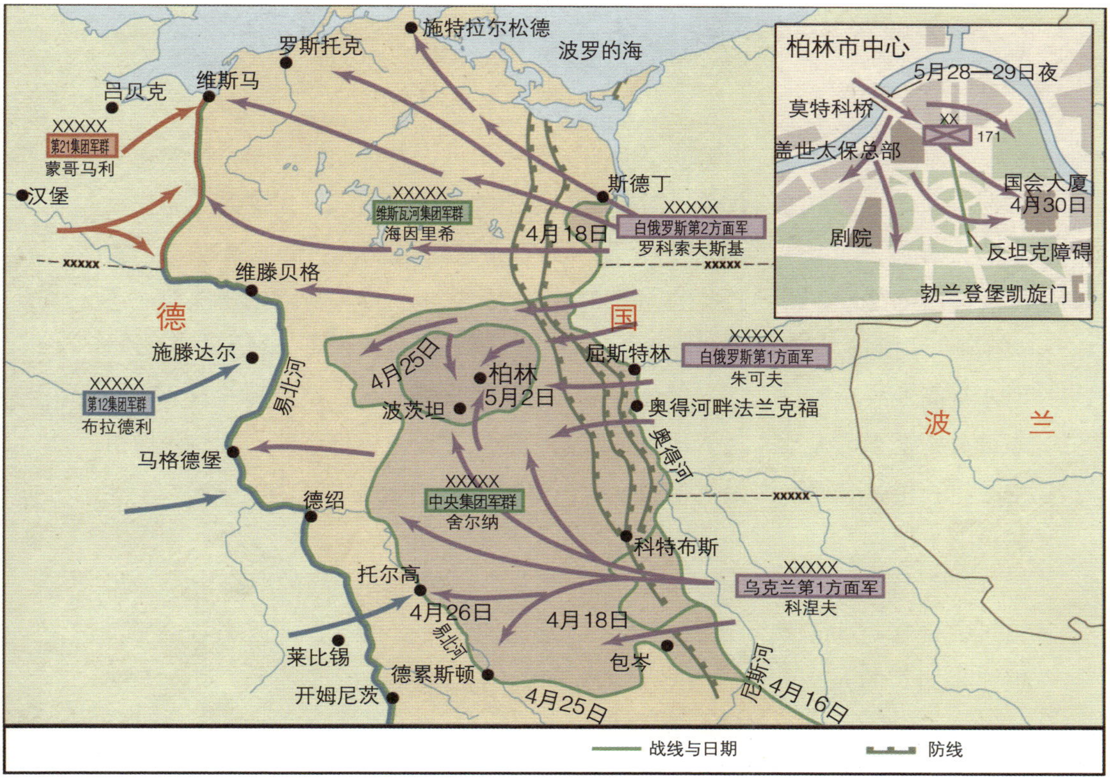

赫尔穆特·魏德林中将（1891—1955）

魏德林（Helmuth Weidling）是柏林防区的最后一位指挥官，1945 年 5 月 2 日率军向苏军投降。他 1911 年参军，二战早期是炮兵指挥官，后在苏联战场指挥第 41 坦克军，1943 年升为炮兵将军。1945 年 4 月，他任第 56 坦克军司令，抵抗苏联对柏林的进攻。他因为撤出所部被希特勒处以死刑，但解释了撤退的原因后，在行刑前一刻被赦免。4 月 23 日，他被任命为柏林卫戍司令，5 月 2 日与崔可夫将军谈判达成柏林投降协议。“我认为任何无谓的牺牲都是犯罪。”他告诉崔可夫。他因为未能更早率军投降而被捕，被判 25 年监禁，1955 年死在一所苏联监狱里。

随着行动的展开，形势变得明朗了——朱可夫有可能被科涅夫抢先占领目标。即使兵力占绝对优势，但对塞洛高地的进攻成为朱可夫遭遇的为数不多的灾难之一。4 月 16 日上午，他派兵直接进攻高地，但部队挤在一个狭窄的突出部阵地，遭到隐藏的德国守军的持续炮击。苏军身陷松软湿地，还被硝烟反射回的探照灯强光刺得睁不开眼，这一切致使朱可夫花了两天多时间才将高地敌军清除，却发现还有第三道防线正挡在前方。直到 4 月 20 日，朱可夫所辖崔可夫第 8 近卫集团军的先头部队才到达柏林市郊，开始轰炸市中心。在柏林北面，海因里希的维斯瓦河集团军群残部溃败，朱可夫大军迂回包围了柏林。

4 月 25 日上午，朱可夫的第一支部队渡过接近市中心的斯普雷河。当崔可夫部接近舍讷费尔德机场时，迎接他们的不是德军，而是科涅夫第 3 坦克集团军的先头部队。就在朱可夫向德国首都艰难挺进之际，科涅夫的大军轻松横扫德国东部，进入萨克森，腾出手来命令他的一些部队北上，从南线进攻柏林。第一次会师后，崔可夫特意横穿科涅夫部队的路线，进军柏林市中心。科涅夫接受现实，让朱可夫占领柏林。4 月 29 日，崔可夫开始猛攻政府区以西的柏林动物园；4 月 30 日，第一批部队打进国会大厦。德军曾经时常发生的自杀式疯狂抵抗，也逐渐被放弃。两天后，柏林守军残部投降。苏军在争夺柏林的最后战斗中死亡 7.8 万人；德军的损失很难计算，但据信有几十万人死在最后几周的战斗中。

红旗飘扬在德国国会大厦上

红旗飘扬在德国议会建筑国会大厦上的照片，由苏联摄影师叶夫根尼·哈尔杰伊（Yevgeni Khaldei）于 1945 年 5 月拍摄，是二战最著名的画面之一。然而，红旗背后的故事却众说纷纭。第一面红旗约在 4 月 30 日晚 10 时 40 分升起。当时，一小队苏联士兵打到楼顶，在一座雕像上插入了一面第 3 突击集团军的红旗。次日，一架苏联飞机在德军炮火打掉红旗之前拍下它的照片。两天后，这面红旗被找回，6 月被送到莫斯科。哈尔杰伊的红旗由三块红色桌布制成，据说是他的叔叔一并缝上了镰刀斧头，后来被他带到柏林。1945 年 5 月 2 日，大厦内德军投降后，两名苏军士兵把哈尔杰伊的这面红旗升上屋顶。这幅照片不得不经过修饰，去掉士兵腕上的两块手表，在背景中添加了更多烟雾，但它依然是被引用次数最多的欧洲战争照片之一。

1945 年 5 月 2 日，苏联 JS–II 重型坦克正列队驶过柏林市中心。背景中，苏军红旗在德国国会大厦屋顶高高飘扬。照片前景中，一辆坦克上写着名字“女战友”号。

德国国民突击队队员使用的一支 VG–1–5 型“人民突击步枪”。

1945 年 4 月末，争夺柏林的战役中，一具德军尸体躺在路边。虽然德军防守柏林时少有资源可用，但苏军依然遭受了惨重的伤亡。

1945 年 4 月 3 日，德军掷弹兵正潜伏在奥得河西塞洛高地的散兵坑内静候苏军。他们将在这里用手持反坦克武器“铁拳”抗击苏军跨河建立的桥头堡。但苏军的进攻 13 天后才打响。

1945 年 5 月 2 日，德军战俘正穿过柏林勃兰登堡凯旋门，从一辆苏联 JS–II 型坦克旁经过，走向战俘营。最后一批战俘 1955 年才回到德国。

苏联画家伊万诺夫（Ivanov）创作的一幅宣传画，展现了一个微笑的苏军士兵，下方则有“高举胜利大旗”的字样。

希特勒的地堡末日

1945.4.1—5.2

大事表

1945 年 4 月 1 日
美国第 10 集团军进攻冲绳岛。
1945 年 4 月 4 日
苏军占领斯洛伐克首都布拉迪斯拉发。
1945 年 4 月 7 日
苏军开始进攻维也纳，6 天后攻取。
1945 年 4 月 26 日
美苏部队在易北河河畔托尔高镇会师。
1945 年 4 月 28 日
墨索里尼和其他法西斯头子被意大利游击队处死。
1945 年 5 月 2 日
印度军队占领缅甸城市卑谬。

1945 年晚春，柏林，随着帝国在身边土崩瓦解，希特勒撤到在帝国新总理府花园地下为他建造的错综复杂的巨大地堡内。具体日期不清楚，但 1 月和 2 月，希特勒似乎大部分时间都待在地面的总理府，每日军事简报会还是在那里召开。很有可能，他最终在 2 月末或 3 月初放弃总理府，从此生活在地堡内，偶尔上来透透气。

就是在这个地下基地里，四面楚歌的希特勒控制着帝国正日渐缩小的最后疆域。到 1945 年 4 月，近 2000 人在地堡及其周围为他工作，其中包括宣传部长兼总体战专员约瑟夫 · 戈培尔，他的家人也住在地堡。每日军事简报会也改在地堡内召开，一个 12 平方米（3 米 ×4 米）的小房间内可以挤进 18 个人，围着一张小地图桌，希特勒坐在桌前调度军队。这些部队有的已被歼灭，有的已实力大减，无力执行从地堡传达给他们的命令。3 月 9 日，希特勒发布了最后保卫柏林的指示，命令德国人民坚守每一条大街。以地堡为中心的政府区是核心防区，代号“堡垒”。3 月 23 日，柏林机场遭轰炸

爱娃·布劳恩（1912—1945）

爱娃·布劳恩（Eva Braun）在地堡与希特勒一起自杀前不久，曾和他举办了简单的婚礼，成为他的妻子。爱娃出生于巴伐利亚一个教师家庭，1929年为纳粹党官方摄影师海因里希·霍夫曼（Heinrich Hoffmann）工作，在他的摄影室首次与希特勒相遇。在尝试过自杀后，她最终成为他的情妇，但向公众隐藏身份，被迫过着乏味的与胶片、聚会为伍和偶尔有希特勒来看望的日常生活。因为爱娃·布劳恩，希特勒在贝希特斯加登的一段电影脚本才被保存下来。她对他的政策显然没什么影响，但只要有机会，他很享受在她陪伴下的轻松时光。1945年4月，她从慕尼黑驱车到柏林，和他一起待在地堡。4月28日晚上，两人结婚。两天后，她吞下氰化钾自杀。

后，希特勒命令沿政府区旁的公路在中轴线上修了一条供飞机起降的东西向跑道。直到战争最后几天，小型军用联络机还在从这个临时着陆场起降。

最后几周时间里，希特勒的情绪游走在绝望、漠然和相信会最终获胜的极度兴奋之中。苏军进攻柏林的战斗打响时，希特勒发布了当天的命令，号召德国士兵坚守阵地，让“布尔什维克的进攻淹没在血海中”。4月20日，苏联重炮开始轰炸市中心，当时希特勒还庆祝了他的56岁生日。这是纳粹政权高官的最后一次聚会，其中有戈林、希姆莱、鲍曼（Martin Bormann）、里宾特洛甫和凯特尔元帅。庆祝结束后，其中大多数人设法与4月21—22日撤离的帝国各大部门一起离开了柏林。希特勒也想过飞到南方，但4月22日，他决定待在首都，如果柏林落入敌手，他就自杀。次日，他的军火部长阿尔贝特·施佩尔在启程赴北德前在那个公路机场降落，向希特勒告别。同一天，戈林从贝希特斯加登来信，说他将接过领袖职责。希特勒命令逮捕戈林，褫夺了他的众多官职。4月28日，希姆莱正尝试与西方盟军谈判投降的消息传来，希特勒同样剥夺了他的官职，命令逮捕他。

4月最后一周，柏林渐渐被苏军蚕食。4月28日晚，希特勒和爱娃·布劳恩结婚。希特勒口授了最后遗言，在地面雷鸣般的战斗声中安排了他的后事。4月30日下午4时不到，希特勒对着头部开枪自杀，爱娃吞下氰化钾。他们的尸体被毯子裹起来，抬到总理府花园，烧得面目全非。戈培尔夫妇毒死6个子女后，也双双自杀了。两天后，柏林战役结束，苏军搜寻希特勒的遗骸。虽然苏联当局后来声称他们找到了尸体，并最终在几年后处理了尸体，但他们实际上仅找到一些假牙，它们清楚地表明希特勒已死。到5月末，斯大林已获知这一证据，但他不信任西方盟友和狡诈的希特勒，在波茨坦会议上告诉杜鲁门，希特勒跑了。英国情报部门经过数月调查，最终无可辩驳地确定希特勒已经自杀，但在战争结束后很久，有关他没死的说法还在流传。

希特勒的最后一张新闻照片摄于1945年3月20日。当时，他离开地堡接见一个希特勒青年团，给他们颁发奖章。到战争末，成千上万德国青年与正规军一起作战。

希特勒遗骨

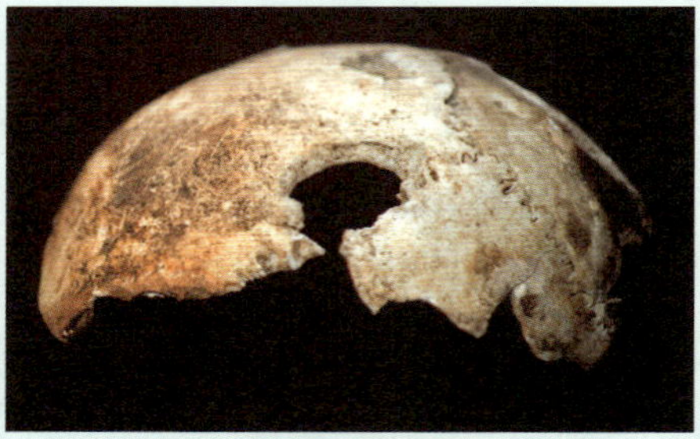
有弹孔的头骨碎片，据说来自希特勒的尸体。

苏军到达希特勒的地堡后，开始疯狂搜寻他的遗体。在总理府花园发现的牙齿遗物，被收集起来。不久后，担任过希特勒私人牙医的技师克特·霍伊泽曼（Käthe Heusemann）协助从遗物中认出希特勒的上牙托、下颌骨和假牙托，以及爱娃·布劳恩的树脂牙托和金牙套。后来，这些遗物被送到莫斯科严密保管起来。至今，有关牙齿研究的文件依然没有公开，那块下颌骨则被保存在莫斯科前克格勃档案馆中。1995年，一个装有头骨碎片的盒子在莫斯科国家档案馆公开，据称它们就是希特勒的遗骨。目前，还没有令人信服的证据表明这些头骨属于希特勒，但牙齿证物依然是希特勒之死的最确凿证据。

德国著名飞行员汉娜·赖奇（Hanna Reitsch）正坐在一架滑翔机座舱内。她曾飞到柏林，准备陪伴希特勒到最后一刻，但后者坚持要她逃走。1945年4月28日，在情人里特尔·冯·格赖姆（Ritter von Greim）大将的陪伴下，她驾着菲施勒“鹳式”（Fieseler Storch）轻型飞机离开柏林。这是最后一架离开柏林的飞机。

在柏林参加波茨坦会议期间，丘吉尔坐在一张来自希特勒地堡的破椅子上，身边围着英国和苏联士兵。

据说，这些空汽油罐是1945年4月30日下午，在帝国总理府花园焚烧希特勒和爱娃尸体后留下的。两人尸体裹在毛毯里，由党卫军士兵和希特勒贴身侍卫抬到花园，放入一个小弹坑。尸体被浇上汽油后点燃，烧得无法辨认。

希特勒统帅部军事参谋佩戴的袖章。

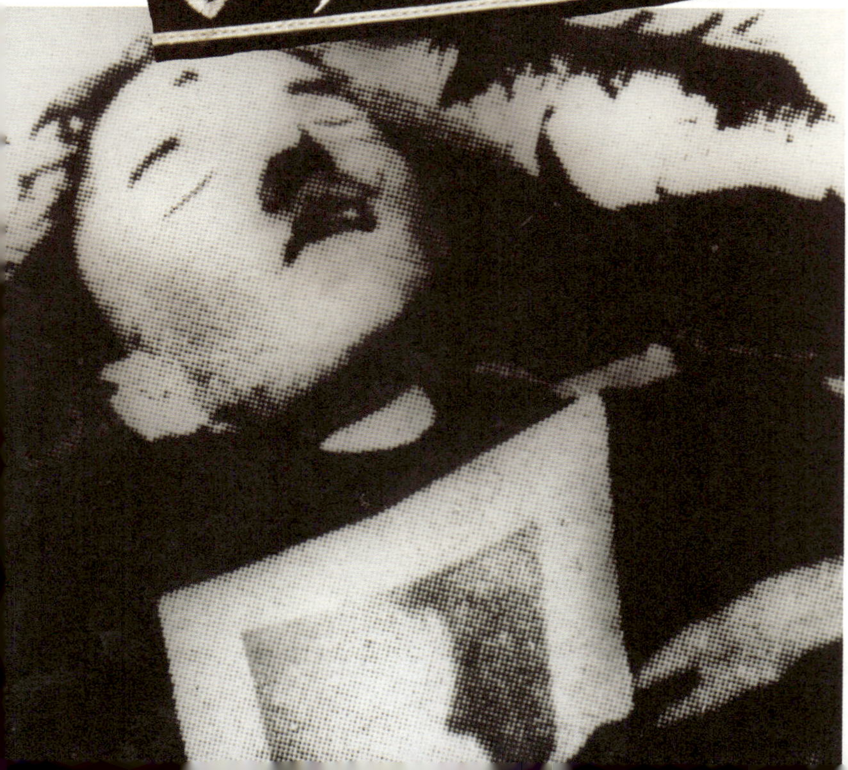

1945年5月2日，苏联士兵在帝国总理府发现了一具很像希特勒的尸体。尸体被拍了照，但很快被认出是个长着希特勒式胡子的人，并非希特勒本人。19年后，这张照片在西方首次发表时，被误称是这个独裁者自杀后的最后一张照片。

意大利战场的胜利

1945.4.1—5.2

大事表

1945 年 4 月 16 日
科涅夫的乌克兰第 1 方面军和朱可夫的白俄罗斯第 1 方面军开始总攻柏林。

1945 年 4 月 20 日
美军进入巴伐利亚城市纽伦堡，战前纳粹党的所有大会就曾在这里召开。

1945 年 4 月 25 日
创立联合国的旧金山会议开幕。

1945 年 5 月 1 日
希特勒自杀后第二天，邓尼茨海军元帅成立德国新政府。

1945 年 5 月 5 日
驻挪威德军投降。

由于冬季天气和分兵其他战线的缘故，意大利战场的行动直到 1945 年春才再度开启。盟军集结了 17 个装备精良的师（包括英国、美国、波兰、巴西、南非、印度和新西兰等各师）和大量的空军部队。1945 年 3 月，德军在意大利的指挥官是冯 · 菲廷霍夫大将。他刚刚接替凯塞林元帅，所部虽然号称 23 个师，但大都建制不全，每个师平均只有 1700 人，还有少量空军和两个意大利师的支援。意大利的这两个师是其法西斯军队的仅存兵力，来自格拉齐亚尼元帅的利古里亚集团军（Army of Liguria）。

英军第 46 步兵师（约克郡西区师 [West Riding]）徽章。

盟军意大利战区司令，哈罗德 · 亚历山大筹划了一举击溃轴心国军的大型战役——“霰弹行动”，意在围歼波河以南的德国第 14 和第 10 集团军，而河上的桥梁早就被盟军空军几乎炸毁殆尽，德军不容易向北撤退。美国第 5 集团军将攻击博洛尼亚以西，再向东迂回；在麦克里里中将的率领下，英国第 8 集团军将强攻沿海的阿真塔峡谷（Argenta Gap），再向西迂回。经过一系列先期小行动，盟军的战线已布置妥当。1945 年 4 月 9 日，“霰弹行动”开始发动。几波重型轰炸机、200 架中型轰炸机和 500 架战斗轰炸机，先后对德军防线发动袭击。德军本来士气就不高，而指挥官又试图通过谈判达成秘密停火协议，这致使其防御迅速崩溃。不到 4 月 17 日，盟军就已占领阿真塔，打开了西进和北上进攻威尼斯的通道。

4 月 14 日，美国第 5 集团军开始发动攻势，快速穿过山区，于 4 月 20 日到达博洛尼亚郊外。希特勒拒绝了菲廷霍夫的撤退请求。4 月 25 日，两支盟军在菲纳莱艾米利亚（Finale nell’Emilia）会师，博洛尼亚被两支盟军包围，被俘的德军数量迅速增加。对盟军而言，波河河谷是一个相对容易突破的战场。4 月 26 日，面对微不足道的残余抵抗，美国第 5 集团军到达维罗纳，再向西行军以夺取米兰。英国第 8 集团军快速北上，4 月 24 日渡过波河，没有遭遇抵抗；4 月 29 日解放威尼斯；5 月 2 日，在铁托的部队占领的里雅斯特后不久英军也赶到那里。4 月 28 日，一个德国代表团到达位于卡塞塔的亚历

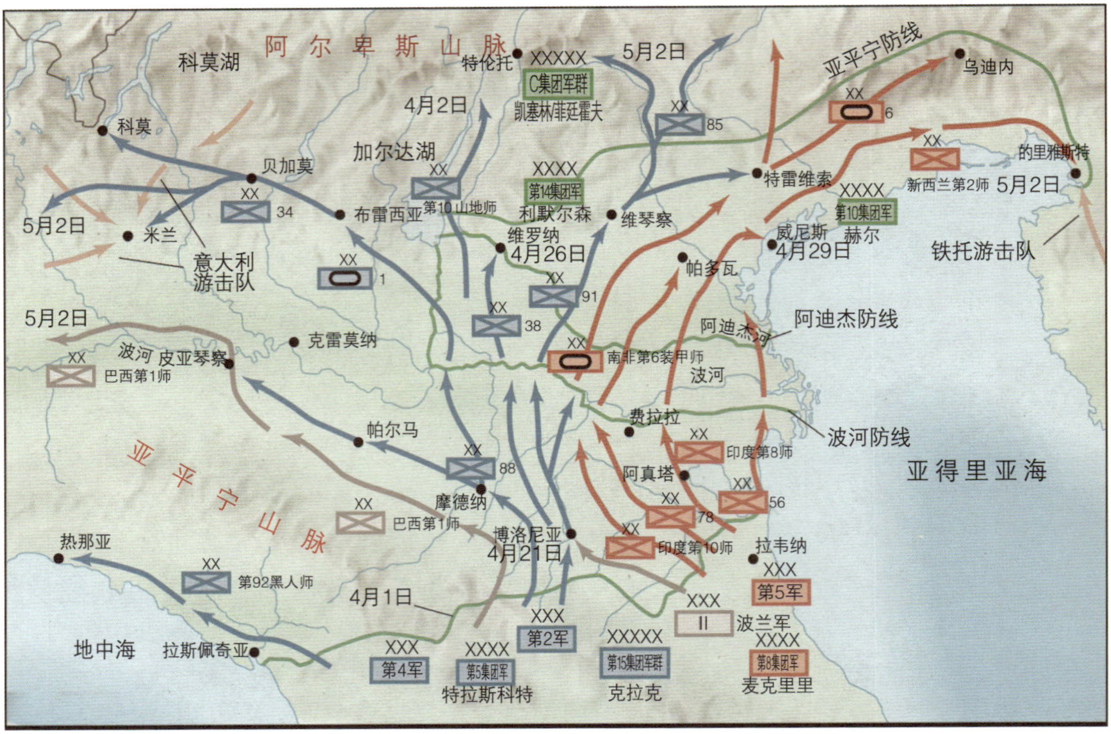

理查德·麦克里里上将（1898—1967）

理查德·麦克里里，是意大利战场最后一年的英国第8集团军司令。他1915年参军，一战的大部分时间里作为英国皇家第12枪骑兵团（Royal Lancers）一员在法国作战，20世纪30年代成为该团团长。二战法国战役中，他指挥第2装甲旅，后转到北非任第18集团军群装甲车顾问，再后任参谋长。1943年7月，他被派到意大利指挥第10军，1944年年底接替奥利弗·利斯中将指挥第8集团军。他率部在波河河谷大败德军。战后，他统帅英国驻奥地利占领军，1946年成为英国莱茵河集团军总司令。1949年，他以上将军衔退伍。

山大司令部，次日双方谈判达成一份于5月2日开始生效的停火协议。

1945年4月28日，在逃往瑞士的途中，“意大利社会共和国”的名义首脑墨索里尼和情妇克拉拉·佩塔奇（Clara Petacci），在科莫湖北部的栋戈被加里波第纵队的游击队队员抓获。墨索里尼、克拉拉和其他法西斯头子被处死，尸体被送到米兰，倒挂在洛雷托广场（Piazzale Loreto），那里之前曾是意大利游击队队员被杀害的地方。意大利北部各地，甚至在盟军到达之前，游击队就解放了多座城市。在米兰，4月26日，当地游击队在美军到达前成立了自己的政府。罗马的亲同盟国意大利政府试图与游击队组织合作，但作为共产主义者，后者大多不信任其他意大利政治团体，这给意大利政局造成了极大混乱。直到1945年6月，支持民主、反法西斯的费鲁乔·帕里（Feruccio Parri）领导的一个联合政府成立，团结起所有参与斗争，从德国人手中解放意大利的组织。

在意大利战场，长期作战的代价极其高昂。美国第5集团军有188746人伤亡，而英国第8集团军则伤亡了123993人。德军伤亡至少高达43.5万。约6万意大利人死于空袭，其中多数死在战争的最后一年。战火摧毁了很多重要的意大利文化遗产，而法西斯分子和游击队的对立在意大利社会和政治生活中播下了长期痛苦和仇恨的种子。

卡尔·沃尔夫中将（1900—1984）

卡尔·沃尔夫（Karl Wolff），是1945年春在意大利战线通过谈判达成停火的党卫军高官。他1917年参军，参加了西线战斗，一战后复员。20世纪20年代，他是一名商人，但在1929—1932年的大萧条中树立了只有激进政治才能解决问题的信念。1931年，他加入纳粹党，同年加入党卫军。他进入希姆莱的参谋队伍，1935年成为这位帝国党卫军首脑的私人参谋长。后来，他是党卫军在希特勒统帅部的代表，1943年7月被派到意大利任党卫军最高代表。1945年2月，他在意大利开始进行秘密停火谈判，最终导致5月2日敌对状态的结束。被捕后，他经历了几次短暂监禁，最后于1964年被一个西德法庭判处15年徒刑。因健康状况不佳，他于1971年获释。

1945年4月30日，在英国第8集团军于前一天解放的威尼斯，罗马广场上的“谢尔曼”坦克和军车。4月29日，德军同意停火。

1945 年 4 月 9 日，意大利北部最后战役开始之际，在拉韦纳以南的塞尼奥河（Senio River）渡河进攻期间，一辆英国“丘吉尔鳄鱼”火焰喷射坦克正在支援新西兰第 2 师的步兵。

意大利独裁者墨索里尼（左数第三）和情妇克拉拉·佩塔奇（左数第四）倒挂在一起。1945 年 4 月 28 日，他们在企图逃往瑞士途中被游击队处死。其他法西斯头子也同时被处死，与他们领导人的尸体一起被挂在洛雷托广场。

1945 年 4 月 28 日，英国第 8 集团军皇家炮兵部队正在安装探照灯，为横跨波河的第一条浮桥照明，保证通行连续畅通。渡河之后，盟军快速占领了意大利北部其他地区。

战争结束后，英国第 8 集团军的一群士兵乘坐传统的贡多拉船在威尼斯运河享受假期。该集团军获得特批假期，威尼斯是最受他们欢迎的目的地之一。那里有为英军准备的电影院和夜总会，还有由军队福利组织管理的信息部门和导游服务。

1945 年 5 月 4 日，在盟军第 15 集团军群司令部，德国第 14 装甲军司令冯·森格尔·翁德·埃特林中将正与马克·克拉克将军、麦克里里中将、特拉斯科特中将会面，讨论 5 月 2 日已生效的德军无条件投降的具体做法。

德国投降

1945.5.7—5.11

大事表

1945 年 5 月 2 日
在意大利的轴心国军无条件投降。

1945 年 5 月 4 日
德军在北德和荷兰投降。

1945 年 5 月 6 日
苏军对布累斯劳的 82 天围困结束。

1945 年 5 月 7 日
德国潜艇 U–2336 号击沉这场战争中最后两条商船。

1945 年 5 月 8 日
帝国元帅赫尔曼 · 戈林向美军投降，成为军衔最高的德国战俘。

欧洲轴心国残余的最终投降，是一个不协调的混乱过程。虽然欧洲战场的胜利已于 5 月 8 日宣布，但轴心国军的抵抗依然在一些地方继续进行。苏联则于 5 月 9 日宣布胜利，将 5 月 11 日定为庆祝日。甚至为了照顾苏方的感情，投降书最后签署了两次。

第一次投降发生在意大利。4 月 29 日，德军的海因里希 · 冯 · 菲廷霍夫将军通过谈判达成停火协议，5 月 2 日生效，与柏林投降是同一天。49 万左右的德国和轴心国士兵成为俘虏。在德国和奥地利，轴心国军的投降则发生在各地被包围或占领时。5 月 4 日，北德和荷兰德军向蒙哥马利的第 21 集团军群投降；5 月 5 日，巴伐利亚德军投降。同样在 5 月 5 日，设在弗伦斯堡（Flensburg）的德国新政府命令希特勒的作战局局长阿尔弗雷德 · 约德尔将军前往法国城市兰斯，向西方同盟国投降，指望以此在西方与斯大林间制造分裂。艾森豪威尔坚持要德国无条件投降，与所有分战区的做法一致。5 月 7 日凌晨 2 时 40 分，一个简短仪式在兰斯的一所学校校舍内举行，艾森

威廉·凯特尔元帅（1883—1946）

威廉·凯特尔，德军统帅部参谋长，批评者给他起了个绰号“马屁精”。他 1901 年参军，1914 年在野战炮兵部队服役，直到负重伤，在参谋职务上度过一战余下的日子。1919—1920 年，他帮助组织了反对波兰的自由军团活动。1924 年起，他成为陆军高级管理人员，1935 年以中将身份被提拔管理战争部武装部队办公室。1938 年 2 月，希特勒直接控制的统帅部取代战争部，凯特尔继续担任现名“参谋长”的高级职务，日常管理统帅部直到战争结束。虽然他有时不同意希特勒的计划，但坚决服从后者的命令，因而获得了“马屁精”的绰号。他代表希特勒签署了无数文件，包括著名的屠杀苏军政委的“政委令”。他 1945 年 5 月被捕，在纽伦堡受审，1945 年 10 月 16 日被绞死。

豪威尔的临时司令部就设在那里。约德尔被围在盟军军官与 17 名请来的记者中间，签署了投降书。苏联代表索斯洛帕罗夫（Susloparov）将军对投降措手不及，不确定莫斯科会给他什么样的指示。因此，他签署的方式暗示可能还有第二次仪式。不久后，斯大林的指示到达，命令他什么也不要签。

斯大林极不信任他的盟友，因为他们在没有苏联的适当参与下同意了德国的全面投降。当夜在克里姆林宫的一次会议上，他谴责西方国家组织了与战败德国进行的“阴暗交易”。他拒绝接受在兰斯所签的文件，施压盟友同意在敌方战争活动中心柏林举行一次正式的公开仪式，他的盟友同意了。5 月 8 日这一天，莫斯科草拟了第二份投降书，它的内容不得不与西方版本保持一致。但不巧碰上停电，打字员只能在烛光下完成草稿。午夜钟声敲响时，凯特尔元帅率德国代表团进入德国前军事工程学校。凯特尔代表德国，朱可夫元帅代表苏联，阿瑟·特德空军上将代表大英帝国，卡尔·斯帕茨将军代表美国，德拉特 · 德塔西尼将军代表法国，各自在投降书上签字。

此时，英美人民已经得知德国投降，5 月 8 日被确定为欧洲胜利日（VE Day），并成为一个公共假期。伦敦到处都是一片欢腾的场面，英国其他地方则稍显节制。当天，丘吉尔陪皇室成员现身白金汉宫阳台，受到民众热烈欢呼。苏联人民到 5 月 9 日早上才被告知投降的消息，两天后进行了正式庆祝。在中欧，舍尔纳元帅的德国中央集团军群残部撤到捷克斯洛伐克的最后据点，依然在与苏军作战。最终，他们被科涅夫的乌克兰第 1 方面军和马利诺夫斯基的乌克兰第 2 方面军击溃，于 1945 年 5 月 11—12 日投降。德国投降的消息也传到了其他地方，如洛里昂（Lorient）、法国大西洋沿岸的圣纳泽尔、英吉利海峡群岛、敦刻尔克港等。这些地方在早先的行动中都被绕过去了，一直没解放。这些地方性的投降书只得在丹麦和挪威签署。从约德尔接到最初指示开始，整个繁琐的无条件投降手续花了近一周时间才完成。

1945 年 5 月 7 日，在法国城市兰斯的一所校舍内，德国统帅部作战局局长阿尔弗雷德 · 约德尔将军（中）正在签署无条件投降书。

弗伦斯堡政权

希特勒和戈培尔在柏林地堡自杀后，希特勒任命的帝国总统继任者卡尔·邓尼茨海军元帅暂掌德国政府的权力。邓尼茨把总部设在丹麦边境附近的弗伦斯堡，手中有一个部长内阁和一支小国防军，战争结束后自由运行了两周。这个政府实际上什么也不统治，但它确实批准了德国5月7日的投降及1天后柏林的第二次投降。如何处理这个希望成为德国临时政府的新政权，同盟国还在举棋不定。最后，5月23日，一支英国部队被派到弗伦斯堡，逮捕了除前部长希姆莱以外的整个政府成员。希姆莱在前一天就已被捕，遭人认出后自杀了。

1945年5月23日，德国政府残余被英国士兵逮捕后，卡尔·邓尼茨海军元帅走在前列，后面跟着阿尔贝特·施佩尔和阿尔弗雷德·约德尔。

1945 年 5 月 8 日，为满足斯大林的要求举行的第二次投降仪式期间，艾森豪威尔的盟军最高统帅部副总司令阿瑟 · 特德空军上将在柏林苏军司令部签署德国无条件投降书。

1945 年 5 月 8 日欧洲胜利日，成千上万兴高采烈的英国人涌入伦敦皮卡迪利广场。下午 3 时，丘吉尔在唐宁街 10 号发表全国广播讲话，以“前进吧，大不列颠！”结束。他的讲话通过扬声器在伦敦市中心转播。

1945 年 5 月 8 日，民众正在纽约第 42 大街时报广场庆祝欧洲胜利日，一座巨大的自由女神像模型在俯视着人们。

一幅 1945 年 5 月的捷克宣传画，宣布取得战胜法西斯主义和红旗下的工人阶级的胜利。社会主义者和共产主义者承担了捷克土地上抵抗德国统治的大部分活动。

1945 年 5 月，成千上万德国士兵渡过易北河上一座被毁的大桥，向西方盟军投降，避免被苏军俘虏。他们正等着被运往战俘营。

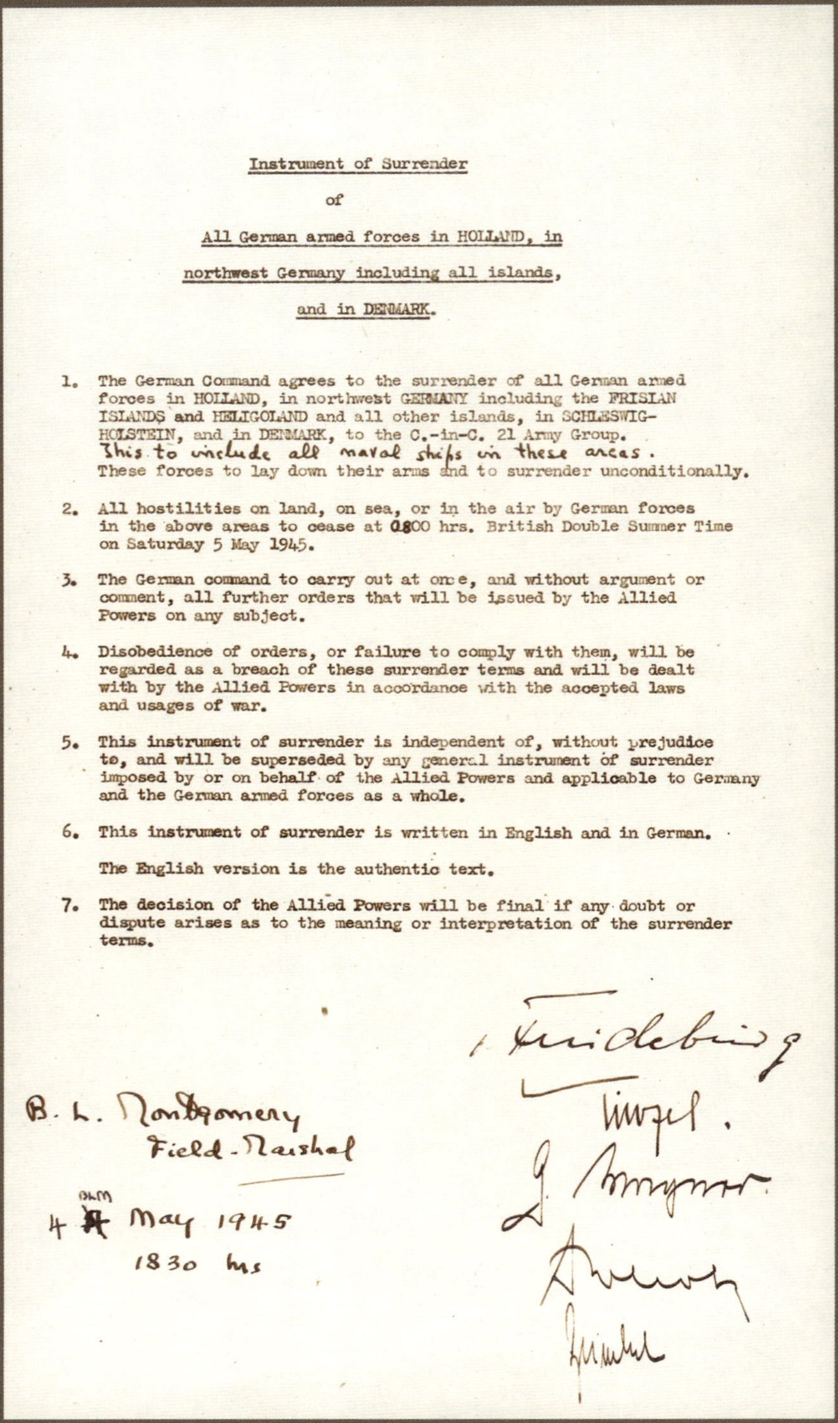

Instrument of Surrender

of

All German armed forces in HOLLAND, in

northwest Germany including all islands,

and in DENMARK.

1. The German Command agrees to the surrender of all German armed forces in HOLLAND, in northwest GERMANY including the FRISIAN ISLANDS and HELIGOLAND and all other islands, in SCHLESWIG-HOLSTEIN, and in DENMARK, to the C.-in-C. 21 Army Group.
This to include all naval ships in these areas.
These forces to lay down their arms and to surrender unconditionally.

2. All hostilities on land, on sea, or in the air by German forces in the above areas to cease at 0800 hrs. British Double Summer Time on Saturday 5 May 1945.

3. The German command to carry out at once, and without argument or comment, all further orders that will be issued by the Allied Powers on any subject.

4. Disobedience of orders, or failure to comply with them, will be regarded as a breach of these surrender terms and will be dealt with by the Allied Powers in accordance with the accepted laws and usages of war.

5. This instrument of surrender is independent of, without prejudice to, and will be superseded by any general instrument of surrender imposed by or on behalf of the Allied Powers and applicable to Germany and the German armed forces as a whole.

6. This instrument of surrender is written in English and in German.

The English version is the authentic text.

7. The decision of the Allied Powers will be final if any doubt or dispute arises as to the meaning or interpretation of the surrender terms.

B. L. Montgomery
Field-Marshal

4 May 1945
1830 hrs

德国投降文书原件

德国驻荷兰、丹麦及德国西北部部队的投降文书，盟军由蒙哥马利元帅代表签署，德方则由包括海军上将汉斯·冯·弗里德堡在内的五位指挥官签署。弗里德堡在签署前一天刚被任命为德国海军总司令。

原子弹轰炸日本

1945.8.6—8.9

大事表

1945 年 7 月 19 日
600 架 B–29 轰炸机空袭日本，一次性投下 4000 吨炸弹。

1945 年 7 月 28 日
“神风”特攻队驾机在冲绳岛外最后一次击沉美国军舰。

1945 年 7 月 30 日
在把一颗原子弹的重要部件运到提尼安岛后，美国巡洋舰“印第安纳波利斯”号被一艘日本潜艇击沉。

1945 年 8 月 2 日
6600 吨炸弹投向日本各城市，这是战争期间投弹总量最多的一次轰炸。

1945 年 8 月 9 日
杜鲁门总统批准《联合国宪章》，美国成为第一个批准该条约的国家。

许久以来，人们认为最终击败日本将是一场代价高昂的长期战争，而日军防守硫磺岛和冲绳岛的决心则强化了这一预期。美军起草了一个名为“奥林匹克行动”的作战计划，提出一个非正式的评估，认为美军进攻日本本土的伤亡将在 50 万到 100 万之间。虽然军方大佬认为这太过夸张，但他们知道日军的确会以超常的凶猛来保卫本土。他们希望，在不需要全面进攻的情况下，海上封锁和对日本城市的轰炸就可以打败日本。

1945 年 8 月 6 日，广岛，遭原子爆炸效应影响而变形的玻璃瓶。

使用原子弹的决定，就是在这一背景下做出的。1942 年起，以“曼哈顿计划”为代号，一支队伍庞大的美国科学家就在努力研制可投入实战的原子弹。20 世纪 30 年代，人类初步掌握了理解原子弹研制方法及其可能产生的效果所必需的物理学知识。到 1939 年，这种炸弹在理论上的可

罗伯特·奥本海默（1904—1967）

在洛斯阿拉莫斯（Los Alamos）实验室，物理学家罗伯特·奥本海默（Robert Oppenheimer）是领导原子弹研究的科学主管。他是一位纺织品商人的儿子，天赋异禀、知识渊博、智力超常，年纪轻轻就崭露头角。20世纪20年代，他在德国学习理论物理学，回到美国后任加州大学伯克利分校物理学教授。因他在美国对原子能的开创性研究，加上富有魅力的个性和旺盛精力，使其成为科学管理“曼哈顿计划”的不二人选。他与美国共产党的联系在当时没有妨碍他的工作，但到战后，作为原子能委员会总顾问团主席，他树立了不喜其激进思想的强大对手。1954年，他遭麦卡锡参议员领导的非美活动调查委员会（UnAmerican Activities Committe）的审查，安全特许权被撤销。他转到普林斯顿大学任高级研究所所长，1967年死于喉癌。

行性已被证实，只剩下制造的问题。1940年，英国成立一个由科学家组成的高级组织——莫德委员会（Maud Committee），报告有关原子弹的研究进展。1941年7月，莫德委员会得出结论，他们在战争可能的持续期内能够用浓缩铀造出原子弹；10月，丘吉尔政府批准了这一研制计划。但英国人没建议使用一种源于铀的新元素钚，后来钚在美国研发出来并被用于其中一枚原子弹。

制造原子弹的经济负担超出了英国的实力，因此1942年6月，美国完全接管了整个项目。于是，英国科学家转移到美国，与罗伯特·奥本海默带领的美国科学家团队合作。整个项目花费了20亿美元，雇用了60万人。到1945年夏，测试和使用原子弹所需的足够钚和铀–235已被生产出来。1945年7月16日，一枚钚弹在新墨西哥州阿拉莫戈多空军基地成功引爆。正在波茨坦参加同盟国会议的美国总统、罗斯福的继任者杜鲁门接到爆炸的消息

在新墨西哥州沙漠中的洛斯阿拉莫斯研究基地，罗伯特·奥本海默正带领科学家团队研制第一批核武器。

后，批准了对日本城市使用两枚原子弹。自此，人们一直都在争论，做出这一决定的主要目的是避免对日本发动直接进攻，还是为测试这一新技术，抑或给苏联施加影响。

一些日本城市尚未受到李梅的第 21 轰炸机司令部的轰炸，因此可以用于试验原子武器。1945 年 8 月 6 日上午，第一枚原子弹投向广岛。这枚绰号“小男孩”的 4000 公斤铀弹，由一架从提尼安岛起飞的 B–29 携带。当时正赶上广岛人在上班途中。13 平方公里的地区被完全摧毁，估计 12 万人——约占城市人口的 40%，或当场丧生，或受到辐射在几天内死去。8 月 9 日上午，从提尼安岛出发的第二枚原子弹本打算投向小仓市，但受云层影响，机组人员便把这枚 4600 公斤钚弹——绰号“胖子”——投到第二目标长崎。长崎有山峰遮挡，爆炸造成的损害效果稍小，但估计 27 万人口中也有 7.4 万人死亡，7.4 万受伤。成千上万人遭到大量辐射后，长期遭受病痛折磨。

莱斯利·格罗夫斯中将（1896—1970）

莱斯利·格罗夫斯（Leslie Groves）做过两件最值得记住的事。他是监造华盛顿五角大楼的军方高级工程师，还是制造原子弹的“曼哈顿计划”的军方领导人。1918 年，他从麻省理工学院毕业后加入美军，成为美国工兵军官。1940 年，他升至中校，作为建筑负责人副手兼工兵作战局长进入参谋部。他是一位精力充沛、不留情面的管理者，在组织 1940—1942 年美国军事扩张所必不可少的庞大建筑项目中发挥了主要作用。1942 年 9 月，他被任命为原子弹项目军方负责人，并给该计划取了代号“曼哈顿”。他是轰炸日本古都京都的主要支持者之一，但被上级否决。1948 年，因不满核项目转移到非军方的原子能委员会，他以中将军衔退伍。

对原子弹轰炸，日本一开始不相信，但很快转为对将要遭受更多轰炸的恐惧。实际上，美国当时还无力再投另一枚原子弹，但在长崎遭袭同一天，日本首相请求裕仁天皇决定投降的问题。原子弹轰炸对苏联的影响并不如美国人期望的那般震惊，因为间谍已提供了关于“曼哈顿计划”的大量情报。斯大林下令启动一个快速研发原子弹的项目。1949 年 8 月，苏联试爆第一颗原子弹，而此时美国又造出了另外 298 枚核弹。

保罗 · 蒂贝茨（Paul Tibbets）上校站在 B–29 超级堡垒轰炸机“埃诺拉 · 盖伊”（Enola Gay）前。1945 年 8 月，这架飞机投下了轰炸广岛的第一颗原子弹。为执行 1945 年夏的原子弹轰炸，蒂贝茨训练和组织了第 509 混合航空队。

1945 年 8 月 6 日，遭原子弹轰炸后的日本广岛市中心。照片中间的大楼原是产业促进馆，废墟后来得以保留，成为广岛和平纪念公园的一部分。

1945 年 9 月拍摄的一幅长崎近郊照片。此处离 1945 年 8 月 9 日投下的第二枚原子弹的爆炸中心有 8 公里。

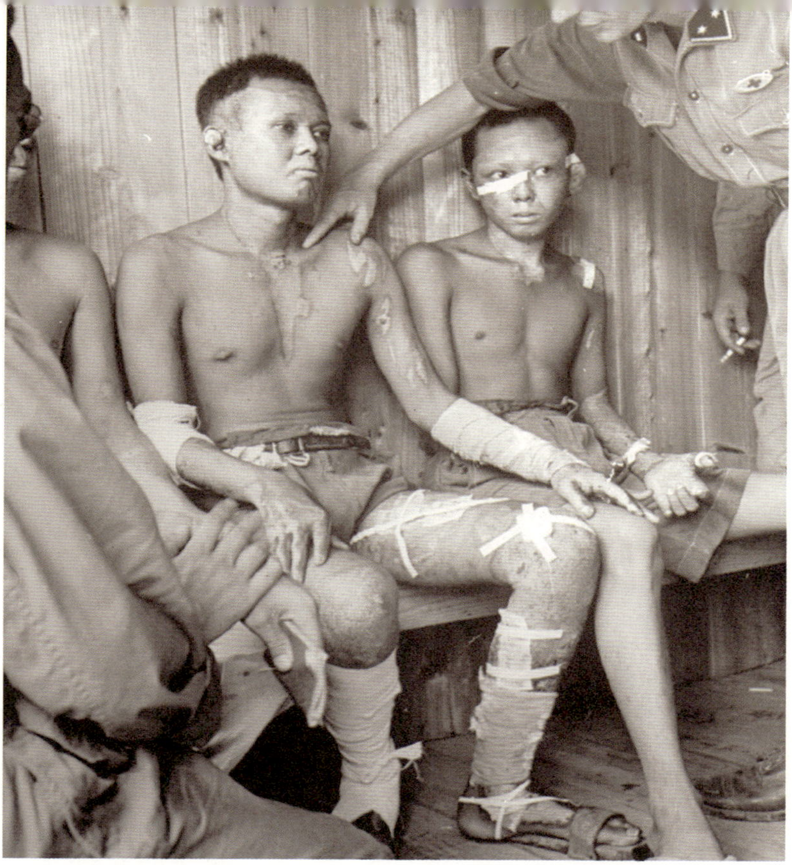

一名荷兰军医在检查两名遭原子弹轰炸伤害的日本战俘，他们是成千上万饱受爆炸和辐射后遗症之苦的受害者的缩影。

长崎遭 B–29 轰炸机“伯克之车”（Bock's Car）投掷原子弹的 60 周年纪念活动。图为女祭司参加 2005 年 8 月 9 日在长崎原子弹爆炸中心举行的纪念仪式。

日本投降

1945.8.14—9.2

大 事 表

1945 年 8 月 14 日
反对天皇的日本军事政变被忠于皇室的士兵挫败。
1945 年 8 月 15 日
各同盟国庆祝“抗日胜利日”（VJ Day）。
1945 年 8 月 21 日
美国的租借计划正式终止。
1945 年 8 月 30 日
美国陆军和海军陆战队到达日本本岛，开始了占领。
1945 年 8 月 31 日
麦克阿瑟将军在东京建立盟军统帅部，以控制日本。
1945 年 9 月 2 日
越南爱国者、共产主义者胡志明宣布越南独立，发起争取越南统一和独立的 30 年长期斗争。

同盟国要求日本无条件投降的过程，比欧洲战场的经历更为艰难。日本军方认为投降极不光彩，这也是日本士兵或死战到底或自杀的原因。1945 年，受碍于军方对日本决策的控制和为天皇献身的思潮，即使面临无可避免的失败，日本文职领导人也很难找到一个令同盟国和日本军方都满意的投降方式。

美国第 41 师徽章。该师是 1945 年战争结束后占领日本本土的军队之一。

日本领导层一直抱有日本绝不会战败和帝国可以守住的幻觉。直到 1945 年，盟军舰艇和舰载机对日本本土实施的轰炸给城市造成了大规模破坏，这才让广大民众认清必胜的宣传只是一场无情的欺骗。即使面临失败的命运，日本军方仍喊出“一亿玉碎”的口号，决心不惜一切代价守卫本土。1945 年 1 月，一项本土决战计划成形；3 月，一部批准建立国民义勇军的法律通过；6 月，国民义勇战斗队成立。这些民兵装备落后，补给不足，但日

裕仁天皇（1901—1989）

裕仁1926年即位，年号“昭和”。他个性保守，有学问，一生爱好海洋生物学。裕仁统治初期秉持坚定的亲西方立场，支持议会制度。但实践中，这种制度限制了他自己作为日本最高君主的诸多特权，只为他提供了非常有限的决策空间。20世纪30年代，军方开始主导日本政治时，裕仁通常被要求批准陆海军已经确定好的政策。他个人反对向美国宣战，但在这件事情上，他都临着一个他无法轻易推翻的既成事实。然而，他也不愿日本放弃其帝国地位或蒙受耻辱，最终他勉强成为军国主义内阁的合伙人。1945年，他在最终迫使军方接受投降上发挥了关键作用。1945年起，他留在皇位上，帮助日本改造成现代民主社会，直到1989年去世。

本军方却认为荣誉应该胜过生命。

1945年4月，新首相铃木贯太郎海军大将上台。他做出了一些努力，研究能否找到一条结束敌对状态的可接受途径，但同时还在实施军方的最后防守计划。7月26日，同盟国发布《波茨坦公告》，重申了无条件投降的要求，承诺同盟国将致力于日本的民主重建。天皇的问题依然是一个绊脚石：除非同盟国答应保留皇室，否则日本政府将无法签署投降书。裕仁已通过日本驻莫斯科大使馆（日本和苏联尚未交战）传话，日本希望结束战争，但他自己的处境使之很难按照同盟国的要求行事。

然而，8月初的形势变化迫使日本政府改变态度。8月6日，第一颗原子弹落下；8月8—9日，长崎原子弹爆炸前，苏军全面进攻驻中国东北的日本关东军。苏军原本预计，在复杂地形的条件下将有一场苦战。但日军却不堪一击，苏联远东各个方面军共100万人、5000辆坦克和5000架战机，

1946 年 7 月 4 日，庆祝美国独立日期间，美国第 1 骑兵师正列队通过东京的一条主要大街。第 1 骑兵师和美国第 8 集团军指挥官在东京帝国饭店前检阅了部队。

1945 年 9 月，印度第 25 师在马来亚首都吉隆坡搜查解除武装后的日本战俘。

基里尔·梅列茨科夫元帅（1897—1968）

基里尔·梅列茨科夫（Kiril Meretskov）不是苏联的明星将领，但他在1945年快速击溃驻中国东北日军的战斗中发挥了重要作用。他也是少数没有一战军事经历的元帅之一。1917年5月，他加入布尔什维克党，被任命为一支近卫军的参谋长，实际上他没有任何军事经历。他作为参谋军官开始了随后的军旅生涯，在斯大林任政委的第1骑兵军中短暂任职。他的第一次主要指挥经历是对芬兰的战争，他的部队冲击“曼纳林防线”屡次失败。虽然如此，他数度幸免于斯大林的不满，在整个欧洲战场中指挥对芬兰军队的北方战线及列宁格勒的防守。1944年9月，迫使芬兰人乞求停火后，他被提拔为元帅，次年调到远东指挥对日军的短暂战争。

仅用6天时间就摧垮了关东军的抵抗，击毙8万人。8月9日，铃木贯太郎最后请求天皇决定是投降还是死战到底。此时，天皇已得到美国人将会保留皇位的秘密通告，于是决定投降。8月14日，他在帝国会议上又重复了自己的决定。次日，不顾军方的持续反对，他向自己的子民发表了史无前例的广播讲话，宣布日本投降。

最终的投降过程和混乱状况与欧洲如出一辙。在天皇宣告投降后，一些日本士兵还继续战斗了几周。许多偏远驻地和卫戍部队音讯不通，盟军很难说服他们相信投降确有其事。在中国东北，正式的投降仪式要等到8月21日才举行，有些地区的战斗甚至持续到9月。9月2日，在停泊于东京湾的美国战列舰“密苏里”号上，日本代表会见麦克阿瑟将军，签署正式投降书。此后，日军9月9日在中国大陆，13日在缅甸，16日在中国香港，逐一投降。最后，日本被美国和英联邦军队占领。但天皇没有被推翻，后来还在日本的民主重建中发挥了重要作用。

1945 年 9 月 2 日，梅津美治郎将军在美军“密苏里”号战列舰上代表日军签署无条件投降书。

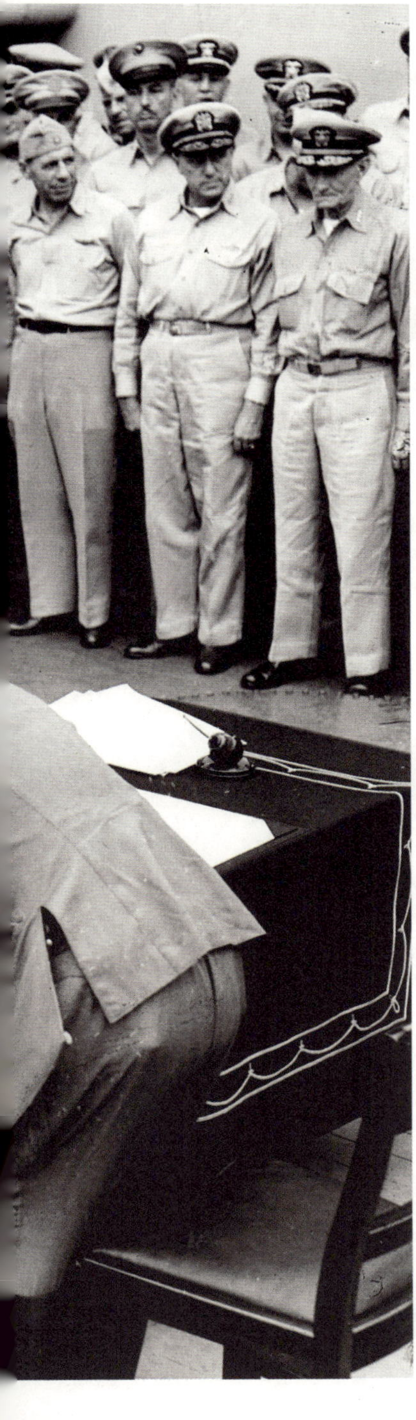

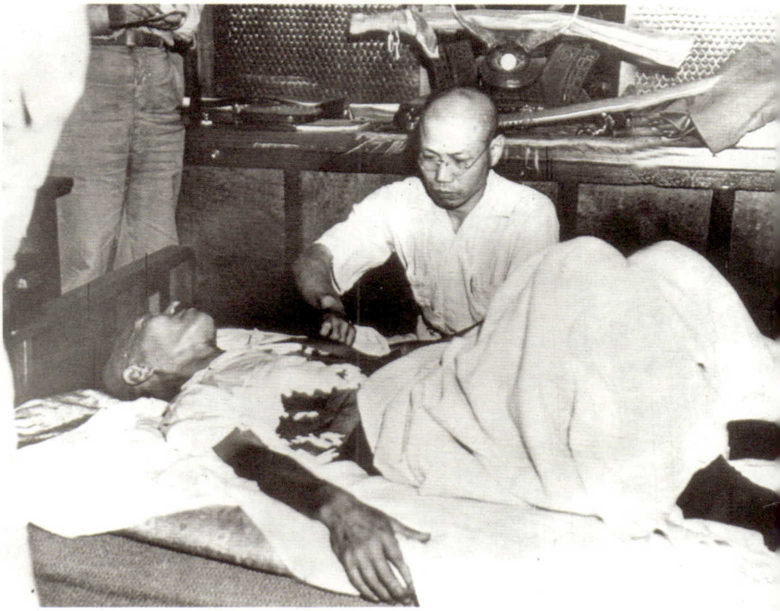

1945 年 9 月，横滨，日本医生给企图自杀而受伤的前首相东条英机止血。被救活的东条英机 1948 年作为战犯受审，被绞死。

1945 年 9 月 12 日，英军东南亚司令部总司令、海军上将路易斯·蒙巴顿伯爵在新加坡的一个仪式上向日本军方领导人宣读无条件投降条款。

1945 年 8 月 22 日，占领中国东北的日本关东军被迅速击溃后，喜气洋洋的东北群众欢迎进入旅顺的苏联军队。

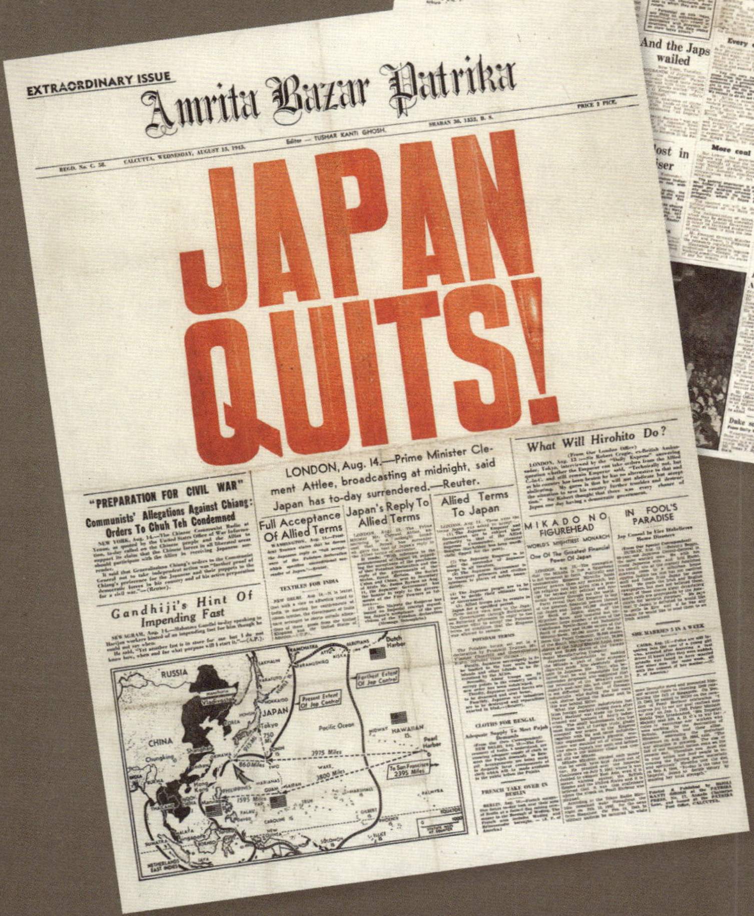

EXTRAORDINARY ISSUE

Amrita Bazar Patrika

CALCUTTA, WEDNESDAY, AUGUST 15, 1945.

Editor — TUSHAR KANTI GHOSH

PRICE 3 PICE

JAPAN QUITS!

LONDON, Aug. 14.—Prime Minister Clement Attlee, broadcasting at midnight, said Japan has to-day surrendered.—Reuter.

"PREPARATION FOR CIVIL WAR"

Communists' Allegations Against Chiang: Orders To Chuh Teh Condemned

Gandhiji's Hint Of Impending Fast

Full Acceptance Of Allied Terms

Japan's Reply To Allied Terms

Allied Terms To Japan

What Will Hirohito Do?

MIKADO NO FIGUREHEAD

IN FOOL'S PARADISE

TEXTILES FOR INDIA

POTSDAM TERMS

CLOTHS FOR BENGAL

FRENCH TAKE OVER IN BERLIN

SHE MARRIES 5 IN A WEEK

Daily Mail

FOR KING AND EMPIRE

WEDNESDAY, AUGUST 15, 1945

Answer to atom bomb: British scientists already at work See Page Two

PEACE AT MIDNIGHT: JAPS SURRENDER

'Cease fire' order to Allies

'VJ'—TO-DAY AND TO-MORROW

JAPAN has surrendered unconditionally. This news was announced last night simultaneously in the four Allied capitals—London, Washington, Moscow, and Chungking. Allied forces have been ordered to "suspend offensive action."

VJ crowds march to West End at 3 a.m.

And New York lifts the roof

TO-DAY

Labour bid for 'new world' in policy

MARSHAL AT MIDNIGHT MASS

Petain to die: 'Guilty' verdict at 3 a.m.

JURY OUT SIX HOURS

Radar men may 'pick up' the moon

U.S. PANDEMONIUM OF JOY

PETAIN MAY GET MERCY

PALACE CROWDS

WOMEN OFFER A HOME

And the Japs wailed

'Quarry' boy is gaoled

FOOD FACTS

making the MOST of CABBAGE

GOLDEN RULES FOR COOKING CABBAGE

日本投降头条新闻

两张报纸头版——加尔各答的《阿姆利塔巴扎尔公报》和伦敦的《每日邮报》，刊登了1945年8月15日日本投降的消息。随着战争的正式结束，盟国各地再次掀起了庆祝热潮，民众纷纷欢庆战争的终结。

二战的伤亡人数

1945—1949

没人确切知道死于二战的人数，不管是直接死于战斗，还是非直接死于战争，如种族屠杀、其他恐怖行为或蓄意制造的饥饿。通常，被人引用最多的数字是 5000 万—5500 万，但随着有关苏联和中国死亡人数的更多信息被披露，这个数字还可能会上下浮动。二战无疑是史上死亡人数最多的战争，远远超过了一战。二战还是一场平民死亡人数超过军人的战争，估计平民和军人丧生人数分别为 3335 万和 1980 万。

苏联和中国分别是德国与日本发动野蛮侵略战争的受害者，伤亡人数也是最多的。估计的平民死亡总数——苏联约 1600 万，中国约 2000 万——从未获得完全证实，因为在许多情况下，不管是战前统计材料，还是战后调查都不可靠。而且在这两个国家，一部分死亡是由苏联或中国自身行为而非敌方杀戮直接造成的。在苏联，成千上万人死于战争期间的强行放逐，或死在 1941—1944 年间关押 210 万人的集中营，或粮食配给只供给工作人口的政策造成许多年老或残疾者饿死。在中国，国共双方的冲突导致许多人丧生，与日军合作的军阀和伪军也经常对老百姓施暴。

不同交战国军队的损失规模也千差万别。英美军队只死亡了 53.2 万人，德日合计死亡近 500 万人。对此，轴心国一方长期连续作战和最后阶段的拼死抵抗可做出部分解释，但这也反映了同为民主国家的西方盟国以降低伤亡为重点的政策。西方以空中力量作为赢得战争的手段，着力发展空军。这也意味着，当战场上必要的火力可由空军提供时，就不需要相对弱势的大量步兵。苏联军队近800万的损失，既反映了其早期战术的粗糙和在德国人手中的战俘的高死亡率，也是其不断宣传和强迫战斗到底的必然结果。

除死亡之外，战争还造成了许多其他形式的伤害。数百万人因战争致残或精神失常，包括轰炸中的幸存者，尤其是原子弹爆炸后的幸存者。这一切所造成的副作用，会通过基因转移在后代身上持续发生影响。空袭或地面战争还造成数百万人无家可归，战后多年依然被迫生活在棚屋、地窖或简易建筑内。在汉堡，超过21平方公里的城市地区被完全摧毁；在东京，毁灭面积超过13平方公里；在英国，四分之一的城市住宅遭德国空袭和V型武器的摧毁或损坏。很多人已变得一无所有，这是无数饱受战争苦难的人必须面对的一种现实。它不仅是轰炸的结果，也是被强征土地和物品以及没收财产

一个英国第1空降师士兵在阿纳姆的简陋坟墓，1945年4月15日由解放阿纳姆的部队拍摄。墓碑上的德文意思是，“无名英国士兵”。

1943年4月，德军在白俄罗斯卡廷森林挖出的一具波兰少校尸体。这是1940年5月奉斯大林命令杀害的4400名波兰军官之一。总计1.5万人在三处不同地点被杀害。其时，苏联当局否认了指控，指责是德国人在1941年夏杀害了这些俘虏。直到1990年，俄罗斯总统叶利钦透露给波兰政府的文件表明，苏联内务人民委员会警察实施了这些屠杀。

的结果。而对欧洲犹太人而言，战争则意味着他们被蓄意剥夺了一切。

在战争末期，欧洲和亚洲还面临着巨大的难民危机。1945 年，所谓“难民”的数量可能达到了 3000 万；1945—1946 年，约 1300 万德国人被逐出东欧；战争期间，成百上千万中国人和朝鲜人被掳走充当日本的劳工，或成为背井离乡的难民。新成立的联合国设置了善后救济总署（UNRRA），以处理难民问题；1946 年 12 月还单独成立了一个儿童机构（联合国儿童基金会 [UNICEF]），帮助欧洲孤儿或难民儿童。1945 年，这类儿童估计有 1100 万。

统计表

	军队死亡人数	平民死亡人数
同盟国		
苏联	8,670,000	约 16,900,000**
美国	292,000	无数据
法国	250,000	170,000**
英国	240,000	65,000
南斯拉夫	300,000	1,400,000**
中国	3,400,000	约 20,000,000
印度	48,000	无数据
波兰	600,000	6,000,000**
比利时	10,000	90,000**
加拿大	40,000	无数据
澳大利亚	34,000	无数据
荷兰	10,000	240,000**
捷克斯洛伐克	7,000	310,000**
希腊	17,000	400,000**
新西兰	12,000	无数据
南非	9,000	无数据
挪威	5,000	8,000**
丹麦	4,000	3,000
轴心国		
德国	3,250,000	2,000,000**
日本	1,700,000	500,000
意大利*	380,000	180,000**
罗马尼亚	200,000	460,000**
保加利亚	10,000	7,000**
匈牙利	140,000	610,000**
芬兰*	80,000	10,000

* 意大利和芬兰与德国作为联合交战国时造成了一定人数的死亡。但意大利人的一些死亡是 1943 年加入同盟国一方后发生的，而芬兰的损失则来自 1939—1940 年和 1941—1944 年与苏联爆发的两次战争。

** 此处平民死亡数包括大屠杀期间被杀害的犹太遇难者。在波兰，约 300 万犹太人被杀害。全部犹太人死难人数估计在 570 万。

Bahnsteig C

1945年10月，柏林人聚集在一座主要火车站。上百万德国平民无家可归或成为孤儿，而1300万德国人则被从东欧各国赶出后，打算在满目疮痍的德国找到新的落脚点。

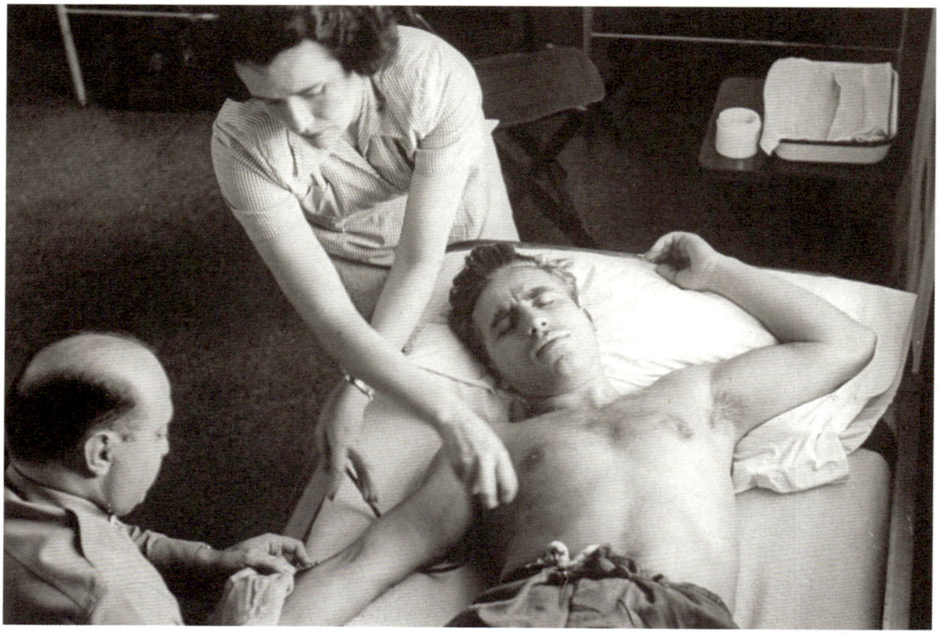

战争给成千上万的人造成了精神伤害。图中医护人员正为一名在梅森全科医院（Mason General Hospital）接受精神治疗的美国士兵注射阿米妥钠。受到精神创伤的平民几乎得不到正规的医疗帮助。

1946 年 1 月 22 日，一小队幸存的波兰犹太人正从柏林苏联区来到美国区。战争期间，超过 300 万波兰犹太人被杀害。但 1945 年，返回波兰的少数犹太人仍然成为波兰反犹主义的受害者。战后若干年间，成千上万犹太人设法到达巴勒斯坦。

1945 年 5 月 18 日，一群无家可归者正在汉堡动物园难民营。这里曾是为布洛姆－伏斯（Blohm & Voss）造船公司工作的被强迫劳工的住处，1945 年 5 月 5 日被英国人接管。难民要先经过审核，后被送到不同国别的难民营，再遣返。汉堡一地的难民数量估计在 4.5 万—12 万。

审判战犯

1945—1949

大 事 表

1945 年 7 月 23 日
法国启动对菲利普 · 贝当元帅的审判。他的终审死刑判决被减为终身监禁。

1945 年 10 月 9 日
一个法国法庭判处前维希法国政府首脑皮埃尔 · 赖伐尔死刑。

1946 年 7 月 16 日
43 名武装党卫军士兵因马尔梅迪大屠杀被判处死刑。

1946 年 10 月 15 日
赫尔曼 · 戈林在被执行死刑前夜吞氰化钾自杀。

早在战争还在进行之际，同盟国就宣布，对发动战争和实施大规模暴行负有责任者将因违反战争法和国际法而面临惩罚。此类声明最早出现在 1942 年。1943 年 9 月，联合国成立了一个战争罪委员会，准备起草一份因上述行为可能受指控者的名单。此时，“联合国”一词已用于表述与轴心国作战的同盟国家。1945 年 5 月，联合国的成立大会上，各方一致同意设立审判主要战犯的国际军事法庭。

在特定地区犯下的战争罪（如谋杀战俘、毁灭村庄等）和“没有特定地理区域”的战争罪（如发动侵略战争、故意实施大屠杀），两者具有清晰界限。前者通常由受害者所在国管辖审判；后者则由国际军事法庭进行审判，并首次提出了“大屠杀”这一罪名。最重要的案件是 1945—1946 年在纽伦堡对主要战犯的审判，被告大多是还活着的第三帝国领导人。他们被指控犯下阴谋罪、反和平罪、反人类罪和战争罪。许多指控涉及罪行的界定和追溯，因为事发时国际法中尚不存在反和平罪和反人类罪的概念。对哪些人应当或不应视作主要战犯的问题，经过大量讨论后，共有 23 人被提交

罗伯特·杰克逊法官（1892—1954）

罗伯特·霍沃特·杰克逊（Robert Houghwout Jackson），是1945—1946年在纽伦堡审判主要战犯的美国检察长。他为审判确定起诉条款和首次提出反和平、反人类的新罪名发挥了关键作用。1913年，他在纽约州开始从事法律职业，逐步进入民主党政治家富兰克林·罗斯福的视野。1934年，罗斯福委任他进入联邦机构，初为财政部法律顾问，1938年任司法部副部长，1940年任部长。1941年，他成为美国最高法院法官。1945年5月，杜鲁门总统派他领导美国检察团对主要战犯进行审判。审判结束后，他曾考虑进入政界，但受阻于不佳的健康状况。1952年，他死于华盛顿，终年62岁。

起诉，包括缺席审判的希特勒总理府秘书长马丁·鲍曼。但因德国劳工阵线（German Labour Front）头子罗伯特·雷（Robert Ley）在牢里自缢，最终22名被告受审。其中，12人（包括鲍曼）被定罪判处死刑，3人无罪，7人被判长期监禁。

随后，一些特别法庭也在纽伦堡设立，以审判军事指挥官、重要商人（其中最引人关注的是化工巨头法本公司的主管团队），以及应为屠杀犹太人、奴役劳工和入侵行动负责的官僚机构。1947—1948年间，上述审判陆续结束，但西德政府后来又组织了一系列审判，起诉那些设法在纽伦堡逃脱惩罚者，其中包括1963—1965年在法兰克福对奥斯维辛战犯的审判。除了这些审判之外，同盟国还在德国推行了一个所谓“去纳粹化”的进程，对数百万德国人进行官方审查。一些人因此被解除职务，而许多在20世纪40年代回归平民生活的人又在新的民主国家里升至高位。

在日本，1946年1月，同盟国最高统帅麦克阿瑟将军宣布成立远东国际军事法庭。1946—1948 年，对包括前首相东条英机在内的 28 名主要战犯的审判在东京进行。和纽伦堡的被告一样，这些战犯被控犯有反和平与反人类的新罪行。25 人被定罪，包括东条英机在内的 7 人于 1948 年 12 月 23 日被绞死；16 人被判终身监禁，但到 1958 年，那些依然在押的人被赦免。此外，对被控犯下特定战争罪行的士兵和平民，共进行了约 2000 场的审判，一直持续到 1951 年。在这些小型审判中，共有 5700 人受审，约 3000 人被定罪，920 人被处决。

自 1945 年以来，对审判合法性的争议一直没断过。在许多最重要案件中，指控的罪名在被告实施暴行时还没有明确的规定。然而，坚持进行国际审判的决心基于这样一个信念：对德日战争活动的侵略和残暴本性的公开揭露，将有利于对国际法和人权的更大尊重，从而推动战后国际秩序的进步。

德国党卫军旅队长奥托·拉施（Otto Rasch）是在苏联南部战线的党卫军特别行动队 C 支队队长，他所领导的屠杀队杀害了至少 8 万名犹太人。他和其他人一起在 1948 年的特别行动队审判中受审，但患上帕金森病，1948 年 11 月就死了。图为他在纽伦堡拍摄的档案照片。

1945 年 11 月，坐在纽伦堡国际军事法庭被告席上的主要战犯。罗伯特·雷在审判前自杀，马丁·鲍曼缺席受审。

拉斐尔·莱姆金（1901—1959）

拉斐尔·莱姆金（Rafael Lemkin）因创造“大屠杀”（genocide，字面含义是“种族灭绝”）一词而闻名。他是一位波兰高级律师、学者，早在20世纪30年代，战争迫使他逃离波兰时，就已在研究种族灭绝理论。他1941年到达美国，1943年首次使用“大屠杀”一词，后为纽伦堡国际军事法庭所采用。他在1948年12月通过的《防止及惩治灭绝种族罪公约》的起草中发挥了重要作用。讽刺的是，在一开始对种族灭绝的讨论中，他认为它不能适用于犹太人，因为他们还没有构成一个明确的民族群体。

日本战时首相东条英机被控战争罪和反和平罪，在位于东京前日本陆军省的远东国际军事法庭受审。这次审判比纽伦堡的还要漫长，从1946年5月3日持续到1948年11月4日。最终，东条英机被判犯有反和平罪，被绞死。

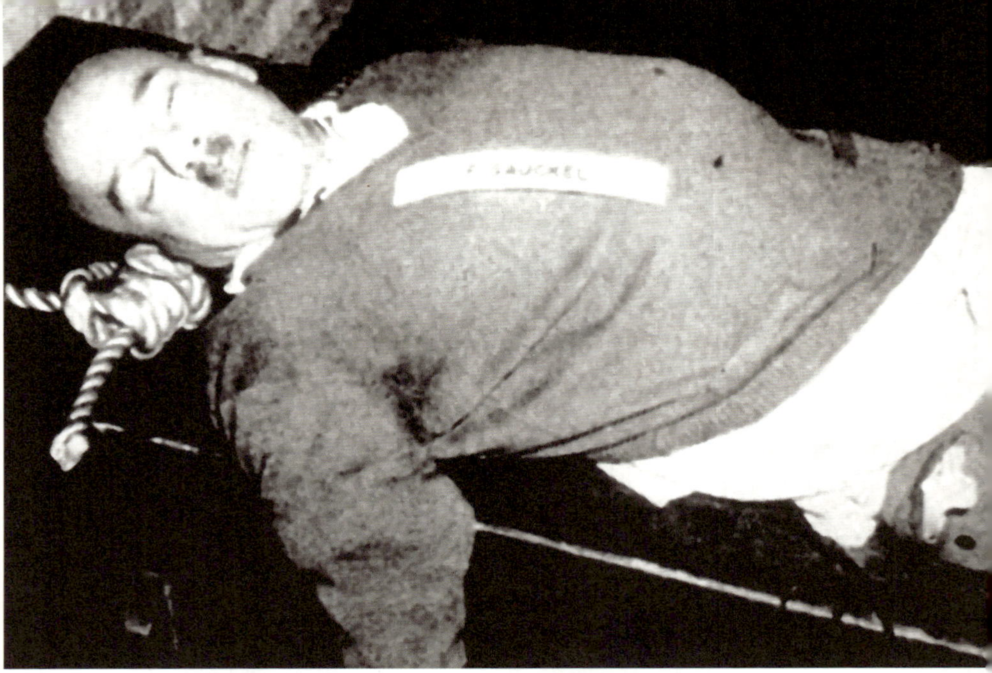

1945 年 10 月 16 日，弗里茨·绍克尔（Fritz Sauckel）在纽伦堡被绞死后的尸首。每个被绞死的战犯都被拍照存档。绍克尔的罪行是从德占欧洲强征劳工，致使成千上万人死在德国劳动营和建筑工地。

1947 年 9 月，德国化工巨头法本公司的主管正在受审。对商人、官僚和士兵的审判意在向德国人民揭露与希特勒主义合作的精英之本来面目。法本公司被控为战争供应物资，以及从被强夺的公司侵占外国财产。

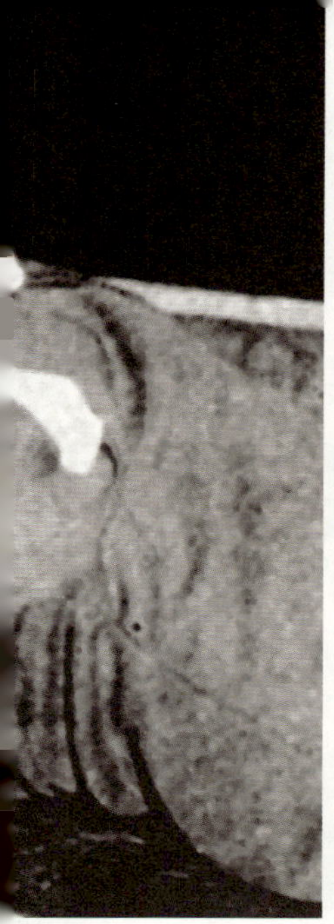

1961 年 6 月 22 日，阿道夫·艾希曼在耶路撒冷受审。他是柏林前盖世太保 IV B4 犹太办公室的负责人，因协助组织对近 600 万欧洲犹太人的大屠杀而被审判。战后，他逃到阿根廷，在那里被以色列特工抓获。虽然他辩称自己只是完成本职工作的运输官员，但法庭对此不予采信，判处他死刑。

2004 年 8 月 21 日，巴伐利亚文西德尔镇的新纳粹集会上，一个光头德国人穿着印有鲁道夫·赫斯头像的短袖衫。1987 年在柏林施潘道（Spandau）监狱自杀的赫斯，俨然成为极右分子心目中的英雄。

从二战到冷战

1945—1949

大事表

1945 年 10 月 24 日
中、苏、美、英、法五大国批准《联合国宪章》。

1946 年 11 月 3 日
裕仁天皇批准日本新宪法，禁止日本发动战争和在海外采取军事行动。

1948 年 4 月 3 日
美国援助欧洲的《马歇尔计划》成为法律。

1949 年 4 月 4 日
北大西洋公约组织（NATO）成立。

1949 年 8 月 29 日
苏联在哈萨克斯坦沙漠测试原子弹。

1949 年 10 月 1 日
中华人民共和国成立。

1945 年 5—8 月，第二次世界大战的结束留下许多悬而未决的问题，战后数年就立即迎来又一波内战、政治冲突和反殖民斗争的浪潮，开启了一场前战时盟友间的大对抗。对这场大对抗的定义，美国资深记者沃尔特·李普曼（Walter Lippmann）创造了“冷战”一词。

战后暴力最集中的地区，是东南亚和苏联直接统治的东欧地区。在亚洲，殖民大国在战时的失败鼓舞了日益高涨的独立要求。在英国和澳大利亚部队的帮助下，回到荷属东印度群岛的殖民当局镇压了当地的民族起义，到 1949 年，今印度尼西亚的独立终于获得承认。在马来半岛和法属中南半岛，武装起义引发的暴力活动日益增长，中南半岛开始了后来所称的“越南战争”。民族主义施加的压力，最终导致了印度的独立和 1947 年的印巴分治。1949 年，缅甸和斯里兰卡也实现了独立。短短几年之内，南亚的殖民势力烟消云散。

在东欧边境地区，拉脱维亚、爱莎尼亚、立陶宛、白俄罗斯和乌克兰的非正规军打响了一场反苏联的游击战争。1945 年后的内战最大程度上与外部世界

哈里·杜鲁门（1884—1972）

1944年大选中，哈里·杜鲁门（Harry S. Truman）是罗斯福的副总统竞选搭档。1945年4月12日，罗斯福去世后，杜鲁门接任总统。他出身于密苏里州的一个农民家庭，一战中在野战炮兵部队服役，退役后在堪萨斯城开了家服饰用品店。1922年，他被选为法官，1934年当选民主党参议员。1945年，虽然罗斯福健康状况不佳，但他没让杜鲁门过多参与战争活动。结果，几乎没有任何国际事务或军事战略经验的杜鲁门突然走上了国际舞台的中心。他成为欧洲民主的坚定支持者，不得不承认因双方的关系日益恶化，与苏联的冷战不可避免。1947年，他提出了后来所称的“杜鲁门主义”，宣称美国将保卫任何努力抵抗外部政治和意识形态压力的国家。1948年，他再次当选，后来在他任内美国介入了朝鲜战争。1953年，他退出政治生活。

隔绝，但冲突规模大，各方作战野蛮。在立陶宛，估计有2万苏联士兵在与3万名民族主义者的战斗中死亡。在乌克兰，民族主义的人民军坚持反共战争，直到20世纪50年代早期才被全面镇压。波兰国民军在华沙被摧毁后东山再起，同样，这支力量直到1948年才被最终彻底铲除。约30万支持民族主义的嫌疑者，被赶到西伯利亚和俄罗斯腹地的集中营。希腊的内战持续到1949年，直至共产党的起义最终失败。在意大利和法国，二战中游击队和其他抵抗力量同极右势力间形成的冲突，持续到战后数年双方才清算完旧账。

国际秩序的主要改变，是与西方国家和苏联阵营之间日益紧张的敌意相伴的。冷战的根源在于战前西方对共产主义的不信任，再度紧张的关系早在1945年前对东欧和德国命运的争论中就已显现。1946年，丘吉尔在密苏里州富尔顿市的讲话中，精辟地把这条界线定义为“铁幕”（Iron Curtain）。1945—1948年间，苏联加强了对波兰、捷克斯洛伐克、罗马尼亚、保加利亚、匈牙利和东德的政治控制。到 1948 年，所有这些地区都已在共产党的有效控制下。欧洲糟糕的经济状况引发了西方的担忧，他们惧怕共产主义可能乘欧洲经济困难之机西扩。1947 年，杜鲁门总统宣布，美国政府将支持一切抵抗外部政治威胁的国家。1948 年，战时美国陆军参谋长，时任杜鲁门政府国务卿的乔治 · 马歇尔制定了向欧洲提供大型经济援助的一揽子方案，被称为“马歇尔计划”。斯大林坚持要求东欧国家拒绝它，双方阵营界线变得壁垒分明。1948 年 6 月—1949 年 5 月，苏联封锁了柏林（它被分成 4 个占领区）。4 年前将柏林炸成废墟的西方空军不得不向西柏林 3 个区的居民空运物资。苏联为避免发生直接对抗，后来还是解除了对柏林的封锁，但 1949 年德国最终分裂成两个互相独立的国家。

同年，毛泽东领导的中国共产党取得胜利，建立了一个新的社会主义国家。国际共产主义的威胁，促使西方也于 1949 年组建了一个军事同盟——北大西洋公约组织（简称北约）。至此，战时的盟友间开始出现一道鸿沟，使冷战对抗一直持续了 40 年。

1948 年 5 月，希腊内战期间，战斗中的希腊政府突击队队员戴着英国式贝雷帽，穿着美国作战服。最终，希腊共产主义者被斯大林抛弃。政府军赢得内战后，对曾经的抵抗者实施了残酷的统治。和柏林一样，希腊也成为冷战对抗的前沿阵地之一。

安德烈·日丹诺夫（1896—1948）

安德烈·日丹诺夫（Andrei Zhdanov，左）是斯大林的亲密政治盟友，也是战后资本主义和共产主义分属“两个阵营”这一思想的提出者。1915 年，他加入了布尔什维克党。经历了一段平淡的早期生涯后，1934 年，他被斯大林选中领导列宁格勒的党组织。他最著名的角色是 1945 年后负责苏联文化产品生产的裁决者，实施了严格的审查制度。1947 年，他领导创建了共产党和工人党新闻局（Cominform，简称共产主义新闻局），这个国际共产主义组织的目的是协调东欧共产主义统治，为与西方日益激烈的冲突提供统一的意识形态路线。日丹诺夫死于 1948 年，后来斯大林指控犹太医生谋杀了他，但他酗酒成癖，几乎可以肯定是他自己害死了自己。

在布痕瓦尔德集中营，苏联囚犯正对着一幅临时制作的斯大林画像欢呼。1945 年 4 月 30 日，美国第 3 集团军解放了该集中营。

一群柏林人在观看波茨坦大街的路面被涂上“英国区”字样，通过此举标出了 1945 年 8 月划分给英国占领的柏林区域。这座城市变成了冷战战场，因为它深入苏联控制区，但又被分成美、苏、英、法四个占领区。

1948—1949 年，“柏林空运”（Berlin Airlift）期间，一名儿童正被送到英国皇家空军的一架“达科他”（Dakota）运输机上撤离。通往柏林的公路和铁路被切断后，斯大林不敢冒武装对抗的风险，不得不让空中生命线保持畅通。

1945年7月23日，丘吉尔、斯大林和美国新总统杜鲁门手拉手站在波茨坦萨西林霍夫宫（Cecilienhof Palace）外，这将是他们的最后一次峰会。会议中途，丘吉尔得知自己在大选中落败，他的职务被工党首相克莱门特·艾德礼（Clement Attlee）取代了。

1950 年的一幅联邦德国海报，用于宣传“马歇尔计划”的好处。图中文字的意思是，“建设事业——在马歇尔计划的帮助下前进”。

图片来源

（以英文版为准）

The vast majority of photographs reproduced in this book have been taken from the collections of the Photograph Archive at the Imperial War Museums. The museums' reference numbers for each of the photograph is indicated below, giving the page on which they appear in the book and location indicator. Key: t = top, b = bottom, l = left, r = right and c = centre.

IWM: 2 (Hitler, MH 11051), 2 (Churchill MH 26392), 3 (Dunkirk NYP 68075), 3 (Gen. Sir Archibald Wavell & Lt. General Richard O'Connor E 1549), 3 (Dunkirk COL 294), 3 (Australian troops E 1570), 8c (UNI 1280), 10bl (OMD 64), 12bl (MH 11051), 12bl (HU 2411), 13tl (MH 11040), 13bl (ART PST 3183), 14bl (PST 2504), 15cl (O 227), 15tc (ATP 8231 B), 15tr (Army Training 06/08), 16cl (MED 914), 17bl (NYP 22525), 18tr (OMD 6444), 19tr (CH 1297), 19cr (FIR 1130), 20c (HU 39964), 20br (MH 6081), 21l (PST 3159), 22bl (OMD 6446), 22br (HU 5358), 23c FIR 7278), 25tr (D 2597), 26tl (INS 7974), 26bl (INS 7972), 26cl (HU 39620), 28cl) UNI 12861), 28bl (A 2), 28tc (HU 204), 28tr (A 14906), 29tl (HU A20791), 29cl (HU 90420), 30cl (HU 55640), 30cr (HU 809), 30bl (INS 7979), 30br (A 42), 30bc (NYP 68074), 31tc (HU 28737), 31c (N 229), 31br (A 29155), 32br (H 4367), 33tl (HU 55578), 33tr (MH 26392), 33b (H 15384), 34cl (FEQ 870), 35tr (F 2036), 36l (HU 1135), 36c (NYP 41240), 36tc (NYP 68075), 36bc (HU 2286), 36br (F 4849), 37tl (O 177), 37tr (COL 294), 37c (HU 2280), 37b (H 1647), 38c (MUN 3286), 38tr (FIR 6058), 39tl (MH 10412), 39cr (D 1966), 39cl (HU 3266), 39b (HU 2283), 40tc (DEU 503409), 40b (PST 9199), 41tc (MISC 17435), 41tr (PST 8358), 42tc (INS 7997), 42br (INS 7991, 7993, 8012), 42bc (CH 1398), 43t (CH 74), 43tr (HU 4481), 43cl (CM 3513), 43cr (CH 1827), 43b (CH 1827), 44tr (CM31), 44c (E 1968), 44cl (INS 8043), 45tl (E 6661), 45tr (K 325), 45c (E 6064), 45b (E 892), 46tr (H 3096), 46cr (H 667), 46bc (H 3233), 47tl (no.35 Operation Sealion), 47cr (A 10296), 47br (H 3640), 47bc (HU 95927), 47bl (MH 10132), 48tc (HU 1129), 47tl (97471), 48bl (Exhibits and Firearms), 48br (HU 44272), 49tc (D 5984), 49bc (H 5593), 50c (HU 75995), 51tr (HU 2791), 52tr (CM 164), 52c (A 9760), 52cr (CM 294), 53tr (A 3532), 53bc (A 20659), 54br (E 2298), 54cl (E 1549), 54tr (E 1570), 54cr (CM 354), 55tr (E 7392), 55b (E 1766), 55cl (E 1579), 56l (INS 8045), 56cl (E 446), 56br (HU 39455), 58tr (E 3265), 58cr (E 3020), 58bc (MH 6100), 58bl (INS 8060), 58cl (HU 52264), 59tl (HU 1997), 59bl (E 3282), 59cr (E 3039), 60tr (HU 374), 60c (HU 381), 60br (A 4217), 61bl (ART LD 284 HMS Ark Royal in Action by Eric Ravilious, 1940), 61c (A 4100), 61br (A 4386),64tc (HU 75533), 64br (HU 10180), 64l (INS 8051), 70tl (RUS 1206), 70cr (RUS 1191), 72tc (E 2887), 72br (E 2478), 72c (HU 5625), 73bc (E 6390), 73tr (E 8263), 74tc (CM 774), 74tr (E 3154E), 74c (E 3464), 74bl (INS 6662), 75tl (E 3989), 75cl (E 4087), 76br (H 12719), 77c (A 3869), 78bl (E 6577), 78br (CM 1500), 79tl (E 6839), 79c (CM 1561), 79br (E 9569), 81bl (EN 21474), 81c (NYP 68079), 82bl (NYP 45042), 82c (INS 7204), 82tl (HU 2779), 83b (NY 7343), 84bc (V 60), 85tl (HU 63768), 88tr (K 757), 88bl (K 652), 89bc (HU 2770), 90tr (D 8896), 90c (F 492), 90bl (N 459), 91tl (N 481), 91c (D 12870), 91r (H 17365), 92tr (A 8166), 92br (A 8701), 92bl (GM 786), 93tl (A 11155), 93tr (A 11186), 93cr (CM 3697), 93bc (GM 1765), 97 (SE 3310), 101tl (FL 740), 101tr (MAD 294), 102tr (C 3246), 102bl (CH 13020), 102br (TR 11), 103tl (CH 3337), 103c (C 2615), 104bl (MH 2104), 107tr (B 7188), 111tl (E 12789), 112bc (A 13363). 123tc (E 8487), 123tr (E 15223), 123bl (TR 2283), 126cl (E 18474), 127tr (E 18971), 127cr (E 21333), 127tc (E 18980), 128cl (A 12661), 128bc (A 12649), 128tc (TR 285), 136tc (NY 6082), 137br (K 5870), 138tr (SE 7946), 138br (HU 6643), 138cr (MH 7877), 138br (SE 7910), 139bc (SE 7921), 139tr (IND 2290), 139br (HU 6643), 141br (NA 2876), 142cl (C 3717), 142bl (HU 92132), 143tl (CH 11047), 143cl (CH 18005), 143bc (HU 4594), 143r sequence top to bottom (FLM 2339), (FLM 2340), (FLM 2342), 144tr (D 8463), 144cr (PST 8105), 145bl (D 2894), 145tr (PST 696), 148cl (CAN 902), 148tr (A 17916), 148cr (EA 38785), 148br (NA 4940), 149tl (NA 5854), 149bl (A 18492), 149r (NYF 9892), 150cr (C 3677), 151tl (CL 3400), 151r (BU 5077), 152tl (ZZZ 11837E), 156tl (A 19246), 156c (NA 6157), 156tr (NA 6630), 157tr (CNA 1700), 157bc (NA 142), 157br (NAM 57), 160br (NYF 11281), 162bl (E 26634), 162br (TR 153), 163tl (A 20731), 163tr (A 20744), 164bl (MISC 60756), 165tr (PST 3075), 166tr (A 20687), 166br (ART LD 7424), 167b (A 21200), 167tr (A 22633), 167c (A 16489), 168tr (AI 13229), 168c (IA 19828), 168bl (NA 11041), 168br (NA 12136), 169br (NA 15295), 169tc (NA 15306), 170cr (MH 6352), 170tc (MH 11250), 171br (MH 1680), 171bl (MH 1978), 171tc (NA 12810), 172bc (H 42531), 174br (IND 3331), 174bc (IND 3430), 175cl (IND 3468), 175tl (IND 3479). 175 (BU 1098), 180tl (HU 40203), 180tr (MH 10132), 180b (B 5114), 181tl (EA 26941), 181tr (TR 2626), 181bc (A 23997), 182tc (B 8441),

182tr (FLA 5499), 182bc (FRA 200371), 183tl (B 6781), 183tr (HU 64137), 183c (B 7649), 184tl (COL 34), 184tr (C 4431), 184br (CL 3430), 185bl (D 21213), 186c (FIR 1745), 187cl (MUN 3433), 189cr (FLA 5500), 192c (MH 24073), 193tr (HU 4128), 193bl (CL 1725), 193br (C 4525), 194tc (TR 1959), 194tr (TR 1763), 195tl (TR 2282), 195tr (TR 2287), 196tl (MH 2111_B), 196bl (NS 8086), 198tc (B 9473), 199br (B 9668), 199tr (B 13169), 199bl (EA 34627), 202tc (A 25247), 204tl (EA 37079), 205cr (HU 66477), 206tc (CL 1173), 206br (B 10124_A), 206tr (TR 174), 207tl (HU 2126), 207tr (E 16462), 207cr (BU 1121), 207bl (HU 2127), 207br (HU 2129), 209br (CM 5648), 213cr (NYF 57021), 214tr (H 6293), 214bl (H 20288), 214br (V 170), 215tc (H21013), 216tr (EA 47958), 216bc (MH 12850), 217c (EA 48015), 217bc (EA 48447), 217bl (EA 49104), 220c (EA 52870), 220bl (NAM 23), 221c (H 4969), 221tl (HU 31076), 226tl (B 14413), 226c (A 27813), 226br (IA 13766), 227tl (BU 2332), 227cr (BU 3421), 227bl (BU 3421), 228bc (HU 51237), 230br (BU 4269), 231tr (BU 4094), 231cr (NYP 49945), 232tc (SE 3006), 232tr (C 5149), 232c (SE 3071), 232cr (OMD 2550), 233tr (IND 3143), 233tc (IND 4592), 233b (SE 3773), 233br (SE 3804), 233c (SE 3891), 235br (HU 68178), 236tl (NYP 62569), 236c (HU 59474), 238tl (NA 23837), 238cr (TR 2377), 238bc (TR 2846), 239tl (HU 50242), 239cr (NA 24683), 239br (NA 24791), 239br (TR 2891), 240tr (EA 65715), 240bl (FRA 203385), 241c (EA 65879), 242bl (MH 29427), 243tl (HU 44878), 244tc (A 30427 A), 244tr (A 30492), 244bl (HU 53442), 244br (IND 4848), 246bl (BU 3646), 247tr (BU 6629), 248tc (MH 24088), 250bl (BU 9195), 251cr (HU 36829). All badges, armaments and other artefacts © Imperial War Museums.

Photographs from sources outside the Imperial War Museums, with the kind permission of the following:
AKG-Images: 8br, 11cr, 21tr, 23br, 32tr, 38bc, 50tr, 55tc, 57tr, 57bl, 57cr, 57br, 64bc, 65tl, 65tr, 67c, 67bc, 67r, 70tr, 70br, 73bl, 84tr, 89l, 93br, 104tc, 104br, 125bl, 132c, 132tr, 133cl, 134c, 134br, 135br, 137tr, 141c, 142tr, 143c, 146tr, 147bc, 152br, 154tr, 155c, 155tr, 167tc, 174tc, 176c, 191tc, 197tl, 198cr, 200bc, 201tl, 201br, 202b, 204c, 209tl, 219bl, 234bc, 240tc, 251tl; /Florian Profitlich: 197cr; /RIA Novosti: 124t, 125tr, 154bl, 164tc, 205cl, 245br; /Ullstein Bild 16cl, 67l, 110cl, 110c, 114tl, 146cl, 247tl, 195bc, 196tr, 200c, 208tr, 231bl, 234c, 245tr, 249cr; /The Aerial Reconnaissance Archives: 41tl; /Alinari: 126tc, 127bl; /Australia War Memorial: 158br (016422), 158tr (042999), 158r (127965), 158c (REL34921), 159bl (070242), 159br (042740), 159tr (P00554_002); / Bildarchiv Preussischer Kulturbesitz: 105tl, 105br, 110tr; /Corbis: 67tl, 83tr, 107cr; /Bettmann: 76tc, 77cr, 78tr, 81tr, 83tc, 83cr, 84c, 84bl, 85tc, 85cr, 100tc, 107tc, 111bc; /The Dimitri Baltermants Collection: 70tc; /Hulton-Deutsch Collection: 65br, 75bc, 76bl, 97bl, 106cl, 106–7c; /Yevgeny Khaldel: 115br; /Visuals Unlimited: 106bl; /Cody Images: 152bc, 155r; Corbis: 3 (HMS Illustrious under attack) 27cr, 35br, 35c, 103bl, 135tl, 136cl, 140br, 147tc, 149tr, 150bl, 160l, 160tr, 161br, 243br, 248bl; /Archivo Icongrafico, S.A. 11bc; /Austrian Achives 19bc; /Bettmann 1, 3 (Japanese forces advance), 3 (Death Cart), 6tr, 7c, 8tr, 9tr, 10c, 10bc, 14br, 14tr, 27br, 32l, 34tr, 34bl, 41cl, 41br, 44bc, 50bl, 51tc, 51bc, 53cl, 132br, 135bl, 136br, 137cl, 137tl, 145br, 145tc, 150tr, 161tl, 164c, 169c, 174tr, 176tr, 177bl, 182cr, 189cr, 190tc, 195cr, 197bc, 202bl, 208br, 215bl, 216cr, 230tr, 245bl, 247br, 248bc, 249tr, 250br; /The Dmitri Baltermants Collection: 133tr, 134tc; /DPA: 184bl, 197tr, 217tr, 230c; /Hulton-Deutsch Collection 2 (Germans cross Rhine), 9br, 12tl, 13br, 15bc, 18bl, 20bl, 26-27, 27tl, 30tr, 34br, 40r, 128tr, 163br, 183bc, 247tl, 250cr, 251tr; /Michael Nicholson: 241br; / Swim Ink 2, LLC: 221tr; /Underwood & Underwood 11bl; /Getty Images: 2 (Newspaper vendor), 2 (Mounted Polish Brigade), 6br, 6c, 6bl, 7tc, 7cr, 7br, 7bl, 8cl, 10tc, 16c, 17tr, 18c, 20tc, 22c, 23cr, 24tc, 24cr, 24bc, 25bl, 29bc, 33c, 35tl, 35tc, 38cl, 38tr, 46c, 48tr, 48c, 49cr, 49c, 56tr, 56bl, 57tl, 60tl, 60bl, 65bl, 68cl, 69r, 70c, 71bc, 76c, 77br, 79tr, 80tr, 82tc, 84tc, 85br, 87c, 87tr, 88tr, 89br, 92tc, 102tc, 106c, 114br, 115tl, 115tc, 115tr, 191tl, 192b, 193tc, 200tl, 201cr, 201bc, 203tr, 203cl, 203cr, 204tl, 209tr, 214tc, 218br, 224tc, 224cr, 232bl, 234tl, 235bl, 237tr, 239tr, 243cr, 243c, 246tl, 249br, 251br; /AFP 22tr, 77tr, 124bc, 125tl, 129tr, 130c, 131r, 133bc, 141tl, 144bl, 147cr, 145bl, 153tr, 161cl, 162tr, 163bl, 164br, 167bc, 172cl, 172bl, 248cr; /National Geographic: 134bl; /Popperfoto: 124tl, 171tr, 225tr, 237tl; /Time Life Pictures 10tr, 13tr, 16bc, 17tl, 17br, 23tl, 34bc, 68tr, 69tr, 76bc, 86bl, 96tc, 96tr, 96bl, 96br, 106br, 111tr, 112tc, 133tc, 139tl, 161l, 161bl, 165c, 196bc, 215cr, 215tr, 216tc, 220tr, 224bc, 236br, 236bl, 240bc, 243tr, 249tl, 249cl; /The Granger Collection: 144cl; /Library of Congress, Washington: 169bl, 173tr; /Mary Evans Picture Library: 25cr, 31tr, 122br; / National Archives and Records Administration, Washington: 81tl, 81cr, 94tr, 94bc, 98br, 99br, 98tr, 98tc, 98bl, 99tl, 99c, 99bc, 108c, 108tc, 108br, 108bl, 109bl, 109br, 109tc, 109cr, 112tr, 112cr, 112br, 113bl, 113tr, 113cr, 113br, 113tl, 116tc, 116tr, 116bc, 116bt, 116cr, 117tl, 117br, 186tr, 186bl, 186b, 187tl, 187bl, 187br, 188tc, 188bl, 188bc, 189tl, 189tc, 189bl, 194bc, 210tl, 210bl, 210br, 211tl, 211tr, 211bl, 211cr, 211br, 211bc, 212tl, 212cr, 213tl, 213tr, 213br, 222tc, 222bc, 222tr, 223tl, 223tr, 223cr, 223bl, 223br, 228cl, 228c, 228tc, 229tl, 229bl, 229cr, 229br; /Office of ar Information: 95br; /US Army: 94tc; /US Navy: 80tc, 80bc; /US Signal Corps: 94c, 95tl, 95bl, 95tr, 95cr; /USMC: 95br, 117cr; /PA Photos: 35bc, 103br; /AP Photo 21tc, 66tr, 130tl, 130br, 131cl, 131tl, 154br, 177br, 221br, 225tl, 225br, 240cr, 241tl, 250tc, 251c; /DPA: 153b; /Photo12.com: Bertelsmann Lexiko 52cr; Collection Bernard Crochet: 66c; /Coll-DITE-USIS: 129l, 153cr, 198tr, 199tl, 203tl, 205bc; /Hachédé 17c, 24bl; /Oasis: 152tr; /Photovintages: 204tr; /

Ullstein Bild: 68br; /Private collection: 8cl, 85tr, 117tr, 130bl, 166bl, 187tr, 191cr; /Rex Features: Snap: 136bl; /Scala Archives: 124cl, 147tr, 150br, 151cl, 173tc; /RIA Novosti Photo Library: 21c, 27bc; /Roger-Viollet: 169tr; /Ullstein Bild: 125tc, 126bc, 127c, 135cl, 140tr, 140bc, 144br, 157bl, 170br; /SAMNH: 100tr, 101cl; /Science & Society: Science Museum: 112bl; /Scala Archives, London: © De Agostini Picture Library, Scala, Firenze 11tr; BPK: 201tr, 219tr; /Topfoto.co.uk: 14c, 52bl, 68tl, 82cr, 86cr, 91bl, 91br, 97tc, 100bc, 127br, 129br, 131bl, 146bc, 147c, 149cr, 165br, 173bl, 175bl, 177cr, 190tr; /Alinari Archives 44bl; /HIP: 198cr; /RIA Novosti: 68–9, 114bl, 165cl, 235tl, 235tr; /Roger-Viollet: 86tc; /Ullstein Bild: 74c, 87tc; /Ullstein Bild: 3 (Tri-Partite Pact), 19tl, 20bl, 28br, 29tc, 50tl, 51cr, 81tr, 83tl, 77tl, 79cr, 88br, 103tr, 104tr, 110br, 111br, 114tr, 115cr, 190bc, 191bc, 207bl, 209bc, 218tl, 218cr, 219tl, 219br, 221br, 227bc, 230bl; /SV Bilderdie: 82br; /Walter Frentz: 66b, 185tl, 185tr; /United States Holocaust Memorial: 87bc; /US Naval Historical Society: 109tr

第三帝国图文史：纳粹德国浮沉实录

[英] 理查德·奥弗里/著　朱鸿飞/译

本书用图片和文字还原了纳粹德国真实的命运轨迹。这部编年体史学巨著通过简洁有力的叙述，辅以大量绝密的历史图片，珍贵的私人日记、权威的官方档案等资料，把第三帝国的发展历程（1933—1945）完整立体呈现出来。

情报战图文史：1939—1945年冲突中的无声对决

[美] 尼尔·卡根　[美] 史蒂芬·希斯洛普/著　朱鸿飞/译

本书通过丰富的图片和通俗的文字，带领读者走近二战中的间谍、密码破译者和秘密行动，多角度了解战争背后的无声较量，全方位触摸战争的鲜活历史脉络，具体包括战争历程、重要事件、谍战形式、机构沿革、科技创新等方面，堪称一部全景式二战情报战史，也是一部改变世界格局的大国博弈史。

蓝调图文史：影响世界历史的100年

[英] 迈·埃文斯　[美] 斯科特·巴雷塔/著　太阳/译

本书通过丰富的图片和生动的文字，详细描绘蓝调从诞生至今的历史脉络，以及对世界历史的影响。全书着眼于音乐史、人物史、创新史、人文史等，立体呈现了蓝调音乐百年历程，堪称一部另类视觉的人文变迁史。

鞋靴图文史：影响人类历史的8000年

[英] 丽贝卡·肖克罗斯/著　晋艳/译

本书运用丰富的图片和生动的文字，详细讲述鞋子自古至今的发展变化及其对人类社会的影响，包括鞋靴演进史、服饰变迁史、技术创新史、行业发展史等。它不仅是一部鲜活的人类服饰文化史，也是一部多彩的时尚发展史，还是一部行走的人类生活史。

航母图文史：改变世界海战的100年

[美] 迈克尔·哈斯丘/著　陈雪松/译

本书通过丰富的图片和通俗的文字，生动详细讲述了航母的发展过程，重点呈现航母历史、各国概况、重要事件、科技变革、军事创新等，还包括航母的建造工艺、动力系统、弹射模式等细节，堪称一部全景式航母进化史。

空战图文史：1939—1945年的空中冲突

[英] 杰里米·哈伍德/著　陈烨/译

本书是二战三部曲之一。通过丰富的图片和通俗的文字，全书详细讲述二战期间空战全过程，生动呈现各国军力、战争历程、重要战役、科技变革、军事创新等诸多历史细节，还涉及大量武器装备和历史人物，堪称一部全景式二战空中冲突史，也是一部近代航空技术发展史。

海战图文史：1939—1945年的海上冲突

[英] 杰里米·哈伍德/著　付广军/译

本书是二战三部曲之二。通过丰富的图片和通俗的文字，全书详细讲述二战期间海战全过程，生动呈现各国军力、战争历程、重要战役、科技变革、军事创新诸多历史细节，还涉及大量武器装备和历史人物，堪称一部全景式二战海上冲突史，也是一部近代航海技术发展史。

密战图文史：1939—1945年冲突背后的较量

[英] 加文·莫蒂默/著　付广军　施丽华/译

本书是二战三部曲之三。通过丰富的图片和通俗的文字，全书详细讲述二战背后隐秘斗争全过程，生动呈现各国概况、战争历程、重要事件、科技变革、军事创新等诸多历史细节，还涉及大量秘密组织和间谍人物及其对战争进程的影响，堪称一部全景式二战隐秘斗争史，也是一部二战情报战争史。

堡垒图文史：人类防御工事的起源与发展

[英] 杰里米·布莱克/著　李驰/译

本书通过丰富的图片和生动的文字，详细描述了防御工事发展的恢弘历程及其对人类社会的深远影响，包括堡垒起源史、军事应用史、技术创新史、思想演变史、知识发展史等。这是一部人类防御发展史，也是一部军事技术进步史，还是一部战争思想演变史。

武士图文史：影响日本社会的700年

[日] 吴光雄/著　陈烨/译

通过丰富的图片和详细的文字，本书生动讲述了公元12至19世纪日本武士阶层从诞生到消亡的过程，跨越了该国封建时代的最后700年。全书穿插了盔甲、兵器、防御工事、战术、习俗等各种历史知识，并呈现了数百幅彩照、古代图画、示意图、手绘图、组织架构图等等。本书堪称一部日本古代军事史，一部另类的日本冷兵器简史。

太平洋战争图文史：通往东京湾的胜利之路

[澳] 罗伯特·奥尼尔/主编　傅建一/译

本书精选了二战中太平洋战争的10场经典战役，讲述了各自的起因、双方指挥官、攻守对抗、经过、结局等等，生动刻画了盟军从珍珠港到冲绳岛的血战历程。全书由7位世界知名二战史学家共同撰稿，澳大利亚社科院院士、牛津大学战争史教授担纲主编，图片丰富，文字翔实，堪称一部立体全景式太平洋战争史。

潜艇图文史：无声杀手和水下战争

[美] 詹姆斯·德尔加多/著　傅建一/译

本书讲述了从1578年人类首次提出潜艇的想法，到17世纪20年代初世界上第一艘潜水器诞生，再到1776年用于战争意图的潜艇出现，直至现代核潜艇时代的整个发展轨迹。它呈现了一场兼具视觉与思想的盛宴，一段不屈不挠的海洋开拓历程，一部妙趣横生的人类海战史。

狙击图文史：影响人类战争的400年

[英] 帕特·法里　马克·斯派瑟/著　傅建一/译

本书讲述了自17至21世纪的狙击发展史。全书跨越近400年的历程，囊括了战争历史、武器装备、技术水平、战术战略、军事知识、枪手传奇以及趣闻逸事等等。本书堪称一部图文并茂的另类世界战争史，也是一部独具特色的人类武器演进史，还是一部通俗易懂的军事技术进化史。

战舰图文史（第1册）：从古代到1750年

[英] 山姆·威利斯/著　朱鸿飞　泯然/译

本书以独特的视角，用图片和文字描绘了在征服海洋的过程中，人类武装船只的进化史，以及各种海洋强国的发展脉络。它不仅介绍了经典战舰、重要事件、关键战役、技术手段、建造图样和代表人物等细节，还囊括了航海知识、设计思想、武器装备和战术战略的沿革……第1册记录了从古代到公元1750年的海洋争霸历程。

战舰图文史（第2册）：从1750年到1850年

[英] 山姆·威利斯/著　朱鸿飞　泯然/译

本书以独特的视角，用图片和文字描绘了在征服海洋的过程中，人类武装船只的进化史，以及各种海洋强国的发展脉络。它不仅介绍了经典战舰、重要事件、关键战役、技术手段、建造图样和代表人物等细节，还囊括了航海知识、设计思想、武器装备和战术战略的沿革……第2册记录了从公元1750年到1850年的海洋争霸历程。

战舰图文史（第3册）：从1850年到1950年

[英] 山姆·威利斯/著　朱鸿飞　泯然/译

本书以独特的视角，用图片和文字描绘了在征服海洋的过程中，人类武装船只的进化史，以及各种海洋强国的发展脉络。它不仅介绍了经典战舰、重要事件、关键战役、技术手段、建造图样和代表人物等细节，还囊括了航海知识、设计思想、武器装备和战术战略的沿革……第3册记录了从公元1850年到1950年的海洋争霸历程。

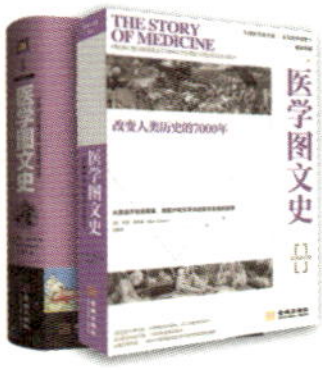

医学图文史：改变人类历史的7000年（精、简装）

[英] 玛丽·道布森/著　苏静静/译

本书运用通俗易懂的文字和丰富的配图，以医学技术的发展为线，穿插了大量医学小百科，着重讲述了重要历史事件和人物的故事，论述了医学怎样改变人类历史的进程。这不是一本科普书，而是一部别样的世界人文史。

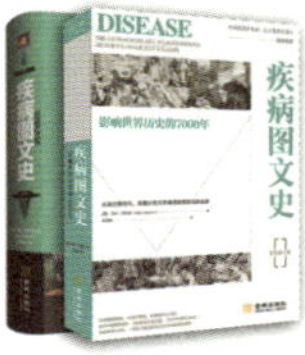

疾病图文史：影响世界历史的7000年（精、简装）

[英] 玛丽·道布森/著　苏静静/译

本书运用通俗易懂的文字和丰富的配图，以人类疾病史为线，着重讲述了30类重大疾病背后的故事和发展脉络，论述了疾病怎样影响人类历史的进程。这是一部生动刻画人类7000年的疾病抗争史，也是世界文明的发展史。

希特勒的私人藏书：那些影响他一生的图书

[美] 提摩西·赖贝克/著　孙韬　王砚/译

本书通过潜心研究希特勒在藏书中留下的各类痕迹，批判分析其言行与读书间的内在逻辑，生动描绘了他从年轻下士到疯狂刽子手的思想轨迹。读者可以从中了解他一生收藏了什么书籍，书籍又对他产生了何种影响，甚至怎样改变命运。